제3판

자금세탁방지 실무

저자 임 안 나

한국금융연수원
KOREA BANKING INSTITUTE

발간사

글로벌화·디지털화의 진전으로 국가 간 금융거래가 활성화되는 가운데 국내외 자금세탁과 테러자금 조달 범죄에 대한 관심이 높아짐에 따라 불법자금의 세탁과 조달을 예방하고 적발하는 자금세탁방지에 대한 노력이 더욱 강화되고 있습니다.

한국금융연수원은 그간 자금세탁방지 관련 다양한 연수프로그램을 제공하는 한편, 자금세탁방지 업무능력 검정시험을 개설하는 등 금융인들의 자금세탁방지 업무능력 향상을 위해 노력하고 있습니다.

이러한 노력에 이어 금융인들이 자금세탁방지 업무에 효과적으로 활용할 수 있도록 자금세탁방지의 기준·제도와 실무처리 방법을 체계적으로 정리하여 자금세탁방지 제도와 실무 도서를 발간하였습니다.

본 도서는 자금세탁방지 제도 전반에 대한 이론과 실무에 대해 상세히 설명하고 실무적으로 도움이 될 수 있는 여러 사례를 수록하였으며, 독자들의 이해를 돕기 위해 주제별로 개요, 주요내용 종합정리 등을 추가로 구성하였습니다.

본 도서의 발간이 금융회사들의 자금세탁방지 업무역량을 강화하고 금융거래의 투명성을 제고함으로써 금융범죄의 예방은 물론 금융기관들의 대외 신인도 향상에 도움이 될 수 있기를 기대합니다.

앞으로도 한국금융연수원은 금융분야의 다양한 이슈에 대한 전문도서를 지속적으로 발간할 예정이며, 다양한 연수프로그램을 제공하고 분야별 자격검정제도를 운영하는 등 금융산업 발전을 위해 노력하겠습니다.

끝으로 본 도서가 나오기까지 많은 노력을 기울여주신 저자와 감수자 그리고 관계자 여러분께 깊이 감사드리며, 금융인은 물론 자금세탁방지에 관심이 있는 일반인들도 이론적·실무적 지식을 넓히는 데 큰 도움이 되기를 바랍니다.

2024년 3월

한국금융연수원 원장 **서 태 종**

머리말

자금세탁방지제도가 법제화된지 20년이 훌쩍 넘었습니다. 그동안 자금세탁방지제도에 대한 인식이 높아지고 각 금융회사 등의 자금세탁방지에 대한 내부통제도 지속적으로 강화되었습니다. 그러나 급변하는 금융기술과 디지털화, 가상자산 거래의 증가는 우리가 생각하지 못하는 또 다른 범죄자금을 이동하는 채널로 이용되고 있고, 최근 보이스피싱 범죄 양상의 급변화, 마약범죄의 증가, 폰지 사기나 다단계 사기 등 민생범죄가 급속도로 증가하고 있으며, 특히 이들 금융범죄는 금융취약층을 대상으로 하는 경우가 많아 예방이 쉽지 않은 게 현실입니다.

이에 규제당국은 각 금융회사등의 자금세탁방지에 대한 내부통제 강화를 기대하고 있으며, 특히 금융회사등이 자신의 임직원들에 대하여 적절한 맞춤형 교육을 제공할 것과 충분한 전문적 지식과 경험을 가진 자금세탁방지 전문가 양성을 강화할 것을 기대하고 있습니다.

제가 자금세탁방지 업무를 시작하였을 때는 모든 자료를 영어로 접하였고, 금융시스템이 우리나라와 다른 내용이 많아 이해가 되지 않는 부분도 많았습니다. 그리고 최근 자금세탁방지 교육에 대한 규제당국의 기대로 인하여 많은 금융회사 직원들이나 금융회사에 취업을 준비하는 예비 금융인들이 상당한 비용을 들여 자금세탁방지 관련 외국 자격증을 획득하는 것을 보면서 자금세탁방지 업무를 조금 더 일찍 접한 선배로서 마음 한 구석에 늘 안타까움이 자리 잡고 있었던 것 같습니다.

그런데 2023년 금융정보분석원, 금융연수원, 보험연수원을 포함한 여러 유관 기관들이 우리나라 자체의 자금세탁방지 관련 검증과정을 준비한다는 소식을 접하였을 때, 너무 감사하고 다행이라는 생각이 들었습니다.

그리고 TPAC 도서 집필 요청 받았을 때는 이제껏 제가 알고 있는 정보를 자금세탁방지에 대하여 관심이 많은 후배들에게 공유할 수 있는 좋은 기회이고, 되도록 실무에 도움이 되고, 유용한 도서를 집필하려고 노력하였습니다. 그러나 도서를 집필하는 과정에서 저의 지식이나 경험이 너무 보잘것없구나라는 반성에서 많은 자료를 새롭게 찾아보며 여러 금융업권의 제도 등을 이해하게 되었고, 또 다른 배움의 기회를 접하게 되었던 소중한 시간이었습니다.

부족함이 많겠지만 앞으로 더 보강해 나가면서 좋은 업무지침서가 될 수 있도록 꾸준히 노력하고자 합니다.

본 도서에서는 금융회사 직원들이 기본적으로 이해하여야 하는 우리나라의 자금세탁 및 테러자금조달의 위험과 업권별 자금세탁 위험에 대한 설명과 위험평가 제도에 대하여 기술하고 있으며, 그리고 금융회사 직원들이 매일 현장에서 준수하여야 하는 고객확인제도, 고액현금거래보고제도, 의심거래보고 제도에 대한 주요내용과 주요 사례, 그리고 규제당국의 지적사항이나 제재사례 그리고 관련 유권해석 등을 기술하고 있습니다.

본 도서를 통하여 금융회사 직원들이 현장에서 자금세탁방지 업무를 수행하는 과정에서 조금이나마 도움이 될 수 있고, TPAC 검증자격 시험을 도전하는 금융회사의 직원과 예비 금융인들에게 도움이 되는 자료가 되길 기대해 봅니다.

그리고 TPAC 과정이 자금세탁방지제도의 중요성에 대한 인식제고와 자금세탁방지에 대한 준법문화(Compliance Culture)를 뿌리내릴 수 있는 최고의 맞춤형 교육이 되기를 희망하고, 더 나아가 다른 국가에도 전파하여 각 국가들이 자신의 국가에 맞는 자금세탁방지 전문가 양성 과정을 만들 수 있는 시도가 될 것이라고 기대해 봅니다.

2024년 3월 **임 안 나**

Contents

01 금융회사등의 자금세탁 및 테러자금조달 위험에 대한 이해

02 자금세탁 및 테러자금조달에 대한 위험평가제도

03 고객확인제도(CDD)

Contents

04 고액현금거래보고제도(CTR)

05 의심거래보고(STR) 제도

Contents

01

금융회사등의 자금세탁 및 테러자금조달 위험에 대한 이해

일러두기

외래어 표기는 국립국어원 표기법을 준용하였습니다.

법률 및 판례, 유권해석 등의 조문 인용에서는 국가법령정보센터, 금융정보분석원, 금융위원회, 금융감독원 등의 표기법 등을 준용하여 도서 내에서 통일하였습니다.

〈예〉 자금세탁방지제도, 금융회사등

학습 개요

자금세탁행위란 불법범죄에서 발생한 범죄수익을 합법적인 자산인 것처럼 위장·변환하는 과정이며, 테러자금조달행위는 일반적으로 종교, 사상 또는 이념 등을 위한 테러활동의 자금조달을 촉진하고 사용자금의 출처 및 실제 목적을 위장하기 위하여 금융시스템을 이용하는 것을 의미한다. 또한 핵확산 행위란 핵무기 등 대량살상무기 확산을 위한 자금의 조달 및 제공하는 행위이다.

금융회사[1]등의 자금세탁 및 테러자금조달 위험(Money Laundering & Terrorist Financing : ML/TF Risk – 핵확산 리스크 포함)은 각 금융회사등의 성격, 고객유형, 제공하는 금융상품 및 서비스, 채널 등에 따라 다를 수 있으므로, 각 금융회사는 자신의 ML/TF 위험을 잘 파악하여 금융회사의 금융시스템이 자금세탁 및 테러자금조달의 통로로 이용되는 것을 방지하여야 한다.

이에 각 금융회사등은 해당 금융회사등이 가지고 있는 ML/TF 위험 유형(Typology)을 정확하게 이해하여, 해당 위험을 적절하게 통제할 수 있는 내부통제를 설계하여야 한다. 특히 ML/TF 위험 유형은 금융회사등의 업권별로 상이할 수 있으므로, 본편에서는 「특정 금융거래정보의 보고 및 이용 등에 관한 법률」(이하 "특정금융정보법")의 적용 대상인 각 금융회사등의 성격 및 제공하는 금융상품 및 서비스, 채널 등의 자금세탁 및 테러자금조달 위험을 이해함으로써 해당 위험에 따른 통제절차를 마련하고 이해를 높이는 데 도움을 주고자 한다.

본편에서는 국제기준에서 기술하고 있는 자금세탁과 테러자금조달의 위험 및 FATF의 자금세탁 및 테러자금조달 위험 유형에 대하여 살펴보고, 우리 정부가 분석 하여 제공한 우리나라의 주된 ML/TF 위험과 여러 금융회사등의 ML/TF 취약점을 이해하여 각 금융회사등이 내부통제 설계시 유의하여야 하는 내용에 대하여 도움을 주고자 하며, 최근 새롭게 대두되는 ML/TF 위험을 소개하여 각 금융회사등이 ML/TF 위험에 대응하기 위한 내부통제 설계에 참고할 수 있도록 하였다.

또한, 각 금융회사등이 ML/TF 방지를 위하여 최소한으로 마련하여야 하는 내부통제 체계에 대한 내용을 상세히 기술하여, 각 금융회사등이 ML/TF 방지를 위하여 내부통제 체계를 적정하게 설계할 수 있도록 도움을 주고자 한다.

1) 「특정 금융거래정보의 보고 및 이용 등에 관한 법률」(약칭: 특정금융정보법)의 제2조 금융회사등의 정의에 해당하는 자를 의미함

학습 목표

- 국제기준에서 기술하고 있는 자금세탁과 테러자금조달의 위험 및 FATF의 자금세탁 및 테러자금조달 위험 유형을 이해할 수 있다.
- 우리나라의 자금세탁 및 테러자금조달 위험에 대하여 이해할 수 있다.
- 각 금융회사등의 주요 상품 및 서비스의 자금세탁에 대한 취약점을 이해할 수 있다.
- 새롭게 대두되는 범죄 유형과 새로운 금융산업(핀테크, 가상자산 관련 사업) 및 전통적인 상품에서 새롭게 대두되는(무역기반 거래) 자금세탁 취약전에 대하여 살펴보고 이를 설명할 수 있다.
- 자금세탁방지를 위한 금융회사등의 자금세탁방지 내부통제 체계에 대하여 이해할 수 있다.

1장

자금세탁 및 테러자금조달 행위의 위험 및 글로벌 유형

제1절 개요

우리나라는 2001년 9월 특정 금융거래정보의 보고 및 이용 등에 관한 법률(약칭 : 특정금융정보법)를 마련하여 자금세탁방지제도를 법제화하였다. 그러나 글로벌 차원에서는 이미 1989년 국제자금세탁방지 기구를 마련하고 많은 국가들이 자금세탁 및 테러자금조달 행위를 방지하기 위한 국제적인 공조 및 대응 조치 등을 수행하고 있었다. 우리나라의 자금세탁방지제도와 관련된 구체적인 내용은 별도로 기술하고 본편에서는 국제적 차원에서 논의되고 있는 내용에 초점을 맞추고 필요한 경우 우리나라의 유사 사례를 기술하는 접근방식으로 이루어졌다.

제2절 자금세탁행위등의 의미 및 자금세탁 3단계

1. 자금세탁, 테러자금조달 및 대량살상무기 확산(핵확산)에 대한 이해

자금세탁하면 오래된 영화 몇 개를 떠올릴 수 있을 것이다. 브래드 피트가 미국 금주령 시기에 밀주를 만들어 파는 《가을의 전설》, 온갖 종류의 범죄를 저지르는 이탈리아 마피아 내용을 다룬 영화 《대부》, 넷플릭스에서 전세계 유명한 자금세탁 사례를 다룬 《Dirty Money》 등이 생각난다. 자금세탁, 즉 Money Laundering이라는 용어의 유래는 시카고 마피아 조직의 두목인 알카포네가 미국의 금주법 시행을 기점으로 각종 범죄와 밀주를 통해 얻은 범죄수익을 자신의 조직이 운영하는 세탁소를 통해 세탁함으로써 생겨났다고 한다.

이후 1970~80년 조직범죄와 연관된 마약범죄가 증가하게 되자, 이러한 범죄에서 발생하는 수익을 차단하여 범죄재생산이 이루어지지 않도록 국제적인 공조가 필요하다는 움직임을 토대로 FATF라는 국제 자금세탁방지 기구가 출범하고 FATF는 각 국가 및 금융회사등이 자금세탁방지를 위한 권고사항을 마련하게 된다.

그런데, 2001년 9·11 사건이 발생함에 따라 FATF는 자금세탁방지를 위한 권고사항뿐만 아니라 테러자금조달행위에 대한 권고사항을 마련하게 되었고, 2012년에는 대량살상무기 확산을 예방 및 억제하고 중단시키기 위한 새로운 권고사항을 마련하였다.

우리나라는 테러자금조달 위험이 낮다고 평가되어 있어 대부분의 금융회사 임직원들의 테러자금조달이나 핵확산에 대한 이해가 높지 않으나, 최근 전 세계에서 테러 및 전쟁이 지속적으로 발생하고 있어, 우리나라의 금융회사등이 이런 자금을 조달하는 채널로 사용되지 않기 위해서 이 부분에 대한 인식 제고의 필요성이 강조된다.

- 알카포네는 이탈리아계 미국인으로 시카고의 마피아 조직인 시카고 아웃핏의 두목
- 마피아 두목이 된 이후 금주법을 기점으로 파격적으로 성장. 그는 국외인 캐나다에 연락망을 갖춰 술을 밀수하는 루트를 만들었으며, 자기 조직의 술을 납품받기를 거부한 술집 상인들을 폭탄 테러로 죽여버리는 등 불법행위를 저지름
- 무기 판매, 밀수, 마약 거래 같이 불법적으로 번 돈을 자기 조직이 운영하는 세탁소를 통해 세탁. 즉 불법 자금을 세탁소 영업을 통해 합법적으로 벌어들인 돈인 것처럼 위장하는 데서 자금세탁이라는 말이 유래되었다고 함

자료 출처 : TIME

〈조선시대의 자금세탁 사례〉

자금세탁은 해외에서만 있었던 것은 아니라 과거의 우리나라에서도 발생하였었다. 대표적인 방법이 투곡(偸穀), 화수(和水), 고패(故敗) 같은 것이었다(투곡은 관리와 짜고 세곡을 빼돌리는 것이다. 그리고 이를 감추기 위해 항해 도중에 일부러 배를 난파시켰다. 이것이 고패였다. 화수란 세곡을 싣고 가는 동안에 일부를 빼돌리고, 이를 감추기 위해 쌀에 물을 부어 불리는 것이다). 이처럼 자금세탁행위는 몇몇 국가에 한정하여 발생하는 것도 아니고, 최근에 발생한 새로운 범죄 유형도 아니다. 다만 최근 역외거래의 편의성, 자금세탁 규모가 급성장하고, 금융시스템의 고도화로 자금세탁행위가 더 복잡해지고 범죄수익을 몰수하여 환수하기가 점점 어려워지는 환경으로 변화하고 있어, 각 금융회사등의 역할이 지속적으로 중요해지고 있다.

지금과 달리 조선시대에는 세금을 쌀로 거뒀고, 거둔 쌀은 배(세곡선)를 이용하여 한양으로 운반하였다. 그런데 세곡을 배로 운송하는 일은 매우 고된 일이었다. 정부에서는 세곡을 실은 배는 반드시 육지가 보이는, 즉 수평선 지역에서만 항해하도록 하였는데, 그 이유는 행여 세곡을 운반하는 자들이 틈을 타서 세곡을 실은 채 멀리 도망가 버릴까 염려해서 였다.

아울러 혹 암초에 걸려 조운선이 난파하더라도 육지와 가까운 곳이면 빠른 시간에 사람과 곡식을 건져낼 수 있기 때문이기도 하였다. 이렇게 수심이 낮은 곳을 운항하다 보니 조금만 방심하거나 항해술이 미숙하면 쉽게 암초에 걸려 난파하였다.

조선시대에서 정부의 재정 운용을 원활하게 하기 위해서 세곡이 제대로 운반되어야 했기 때문에, 이를 위해 항해술이 탁월한 경강 상인에게 세곡을 운송시켰다. 그러나 경강 상인은 세곡을 운송하고 운송비를 받는 데 만족하지 않고, 그들 중 많은 이들이 관리와 결탁하여 부정한 방법으로 더 많은 이익을 얻기도 하였다.

한편 조선 정부도 경강 상인들이 이러한 비리를 저지른다는 사실을 알았으므로 세곡을 운반할 때는 그 배에 정부 관리가 동승하도록 규정했을 뿐 아니라 세곡선이 지나는 지역의 지방관들에게 그 배를 호송하도록 규정하였다. 그러나 관리들도 경강 선상의 부정에 직·간접적으로 공모하는 실정이었다. 이런 방식으로 빼돌린 세곡은 빼돌린 세곡이라는 꼬리표를 떼기 위한 세탁과정을 거쳐 시장에 판매되게 된다.

2. 자금세탁의 3단계

자금세탁행위는 일반적으로 배치, 반복, 통합단계라는 3가지 단계를 통해 이루어진다고 설명하고 있으나 반드시 아래 3단계로 분리되는 것은 아니며 종종 분리하기 어려운 복잡한 거래들로 이루어지기도 한다.

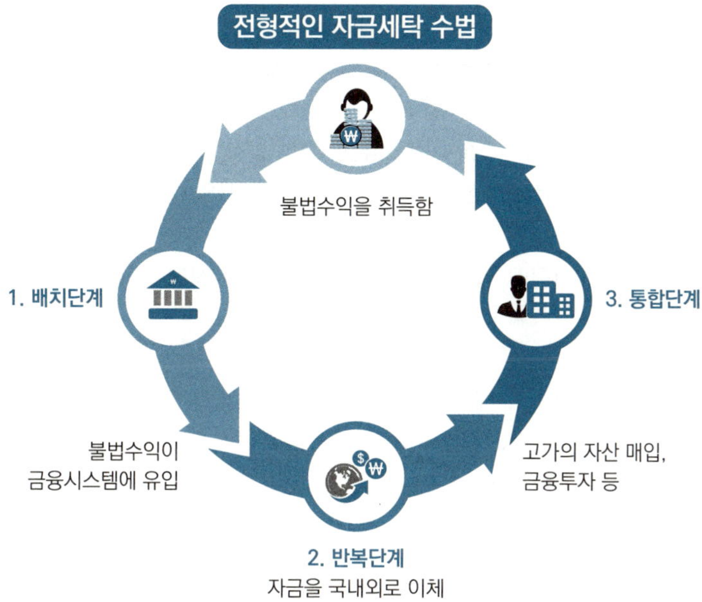

(1) 배치단계

배치단계란 범죄활동에서 발생한 범죄수익(현금 또는 기타 자산)을 이동시키는 단계로서, 이 단계에서 자금세탁자는 불법수익을 금융시스템으로 유입시키게 된다. 예전에는 배치단계에서 전통적인 금융시스템을 통해 현금거래나 역외거래를 통하여 세탁하는 경우가 많았는데, 최근에는 금융시스템의 다변화로 가상자산, 전자금융업자, 환전업자, 카지노 등 다양한 금융회사를 통한 자금이동이 가능해져 자금세탁행위를 식별하기가 더 어려워지고 있다.

(2) 반복단계

반복단계란 배치단계에서 금융회사등에 유입된 범죄수익에 대한 자금의 출처를 숨기기 위해 다양한 방식의 금융거래를 반복하여 불법적인 수익을 그 출처와 분리하는 단계이다. 즉, 범죄수익의 출처나 소유자를 알 수 없도록 금융거래를 복잡하게 만드는 것이다.

(3) 통합(합법화 과정)단계

반복단계에서 자금의 출처에서 분리된 범죄수익을 정상적인 거래로 보이도록 하여 정상적인 경제시스템에 자금을 재투입하여 불법적인 범죄수익에 합법성을 부여하게 된다. 통합단계에서 범죄자들은 해당 자금을 통해 부를 더 이룰 수도 있고, 다시 범죄자금을 범죄행위에 투입하여 범죄재생산이라는 결과를 얻을 수도 있다.

배치단계	1. 마약 밀매 조직은 우선 대량의 현금을 차량으로 밀반출한 후 환전상을 통해 고객의 여행자수표와 고액의 지폐권으로 교환함
	2. 부피를 줄인 여행자수표와 지폐를 항공편으로 런던으로 반출한 후 저지(Jersey) 섬에 본점이 있는 금융회사의 런던지점에 입금함
반복단계	3. 런던지점에 입금된 자금은 다시 저지본점에 개설된 수 개의 위장회사 명의의 계좌로 송금됨
통합단계	4. 위장회사의 계좌에서 다시 인출된 자금은 마약조직이 소유한 미국 내 회사에 투자금 또는 대출금 명목으로 다시 반입됨

사례 1-1 〈수천억 원대 불법자금세탁조직 적발〉

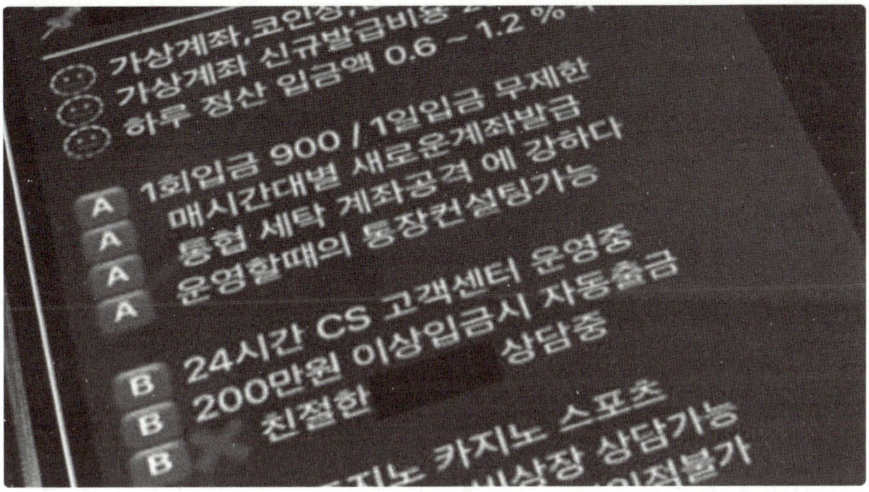

위의 광고내용은 글자만 보자면 자산관리 회사 같기도 하고 뭔가 금융관련 회사의 광고문구로 오인할 수 있다. 그러나 해당 문구는 불법 도박자금 등을 세탁해주는 자금세탁조직의 광고 문구이다.

경찰은 지난 2년간 64개 도박사이트에서 불법 도박자금을 받아 자금세탁을 해 준 조직을 검거하였는데, 이들이 불법 도박사이트와 거래한 자금은 무려 40조원 정도에 달하며, 이들은 자금세탁 수수료(1%)로 약 4천억 원을 챙긴 것으로 확인되었다. 이들은 수백 개의 대포계좌를 이용하여 도박자금을 여러 단계에 걸쳐 이체하는 방식으로 불법수익을 세탁하는 방식으로 법집행기관의 추적을 피해 온 것으로 확인되었다.

기업형 범죄조직 'A/S 망'까지 구축

이들 범죄조직은 막대한 범죄자금을 세탁하기 위하여 전국망을 두고 총책, 모집책, 연락책 그리고 관리자 등을 마련하여 운영하여 온 것으로 알려졌으며, 수사 당국의 추적을 피하기 위하여 수개월마다 사무실을 옮기고 텔레그램을 통해 연락을 해 온 것으로 확인되었다.

또한 가장 경악한 사건은 혹시 자신들이 보유한 대포계좌가 지급정지될 경우를 대비하여, '사고처리반'을 두고 문제가 터지면 자금세탁을 의뢰한 도박사이트 업체 측에 '즉시' 전액을 변상해주는 방식으로 불법 도박사이트와 신뢰를 바탕으로 성장해 온 것으로 보인다.

그러나 안타깝게도 수사기관이 몰수 추진한 범죄수익금은 약 8억 정도에 그쳤는데(이는 총책의 부동산과 고가의 자동자 등이며, 자금세탁 범죄자들은 나머지 범죄수익을 대부분 가상자산으로 빼돌렸을 것으로 추정하고 있으나, 현실적으로 이들의 범죄수익을 환수하기에는 어려움이 많은 것으로 예상된다.

대포계좌는 80% 넘게 비대면 계좌로 개설된 것으로 알려져 있는데 이 부분은 정부, 규제당국 그리고 금융회사가 금융소비자 보호 및 범죄재생산을 방지하기 위하여 서로 힘을 모아 적극적으로 개선할 필요성이 요구된다.

자료 출처 : KBS

제3절 자금세탁행위에 자주 사용되는 개인 또는 법인 유형

1. 무기명 주식을 보유한 법인

국제적으로 일부 국가에서는 여전히 기업이 무기명 주식을 발행할 수 있도록 허용하고 있다. 법인이 무기명 주식을 보유할 경우, 누가 해당 무기명 주식을 보유하고 있는지 확인할 수 없기 때문에 실제 소유자를 은닉하는 데 효과적일 수 있어 자금세탁을 하려는 자들이 이런 법인을 설립할 가능성이 높다. 우리나라는 상법에서 무기명 주식과 기명주식 발생을 모두 허용하여 왔으나, 실질적으로 무기명 주식을 발행하는 기업이 거의 존재하지 않고, 무기명 주식의 이슈 등으로 인하여 2014년 상법을 개정하여 무기명 주식의 발행을 더 이상 허용하고 있지 않다.

만약 금융회사등이 무기명 주식을 발행한 고객과 거래를 한다면, 특별한 주의의무가 요구된다. 글로벌 금융회사들은 역외에만 사무소를 두는 무기명 주식 발행회사의 경우 실제 소유자 확인이 어려울 수 있어 거래를 금지하거나, 고객으로부터 무기명 주식 발행 내용에 대한 확인서를 제출하도록 하는 추가적인 통제절차를 마련하는 것이 일반적이다.

2. 위장회사(Shell Company)*

물리적인 실체가 없는 회사로서, 자금세탁등의 목적으로 주로 이용되는데, 위장회사는 자금세탁등의 목적을 위하여 물리적인 주소, 직원이나 실질적인 사업이 존재하지 않은 서류 형태로만 존재하는 법인을 의미한다.

과거 조세회피처인 케이만아일랜드에서 상당한 수의 위장회사가 발견되었는데, 이들의 특징을 살펴보니, 수백 개의 위장회사가 동일한 주소를 가지고 있으며, 직원이나 실질 비즈니스는 없다는 것이 확인되었다.

* 범죄수익을 세탁하기 위한 목적으로 설립된 것은 전위사업체와 동일하나 서류 형태로만 존재하면서 회사 기능을 수행하는 회사

3. 전위 사업체(Front Company)

전위사업체와 위장회사의 가장 큰 차이는 전위사업체는 사업의 실질을 가지고 있다는 것이다. 예를 들어 최근 수사당국에 의하여 검거된 불법도박 사이트 조직은

불법도박 자금을 토대로 수개의 주유소와 탱크로리를 구입하여 외관상으로는 주유소를 운영하는 것으로 보이지만, 대부분의 수입은 불법도박 자금을 통하여 발생하고 있으며 이러한 해당 자금을 주유소의 자금에 혼합하여 사용한다. 따라서 범죄자금과 실질 경제에서 발생하는 합법 자금을 혼합하여 범죄자금을 식별하는 데 어려움을 줄 수 있어 범죄자들이 선호하는 기업형태라 할 수 있다.

제4절 자금세탁행위등에 대한 국제 공통의 위험 지표(Red Flag)

전 세계의 모든 금융회사에 적용할 수 있는 금융범죄, 자금세탁 그리고 테러자금조달 행위에 대한 일반적인 위험 지표를 정확하게 정의할 수는 없지만, 공통적인 지표들이 존재한다.

최근 금융산업 패러다임의 급격한 변화, 금융거래의 복잡성, 역외거래의 신속성 등으로 인하여 자금세탁행위등은 더욱 정교해져, FATF 등에서 제공하는 자금세탁 위험 유형이나 각 규제기관이 발표하는 새로운 자금세탁 기술에 대한 대응 조치 등을 토대로 지속적으로 위험 지표 등을 개선하여 자금세탁방지를 위한 내부통제에 반영하여야 한다.

다음에 기술된 내용은 국제적으로 적용되는 자금세탁행위등의 식별에 도움이 되는 비정상적인 금융거래활동 위험 지표의 예시로서, 각 금융회사등이 해당 금융거래등이 정상적이고 합법적인 목적의 거래인지를 판단하는 데 도움이 될 수 있다(다만, 아래의 내용은 국제적인 위험 지표로 파악된 내용들로서 우리나라의 상황과 반드시 일치하지 않은 사례도 포함되어 있음). 우리나라의 경우 금융정보분석원에서 의심거래 참고유형을 제공하고 있지만, 아래 내용은 의심거래뿐만 아니라 금융거래 전반에 걸쳐 확인할 수 있는 위험 지표이므로, 각 금융회사의 자금세탁방지 내부통제 설계시 고려할 수 있는 내용이다.

1. 거래개시 또는 일회성 거래 시점에 의심스러운 고객의 거래활동

(1) 거래시점에 비정상적인 행동을 보이는 고객

- 고객이 거래시점에서 주변을 살피거나 타인의 주도하에 거래를 수행하는 등 비정상적인 행동을 보임(예를 들어 보이스피싱이나 Mule Account(우리나라의 대포 계좌와 유사)를 이용하여 금융사기를 저지르는 경우 계좌의 실제 명의인과

소유자가 다를 수 있음)

- 고객이 STR·CTR 보고의 기준 금액에 대해 상세히 문의하고, STR과 CTR 보고에 따른 영향 등을 자세하게 문의함
- 고객이 자신의 거래를 CTR이나 STR 보고할 경우, 해당 거래를 처리한 금융회사 임직원의 신변을 안전하게 보호할 수 없다는 위협을 함(예, 멕시코의 마약 조직 등은 해당 거래를 취급하는 금융회사 직원들에게 STR 보고 등을 진행할 경우 가족의 신변이 안전하지 않을 것이라고 위협하는 경우가 있었음)
- CTR 기준 금액을 초과하는 경우 CTR 보고가 될 수 있다는 창구 직원의 설명에 거래를 꺼려함
- 고객이 특별한 사유 없이 보유하고 있는 고금리 투자상품을 손해를 보고 환매함(예를 들어 다른 예금도 많은데, 중도 해지시 손해가 발생할 수 있는 보험상품, 투자상품등을 해지하여 줄 것을 요구함)
- 주부나 학생 등 특별한 소득이 없는 고객이 거래빈도 또는 거래규모가 일반적인 범위를 벗어나는 거래 행태를 보임
- 역외거래가 이름이 익숙하지 않은 조세회피처(예, 저지섬, 케이만아일랜드 등) 등에 소재하는 자와 연관되어 있음
- 한 사람의 특별한 이유 없이 여러 명의 고객을 대리하여 계좌를 개설하는 경우

(2) CDD 과정에서 비정상적인 행동을 하는 고객

- 눈으로 고객의 사진을 식별할 수 없는 신원확인 서류를 제출하거나, 거래증빙으로 제출한 서류가 인영이 흐리고 위조 가능성이 있어 보이는 경우
- 고객의 주소가 역외에만 소재하거나 실질적인 주소가 아닌 공유오피스이거나 실체가 없는 경우
- 고객이 제공한 연락처에 콜백을 하였더니, 사용하지 않는 연락처이거나 착신불가로 설정된 연락처를 가지고 있는 경우
- 메일이나 전화연락처로 연락 금지 등록이 되어 있는 고객 또는 우편함만을 주소로 제공하는 경우
- 고객이 CDD 과정에서 매출금액, 예상 거래규모, 추가적인 자료 등의 제출을 거부하는 경우
- 특별한 이유 없이 직업정보나 소득정보 제공을 거부하는 경우
- 고객의 IP(인터넷 프로토콜) 주소가 허용되지 않는 영역이거나, 제공한 식별정보와 일치하지 않는 경우

- 기업설립서비스회사(Company Service Provider: CSP)를 통하여 설립한 법인(한국의 경우 공식적으로 CSP 서비스를 제공하는 법인은 없는 것으로 확인되나, 최근 온라인 등에 CSP와 유사한 서비스를 제공하는 광고를 접할 수 있음. 이들은 동일한 주소지와 동일한 연락처 등을 제공하는 등 위장회사 등과 관련될 수 있으므로 유의하여야 함)

2. 거래수단이 비정상적인 유형

(1) 현금을 이용한 비정상적인 거래

- 고객이 포대에 막 넣어둔 상태의 현금 또는 얼마인지 알 수 없는 뭉텅이 자금을 카운트하지 않은 상태로 입금하는 경우(예를 들어 종교단체에서 현금으로 받은 자금이라며, 거액의 현금을 포대에 담은 상태로 입금 요청하여 얼마인지 카운트되지 않은 경우)
- 고액자산가가 골프가방에 거액의 현금을 가지고 와서 입금을 요청하는 경우
- 고객이 소액권 지폐를 고액권으로 교환하거나 거액의 수표를 소액권으로 분할하여 지급한 뒤 최종적으로 현금으로 인출하는 경우
- 고객의 입금한 현금 중에 위조화폐가 있거나, 구권 또는 더러운 지폐가 포함되어 있는 경우
- 고객이 여러 명과 함께 내점하여 현금을 여러명의 명의를 이용하여 CTR 금액 미만으로 나눠 입금하거나 인출하는 경우
- 특별한 이유 없이 그리고 비즈니스 활동에 부합하지 않게 야간금고를 이용하여 거액의 현금을 예치하는 경우
- 자동화기기를 통해 보고 기준금액 미만으로 여러 차례 현금을 입금하는 경우
- 노령자의 계좌에서 원격지 자동화기기를 통해 수시로 거액의 현금입금 또는 지급거래가 발생하는 경우
- 고객이 특별한 이유 없이 고액의 외화 현찰을 매입하거나, 손해를 보며 매도하는 경우

(2) 수표나 전신송금을 이용한 비정상적인 거래

- 정당한 설명 없이 출처가 불분명한 연속번호를 가진 여행자수표나 자기앞수표를 입금하는 경우
- 금거래소나 주얼리 숍에서 비즈니스 규모에 맞지 않는 가계수표나 당좌수표 입금이 발생하는 경우(금거래 등이 아닌 불법 사채업과 관련된 가능성이 있는 경우)
- 동일 인물이 서로 다른 계좌를 이용해 전신송금을 보내거나 수령하는 경우

- 명백한 사업상의 이유 없이 조세피난처 또는 고위험 지역에 전신송금을 보내거나 받는 경우, 또는 고객의 거래 이력과 일치하지 않는 전신송금이 이루어지는 경우
- 고객이 여러 건의 소액의 전신송금을 수취한 다음, 다른 국가로 고액의 전신송금을 지시한 경우
- 고객이 무기명 증권을 지급한 후 즉시, 해당 자금을 제3자에게 송금하는 경우

3. 다양한 상품을 이용한 비정상적인 거래유형

(1) 대여금고를 이용한 비정상적인 거래활동

- 고객이 빈번하게 대여금고에 접근한 기록이 있고, 여러 개의 대여금고를 빌려 거액의 현금을 보관하고 있다는 의심이 있는 경우

(2) 대출상품을 이용한 비정상적인 거래 활동

- 고객이 다른 자금의 여유가 있음에도 불구하고, 예금담보대출, 무기명양도성 예금을 담보로 하여 대출을 받는 경우
- 고객이 대출 담보로 해외에 있는 예금을 제공하는 경우
- 시설자금 용도로 대출 받은 자금을 역외에 있는 법인에게 해외 투자용도로 송금하는 경우
- 중도상환수수료 등을 부담하면서 거액의 대출금을 단기간 내에 상환하는 경우

(3) 기업의 사업용 계좌를 이용한 비정상적인 거래 활동

- 공시되거나 제공된 재무제표가 유사한 업종의 다른 회사의 재무제표와 현저하게 차이가 나는 경우
- 자본잠식 상태의 신용정보를 가진 법인이 현재 기업의 상황에 맞지 않게 과도하게 거액의 송금을 요청하거나 무역거래(수입)를 요청하여 자금출처가 불분명한 경우
- 대형 사업체가 회계사가 작성하지 않은 재무제표를 제시하거나 기업의 규모에 맞지 않은 소형 회계사가 작성한 재무제표를 제출하는 경우
- 거액의 자금거래가 3개월 내지 6개월 사이에 발생하고 그 후 거래가 발생하지 않는 계좌를 보유한 고객(부가세 탈루 등의 목적을 가지고 있을 수 있음)
- CDD 정보상의 비즈니스 유형에 비해 지나치게 많은 계좌를 가지고 있는 기업
- 법인의 거래 상대방이 위장회사라는 의심이 있는 경우(즉, 거래 상대방이 해당 법인과 동일한 주소를 가지고 있거나, 대리인의 주소와 동일하거나, 주소 확인 결과 없는 주소로 확인되는 경우)

(4) 무역금융 거래를 이용한 비정상적인 거래 활동

- 수출·수입거래시 인보이스 등에 기술된 가격이 시장 가격보다 현저히 높거나 낮은 경우
- 수출거래 후 자금의 결제가 해외 거래 상대방으로부터 입금되는 것이 아니라 기일 전에 회사에서 자기결제를 한 후, 결제된 자금만큼 신용한도를 다시 발생시켜 수출거래를 다시 일으키는 경우
- 수출 대전을 지속적으로 동일한 제3자에게 지급하여 줄 것을 요청하는 경우
- 소규모 자본금을 가진 수입업체가 자신의 규모에 비해 비정상적 원유수입 또는 금괴수입 등을 하겠다고 하는 경우
- 합리적인 정당성 없이 신용장을 수정하거나, 자금결제가 이루어지기 직전에 수입상을 변경하는 경우
- 고객의 사업 형태와 일치하지 않는 신용장
- 신용장에 수입/수출업체의 국가에서 수요가 거의 없는 상품이 포함되어 있는 경우
- 자금세탁 위험이 높은 국가로부터 발행된 신용장을 수령하는 경우
- 쉬운 운송 경로가 있음에도 불구하고 운송 경로가 지나치게 복잡한 신용장 거래

4. 해외 송금업체나 환전상을 이용한 비정상적인 거래유형

- CTR 보고 기준 금액 미만으로 거래를 수행하는 경우
- 환전상의 서로 다른 거래의 증빙자료에 동일한 신분증이 자주 사용되는 의심이 있는 경우
- 브로커가 여러 명을 모집한다는 의심이 있는 경우
- 한 사람이 다수인을 위하여 대신 거래를 해 준다는 의심이 있는 경우

5. 가상자산을 이용한 비정상적인 거래유형

- 트래블 룰을 회피하기 위하여 100만 원 미만으로 거래를 하는 경우
- 자금세탁방지 법규가 취약하거나 트래블 룰이 적용되지 않는 다른 국가의 거래소하고만 거래를 하는 경우
- 불특정 다수의 거래자가 한 명의 거래자에게 가상자산을 이체하는 경우
- 고령자인 거래자가 야간 또는 심야시간에 빈번하게 가상자산 이체거래를 하는 경우
- 동일한 IP를 이용한 다수의 거래자가 가상자산 이체거래를 요구하는 경우
- 다크코인이나 유의 종목 코인만을 보유하고자 하는 고객

6. 보험상품을 이용한 비정상적인 거래유형

- 거액 일시납 보험계약을 현금으로 입금하는 경우 또는 정기납부 형태의 보험금을 일시에 현금으로 납부하는 경우
- 고액 정기납이 제3자에 의하여 납부되거나, 거래 관련인이 아닌 제3자가 현금으로 납부하는 경우
- 장기 고액 보험료를 가입 후 일정 기간 후 수익자를 자녀 명의로 변경하고 보험료는 계속하여 부모가 납부하는 경우
- 거액의 일시납 보험료를 납부한 후 손실을 보면 해지를 하는 경우

7. 증권상품을 이용한 비정상적인 거래유형

- 특별한 사유 없이 고객이 수개의 증권계좌를 보유하고 있으며, 해당 계좌에 불특정 다수인으로부터 지속적인 거래가 발생하는 경우
- 장기 미사용된 계좌에 갑작스럽게 거액의 이체 활동이 일어나는 경우
- 장기 투자 목적으로 매수한 고객이 갑자기 특별한 사유 없이 매매하는 경우
- 고객이 저가의 투기성 주식이나 유의종목 등에 거액의 거래를 하는 경우

8. 귀금속 및 고가품을 이용한 비정상적인 활동

- 다이아몬드 생산량이 한정되거나 다이아몬드 광산이 전혀 없는 국가가 원산지인 다이아몬드 거래
- 유명 귀금속 업체에서 매일 거액의 현금거래가 발생하는 경우(증여세 탈세 또는 자금의 원천이 불명확한 것으로 추정됨)
- 규모가 작은 보석상(소매)에서 금괴, Loose Diamond를 판매하는 경우
- 국제 시장에서 희귀하거나 독특한 다이아몬드가 알려진 거래 절차를 벗어나 이루어지는 경우(㉠ 입찰 절차에서 벗어나 국제 시장에 등장한 아가일(Argyle) 패턴의 희귀한 핑크 다이아몬드)
- 제3자를 이용하여 단일 또는 복수의 다이아몬드 딜러의 계좌로 자금을 입금하는 경우

9. 카지노사업자의 비정상적인 활동[2)]

- CDD나 CTR 보고 기준 미만으로 게임을 하는 경우
- 현금 또는 자기앞 수표로 칩을 교환하여 게임에 일부만 사용하거나, 일부 손해를 본 후 칩을 모두 현금으로 인출하는 경우
- A 국가의 카지노에서 칩을 현금으로 구매한 후 남은 칩을 현금으로 교환하지 않고 체인을 가지고 있는 해외 카지노에서 크레딧을 이용하여, A 국가의 카지노에 남아 있는 잔액을 해외 카지노에서 인출하여 줄 것을 요청하는 경우
- 카지노 신용한도를 설정하고 불법수익으로 추정되는 자금으로 신용한도를 상환 하는 경우
- 정킷(Junket)을 이용한 자금세탁 – 정킷은 카지노 사업장의 일부(즉, 일부 게임 테이블 등)를 임대하는 방식의 카지노 영업의 일종임 – 정킷의 경우 에이전트를 통하여 고객을 모집하여 게임에 참가하는 경우가 대부분이므로 참가자의 자금의 출처, 신원확인의 취약성 등으로 인하여 자금세탁에 노출된 방식이다.

제5절 FATF 자금세탁 및 테러자금조달 위험 유형(자료 출처 : FATF)

범죄 활동의 수익금을 세탁하거나, 불법 활동에 자금을 조달하는데 사용되는 방법은 지속적으로 발전하고 있다. FATF는 국가가 자금세탁 및 테러자금조달 위험을 식별·평가 및 이해하는데 도움을 주기 위해 진화하는 ML/TF 방법과 추세에 대한 연구를 수행하여 이를 전파함으로써 각 국가 및 금융회사등이 이러한 위험을 제대로 이해하여 해당 위험을 완화하기 위하여 보다 효과적인 조치를 구현할 수 있도록 지원하고 있다.

1. 테러자금조달을 위한 크라우드펀딩

크라우드펀딩은 자선 활동을 위한 기금 모금, 스타트업 자금조달 또는 창의적인 프로젝트의 자금조달을 위한 유용한 방법으로 지속적으로 성장하여 2022년에는 전 세계적으로 600만 개가 넘는 크라우드 펀딩 캠페인이 진행되었다.

2) 카지노의 자금세탁 취약성 및 국제적인 위험 지표에 대해서는 FATF 카지노와 갬블링의 자금세탁 취약성 보고서와 CAMS 카지노 부분을 참조할 수 있다

크라우드펀딩 활동의 대부분은 합법적이지만, 기존에 테러리스트나 테러조직이 소셜미디어에서 모금 플랫폼과 크라우드펀딩 활동을 활용하여 테러자금을 조달한 사례가 있어, 크라우디펀딩이 불법적인 목적으로 악용될 수도 있다는 사실이 확인되었다.

특히 새로운 결제 기술의 도입과 다양한 유형의 크라우드펀딩 활동을 지원하는 온라인 플랫폼의 확산으로 크라우드펀딩 환경은 더욱 발전할 가능성이 높지만, 전 세계적으로 이와 관련된 위험에 대한 이해가 부족하고, 국가마다 규제가 달라 이에 대한 개선이 필요한 상황이다. FATF 보고서는 테러리스트들이 크라우드펀딩 플랫폼을 어떻게 오용하는지 분석하여 크라우드펀딩 생태계를 통해 테러자금조달을 탐지하고 예방하는데 직면한 과제를 조사한 내용을 포함한다(자세한 위험 지표 등은 FATF REPORT Crowdfunding for Terrorism Financing을 참조할 것).

2. 랜섬웨어 자금조달 대응

랜섬웨어 공격은 전 세계의 개인, 기업 및 정부 기관을 대상으로 한다. 이러한 공격의 영향은 개인, 정부 기관 및 비즈니스 활동에 치명적일 수 있으며 심지어 필수 인프라와 서비스를 중단시킬 수도 있다.

FATF 보고서는 범죄자들의 랜섬웨어 공격 방법과 어떻게 해당 자금을 결제하고 세탁하는지에 대한 내용을 분석하여 제공하고 있다. 해당 보고서에 따르면 범죄자들은 거의 대부분의 자금을 암호화폐나 가상자산을 통하여 이동하고 있어 전 세계 가상자산서비스 제공업체에 쉽게 접근할 수 있으며, 이로 인하여 AML/CTF (Anti-Money Laundering/Counter Terrorist Financing) 통제가 취약하거나 존재하지 않는 국가들(관할권)이 해당 자금세탁 통로로 이용될 수 있어 랜섬웨어 관련 자금세탁을 더욱 효과적으로 차단하기 위하여 국가들이 취할 수 있는 조치들을 제안하고 있다.

여기에는 랜섬웨어 공격 및 관련 자금세탁의 초국가적 특성을 고려하여 기존 국제 협력 메커니즘을 구축하고 활용하는 것과 더불어, 각 국가는 주요 정보를 신속하게 수집하고 즉각적으로 금융거래를 추적하여 가상 자산이 소멸되기 전에 복구하는 데 필요한 기술과 도구를 개발할 것을 권고하고 있다. FATF는 또한 랜섬웨어와 관련된 의심스러운 활동을 식별하는 데 공공 및 민간부분에 도움이 될 수 있는 잠재적 위험 지표 목록을 제공하였다(자세한 위험 지표 등은 FATF 랜섬웨어 자금조달 대응 보고서 참조할 것).

3. 미술품 및 골동품 시장에서의 자금세탁 및 테러자금조달

미술품, 유물 및 기타 문화재 시장은 범죄자, 조직 범죄 집단, 테러리스트들을 끌어들여 범죄 수익금을 세탁하고 그들의 활동에 자금을 지원하는 채널로 사용될 수 있다. 대다수의 거래자들은 불법 활동과 관련이 없지만 이러한 시장과 관련된 위험이 있으며 많은 관할권에서는 이에 대한 충분한 인식과 이해가 부족한 상황이다. FATF 보고서에는 공공 및 민간 기관이 미술품 및 골동품 시장에서 의심스러운 활동을 식별하는 데 도움이 될 수 있는 위험 지표 목록이 포함되어 있으며, 자금세탁이나 테러자금조달과 관련된 문화재를 신속하게 식별하고 추적하는 것의 중요성을 강조하고 있다. 보고서에는 전문 부서 설립, 관련 데이터베이스에 대한 접근, 문화재 식별, 추적, 조사 및 송환을 돕기 위한 전문가 및 고고학자와의 협력 등 국가들이 직면한 문제를 해결하기 위하여 취한 몇 가지 모범 사례가 포함되어 있다(자세한 내용은 FATF 미술품 및 골동품 시장에서의 자금세탁 및 테러자금조달 행위에 대한 보고서를 참조할 것).

4. 펜타닐 및 합성 아편유사제를 이용한 자금세탁(Money Laundering from Fentanyl and Synthetic Opioids)

조직 범죄 집단은 지난 10년 동안 수십만 명의 약물 과다복용에 의한 사망을 초래한 합성 오피오이드(마약성 진통제) 위기를 부채질하고 있다. 북미에서는 펜타닐(중독성이 헤로인의 50배 이상인 마약성 진통제)의 비의학적 사용에 따른 기록적인 과다복용과 오피오이드가 관련 사망의 주요 원인으로 확인되고 있다.

FATF 보고서는 합성 오피오이드 밀매로 인한 수익금이 세탁되는 방식을 살펴보았는데, 조직범죄 집단은 대량 현금 밀수, 현금 수송, 무역금융 기반 자금세탁, 가상자산(암호화폐)은 물론 페이퍼컴퍼니, 전문 자금세탁 서비스 등 다양한 방법을 사용하는 것으로 알려져 있다. 대부분의 국가에서 마약 밀매를 자금세탁의 주요 전제범죄로 규정하고 있음에도 불구하고, 합성 아편유사제 밀매로 인한 수익금 세탁과 관련된 조사 및 기소 건수는 여전히 낮은 수준이다. FATF 보고서는 화학물질의 사용을 포함한 오피오이드 거래 및 관련 글로벌 금융 흐름에 대한 인식을 높이는 것을 목표로 하고 있다. 또한 관련된 범죄 네트워크를 탐지하고 방지하기 위한 최선의 접근방식에 대한 다음의 내용을 포함한 권장 사항도 제공한다.

- 불법 오피오이드 거래를 근절하기 위한 보다 강력한 법률 및 규제 프레임워크를 개발하기 위해 공급망 및 제약 산업의 역할을 포함하여 이 분야의 위험 이해를 향상시킴

• 마약 전구체(약물의 원료가 되는 화학물질) 공급망을 포함한 금융 조사를 수행하기 위해 검사 및 관련 당국을 교육
• 합성 오피오이드 공급망을 식별하고 방지하기 위해 소스, 경유 및 목적지 국가 간의 국제 협력을 확대하기 위해 기존 메커니즘을 식별하고 활용함
• 공공-민간 파트너십을 통해 다크 웹 마켓플레이스 및 가상 자산(암호화폐)에 대한 위험 인식을 높이고 위험 신호 정보를 공유하며 민간 부문이 의심스러운 활동을 더 잘 식별하고 보고하도록 도움

보고서에는 불법 합성 아편유사제의 잠재적 밀매를 식별하는 데 도움이 되는 관련 위험 지표가 포함되어 있다(자세한 내용은 펜타닐 및 합성 아편유사제를 이용한 자금세탁에 대한 보고서를 참조할 것).

5. 인신매매로 인한 재정적 흐름 (Financial Flows from Human Trafficking)

최근 몇 년 동안 인신매매와 불법 이민관련 피해자의 수가 계속해서 크게 증가하고 있다. FATF가 2011년 인신매매로 인한 범죄수익금 세탁에 관한 종합 보고서를 작성한 이후 인신매매로 인해 창출되는 추정 수익은 320억 달러에서 1,500억 달러 이상으로 증가했다. 또한 동일한 국가나 지역에서 인신매매가 증가하는 등 인신매매가 발생하는 방식과 장소에 대한 더 정확한 분석이 필요한 상황이다.

FATF와 아시아태평양 자금세탁그룹(APG)의 새로운 보고서는 성적 착취나 강제 노동을 위한 인신매매를 식별할 수 있는 금융 정보의 유형에 대한 인식을 높이고 장기 밀매로 인한 이익 창출 가능성에 대한 인식을 높이는 것을 목표로 한다. FATF 보고서는 또한 인신매매와 테러자금조달 사이의 잠재적 연관성을 강조하고 있다. 인신매매는 어느 나라에서나 일어날 수 있으므로, 국가는 인신매매와 이 범죄로 인한 수익금 세탁의 위험에 처해 있는지 평가하고, 이 정보를 이해관계자와 공유하고, 이를 확실히 이해시키는 것이 중요하다고 설명하고 있다.

이 보고서는 국가가 인신매매로 인한 자금세탁 및 테러자금조달을 해결하기 위한 조치를 개발하는 데 도움이 되는 모범 사례를 제공하고 이와 같은 극악한 범죄의 수익금을 세탁하는 사람들을 식별하는 데 도움이 되는 위험 신호 지표를 포함한다(자세한 내용은 FATF 인신매매로 인한 재정적 흐름에 대한 보고서를 참조할 것).

6. 현금의 물리적 운송을 통한 자금세탁

현금은 범죄활동에 여전히 널리 사용되고 있다. 특히 국경을 넘어 현금을 물리적으로 운송하는 것은 가장 오래된 자금세탁 형태 중 하나이며 오늘날에도 여전히 널리 사용되고 있다(우리나라의 경우 지리적인 환경으로 인하여 현금수송을 통한 자금세탁기법은 잘 발달되어 있지 않음). 범죄자들은 법 집행기관의 추적을 중단하기 위해 불법 자산을 다른 국가로 이동하여 사용하거나 은행 시스템에 다시 유입하는 방식을 이용하는 경우가 많다.

이 보고서는 범죄자들이 국경을 넘어 자금을 이동하는 데 사용하는 방법과 기술을 식별하기 위해 60개 이상의 국가에서 제공한 정보를 분석하였으며, 화물이나 우편을 통한 대량의 소액권 운송부터 소량의 현금 운송에 이르기까지 이러한 기술을 설명하기 위한 다양한 실제 사례 연구가 포함되어 있다(자세한 내용은 FATF의 현금의 물리적 운송을 통한 자금세탁 보고서 참조할 것).

7. 자금세탁과 불법 야생동물 밀수

불법 야생동물 밀수는 매년 수십억 달러의 범죄수익을 창출하는 초국가적으로 조직화된 주요 범죄이다. FATF는 불법 야생동물 밀수거래로 인한 자금세탁을 방지하기 위해 각 국가가 취할 수 있는 지침을 제공하기 위하여 새로운 연구를 수행하였다. 야생 동물 밀매범죄자들은 금융 및 비금융 부문의 취약점을 이용하여 범죄 수익금을 이동시키거나 은폐하여 야생동물 밀매 관련 범죄를 더욱 심화시키고 재정건전성을 훼손한다. 광범위한 범죄 네트워크를 식별하고 범죄수익을 환수하기 위한 가장 효과적인 방법은 야생동물 밀매업자의 자금통로를 추적하는 것이다.

관련된 범죄수익이 상당함에도 불구하고, 국가와 민간 부문은 리스크에 부합하게 밀매 자금흐름을 추적하고 차단하는데 노력을 우선시하지 않는다. 따라서 불법 야생동물 밀매로 인한 자금흐름을 방지하기 위하야 국가는 다음을 우선하여 수행하여야 한다.

- 불법 야생동물 밀매와 관련된 자금세탁 리스크를 식별하고 평가함
- 국내법과 법집행기관이 야생동물 밀매업자의 자금을 추적하고 자금거래에 대한 조사를 수행할 수 있도록 함

민간 부문도 불법 야생동물 거래로 따른 자금 흐름을 차단하는데 중요한 역할을 한다. FATF 보고서는 민간부문과 국가가 불법 야생동물 밀매에 대한 잠재적 의심거래를 식별하는데 도움이 되는 모범사례와 위험지표를 식별하여 제공하며, 시민사회와 야생동물 태스크 포스뿐만 아니라 전 세계 50개국 이상의 의견과 사례연구를 바탕으로 작성되었다. FATF는 이러한 불법거래에 효과적으로 대응할 수 있도록 검토를 실시하여 국가 및 민간 부문에서 보고서를 어떻게 사용하고 제안된 조치에 대응하는지에 대한 정보를 수집하기로 합의하였다(자세한 내용은 FATF 자금세탁과 불법야생 밀매에 관한 보고서를 참조할 것).

2장

한국의 자금세탁 및 테러자금조달 위험

제1절 개요

FATF(The Financial Action Task Force : 국제자금세탁방지기구)는 "각 국가는 자국의 자금세탁 및 테러자금조달 위험을 확인, 평가 및 이해하여야 하며, 위험을 효과적으로 경감시킬 수 있도록 위험평가를 총괄할 당국 혹은 매커니즘 지정 등의 조치를 취하여 재원을 사용하여야 하며, 그 위험평가 결과에 기초하여, 자금세탁 및 테러자금조달방지(AML/CFT:Anti-Money Laundering & Countering the Financing of Terrorism) 또는 그 위험에 대한 경감조치가 확인된 위험에 확실하게 대응하기 위해 위험기반접근법을 적용하여야 한다. 이 접근법은 AML/CFT체제 전반에 걸쳐 재원을 효율적으로 배분하고 FATF 권고사항을 위험수준에 따라 이행하기 위한 주요 기틀이 되어야 한다.

보다 높은 위험이 확인된 경우, 각국은 자국의 AML/CFT 체제가 그런 위험에 적절하게 대응할 수 있도록 하여야 한다. 보다 낮은 위험이 확인된 경우, 각국은 특정조건하에 일부 FATF 권고사항을 간소화된 조치로 이행하기로 결정할 수 있다.

이런 FATF의 권고사항을 이행하고 FATF의 상호평가 등을 준비하기 위하여 정부는 2017년부터 2018년 8월까지 관계기관 합동으로 자금세탁·테러자금조달 위험평가(국가위험평가)를 실시하고 이를 토대로 9개의 주요 자금세탁 위험을 확인하였다[3].

3) 2018년 11월 정부 관계부처 합동으로 발표한 **국가 자금세탁 및 테러자금 위험평가서** 내용을 발췌

국가위험평가의 주요 개념	
위협	자금세탁/테러자금조달과 관련된 전제범죄가 해당되며, 범죄행위 이외에 사람, 집단, 대상 등도 위협이 될 수 있음. 대개 특정 자금세탁 수단과 연관된 특정 범죄로 나타나며, 그러므로 위협의 이해에는 전제범죄와 범죄수익을 발생시키는 사회 환경을 이해하는 것이 중요함
취약성	자금세탁/테러자금조달의 기회를 제공하는 제도, 기관, 분야, 규정, 법규, 감독, 법집행, 특정 서비스, 상품 등이 될 수 있음. AML/CFT 제도의 약한 부분은 ML/TF를 허용하는 취약점이 됨
결과	자금세탁 또는 테러자금조달이 초래하는 영향 또는 위해(危害)를 말하며, 범죄 또는 테러행위가 금융체제와 금융기관들뿐만 아니라 경제와 사회에 주는 효과 등을 말함
위험	위협, 취약성, 결과의 종합이며, 위협이 지속될 때 또는 취약성이 해소되지 못할 때 ML/TF 위험으로 발현됨

여기에는 위협과 취약성에 대한 분석을 토대로 범죄수익을 창출하는 전제범죄 분석에서 7개의 위험을 확인하고 금융업과 거래수단에서 2개의 위험을 확인하였다. 이와 더불어 최근 마약범죄, 디지털성범죄 등이 증가함에 따라 해당 위험에 대한 추가적인 평가와 가상자산거래나 전자금융거래 이용의 급증 등 새로운 금융 환경이 대두됨에 따라 이를 반영한 위험을 재평가하여야 할 필요성이 대두되고 있다.

테러자금 위험에 대해서는 한국은 국제화되고 개방된 경제 체제로서 교역과 국제적 왕래가 활발하므로 세계적인 테러와 테러자금조달 위협에 항상 노출되어 있다고 평가되었다. 지정학적 위치와 문화적 특성 때문에 테러와 테러자금조달이 빈번하게 발생하지는 않으나 언제든지 테러 공격의 대상이 될 수 있으며 재외 한국인은 한국인임을 이유로 외국에서 실제 테러 공격의 목표가 될 수 있다.

언론에 보도된 바와 같이, 해외 테러조직 검거과정에서, 테러범죄자 중 한국 정부가 발행한 외국인등록증을 소지한 자가 발견된 적도 있으며, 최근에는 소액의 자금을 해외 테러조직으로 송금한 외국인이 형사 처분을 받은 사례도 확인된다. 또한 매년 많은 외국인 노동자 인력이 유입되고 있으며, 난민 신청이 증가하고 있으며, 유학생 등 외국인 체류자 증가로 다민족 국가화가 되고 있어 테러자금조달이 빈번하게 발생할 수 있는 환경으로 변화하고 있다.

다만, 현재로서는 한국은 테러자금조달을 위한 각종 요소가 충분히 발달하지 못한 초기 단계인 것으로 추정되어 본편에서는 자금세탁 위험을 중심으로 살펴볼 것이다.

한국의 자금세탁 위험		
주요위험		확인 배경
전제 범죄	탈세·조세포탈(관세포탈 포함)	• 가장 빈번하고 광범위하게 발생하는 자금세탁행위 • 지하경제의 크기 고려시 매우 큰 규모 • 국가재정의 건전성에 심각한 위협
	불법도박 등 불법사행행위	• 범죄조직과 연계하여 규모 대형화 • 참여자 경제적 손실, 가족·직장·건강 위협
	보이스피싱 등 금융사기	• 불법 목적을 가진 조직된 범죄 집단에 의한 범죄 • 여성·노동자 대상 지속 발생, 심각한 위협
	부패범죄(수뢰·증뢰· 알선 등)	• 국가권력을 이용한 악의적 범죄 • 대규모 범죄수익 창출 • 경제활동 왜곡 등 심각한 사회적·경제적 피해
	주가조작 등 불공정거래	• 투자자 시장불신과 자본시장 건전성 위협 • 건당 대규모 범죄수익 • 더욱 증가하는 심각한 금융범죄
	재산국외도피(무역거래 이용)	• 허위 무역거래, 유령회사 등을 악용 • 국가 재산 유출 • 국가재정 건전성에 큰 위협
	횡령·배임	• 기업의 존립과 다수의 경제활동에 영향 • 한국의 취약한 기업구조가 요인으로 작용 • 범죄의 파급력과 자금세탁의 유인이 큼
취약 분야	현금거래	• 탈세, 부패범죄, 자금세탁등의 주요 수단 • 과거 고액권환수가 낮아 불법자금 은닉수단 의심 • 일부 부동산거래 등에서 여전히 선호
	가상 통화(자산)	• 급격하게 성장했으나 규제가 취약한 시장 • 거래 추적 곤란을 악용, 범죄수익 모집 수단 • 외국 불법자금의 국내 반입 통로 의심

자료 출처 : 관계부처 합동 국가위험평가

제2절 위험 확인을 위한 접근 방법

1. 전제범죄를 통한 자금세탁 위험의 확인

한국은 전제범죄 통계와 사례를 통해 자금세탁 위협을 확인하는 접근 방법을 택하여 범죄수익 창출 전제범죄의 처벌건수와 몰수·추징을 분석하고, 관련 전문가의 의견을 종합하여 주요 자금세탁 위협을 확인하였다. 즉, ① 전제범죄 몰수·추징 통계를 통해 범죄수익 환수 규모를 파악하고, ② 고위험 전제범죄를 선별하였으며, ③ 관계기관과 전문가의 의견을 수렴하고, ④ 금융정보 분석원이 보유한 STR 접수/제공 통계 등을 활용하여 위협을 확인하였다.

2. 확인된 주요 자금세탁 위험의 분석

(1) 탈세·조세포탈

조세포탈이란 사기나 그 밖의 부정한 행위로 납부하여야 할 조세(관세를 제외한 국세를 의미함)를 면하거나 환급 또는 공제를 받음으로써 성립하는 범죄로서, 조세포탈과 탈세는 가장 빈번하게, 또한 가장 광범위하게 이뤄지는 자금세탁 위협으로 국가재정의 건전성에 심각한 악영향을 끼치는 것으로 파악된다.

조세범 처벌법 제3조(조세포탈 등)

① 사기나 그 밖의 부정한 행위로써 조세를 포탈하거나 조세의 환급·공제를 받은 자는 2년 이하의 징역 또는 포탈세액, 환급·공제받은 세액(이하 "포탈세액등"이라 한다)의 2배 이하에 상당하는 벌금에 처한다. 다만, 다음 각 호의 어느 하나에 해당하는 경우에는 3년 이하의 징역 또는 포탈세액등의 3배 이하에 상당하는 벌금에 처한다.

1. 포탈세액등이 3억 원 이상이고, 그 포탈세액 등이 신고·납부하여야 할 세액(납세의무자의 신고에 따라 정부가 부과·징수하는 조세의 경우에는 결정·고지하여야 할 세액을 말한다)의 100분의 30 이상인 경우
2. 포탈세액등이 5억 원 이상인 경우

⑥ 제1항에서 "사기나 그 밖의 부정한 행위"란 다음 각 호의 어느 하나에 해당하는 행위로서 조세의 부과와 징수를 불가능하게 하거나 현저히 곤란하게 하는 적극적 행위를 말한다.

1. 이중장부의 작성 등 장부의 거짓 기장
2. 거짓 증빙 또는 거짓 문서의 작성 및 수취
3. 장부와 기록의 파기
4. 재산의 은닉, 소득·수익·행위·거래의 조작 또는 은폐
5. 고의적으로 장부를 작성하지 아니하거나 비치하지 아니하는 행위 또는 계산서, 세금 계산서 또는 계산서합계표, 세금계산서합계표의 조작
6. 「조세특례제한법」 제5조의2제1호에 따른 전사적 기업자원 관리설비의 조작 또는 전자세금 계산서의 조작
7. 그 밖에 위계(僞計)에 의한 행위 또는 부정한 행위

※ 탈세와 절세의 차이

절세와 탈세는 모두 납세자가 자기의 세금부담을 줄이고자 하는 목적에서 행해진다는 점에서 공통점을 가지고 있으나,

- 절세는 세법에서 허용하는 범위 내에서 납세부담을 줄이는 방법이고,
- 탈세(조세탈루)는 사기 기타 부정한 방법으로 세금부담을 줄이는 것으로서 조세범 처벌법의 처벌 대상이 될 수 있음

조세포탈·탈세는 차명계좌 이용 매출누락 등 다양한 방법을 활용하여 범죄를 저지르는 것으로 알려져 있는데, 가장 주요 수단은 ① 현금거래, ② 차명계좌, ③ 부정세금계산서 발행, ④ 장부 및 증빙서류의 허위작성 및 변조 등이 있으며, 2008년 이후 금융정보분석원이 의심거래보고(STR)를 분석하여 제공하는 범죄 유형별 건수에서 탈세·조세포탈이 가장 큰 비중을 차지하는 것으로 파악된다.

주요 조세포탈 유형과 사례	
현금매출 누락 및 차명계좌 등을 이용한 수입금액 누락	성형외과 등에서 진료비 현금 결제시 할인해 주는 방법으로 현금결제를 유도한 후 지인 명의의 차명계좌로 현금 진료비를 입금받아 이를 고의적으로 신고 누락
부정세금계산서 수수 등에 의한 조세포탈	실지 용역을 제공받은 사실이 없음에도 용역 대금 지급 후 이를 다시 현금이나 제3자 명의의 계좌로 되돌려 받는 방법으로 가공세금계산서를 수취하여 관련 제세를 포탈함
금지금 업체 공모 등에 의한 조세포탈	일련의 금지금(순도가 99.5% 이상인 금괴) 연속거래에 있어 부정한 거래 사실을 알면서 자신의 이익을 도모하고자 폭탄업체로부터 도관을 거쳐 유통된 폭탄 금을 매입하면서 부가가치세 부당환급
이중계약서 또는 미등기 전매 등 부동산 투기	부동산을 양도하면서 양도소득세 신고시 양도가액을 낮춘 허위계약서(소위 "다운(Down)계약")를 작성·제출하여 신고하는 방법으로 양도소득세 포탈
장부 및 증빙서류의 허위작성, 변조 등에 의한 조세포탈	임직원의 출장비, 여비정산서, 출장신청서 등 허위작성, 현장인부의 노임대장 허위작성 등 거짓문서를 작성하고 이를 근거로 장부를 거짓 기장하는 방법으로 관련제세 포탈
명의위장 등에 의한 고의적 조세회피	인터넷 브로커를 통해 대포사업자 및 대포통장을 구한 후 무자료 매입한 CPU 등을 오픈마켓에서 대포명의자 명의로 판매하고 부가가치세를 신고만 하고 납부하지 않았으며, 관련 증빙을 파기하는 방법으로 관련 제세 포탈
고리대금업자의 차명계좌 등 이용한 수입금액 누락	이자대금을 은폐할 목적으로 현금·수표로만 자금대여 및 이자를 수수하면서 자금대여 관련 장부·금전대부약정서 등은 폐기하는 방법으로 관련 제 세금을 포탈

자료 출처 : 국세청

조세포탈을 방지하기 위하여 정부는 다양한 통제방법을 마련하고 있는데, 특히 사업자와 사업자(B2B)간의 거래에 대해서는 전자세금계산서 또는 계산서 의무 발행을 통해 사업자의 탈세를 방지하고 있으며, 사업자와 소비자간의 거래에 대해서는 현금을 이용한 세금 누락방지를 위하여 신용카드나 체크카드 사용을 활성화하고, 현금영수증제도를 마련하여 현금거래가 양성화될 수 있도록 통제제도를 강화하였다.

또한, 금융정보분석원은 국세청, 관세청에 대한 정보제공 범위를 확대하고, 특히 2014년부터 국세청이 금융정보분석원으로부터 고액현금거래보고(CTR) 정보를 제공받음으로써 추징실적이 크게 증가하고 있다.

다만 최근 파악되는 조세탈루범의 유형은 기존의 거래유형과는 전혀 다른 양상을 보여주고 있어 금융회사등의 적극적인 대응이 요구된다.

과거 금융회사등에서는 거액의 현금거래 또는 법인의 대표자나 법인관계인간의 거래 등이 있는 경우 탈세범죄의 가장 전형적인 유형으로 판단하여 STR로 보고하였으나, 최근에 발생한 조세탈루의 유형을 살펴보면 부가세를 탈루하기 위하여 3개월 단위로 새로운 법인을 만들어 거래를 하는 경우, 가상자산을 이용한 증여세 탈루, 고액 소득자인 유튜버들이 수입을 소액 송금으로 분할하여 입금을 받거나, 차명계좌를 이용하는 방식을 보면, 탈세·조세탈루를 위하여 너무나 다양한 방식이 사용되고 있어, 금융회사등은 새로운 자금세탁의 유형을 지속적으로 파악하여 이에 대한 인식 제고 및 교육을 강화할 필요성이 증가하고 있다.

사례 1-2 유명 유튜버들의 소득세 탈세

① 차명계좌로 분산하여 받은 광고비를 탈세하는 수법

국세청에 따르면 게임·먹방·육아 관련 유명 유튜버들이 해외발생 고소득을 올리면서도 차명계좌를 동원하거나 송금액을 쪼개 받는 방법으로 탈세를 하여 온 것으로 확인됨. 최근 온라인 플랫폼을 기반으로 하는 유튜버가 각광을 받으면서 2021년 9월 현재 10만 명 이상 구독자를 보유한 유튜버는 5,500여 명이고 지속적으로 증가하는 것으로 확인됨

이들 중 일부는 구글 등 해외 플랫폼 사업자로부터 고액의 광고 대가를 받으면서도 차명계좌 또는 송금액 쪼개기를 이용한 소득분산을 통해 세금 납부를 회피하는 것이 확인됨. 예를 들어 유명 유튜버 A는 구글로부터 광고수익을 해외송금으로 수령하면서 딸 명의 계좌를 구글에 등록해 소득을 축소하고 본인 명의의 계좌로 받은 송금액도 일부만 소득으로 신고한 것으로 확인됨(현재 유튜버는 광고 수익 등을 반드시 유튜버 본인 계좌로 입금하는지를 검증하는 절차를 두고 있지 않는 것으로 확인됨)

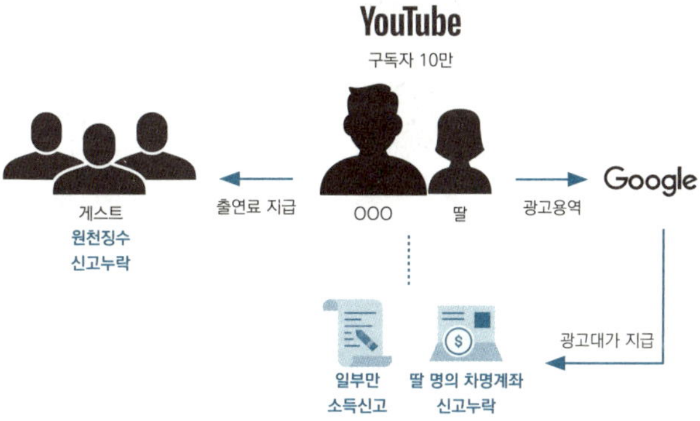

② 소액으로 송금받은 광고비 신고 누락

유명 유튜버 B는 1만 달러 이하 소액의 해외 광고 대가에 대해 소득세 신고를 누락했고 유튜브에서 발생한 수익을 매니저 등 스태프에게 지급하면서 그 보수에 대해 원천징수 의무도 이행하지 않은 것이 확인됨. 유튜버의 소득은 외국 업체인 구글의 송금을 통해 이뤄져 과세당국이 소득 사실을 실시간으로 파악하기 매우 힘든 구조라서 유튜버들이 이런 취약점을 이용하여 온 것으로 보임

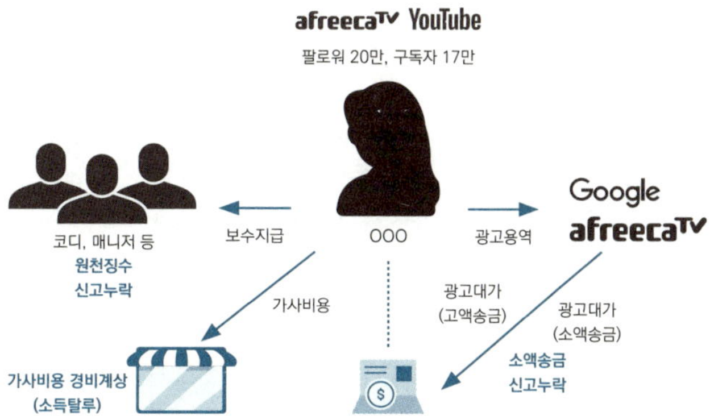

자료 출처 : 서울 신문

사례 1-3 증여세 탈세 사례

고액자산가인 A(의사)는 자녀와 동생에게 아파트 취득자금과 오피스텔 전세보증금 등을 편법으로 증여하고, 이후 대출이자와 원금을 대신 상환하는 방식으로 증여세를 탈세한 것으로 확인됨. A의 자녀들은 부친의 병원에 근무한 사실이 없음에도 가공급여를 지급받고, 부친 명의의 신용카드를 이용해 호화 사치생활을 영위하는 등 변칙 증여받은 혐의가 세무당국에 포착됨

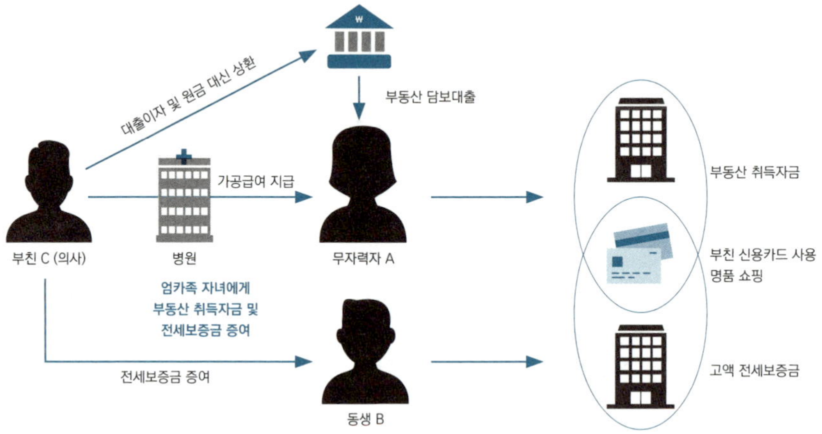

자료 출처 : 국세청

(2) 불법도박 등 불법사행행위

최근까지도 불법 온라인도박, 불법 스포츠도박, 불법 사행성게임장, 불법 경마·경륜, 경정, 불법 카지노 등 다양한 불법 사행행위가 성행하고 있으며, 모바일을 통한 불법도박에 대한 접근성과 익명성이 크게 증가하고, 관련 범죄수익의 대형화로 이와 관련된 위험이 크게 증가하고 있다. 특히, 범죄조직은 수사기관의 추적을 회피하기 위하여 해외에 서버를 운영하거나 여러 불법도박 유형을 통합하여 운영하는 등 규모가 대형화되고 있으며, 복잡성을 띠고 있어 그 위험이 점점 증가하고 있는 추세이다.

불법 사행행위의 유형

구분	불법 사행행위 유형	관련 법률
불법 사행사업	불법 카지노	관광진흥법
	불법 경마	한국마사회법
	불법 경륜·경정	경륜·경정법
	불법 복권	복권 및 복권기금법
	불법 스포츠도박	국민체육진흥법

불법 사행행위의 유형		
구분	**불법 사행행위 유형**	**관련 법률**
불법 사행산업	불법 소싸움	전통 소싸움경기에 관한 법률
	불법 사행성게임장	게임산업진흥에 관한 법률
	불법 온라인도박	게임산업진흥에 관한 법률
불법 사행산업 이외의 불법도박	불법 하우스도박	형법(제246조 ~ 제247조)
	불법 경견·투견·투계	형법(제246조 ~ 제247조)
	기타 실내낚시	형법(제246조 ~ 제247조)
	일시 오락범위를 벗어난 도박	형법(제246조 ~ 제247조)

자료 출처 : 사행산업통합감독위원회

우리가 잘 아는 마늘밭 사건에서 마늘밭에 묻혀 있었던 100억 원 이상의 현금 다발은 불법도박 영업을 통해 취득한 불법자금이었으며, 최근 상장사 직원이 해당 상장사의 자기자본의 12.7%에 해당하는 246억 원을 횡령한 사건에서 해당 직원은 불법 스포츠 토토로 돈을 잃자 이를 만회하기 위해 범행을 저지른 것으로 파악되었다. 이와 같이 불법도박 등을 통한 범죄수익의 규모는 엄청나며, 사회적인 악영향도 매우 크다.

그런데, 최근 불법도박은 연간 매출액이 81조원에 달할 정도로 크게 증가하는 추세이다. 2023년 사행산업통합감독위원회가 분석한 자료에 따르면 지난 2018년부터 2022년까지 최근 5년간 온-오프라인 불법도박 단속 건수가 10만 9,871건으로, 이 중 온라인 불법도박이 99%에 해당하고, 온라인 불법도박 유형별 사례를 보면, 불법 온라인 도박(전체 86.3%)이 가장 많았으며, 이어 불법 스포츠도박, 불법 복권, 불법 경마·경륜·경정 순으로 나타났다.

불법 사행행위 위험을 통제하기 위하여 사행산업통합감독위원회는 불법사행산업 감시신고센터를 운영하고 있으며, 경찰청은 도박 자금의 자금세탁에 사용되는 대포계좌에 대한 규제를 더욱 강화하고 있다. 또한 최근 청소년 불법 도박 사례가 발견되자, 금융감독원, 경찰청 그리고 금융회사등이 협업하여 신고센터를 마련하는 등 청소년들이 불법 도박에 연관되는 것을 방지하기 위한 노력을 강화하고 있다.

이런 노력의 일환으로 금융회사등이 불법도박에 사용되는 계좌를 최소화하기 위하여 계좌개설 통제절차를 강화하자, 범죄자들이 이용하는 대포계좌 매매 가격이 높아져, 이들은 신규 계좌개설된 계좌를 이용하기 보다는 기존에 개설된 계좌를 사용 하거나, 가상계좌나 가상자산 등을 이용하여 불법자금을 거래하고 있어 불법도박 계좌에 금융회사등의 계좌 사용률을 "0%"로 만들기는 너무나 어려운 상황이다.

사행산업통합감독위원회 신고센터

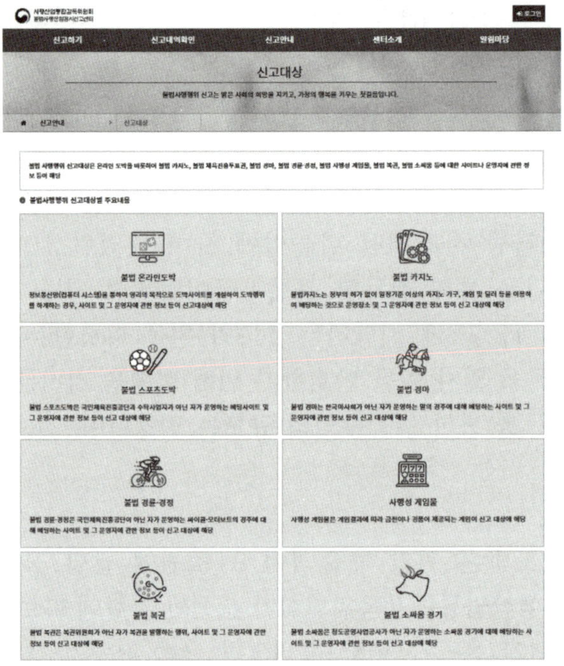

자료 출처 : 사행산업통합감독위원회

또한, 금융회사등에서 불법도박등이 의심되는 계좌가 발견된 경우, 해당 계좌의 거래를 즉시 중단하는 조치가 필요하나, 현재 자금세탁방지 관련 법규에서 금융회사에서 거래중단 등의 조치가 가능한 경우를 고객확인(CDD)이 수행되지 않는 경우로 한정하고 있어 금융회사등이 적극적인 조치를 취하는 데 한계가 있다.

하지만, 불법도박 계좌의 피의자로 확인된 계좌 등에 대해서는 금융회사가 고객과의 접촉 등을 통하여 거래제한 등 적극적인 조치를 취할 필요가 있다. 이와 같이 자금세탁 위험을 예방하려는 금융회사의 적극적인 조치가 적정하게 이루어질 경우, 불법자금 등이 금융회사를 통한 이동에 제동이 걸릴 수 있을 것이다.

최근 FATF에서 STR 보고계좌에 대한 Suspension(거래 중단) 등의 적극적인 조치를 취할 것을 권고하고 있어, 한국 정부도 이를 반영한 법규 개정 등이 진행될 경우, 불법도박등에 사용된 계좌에 대한 거래제한 등 적극적인 조치가 가능해져서 불법도박 차단 등에 가시적인 효과를 거둘 수 있을 것이라 기대해 본다.

사례 1-4 가상자산을 이용한 불법 도박자금 은닉 사례

징역살이를 하게 된 아버지를 뒤이어 범죄를 이어가고, 비트코인 1천 430억 원에 달하는 범죄수익금을 빼돌린 자매들이 경찰의 수사에 덜미가 잡힘

광주경찰청 범죄수익추적수사팀은 불법 도박사이트를 운영하고, 이를 통해 벌어들인 범죄수익을 빼돌린 혐의(도박공간개설·범죄수익은닉법 위반 등)로 30대 A씨와 범죄수익 은닉에 가담한 A씨의 언니에 대한 수사를 진행하고 있음

A씨는 비트코인을 매개로 한 불법 도박사이트를 운영하고, 아버지 B씨와 함께 범죄를 저질러 모은 수익금을 몰래 빼돌린 혐의를 받고 있음. 아버지 B씨는 태국에서 불법 도박사이트를 운영하고, 사기 범죄를 저지르다 검거돼 국내 압송 후 13년 형을 선고받은 상태임

국내 압송 전 태국에서는 비교적 자유롭게 수감시설 면회가 가능한 현지 사정을 이용해, 검거된 아버지로부터 도박사이트 운영 방법 등을 지시받은 딸은 아버지 대신 전면에 나서 불법 도박사이트를 운영하여 왔는데, 이들이 운영한 도박사이트는 비트코인 거래 시세를 예측해 배팅해 맞추면 배당금을 주는 사이트로 확인되었음

이런 수법으로 비트코인 1천 800개, 당시 시세로 1천 400억 원 이상을 벌어들인 딸은 지인의 명의를 이용해 범죄로 벌어들인 비트코인을 현금화하고, 이를 다시 불법 도박사이트 운영자금으로 사용한 사실이 드러남

자료 출처 : 광주경찰청

(3) 보이스피싱, 보험사기 등 금융사기

일반적으로 위협이 큰 금융사기에는 '보이스피싱'과 '유사수신행위(또는 금융투자사기)' 등이 있고, 불법 활동을 목적으로 구성된 집단에 의해 조직적으로 행해지고 있는 것으로 알려져 있다.

보이스피싱[4]이란, 개인정보(Private data)와 낚시(Fishing)의 합성어로, 기망행위로 타인의 재산을 편취하는 금융사기 범죄이며 전기통신수단을 이용한 비대면 거래를 통해 금융 분야에서 발생하는 일종의 특수사기범죄에 해당한다. 일반적으로 휴대폰

4) 통계청 통계개발원이 발표하는 2022년 한국의 동향 자료에서 상세 보이스피싱 범죄에 대한 통계 및 시사점 등을 파악할 수 있다.

등 전기통신수단을 이용하여 타인을 속이거나 협박함으로써 자금을 송금·이체하도록 하거나 개인정보를 알아내어 자금을 송금·이체하는 행위로 이해되는데, 보이스피싱을 위하여 범죄자들은 타인명의 계좌를 이용하여(일명 "대포계좌") 범죄수익을 이동하는 채널로 사용하여 왔다.

보이스피싱 관련 범죄가 본격화되기 시작한 2006년경에는 대부분 외국인 비거주자들이 위조 여권을 소지하여 국내 은행 등에서 다수의 대포계좌를 만들어 이용함에 따라, 금융회사등은 외국인 비거주자에 대한 신규 계좌개설을 제한하는 형태로 이를 통제하기 시작하였는데, 지금은 은행뿐만 아니라 대부분 금융회사등의 계좌가 보이스피싱범죄 등을 위한 대포계좌로 사용되고 있는 상태이다.

특히 2017년부터는 보이스피싱 피해 자금을 가상자산거래소를 이용하여 가상자산으로 자금세탁을 하는 사례가 발생하여, 범죄수익 이동, 은닉 방법이 더 복잡해지고, 보이스피싱 범죄조직들은 금융사기뿐만 아니라, 마약 판대매금 중개책으로도 이용되고 있어 더 큰 위협으로 다가오고 있다.

보이스피싱은 ① 기관사칭형(검찰·경찰·금감원 등을 사칭하여 피싱 사이트로 유도, 금원을 편취하거나, 현금인출기로 유인하여 직접 송금을 유도하는 범죄 유형), ② 납치·공갈형(아들·딸 등 가족을 납치했다며 송금을 유도), ③ 대면접촉·절취형(검찰·경찰·금감원 등을 사칭하여 예금보호 명목으로 직접 만나 편취하거나, 특정 장소에 보관을 지시하고 절취), ④ 대출빙자형(대출을 빙자하여, 개인정보를 취득하여 직접 대포통장으로 이체하거나, 수수료 명목의 금원 송금을 유도하는 등 다양한 유형이 존재한다.

보이스피싱 주요사기 유형 및 대처방법	
유형	사기수법
자녀납치 및 사고 빙자 편취	자녀와 부모의 전화번호 등을 사전에 알고 있는 사기범이 자녀의 전화번호로 발신자번호를 변조, 부모에게 마치 자녀가 사고 또는 납치 상태인 것처럼 가장하여 부모로부터 자금을 편취하는 수법으로, 학교에 간 자녀납치 빙자, 군대에 간 아들 사고 빙자, 유학 중인 자녀납치 또는 사고 빙자 등의 유형이 있음
메신저상에서 지인을 사칭하여 송금을 요구	타인의 인터넷 메신저 아이디와 비밀번호를 해킹하여 로그인한 후 이미 등록되어 있는 가족, 친구 등 지인에게 1:1 대화 또는 쪽지 등을 통해 금전, 교통사고 합의금 등 긴급자금을 요청하고 피해자가 속아 송금하면 이를 편취

자료 출처 : 정책공감(정책사용설명서)

보이스피싱 주요사기 유형 및 대처방법	
유형	사기수법
인터넷뱅킹을 이용해 카드론 대금 및 예금 등 편취	명의도용, 정보유출, 범죄사건 연루 등 명목으로 피해자를 현혹하여 피싱사이트를 통해 신용카드정보(카드번호, 비밀번호, CVC번호) 및 인터넷뱅킹정보(인터넷뱅킹 ID, 비밀번호, 계좌번호, 공인인증서비밀번호, 보안카드번호 등)를 알아낸 후, 사기범이 ARS 또는 인터넷으로 피해자 명의로 카드론을 받고 사기범이 공인인증서 재발급을 통해 인터넷뱅킹으로 카드론 대금 등을 사기범계좌로 이체하여 편취
금융회사·금감원 명의의 허위 긴급 공지 문자메시지로 기망·피싱사이트로 유도하여 예금편취	금융회사 또는 금융감독원에서 보내는 공지사항(보안승급, 정보유출 피해확인 등)인 것처럼 문자메시지를 발송하여 피싱사이트로 유도한 후 금융거래정보를 입력하게 하고 동 정보로 피해자 명의의 대출 등을 받아 편취
전화통화를 통해 텔레뱅킹 이용 정보를 알아내어 금전 편취	50~70대 고령층을 대상으로 전화통화를 통해 텔레뱅킹 가입 사실을 확인하거나 가입하게 한 후, 명의도용, 정보유출, 범죄사건 연루 등 명목으로 피해자를 현혹하여 텔레뱅킹에 필요한 정보(주민등록번호, 이체비밀번호, 통장비밀번호, 보안카드일련번호, 보안카드코드 등)를 알아내어 피해자 계좌에서 금전을 사기범계좌로 이체하여 편취

자료 출처 : 정책공감(정책사용설명서)

보이스피싱 발생건수는 코로나 유행시기 중국의 이동제한으로 잠시 감소하는 추세를 보였으나, 다양한 신종 수법을 통해 다시 지속적으로 증가하고 있다.

보이스피싱 발생건수

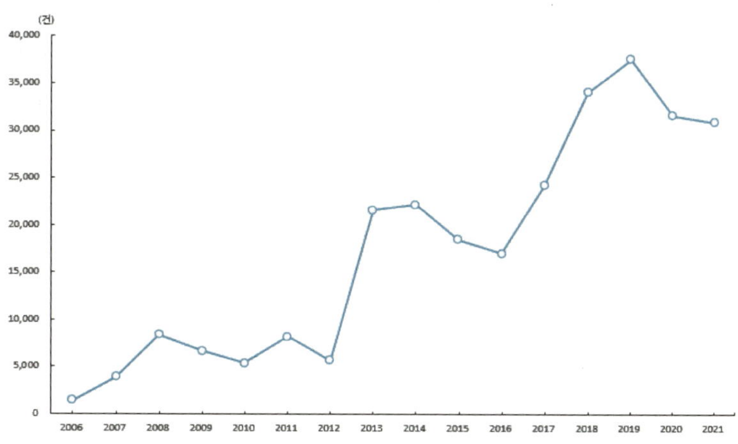

자료 출처 : 경찰청

보이스피싱 피해액

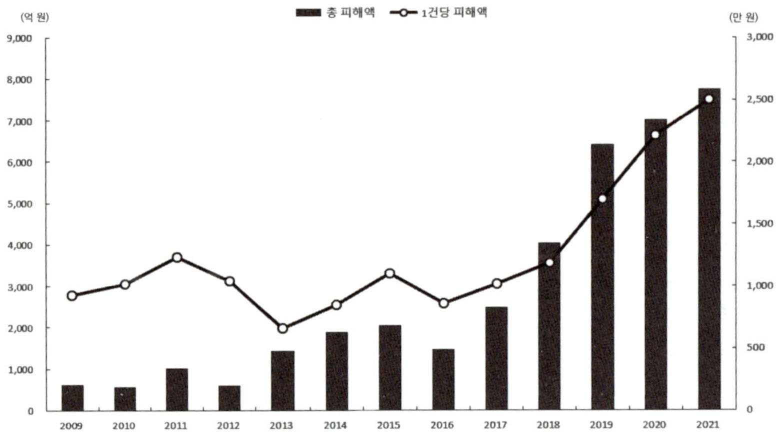

(기준 금액 : 총피해액(억 원), 건당 피해액(만 원))

자료 출처 : 경찰청

정부는 이를 방지하기 위하여 다양한 정부기관 합동으로 보이스피싱 근절을 위한 강력한 노력을 강구하고 있고 각 금융회사등도 고객을 보호하기 위하여 대포계좌 개설 발급을 사전 차단하는 등 다양하고 강력한 자구책을 마련하여 운영하고 있으며, 지연이체 프로세스를 도입 및 FDS(Fraud Detection System) 등을 마련하여 보이스피싱 의심거래를 모니터링하는 정책을 실시하고 있다.

그러나, 현재 보이스피싱 피해금 지급정지 및 환급에 대한 규제를 담당하는 전기통신금융사기 피해 방지 및 피해금 환급에 관한 특별법은 가상자산사업자 등에는 적용되지 않아(2024년 8월 법 개정에 따라, 금융회사와 일정 규모 이상의 전자금융업자는 전기통신금융사기의 사기이용계좌와 피해의심거래계좌에 관한 정보를 서로 공유하도록 하고 있습니다. 이는 기존의 금융실명법, 신용정보법, 전자금융거래법상의 정보 보호 규정에 우선하여 적용됩니다), 업계가 자율적으로 지연이체 등을 통하여 보이스피싱 피해금이 신속하게 인출되지 않도록 조치를 하고 있다. 또한, 물품사기 등은 해당 법규의 보호 대상에 포함되어 있지 않아, 전기통신금융사기에 대한 피해를 방지하기 위한 적극적인 노력을 위해서는 법 개정 등이 요구된다.

2024년 1월부터 은행들은 금융감독원과의 합의에 따라 보이스피싱 피해 고객의 피해금에 대하여 적절한 통제를 구축하지 않았다면 고객에게 발생한 손실에 대하여 책임을 분담하고 있다.

또한, 이런 피싱은 대부분 휴대폰 문자서비스에서 시작하기 때문에 통신사들도 비정상 메시지로 판단되는 단어 등을 사전 차단하는 등 보다 강화된 노력이 요구된다. 최근 싱가폴은 이런 피싱으로부터 금융소비자를 보호하기 위하여 금융회사등만이 아니라 통신사에도 책임을 분담하도록 하는 법규를 이행하는 준비를 하고 있다고 전해졌다. 따라서 우리나라도 정부, 금융회사, 통신사들이 각자의 노력을 강화하고 선의의 금융소비자의 피해를 최소화하여야 할 것이다.

사례 1-5 새로운 수법을 이용한 보이스피싱 자금세탁

사업자인 척 위장해 상품권을 구매하거나 직구 거래를 한 것처럼 속여 보이스피싱 자금 수십억 원을 세탁해 해외로 보낸 일당이 경찰에 붙잡힘. 조사과정에서 일부 수금책은 "작업대출"이나 고액 아르바이트 유혹에 빠져 말단 조직원으로 가담한 것으로 확인됨

작업대출이 필요한 A는 보이스피싱 조직으로부터 개인명의 사업자등록증을 발급받은후 해당 사업자 등록증을 이용하여 백화점에서 거액의 상품권을 구입할 것을 지시받고, 이에 대한 대가로 작업대출을 받을 목적으로 말단 조직원으로 가담한 것으로 확인됨(이들은 사업자등록증 발급이 쉽고, 이를 이용해 계좌를 개설해 거액을 거래할 수 있는 상품권 매매 방식이 보이스피싱에 이용된 사례로서 사업자는 개인과 달리 상품권 구매한도가 없다는 점을 노린 것으로 확인됨)

자료 출처 : YTN

유사수신행위란 금융당국 인·허가 없이 불특정다수를 상대로 원금·수익을 보장하며 자금을 모집하는 미국의 폰지사기(Ponzi Scheme)와 유사하다. 최근 유사수신행위의 수법이 금융취약층을 타켓으로 하는 경우가 많아 그 피해와 수법이 날로 다양해지고 있다. 최근 금융취약자(고령층이나 농어촌지역에 거주하는 노인 등)를 상대로 다양한 수법의 유사수신행위를 통해 자금을 편취하는 경우가 많은 것으로 확인되어, 다양한 교육 등을 통해 유사수신행위에 대한 주의를 전파하여 금융소비자등의 피해를 최소화할 수 있는 노력을 지속적으로 할 필요가 있다.

이와 더불어 최근 많은 피해자를 발생시키는 "리딩방 투자사기"도 급증하고 있다. 리딩방 투자사기는 유명인의 이름을 사칭하기도 하고, 고령자에게 고수익을 보장한다고 꼬여 거액의 자금을 투자하게 하는 금융투자 사기의 한 종류이다. 일반적으로 리딩방 사기는 1) 문자나 SNS를 이용하여 원금이나 수익율 보장 등에 대한 투자 광고를 보냄, 2) 메신저를 통해 허위 수익금 사진 등을 보여주며 피해자를 현혹시킴, 3) 가짜 거래소 앱 설치 유도, 4) 첫 투자시 수익이 발생하는 것처럼 속여 추가 투자 유도, 5) 피해자가 수익금 인출을 요구하면 잠적하는 형태로 발생한다. 그런데 리딩방 사기는 "재화의 공급 또는 용역의 제공 등을 가장한 행위"에 해당하여 전기통신금융사기에서 제외되어 피해 보전이 더 어려워 피해자들을 더 힘들게 하고 있다.

사례 1-6 불법 유사수신업체 사례

해외에 코리아타운을 개발, 최대 512배의 수익을 보장하겠다며 수천 명으로부터 170억 원을 편취한 유사수신업체가 경찰에 적발됨. 제주경찰청은 유사수신 행위의 규제에 관한 법률 위반, 사기, 방문판매 등에 관한 법률 위반 등의 혐의로 13명을 검거하고 이 중 범행을 주도한 60대 A씨 등 4명을 구속함.

경찰에 따르면 이들은 2018년 7월부터 올해 8월까지 동남아 국가에 코리아타운을 개발하겠다고 속여 회원을 모집한 후 이들을 다단계 방식으로 관리하며 투자금을 편취하는 방식으로 범행을 저지름. 이로 인한 피해자는 전국적으로 2200여 명, 피해액은 177억 원이며 제주에서만 133명이 26억 원의 피해를 입은 것으로 밝혀짐.

이들은 경찰의 수사를 피하기 위해 해외에 무역업체 법인을 설립한 후 한국 8개, 해외에 2개 지사를 별도로 설립해 회원들을 모집하고, 10년이면 원금의 512배 수익이 발생하며 회원은 해외에 조성되는 35억 원 상당의 풀빌라는 15억 원에 할인 분양받을 수 있다고 홍보하면서 후순위 가입자가 낸 돈으로 회원들에게 수당 등을 지급하는 속칭 돌려막기 방식으로 투자자들을 끌어 모은 것으로 밝혀짐.

자료 출처 : 제주경찰청

보험사기 행위란 보험사고의 발생, 원인 또는 내용에 관하여 보험자를 기망(欺罔)하여 보험금을 청구하는 행위를 말한다(보험사기방지 특별법 제2조 제2호).

사례 1-7 소비자만 피해보는 보험사기 "1조원 돌파"

금융감독원은 최근 보험사기로 적발된 금액이 1조 818억 원, 적발된 인원이 10만 2,679명에 이른다고 발표함. 보험 사기범 가운데 24%가량은 50대로 가장 높은 비중을 차지했다. 경제적 어려움 등을 이유로 60대 이상의 고령층이 보험사기를 저지르는 비율도 22.2%나 됨

사기 유형별로는 △사고 내용 조작 6,681억 원(61.8%) △허위사고 1,914억 원(17.7%) △고의사고 1,553억 원(14.4%)인 것으로 나타남. 사고 내용 조작 가운데 진단서 위·변조, 입원·수술비 과다청구 유형이 크게 증가하였고, 상해·질병보험 사기금액도 적발금액이 50% 정도인 것으로 확인되었음. 코로나 여파로 생계형 보험사기가 증가함에 따라 결국 보험료 인상으로 이어져 결국 소비자들이 피해를 입게 된다고 발표함

자료 출처 : 금융감독원

(4) 부패범죄

부패범죄는 범죄수익의 규모, 성격을 고려해 보았을 때 자금세탁 주요 위협으로서, 국가권력을 이용한 악의적 범죄. 부패범죄는 각종 계약과 경제활동을 왜곡함으로써 경제 전반과 불특정 다수에게 피해를 끼친다. 기업의 경제활동 과정에서 직면하는 공공부문 부패는 감소하고 있으나, 공무원의 직권남용과 부패억제 기능과 사회 전반의 부패 상황은 개선되지 않고 있다는 평가도 있다. 2023년 부패인식지수(CPI, Corruption Perceptions Index)[5]에서 한국은 두 번째 단계인 상당히 청렴한 국가(32위)로 평가되었다.

부패범죄를 최소화하기 위하여 부패방지 전담기구를 설치하고(현재, 국민권익위원회), 부정청탁 및 금품등 수수의 금지에 관한 법률 제정하여 부패방지를 위한 다양한 통제를 마련하고 있다.

5) 부패인식지수(CPI, Corruption Perceptions Index)는 독일의 비정부 국제기구 (INGO)인 국제투명성기구(TI)에서 발표하는 지수로서, 전문가들이 느끼는 국가 청렴도에 대한 지수이다.

사례 1-8 국회의원 뇌물 수수 사건 - "LXX게이트"

검찰이 사업가로부터 불법 정치자금 등을 받은 혐의로 현역 의원 A씨를 재판에 넘겼는데 이는 뇌물수수·알선수뢰, 정치자금법 위반 등 혐의를 받고 있음

A는 발전소 납품 사업 편의 제공, 물류센터 인허가 알선, 태양광 발전 사업 편의 제공, 인사 알선, 각종 선거자금 등의 명목으로 사업가 B씨로부터 5차례에 걸쳐 총 6,000만 원을 수수한 혐의를 받고 있음

검찰은 A의원 자택 압수수색에서 장롱에서 현금 3억 원을 발견하였는데, A씨는 해당 현금은 조의금 등을 받은 것이라고 주장하였으나, 발견된 현금은 한국은행 발행 상태의 다발이 포함되어 있어, 검찰은 A씨가 받은 부적절한 뇌물 등을 돈세탁한 자금이라는 의심을 가지고 수사 중임(아래 A씨 자택 장롱에서 발견된 현금 다발 사진)

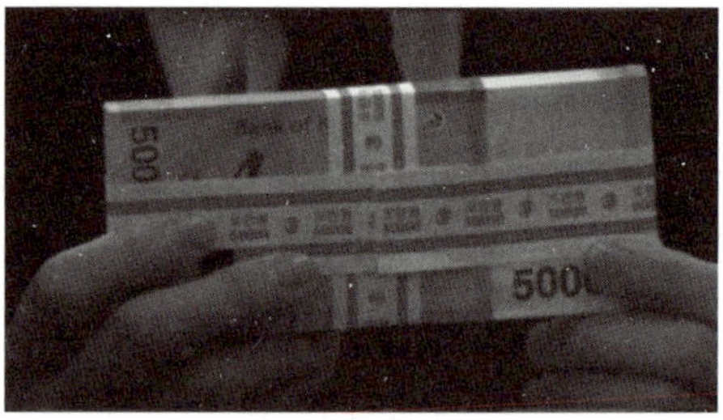

자료 출처 : 검찰청

(5) 주가조작 등 불공정행위

주가조작 등 불공정거래는 자본시장에 대한 투자자의 불신을 심화시키고 건전한 투자자의 시장이탈을 초래하는 심각한 금융범죄로서 신종 금융상품과 IT 발달에 따라 더욱 증가하고 수법도 교묘해지고 있다.

대표적인 범죄 유형으로는 ① 시세조종행위, ② 미공개정보이용 등 내부자거래행위, ③ 부정거래 행위, ④ 신고·공시의무 위반행위 등이 있으며, 특히 시세조종행위에는 위장거래, 허위표시, 현물·선물 연계 등 다양한 방식이 존재한다. 최근 몇 년간 일반 투자자들이(소위 "동학개미") 주식에 대한 관심이 높아져 주식거래자가 많아짐과 동시에, 시세조정이나 미공개정보를 이용한 불법 주식거래로 인한 사례가 종종 사회적 물의를 일으키고 있어, 주가조작 등의 불공정행위에 대한 자금세탁 리스크를 적정하게 파악하고 이를 통제하기 위하여 금융투자업과 주식관련 자금세탁 리스크에 대한 재평가가 수행되는 것이 바람직할 것으로 판단된다.

사례 1-9 SXX발 불법 시세조정 사건

2023년 4월, 관련성이 특별히 없어 보이는, 8개 항목이 갑자기 하한가를 기록하였는데, 해당 종목들은 지난 1년여간 수백% 이상 주가가 상승하였고, SXXX 증권에서 매물이 대량으로 나왔다는 공통점이 있었음(소위 "SXX발 사태"라고 함). 주범으로 지목된 A씨는 주식 투자 세미나에서 "저평가된 주식을 다수의 투자자가 사서 장기 보유하면 수익을 낼 수 있다"며 투자자를 모집한 것으로 확인되었는데, A가 선정한 주식은 보유자산에 비해 시장가격이 낮은 자산주임.

투자자들은 초기에는 거액을 투자하지 않았으나, 단기간에 20~30%의 수익이 발생하자 욕심이 생겨 더 큰 금액을 투자하게 된 것으로 파악됨. 투자자들은 단기간에 고액의 수익이 발생하게 됨에 따라 A씨에 대한 신뢰가 높아지게 됨. 이에 A씨는 투자자들에게 신규계좌를 열어 비밀번호와 공인인증서를 주면 직접 투자해 주고, 수익은 50%씩 나눠가지고 제안을 하며 거액의 자금을 투자받게 됨

투자자들은 자신의 계좌가 어떻게 투자되는지 몰랐지만, 지속적으로 수익이 증가하자 A씨에 대한 신임이 더 커지게 되었고, A씨는 수천 명의 계좌로 시세를 조정해서 주가가 떨어지면 사서 올리고, 오르면 일부를 팔아 가격을 관리하는 식의 즉 불법일임, 시세조정을 목적으로 허위 통정매매를 함. 수익이 늘어날수록 자금을 맡기는 투자자들이 늘어나고 투자금에 대출까지 받자 자금력이 확보되어 주식은 얼마든지 살 수 있게 된 것임

한국거래소에는 시장감시 시스템이 운영되어 특정 계좌가 시세조정에 관련하는 것으로 예상되는 계좌를 적발할 수 있도록 통제절차를 마련하고 있는데, 안타깝게도 A씨는 다수의 계좌를 불법으로 위임받아 거래를 했기 때문에 시장감시 시스템에 적발되지 않은 것으로 파악됨

A씨는 수천억 단위의 돈이 거래되니, 수수료(즉, 성과보수)를 현금으로 받는 것이 아니라(CTR 회피 목적으로 현금거래를 꺼림), 골프장, 리조트 회원권을 구입하게 해서 수익을 챙겼고, 골프, 필라테스 레슨비를 결제하거나, 명품숍, 인테리어 업체 등을 만들어 까드깡을 통해 성과 보수를 받는 용도로 활용하여 온 것으로 확인됨

그런데, 4월 A모씨가 선정하여 시세를 조정하여 왔던 DX의 대주주가 600억 규모의 주식을 블록딜(시간외대량매매) 방식으로 매각함에 따라 다음날 해당 주식이 -6%로 하락하게 되고 그 다음영업일에 하한가로 떨어지게 되고, 주가 하락은 SXX 증권발 반대매매 사태가 발생하게 됨

A씨는 투자자들의 투자금뿐만 아니라 차액결제거래(CFD), 신용융자 등을 통해 대규모 대출을 받아 주식을 사왔는데, 주식을 담보로 대출을 받은 경우 주가가 담보비율 이하로 떨어지면 증권사는 강제로 주식을 매도하게 됨. 이와 같이 무더기 반대매매가 나오면 주가는 추가로 더 하락하게 됨

즉 DX사의 주식매도로 인한 주가하락은 전체계좌의 담보비율을 하락시켰고, 무더기 반대매매로 주가는 더 하락하게 됨에 따라 DX사뿐만 아니라 A씨가 선정한 다른 자산주 모든 종목의 반대매매를 촉발하게 되어 A씨에게 자금을 맡긴 투자자들은 거액의 빚까지 떠안게 됨

* 차액결제거래(CFD, Contract for Difference)란 실제자산(주식)의 직접보유 없이 가격변동분 차액만 결제하는 장외파생상품의 일종으로 최소 증거금률 40% 적용으로 2.5배의 레버리지 투자가 가능하다는 점에서 '신용융자'와 경제적 실질이 유사(자료 출처 : 금융위원회 발표 중 CFD 규제보완 방안)

CFD 거래구조 (예시)

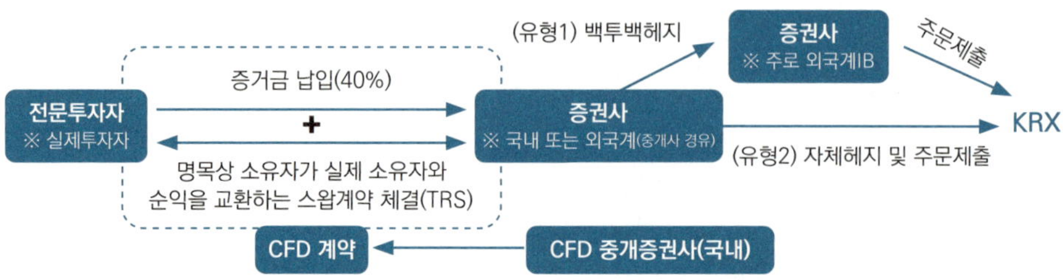

SX사태는 아직까지 형사재판이 종료되지 않아, 불법 시세조작에 관련된 세력이나 방법 등에 대해서는 추가적인 조사가 진행되겠지만, 투자자들이 불법일임이나 시세조정에 관여되는 것이 얼마나 큰 영향력으로 발생할 수 있다는 시사점과 증권사의 상품 리스크에 대한 이해가 얼마나 중요한지를 알게 되는 큰 교훈을 얻게 된 사례임

자료 출처 : 한겨레

사례 1-10 금융회사 직원들의 미공개주식을 이용한 이득

KXX금융사 직원과 지인들이 내부정보를 이용해 127억 원의 주식 시세차익을 올린 것으로 드러남. 이들은 업무과정에서 알게 된 무상증자 일정을 활용해 직접 주식거래를 했을 뿐 아니라, 지인에게도 해당 정보를 공유한 것으로 확인됨

금융위원회와 금융감독원은 KXX금융사 증권대행업무 담당 직원들이 업무상 알게 된 미공개 중요정보를 주식거래에 활용한 혐의(자본시장법 위반)를 적발해 검찰에 통보함

이들 직원들은 고객회사의 전자증권 등록·발행 등을 대신 해주는 증권대행업무 특성상 61개사의 무상증자 일정을 미리 알게 된다는 점을 이용하여 본인이나 가족 명의로 해당 종목을 매수한 뒤, 보통 호재성 정보로 인식되는 무상증자 공시로 주가가 오르면 매도하는 식으로 부당이득을 얻은 것으로 확인됨

자본시장법은 미공개중요정보를 본인이 활용하는 행위뿐 아니라 타인으로 하여금 이용하게 하는 행위도 금지하고 있음

자료 출처 : 한겨레

(6) 재산국외도피

우리나라는 산업구조에서 무역이 차지하는 비중이 높고, 수출입이 활발하므로 무역거래를 가장한 자금세탁에 취약할 수 있다. 즉, 대외무역 자유화를 통하여 무역거래를 악용한 재산국외도피는 국가재산의 유출로 국부의 감소를 초래하고, 국가의 재정건전성에 심각한 위협이 되고, 유출된 재산의 국내 반입은 부의 편법 이전이나

탈세 등에 이용되어 사회의 양극화를 심화시킬 수 있다.

불법적인 방법으로 국내재산을 국외로 이동하거나, 국내로 반입할 재산을 국외에서 은닉, 처분, 도피하는 행위는 외국환거래법, 대외무역법 등에 위반되며, "특정경제범죄 가중처벌 등에 관한 법률"에 따라 엄격 처벌하고 있다.

2022년 한국과 해외 가상자산거래소의 가격차이 일명 "김치 프리미엄"을 이용한 가상자산거래를 통하여 얻은 막대한 수익을 위장 무역서류를 통해 해외로 유출한 사례에서 파악한 바와 같이, 가장 무역서류를 이용할 경우 금융회사가 이를 파악하는 데 한계가 있고, 해외로 유출된 자금을 추적하기 위해 해외 수사기관 등과의 공조가 어려운 점 등이 있다. 이러한 현실은 범죄자들이 막대한 자금을 이동시키기 쉬운 수단 중의 하나로 꼽힌다.

특히, 정부가 외국환거래에 대한 규제를 더 완화할 예정이라, 금융회사등은 외환거래에 대한 거래목적과 관련 증빙서류의 진위를 확인하기 위한 주의의무를 더 강화하여 ML/TF 리스크를 최소화하기 위한 내부통제 설계를 개선할 필요가 있다(최근 거액 외환송금 사건이 발생한 이후 금융업계는 외환 내부통제 강화를 위한 여러 가지 개선사항을 마련하여 이행하고 있음).

또한, 관세청은 무역금융범죄에 대한 중점 단속을 위하여 전담팀을 구성하고 재산국외 도피·자금세탁등 중점 단속테마를 선정하여 특별단속을 실시하고 있으며, 2023년 1월 보도자료를 통해 무역거래 가장 불법외환송금 근절을 위해 사전송금 관련 「상시 불법 외환유출 점검 시스템」을 구축하여 단속을 강화할 예정이라, 향후 정부의 이상 해외송금에 대한 모니터링이 강화될 것으로 예상된다.

사례 1-11 재산국외도피 관련 주요 범죄 사례
① 수출대금 등을 미회수한 뒤 미신고 해외계좌에 예치 후 국내반입 : 해운업체 D社는 선박 수출금 등 883억 원을 싱가폴 페이퍼컴퍼니 명의 비밀계좌에 은닉하여 비자금을 조성(재산국외도피)하고, 당국의 추적을 피하기 위해 버진아일랜드 소재 페이퍼컴퍼니 계좌로 이체하여 세탁한 후 합법적인 외국인 투자자금으로 위장하여 400억 원을 국내에 반입(자금세탁)하여 국내 관계사인 B社에 투자
② 불법 해외투자를 통한 주가조작 : 코스닥 상장사 A社는 주가조작을 위해 해외투자를 가장해 홍콩 페이퍼컴퍼니를 설립하고 비밀계좌에 61억 원을 송금하여 비자금 조성(재산국외도피)한 뒤, 조성된 비자금을 정상적으로 외국인이 자사 주식을 고가로 취득하는 것처럼 가장(자금세탁)하여 주가를 조작하고 대표 소유의 차명주식을 처분하여 시세차익을 얻고, 일부자금은 개인이 유용
③ 중계무역을 가장한 재산국외도피 : Y社는 중국거래처에서 휴대폰 부품을 직접 수입함에도 홍콩 페이퍼컴퍼니가 중계무역을 하는 것처럼 거래구조를 위장하여 수입가격을 고가로 조작하고 발생한 차액 179억 원을 해외 비밀 계좌에 은닉(재산국외도피)한 후, 은닉 자금을 임원이 해외에서 벌어들인 정상소득인 것처럼 가장하거나 제3의 국내 법인에 페이퍼컴퍼니가 외국인 투자하는 것처럼 위장(자금세탁)하는 수법으로 국내 반입
④ 수출가격 조작을 통한 재산도피 : 중국 현지법인과의 직거래를 홍콩 페이퍼컴퍼니를 통한 중계무역으로 실제 수출가격보다 저가가 수출하고 발생한 차액 62억 원을 비자금으로 조성(재산국외도피)한 후, 비자금을 임직원 급여, 상여금 명목으로 국내 반입(자금세탁)하여 대표자 개인의 부동산 취득, 대표자 및 차명으로 자사주 매입 대출금 상환 등에 사용
⑤ 허위서류 작성을 통한 외화송금/재산도피 : R社는 비트코인을 구매할 목적으로 해외에 페이퍼컴퍼니를 설립하고 소프트웨어 매입 계약서를 작성해서 은행에 제출하여 2년간 총 1,647억 원을 페이퍼컴퍼니 계좌로 송금하여 불법 해외예금한 후 비트코인을 구매하고, 이 과정에서 발생한 비트코인 시세차익 수익금 중 일부(5억 원)를 해외 페이퍼컴퍼니로 빼돌려 재산국외도피

자료 출처 : 관계부처 합동 국가위험평가

사례 1-12 관세청, 무역 기반 범죄 적발(재산 해외 도피 등)

관세청이 최근 무역기반 경제범죄에 대한 중점 단속을 벌여 수천억 원 상당의 경제범죄를 적발하였음
무역 기반 관련 경제범죄는 수출입 가격 조작과 허위 무역·외환거래 수법으로 해외에 비자금을 조성하거나 보조금 등 공공재정을 편취한 경우 등을 의미함

유형별 내용을 살펴보면 수출입 가격조작을 통한 공공재정 편취, 해외 서류상의 회사 등을 이용한 재산 국외 도피, 차명계좌를 이용한 자금세탁, 해외매출 부풀리기를 통한 불공정거래 등으로 확인되고 주요 적발 사례는 다음과 같음

① 코스닥 상장사 대표 A는 해외 현지법인의 허위 수출을 성사시켰다는 방법으로 회사 외형을 부풀려 투자금을 유치한 뒤, 이 투자금을 현지법인과 서류상의 회사에 허위 투자하는 방법 등을 통한 거액의 자금을 해외로 빼돌려 사적 편취한 혐의를 받고 있음

② B사의 사주일가는 미국 등으로부터 식품 원료를 수입하면서, 미국에 설립한 서류상의 회사를 거치게 해 수입 단가를 높게 조작한 뒤 차액을 빼돌려 해당 자금으로 미국 소재 부동산을 차명으로 취득하고, 자녀 유학 경비로 사용한 혐의를 받고 있음

③ 심혈관 치료재료 등을 수입하는 다국적기업 업체 3곳은 건강보험 급여 상한금액에 맞춰 수입 원가를 부풀려 신고했다가 적발됨. 이들은 수입 원가에 따라 건강보험 급여 상한 금액이 결정된다는 점을 악용해 건강보험재정을 편취할 목적으로 상한금액에 맞춰 치료재료 등의 가격을 고가로 부풀려 신고하고 이 차액을 본사에서 되돌려 받는 방법으로 건강보험재정 수백억 원을 편취한 혐의를 받고 있음

자료 출처 : 관세청

(7) 횡령·배임

횡령과 배임은 다른 재산범죄 유형과 비교할 때 범죄수익규모가 상대적으로 커 자금세탁 유인이 높고 재산피해 규모도 크다. 횡령·배임은 한 기업체의 존립에 영향을 미치거나 다수의 경제생활에 큰 영향을 미치므로 사회적 파급력이 큰 고비용 범죄에 해당하며, 다른 재산범죄에 비해 범죄수익규모가 크며 범죄로 인하여 영향을 받는 사람이 많고 사회의 도덕성과 사기를 저하시키는 문제점을 가지고 있다.

특히 최근 금융회사나 상장기업들의 직원들이 엄청난 거액의 자금을 횡령하는 사건이 발생하고, 해당 범죄수익에 대한 회수가 미미함에 따라, 금융회사뿐만 아니라, 일반기업에서도 업무상 횡령 배임에 대한 관심이 높아지고 있다.

업무상 횡령·배임의 주요 유형		
사례 유형	**전제범죄**	**범죄내용**
금융회사로부터 불법 대출을 받아 횡령	횡령·배임	부동산 개발 등 명목으로 서류위조 등을 통해 금융회사로부터 불법 대출을 받아 횡령
무자료거래, 회계조작 등을 통해 기업 자금을 횡령	횡령·배임	기업의 거래자료 누락, 회계장부 조작 등을 통해 기업의 거래내용을 누락하고 그 매출금을 회사 소유자(대주주) 계좌로 입금하여 횡령
계열사 주식 헐값 인수를 통한 기업손해 발생 및 부당이득 수취	배임	대주주 지위를 이용하여 계열사 주식을 헐값에 인수하여 회사에 손해를 끼치고 부당이득을 수취
부동산 개발 분양대금 횡령	횡령·배임	상가 개발, 분양을 통하여 받은 대금을 개인 사업에 유용하고 또 일부를 횡령

자료 출처 : 관계부처 합동 국가위험평가

이와 같은 업무상횡령 또는 배임을 사전적으로 적발하고, 회계정보 신뢰성 제고를 위해 외부감사법을 전면 개정하여 주기적 감사인지정제도 도입 등 회계제도를 개선하여 외부감사인제도를 강화하여 활용하고 있으며, 내부통제제도를 강화하고 있다. 예를 들어 금융회사의 경우에는 직원에 대한 모니터링 강화 및 업무 분장 재정비, 윤리의식을 고취하기 위한 다양한 연수 프로그램 제공 그리고 내부신고 제도를 강화하여 직원의 부적절한 비위행위를 적발하기 위한 노력을 지속적으로 강화하고 있다.

또한 금융회사등에서 의심거래보고(STR)를 통하여 연간 3,000여 건이 법집행기관으로 정보가 제공되어 다수의 횡령 배임건이 적발되고 범죄수익이 환수되고 있는 것이 현실이다.

업무상 횡령이나 배임사건이 발생할 경우 1) 상장사의 경우 업무상 횡령이나 배임금액이 자본금의 5% 이상에 해당할 경우, 상장적격성 실질심사 제도[6]에 따라 상장폐지 등의 처분을 받아 퇴출당할 수 있고, 2) 금융회사등의 경우에는 내부통제 미흡 등으로 인하여 회사나 임직원에 대한 징계처분이 내려질 수 있고, 3) 해당 회사들에 대한 신뢰나 평판에 악영향을 미칠 수밖에 없다.

6) 상장적격성 실질심사제도 : 코스닥상장기업 중 횡령· 배임, 분식회계 등 불건전행위 발생 기업에 대해 퇴출 여부를 판단하는 제도

상장적격성 실질심사제도

1. 실질심사 현황

최근 상장사의 불공정거래로 인하여 상장적격성 실질심사 건수가 크게 증가하는 추세임. 이는 특히, 상장사 임직원의 횡령 및 배임 혐의로 인한 실질심사가 증대하고 있는데 코스닥시장 상장규정에 의하면, 직원의 횡령 배임 혐의 금액이 자기자본의 5%(대기업은 3%) 이상이거나 임원의 횡령 배임 혐의 금액이 자기자본의 3% 혹은 10억 원 이상인 경우 실질심사 사유에 해당함

*2023. 7. 10. 기준 공시자료

구분	코스닥시장			유가증권시장			전체 증권시장		
	'21	'22	'23*	'21	'22	'23*	'21	'22	'23*
심사대상법인	38	26	27	10	3	5	48	29	32
심사대상제외	12	10	6	1	-	1	13	10	7
비율	**31.6%**	**38.5%**	**22.2%**	**10.0%**	**0.0%**	**20.0%**	**27.1%**	**34.5%**	**21.9%**
횡령배임혐의	7	6	17	8	2	3	15	8	20
비율	**18.4%**	**23.1%**	**63.0%**	**80.0%**	**66.7%**	**60.0%**	**31.3%**	**27.6%**	**62.5%**

*한국거래소 공시자료 기준(분류기준에 따른 차이 있을 수 있음)

2. 실질심사 절차 및 최근 심사 동향

경영진들의 횡령 배임 혐의 등 실질심사 사유가 발생하는 경우 거래소는 곧바로 매매거래를 정지시키고, 해당 법인의 영업의 지속성, 재무건전성, 경영투명성 등을 종합적으로 심사하여 실질심사 대상에 해당하는지 여부를 심사하게 됨

거래소에서 해당 법인이 실질심사 대상에 해당한다고 결정하게 되면, 1차적으로 기업심사위원회의 심의를 거쳐 상장폐지 여부를 결정하게 됨. 한편, 기업심사위원회는 그동안 심사대상 법인이 상장적격성을 완전히 갖추지 못한 경우에도 해당 법인이 충실한 개선계획서를 제출하는 경우 곧바로 상장폐지결정을 하기 보다는 개선기간을 부여해 왔음

그런데 최근 기업심사위원회는 경영의 투명성 관련 사유로 실질심사를 받게 된 일부 코스닥 상장법인에 대해서 개선기간을 부여하지 않고 곧바로 상장폐지결정을 하는 등 다소 강화된 심사기준을 적용하고 있는 것으로 판단됨

자료 출처 : 법무법인 세종 뉴스레터

사례 1-13 상장사 O사 직원 횡령사건

2021년 우리나라의 유명 의료업체인 O사에서 자금관리 부서 담당자인 L씨가 O사의 자본금의 108%가 넘은 2,215억을 횡령하는 사건이 발생함. L씨는 잔고증명서를 위조하는 등의 방법을 사용해 2021년 3월부터 총 1조 2천억 원 가량의 주식을 거래하면서 지속적인 손실을 입은 것으로 파악되었으며, 특히 L씨는 대중 언론매체 등에서 주식관련 전문가로 알려진 인물이었다고 함

상장사가 자기자본의 5% 이상을 횡령하면 상장폐지 요건에 해당하기 때문에 O사는 횡령사고 공시 직후 주식거래가 중지되었고, 상장적격성 실질심사 절차가 시작됨

L모씨는 온가족을 총동원해 횡령금액을 은닉하려고 한 것으로 파악되었는데, 아래 내용은 검찰 공소장에 적시된 횡령금 은닉 시도 정황에 대한 내용임(자료 출처 - 김도읍 의원실). 또한 L씨는 금괴 855kg을 파주시의 한 금거래소에서 구입하고, 이를 여러 곳에 나눠 보관하다가, 이씨의 아버지가 자살한 후 금 은닉 장소를 진술한 것으로 알려졌음

구분	내용	금액	가담자
부동산	오피스텔 3채	35억 5,750만 원	L씨와 L씨의 배우자
	상가 사무실	11억 4,500만 원	L씨와 L씨의 배우자
	아파트	16억 5,000만 원	L씨 처제와 처제남편
리조트	회원권1, 2	3억 1,166만 원	L씨와 L씨의 배우자, 처제
	회원권3, 관리비	34억1,410만 원	L씨와 L씨의 배우자
현물	금괴	681억 7,548만 원	L씨, 여동생, 아버지(사망)
	송금	36억 6,983만 원	L씨와 L씨의 배우자
	송금	5억 8,483만 원	L씨와 처제
	송금	1억 2,510만 원	L씨와 여동생

해당 사건이 발생한 후 O사는 상장적격성 실시심사과정에서 상장폐지는 모면했지만, 자체적으로 상장폐지를 결정한 후 사모펀드에 매각되었음

자료 출처 : 아시아 경제

사례 1-14 상장사 K사 직원 횡령사건

상장사 K사의 재무팀 직원인 A씨는 K사의 자기자본(1,926억 원)의 12.7%에 해당하는 246억 원을 횡령하였는데, A씨는 불법 스포츠 토토로 돈을 잃자 이를 만회하기 위해 범행을 저지른 것으로 파악됨

A씨는 구매 장부를 조작하고 은행 잔고 증명서에 맞춰 재무제표를 꾸미는 수법으로 범행을 숨겼으며 횡령금 대부분을 가상화폐 투자, 온라인 도박, 생활비, 유흥비에 탕진한 것으로 조사됨. A씨는 횡령액 가운데 남은 돈 37억 원을 회사에 자진 반납하였지만, 체포 직전 수억 원 상당의 가상화폐를 구입해 이혼한 전 아내에게 맡겨놓은 것이 드러나 범죄수익은닉규제법 위반 혐의가 추가됨

K사는 해당 사건 직후, 주식거래가 정지되고 상장폐지 위기에 놓이기도 하였으나, K사의 상장 적격성 여부를 심의한 한국거래소 기업심사위원회는 K사에 상장폐지 대신 4개월의 개선기간을 부여함에 따라 내부통제시스템 및 지배구조 개선을 통하여 예상했던 기간보다 일찍 상장유지 결정과 거래재개가 이루어졌음

3. 금융업과 거래수단에서 확인된 위험

금융업과 거래수단에서 확인된 위험은 현금거래와 가상화폐에 대한 위험이다. 현금거래 위험에 대한 상세한 내용은 제4편 고액현금거래보고제도편에 상세 기술되어 있다. 또한 가상화폐(가상자산)에 대한 위험은 본편 제3장 가상자산거래소에 상세히 기술되어 있다.

3장

각 금융회사등의 업권별 자금세탁 위험에 대한 이해

제1절 개요

2024년 발간된 금융정보분석원의 연차보고서에 따르면 한국의 자금세탁방지 의무를 준수하고 검사대상이 되는 "금융회사등"은 약 9천여 개에 해당한다[7]. 해당 금융회사등은 규모나 사업성격이 다양하여 각 업권이 가지는 자금세탁 리스크는 일률적으로 설명할 수 없다. 따라서 각 금융회사등은 각 금융회사가 노출된 자금세탁 위험의 유형을 파악하여, 해당 금융회사등의 상품, 서비스, 채널 등 해당 위험을 경감할 수 있도록 통제를 마련하는 것이 중요하다. 만약 각 금융회사등이 해당 금융회사가 노출된 자금세탁등의 위험을 적정하게 통제하지 못할 경우, 이를 먼저 파악한 범죄자들이 해당 업권을 자금세탁 통로로 이용하여 단기간에 거대한 자금이 법집행 기관의 추적을 따돌려 범죄수익 환수에 어려움을 겪게 되기 때문에 이는 곧 한국의 금융소비자의 피해와 범죄의 활성화에 직결될 수 있음에 다시 한 번 환기할 필요가 있다.

2023년 수탁기관별 검사 실적

구분	금융감독원	농협	수협	산림	신협	금고	우본	중기부(*)	관세청	제주도청(**)	행안부	합계
검사대상	1,547	1,111	90	140	869	1,288	2,431	246	1,507	8	1	9,238

자료 출처 : 금융정보분석원 2023 연차보고서

(*)중기부 : 밴처캐피탈에 대한 검사 수탁기관

(**) 제주도 소재 카지노에 대한 검사 수탁기관

7) 2024년 12월에 발행한 금융정보분석원 연차보고서(2023) 참조.

제2절 은행

1. 개요

대표적 제도권 금융업은 은행, 보험사, 금융투자회사, 상호금융, 여신전문업 등이 있으며, 2017년 말 기준 4,137개 금융회사가 5,416조원의 자산을 운영 중이고, 그 중 은행자산이 약 55%를 차지하고 있다. 현재 총 20개의 국내은행 중, 6개의 시중은행, 6개의 지방은행, 특수은행 5개, 인터넷 전문은행 3곳이 영업을 하고 있고, 최근 인터넷 전문 은행 3사의 고객 비중이 상대적으로 증가하고 있다.

은행은 금융회사등에서 가장 많은 고객을 보유하고, 해당 고객들에게 다양한 상품 및 서비스, 채널 등을 제공하고 있어, 이에 따른 자금세탁 리스크 위험도 가장 높다고 판단된다.

이에 정부는 자금세탁방지를 도입하여 운영하는 과정에서 은행이 우선 이행하여 줄 것을 기대하여, 현재 은행은 모든 금융회사등에서 가장 많은 자금세탁방지 인력을 배치하고 있고, 자금세탁방지를 위한 내부통제 절차가 어느 정도 정착된 업권이라고 할 수 있다. 하지만 여전히 범죄자들은 은행업권이 가지는 상품 및 채널의 다양성과 이런 상품 등의 취약점 등을 이용하여 여전히 은행을 자금세탁 통로로 가장 쉽게 이용한다.

따라서 각 은행은 해당 은행의 고객군, 제공하는 채널의 다양성, 상품 및 서비스의 복잡성 등을 잘 이해하여 노출된 자금세탁 Risk Typology를 중심으로 자금세탁방지를 위한 내부통제 절차를 마련하여 지속적으로 발전시켜 나가야 할 필요가 있다.

2. 은행의 자금세탁위험 유형

앞장에서 기술한 전제범죄로부터 발생하는 위험뿐만 아니라, 은행은 현금거래, 역외거래, 제3자거래 등이 용이한 점, 다양한 비대면 채널 증가로 인한 해킹이나 피싱을 기반으로 한 금융범죄의 목표가 되고 있다.

이와 더불어 새로운 금융시장 즉, 가상자산거래소나 전자금융업자와의 거래로 인하여 파생되는 새로운 위험, 역외거래 상품을 이용한 범죄자금의 취약성 등 각 은행들은 해당 은행의 고객, 상품 및 서비스 그리고 채널에 노출된 자금세탁등의 위험을 제대로 파악하여야 한다.

또한, 상품설명서, 서비스/채널 승인시 또는 프로세스 변경시 이로 인하여 발생할 수 있는 자금세탁 리스크를 파악하고 이에 대한 경감책(즉, 거래모니터링 강화 등)을 마련하여야 하며, 국내 은행들이 다양한 국가로의 영업 확대로 인하여 해외점포의 자금세탁방지를 위한 통제를 강화할 필요가 있다.

특히, 자금세탁 규제가 소홀한 국가에 지점 또는 현지법인(또는 사업제휴) 등을 설립하여 운영하는 경우, 해당 국가의 규제가 한국 규제요건 보다 완화된 경우에는 반드시 한국의 자금세탁방지 제도를 준수할 수 있도록 인력과 시스템 등에 적극적인 투자가 요구된다.

3. 은행 상품등의 자금세탁 취약점

(1) 예금 상품

예금 상품은 은행의 가장 기본적인 상품이며, 국민 대부분이 하나 이상의 예금계좌를 보유하고 있을 만큼 보편적인 상품이지만, 그만큼 자금세탁에 취약할 수 있는 상품에 해당한다. 다음은 은행의 대표적인 자금세탁 취약상품에 대한 설명이다.

- 차명계좌 : 개정된 금융실명법에 의하여 타인의 명의를 이용한 차명계좌에 대한 강력한 처벌을 하고 있으나, 여전히 범죄자들은 차명계좌를 자금세탁의 수단으로 사용하고 있다. 특히 법인의 비자금의 이동, 또는 탈세를 위한 채널로 이용될 수 있으므로, 예금(적금, 정기예금 포함 – 외국 금융회사들의 경우 정기예금, 적금 등을 가입할 경우 반드시 해당 은행에 수시입출금계좌를 가입하도록 하여 최초 계좌개설 자금의 출처를 확인하는 절차가 강화되어 있다) 계좌 개설시 실소유자 여부를 확인하기 위하여 자금의 출처 등을 명확하게 파악하여야 한다.
- 대포계좌 : 2006년 보이스피싱이 한국 금융시장에 새로운 금융사기 유형이 된지 10년이 넘었지만, 여전히 보이스피싱으로 인한 금융소비자의 피해는 막대하다. 최근 보이스피싱을 근절하기 위하여 다양한 통제책을 마련하고 있지만, "제로 리스크"로 통제하기에는 어려움이 많다. 대포계좌를 근절하기 위하여 "금융거래 확인서"를 통하여 거래목적을 확인/검증하고, 확인등이 되지 않을 경우 한도계좌로 통제하고 있으나, 범죄자들은 한도계좌 통제가 적용되지 않은 적립식 예금, 자동이체 등록 채널을 이용한 거액 이체 등의 방식을 사용하는 등 새로운 방식을 이용하기 때문에 업계간 정보 공유 등을 통하여 대포계좌를 최소화할 수 있는 노력이 요구된다.

- 무기명 양도성예금 증서 : 자금세탁방지에서 우선적으로 금지되어야 하는 상품이 익명성 상품이다. 그러나 한국에는 여전히 익명성이 허용된 무기명식 양도성예금 증서 발급이 허용되어, 최초 발급의뢰인과 최종 소지인은 확인 가능하나, 발급 이후 누구에게 양도되었는지 확인이 불가능하여, 범죄자들이 자금세탁 목적으로 무기명 양도성 예금증서를 불법사채 시장에서 할인 판매하여 중간 보유자를 은닉할 수 있으므로, 최초 발급인과 최종 소지인이 상이할 경우 거래 목적과 자금의 출처를 명확하게 파악하는 프로세스가 강화되어야 한다.
- 가상자산 연계 원화 실명계좌 : 가상자산거래소가 원화마켓 서비스를 제공하기 위해서는 가상자산거래소는 지정된 은행으로부터 원화실명계정을 제공받아야 한다. 즉, 가상자산거래소 고객이 원화자금으로 가상자산거래를 하고자 하는 경우, 지정된 은행에서 고객 본인 명의의 실명계좌를 발급받아야 하는데, 원화 실명계좌를 발급한 은행은 자신의 고객이 불법적인 자금을 토대로 가상자산거래를 하는지 여부를 파악하기 위한 강화된 고객확인의무나 모니터링을 수행하여야 한다. 특히, 2023년 하반기 은행연합회에서 발표된 「가상자산 실명계좌 운영지침(초안 – 아직 시행되지 않음)」에서는 원화 실명계좌를 발급하기 위한 은행 및 가상자산거래소의 요건을 정하고 있어, 가상자산 연계 원화 실명계좌는 "단순 예금 상품"과는 차별화된 통제절차가 요구된다.

(2) 대출상품

대출상품에 대한 일반인들의 인식은 대출심사 과정에서 신용 리스크를 검토하기 위해 충분한 조사가 되므로 자금세탁 가능성이 존재하지 않을 것으로 생각한다. 그러나 예를 들어, 자녀명의로 대출을 받은 후 부모가 상환하는 방식으로 증여세 등을 탈루할 목적으로 이용될 수 있고, 뇌물을 제공하고자 하는 경우, 해당 뇌물을 제공하고자 하는 자가 대출자금을 변제할 경우, 이를 쉽게 파악하기 어려울 수 있다. 따라서 금융회사는 대출금의 조기 변제되는 경우 또는 소득에 비하여 고액의 부동산 등을 매입하기 위하여 부동산담보대출을 받은 후 해당 자금이 제3자로부터 상환되거나 현금으로 상환되는 경우 등에 대한 모니터링 강화가 요구된다.

최근 동아시아에서는 소득자료 위조 등을 통한 대출사기가 증가하고 있으나 (아직까지 홍콩 등에서는 공공데이타를 이용하여 소득검증 프로세스가 마련되어 있지 않음), 한국은 공공데이타(즉, 건강보험 또는 국세청 자료)를 스크래핑하는 방식으로 대출을 위한 소득증빙으로 이용하고 있어, 소득증빙 자료를 위조한 대출사기 등은 많이 감소하였으나, 여전히 위험은 내재되어 있다.

(3) 외환상품(무역금융거래 포함)

외환상품에는 대표적으로 환전, 해외송금(당·타발 송금), 무역거래를 위한 상품 등이 있다. 외환상품은 역외 자금이동의 용이성으로 인하여 자금세탁 리스크가 높은 상품으로 평가된다.

한국은 다른 나라와 다르게 외국환거래법에서 일정 거래에 대해서는 역외 자금 유입·유출을 위해서는 증빙자료를 요구하고 있어, 즉시 역외로의 자금 이동이 용이하지는 않지만, 객관적으로 해외거래를 위하여 제출한 서류의 진위 여부를 검증할 수 있는 방법이 용이하지 않아 자금세탁 위험에 노출되어 있다.

2022년 허위 무역서류를 토대로 16조 이상의 해외송금이 발생한 이후 은행들은 무역거래 기반 해외송금에 대한 모니터링을 강화하고 있으며, 무역거래에 대한 이상거래를 적발하기 위한 TBML(Trade Based Money Laundering) 시스템 도입을 추진하고 있다. 해외송금과 무역거래에 대한 위험은 본편 제3장에 별도로 기술되어 있다.

환전거래와 관련하여 무역거래(수입/수출대전) 관련 자금을 현금으로 거래하는 경우, 거래의 목적을 정확하게 확인할 필요가 있다. 특히 여행사와 거래시 여행사가 환전관련 증빙서류를 허위로 작성하여 서로 다른 환전거래의 징빙자료로 동일한 신분증이 반복으로 발견되는 사례가 있어 환전거래에 대한 증빙서류의 적정성 확인 절차를 견고하게 마련하여야 한다.

사례 1-15 비대면채널을 이용한 소액 해외송금의 취약성

비대면 채널을 이용한 소액 해외송금을 도입하는 시점, 대부분의 금융회사는 건별 거래한도만을 설정하여, 해당 채널을 이용하여 거액의 자금이 이동될 수 있다는 예상을 하지 못하였다. 그런데, 해당 채널은 해외송금의 거래 목적이나 자금의 원천을 입증하지 않아도 되는 간소화된 역외자금 이동 거래라는 취약점을 이용하여 하루에 수백 번의 거래를 건별한도 미만으로 거래하여 거액의 자금이 이동되는 채널로 이용되는 취약점이 발견되어, 은행들은 다수의 거액거래가 발생한 이후에 일별 한도를 추가로 설정하고, 거래모니터링을 강화하는 방식으로 해당 채널의 취약점을 개선하게 되었다.

(실제 거래 사례)

- 홍길동은 비대면 해외송금 채널을 통하여 1일 동안 건당 3천불씩 300번의 당발송금 거래를 신청함(거래 목적 : 증여 등 개인의 이전거래)
- 당발송금을 담당하는 외환업무부 직원는 해당 거래가 비정상적이라고 판단하여 준법감시부에 문의

- 준법감시부는 해당 고객 앞 해외송금 자산의 원천을 제공할 것을 요청하였는데, 해당 고객은 자신의 급여소득 정보를 제공함(1억 원 미만)
- 준법감시부는 급여정보에 비하여 상당히 고액거래인 점이라는 이유로 인하여 추가적인 자산의 원천을 요구하자, 해당 고객은 가상자산거래를 통한 수익이라고만 주장하고 추가적인 정보(예를 들어 가상자산 거래 규모 등)을 요구하자 이를 거절하여 해당 거래를 모두 퇴결 요청함(다만, 고객과의 분쟁을 최소화하기 위하여 퇴결 수수료 등은 요구하지 않음)
- 준법감시부는 해당 자금의 원천을 확인할 수 없으나, 당시 한국 가상자산거래소의 코인가격과 해외 가상자산거래소의 가격차이(일명 김치프리미엄)를 이용한 거래로 추정하고, 현업부서에게 해외송금 채널 강화를 요청함

(4) 환거래(계약)서비스

환거래계약은 환거래은행이 환거래요청은행에게 은행관련 서비스를 제공함으로써 환거래요청은행은 당해 은행의 고객에게 국제적인 네트워크 부족으로 인해 제공할 수 없었던 국가간 상품 및 서비스를 제공할 수 있도록 하는 서비스로서 전통적으로 환거래계약을 통해 자금관리서비스, 수표결제서비스, 국제간 자금이체, 무역관련 서비스 등을 제공하여 왔다. 다만 최근 금융거래의 다양성, 전자기술 등의 발달로 인하여 은행간의 거래로 국한하지 않고, 범위를 좀 더 확대하여 MSB(송금업자), Fintech와 같은 Non-Bank를 포함한 금융회사에 금융서비스를 제공하는 것을 포함하여 정의하는 것이 바람직하다. 환거래계약의 위험성 등에서는 후술하는 고객확인제도(CDD)에서 상세히 기술되어 있다.

(5) 자동화기기 채널

자동화기기(자행, 타행 및 제휴채널 포함)를 이용할 경우 거래를 수행하는 자가 누구인지를 확인할 수 없고, 거액의 현금을 인출하거나 입금할 경우, 거래자로부터 자금의 출처 또는 용도를 파악할 수 없는 어려움이 있다. 일부 은행의 경우, 거액의 현금이 입금된 경우, 그 익영업일에 고객 앞 해당 현금의 출처를 확인하는 프로세스를 도입하고 있으나, 고객 앞 거액 현금의 용도나 출처를 문의할 경우, 적정하게 답변을 제공하지 않는 경우가 많거나, 답변을 제공하더라도 (예를 들어 부의금이나 축의금 또는 영업자금 입금)이라고만 설명할 경우, 해당 내용의 진위를 파악하기 어려워 STR 보고의 대상이 되는 경우가 많다. 보이스피싱 범죄자들이 일반적으로 자동화기기를 이용하여 현금을 인출하는 경우가 많아, 인출 한도제한 등의 조치를 강화하고 있으나, 최근 입금의 경우에는 별도의 통제가 없어, 향후 자동화기기를 이용한 고액현금거래가 자금의 출처 등을 확인하는 절차를 마련하여 자동화채널을 이용한 자금세탁위험을

개선할 필요가 있다고 판단된다.

(6) 대여금고

대여금고는 고객의 귀중한 재산을 안전하게 보관할 수 있도록 은행금고 내에 설치된 소형금고를 말한다. 대여금고는 주로 고액자산가에 해당하는 고객이 일정 수준의 수수료를 지급하여 일정기간 사용하는 서비스다(기간 연장 가능). 주된 보관 물품은 주로 값진 물건이나 비밀리에 보관하여야 하는 물건이 많은 것으로 알려져 있다. 대여금고 서비스는 은행뿐만 아니라 다양한 금융회사에서 제공을 하고 있고 특히 최근에는 사설 대여금고 이용에 대한 붐이 일고 있다.

대여금고의 보관대상에는 제한이 없으나, 은행은 보관하고자 하는 물품이 보관에 적합한 물품인지를 확인할 수 있으며 위험물질, 부패성물질 등 보관에 적합하지 않다고 판단되는 때에는 보관을 거절할 수 있다. 특히 봉합된 내용물에 대해서는 확인이 불가하다. 일반적으로 대여금고에 보관되는 주된 물품 등은 다음과 같다.

- 금, 은 등 귀금속 및 보석류 (화폐 포함)
- 각종 권리증서 및 중요증서
- 국채, 지방채, 사채, 주식, 어음, 수표 등 채권 및 기타증권
- 양도성예금증서
- 예금통장 및 예금증서
- 기타 귀중품

그런데 고액 세금 체납자의 대여금고가 종종 압수수색의 대상이 되고 고액자산가들이 재산은닉 수단으로 사용되는 것으로 알려져 일반적으로 대여금고에 대한 일반인의 이미지는 그렇게 좋은 편은 아니다.

최근 전두환 전 대통령 일가의 미납추징금 환수 수사 때 검찰이 금융기관 압수수색을 통해 대여금고 7개를 확보하고 그 안에 있던 예금통장 50여 개와 귀금속 40여 점을 압수한 것으로 알려졌고, W은행 효자동 지점의 대여금고는 1995년 노태우 전 대통령의 비자금을 분산 유치했고, 2007년에는 신OO 씨가 이 지점에 대여금고를 개설하고 명의를 빌려준 것으로 밝혀져 유명세를 타기도 하였다.

대여금고는 고객이 어떤 물건을 보관하고 있는지, 해당 물품 등이 적절한 것인지를 확인할 수 없기 때문에 자금세탁 채널로 사용될 수 있는 위험이 높기 때문에, 고객위험도에 따라(예를 들어 정치적 주요인물) 대여금고서비스를 제공할 것인지에 대한 내규를 마련하여 운영할 필요가 있다.

(7) 가상계좌

가상계좌란 은행이 제공하는 펌뱅킹서비스의 한 종류로서 다수의 고객과 거래하는 사업자가 은행으로부터 가상계좌를 발급받아 고객에게 부여하고, 수납대금이 개별 가상계좌에 입금되면 실시간(또는 지정된 시각)으로 모계좌에 자동으로 이체하는 서비스이다.

일반적으로 은행으로부터 가상계좌를 제공받는 대상 업체에는 보험사, 카드사, 할부금융사 등 제2금융기관, 쇼핑몰, 백화점, 가스판매사 등 판매대금 수납기업체, 유통회사 유선방송 등 이용료 수납기업체, 등록금 수납 등 각급학교 또는 학원 등 다양한 업체들이 있다. 일반 금융소비자가 가장 보편적으로 이용하는 가상계좌에는 제세공과금 납부, 대학등록금 납부, 제2금융권의 대출금 상환시 부여받는 가상계좌 등이 있을 수 있다.

그런데, 최근 은행이 제공하는 가상계좌가 원래의 목적으로 사용되는 것이 아니라, 범죄자들에게 재판매되어 대포계좌, 또는 범죄자금 이동의 채널로 사용되고 있어 가상계좌에 대한 심사 절차가 강화되어야 한다. 즉, 가상계좌를 발급하는 경우, 해당 고객의 사업목적에 비추어 가상계좌 사용이 필요한지 여부, 과거 가상계좌를 이용한 보이스피싱이나 물품사기, 도박관련 거래가 발생한 이력이 있는지, 업체의 규모에 비하여 과도한 가상계좌발급을 요청하고 있지는 않은지 등에 대한 점검이 수행되어야 하고, 기존에 발급한 가상계좌가 적정하게 사용되고 있는지에 대한 재점검 등을 수행하여 필요한 경우, 발급한 가상계좌를 회수하는 통제정책 등을 마련할 필요가 있다. 그런 이유로 PG사 중 가상계좌를 재판매/재재판매하는 경우에는 강화된 실사대상이 되도록 프로세스를 개선하고 원칙적으로 재재판매는 허용하지 않는 것이 바람직하다.

4. 은행 자금세탁방지 내부통제 관련 주요 지적사항

최근까지도 자금세탁방지 관련 제도 이행 소홀로 과태료 처분을 받거나 개선사항이 많은 업권은 은행으로, 다른 업권에 비하여 국내외에서 거액의 과태료를 부과받고 있으며, 내부통제 강화에 대한 적극적인 개선을 요구받고 있다. 은행 관련 주요 지적사항은 CDD, CTR, STR편에서 상세히 다루고 있다.

사례 1-16 가상계좌를 이용한 자금세탁 사례

가상계좌를 대량으로 만들어 도박사이트나 전화금융사기(보이스피싱) 집단에 판매한 일당이 검거되었음. 이들이 판매한 계좌들을 통해 유통된 범죄 관련 자금은 무려 1조 6천억 원으로 추산되었음. 다만 가상계좌가 범죄에 악용되더라도 이를 사전에 파악할 방법이 없어 유사 범죄가 반복된다는 지적이 나왔음

범죄 일당은 가상계좌 관리를 대행하는 결제대행사에 쇼핑몰 영업을 할 것처럼 서류를 꾸며 제출한 뒤 가상계좌 발행 권한을 받은 후 가상계좌 6만 4천여 개를 찍어내 도박사이트나 전화금융사기 집단에 판매했고, 160억 원을 수수료로 챙긴 것으로 조사됨

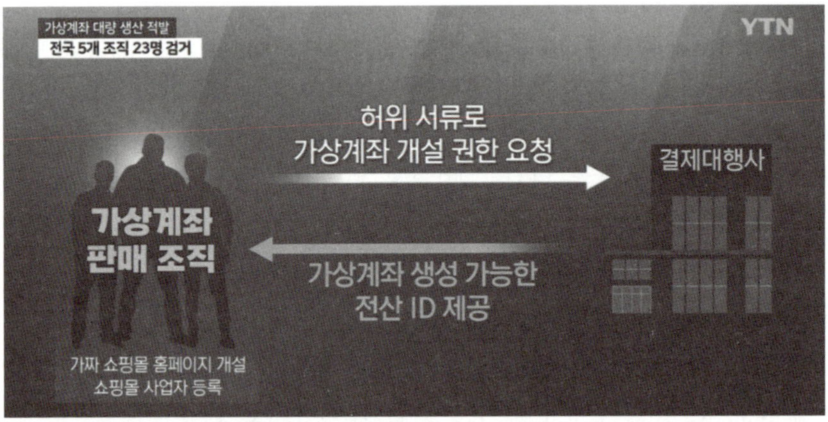

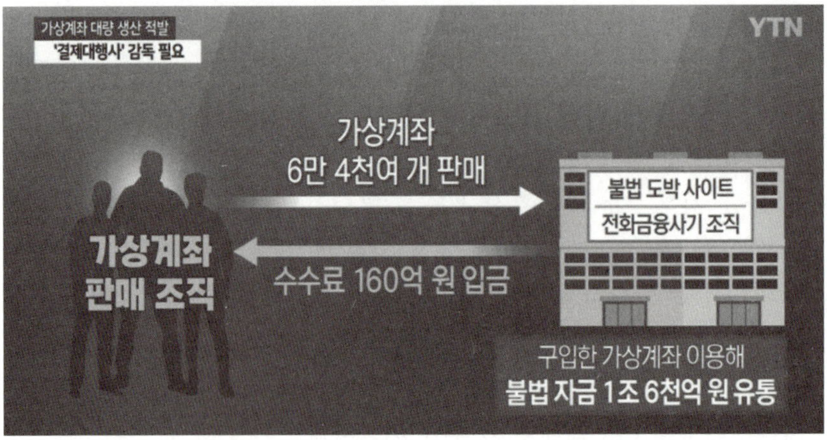

자료 출처 : YTN

제3절 금융투자업

1. 개요

금융투자업이란 이익을 얻을 목적으로 계속적이거나 반복적인 방법으로 행하는 행위로서, ① 투자매매업, ② 투자중개업, ③ 집합투자업 ④ 투자자문업 ⑤ 투자일임업 ⑥ 신탁업을 행하는 자를 의미한다(자본시장법 제6조 금융투자업). 2024년 4분기 현재 61개의 증권사와 자산운용사, 신탁업자, 선물회사 등이 영업을 하고 있다.

금융투자업의 종류(자본시장법 제6조)	
구분	업무 내용
투자매매업	누구의 명의로 하든지 자기의 계산으로 금융투자 상품의 매도·매수, 증권의 발행·인수 또는 그 청약의 권유, 청약, 청약의 승낙을 영업으로 하는 자
투자중개업	누구의 명의로 하든지 타인의 계산으로 금융투자상품의 매도·매수, 그 중개나 청약의 권유, 청약, 청약의 승낙 또는 증권의 발행·인수에 대한 청약의 권유, 청약, 청약의 승낙을 영업으로 하는 자
집합투자업	집합투자(2인 이상의 투자자로부터 모은 금전 등을 투자자로부터 일상적인 운영지시를 받지 아니하면서 재산적 가치가 있는 투자대상자산을 취득·처분 그 밖의 방법으로 운용하고 그 결과를 투자자에게 배분하여 귀속시키는 것)를 영업으로 하는 자
투자자문업	금융투자상품등(금융투자상품과 그 밖에 대통령령으로 정하는 투자대상자산)의 가치 또는 금융투자상품등에 대한 투자판단(종류, 종목, 취득·처분, 취득·처분의 방법·수량·가격 및 시기 등에 대한 판단)에 관한 자문에 응하는 영업을 하는 자
투자일임업	투자자로부터 금융투자상품등에 대한 투자판단의 전부 또는 일부를 일임받아 투자자별로 구분하여 그 투자자의 재산상태나 투자목적 등을 고려하여 금융투자상품등을 취득·처분, 그 밖의 방법으로 운용하는 것을 영업으로 하는 자
신탁업	신탁을 영업으로 하는 자

금융투자업자 현황(2024년 12월 현재) 금융투자협회 홈페이지 참조)		
구분	회원수	비고
정회원	398	증권사(61), 자산운용사(320),선물사(3) 신탁사(14)
준회원	150	투자자문, 은행/외은본지점, 보험, 조합, 체신관서, 온라인소액투자중개업, 종금사, 증권금융, 외국환중개회사
특별회원	29	사무관리회사, 집합투자기구평가사, 채권평가사, 신용평가사, 기타
합계	577	-

자료 출처 : 금융투자협회 홈페이지 참조

2. 금융투자업의 ML/TF 취약점 분석

금융투자업계는 대형 증권사부터 소규모 자산운용사까지 업종 및 규모가 다양해 금융투자업자들의 자금세탁방지를 위한 내부통제 수준도 다양하다. 최근 주가 시세조작 세력 및 투자 사기 등을 통한 금융사기가 지속적으로 증가하고 있고, 대부분의 증권 매매거래가 비대면으로 이루어지는 경우가 많다. 최근 문제가 된 라모씨의 불법 시세조정 사례를 살펴보면 라모씨는 투자자로부터 휴대폰과 OTP카드 등을 모두 전달받아 자신이 직접 타인명의 휴대폰으로 거래를 하였기 때문에 기존 모니터링 시스템에서 적발되지 않았던 것처럼 불법 조직들은 더 다양한 방식으로 금융회사의 내부통제 절차를 우회하는 방식으로 불법거래를 저지르고 있어, 금융회사등은 확인된 불법 거래등에 대한 분석을 통해 거래모니터링을 개선할 필요가 있는지 재검토할 것이 요구된다. 금융투자업계의 주된 자금세탁 유형은 다음과 같다.

(1) 증권 매매거래를 통한 자금세탁

범죄 수익으로 주식, 채권 등 매입 후, 입·출고하는 방법으로 범죄수익 취득 사실을 은닉하거나 범죄수익 발생 원인에 관한 사실을 가장하는 방법으로서 펀드, CMA, 랩어카운트 등 다양한 상품과 신탁, 투자일임업 등을 자금세탁 수단으로 이용하는 경향이 있는 것으로 알려져 있다.

사례 1-17 증권매매를 통한 자금세탁 유형	
주식실물 출고	평소 거래가 빈번하지 않았던 고객이 거액의 유가증권 매입을 의뢰하면서 매입대금은 현금으로 결제하고 실물인도를 요청하였음. 이 과정에서 고객에게 증권실물 용도를 물어보며 실물인도에 따른 분실위험 및 보관의 불편함을 설명하고 증권예탁원에 예탁할 것을 권유하였으나 별 반응 없이 재차 실물인도를 요청함
주식매도대금을 지속적으로 현금으로 인출	저축형 상품을 거래하던 안정적 성향의 고객이 최근에 영업점을 방문하여 기존계좌를 해지하고 새로운 계좌를 만들어 주식거래를 시작하였음. 은행으로부터 이체된 자금과 대출금을 이용하여 활발한 주식거래를 하다가 일시에 보유주식을 전량 매도
타인명의 계좌를 개설하거나 사용	유가증권 매매거래를 위해 증권회사에 계좌를 보유하고 있는 고객이 증권사에 제공한 정보와 고객의 평상시 거래 내역에 대해 관심을 가지고 지켜본 결과 계좌명의인이 직접 계좌를 운용하는 것이 아니고 타인에 의해서 계좌가 운용되는 것이라는 의심을 가지고 있던 중 고객이 내점하여 계좌운영을 직접 운용하는지 물어 보았으나 고객으로부터 납득할 만한 설명을 듣지 못하였음

자료 출처 : 국가위험평가서

(2) 국경간 주식거래 등을 통한 자금세탁

예를 들어 한국인이 해외 위장회사(페이퍼컴퍼니)를 통해 외국인기관투자자로 위장하여 탈세, 시세조종행위 등 불공정거래를 할 수 있는데, 이와 같은 위장 외국인 투자자(한국인이 불법적인 자금세탁을 목적으로 해외에 유령회사를 설립한 후 다시 외국인기관투자자의 지위로 시세조정 등에 가담하는 자를 일컫는 말)들은 국내 투자자가 외국인투자자의 매매를 추종하는 경향이 있는 점을 악용하여, 회사의 시세를 조정하거나 부정거래행위를 유발할 수 있으므로 금융회사등은 이런 점에 유의하여 CDD, 거래모니터링 등의 내부통제 설계를 하여야 한다.

사례 1-18 위장 외국인 불법거래 유형 등	
위장 외국인에 의한 증권 불공정거래	국내 투자자가 외국인투자자의 매매를 추종하는 경향이 있다는 점을 악용, 외국인투자자로 위장하여 시세조종행위, 부정거래행위를 용이하게 하거나, 국내 기업의 관계자가 외국인투자자로 위장하여 미공개 내부정보를 이용한 부당 이득을 취득 **사례1** 국내기업의 대표이사 A는 해외 페이퍼컴퍼니를 통해 역외펀드에 자금을 송금하여 수천 회의 허수주문 및 고가매수 주문을 통하여 자사 주식의 시세를 끌어올림 **사례2** 국내기업 대표이사 X는 해외 페이퍼컴퍼니를 통해 보유하고 있던 자사 주식을 부도 직전에 대량으로 매도하여 수십억 원의 손실 회피
탈세	주식 양도차익에 대한 과세를 회피하거나 법인세, 종합소득세 등 각종 세금 회피 **사례3** B는 조세회피지역에 다수의 페이퍼컴퍼니를 설립하고 외국인 투자자를 가장하여 국내 주식을 매매하여 거액의 시세차익을 남겼으나, 주식양도 차익에 대하여 세금을 미납부
비자금 조성	수출입 거래를 조작하거나 증권 불공정거래, 탈세 등을 통하여 해외 페이퍼컴퍼니에 자금을 은닉 **사례4** 국내 수출기업 대표이사 Y는 일부 수입 거래에 대하여 관세청 신고를 누락하고 관련 수입 대금을 본인이 조세회피지역에 설립한 페이퍼컴퍼니로 송금하여 비자금 조성

자료 출처 : 국가위험평가서

(3) 미공개 중요정보 이용 등 증권시장 불공정거래

미공개 중요정보 이용, 시세 조종, 부정거래 등 불공정거래 사례는 지속적으로 발생하고 있으며, 최근 시세조정 사례들은 많은 일반 투자자들의 손해를 야기하고 있어, 이에 대한 모니터링을 강화할 필요가 있다.

사례 1-19 불공정거래 관련 의심거래보고 사례	
계좌간 통정매매를 통한 주식의 시세조종 거래	다수 명의로 여러 지점에 계좌를 개설하고 자금입금, 특정 종목에 대해 계좌간 가장/통정매매를 통하여 주가를 인위적으로 끌어올려 시세차익 추구
특정 주식의 주가관리를 위한 거래	위탁계좌 개설 후 일일 거래량이 적은 특정 주식만을 수개월에 걸쳐 지속적으로 매매. 고객은 수개월간의 매매거래 후 최종적으로 보유주식을 모두 매도한 시점에 타인과 동행하여 매도대금을 모두 현금으로 인출
미공개 중요정보 이용거래	고객이 계좌를 개설하고 당일 주식을 입고하여 급하게 처분하려 함. 고객이 주식을 급하게 매도하고 익일 악재성 공시로 해당 주식의 주가가 급락
계좌간 통정매매를 통한 주식의 시세조종 거래	두 개의 영업점의 3개 계좌를 통해 코스닥 종목인 A법인을 매매하면서 가장/통정하여 시세조종하는 등 불공정거래 혐의 포착. 3개의 계좌 개설시기가 일치하고, 관련계좌에 다수의 거액 타인명의 입금이 있어 조사해보니 의뢰인이 A법인의 대표이사와 이사 등 회사 내부자임이 밝혀짐에 따라 A법인 대표이사 등 회사 내부자가 연루되어 시세조종 및 내부자 거래를 한 것으로 판단하여 보고
장기간 거래가 없던 고객이 거액의 자금을 입금한 후 주가조작의 개연성 있는 종목을 집중 매수한 거래	장기간 거래가 없던 고객이 거액 자기앞수표 입금 후 제3자를 주문대리인으로 지정하여 주문을 대행하도록 하였으며, 동 주문대리인이 거래가 극히 적은 코스닥 종목을 집중 매수, 영업점에서 특정 종목 집중 매수 사유에 대해 문의하여도 답변을 회피함. 이후 동 주식은 특별한 이유 없이 급등, 고객은 최고점에서 전량 매도 후 전액 자기앞수표로 출금함. 동 계좌가 매매한 종목의 주가흐름 및 입출금 거래정황, 고객의 매매사유 언급 회피 등에 비추어 정상거래행위로 보기 어려우며 주가조작 관련으로 판단

자료 출처 : 국가위험평가서

한국거래소 혐의통보 실적

〈한국거래소 혐의통보 실적〉

(단위 : 13, 14년 종목, 18년 이후 건)

유 형	'13년	(비중)	'14년	(비중)	'18년	(비중)	'19년	(비중)	'20년	(비중)	'21년	(비중)
부정거래	47	19.3%	165	60.4%	19	17.6%	28	26.7%	23	21.5%	10	10.0%
시세조종	143	58.6%	58	21.3%	22	20.4%	20	19.0%	33	30.8%	13	13.0%
미공개	54	22.1%	50	18.3%	67	62.0%	57	54.3%	51	47.7%	77	77.0%
총 계	244		273		108		105		107		100	

자료 출처 : 한국거래소 보도자료

한국거래소 혐의통보 실적

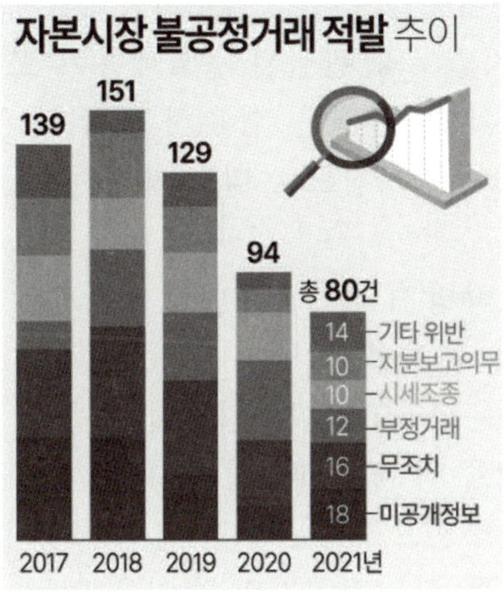

한국거래소의 보도자료에 따르면 거래소의 감시시스템에서 적발되어 혐의 통보된 실적을 3대 불공정거래행위(부정거래, 시세조종 및 미공개정보 이용 행위) 중 최근 미공개정보 이용 행위의 비중이 다른 불법행위에 비해 증가하는 추세를 보이고 부정거래나 시세조정 건수에 대한 적발은 감소한 것으로 발표되었다. 그러나 최근 대형 시세조작 사례들을 살펴보면, 범죄자들이 기존 감시시스템을 우회하기 위한 새로운 방법을 통하여 시세조작을 시도함으로써, 금융회사들이 향후 어떻게 ML/TF를 방지하기 위해 내부통제를 강화하여야 하는지에 대한 시사점을 제시한다.

자료 출처 : 한국거래소

(4) 증권상품을 이용한 금융범죄 행위

증권회사는 자산규모는 크지 않으나 유가증권의 매수·매도를 통한 자금의 입출금이 빈번하고 거래규모가 크고, CMA, 랩어카운트, 위탁계좌 등을 통한 자금세탁 위험에 노출되고 있는 반면, 중소형 회사가 많아 자금세탁방지 전담인력 등이 은행업권에 비해 아직 부족한 실정이다.

사례 1-20 CMA나 위탁계좌를 이용한 금융범죄(보이스피싱) 사례

A는 중고품 거래사이트에 공연 티켓과 휴대폰, 게임기, 콘도숙박권 등을 판매한다는 글을 올려 구매 의사를 밝히거나 구매 게시글을 남긴 수십 명에게 물건값으로 천여만 원을 송금받아 가로챈 혐의를 받고 있는데 A는 피해자들을 안심시키려고 본인 명의의 CMA 계좌로 돈을 입금하도록 했으며, 수십개의 CMA 계좌를 보유하고 있었던 것으로 알려졌음

또한, A씨가 판매한 계좌 등이 파밍·조건만남 등 다른 범죄에 이용됐을 가능성이 있다고 보고 김씨와의 연관성 및 공범 여부 등도 수사하고 있음

3. 금융투자업권의 AML/CFT에 대한 주요 지적사항

최근 금융투자업권에 대한 자금세탁방지에 대한 검사가 수행되었고, 다양한 개선사항 등이 발견되었다. 따라서 금융투자업권에 대한 지적사항을 정확하게 파악하여 업무 개선이 신속하게 이루어지도록 노력할 필요가 있다.

(1) 내부통제 미흡(내규 정비)

① A사는 자금세탁방지업무규정의 세부내용을 정한 「업무편람」을 제정하여 운영하고 동 업무편람에 자금세탁방지업무와 관련된 중요내용이 포함되어 있는 바, 임직원의 자금세탁방지업무의 이행을 담보하기 위해 내규에 업무편람의 중요내용을 명확히 반영하거나 지침으로 별도 제정하는 등 관련 내규 체계를 정비할 필요가 있음

② 자금세탁방지 관련 내규인 「자금세탁방지 및 공중협박자금조달금지에 관한 업무지침」이 현행 법규의 일부 내용을 반영하지 못하고 있으므로 최근 법규 개정 등 변경내용과 실제 운영하고 있는 업무절차 등을 내규에 반영하고 운용할 필요가 있으며 요주의 인물과 거래시 준법감시인의 승인만으로 거래관계가 가능하도록 되어 있으므로 요주의 인물과의 거래관계 수립시 준법감시인이 아닌 대표이사 등 고위경영진의 승인을 얻는 절차를 마련·운영할 필요가 있음

(2) 고객확인 절차 불철저

① 강화된 고객확인 불철저

특정금융정보법에 따라 금융회사는 자금세탁등의 위험이 높은 것으로 평가된 고객에 대해서는 계약 체결시 거래의 목적, 거래자금의 원천 등을 추가로 확인하여야 하는데 A 보험사는 일정기간 동안 법인고객사 및 개인고객 등과 증권 계좌 개설 계약을 체결하면서 동 고객을 자금세탁등의 위험이 높은 고위험 고객으로 평가하였음에도 거래의 목적 또는 거래자금의 원천 등의 추가 정보를 확인하지 아니하여 과태료 부과 대상이 됨

② 고객확인의무 미이행

금융회사는 금융거래를 개시할 목적으로 법인고객과 계약을 체결하는 경우 실제 소유자의 성명, 생년월일 및 국적을 확인하여야 하는데도 일정기간 중 일부 법인고객의 신규 계좌 개설시 실제 소유자 확인 면제대상이 아님에도 면제대상으로 처리하여 실제 소유자 확인 절차를 수행하지 않는 등 고객확인의무를 이행하지 않아 과태료 부과 대상이 됨

(3) 의심스러운 거래 보고 의무 위반

① 의심스러운 거래 지연 보고

A 증권사는 업무 담당자의 규정 미숙지로 인해 업무 과다, 휴가 등의 사유로

내부 결재를 통해 의심스러운 거래 보고 대상으로 확정한 금융거래 일정 건을 정당하거나 합리적인 사유 없이 동 결재일로부터 상당한 기간을 초과하여 지연 보고하는 등 의심스러운 거래 보고 의무를 적정하게 이행하지 아니하여 과태료 부과 대상이 됨

② 의심스러운 거래 보고 불철저
일정기간 중 보고책임자가 내부 결재를 통해 의심스러운 거래 보고대상으로 확정한 금융거래 다수의 보고 거래를 정당하거나 합리적인 사유 없이 동 결재일로부터 일정기간을 초과하여 지연 보고하는 등 의심스러운 거래보고 의무를 적정하게 이행하지 아니하여 과태료 부과대상이 됨

(4) 고액 현금거래 보고 의무 위반

최근 다수의 증권업권에 대한 자금세탁방지 검사가 진행되었는데 다수의 증권사들이 CTR 지연보고로 과태료 부과대상이 됨

미보고가 발생한 주된 사유는 2019년 7월 1일부터 고액현금거래보고 기준금액이 하향되었는데, 이에 대한 전산 시스템 등이 적정하게 적용되지 않아 일정기간 동안 다수의 CTR 보고 대상 거래가 보고기한(거래발생일로부터 30일) 내에 금융정보분석원장에게 보고하지 아니하고 보고기한을 상당 기간 초과하여 지연 보고하는 등 고액 현금거래 보고 의무를 적정하게 이행하지 아니하여 과태료 부과 대상이 됨

또한, 일부 채널(예를 들어 현금자동입출기(ATM) 채널 등)을 통한 현금 입·출금거래가 CTR 보고 대상 거래로 추출되지 않아 일정 기간 동안 다수의 CTR 보고 대상건이 미보고 처리되어 과태료 부과 대상이 됨

사례 1-21 국내 자산운용사에 대한 최초 자금세탁방지 검사 수행

금융당국이 국내 자산운용사에 대하여 최초로 자금세탁방지 관련 검사를 수행하여 자금세탁방지에 대한 전반적인 지적사항을 발견하여 개선을 요구함

금감원은 수탁 규모를 고려해 대형 자산운용사를 최초 검사 대상으로 선정하였음. 즉, 대형 운용사 위주로 자금세탁방지 위험관리 현황을 점검하였음

자산 규모가 큰 운용사들의 경우 국내·외 주식, 채권 상품 개발 및 판매를 넘어 부동산 대체투자자산 발굴에도 적극 나서는 등 업무 커버리지가 넓어 관리 실태를 파악할 필요가 있다는 지적이 금융당국 내에서 꾸준히 나와 운용사에 대한 AML 검사가 진행되었으며, 금융투자업권에서 개선되어야 하는 내용들이 파악되었음

사례 1-22 증권회사들의 고액현금거래보고제도 위반 사례

금융기관 직원의 주관적 판단에 의존하는 의심거래보고제도만으로는 금융기관의 보고가 없을 경우 불법자금을 적발하기가 사실상 불가능해 고액현금거래보고제도를 STR 보완적 제도로 운영하고 있다.

그러나 최근 Y투자증권, H투자증권, K증권, HG투자증권, M증권, E투자증권, YA증권 등이 고액현금거래 보고 위반으로 과태료 처분을 받았다.

금융정보분석원 관계자는 “코로나19 여파로 2020~2021년도 고액현금거래보고 누락에 대한 현장조사에 차질이 있었다”라고 설명하며 “현재까지도 계속해서 고액현금거래보고 누락 사례가 접수되고 있어, 향후 제재심의위원회를 개최하여 관련 절차대로 처리할 계획”이라고 밝혔다.

황운하 의원은 “금융회사마다 일정 수준 이상의 고액현금거래보고 시스템이 갖춰져 있음에도 매년 보고 누락이 반복되는 이유 중 하나는 일선 금융 현장에서의 관리·감독 소홀 및 업무 미숙”이라고 지적했다.

이어 “내부직원 횡령문제를 근절하고, 불법자금 유·출입과 자금세탁혐의가 있는 비정상적 금융거래를 차단하기 위해 금융권의 고액현금거래보고 시스템 일괄 점검 및 관리·감독 강화를 촉구한다”고 덧붙였다.

제4절 보험업

1.개요

2023년 현재 한국에서 영업을 하는 보험회사는 생명보험(30), 손해보험(32) 등 약 60여 개의 보험회사가 보험업을 운영하고 있다[8]. 보험업을 영위하기 위해서는 허가를 받아야 하며, 생명보험과 손해보험업은 겸업이 금지되고 있으며, 일정 요건에 해당하는 자[보험설계사, 보험대리점(방카슈랑스 포함), 보험중개사, 보험회사 임직원]만 보험계약 중개, 대리가 가능하다.

보험산업은 1950년대 말 국내에 도입된 후 사회안정망의 한 축으로 지속적으로 성장하고 있다. 2022년 기준 국내 보험산업의 총자산 규모는 약 1,310조원(생명보험사 938.3조원, 손해보험사 371.8조원)으로 파악된다. 국내 보험사들이 2021년 수입보험료는 약 229.8조원 규모로 전 세계 7위 정도의 규모에 해당한다.

2. 보험업계의 ML/TF 취약점 분석

보험회사는 현금거래가 빈번하지 않고, 장기성 상품을 취급하고 있어 다른 금융권에 비해 자금세탁 위험은 낮은 편이나, 보험계약 후 단기간 내 해약, 계약자·수익자 명의변경 등을 통한 자금세탁이 가능하고, 위탁모집에 따른 고객확인 취약 가능성 등 다양한 ML/TF 위험을 내재하고 있다.

특히 최근 고금리 기조에 따른 장기 고금리 고액 보험 상품들이 출시되어, 자금의 출처가 불분명한 거액의 현금으로 고액의 보험을 가입하거나, 부모가 자녀 명의로 고액 일시납 보험을 가입하면서 현금으로 일시에 납부하는 사례가 종종 발견되고 있으며, 해당 고액 납입금을 은행지로를 통하여 수납이 가능하도록 허용하는 보험사가 있어, 실제로 보험금을 입금하는 자를 확인할 수 없어, 사실상 CDD, CTR; STR 보고를 우회하는 수단이 되고 있다.

또한, 보이스피싱 범죄자들이 고객의 정보를 해킹하여 보험약관대출을 받는 피해 사례가 속출하고 있어, 보험업권도 보이스피싱 방지를 위한 다양한 대응책을 마련하여 시행하고 있다.

---

8) 보험업 회원사 정보는 생명보험협회, 손해보험협회 회원사정보를 참조하여 작성함

사례 1-23 보이스피싱에 노출된 보험약관대출

① A씨(50대)는 최근 사용한 적 없는 신용카드 결제 문자를 받고 내용을 확인하고자 메시지에 적힌 번호로 전화를 걸어 내용을 확인하고자 함
② A씨는 카드회사 직원으로 가장한 범죄자로부터 개인정보가 도용됐다며 결제된 내용을 취소하고 보안을 위해 스마트폰에 원격조정 앱을 설치하는 안내를 받고, 그대로 함
③ 그러나 문자는 피싱 사기범들이 보낸 문자였고, 범죄자들은 원격조정 앱을 통해 A씨의 금융정보를 알아낸 후, A씨의 예금은 물론 A씨가 보험사에 가입한 보험을 담보로 보험계약대출까지 받아 순식간에 거액의 자금이 범죄자들의 손으로 넘어가게 됨
④ 이처럼 금융권 전반에 걸쳐 보이스피싱 등 금융사기가 늘어나고 있는 가운데 온라인을 통해 쉽고 간편하게 이용할 수 있는 보험계약대출(약관대출)이 사기범들의 먹잇감이 되고 있음
⑤ 보험사들은 다양한 채널을 통하여 고객들에게 보이스피싱 피해사례와 예방수칙을 담은 안내문(알림톡·LMS)을 발송해 고객들의 각별한 주의를 당부하고 있는데, 예를 들어 a) 가족이나 지인을 사칭하며 개인정보 제공을 요청하는 경우가 많으므로, 그런 문자를 받는 경우 반드시 동일 인물인지 직접 통화를 하여 확인을 하고, b) 확인되지 않은 앱은 절대 설치하지 말며 c) 긴급한 상황을 연출해도 계좌 송금 요청시 일단 보이스피싱을 의심해보는 등 보이스피싱 피해 예방을 위해 주의를 기울일 필요가 있다고 지속적으로 홍보를 강화하고 있음

그리고 언론을 통하여 "배우자 계곡 살인사건"으로 잘 알려진 사건은 보험금을 받기 위하여 배우자를 살인한 후 사고사로 위장하고 보험금을 청구한 사건이다. 이와 같은 보험사기의 급증 현상으로 인하여 새로운 사회적 문제로 대두되고 있는데, 2022년 보험사기 관련 금액이 1조원을 넘어섰고, 보험사기 관련자도 10만 명이 넘고, 1인당 보험사기 금액도 계속 고액화되고 있어 보험사기 방지를 위한 강화된 대책이 시급한 상황이다. 정부는 보험사기로 인한 보험의 재정 누수로 인한 전 국민의 피해를 방지하기 위하여 조직형 범죄사기 등에 강력한 대응을 하기 위하여 유관기관 공조를 강화하고 있다.

사례 1-24 계곡 살인 사건(보험금 사기)

일명 '계곡 살인' 사건으로 1심에서 무기징역을 받은 L씨가 배우자 명의로 가입한 수억 원대의 생명보험금을 받기 위해 소송전을 이어가고 있음

L씨는 내연 관계인 B씨와 공모해 배우자 살인을 범행한 뒤, 배우자 명의로 가입한 생명보험금 수억 원을 청구하였음. 그런데 보험사기를 의심한 보험사는 L씨의 나이와 소득보다 생명보험 납입 액수가 큰 점, 보험 수익자가 법정상속인이 아닌 L씨인 점 등을 사유로 지급을 거절하였고, 이에 L씨는 보험금 청구 소송을 제기하였음

L씨는 내연 관계인 B와 공모하여 수영을 하지 못하는 배우자를 4m 높이 바위에서 3m 깊이 계곡물에 다이빙하도록 강요한 뒤 피해자의 구조 요청을 묵살해 살해한 혐의를 받고 있음

1심 재판부는 이 사건을 심리적 지배에 의한 직접 살인이 아니라 물에 빠진 피해자를 일부러 구하지 않은 '간접 살인'이라고 보고 있으며, 이들이 배우자에게 복어 피 등을 섞은 음식을 먹이거나 낚시터 물에 그를 빠뜨리는 등 배우자 명의로 가입한 생명 보험금 수억 원을 받기 위하여 계획적으로 살해를 시도한 점을 근거로 유죄라고 판단하였다고 판결하였음(2022고합308)

사례 1-25 보험상품 관련 자금세탁 사례

1. 보험계약 악용

① 장기성 금융상품인 보험계약을 고액 일시납 계약 후 단기간에 해약하는 계약체결

② 법인의 대표자가 보험계약을 통해 비자금 조성 또는 회사자금 횡령* 또는 탈세에 이용되기도 함. 법인 고객이 거액의 보험계약 체결 후 계약자를 법인대표로 변경하고, 변경된 계약자가 보험계약을 단기간에 해지하여 해약환급금을 수령

③ 부모가 거액보험 가입 후 자녀의 중도인출서비스로 보험금을 대리 현금 수령, 부모 명의의 보험계약을 자녀명의로 계약자 변경 후 자녀가 해지/만기 수령

2. 보험약관대출 이용

① 보험계약의 해약환급금 범위 내에서 대출(보험계약대출)이 가능하고 이를 이용한 자금세탁이 가능

② 고액으로 체결한 보험계약을 실효시킨 후 일정기간이 지나 부활시키고, 이후 고액의 보험계약대출을 실행한 다음 다시 보험계약을 실효시키는 방법

3. 보험사기

주된 보험사기 내용은 자살, 살인 등 고의사고, 허위 과다사고 등이 있음

3. 보험회사에 대한 자금세탁 관련 주요 지적사항

(1) 고객확인 관련 지적사항

보험계약은 금융실명법 대상에 해당하지 않아, 보험사는 고객확인업무(CDD)를 대부분 제3자에 위탁하여 처리함으로써 보험업 자체의 특성상 고객확인 절차 등이 상대적으로 미흡할 가능성 높아 규제당국은 해당 취약점을 중점적으로 살펴보고 있다.

① 고객위험평가모형 운영 불합리

고객위험평가모형을 구축하고, 신규 가입시 모형(Initial 모델)과 기존고객에 대한 모형(Behavior 모델)으로 구분하여 고객의 위험도를 평가하고 있으나 위험평가요소나 세부 기준 변경시 적정한 절차에 따라 변경되었는지 여부, 변경의 필요성(사유) 및 변경 전후 내역 등에 대한 관리 절차가 마련되어 있지 않고 고객위험평가모형 구축 이후 모형의 적정성에 대한 점검이 별도로 이루어지지 않고 있으므로 고객위험평가 변경과 관련된 관리절차 마련과 고객위험평가모형의 적정성에 대한 주기적인 점검이 요구됨

② 고객확인 정보 데이터베이스 관리 미흡

의심스러운 거래 모니터링 및 요주의 인물 여부 확인 등을 충실히 이행하기 위해서는 정확한 고객확인 정보 관리가 필요함에도 외국인의 고객명, 영문고객명, 국적 등이 고객확인을 통해 실제 확인한 정보와 다른 방식으로 데이터베이스에 적재되거나 AML 업무시스템 화면상 부적정하게 표시되는 등 미흡한 점이 있으므로 고객확인 정보를 관리하는 데이터베이스에 대한 점검을 실시하여 오입력 사례 및 전산 오류 등에 대해 지속적인 개선을 요구함

(2) CTR 관련 지적사항

최근 보험사에 대한 검사 과정에서 CTR 위반 사례가 다수 발견되고 있어 CTR 보고와 관련된 내부통제 절차를 강화할 것이 요구된다.

① 매일 입력된 거래정보 중 고액 현금거래를 CTR 추출 시스템으로 추출한 후 담당자가 금융정보분석원장 보고 여부를 판단하고 있으나 고액 현금거래 추출 시스템 운용이 미흡한 사례가 있으므로 추출 시스템의 적정성을 점검하고, 업무 담당자가 거래금액을 정확히 입력할 수 있도록 교육 및 내부통제를 강화하는 등 관련 업무절차를 합리적으로 개선할 것이 요구됨

② A 보험사는 일정기간 동안 다수의 CTR 보고 대상 고액 현금거래를 금융정보분석원장에게 보고기한(30일) 내에 보고하지 아니하고 최소 1일에서 최대 552일 초과하여 지연보고하는 등 고액 현금거래 보고의무를 적정하게 이행하지 아니하여 과태료 부과대상이 됨

(3) STR 관련 지적사항

① 의심스러운 거래 추출기준 운영 불합리

검사 착수일 현재 의심스러운 거래 모니터링을 위해 32개의 추출기준(STR 룰(Rule))을 운영하고 있으나 추출기준이 커버하는 의심거래의 범위가 충분하지 못하거나 추출기준 정비시 기존 임계치 등의 오설계만 수정할 뿐 새로운 의심거래유형의 추가는 1건에 그치는 등 운영이 일부 불합리한 사례가 있으므로 의심스러운 거래 추출기준의 적정성을 점검하여 회사의 영업형태 및 업무범위를 포괄하도록 추출기준 운영을 합리적으로 개선하는 것이 요구됨

② 의심스러운 거래 보고체계 운영 미흡

의심스러운 거래로 판단되는 경우 금융정보분석원장(이하 "FIU")에 보고하는 체계를 마련하고 있으나, FIU 보고완료 여부나 보고이력을 체계적으로 관리하는 절차가 없고, 보고책임자의 검토 및 결재가 형식적으로 이루어지는 등 운영상 미흡한 점이 있으므로 내부결재 및 FIU 보고일자를 전산으로 일원화하여 관리하고, 보고책임자결재를 내실화하는 등 의심스러운 거래 보고체계 운영을 합리적으로 개선할 것이 요구됨

③ 의심스러운 거래 보고의무 위반

B 보험사는 상당기간 중 의심스러운 거래 보고 대상으로 결정한 금융거래 상당 건을 보고기한(3영업일) 내에 금융정보분석원장에게 보고하지 아니하고 최소 2영업일에서 최대 324영업일 초과하여 지연 보고하는 등 의심스러운 거래 보고의무를 적정하게 이행하지 아니하여 과태료 부과 대상이 됨

④ STR 룰(Rule) 관리 미흡(1)

고객의 거래가 명확한 경제적·법적 목적없이 복잡하거나 규모가 큰 거래, 비정상적인 유형 등에 대하여 의심스러운 거래 추출기준(STR 룰(Rule))을 수립·운용하고 있으나 의심거래 추출건수 등을 분석한 결과, 동 추출기준 중

일부 룰(Rule)은 추출기준에 해당되는 거래가 한 건도 없었음. 또한, 일부 추출기준은 원칙적으로 해당거래가 없는 기준으로서 실효성이 떨어지며, 미성년자 계약 또는 고액일시납보험의 계약자·수익자 변경 등에 대한 추출기준이 없으므로 이를 보완하며 불필요한 기준을 삭제하는 등 추출기준을 합리적으로 개선하시기 바람

⑤ STR 룰(Rule) 관리 미흡(2)
금융회사는 의심거래보고 대상으로 추출된 금융거래에 대하여는 자금세탁등의 가능성 여부를 조사하고 금융정보분석원에 보고하지 않은 건에 대하여도 미보고 사유 등을 기록하여 보관하는 것이 바람직하나, 일정 기간 동안 의심거래보고 대상으로 추출된 건 중 의심거래보고를 하지 않은 사유로 '보고에 준하는 특이사항 없음'으로만 기재한 건이 상당수를 차지하는 등 사유를 형식적으로 점검하고 있는 바 시스템적으로 추출된 점검대상 거래들의 경우 그 점검내역, FIU보고 또는 미보고 사유를 충실히 기재하여 의심거래 점검을 강화하시기 바람

제5절 저축은행·상호금융업

2018년 발표된 국가위험평가서에 따르면 상호저축은행, 상호금융업(신용협동조합, 농업·수산업·산림협동조합과 새마을금고)은 업무성격과 위험수준이 유사하다고 평가하고 있다.

1. 상호저축은행

원래 저축은행은 서민과 중소기업의 금융편의를 도모하고 저축을 증대하기 위하여 설립된 서민금융기관으로 1970년대 초 사금융의 만연으로 인한 서민경제의 어려움을 해소하고자 사금융양성화 3법[상호신용금고법(현 상호저축은행법), 신용협동조합법, 단기금융회사법]이 제정됨에 따라 영업인가를 받아 상호신용금고(현 저축은행)로 출범하였다.

2023년 상반기 총 79개 저축은행이 전국 6개 권역에서 수신업무, 여신업무, 부대업무 등 기본 예대업무를 취급하고 있다.

상호저축은행 현황						
지역	서울	인천·경기	부산·경남	대구· 경북·강원	대전· 충남·충북	광주·전남· 전북·제주
저축은행 수	23	19	12	11	7	7

2. 새마을 금고

현재 새마을금고의 총 자산은 284조원에 달하며, 2023년 12월 말 현재 전체 금고는 1,288곳, 이용 고객 수는 약 2천 3백만 명에 달한다. 규모로만 평가할 경우 5대 시중은행 다음으로 규모가 큰 금융회사이다. 시중은행들이 오프라인 지점을 줄이고 있는 데 반해 새마을금고는 오프라인 지점이 영업의 중심이다. 또한 시중은행들의 디지털화와 정확히 배치되어, 새마을금고는 말 그대로 '금고'이다 보니 사실상 시스템 전산화 및 디지털화가 조금 뒤처져 있는 것이 현실이다.

3. 신용협동조합

신협중앙회는 신용협동조합법 제61조에 설립근거를 가지고 있으며, 지역·단체·직장 등에 설립되어 있는 상호금융 신용협동조합의 권익과 발전을 위해 협회 역할을 수행함과 동시에, 조합에 대한 금융지도, 사업(공제, 자금운용)을 지원하며, 금융감독원으로부터 검사감독업무를 위탁받아 회원조합의 성장과 더불어 건전성, 공신력 확대를 이끄는 비영리 특수법인이다.

비슷한 성격의 단체로는 농협중앙회, 새마을금고중앙회, 수협중앙회, 산림조합중앙회 등이 있다. 금융업 특성상 금융위원회와 금융감독원의 영향을 받아 금융권의 은행과 비슷한 수준의 규제와 감독을 받고 있다. 2022년 말 기준 전국 870개 신협의 총자산은 143조 4,000억 원으로 전년보다 15.2% 증가했고, 세계 118개국의 신협이 가입한 세계 신협 협의회에서 한국 신협은 아시아 1위, 세계 4위 규모의 위상을 가지고 있다.

4. 상호금융업의 ML/TF 취약점 분석

상호금융은 단일 또는 소수의 점포와 소규모 기관으로 지역주민 밀착형 여·수신 금융서비스를 제공하는 것이 특징이고 상호금융의 주요 고객은 지역주민· 소상공인· 농어민으로 지역 기반 고객이 대부분이라 비교적 고객확인이 잘 이루어질 수 있으나, 과거 은행보다 다소 높은 이자율을 제공하는 업권의 성격으로 인하여 예금자보호

한도로 쪼개어 차명계좌를 개설하는 경우가 종종 발견되었고, 직원에 의한 횡령사건이 지속적으로 증가하고 있으며, 대주주에 의한 고객자금의 유용 가능성이 커 고객 보호 등을 위하여 더 강한 통제가 요구되고 있다.

상호금융업은 은행의 대체금융기관의 역할을 담당하고 있어, 은행의 자금세탁방지를 위한 통제를 강화할 경우, 상호금융업이 자금세탁행위등에 이용될 가능성이 높아진다 (예를 들어 은행의 보이스피싱 통제가 강화되자, 상호금융업권에서 보이스피싱이 급증하거나, 대출사기도 증가하였던 사례가 있다).

또한, 소규모 업자들이 많아 자체적으로 자금세탁방지 내부통제 체계를 구축하거나 시스템 구현이 어려워 중앙회 시스템을 사용하는 것이 일반적인데, 이와 같은 시스템이나 인력의 한계로 CDD 위험평가 모형이나 STR 룰(Rule) 개선이 적시에 이루어지지 않을 수 있으므로 중앙회와 지속적으로 업계 이슈 등을 파악하여 취약점이 발견될 경우 즉각적인 개선이 이루어질 수 있도록 노력할 필요가 있다.

최근 소규모 새마을금고와 신용협동조합에 대한 검사 과정에서 CTR 위반에 따른 제재 사례가 무더기로 발생하였다. 이와 같은 제재 등을 예방하기 위해서는 전체 업권이 협업하여 CTR 추출 로직 등을 검토하여 누락되는 데이타가 없고, CTR 보고에 대한 프로세스 개선을 위하여 노력할 필요가 있다.

이에 상호금융업권에 대한 검사권을 업권별 중앙회와 금융감독원에 병행 위탁하여 검사의 질적 수준을 제고하고 있으며, 대주주에 의한 횡령이나 자금세탁행위가 발생하는 것을 예방하기 위하여 상호저축은행 대주주 심사를 강화하여 부적격자의 상호저축은행 대주주 우회진입 차단 장치 마련 등 통제절차를 강화하고 있다.

사례 1-26 상호금융에서 계속해서 발생하는 횡령사건

최근 직원에 의한 대형 횡령사건이 발생하여 금융회사의 내부통제 소홀에 대한 이슈가 지속적으로 제기되는 있는데, 최근 발생한 사고 중 상호금융권이 3분의 2를 차지하고 있는 것으로 나타나 상호금융권의 내부통제 적정성에 대한 재진단이 요구되고 있음. 또한 금융당국의 규제 밖에 있는 새마을금고에서도 매년 횡령, 배임사고가 반복되고 있음

이와 같이 상호금융 횡령액이 크게 증가한 것은 각자 운영되는 폐쇄성이 강하고, 직무분리, 순환근무 등 내부통제가 느슨하고, 범죄자금 환수율이 낮아 금융 사고에 대한 전반적인 인식 강화가 요구됨

사례 1-27 상호저축은행 대주주의 자금세탁행위

A저축은행은 건설사를 운영하는 실질 대주주의 일가 소유 법인과 지인을 중심으로 자금세탁이 의심되는 금융거래가 수십 건 적발되면서 대주주의 자금세탁소로 전락했다는 지적을 받고 있음

금감원 검사결과 사전 통보서 등에 따르면 수년 동안 A저축은행에서 자금세탁행위로 의심되는 합당한 근거가 있는 다수 거래가 대주주 일가 소유 4개 건설관련 법인 6개 계좌와 대주주의 지인소유 법인과 대주주 일가 및 지인 등 22개 계좌에서 적발되었는데, 금감원은 건설업을 운영하는 실질 대주주가 대주주 일가 개인 및 소유한 법인명의 계좌와 지인 명의의 계좌를 이용해 의심거래를 한 것으로 판단했고 A저축은행은 의심거래를 해소할 만한 소명을 확보하지 못했음에도 금융정보분석원(FIU)에 보고를 전혀 이행하지 않은 것으로 보고 있음. 또한 1천만 원 이상의 현금거래도 CTR라 보고하지 않은 것으로 파악한 것으로 보임

5. 상호금융업에 대한 자금세탁 관련 주요 지적사항

(1) 고객확인의무 미흡

① 금융회사등은 금융거래를 개시할 목적으로 법인 고객과 계약을 체결하거나 일정금액 이상의 일회성 금융거래를 하는 경우 실제 소유자의 성명, 생년월일 및 국적을 확인하여야 하는데도 일정 기간 동안 다수의 사례에 대하여 고객확인의무를 이행하지 아니하여 과태료 부과 대상이 됨

② 고객의 자금세탁위험 평가모형 운영 미흡 등

- 위험평가모형의 평가요소와 평가배점 등 주요내용에 대하여 결재문서, 개발보고서 등 문서화되어 있지 않은 바, 위험평가모형의 주요내용에 대하여 문서화하고, 위험평가모형의 평가요소 및 평가배점 등을 수정하는 경우 경영진 또는 보고책임자가 승인하는 절차를 마련할 필요가 있음
- 자금세탁방지시스템도입 이후 국가위험 요소에 반영하여야 하는 국가목록이 갱신되지 않고 있는 바, 앞으로 자금세탁 위험평가 모형에 대한 주기적인 점검 절차를 마련하여 위험평가모형의 적정성을 제고할 필요가 있음
- 위험평가모형에서 양도성 예금증서, 비대면 거래 등 고위험 상품·서비스군 및 창구직원이 자금세탁 의심 정도가 중대한 것으로 분류한 고객에 대하여 위험평가점수만을 높게 산정하고 있는 바, 향후에는 고위험 고객으로 분류하여 강화된 고객확인을 할 필요가 있음
- 내규에 일정 금융자산 또는 실물자산이 일정 금액 이상인 경우 고위험 고객으로 정의하고 있음에도 위험평가모형의 고위험고객에는 동 내용이 포함되어 있지 않은 바, 회사 내규와 위험평가모형간 정합성을 제고할 필요가 있음

- 위험평가모형에 고객정보(연령, 주소, 업종, 거래상품 등)와 다른 정보를 입력하여 위험평가 결과가 잘못 도출되는 사례가 있는 바, 직원 교육을 통하여 정확한 정보를 입력토록 하고 보고책임자는 주기적으로 이를 점검할 필요가 있음
- 고객확인을 위해 징구하는 '법인용 고객거래확인서'에 거래목적, 자금원천 등을 기재하는 항목이 없고, 고위험 고객에 대해 금융거래의 목적, 거래자금 원천 등 추가정보를 입력하지 않더라도 고객과의 거래를 완료할 수 있도록 전산시스템이 설계되어 있어 고위험 고객에 대한 강화된 고객확인업무를 소홀히 할 우려가 있으므로 고객확인을 위한 고객거래확인서 및 전산시스템을 개선할 필요가 있음

(2) 의심스러운 거래 보고 의무 위반

금융회사등은 금융거래의 상대방이 자금세탁행위나 공중협박자금조달 행위를 하고 있다고 의심되는 합당한 근거가 있는 경우, 그 사실을 종합적으로 검토한 후 의심되는 거래 보고대상 금융거래로 판단하는 때부터 시간적으로 지체함이 없이 금융정보분석원장에게 보고하여야 하는데도 일정기간 중 내부 결재를 통해 의심스러운 거래 보고대상으로 확정한 금융거래 다수의 건을 정당하거나 합리적인 사유 없이 업무 담당자의 규정 미숙지로 인해 업무 과다 등의 사유로 지체 없이 보고하지 않아 과태료 부과 대상이 됨

(3) 고액현금거래보고 의무 미이행

금융회사등은 보고기준금액 이상의 현금을 금융거래의 상대방에게 지급 하거나 그로부터 영수하는 경우에는 그 사실을 30일 이내에 금융정보분석원장에게 보고하여야 하는데도 일정기간 중 발생한 1천만 원 이상의 고액현금거래 다수의 거래를 보고기한(거래발생일로부터 30일) 내에 금융정보분석원에 보고하지 아니하고 상당기간 경과하여 지연 보고하는 등 고액현금거래보고 의무를 적정하게 이행하지 않아 과태료 부과대상이 됨

(4) 의심스러운 거래 및 고액현금거래 보고 업무 개선

의심스러운 거래 및 고액 현금거래의 보고담당자 및 보고책임자를 본점이 아닌 지점의 직원과 지점장이 각각 일선 업무와 함께 겸임하고 있어 관련 보고업무가 독립적으로 수행되지 못할 우려가 있으므로 금융거래 업무를 하지 않는 독립된

부서(예 : 준법감시부)의 임직원을 보고담당자와 보고책임자로 지정하는 등 내부 보고체제를 개선할 필요가 있음

제6절 여신전문업

1. 여신전문업의 ML/TF 분석

2023년 10월 기준 총 158개의 여신전문업자가 영업을 하고 있는데, 신용카드사(9개, 1개의 준회원 포함), 리스금융사(50개), 신기술 금융사(99개)가 이에 해당한다.

여신전문업은 수신업무를 취급하지 않아 ML/TF 위험이 현저히 낮으나, 신용카드와 대출업무가 자금세탁에 이용될 수 있다. 예를 들어 카드깡을 통한 불법 대출유형, 선불카드의 ML/TF 취약점을 이용한 리스크 등이 상존하고 있다. 또한 최근 각 카드사가 집중적으로 판매하는 트래블카드를 이용하여 해외에서 현금을 인출하여 불법적인 목적으로 사용할 경우 이를 통제하기 어려운 부분이 있어, 해당 거래에 대한 모니터링을 강화하고 있다. 이는 트래블카드뿐만 아니라 직불카드를 해외에서 이용하여 현금을 지속적으로 인출할 경우 탈세, 국외재산 도피 또는 도박 등의 위험이 내재할 수 있다.

① 카드깡[9]을 이용한 자금세탁행위

- 기업·개인사업자가 자기매출을 유령 카드가맹점 매출로 꾸며 세금 회피하거나, 가맹점과 결탁해 회사매출을 불법적으로 현금화
- 최근 온라인쇼핑몰에 유령판매점을 만들어 카드깡 이용 후 폐업하는 사례가 발생하였고, 또한 소액의 급전이 필요한 서민에게 대출사기를 일으켜 신용불량자 양산하는 경우도 발견되었음(카드깡으로 852만 원 급전대출을 받게 한 후 카드결제는 1,420만 원 청구하여 연 400% 금리를 받음)

9) 카드깡이란, 실물 거래 없이 물건을 산 것처럼 해서 결제하고 결제한 금액에서 일정 수수료를 제하고 현금을 돌려받는 불법 대출유형

② 선불카드를 이용한 자금세탁행위

- 기업이 마케팅 명목으로 선불카드를 대량 구입, 매도하여 현금을 마련하여 뇌물공여, 리베이트 제공 등 불법 목적으로도 이용한 사례

③ 카드를 이용한 불법가상자산 거래 행위

- 국내 카드사들은 2018년 1월부터 신용카드와 체크카드를 이용한 가상자산 거래를 차단하고 있음. 카드사의 가상자산 거래소 결제 서비스가 자금세탁방지 위반, 불법 현금 유통, 사행성 거래가 우려되고 여신전문금융업법과 외국환 거래법 위반 소지가 있다는 기획재정부와 금융위원회의 해석에 따른 것임. 카드사들은 지속적인 모니터링을 통하여 가상자산거래소의 가맹점번호가 확인되는 경우 결제를 차단하고 있으나, 해외 가상자산거래소가 현지에서 가맹점 번호를 새로 발급받을 경우 파악하는 데 시간이 필요하여 즉각적인 차단에 어려움이 있음

이에 신용카드사들은 카드깡을 통한 불법 현금융통 등을 적발하기 위한 이상거래 불법거래감시시스템(Fraud Detection System)을 운영하고, 카드깡 사실이 확인되면 즉시 수사기관에 고발하고 있다. 또한, 물품판매·용역제공 없이 신용카드거래를 가장하거나 실제 매출금액 이상의 거래를 하는 경우 가맹점에 대한 처벌을 강화하고 있다.

사례 1-28 온라인상에 나와 있는 신용카드를 이용한 카드깡 광고

인터넷 공간에서 카드깡이라는 검색을 하면 다양한 카드깡 광고를 접할 수 있음 광고 내용에 따르면 신용카드 한도 내에서 3분이면 현금화가 가능하다는 내용임. 이들은 해당 광고주 명의로 매출을 일으키는 것이 아니라, 사전에 공모하거나 허위로 설립한 가짜 가맹점을 이용하여 카드깡을 통한 불법 대출행위를 하고 있는 것으로 확인됨

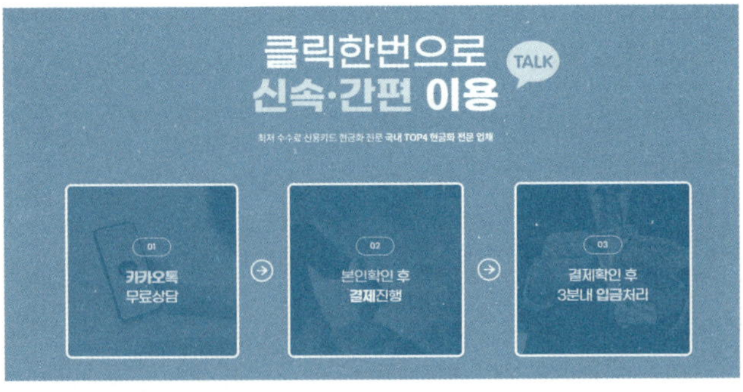

자료 출처 : 구글

사례 1-29 페이팔을 이용한 카드깡

페이팔을 이용한 카드깡이 지속적으로 증가하는 것으로 확인되었는데, 신용카드로 소액으로 지인들에게 송금할 수 있는 페이팔 서비스를 이용해 돈이 필요한 만큼 신용카드를 긁은 뒤 자신의 은행 계좌로 돈을 송금받아 현금을 뽑아 쓰는 방법임

페이팔 해외 송금 서비스는 페이팔에서 송금받을 사람의 e-mail 주소와 은행 계좌를 입력하고 비자, 마스터 등 해외 사이트에서 쓸 수 있는 카드로 결제하면 수취인에게 송금이 가능한데, 만약 송금받는 사람을 송금인의 계좌를 입력할 경우 바로 자신의 은행 계좌로 입금이 되고 카드깡이 이뤄지게 됨

이렇게 할 경우 수수료가 저렴하고 신용카드 한도 내에서 송금이 가능한데, 해당 서비스를 통한 불법대출, 외화 유출, 자금세탁행위로 이어질 수 있어 조치가 필요하나 페이팔은 미국 관할지역이라 규제가 어려운 상태임

한편 현금화한 돈을 어디에 쓰든 카드 결제 명세에는 페이팔이라는 가맹점 정보만 남기 때문에 내국인이 필리핀에서 페이팔 깡을 통해 필리핀 현지 은행으로 송금을 받은 뒤 이 돈을 찾아 불법 도박자금으로 쓴다고 해도 적발할 방법이 없으며, 또한 연간 1만 달러 이하로 이용한다면 외환관리망의 감시도 피할 수 있어 이에 대한 적극적인 대응이 요구됨

2. 여신전문업에 대한 ML/TF 주요 지적사항

(1) 고객확인의무 미이행

① 법인 실소유자 미확인

금융회사는 금융거래를 개시할 목적으로 법인 고객과 계약을 체결하는 경우 실제 소유자의 성명, 생년월일 및 국적을 확인하여야 하는데도, 일정 기간 중 유한공사 A 등과 일정 건의 가맹점계약 또는 카드발급계약을 체결하면서 실제 소유자 확인 면제대상이 아님에도 면제 처리하는 등 법인 고객의 실제 소유자를 확인하지 않아 고객확인의무를 이행하지 아니하였음

② 비영리법인 또는 단체에 대한 설립목적 미확인

금융회사는 금융거래를 개시할 목적으로 비영리법인 또는 단체 고객과 계약을 체결하는 경우 실지명의, 설립목적, 주된 사무소의 소재지 등을 확인하여야 하는데도, 일정기간 동안 여러 건의 카드 계약을 체결하면서 설립목적을 확인하지 않아 고객확인의무를 이행하지 아니하였음

(2) 고액현금거래보고 의무 미이행

금융회사등은 1천만 원 이상의 현금을 금융거래의 상대방에게 지급하거나 그로부터 영수하는 경우에는 그 사실을 30일 이내에 금융정보분석원장에게 보고하여야 하는데도 일정기간 동안 1천만 원 이상 선불카드 여러 건을 판매하면서 금융정보분석원장에게 고액 현금거래를 보고하지 아니하였음

(3) 자금세탁행위등의 방지를 위한 업무지침 마련의무 위반

① 금융회사는 자신이 자금세탁행위등에 이용되지 않도록 업무지침을 마련하여야 하며, 이에 따라 고객이 요주의 인물에 해당할 경우에는 거래관계 수립을 위해 고위경영진의 승인을 얻는 등 필요한 조치를 취하여야 하는데도, XX카드사는 검사착수일 현재까지도 고객이 요주의 인물에 해당할 경우 거래관계 수립을 위한 고위경영진 승인절차 등을 마련하지 않았음

② 준법감시팀이 일반업무에 대한 감사업무 및 자금세탁방지업무를 겸임하고 있으므로, 전문적으로 감사업무를 수행하는 인력 및 조직을 확보하여 준법감시팀의 자금세탁방지업무 수행에 대한 독립적이고 정기적인 감사실시 및 평가가 이행되도록 관련 조직 체계를 개선하시기 바람

③ 검사대상기간 중 임직원을 대상으로 OO회에 걸쳐 집합교육을 실시하였으나, 전체 교육시간은 O시간에 불과하고, 다른 교육 내용 등과 동시에 교육함에 따라 자금세탁방지업무 관련 교육의 실효성이 미흡하므로 자금세탁방지 관련 제도, 최근 의심스러운 거래 동향 및 고객확인 절차 등 자금세탁방지 업무 관련 별도 교육내용을 마련하거나 외부 강의를 이용하는 등 교육의 실효성을 향상시킬 수 있도록 교육과정을 개선하시기 바람
또한, 경영진(대표이사) 소관인 내규 「자금세탁방지 업무규정」에 최고 의사결정기구인 이사회의 자금세탁방지 업무를 규정하고 있어 내규 체계가 불합리하므로 향후 이사회의 역할과 책임을 규정하는 조항을 상위 내규(예 : 이사회 규정, 내부통제 규정 등)에 포함시키는 등 관련 내규를 개선하시기 바람

(4) 의심스러운 거래 보고 업무 미흡

- 검사대상기간 중 다수의 의심스러운 거래 경보가 발생하였으나 의심스러운 거래로 금융정보분석원에 보고되지 않았으며, 검토 시 미보고사유 등을 '혐의없음' 등으로

형식적으로 작성하고 있으므로 의심스러운 거래 경보건에 대한 심층적인 분석을 실시하여 보고여부를 결정하고 미보고사유를 구체적으로 기재하는 등 의심스러운 거래보고 관련 절차를 개선하시기 바람

- 또한, 의심스러운 거래보고 추출기준에 대해서도 상품별, 고객유형별 자금세탁 위험도 등을 반영하는 기준을 마련하고 회사의 거래실정에 맞지 않는 기준은 폐기여부 등을 검토할 필요가 있으며, 범죄혐의가 의심되는 거래가 의심스러운 거래로 추출될 수 있는 기준을 마련하는 등 의심스러운 거래보고 추출기준을 개선하시기 바람
- 한편, 의심스러운 거래 보고 여부 검토 시 영업점(심사부서)에서 의심거래 여부를 우선적으로 검토하고 준법감시팀의 보고담당자가 이를 재검토한 후 최종 보고 책임자의 승인을 거쳐 보고가 완료되도록 단계별 검토체계를 구축하는 등 관련 절차를 개선하시기 바람

사례 1-30 XX카드사 100억 원대 금융 사고

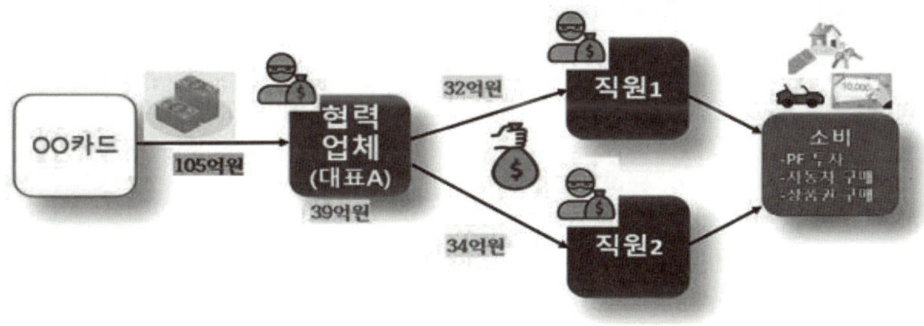

XX카드사 직원들이 100억 원이 넘는 자금을 횡령한 사건이 적발함 해당 직원들은 업계 관행과는 다르게 외부 협력업체 대표와 공모해 카드사가 부실한 제휴계약을 체결하도록 하여 배임혐의를 적용받고 있음

이들은 협력업체 대표와 공모해 해당 업체를 카드 상품 프로모션 협력업체로 선정하고 카드 발급 회원당 연비용을 정액 선지급하는 구조로 이례적인 프로모션 제휴계약을 체결함. 해당 계약에 따라 카드사는 해당 협력업체에 대해 100억 원이 넘는 자금을 지급했고, 이들은 유령회사와 가족회사를 통해 해당 자금을 부동산개발 투자, 자동차 상품권 구매 등으로 소비한 것으로 확인됨

해당 사건은 대부분의 회사의 구매절차에 대한 내부통제가 적절하게 이루어지지 않을 경우 손쉽게 자금세탁 채널로 사용될 수 있다는 점을 시사하고 이에 대한 내부통제 강화에 대한 노력이 필요함을 알게 되는 사건임

자료 출처 : 조선비즈

제7절 대부업권

1. 개요

"대부업 등의 등록 및 금융이용자 보호에 관한 법률(약칭 : 대부업법)"에 따르면 대부업(貸付業)이란 금전의 대부(어음할인, 전당포, 양도담보, 할부금융 등 명칭에도 불구하고 실질적으로 금전의 대부에 해당하는 행위를 의미함)를 업으로 하거나 여신금융기관 등으로부터 대부계약에 따른 채권을 양도받아 이를 추심하는 것을 업으로 하는 것을 의미한다. 그러나 사업자가 종업원에게 대부하거나 노동조합이 구성원에 대부하거나 국가 또는 지방자치단체가 대부하거나 민법이나 그 밖의 법률에 따라 설립된 비영리법인이 정관에서 정한 목적의 범위에서 대부하는 경우는 대부업에서 제외된다.

2024년 12월 현재 총 만 여 개의 대부업자가 업을 영위하고 있다.

등록대부업 현황(2024년 12월 말 현재)

구분	금전대부	채권추심	대부중개	P2P연계 대부업	금전대부 (구, P2P연계 대부업)
업체 수	7,174	877	3,157	0	0

자료 출처 : 금융감독원

※ P2P연계대부업 관련 주의사항 안내
온라인투자연계금융업법 시행('20.8.27.)에 따라 P2P연계대부업 또는 금전대부업(구 P2P연계대부업) 등록으로 조회된 업체는 '21.8.27.부터 온라인투자연계금융업 등록없이는 기존 P2P연계대부업의 영위가 불가하여 동 업체의 온라인투자연계금융업 등록 여부를 반드시 확인하여야 함

등록대부업체 통합조회

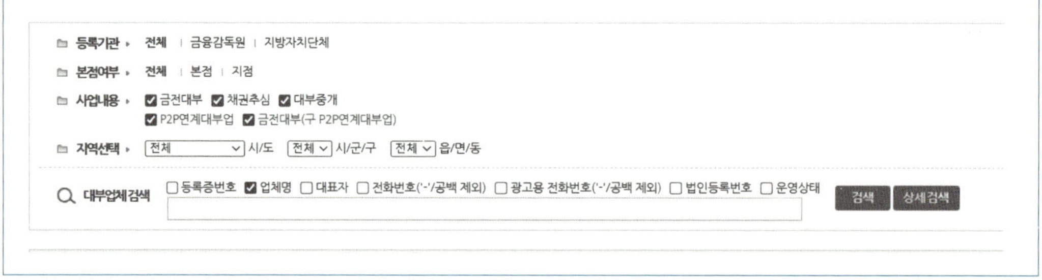

자료 출처 : 금융감독원 포탈 파인(https://fines.fss.or.kr)

등록대부업체 통합조회

자료 출처 : 금융감독원 포탈 파인(https://fines.fss.or.kr)

대부업법이 제정된 시점인 2002년, 일본계 대부업체들이 한국에 진출하여 점유율을 높여왔는데, 그 이유는 당시 제도권 금융회사들의 장벽이 높아 서민금융의 역할을 제대로 수행하지 못하였고, 2014년 당시 법정 최고 이율이 39% 정도였는데, 일본은 약 15~20%로 한국 진입시 높은 수익이 보장되었기 때문이다. 최근 인터넷은행 및 상호금융업자들이 중저신용자 등 서민금융 정책을 확대함에 따라 대부업자에 대한 이용자가 지속적으로 감소하고 있으며, 최초 일본계 대부업자들이 대부업 중단을 조건으로 상호금융업 인가를 받는 경우가 있어 지속적으로 대부업자의 이용자는 감소할 것으로 보인다.

대부업은 기본적으로 고이율로 소액의 자금을 대출하는 경향을 보여 2018년 정부에서 발표한 국가위험평가서에 따르면 자금세탁 위험이 낮은 것으로 판단되었으며, 최근 고이율 기조로 인하여 자금조달비율이 급격이 증가하여 사실상 영업이 어려운 처지에 놓여 있으나, 대부업자들의 새로운 자금세탁행위와 연루되는 사례가 발견되어 대부업자의 ML/TF 위험을 재평가할 필요가 있다.

대부업법 제1조(정의)

1. "대부업"이란 금전의 대부(어음할인 · 양도담보, 그 밖에 이와 비슷한 방법을 통한 금전의 교부를 포함한다. 이하 "대부"라 한다)를 업(業)으로 하거나 다음 각 목의 어느 하나에 해당하는 자로부터 대부계약에 따른 채권을 양도받아 이를 추심(이하 "대부채권매입추심"이라 한다)하는 것을 업으로 하는 것을 말한다. 다만, 대부의 성격 등을 고려하여 대통령령으로 정하는 경우는 제외한다.
   가. 제3조에 따라 대부업의 등록을 한 자(이하 "대부업자"라 한다)
   나. 여신금융기관
2. "대부중개업"이란 대부중개를 업으로 하는 것을 말한다.
3. "대부중개업자"란 제3조에 따라 대부중개업의 등록을 한 자를 말한다.
4. "여신금융기관"이란 대통령령으로 정하는 법령에 따라 인가 또는 허가 등을 받아 대부업을 하는 금융기관을 말한다.

대부업법에 따르면 대부업자나 대부중개업의 상호는 일정 예외사항을 제외하고는 반드시 상호에 "대부" 또는 "대부중개업"을 사용하여야 하며 대부업상의 대부업자가 아닌 자는 그 상호 중에 대부, 대부중개 또는 이와 유사한 상호를 사용하지 못하고 대부업자등은 타인에게 자기의 명의로 대부업등을 하게 하거나 그 등록증을 대여하여서는 아니 된다.

따라서 대부업자등과 거래를 하는 금융회사등은 해당 업자가 대부업을 업으로 하는데도 상호에 대부 등이 포함되지 않았거나, 상호에는 "대부"라는 내용이 포함되어 있으나, 대부업자 목록에서 조회가 되지 않는 경우 반드시 추가적인 확인을 통하여 대부업자의 사업 성격을 명확하게 확인하여야 하며 고위험 고객으로 분류하여 강화된 모니터링을 수행할 것이 요구된다.

2. 대부업자에 대한 자금세탁방지 의무

FATF는 대부업(lending)을 수행하는 자에 대해 AML/CFT 의무를 부과할 것을 요구하고 있으며, 정부는 2019년 특정금융정보법 시행령을 개정하여 일정 규모 이상의 대부업자에게 자금세탁방지 의무를 부과하고 있다[10].

10) 미국·영국·일본 등 주요국은 한국과 유사하게 대부업자에게 AML/CFT 의무를 부과하고 있으며, 자금세탁 위험도 등을 고려하여 일부 대부업자에게는 자금세탁방지 의무를 면제하고 있다.

정부는 대부업자의 자금세탁방지업무에 대한 부담을 완화하고 제도의 수용성을 높이기 위해 모든 대부업자에 대하여 자금세탁방지 의무를 부과하는 것이 아니라, 자금세탁 위험도 등을 고려하여 자산규모 500억 원 이상의 대부업자에 한하여 자금세탁방지 의무를 부과하고, 이들에 대한 검사 권한을 금감원에 위탁하고 있다. 그 이유는 대부업자는 수신기능이 없는 등 서비스가 제한적이어서 타 업권에 비해 상대적으로 위험도가 높지 않으며, 거래가 주로 대형 대부업자를 통해 발생할 수 있기 때문이다[금융정보분석원이 발표한 자료에 따르면 자산규모 500억 이상의 대부업자(2022년 말 약 90개 미만의 업체로 파악됨)는 전체 대부잔액 중 과반 이상을 차지].

사례 1-31 대부업자의 새로운 자금세탁 수법

A 제약회사의 실소유자와 고위임원들이 기소되었는데, 이들은 지분 승계 등에 필요한 자금 마련을 위해 비자금을 조성한 혐의가 적용됨. 그런데 이들은 대부업자(B씨)의 도움을 받아 수십억대 비자금을 조성했던 것으로 확인됨

해당 업체는 납품업체인 XX파이낸스와 과다계상 또는 가공거래 후 차액을 되돌려 받는 방식으로 자금을 조성한 후 A제약회사의 주식을 취득하거나 생활비 등 사적 용도로 사용한 혐의를 받고 있음. 대부업자인 B씨는 A제약회사 임원으로부터 어음을 받아 이를 현금 등으로 교환한 혐의를 받고 있음

3. 대부업자에 대한 ML/TF 주요 지적사항

(1) 의심스러운 거래 추출기준 불합리

의심스러운 거래 모니터링을 위해 추출기준 STR 룰(Rule)을 운영 중이나, 구체적인 거래형태나 탐지조건의 설정 없이 단순 유형만을 제시하고 있어 지점·담당자간 일관성 있는 판단이 저해되는 등 실제모니터링 업무에 활용하기 어려우며 회사 실정과 맞지 않거나 실효성이 부족한 추출 기준이 다수 존재함에도 추출기준의 적정성 점검 등을 실시하지 않았으므로 의심스러운 거래 추출기준 운영의 실효성을 제고하고 회사 실정을 반영하도록 관련 업무 개선이 요구됨

(2) 고객위험평가모형 운영 불합리

A 대부회사는 고객의 직업(업종) 등을 활용하여 고객의 특성에 따라 다양하게 발생하는 자금세탁등의 위험(이하 '고객위험평가')을 평가하도록 하고 있으며, 이에 따라 고객위험평가를 수행하기 위해 「고객확인 위험평가모델 산정표」를 마련·운영하고 있는데 대부계약시 법인고객에 대한 고객위험평가는 그 법인의 업종 등을 고려하여 위험평가를 실시하고 있으나, 개인고객에 대해서는 직업 등 고객유형별 위험 반영이

미흡하고 기존고객에 대한 고객위험평가는 자금세탁등의 위험보다는 대출계약 이후 원금 및 이자의 상환 여부에 따라 정상채권은 저위험으로, 연체채권은고위험으로 평가하고 있으며 고객위험평가모형의 주기적인 적정성 점검 및 변경 업무절차가 마련되어 있지 않으므로 개인고객에 대한 고객유형별 위험을 식별·평가하는 절차를 마련하고 고객위험평가모형을 주기적으로 점검하는 등 고객위험평가를 합리적으로 개선하는 것이 요구됨

제8절 소액해외 송금업

1. 개요

2017년 외국환거래법 개정을 통해 비금융사의 독립적인 해외송금업무가 가능하도록 전문외국환업무 취급업자를 허용하였고, 해당 소액 해외송금업자에 대하여 자금세탁 방지 의무를 부과하였다. 소액해외송금업의 형태는 소액해외송금업자가 직접 지급 및 수령을 하는 독립형과 은행으로부터 위탁을 받아 은행의 지급 및 수령방식을 이용하는 위탁형(현재 한국에는 위탁형 소액해외송금업자는 없음)으로 구분된다. 2024년 12월 현재 31개의 소액해외송금업(독립형)이 업을 영위하고 있다. 소액해외송금업자의 현황은 금융감독원 포탈 "파인"에서 확인이 가능하다.

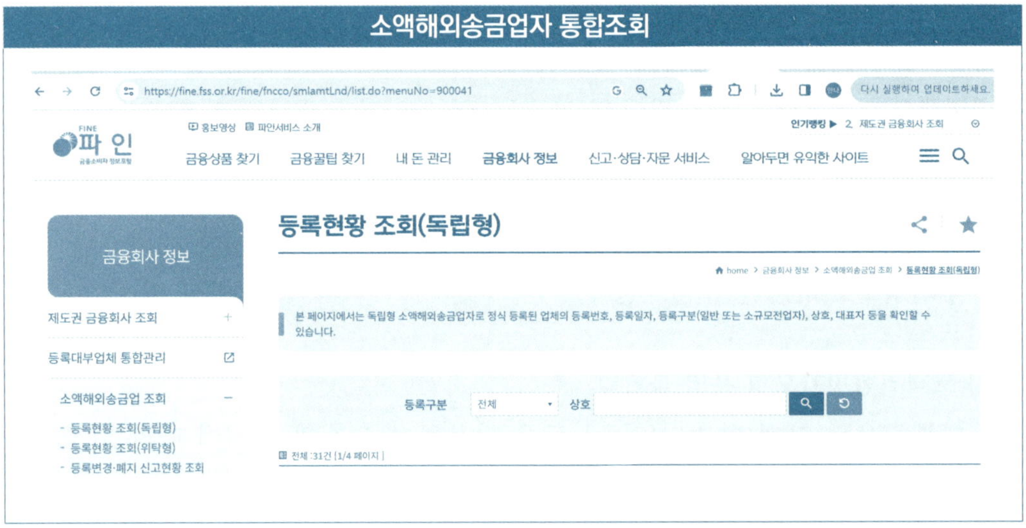

자료 출처 : 금융감독원 포탈 파인(https://fines.fss.or.kr)

외국환거래법에 따라 법령상 소액해외송금업을 하려는 자는 일정한 등록 요건을 구비하여 등록을 하여야 하는데 그 자격 요건은 다음과 같다.

① 상법상 회사로서 자기자본이 10억 원 이상일 것
② 재무건전성 기준을 충족할 것(자기자본에 대한 부채총액 비율은 200%)
③ 필요한 시스템 및 인력 구축(소액해외송금업자는 전산시설/전산전문 인력 및 자금세탁방지 체계를 구축하고, 한국은행과 외환전산망을 연결해야 하며, 업체당 2명 이상의 외환전문인력을 구비하여야 함)
④ 외국환 전문인력 2인 이상 확보
⑤ 임원에게 결격 사유가 없을 것

소액 해외송금은 건당 5,000달러, 동일인당 연간 지급 및 수령 누계한도는 각 5만 달러이며, 소액해외송금업체 등록시 사전에 정한 금융회사의 계좌를 통해 거래하여야 하고, 금융실명법 및 자금세탁방지업무상의 의무가 부과된다. 현재 등록된 30여 개의 업체들은 다양한 통화로 송금서비스를 제공하고 있으며, 낮은 수수료 등으로 주로 외국인노동자, 학생들이 주로 이용하는 것으로 파악된다.

2. 소액해외송금업자의 주요 ML/TF 의무

① 고객확인의무
신원확인에는 이름·전화번호와 주소, 연락처, 계좌 실소유자 여부까지 모두 포함됨. 거래목적과 자금원천, 직업, 업종까지 확인해야 하며, 일회성이 아닌 주기적 정보 재확인의무도 부과됨
② 의심거래보고 의무
③ 전신송금시 정보제공 의무 부과
100만 원이 넘는 전신송금시에는 송금인·수취인 이름과 계좌번호 등을 송금받는 금융회사에 제공해야 함

3. 소액해외송금업자의 ML/TF 취약점

소액해외송금업자의 자금을 풀링(Pooling : 여러 건의 송금신청을 모아 한 번에 송금) 또는 프리펀딩(Pre- funding : 외국 협력업자에게 미리 목돈 송금 후, 해외송금 접수시 현지에서 동 자금 지급) 방식으로 자금세탁이 가능하고 외국인 근로자 등 비거주자와의 거래가 많을 것으로 예상되므로 테러자금조달에도 이용될 가능성이

높고, 핀테크 기술이 급속도로 발달하고 있고 가상자산을 이용한 다양한 송금 가능성이 존재하므로 소액해외송금업자에 대한 모니터링 강화가 필요하다.

또한 소액해외송금업자와 거래를 하는 금융회사는 해당 소액해외송금업자가 등록된 소액해외송금업자임을 반드시 확인하고, 해당 업자를 환거래 고객에 준하여 고위험으로 분류하고, 강화된 모니터링 대상으로 분류할 필요가 있다. 일부 외국계 은행에서는 소액해외송금업자의 자금세탁방지 의무 준수에 대한 명확한 확인이 이루어지지 않을 경우 거래금지 대상으로 분류하기도 한다.

최근까지 소액해외송금업자의 영세성 등을 고려하여 직접적인 자금세탁방지에 대한 검사가 이루어진 사례가 없었으나, 소액 해외송금업자에 대한 불법의혹에 대한 우려가 있어 대형 업체를 위주로 감사가 진행되고 있어, 이번 검사를 통하야 확인된 취약점을 토대로 지속적인 자금세탁방지 내부통제를 강화할 것이 요구된다.

소액 해외송금업체 ‘불법 의혹’

- 금융당국이 최소로 소액 해외송금업체의 불법송금 의혹에 대한 현장 검사에 착수하였다. 금융감독원은 상대적으로 규모가 큰 3개 업체를 대상으로 외국환 업무 전반에 대한 현장 검사를 진행하였다.
- 이번 검사는 일부 업체를 상대로 진행되고 있지만 소액 해외송금업계 전체의 규정 위반 여부와 내부통제시스템을 자체 점검하는 계기가 될 것으로 예상된다.
- 소액 해외송금업체들 사이에는 동일 인당 일정금액(건당 5000달러, 연간 5만달러) 이하로 제한된 해외송금의 법적한도를 넘어서 불법적인 송금을 하고 있다는 소문이 있었고, 이런 불법 행위에 대한 당국의 조치가 제때 이뤄지지 않으면 시장질서가 무너질 수 있다는 우려가 있었다.
- 이에 기획재정부와 금융감독원 등은 소액 해외송금업체를 대상으로 내부통제 설명회를 열고 선불전자지급수단을 활용한 해외송금업 영업행위를 금지하도록 경고하였다. 그러나 일부 업체는 은행과의 약정을 통해 개설한 다수의 가상계좌로 해외송금 자금을 모은 뒤에 가상계좌에서 고객 명의 계좌로 입금하지 않고, 선불전자지급수단(가상계좌 잔액)으로 충전된 자금을 외국으로 분할 송금한 것으로 알려졌다.
- 또한 외국인 명의도용, 마약범죄 수익 불법 송금 의혹도 있어 이번 검사는 해외 소액송금업자의 전반적인 자금세탁방지 내부통제의 적정성에 대한 점검으로 진행되었다.
  - 국내 모 대학교에서는 지난해 환치기와 관련해 해외 유학생들의 피해가 속출하는 사건이 발생했는데 해당 학교에 재학 중인 베트남인 A씨가 베트남 송금을 유리한 환율로 제공하겠다며 국내 유학 중인 베트남 학생들의 개인정보(외국인등록증 사진, 계좌번호, 계좌거래 내역) 등을 제공받아 악용한 것임. A씨는 제공받은 유학생 개인정보를 이용해 국내 소액 해외송금업체에 비대면 회원가입을 한 후 학생들의 동의 없이 본인의 베트남 수취계좌로 송금함. 상당 금액이 환치기 목적으로 A씨 계좌에 송금된 것으로 알려짐.

- 한편 경찰에서는 필로폰 등 마약류 판매와 관련해 범행에 소액 해외송금업체 가상계좌가 이용된 것으로 보고 수사를 진행하고 있음. 마약류 매수자들이 가상계좌로 입금한 내역을 확인했고, 범죄 수익금 대부분이 소액 해외송금업체 가상계좌를 통해 국외로 빠져나간 정황도 확보해 관련 업체에 대한 압수수색을 진행한 것으로 알려짐.

자료 출처 : 내일신문

제9절 환전업자

1. 개요

환전영업자란 다음에 기술한 환전 업무를 사업으로 영위하기 위해서 관세청장[11](환전영업장을 관할하는 세관장)에게 등록한 자로서 2024년 11월말 현재 1,437개 업체가 등록되어 있으며, 주로 서울·경기·부산·제주에 약 80% 환전업자가 사업을 수행하고 있다(관세청 홈페이지 참조). 환전업을 등록 없이 수행한 경우에는 형사처벌[12]의 대상이 된다.

환전영업자는 환전업을 영위하기 위한 목적을 외국환은행과 사이에 외국통화등의 매각 및 예치, 외국환은행으로부터의 외국통화매입을 위해서는 거래외국환은행을 지정하여야 한다.

① 외국통화등의 매입 : 고객으로부터 외국 통화 및 외국에서 발행된 여행자수표를 받고 그에 상응하는 원화 지급업무

- 환전영업자가 고객으로부터 외국통화등을 매입하는 경우에는 외국환거래규정 별지3-4호의 외국환매각신청서를 제출받아 주민등록증, 여권, 사업자 등록증, 납세번호증 등 실명확인증표에 의하여 인적사항을 확인하여야 함
- 동일자, 동일인 기준 미화 2만불을 초과하는 외국통화 등을 매입하는 경우에는 고객의 당해 외국통화등의 취득이 신고등의 대상인지 여부를 확인하여야 함. 미화 2만불 초과 매입시 외국환거래법에 따른 허가 또는 신고 여부를 확인하지

11) 관세청은 2016년 4월부터 한국은행으로부터 관리감독 이관받아 검사관리 업무를 수행하고 있다.

12) 환전업자의 주된 위반유형에는 불법 해외송금·매각, 무등록 영업 등의 불법행위(15건, 57.7%)와 반기보고 미이행 등 의무사항 위반사례 발생(11건, 42.3%)

*행정제재 : 환전장부 허위보고(업무정지 3개월), 고객확인의무 위반(업무 정지 2개월) 등임

않는 경우에는 형사처벌 및 업무정지 등의 처분을 받을 수 있음
- 미화 2만불 초과 외국통화등을 매입하는 경우 고객으로부터 입국시 세관으로부터 교부받은 외국환반입신고필증을 확인하고 사본을 보관하여야 함

② 외국통화등의 매도 : 미화 2천불 이하 범위 내에서 원화를 받고 외국통화 매도(단, 환전장부 전산관리 업자[13]는 미화 4천불 범위 내)

③ 비거주자가 최근 입국일 이후 당해 체류기간 중 외국환업무취급기관 또는 환전영업자에게 원화를 대가로 외국통화 등을 매각한 실적범위 내에서 재환전
- 환전영업자는 외국환거래규정 제2-29조 제3항 각 호의 경우에 한하여 재환전할 수 있음. 즉, 재환전은 환전영업자가 고객이 외국환매입증명서를 제출하는 경우 그 금액의 범위 내에서만 가능함
- 환전영업자는 재환전하는 경우를 제외하고 동일자, 동일인 기준 미화 2천불(환전장부전산관리업자의 경우 미화 4천불) 이하의 외국통화등을 외국환매입증명서 없이 매각할 수 있음

2024년 11월 등록 환전영업자 지역별 현황

구분	법인 환전업	개인 환전업	카지노업	판매업	호텔·숙박업	기타	합계
강원	6	2	2		28		38
경기	20	163		11	38	18	250
경남	3	4			15		22
경북	2	1		4	17	1	25
광주	4	2			5		11
대구	4	9	1	1	10		25
대전	1	7			6		14
부산	15	35	2	8	44	6	110
서울	85	316	3	34	167	51	656
세종					1		1
울산	2	3		1	8		14
인천	9	37	2		25		73
전남		1			15	5	21

13) 환전업자 중 환전 장부와 환전업무 현황을 환전영업자관리시스템을 통해 전자적 방법으로 관세청에 제출하는 환전업자를 의미함

2024년 11월 등록 환전영업자 지역별 현황							
구분	법인 환전업	개인 환전업	카지노업	판매업	호텔·숙박업	기타	합계
전북	1	3			13	1	18
제주	33	31	8	2	43	3	120
충남	1	13		1	12		27
충북		6		1	5		12
합계	186	633	18	63	452	85	1,437

자료 출처 : 관세청 홈페이지

업무범위별 환전업자의 종류

환전영업자는 업무 취급범위에 따라 ① 일반(카지노) 환전, ② 온라인 환전, ③ 무인환전기기 환전으로 구분되며, 유형별로 중복하여 등록이 가능함

① 일반(카지노) 환전영업자 : 등록된 영업장 내에서만 환전거래가 가능하며, 외화 매입에는 금액 제한이 없고 외화 매각은 미화 2천불(환전장부전산관리업자는 미화 4천불) 이하의 범위 내에서만 제한적으로 가능

② 온라인 환전영업자 : 인터넷 등의 방법으로 환전신청을 받은 후 영업소 이외의 장소에서 환전거래가 가능하며, 외화 매입 및 매각 모두 미화 2천불(환전장부전산관리업자는 미화4천불) 이하의 범위 내에서만 제한적으로 가능

③ 무인환전기기 환전영업자 : 신분증 스캔 기능을 갖춘 무인환전기기를 통하여 환전거래가 가능하며, 외화 매입 및 매각 모두 미화 2천불(환전장부전산관리업자는 미화 4천불) 이하의 범위 내에서만 제한적으로 가능

자료 출처 : 관세청 환전업자 환전업무 매뉴얼[14)]

14) 관세청은 매월말 현재 등록환전업체 명단 및 현황을 홈페이지를 통하여 공시하고 있으며, 환전업자의 자금세탁방지 의무에 대한 설명 등을 포함한 환전업자 환전업무 매뉴얼(2023년 8월)을 마련하여 환전업자들이 적법한 업무를 수행할 수 있도록 가이드를 제공하고 있다.

업무범위별 환전업자의 종류

‖ 일반/온라인/무인환전기기 환전영업자 비교 ‖

구분	일반	온라인	무인환전기기
외화 매입	제한 없음	미화 2천불 (환전장부전산관리업자는 미화 4천불) 이하	미화 2천불 (환전장부전산관리업자는 미화 4천불) 이하
외화 매도	미화 2천불 (환전장부전산관리업자는 미화 4천불) 이하	미화 2천불 (환전장부전산관리업자는 미화 4천불) 이하	미화 2천불 (환전장부전산관리업자는 미화 4천불) 이하
업무 방식	영업장 내 대면	온라인 환전신청 → 환전대금 배달 또는 온라인 계좌지급	신분증 스캔 기능을 보유한 무인환전기기
환전장부 제출	반기별	분기별	반기별
이행보증금	없음	있음	없음
환전증명서	미화 2천불 (환전장부전산관리업자는 미화 4천불) 초과 거래시 작성	해당 없음	해당 없음
환전장부 작성	금액에 관계없이 모든 거래에 대해 환전장부 작성		
고객실명확인	금액에 관계없이 모든 거래에 대한 고객실명확인		

자료 출처 : 관세청 환전업자 환전업무 매뉴얼

2. 환전업자의 자금세탁 취약성

환전업자는 은행보다 높은 우대환율을 제공할 뿐만 아니라, 외국인이 많은 거점에 영업소 등을 위치하여 접근 용이성이라는 장점이 있어, 소액 거래 및 외국인이 많이 거래를 하고 있는 것으로 알려져 있다.

그러나 환전업자는 영세성, 환치기 거래 증가, 가상자산을 이용한 불법적 환전 거래 증가, 미등록 환전업자를 통한 불법거래 등에 악용될 가능성이 높아 취급 업무를 제한적으로 허용하고 있으며, 규제기관이 관세청으로 이관된 이후 불법 환전업을 적발하기 위하여 불시 점검을 통하여 규제를 강화하고 있으며, 특히 고위험 환전영업자에 대한 실시간 모니터링, 동향 수집 등 집중관리 프로세스를 통해 업체별 위험도를 분석하고, 환전영업자 프로파일을 구축하여 고위험 환전영업자를 선정 및 관리하고 있으며, 금융회사 수준의 자금세탁방지 의무를 부과하고 있다.

또한, 최근 환전업자의 자금세탁방지 의무 위반에 따른 과태료 위반 사례가 증가하고 있어, 환전업자 등은 자금세탁방지 의무에 대한 내부통제를 지속적으로 강화하여야 할 필요가 있다.

환치기의 개념

환치기란 ① 무등록 외국환 업무로서, ② 해외로 실제로 송금 행위는 이루어지지 않으면서 ③ 국내 환치기 업자의 계좌에 입금하면, ④ 국외 환치기업자가 입금사실을 확인 후 ⑤ 해당금액을 해외에서 송금 목적인에게 지급하는 것을 말함

외국환거래법에 따라 한국과 외국간의 외국통화 지급 및 수령은 등록된 외국환업무취급기관을 통해서 할 수 있고, 실제로 국가간 송금행위가 이루어지지 않더라도 환치기 수법은 국가간 외국환업무로 간주, 해당업자는 기획재정부장관에게 등록을 해야 하며, 이를 위반할 때는 외국환거래법 위반에 해당함. 아래 그림은 가장 일반적인 환치기의 구조이다. 그러나 최근에는 무역거래를 위장, 가상가산거래 이용, 핀테크 이용 등 다양한 수법을 이용한 환치기가 발생함에 따라 관세청은 모니터링을 강화하고 있는 추세임

환치기 방식

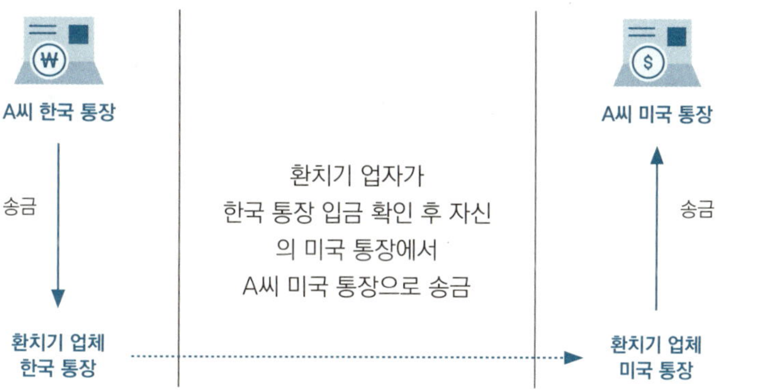

자료 출처 : 나무위키

사례 1-32 하왈라 등 환치기와 유사한 국제적 불법 송금 시스템

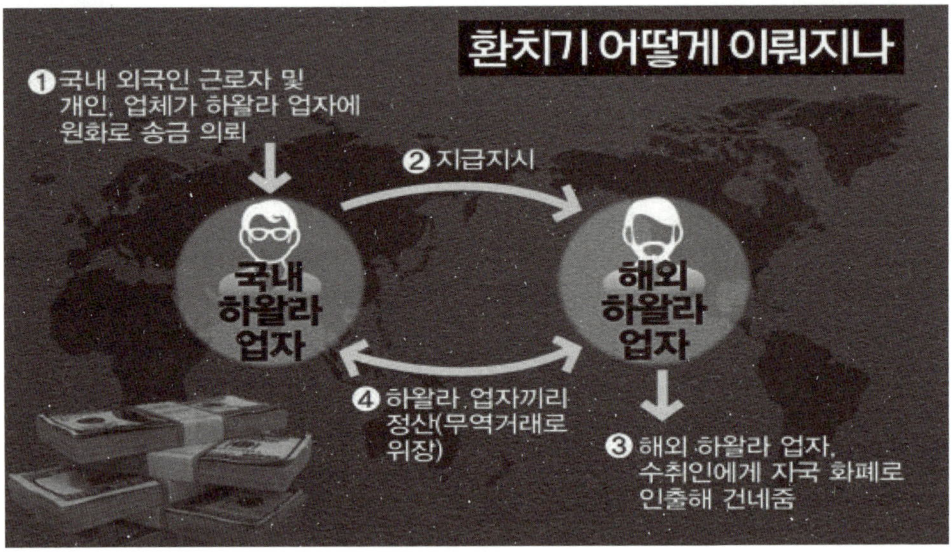

국제적 환치기 수법 중 가장 잘 알려진 제도 '하왈라'는 한국에서도 이주노동자들이 많이 사용하고 있는 천년 이상의 전통을 가진 금융시스템임

'하왈라'는 신뢰를 뜻하는 아랍어로, 원래 명칭은 '훈디'로 알려져 있다. 즉 이슬람 형제들의 믿음을 기초로 한 이슬람권의 전통적인 금전 거래 방식으로, 은행을 거치지 않는 사설 외환 송금 시스템임

아랍권 문화의 특성에 의해 하왈라의 거의 100%가 거래안정성을 담보하는 것으로 알려져 있음. 이는 신뢰'를 어긴 거래에 대해서는 "목숨을 잃는" 등 강력한 보복이 뒤따르기 때문이라고 함

하왈라를 이용한 불법 환치기 사례는 주로 이주노동자(불법 이주노동자 포함)들의 송금과 연관된 사례가 종종 발견되는데, 이들은 환전업자 등록 없이 이주노동자들로부터 수수료와 환차익을 챙기고, 원화를 받아 본국으로 송금하는 방식임

실제 사례로, 네팔인 A씨는 다수의 모집책을 통해 이주노동자들의 자금을 입금받은 즉시 네팔에 전화로 연락을 해서 가족들에게 현금을 건네는 방식이 적발되었는데, 이들은 3분이면 송금이 가능하였다고 함

다만, A씨의 중간 환전책으로 화장품 밀수출업자인 중국인 B씨 등이 포함되어 있는데, 중국인 B씨는 C씨로부터 국산 화장품 수백 톤을 산 뒤 이를 중국인 보따리상(소위 따이공)을 통해 밀수출한 혐의를 받고 있는 자인데, 일들은 중국으로 보낸 화장품을 중국에서 판매하여 현금화한 뒤 네팔 현지 환치기 일당으로 넘긴 것으로 추정하고 있음

송금을 하고자 하는 자는 C씨에게 전화를 해 송금금액과 네팔 현지 수취인의 계좌번호를 알려주면, C씨는 자신의 계좌번호를 알려주고, 의뢰인들은 환율을 고려하지 않고 100만 원당 1만 원 안팎의 수수료를 내고

송금을 하면 C씨는 약 3분 뒤에 현지 가족에게 송금이 가능하다고 함 현지 사정이 안좋아 은행 계좌를 이용할 수 없을 경우에는 현재 배달서비스를 해 주기도 한다고 함

자료 출처 : 일요신문

3. 환전업자의 자금세탁방지 의무

환전영업자는 특정금융정보법 시행령 제2조 제10호(외국환거래법 제8조 제3항 제1호에 따라 등록한 환전영업자)에 따라 자금세탁방지의무를 준수하여야 하는 금융회사등에 해당되며, 특정금융정보법에 명시된 금융회사등의 의무를 이행하여야 하며, 또한, '테러자금 금지법'에 따라 금융위원회가 고시하는 금융거래등 제한대상자와 환전거래시에는 사전에 금융위원회의 허가를 받아야 한다.

특히, 자금세탁행위등 방지를 위한 업무지침 마련을 포함한 다음의 내용을 포함한 특정금융정보법상의 자금세탁방지의무를 철저히 준수하여야 한다.

(1) 보고책임자 등록

환전영업자는 환전거래 중 발생한 고액현금거래(CTR), 의심스러운 거래(STR) 보고 및 환전영업자를 통한 자금세탁행위와 공중협박자금조달행위를 방지하기 위해서 보고업무를 담당할 자 보고책임자를 임명해야 한다. 환전영업자가 보고책임자를 임명한 때에는 그 사실을 금융정보분석원 홈페이지[15]를 통해 등록하여야 한다.

(2) 고객확인의무(Customer Due Diligence, CDD)

환전업자는 미화 1만불 이상의 환전 거래 또는 금액에 관계없이 실제 소유자가 불분명한 경우로 자금세탁이 우려되는 거래는 거래 상대방에 대한 고객확인의무를 수행하여야 하며, 환전영업자는 고객이 신원확인 등을 위한 정보제공을 거부하는 경우에는 환전거래를 거절하여야 하며, 이 경우 의심거래보고를 검토하여야 한다.

15) 금융정보분석원 홈페이지 : http://report.fiu.go.kr

(3) 의심스러운 거래보고(Suspicious Transaction Report, STR)

의심스러운 거래 여부는 환전영업자가 환전업무과정에서 취득한 고객의 직업, 평소 거래상황, 사업내용 등을 감안하여 업무 지식이나 전문성, 경험 등을 바탕으로 종합적으로 판단해야 하며, 당해 환전거래가 의심되는 합당한 근거가 있는 경우에는 지체 없이(금융정보분석원에 보고하는 금융거래로 결정한 날로부터 3영업일 이내)[16] 금융정보분석원장에게 의심거래보고를 하여야 한다.

(4) 고액현금거래보고(Currency Transaction Report, CTR)

보고 기준 금액은 동일인 명의로 이루어지는 1거래일 동안의 환전거래에 따라 지급하거나 영수한 금액을 합산한 금액으로서 다른 금융회사와 동일한 기준이 적용된다(금액을 합산함에 있어 100만 원 이하에 상당하는 외국통화등의 매입·매각 금액은 제외함). 최근 환전업자를 포함한 금융회사등에 대한 고액현금거래보고 위반에 따른 제재가 자주 발생하고 있어, 환전업자들도 이에 대한 철저한 관리를 통하여 법규 위반이 발생하지 않도록 유의하여야 한다.

(5) 환전영업자의 의무이행 관련 자료 보존 의무

환전영업자는 STR, CTR, CDD, 전신송금시 정보제공에 따른 의무이행과 관련된 자료 및 정보(이하 '의무이행과 관련된 자료')를 5년간 보존하여야 하며, 환전영업자는 의무이행과 관련된 자료를 다른 금융거래자료와 구분하여 환전거래일로부터 5년간 보존해야 한다. 의무이행과 관련된 자료는 문서 또는 스캔본을 컴퓨터에 저장하는 방법으로 환전영업자의 영업장 내에 보관하여야 하며 환전영업자는 외국환거래법, 외국환거래규정, 특정금융정보법에 따라 환전관계서류를 5년간 보관하여야 한다.

(6) 환전업자의 검사감독

관세청은 환전영업자의 특정금융정보법상의 의무 이행의 적정성 여부에 대해서 검사하고, 검사 결과 확인된 위반사항에 대해서는 금융정보분석원에 통보한 후 금융정보분석원에서 위반사항에 대한 제재를 부과하고 있다.

---

16) 보고책임자가 STR 보고를 결정하여 승인한 날로부터 3일 이내에 금융정보분석원에 보고하지 않을 경우 지연보고로 간주한다.

4. 환전업자와의 거래시 금융회사의 주의의무

환전영업자는 자금세탁방지 업무규정 제30조 제3항 제4호에서 추가정보 확인이 필요한 고위험 고객으로 분류하고 있다.

자금세탁방지 업무규정 제30조(고객유형 평가) 제3항
③ 금융회사등은 다음 각 호의 고객을 자금세탁과 관련하여 추가정보 확인이 필요한 고객으로 고려하여야 한다. 4. 대량의 현금(또는 현금등가물)거래가 수반되는 카지노사업자, 대부업자, 환전영업자 등(시행령 제8조의4 제2호에 따른 "금융정보분석원장이 정하는 고시하는 자"도 이와 동일하다)

외국환거래법에 따라 환전영업자는 환전업을 영위하기 위한 목적을 외국환은행과 사이에 외국통화등의 매각 및 예치, 외국환은행으로부터의 외국통화매입을 위해서는 거래외국환은행을 지정하여야 한다.

즉, 모든 환전업자는 일반적으로 거래외국환은행을 지정하여야 하는데, 이 경우 은행은 환전업자에 대하여 어떠한 주의의무를 수행하여야 할 것인지 또는 은행을 제외한 다른 금융회사등에서는 환전업자에 대하여 어떤 주의의무를 수행하여야 하는 것이 필요한지 잘 확인하여 업무를 수행하여야 한다.

(1) 환전업자에 대한 고위험 고객으로 분류

일반적으로 환전업자와 거래를 하는 경우 해당 금융회사는 업무규정에 따라 환전업자를 고위험 고객으로 분류하여야 하며 다음의 내용을 확인하여 금융회사등의 자금세탁 위험을 최소화할 필요가 있다.

① 해당 환전업자의 사업자등록증/법인등기부 등본상 환전업을 영위할 수 있는지 여부 확인. 다만, 등기부등본상에만 환전업이 등록되고 사업자등록증에 환전업이 등록되지 않은 경우, 해당 업체가 만약 환전업을 영위하고 있거나, 영위할 예정인 경우에는 사업자등록증에 대한 정정신고를 우선 수행하여야 함

② 관세청 홈페이지에서 환전업자로 등록되어 있고, 국세청에서 현재 사업자 등록이 유효한지를 확인하여야 함

③ 지정은행 등록시, 환전업자에 대한 체크리스트를 마련하여 해당 환전업자가 특정금융정보법과 외국환거래법상의 규정을 적정하게 준수하고 있는지를 확인

④ 하지만 호텔·숙박업등에서 자신의 고객을 위하여 환전업 등록을 하는 경우가 있는데, 이 경우에는 만약 해당 금융회사가 호텔·숙박업등을 고위험 고객으로 분류하지 않았는데, 전체 매출 규모가 미미할 경우 환전업무로 인하여 해당 고객을 고위험으로 분류할 것인지에 대한 고려를 하여야 한다. 해외 사례를 살펴보면, 환전업이 주된 영업이 아니라, 자신의 고객의 편의성을 위하여 환전업무를 하는 경우에는 매출규모의 20%가 환전업에서 창출되지 않는 경우 주된 수익을 발생시키는 업종으로 위험평가를 수행하는 경우가 일반적이다. 따라서 이 부분은 각 금융회사가 자율적인 정책을 통하여 판단할 필요가 있다.

⑤ 기타 금융회사등이 요구하는 거래목적 및 자금의 출처를 확인할 수 있는 정보와 필요한 경우 부가세신고 내용 등을 확인하여 거래매출 규모를 확인할 수 있으면 더 정확하게 해당 환전업자의 위험을 파악하는 것이 중요하다

※ 주의 사항

일부 해외 글로벌 은행등에서는 환전업자를 전자금융업자나 환거래고객에 준하는 위험을 가진 금융회사로 파악하여 환전업자에 대한 강화된 수준의 주의의무를 수행하고, 자금세탁통제가 적정하게 이행되지 않는다고 판단될 경우 거래를 수용하지 않는 de-risk 정책을 마련하는 사례도 있다.

이에 따라 환전업자와의 거래를 허용하는 경우에는 체크리스트나 질의서를 통하여 환전업자의 자금세탁 위험성을 적절히 파악한 후 경영진의 승인을 득하여 거래를 하는 주의의무 절차가 마련되어 있기도 하다.

5. 환전업자의 주된 자금세탁방지 위반 사항

환전영업자 검사실시 현황

※ 외국환거래법 및 특정금융정보법에 따른 제재내용을 포함한 사항임

(단위 : 건)

구 분		2017	2018	2019	2020	2021	2022.8월
검사	현장검사	168	212	172	30	70	38
	서면검사	-	-	8	14	14	3
	합 계	168	212	180	44	84	41
제재 조치	등록취소	27	15	1	-	-	1
	업무정지	2	2	6	2	4	7
	과태료	72	19	12	1	-	-
	시정명령	53	11	1	-	-	1
	합 계	154	47	20	3	4	9

자료 출처 : 홍성국의원실

(1) 자료보관의무 위반

A 업체는 특정금융정보법상의 자료보관의무에 따라 고객실명확인자료 등 환전관계 서류를 5년간 보관하여야 하나, 이를 보관하지 않고 있다가 관할세관의 검사에서 적발되어 외국환거래법 서류보관의무 위반에 따른 업무정지 2개월 부과와 특정금융정보법 자료보관의무 위반에 따른 과태료를 부과받았음

(2) 검사거부 및 회피 등

관할세관장은 「외국환거래법」과 특정금융정보법에 따라 환전영업자에 대한 검사를 실시할 수 있으며, 환전영업자는 합당한 사유 없이 검사를 거부하거나 회피할 수 없음

그러나 A 업체는 관할세관으로부터 검사통지를 받았으나, 사전에 관할세관에 소명이나 어떠한 연락도 없이 검사예정일에 영업장 문을 닫는 방법으로 관할세관의 검사를 거부하여, 외국환거래법에 따른 과태료 및 업무정지와 특정금융정보법상의 과태료가 부과되었음

(3) 고액현금거래 미보고

1) A 업체는 고객으로부터 미화 1만불(한화 11백만 원)을 매입하였으나 상당기간 동안 금융정보분석원에 고액현금거래보고를 하지 아니하였으나 CTR 미보고로 금융정보분석원에 의해 과태료가 부과되었음
2) B 업체는 동일자 · 동일인 기준 1천만 원 초과 환전시 금융정보분석원(FIU)에 보고해야 함에도 이를 회피하기 위해 마치 두 차례 이상 거래한 것처럼 1천만 원 이하 금액으로 쪼개어 총 20건, 1.2억 원 상당의 환전거래내역을 기재하여 과태료가 부과되었음
3) C 업체는 일정기간 동안 발생한 1천만 원 이상의 고액 현금거래 35건을 금융정보분석원장에게 보고기한(30일) 내에 보고하지 아니하여 고액 현금거래 보고의무를 적정하게 이행하지 아니하였음

(4) 미등록 환전업자

중국에서 귀화한 A는 서울 소재업소에서 환전업을 운영하면서 외국환거래법에 따른 등록 없이 환전업무를 한 것으로 확인되어 외국환거래법에 따라 벌금 부과 대상이 됨

미등록 환전업자는 해당 업체 자체는 형사처벌이 되고, 이런 환전업자와 거래한 금융회사는 CDD/STR 의무를 적정하게 수행하지 않은 책임을 물을 수 있으므로 특히 유의하여 불법 미등록 환전업자에 대해서는 거래를 거절하여 STR 보고를 하는 것이 바람직함

(5) 쪼개기 환전

서울 소재 A 환전업자는 동일자 · 동일인 기준 4천불을 초과해 매각이 불가함에도, 이를 회피하기 위해 마치 두 차례 이상 거래한 것처럼 4천불 이하 금액으로 쪼개어 총 10건, 3천 5백만 원 상당의 환전거래내역을 기재하여 외국환거래법에 따라 2개월 업무정지 처분을 받음

6. 환전업자의 주된 자금세탁방지 위반 사례 살펴보기

(1) 거액의 자금을 소액으로 쪼개고 장부에는 허위 기재한 환전업자 적발

A 환전업자는 수수료 수익을 위해 일본인 운반책이 밀반입한 거액의 엔화를

고객확인 절차도 없이 환전해 주는 등 보관 중이던 다수의 여권 사본을 이용해 소액으로 쪼개고 환전장부를 허위 기재하는 등 5년간 거액의 자금을 불법으로 환전한 사실이 적발됨

B는 일본으로 의류를 밀수출하고 밀수출 대금(엔화)을 정상적인 사업자금으로 위장해 국내 밀반입 후 환전을 위해 서울 소재 A 환전업자를 이용하였는데, A 환전업자는 수수료 수익을 취하기 위해 일본인 운반책이 밀반입한 거액의 엔화를 고객확인 절차도 없이 환전해 준 후 보관 중이던 다수의 여권사본을 이용하고, 소액으로 쪼개 환전장부를 허위기재하는 등 5년간 한화 1조 7,844억 원 상당을 불법으로 환전한 것으로 적발되었음

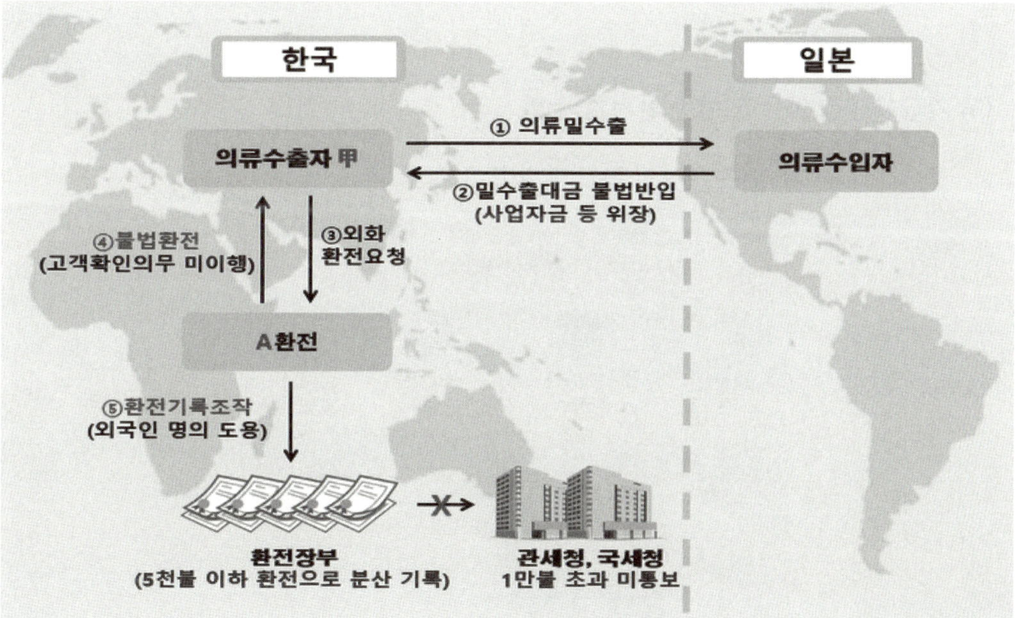

자료 출처 : 관세청

(2) 가상자산을 이용한 신종 환치기 수법

A는 B 환전업을 운영하면서 중국에서 한국으로 송금을 원하는 송금 의뢰인으로부터 중국에서 위안화를 수령한 후 중국 가상자산을 구매하고, 이를 국내 가상자산 거래소로 전송 및 매도해 원화로 현금화한 후, 송금의뢰인이 지정한 국내계좌에 이체하는 등 5년간 572억 원 상당의 불법 환치기를 행한 것으로 적발되었음(관세청)

자료 출처 : 관세청

(3) 가상자산을 이용한 신종 환치기 수법

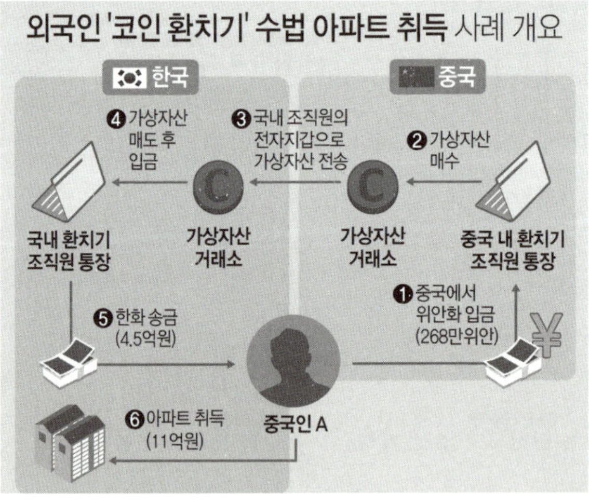

자료 출처 : 관세청, 연합뉴스

가상자산 관련 환치기가 급증하자 일부 은행권들이 해외송금 한도 축소를 통한 불법거래 차단을 위한 조치를 취하고 있다.

최근 국내 은행 A은행은 외국인·비거주자가 비대면채널(인터넷뱅킹·쏠앱 등)을 통해 증빙서류 없이 해외로 보낼 수 있는 송금액을 한달 최대 1만달러까지만 허용한도를 축소하였다.

이에 따라 월간(1일~말일) 누적 송금액이 1만달러 이하라면 지금처럼 별도 서류 제출 없이 송금할 수 있지만, 1만달러를 넘을 경우 본점(외환업무지원부) 또는 영업점에 소득증빙 등 서류를 제출하고 본인 돈인지 여부를 확인받아야만 송금이 가능하다.

이에 대해 국내은행 등은 "외국환거래규정 위반, 자금세탁, 유사수신, 다단계 사기, 보이스피싱 편취자금 해외 반출 등 고객의 피해를 예방하기 위한 것"으로서, 특히 최근 급증한 '코인 환치기'를 막기 위한 조치로 해석된다. 특히, 국내보다 싼값에 해외 거래소에서 비트코인을 사기 위해 돈을 보내는 행위, 그렇게 들여온 비트코인을 국내 거래소에서 팔아 차액을 남긴 뒤 해외로 빼내는 행위 등을 최대한 걸러 내보겠다는 뜻으로 해석된다.

제10절 온라인투자연계금융업자 및 밴처캐피탈업

1. 온라인투자연계금융업자

(1) 개요

"온라인투자연계금융업자"란 온라인투자연계금융업 및 이용자 보호에 관한 법률(약칭: 온라인투자연계금융업법)에서 정한 P2P금융 (Peer-to-Peer lending, 온라인투자 연계금융)은 온라인플랫폼을 통하여 투자자의 자금을 투자자가 지정한 차입자에게 대출하고 그 연계대출에 따른 원리금 수취권을 투자자에게 제공하는 것[17]을 말한다.

온라인투자연계금융업자를 이용할 경우, 중간신용등급의 차입자는 핀테크기술을 활용한 비대면방식으로 중금리 대출상품을 제공받을 수 있고, 투자자 측면에서는 투자 과정이 간단하고 소액으로도 다양한 유형의 상품에 쉽게 투자할 수 있고, 상대적으로 높은 수익률을 기대할 수 있는 잇점이 있지만 P2P투자시 투자자의 투자

17) 온라인투자연계금융업 및 이용자 보호에 관한 법률 제1조 - "온라인투자연계금융"이란 온라인플랫폼을 통하여 특정 차입자에게 자금을 제공할 목적으로 투자(이하 "연계투자"라 한다)한 투자자의 자금을 투자자가 지정한 해당 차입자에게 대출(어음할인 · 양도담보, 그 밖에 이와 비슷한 방법을 통한 자금의 제공을 포함한다. 이하 "연계대출"이라 한다)하고 그 연계대출에 따른 원리금 수취권을 투자자에게 제공하는 것을 말함.

원금과 수익은 보장되지 않으며, 발생하는 투자금 손실 등 투자위험은 투자자가 부담하게 되는 위험이 내재된 사업 성격을 가지고 있다.

온라인투자연계금융업법이 마련되기 전까지는 법제도화 밖에 있는 P2P 금융으로 인한 많은 사회적 문제가 야기되어 이런 문제를 개선하고 소비자를 보호하기 위하여 온라인투자연계금융업법을 제정하였고, 법상 요건을 갖추지 못한 P2P업체로 인한 피해자의 손실이나 시장질서 교란행위를 최소화하고자 하였다. 또한, 2020년 8월 특정금융정보법 시행령을 개정하여, 2021년 5월부터는 온라인투자연계금융업법 제5조에 따라 온라인투자연계금융업자에 대하여 자금세탁방지 의무를 부과하였다. 2024년 현재 금융위원회에 등록한 온라인투자연계금융업자는 44개 회사가 해당 업을 영위하고 있다.

등록 온라인투자연계금융업자 및 취급상품

정회원 현황

주요 취급 상품	회원 수	임직원 수
신용대출	9	300
부동산 담보대출	22	365
부동산 PF	1	14
기타담보 (어음, 매출채권 제외)	4	55
어음, 매출채권 담보	8	158
계	**44**	**892**

자료 출처 : 온라인투자금융협회

온라인투자연계금융업자가 아닌 자는 그 상호(업체명)에 온라인투자연계금융업, 온라인대출금융업, 온라인투자연계대출업, 온라인연계대출업 또는 이와 유사한 명칭(대통령령으로 정하는 외국어 문자를 포함한다)을 사용하여서는 아니 된다.

온라인투자연계금융업자	
자기자본 요건	연계대출 규모에 따라 최소 5억 원 이상
인력 및 물적설비	전산전문인력 및 전산설비, 통신설비, 보안설비 등 구비
사업계획·내부통제장치	내부통제장치 마련, 이용자보호 업무방안 구비 등
임원	임원에 대한 형사처벌, 제재사실 여부 등

온라인투자연계금융업자	
대주주	출자능력, 재무상태 및 사회적 신용 구비
신청인	건전한 재무상태와 사회적 신용

자료 출처 : 금융위원회

온라인투자연계금융업자를 통한 대출 프로세스[18]는 다음과 같다.

1. 대출을 받고자 하는 자는 온라인투자연계금융업자에게 연계대출을 신청하고, 온라인투자연계금융업자는 자신의 온라인플랫폼에 해당 신청인의 연계대출과 관련된 연계투자 정보를 게시함
2. 투자자는 온라인플랫폼에 게시된 연계투자 정보를 바탕으로 특정 차입자의 대출에 대해 연계투자를 신청하게 됨
3. 연계대출액 모집이 완료되면, 연계대출이 실행되고 신청인에게 투자금이 입금됨
4. 온라인투자연계금융업자는 상환계획에 맞춰 신청인으로부터 상환금을 회수하고 투자자에게 원리금을 지급하게 됨

온라인투자연계금융업 대출의 구조

자료 출처 : 온라인투자연계금융업금융협회

18) 온투업협회 홈페이지 내용 참조

(2) 온라인투자연계금융업자의 자금세탁 취약점

과거 난립했던 P2P업자들의 다양한 펀딩사기 수법으로 많은 피해자들이 속출하자 정부는 온라인투자연계금융업법을 마련하여 일정 요건을 갖춘 업체에 한하여 온라인 투자연계금융업을 할 수 있도록 정비한 이후 온라인투자연계금융업자에 대한 자금세탁 취약성은 많이 통제되고 있는 상황이다. 그러나 온라인투자연계금융업의 사업 성격상 원금보장이 불가하고, 손실보전행위나 과도한 리워드 제공업체에 대해서는 각별한 주의가 필요하며, 최근 부동산 PF 부실문제로 인한 투자손실 발생 가능성이 높아져 이 부분에 대한 투자자들을 보호하기 위한 노력이 강화될 필요가 있다.

또한 온라인투자연계금융업자와 금융거래를 개시하는 금융회사의 경우 해당 온라인투자연계금융업자가 등록된 금융업자인지 여부를 확인하여야 하며, 온라인 투자연계금융업자의 사업 성격을 명확하게 파악하여 해당 온라인투자연계금융업자를 고위험으로 분류하는 것이 바람직하고, 강화된 모니터링을 수행할 필요가 있는 것으로 보인다.

사례 1-33 사기 P2P 펀딩

유망한 마스크 제조업체 등에 투자하는 것처럼 꾸며 허위 크라우드 펀딩을 통해 투자금을 가로챈 일당들이 재판에 넘겨짐. 검찰은 P2P 대출 플랫폼 업체인 XX펀딩 전 대표 XXX를 구속하였는데, 이들은 허위 P2P 대출상품을 XX펀딩에 올려 투자자 수백 명으로부터 백억 원이 넘는 자금을 투자받은 후 이를 가로챈 혐의를 받음

범죄자들은 허위 담보로 연 15%의 고수익과 원금 보장 등을 내세우며 투자금을 모은 뒤, 45개 위장회사로 빼돌려 돌려막기를 하거나 임의로 사용한 것으로 파악되어, “P2P 금융의 외관을 띠었지만 실체는 서민을 현혹해 자금을 편취한 ‘폰지사기’ 형태의 금융사기로 파악되었음

전술한 바와 같이 최근 고금리 기조가 지속되자 P2P 업체에 대한 부실화에 대한 우려가 커지고 있다. 특히 루XX 사태는 온라인투자금융업자의 신용리스크 및 자금세탁 취약성 등에 대하여 다시 한번 생각해 보는 사례였다.

루XX 사건을 통하여 바라본 온라인투자금융업의 자금 흐름

최근 발생한 루XX 사건은 티메프(티몬 + 위메프)처럼 전자지급결제대행(PG)사가 대금을 지급하지 않으면서 발생했다. PG사의 대금 미지급과, 구속된 루XX 대표의 정산금 유용 의혹 등은 티메프 사태와 유사하다.

루XX 사태를 알기 위해선, 루XX, 온라인투자연계금융업 크로XX, 선정산 업체의 자금 흐름 구조를 알아야 한다.

예를 들어, 강남의 한 라면가게의 하루 카드 매출이 100만 원이라고 가정하자. 일반적으로 라면가게는 5일에서 7일 후 대금을 정산 받는다. 이 라면가게가 대금을 정산 받기까지 카드사, PG사를 거쳐야 하기 때문이다. 라면가게의 입장에서 재료비가 당장 필요한 상황이지만, 정산대금을 약 일주일 후에 받을 수 있어 경영에 어려움을 겪을 수도 있다. 이런 사태를 막고자 하는 필요에 의해 만들어진 것이 선정산 대출이다.

라면가게가 선정산 대출을 신청했다고 가정하자.
① 라면가게의 하루 카드매출은 100만 원으로, 다음날 100만 원의 카드매출채권이 발생함
② 선정산업체는 이 카드매출채권을 담보로 라면가게로부터 카드매출채권을 양도받음
③ 선정산업체는 해당 채권을 온라인투자금융업체에 넘긴다. 온라인투자금융업체는 선정산 업체에 투자금을 지급하고 이후 PG사로부터 정산금을 받음

이 자금흐름도를 이번 사건에 대입해보면, 루XX가 크로XX에 대금을 전달하지 않은 것이 사건의 발단이다. 현재 파악한 크로XX의 피해 투자자들 수는 888명, 피해 금액은 약 734억 원으로 확인되었는데, 다음은 루XX 사건에 대한 주된 요약내용이다.

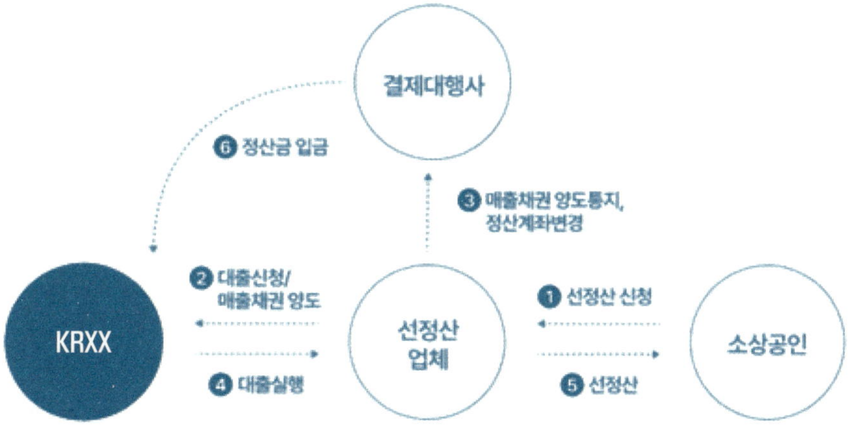

(1) "8월 2일 루XX가 일부 금액에 대한 상환을 지연했고 8월 5일 급작스럽게 대규모 정산 지연이 발생함. 크로XX에 따르면 계약을 맺은 2021년 7월부터 사건이 벌어지기 전까지 루XX가 한 번도 정산대금을 미지급이나 지연이 없어 해당 기업에 대한 신뢰가 있었음

(2) 검찰 금융증권범죄합동수사부에 따르면, 루XX 대표는 선정산 페이퍼컴퍼니를 만들어 대출금을 가로챈 혐의를 받고 있음. 이렇게 되면 루XX 대표가 소유한 선정산 페이퍼컴퍼니가 가짜 카드매출채권을 만들어 중간에서 투자금을 빼돌릴 수 있게 됨
(3) 현재까지 알려진 피해자들은 크로XX의 투자자들 뿐임. 자금 순환 구조상 가맹점 또한 피해가 발생해야 하지만, 지금까지 루XX의 피해 가맹점은 파악되지 않았음. 이에 대하여 루XX가 가짜 카드매출채권을 만들었다거나 가맹점들을 다른 PG사로 이동시켰다는 등의 소문만 무성한 상황이라 정확한 내용은 파악되지 않고 있음
(4) 루XX 대표는 크로XX에게 자금 유용 사실을 일부 자백한 것으로 전해졌는데, 루XX에서 '악성 가맹점으로 인해 자금손실을 막기 위해 추가로 대출을 받게 되고 돌려막는 상황이 되어, 결국 상환을 못하는 상황이 됐다'고 진술하였으나, 정산대금을 어디에 썼는지는 알 수 없는 상황임
(5) 한편, 루XX 사태로 인한 피해는 투자자들만 받은 것이 아님. 크로XX 또한 상당한 손실을 입어, 크로XX는 지난 8월부로 신규 투자상품을 취급하지 않고 있으며, 최근엔 구조조정을 단행했고, 선정산 업체들 또한 타격을 입을 것으로 추정됨

자료 출처 : 바이라인네트워크

2. 밴처캐피탈업

벤처캐피탈사는 잠재력이 있는 벤처기업을 발굴해 투자(자금투자 및 경영과 기술지도 등을 종합적으로 지원하여 높은 자본이득을 추구하는 금융자본임)하는 업을 영위하는 자로 대부분 연기금이나 대기업 위주로 출자자를 모집하기에 사모투자의 형태에 포함되며, 간혹 개인투자자도 포함된 것으로 알려져 있다.

2001년 특정금융정보법 시행령 제정시 여신전문금융업법에 의한 신기술사업투자조합(금융위원회 소관)과 중소기업창업지원법에 의한 중소기업창업투자회사와 중소기업창업투자조합(중소벤처기업부 소관)도 자금세탁방지 의무를 준수하여야 하는 금융회사등에 포함되었다(2020년 8월 중소기업창업지원법 변경으로 "벤처투자 촉진에 관한 법률"에서 정한 벤처투자회사 및 벤처투자조합으로 변경됨).

벤처캐피탈업권의 자금세탁방지업무는 중소벤처기업부에 의하여 감독을 받고 있으며 2024년 6월 현재 210곳의 밴처캐피탈이 한국벤처캐피탈협회에 등록되어 있다. 2024년 3분기 약 8조 가량의 자금이 밴처캐피탈업권에 의하여 투자되고 있다.

그러나 벤처캐피털업권은 금융정보분석원에 의하여 직접 검사·감독을 받지 않아 자금세탁방지에 대한 내부통제 체제가 아직 견고하게 정착되지 않았으나, 한국벤처캐피탈협회의 지원을 통하여 지속적으로 개선하고 있다.

벤처캐피탈업권은 대부분 연기금이나 대기업 위주로 투자자금을 모집하여 자금의 출처에 대해서는 확인가능할 수 있으나 투자대상이 자금세탁 취약성이 없는 대상인지를 확인할 필요가 있으며, 개인투자자인 경우 고액자산가로 분류하여 고위험고객으로 분류하여 자금의 원천을 정확하게 확인할 필요가 있는지 등에 대하여 살펴보고 지속적으로 내부통제 체계를 개선해 나가야 할 것이다.

제11절 카지노사업자

1. 개요

최근 유명 OTT(Over The Top : 인터넷을 통하여 영화, TV 프로그램 등 미디어 콘텐츠를 소비자에게 제공하는 서비스)에서 방영된 카지노 관련 드라마를 보면서 카지노에서 자금세탁이 정말로 드라마처럼 이루어진다면 그 세계는 정말 자금세탁의 천국이라고 할 수 있을 것이라는 생각이 들었다.

현재 한국의 경우 총 18개의 카지노(내외국인출입카지노 1곳 포함)가 영업을 하고 있는데, 제주도 소재 카지노사업자에 대한 검사·제재 권한은 2018년 10월부터 사업허가·감독권자인 제주특별자치도지사에게 위탁하고 있고, 나머지 사업자에 대해서는 금융정보 분석원이 직접 검사·감독을 수행하고 있다.

국내 카지노 업체 현황

자료 출처 : 한국카지노업관광협회

2. 카지노사업자의 자금세탁 취약점

카지노와 관련된 언론보도를 살펴보면, 직원에 의한 다수의 횡령사건, 불법자금과 관련된 범죄자가 발행한 자기앞수표가 최종적으로 카지노에서 현금화된 사례, 외국인에 대한 출입통제 소홀 등 다양한 불법 자금세탁사례가 파악된다. 특히 카지노사업자는 신용제공, 수표교환, 환전 등의 서비스를 제공하고, 현금을 통한 칩 교환 등이 가능하고, 고객확인제도가 적정하게 이루어지지 않을 경우 타인명의로 거래가 가능할 수 있어 자금세탁 위험이 높은 산업에 해당하여 자금세탁제도가 마련된 제도 이행 초기부터 카지노 사업자에 대한 자금세탁방지 의무를 부과하였다.

즉, 카지노사업자는 금융회사와 동일한 자금세탁방지 의무를 이행하여야 한다. 다만 1) 일회성 CDD 기준금액은 3백만 원 또는 그에 상응하는 다른 통화로 표시된 금액으로 별도 규정하고 있으며, 2) CTR의 경우에는 보고금액 대상 기준금액 합산요건을 배제하고 건별 거래를 기준으로 보고하도록 별도 요건으로 정하고 있다.

최근 카지노사업자에 대한 검사·감독이 강화되어 거액의 과태료 부과 및 개선 조치 요구가 있어, 카지노사업자들은 내부통제 전반에 걸친 점검을 통하여 발견된 취약점에 대해서는 지속적으로 개선하는 노력이 필요하다.

그리고 카지노사업자와 금융거래를 하는 금융회사등은 카지노사업자를 고위험으로 분류하고 거래관계를 개시할 카지노사업자의 자금세탁 위험을 적정하게 파악하여 필요시 거래를 거절하거나 강화된 모니터링을 적용할 필요가 있다.

카지노사업자의 주요 의심거래 유형은 다음과 같다.

① 금융거래(칩스 구매 또는 환전 등)를 할 때, 항상 보고기준금액보다 약간 적은 금액으로 거래하는 경우
② 게임에서 크게 이긴 고객이 보고 대상이 되는 것을 피하기 위해 다른 사람의 이름으로 수령하는 경우
③ 고객이 다른 사람에게 고액의 현금을 주고 환전, 칩스 구매, 칩스 교환 등을 대신하도록 하는 경우
④ 아는 사람끼리 게임에 참여하여 고의로 한 사람에게 패하는 경우
⑤ 많은 양의 칩스를 구매한 후 게임을 하지 않거나 최소한의 게임만 참여한 후 출납창구에서 환전하는 경우
⑥ 크레딧을 통해 칩스를 구매한 후 게임을 하지 않거나 최소한의 게임만 참여한 후 현금으로 대출금액을 상환하고 칩스를 수표로 교환하는 경우
⑦ 크레딧이나 부도수표를 통해 고액의 칩스를 구매한 후 단기간에 보고기준금액 이하의 금액으로 반복하여 상환하는 경우
⑧ 위변조된 신분증을 사용하는 경우
⑨ 고액현금거래시 또는 고객확인의무 이행시 신분확인 요구를 거절하는 경우
⑩ 고객이 제시한 신원정보(주민등록번호, 외국인등록번호, 여권번호 등)가 기존에 카지노에서 파악한 정보와 다른 경우
⑪ 고객이 카지노 직원에게 영향력을 행사하거나 뇌물 제공 등을 통해 현금거래에 대한 보고를 하지 못하도록 하는 경우
⑫ 고객이 금융거래시 자신의 이름이 아닌 직원명의나 타인명의로 기록해 달라고 요구하는 경우
⑬ 여러 가지 이름을 사용하는 단골 고객

사례 1-34 카지노를 이용한 자금세탁

- 수년 전 멕시코 수사당국은 멕시코의 거대 제약회사의 대표인 A의 집에서 2억 달러가 넘는 현금을 발견함
- A의 집에서는 100달러 지폐가 집안 곳곳에서 발견된 것으로 확인되었는데, 중국계 멕시코인인 "A"는 중국에서 필로폰 원료를 사서 멕시코 범죄 조직에 넘기는 불법적인 방법으로 돈을 벌어 온 것으로 확인되었음
- "A"는 이렇게 벌어들인 현금을 가지고 라스베가스로 가서 수백만 달러에 해당하는 카지노칩을 구입하고 거액의 손해를 봄
- 카지노는 "A"에게 잃은 돈의 40%를 은행 수표와 고급차로 되돌려 줌

사례 1-35 카지노 직원의 횡령사건

XX 카지노 환전팀에서 근무했던 직원이 정산과정에서 100만 원권 수표를 빼돌리는 수법으로 수십억 원을 횡령했다가 검찰에 적발됨

검찰에 따르면 XX카지노 직원 A를 절도혐의로 구속함. A는 XX 환전팀에서 환전 담당 직원으로 근무하면서 환전을 위해 접수된 100만 원권 수표 수천 장을 빼돌린 혐의를 받고 있음

조사 결과 A는 객장에서 손님들이 사용했던 수표를 넘겨받아 정산하는 과정에서 훔친 수표 뭉치를 허리춤에 숨긴 채 객장 밖으로 빠져나오는 수법으로 범행을 저지르고, 범죄자금으로 외제차, 부동산 구입 등에 사용한 것으로 알려짐

법령해석 외국인 전용 국내카지노에서 해외신용카드 수납관련 질의사항

◎ 외국인 전용 국내카지노에서 해외발행 신용카드·직불카드 또는 체크카드의 수납시 '여신전문금융업법 제2조(정의) 제3호 다목'에 위배되는지 여부

- 「여신전문금융업법」 제2조제3호 다목에 따라 국내카지노가 ① 「관광진흥법」에 따라 허가를 받았으며 ② 외국인만을 대상으로 ③ 외국에서 신용카드업에 상당하는 영업을 영위하는 자가 발행한 신용카드만으로 거래하는 경우에는 신용카드 수납이 가능합니다.

◎ 해외에서 발행한 신용카드 및 직불카드(Debit Card) 또는 체크카드(Check Card)로 카지노에서 결제시 승인금액이 1,000만 원 이상의 고액일 경우 카지노 사업자에게 '특정금융정보법'상 고액현금거래보고 의무와 승인한도 금액이 있는지 여부

- 금융회사등과 금융거래 상대방 사이에 현금등의 물리적인 이동이 없는 방식으로 거래가 이루어진 경우, 해당

거래는 특정금융정보법 제4조의2에 따른 고액 현금거래 보고 대상이 아닙니다. 더불어 특정금융정보법은 신용카드 등의 승인한도에 대해서 규정하고 있진 않습니다.

◎ 외국인 전용 국내카지노에서 고객이 해외 발행 신용카드로 결제하여 국내카드사가 미 달러화로 승인·매입 후 국내카지노에 미 달러화로 대금이 입금되는 경우, 카지노고객에게 잔여 칩 등을 미 달러화로 환불하여 주는 행위가 '특정금융정보법'에 저촉되는지 여부

- 특정금융정보법은 금융거래를 이용한 자금세탁행위와 공중협박자금조달행위를 규제하는 데 필요한 특정금융거래 정보의 보고 및 이용 등에 관한 사항을 규정함으로써 범죄행위를 예방하고 나아가 건전하고 투명한 금융거래 질서를 확립하는 데 이바지하기 위한 법으로, 금융회사등과 고객 사이의 신용카드 결제나 환불 등의 행위의 허용이나 금지 여부를 규정하고 있진 않습니다.
  - 다만, 카지노사업자나 전자금융업자를 비롯한 금융회사등은 금융거래의 상대방에 대한 고객확인을 수행하고 자금세탁행위나 공중협박자금조달행위를 하고 있다고 의심되는 합당한 근거가 있는 경우 그 사실을 금융정보분석원장에게 보고하는 등 특정금융정보법에 따른 자금세탁방지의무를 성실히 이행해야 할 것입니다.

---

3. 카지노사업자의 ML/TF 지적사항

(1) 고객확인의무 위반

① 카지노사업자는 고객이 3백만 원 이상의 일회성 금융거래를 하는 경우 합당한 주의로서 고객의 신원정보(성명, 실명번호, 주소 및 연락처 등)를 확인하여야 하는데도 XX카지노는 상당기간 카지노 고객에 대한 고객확인을 실시하는 과정에서 실명번호, 주소, 연락처 등을 확인하지 않아 고객확인의무를 적정하게 이행하지 아니하였음

② 카지노사업자는 실제소유자 여부를 포함한 기존의 고객확인 사항이 사실과 일치하지 않을 우려가 있거나 그 타당성에 의심이 있는 경우에는 재이행주기와 무관하게 금융거래 전에 고객확인을 다시 실시하여야 함에도 XX카지노사업자는 전문모집인 등이 칩스를 대리로 구매하고 고객에게 양도 · 전달 · 대여하는 등의 사실을 확인해 실제소유자 여부를 포함한 기존의 고객확인 사항이 사실과 일치하지 않음을 인지하였음에도 불구하고 재이행주기도래 전까지 금융거래 시 고객확인을 실시하지 않은 사실이 있음

(2) 강화된 고객확인의무 위반

① 카지노사업자는 자금세탁행위를 할 위험이 높은 고객의 경우 고객의 신원정보(성명, 실명번호, 주소 및 연락처)를 확인하고, 직업 또는 업종(개인사업자)과 거래자금의 원천·금융거래등의 목적을 추가로 확인하여야 하는데도

XX카지노는 상당기간 자금세탁행위를 할 위험이 높은 다수의 고객에 대하여 직업 또는 업종(개인사업자)을 확인하지 않아 강화된 고객확인의무를 적정하게 이행하지 아니하였음

② XX카지노사업자는 내규 등에서 FATF 권고사항 이행취약국가 국적의 고객을 EDD 대상으로 스스로 규율하고 있으나, 고위험 국적 고객 1명에 대해서는 거래자금의 원천도 미확인

(3) 고액 현금거래보고 의무 위반

카지노사업자는 보고기준금액 이상의 현금을 금융거래등의 상대방에게 지급하거나 그로부터 영수한 경우에는 그 사실을 30일 이내에 금융정보분석원장에게 보고하여야 하는데도 XX카지노는 칩스환전 또는 칩스구매 과정에서 발생한 보고기준금액 이상의 고액 현금거래 여러 건을 금융정보분석원장에게 보고하지 아니하였고 상당기간 칩스환전 또는 칩스구매 과정에서 발생한 보고기준금액 이상의 고액 현금거래 수건에 대하여 보고기한(30일)을 초과하여 지연보고함으로써 고액현금거래 보고의무를 적정하게 이행하지 아니하였음

(4) 의심스러운 거래 보고 업무체계 불합리

현재 의심스러운 거래 모니터링을 위해 다수의 STR 추출기준(STR 룰(Rule))을 마련하고 있으나 다음과 같이 일부 불합리한 점이 있으므로 의심거래보고의 실효성을 제고할 수 있도록 관련 업무절차 및 전산시스템 등을 개선하시기 바람

- 9개의 의심스러운 거래 추출기준은 구체적인 거래형태나 탐지조건의 설정 없이 단순 유형만을 제시하고 있어 실제 모니터링 업무에 활용하기 어려움
- STR 추출기준의 적정성에 대하여 주기적으로 점검하고 있지 않고, 해당 점검에 관한 구체적인 절차도 마련되어 있지 않음
- 관련 정보의 전산 추출이 가능한 의심거래 유형에 대해서도 전산화를 추진하지 않고 수기모니터링을 실시하여 의심거래 검토 자체가 누락될 우려가 있음

(5) AML 업무 운영체계 불합리

XX카지노는 자금세탁방지 업무를 위한 전산시스템을 별도로 구축하지 않아 대부분의 업무가 수기로 이루어짐에도 회계업무를 전담하는 회계경리팀 직원 2인이 AML 업무까지 겸업하고 있어 자금세탁방지 업무를 효과적으로 수행하기 어려운 것으로 판단되므로 적정한 규모의 AML 전담인력 · 조직을 배치 · 운영하시기 바람

(6) 내규 관리 불합리

XX 카지노는 자금세탁방지 업무 관련 내규를 마련하여 운영하고 있으나 경영진의 승인 없이 내규를 개정하였고, 개정이력도 별도로 관리하지 않았으며, 자금세탁방지 관련 법규 개정사항을 다수 누락하였으므로 자금세탁방지 업무 관련 내규를 개정하는 경우 경영진의 승인을 얻도록 하고, 개정이력을 문서로 기록 · 관리하며, 법규 개정사항이 내규에 적절히 반영될 수 있도록 업무 절차를 개선하시기 바람

(7) 임직원 교육 불합리

카지노사업자는 임직원을 대상으로 연 1회 이상 자금세탁방지를 위한 교육을 실시하여야 하고, 보고책임자는 임직원의 직급, 담당업무 등을 적절하게 고려하여 자금세탁방지 업무에 대한 교육 및 연수를 실시할 필요가 있으나 ′20년 이후 검사착수일(2023.4.17) 현재까지 임원을 대상으로 자금세탁방지를 위한 교육을 실시하지 아니하는 등 임원에 대한 교육이 부실하게 운영되고 있으므로 향후 임원을 대상으로 자금세탁방지를 위한 교육이 지속적으로 실시될 수 있도록 교육 강화 방안을 마련하여 운영하시기 바람

(8) 자료보존의무 위반

특정금융정보법에 의하면 카지노사업자는 고객의 게임일자, 게임종류, 환전일자 및 금액 등을 포함한 금융거래기록 자료를 5년간 보존하여야 하는데도 XX카지노사업자는 칩스환전 금융거래의 고객정보 또는 금액정보를 보존하지 아니하여 금융거래기록에 대한 자료보존 의무를 준수하지 아니한 사실이 있음

(9) 고객확인서 변조 및 허위자료 제출 등에 의한 검사방해

특정금융정보법에 의하면 카지노사업자는 특정금융정보법 제15조의 검사에 따르지 아니하거나 이를 거부 · 방해 또는 기피하여서는 아니되는데도, A카지노사업자는 제주도청으로부터 자금세탁방지제도 이행 관련 현장검사 실시계획을 통보받은 후, 다수의 고객확인이 부적정하게 이행된 사실을 인지하였음에도, 고객확인서 변조 · 허위자료 제출 등에 의한 방법으로 제주도청 및 금융정보분석원의 검사를 방해한 사실이 있음

(10) 독립적 감사 보완

카지노사업자는 자금세탁방지등 업무수행의 적절성 · 효과성을 평가하기 위하여 독립적 감사체계를 구축 · 운영하여야 하나, A카지노사업자의 감사는 매년 최장 2일에 불과하여 문제점 등이 충분히 발견 · 개선되지 못하였고 사후조치의 이사회 보고가 누락되거나 문서로 기록 · 보존되지 아니하였으므로 업무수행의 적절성 · 효과성을 충분히 평가 · 검토할 수 있도록 독립적 감사기간을 조정하고 사후조치 결과를 문서로 기록 · 관리하며 이사회에 매년 보고할 수 있도록 업무 절차를 개선하시기 바람

(11) 위험평가등 보완

카지노사업자는 자금세탁행위등의 위험을 확인 · 평가 · 이해하기 위해 전사적위험평가 등을 실시하여야 하나, 검사대상 전 기간 동안 FIU의 위험관리수준 평가 외에 전사적 위험평가를 실시하지 아니하였으므로 자금세탁방지 및 공중협박자금조달금지에 관한 업무규정 제101조에 따른 전사적위험평가가 실시될 수 있도록 업무절차를 개선하시기 바람

사례 1-36 자금세탁방지 의무 위반

최근 XX(카지노사업자)가 자금세탁방지 의무를 위반하여 32억 2,800만 원의 과태료를 부과 받았음. "182건의 위반 사례 중 181건은 고객확인의무 위반에 해당하고, 나머지 1건은 고객확인의무 위반 관련 XX가 허위 고객정보를 입력하는 등 검사 거부 및 방해를 했다는 내용"임. XX 카지노는 수년 전에도 자금세탁방지 의무 위반으로 과태료 부과 처분을 받은 사실이 있음

XX카지노 2022 유형별 자금세탁방지 의무 위반 건수

구분	STR 위반	CTR 위반	CDD 위반	검사거부 및 방해
건수	-	-	181건	1건

XX카지노 2022년 과태료 부과 내역

구분	과태료 건수	과태료
건수	1건	32억 2,800만 원

자료 출처 : 2022년 정일영의원실 발표자료

4장

새롭게 대두되는 금융회사등의 자금세탁 위험

제1절 전제범죄에서 새롭게 대두되는 위험

1. 마약범죄(자료 출처 : 2022년 대검찰청)

최근 마약범죄가 지속적으로 증가하고 있고, 특히 10대와 20대 마약사범 증가율이 높아져 정부가 마약과의 전쟁을 선포할 정도로 "마약"은 우리사회에 새로운 이슈가 되고 있다. 몇 해 전만 해도 한국은 마약청정국이고, 한국에서 마약범죄는 쉽게 확산될 수 없을 것이라 예측하였는데, 최근 마약 가격이 대폭 낮아짐에 따라 마약에 대한 접근이 용이하고, 마약 판매 대금을 가상자산 또는 전자금융업자를 통한 소액이체서비스 등을 통해 간편하게 이전할 수 있게 됨에 따라 마약범죄를 예방하기 위한 금융회사등의 노력이 더욱 더 중요해졌다.

2023년 8월 마약류사범 단속인원

○ 2023년 8월 마약류사범 단속인원은 3,715명

[단위 : 명]

구분 \ 마약류	대마			마약			향정			합계		
	건수	단속	구속	건수	단속	구속	건수	단속	구속	건수	단속	구속
2022. 8.	254	298	17	315	341	11	797	1,017	136	1,366	1,656	164
2023. 8.	430	570	16	530	546	8	1,893	2,599	277	2,853	3,715	301
증감률(%)	69.3	91.3	-5.9	68.3	60.1	-27.3	137.5	155.6	103.7	108.9	124.3	83.5

자료 출처 : 2023년 대검찰청 발표자료

2023년 8월 마약류사범 연령별 단속인원

(단위 : 명, ( ) 구성비)

연령별 마약류		15미만	15-19		20-29	30-39	40-49	50-59	60이상	미상	합계
			15-18	19							
사범수		60 (0.3)	592 (3.3)	223 (1.2)	5,204 (28.6)	4,180 (23.0)	2,595 (14.3)	1,860 (10.2)	3,169 (17.4)	304 (1.7)	18,187 (100)
마약류	대마	0 (0.0)	26 (1.1)	16 (0.7)	969 (40.3)	824 (34.2)	275 (11.4)	141 (5.9)	122 (5.1)	33 (1.4)	2,406 (100)
	마약	0 (0.0)	6 (0.2)	2 (0.1)	138 (4.1)	123 (3.7)	122 (3.7)	289 (8.7)	2,533 (75.9)	123 (3.7)	3,336 (100)
	향정	60 (0.5)	560 (4.5)	205 (1.6)	4,097 (32.9)	3,233 (26.0)	2,198 (17.7)	1,430 (11.5)	514 (4.1)	148 (1.2)	12,445 (100)

자료 출처 : 2023년 대검찰청 발표자료

최근 마약범죄자들의 자금 중개책의 거래를 살펴보면 소액(예를 들어 2십만 원, 60만 원 등 끝전이 없게 다수의 거래자로부터 소액의 자금이 대규모로 입금되는 사례가 다수 발견됨)거래의 입출금 명의에 마약 은어가 입력되는 경우가 있어 해당 거래내역이 발견되면 좀 더 면밀한 조사가 필요하고, 마약범죄 관련 압수수색이 접수되는 경우, 해당 압수수색된 계좌의 공통점을 분석하여 거래모니터링 등을 강화할 필요가 있다.

2. 디지털성범죄(자료 출처 : 한국여성정책연구원)[19]

디지털 성폭력범죄는 디지털 기기를 이용한 불법촬영물의 제작, 유포, 소비, 참여를 통해 불법촬영 사진 등을 유포, 재유포가 끝없이 이루어져 불법촬영물 영상물이 어디까지 유포되었는지 알 수 없고, 완전 삭제가 어려운 문제 등으로 피해자의 고통이 매우 크다는 점에서 문제의 심각성이 있다.

특히 최근 발생한 텔레그램 n번방 사건은 여성을 인격체가 아닌 성착취의 대상으로 취급한 악질적인 범죄로 성착취 영상물 피해자의 신상정보를 정보통신망 등을 이용한

19) 한국여성정책연구원의 디지털 성폭력범죄 관련 검찰 통계 분석

전송, 유포행위뿐만 아니라 나아가 강요, 협박, 강제추행, 강간, 아동학대, 통신매체를 이용한 음란행위, 성착취영상물제작, 공유 등 디지털 성범죄 중에서도 죄질이 중한 다양한 유형들을 포함하고 있어 사안의 심각성을 고려한 대책 마련이 시급한 실정이다.

물론 디지털 성폭력범죄의 절대 건수나 관련 범죄자금 규모가 다른 주요 전제범죄보다 적을 수 있으나, 디지털 성폭력범죄는 많은 경우 피의자의 범행 연령이 낮고, 휴대폰 등을 이용하여 급속도로 확산될 수 있어 피해자 식별이 불가능한 범행이라는 특징이 있다. 특히, 아동의 경우 아직 분별력이 없는 상태에서 대중화된 스마트폰을 이용하여 음란물에 용이하게 접근할 수 있고, 이를 통해 왜곡된 성인식을 갖게 된다는 점을 고려할 경우, 좀 더 강력한 대응이 필요하다고 판단된다.

정부는 디지털 성범죄를 전제범죄에 추가하여 중범죄로 처벌하고 있고, 범죄수익에 대한 적극적인 몰수 등의 조치를 취하고 있으나, 피해자들이 미성년자인 아동들이 많아 한 번 음란물이 전파될 경우, 해당 영상자료 등을 영구히 제거할 수 없어, 한국의 미래를 담당할 청소년들이 자살 등 극단적인 상황으로 내몰릴 수 있어 이에 대한 강력한 대응이 필요하다.

디지털 성범죄 피해 현황

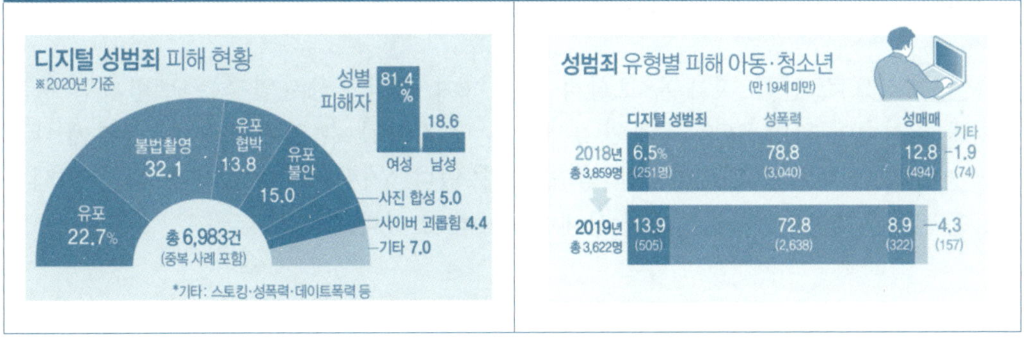

자료 출처 : 2022년 여성가족부 제공 자료

금융회사 측면에서 디지털 성범죄와 관련된 자금을 모니터링하기가 쉽지 않은 이유는 소액의 자금으로 이동되고, 대부분 가상자산이나(특히 다크코인), 소액이체 서비스 등을 통하여 이루어지기 때문이다.

만약 가능하다면 정부에서 디지털성범죄의 자금 흐름에 대한 리서치를 진행하여 이를 금융회사에 전달하여 줄 경우, 금융회사등에서 디지털 성범죄 불법 범죄 수익을 차단하는 데 긍정적인 역할을 수행할 수 있을 것으로 판단된다.

3. 가상자산를 이용한 시세조작 또는 금융사기

최근 가상자산과 관련한 다양한 금융범죄가 발생하고 있는데, 이는 기존에도 문제가 되었던 유사수신행위, 폰지사기가 사기의 타켓을 가상자산투자라는 명목으로 변화된 경우와 가상자산 해킹 사건 또는 최근 청부살인사건으로 마무리된 가상자산 시세조작 공모 등 전혀 새로운 유형의 범죄로 분류할 수 있다.

가상자산에 대한 해킹을 방지하기 위하여 정부는 가상자산거래소는 Hot Wallet[20]에 30% 미만의 가상자산을 보유하도록 하고 나머지는 모두 Cold wallet에 보유하도록 가이드하고, ISMS 인증 절차를 강화하여 예방하고 있으나, 가상자산에 대한 해킹은 여전히 남는 숙제일 수 있다고 판단된다.

가상자산 시세조작 또는 미공개정보를 이용한 가상자산거래는 다른 투자자들이 피해를 볼 수 있으므로 더욱더 통제가 강화되어야 할 영역이다. 물론 2024년 7월부터 "가상자산이용자보호법"을 시행하여 이용자에 대한 보호조치도 더 강화되어 여러가지 통제방안이 이행되고 있다.

특히 해킹으로 인한 피해를 보상하기 위하여 가상자산사업자는 보험가입 등의 조치를 취하여야 하며, ICO 절차의 투명성도 더 강화될 수 있어 향후 이 부분에 대한 취약성이 낮아지는지 모니터링해 볼 필요가 있다. 가상자산사업자에 대한 자세한 내용은 제3절 가상자산사업자에서 상세히 기술하고 있다.

---

20) Cold Wallet과 대비되는 용어임. 인터넷에 연결되어 있는 지갑으로 보안관련 문제가 발생할 수 있는 가능성이 높은 반면 Cold Wallet 온라인에 접속하지 않고 오프라인 상태로 보관된 상태임

사례 1-37 루나·테라 사건의 교훈

2022년 5월 '폰지사기' 의혹을 받는 권모씨에 대한 수사를 진행하게 되었고, 루나와 테라 피해자들은 권씨를 고소하고 권씨의 재산 압류를 신청하는 등의 민사 조치를 단행하는 사건이 발생함

경찰은 루나 발행사 '테라폼랩스' 내부 횡령 혐의를 포착해 자금 동결 조치를 하였으나, 권모씨는 싱가포르에서의 잠적 이후 2023년 3월에서야 몬테네그로에서 체포되었고, 권모씨의 송환을 두고 미국, 싱가포르와 함께 경쟁을 하여야 하는 상황임. 더 놀라운 일은 권모씨는 체포된 상태에서 거액의 가상자산을 빼돌린 정황이 포착되어 피해자들의 분노를 더 크게 하고 있음

권씨는 스테이킹 코인 관련 코인계에서 촉망받는 개발자이자 CEO로 엄청난 부를 이뤘으나, 폰지사기라는 의혹이 제기되면서 한 순간에 모든 신뢰와 명예가 실추되었음

또한, 권모씨가 해당 사건이 발생한 후 대응 자세(즉, 피해를 최소화하기 위한 노력을 하는 것이 아니라, 위조여권을 이용하여 사법규제가 취약한 국가로 도피한 행위와 체포 후에도 가상자산을 빼돌린 행동은 "사기꾼"이었다는 의혹을 증명하는 것 같아 한국인으로 씁쓸한 사건임

루나코인은 원화마켓에 상장되어 있지 않고 BTC 마켓에만 상장되어 있었기 때문에 국내 피해자보다는 해외 피해자가 압도적으로 많은 것으로 파악됨

제2절 새로운 금융산업 및 시스템의 등장에 따른 자금세탁 위험

1. 전자금융업자

(1) 개요

전자금융업자란 전자화폐의 발행 및 관리업무를 행하고자 하는 자로서 금융위원회의 허가를 받은 자를 의미한다. 2024년 11월말 현재 총 198개사(328개 업종)가 등록되어 있다. 등록된 전자금융업은 선불전자지급수단발행업, 직불전자지급수단발행업, 전자지급결제대행업(PG사), 결제대금예치업(ESCROW), 전자고지결제업(EBPP)등 5개 종류로 나눌 수 있으며, 하나의 전자금융업자가 여러종류의 전자금융업을 수행할 수 있다(총 7개 업종을 전자금융거래법에서는 정의하고 있으나 전자자금이체업과 전자화폐발행 및 관리의 경우 등록업체가 존재하지 않음).

유형	선불전자 지급수단 발행업	직불전자 지급수단 발행업	전자지급 결제대행 업(PG)	결제대금 예치업	전자고지 결제업	합계
업체 수	85	24	159	44	16	198

2024년 상반기 중 전자금융업자와 금융회사가 제공하는 전자지급서비스 중 전자지급결제대행(PG 및 선불전자지급수단 서비스 이용 규모(일평균, 금액기준)는 전년동기 대비 각각 15.2%, 19% 증가한 것으로 파악되었다.[21)]

전자금융업자를 통한 거래규모가 급속도로 증가하고, 전자금융업자의 자금세탁 취약점을 이용한 불법거래 등이 증가함에 따라 2019년 7월 특정금융정보법 시행령을 개정하고 전자금융업자에 대해서도 자금세탁방지의무를 부과하였다. 이미 국제사회에서는 전자금융업자들에 대한 자금세탁의무를 부과하고 있으며, 구글페이먼트, 알리페이 등 대형 전자금융업자는 CDD 및 거래모니터링을 수행하기 위하여 수천 명의 직원을 배치하고 있는 것으로 알려져 있다.

최근 전자금융업자들에 대한 검사·감독이 강화됨에 따라 대형 전자금융업자를 중심으로 자금세탁방지제도가 서서히 자리를 잡아가고 있으나, 여전히 내부통제 강화가 지속적으로 요구되는 산업이다.

FATF 권고안 14(자금 또는 가치의 이전 서비스)에서 각국은 자금 또는 가치의 이전 서비스를 제공하는 개인이나 법인이 인가 또는 등록이 되어 있고 FATF 권고사항에 촉구되어 있는 관련 조치를 이행하는지 감독받고 확인받기 위한 효과적인 감시체계의 대상이 될 것을 요구하고 있다.

FATF 권고안 14(자금 또는 가치의 이전 서비스)

각 국가는 자금 또는 가치 이전 서비스(MVTS)를 제공하는 자연인(개인) 또는 법인이 허가를 받거나 등록되도록 보장하고, FATF 권고사항이 요구하는 관련 조치를 이행하고, 그 이행을 감독하기 위한 효과적인 이행체제의 대상이 되도록 하는 것을 명확히 하여야 한다. 각 국가는 허가를 받지 않거나 등록 없이 MVTS를 제공하는 자연인 또는 법인을 확인하고 적절한 제재를 가하기 위한 조치를 취해야 한다. 어떤 개인이나 법인이 MVTS 제공자의 대리인으로 일하는 경우, 권한 당국의 허가 또는 등록을 받거나 또는 MVTS 제공자가 현행 대리인 목록을 MVTS 제공자와 대리인이 영업하는 국가의 권한당국이 접근할 수 있도록 유지해야 한다. 각 국가는 대리인을 이용하는 MVTS 제공자가 AML/CFT 프로그램을 이행하도록 하고, 이들이 해당 프로그램을 적정하게 준수하는지 여부를 모니터링하는 등의 조치를 취하여야 한다.

21) 2024년 상반기중 전자지급서비스 이용현황에 대한 한국은행 발표 자료

전자금융업권에 대한 자금세탁방지 실태 일괄점검

최근 전자금융업의 매출규모가 커지고 전자금융업자를 통한 비대면 금융거래가 증가함에 따라, 금융감독원은 최근 전자금융업권의 자금세탁 위험요인 및 자금세탁방지체계 구축 현황 등의 실태 점검을 실시하고(주요 전자금융업자 20개사 서면점검(2023.3월) 및 5개 대형사 현장검사(2022.8월~2023.6월)), 서면점검 및 현장검사 결과 확인된 전자금융업자의주요 자금세탁 위험요인과 공통 미흡사항 등을 전달하고 내부통제 강화를 요구함

항목	세부 내용
내부통제체계 관련	• 이사회 및 경영진의 역할 이행 불충분 • 전사적 자금세탁위험평가 설계·운용 불충분 • 외부전문가를 통한 독립적 감사 불충분 • 전담조직의 전문성 및 규모 불충분
고객확인 관련	• 비대면 고객확인·검증·재이행 불충분 • 기존고객에 대한 고객확인 불충분 • 고객위험평가모형 설계·운용 불충분
의심거래보고(STR) 관련	• 의심거래 추출기준 설계 및 점검 불충분 • 의심거래보고 여부 검토 및 보고체계 수립·운용 불충분

금융감독원은 전자금융업권의 공통적인 AML 내부통제 미흡사항에 대한 지적사례를 설명하고(즉, AML 전담조직·인력 부족, 전사적 위험평가 설계·운용 및 독립적 감사 수행 미흡 등), 전자금융업 특유의 구조적인 AML 취약점 및 업권 특성을 반영한 구체적 개선방향을 제시하고, 또한, 전자금융업의 금융시스템 내 중요도 증가를 감안하여 향후 AML 검사확대 및 조치강화 방향을 설명하였음. 특히, 검사 결과 경영진 확약서 제출 등을 한 회사에 대해서는 실질적 개선이 확인될 때까지 지속 밀착 관리하며, 개선 미흡시 가중조치 예정임을 안내하였음

① (체크리스트 배포) 자체점검 및 자율개선을 유도하기 위한 AML 체크리스트 배포

부문	점검항목 (총 57개)
내부통제	임직원의 역할, AML 전담조직 등 8개 영역 총 28개 점검항목
고객확인	고객확인, 고객공지, 요주의 인물 등 5개 영역 총 17개 점검항목
STR·CTR	모니터링 체계, 보고체계 수립 등 3개 영역 총 12개 점검항목

② (유형별 대응방안) 전자금융업의 확인된 주요 자금세탁 위험 유형에 대해 관련 STR룰을 마련하여 거래 모니터링을 강화하되, 각 유형별로 구체적 대응방안 제시

위험 유형	대응방안
가상계좌 이용	• 가상계좌 송금인 정보 수취관련 은행권과 공조 • "적요"란을 활용하여 빈번한 입금대행자에 대한 모니터링 • 금융사기 확인 고객은 거래거절 조치 검토 등
가상자산 현금화	• 비정상적 가상자산 결제대행업체의 정보 및 거래패턴을 면밀히 점검하고, 불법행위 발견시 수사기관 신고 • 가상자산관련 종사자 또는 가상자산관련 거래를 빈번히 수행하는 고객은 고위험으로 분류하여 차등관리 등
구매행위 가장	• 직업 등에 비추어 과도한 환금성 상품 구매, 가맹점 정보에 비추어 비정상적인 반복 결제 등 집중 모니터링 • 가맹점 대표자/예금주 정보를 활용하여 허위 매출 적발 • 환금성 상품가맹점의 대표자명, 주소 거래패턴 등을 활용하여 고위험 고객으로 평가 및 강화된 고객확인 검토 등

자료 출처 : 금감원 보도자료

1) 선불전자지급수단발행업자

금전적 가치가 전자적 방법으로 저장된 증표를 발행하거나 해당 증표에 관한 정보를 취급하는 업무를 수행. 즉, 이용자가 신용카드 계좌이체 등을 통해 선불금을 충전하고 각종 결제, 송금에 사용하도록 하는 서비스로서 구매자가 상품이나 서비스를 구매하기 전에 미리 대금을 지불할 수 있는 선불전자지급수단을 발행한다. 선불업자가 IC칩을 내장한 카드나 정보통신망에 연결된 PC 또는 서버에 화폐적 가치를 저장하여 선불전자지급수단을 판매하면 구매자는 가맹점에서 상품이나 서비스 구매를 위해 단말기, 인터넷 등을 통해 대금을 지급하고 선불업자는 가맹점에 이용금액을 정산하여 지급한다. 선불전자지급수단발행업자의 대표적인 국내 회사는 카카오페이머니, 네이버페이머니가 이에 해당한다.

Note

글로벌 기준에서는 현금 충전이 가능한지 여부, 사용 가능한 영역이 제한되었는지 여부 (예를 들어 해당 머니로 "소액 불법 마약, 성매매" 거래 등에 사용될 수 있는지 여부) 등에 대한 철저한 검토가 이루어져야 만 거래가 용인되도록 하고 고위험으로 분류하고 있음

전자금융거래법 제2조(정의)
14. "선불전자지급수단"이라 함은 이전 가능한 금전적 가치가 전자적 방법으로 저장되어 발행된 증표 또는 그 증표에 관한 정보로서 다음 각 목의 요건을 모두 갖춘 것을 말한다. 다만, 전자화폐를 제외한다. 가. 발행인(대통령령이 정하는 특수관계인을 포함한다) 외의 제3자로부터 재화 또는 용역을 구입하고 그 대가를 지급하는 데 사용될 것 나. 구입할 수 있는 재화 또는 용역의 범위가 2개 업종(「통계법」 제22조제1항의 규정에 따라 통계청장이 고시하는 한국표준산업분류의 중분류상의 업종을 말한다. 이하 이 조에서 같다) 이상일 것

선불전자지급수단 거래 흐름도

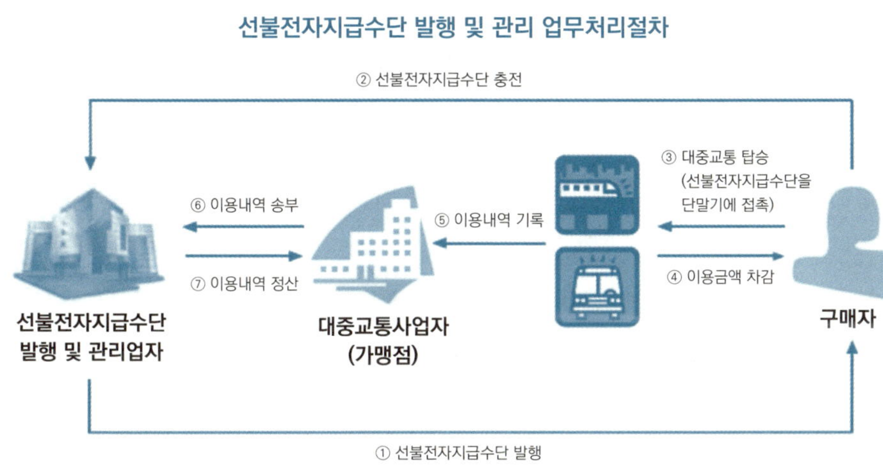

자료 출처 : 한국의 지급결제제도(2014) 한국은행

2) 직불전자지급수단 발행 및 관리업자

직불전자지급수단 발행 및 관리업은 사전충전이 필요한 선불전자지급수단과 달리 온라인 혹은 오프라인에서 물품·용역구매시 구매자의 계좌에서 판매자의 계좌로 구매대금이 이체되도록 중계하는 서비스이다. 즉 대금결제시 펌뱅킹 등을 통해 소비자의 계좌에서 가맹점의 계좌로 대금이 바로 지급되도록 중계해 주는 서비스이다. 직불전자지급수단은 정부의 스마트폰을 통한 직불결제 활성화 정책에 따라 2013년부터 본격적으로 발행되었다. 스마트폰을 활용한 직불전자지급수단은 실물 카드를 소지하지 않아도 사용 가능하다는 점에서 기존의 직불형 카드와 차별화된다. 비바리퍼블리카나 카카오페이가 대표적인 예시이다.

전자금융거래법 제2조(정의)

13. "직불전자지급수단"이라 함은 이용자와 가맹점간에 전자적 방법에 따라 금융회사의 계좌에서 자금을 이체하는 등의 방법으로 재화 또는 용역의 제공과 그 대가의 지급을 동시에 이행할 수 있도록 금융회사 또는 전자금융업자가 발행한 증표(자금을 융통받을 수 있는 증표를 제외한다) 또는 그 증표에 관한 정보를 말한다.

직불전자지급수단 거래 흐름도

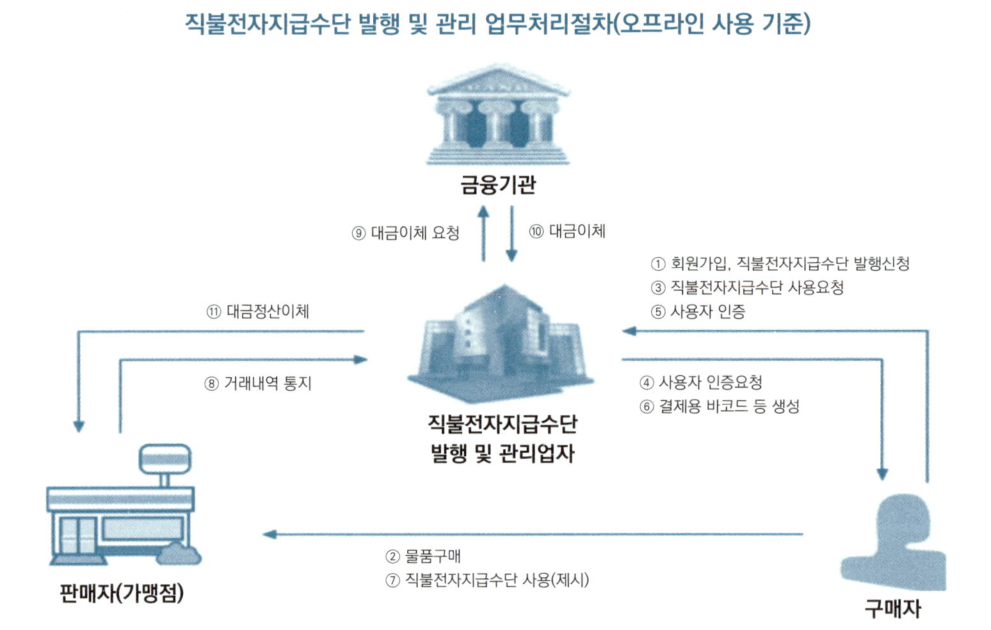

자료 출처 : 한국의 지급결제제도(2014) 한국은행

3) 전자지급결제대행업(PG)

전자지급결제대행(PG, Payment Gateway)이란 전자적 방법으로 재화 구입, 용역 이용 등에 있어 지급결제 정보를 송수신하거나 그 대가의 정산을 대행·매개하는 업무를 수행하는 업체로서 대표적인 회사로 페이코, KG이니시스, 다날 등이 있다.

예를 들어 카드사와 가맹점간의 카드 승인정보를 중계하고 정산을 대행하는 지급 서비스인터넷 쇼핑몰 등의 전자상거래에서 구매자로부터 대금을 수취하여 판매자에게 최종적으로 지급될 수 있도록 지급결제정보를 송·수신하는 것 또는 그 대가의 정산을 대행하거나 매개하는 것을 의미한다. 가령 구매자가 인터넷 쇼핑몰에서 신용카드로 대금을 결제하는 경우 신용카드 PG업자는 해당 쇼핑몰(가맹점)을 대신하여 신용카드사에 거래내역 및 승인정보 등 지급결제정보를 전송하고 신용카드사로부터 대금을 지급받아 일정수수료를 공제한 후 가맹점에 지급하게 된다. 온라인상의 전자상거래 규모가 급속히 늘어남에 따라 PG업자는 IT업체가 중심이 되어 지급서비스를 제공하는 대가로 수수료를 수취하는 수익구조를 기반으로 한 서비스를 제공하고 있다.

총 거래건수, 금액 및 일일 평균 건수 등 거래규모가 가장 크고, 인터넷 및 모바일 전자상거래의 증가에 따라 지속 증가 추세이다. 2024년 상반기 중 전자지급결제대행 서비스(PG) 이용규모(일평균)는 2,886510만 건, 1조 3,651억 원으로 전년 동기 대비 각각 15%, 15.2% 증가하였는데, 이는 신용카드 미 계좌이체 지급대행이 늘어난 가운데 가상계좌 지급대행이 배달 등 용역대금 및 도소매 판매대금을 중심으로 큰 폭 증가하였고, 선불금 등 기타 지급대행도 간편자급 서비스 제공업자들의 자사 선불금 이용 활성화· 노력 등으로 크게 늘어난 것으로 보고되었다[22].

전자금융거래법 제2조(정의)
19. "전자지급결제대행"이라 함은 전자적 방법으로 재화의 구입 또는 용역의 이용에 있어서 지급결제정보를 송신하거나 수신하는 것 또는 그 대가의 정산을 대행하거나 매개하는 것을 말한다.

22) 2024년 상반기 중 전자지급서비스 이용현황에 대한 한국은행 발표 자료

PG업자의 거래 흐름도

자료 출처 : 한국의 지급결제제도(2014) 한국은행

전자지급결제대행 서비스 이용 현황

전자지급결제대행 서비스(PG) 이용 현황[1)2)]
(일평균 기준)

(만건, 억원)

구분	2022		2023		2024	증감(B-A)[6)]	
	상반기	하반기	상반기(A)	하반기	상반기(B)		
■ 이용건수	2,321.2	2,409.7	2,510.3	2,664.0	**2,886.1**	375.7	(15.0)
신용카드[3)]	1,921.7	1,993.4	2,072.0	2,180.3	**2,325.2**	253.2	(12.2)
가상계좌[4)]	70.3	67.7	77.4	78.3	**85.7**	8.3	(10.7)
계좌이체	166.0	171.0	178.8	206.1	**251.7**	72.8	(40.7)
기 타[5)]	163.2	177.7	182.1	199.3	**223.5**	41.5	(22.8)
■ 이용금액	10,209.2	10,842.6	11,845.4	12,686.8	**13,650.7**	1,805.3	(15.2)
신용카드[3)]	8,270.1	8,879.5	9,374.1	9,847.3	**10,282.8**	908.7	(9.7)
가상계좌[4)]	1,068.6	1,032.2	1,451.8	1,669.1	**2,044.2**	592.4	(40.8)
계좌이체	634.5	645.3	722.3	835.3	**914.0**	191.7	(26.5)
기 타[5)]	235.9	285.6	297.3	335.1	**409.6**	112.4	(37.8)

주 : 1) 자료제출기관의 수정사항 등을 반영하여 일부 수치가 수정될 수 있음
2) ㈜티몬과 ㈜위메프는 2024년 4월분부터 조사대상에서 제외(7.29일 기업회생신청)
3) 체크카드 포함
4) 구매자별로 가상계좌번호를 부여하여 구매대금을 수취하는 지급대행 서비스
5) 선불전자지급수단, 상품권 등을 통한 구매대금 지급을 대행하는 서비스 등
6) ( )내는 전년동기 대비 증감률(%)

자료 출처 : 한국은행 보도자료

4) 결제대금예치업(ESCROW)

결제대금예치업은 결제대금을 일정기간 보관하다 물품배송을 받은 사실을 확정한 후 판매자에게 대금을 지급하는 업무를 수행하는 전자금융업자로서, 전자상거래 과정에서 구매자로부터 구매대금을 예치받고, 구매자의 물품수령 확인 등을 통해 거래가 적절하게 이루어졌는지를 확인한 후 구매대금을 판매자에게 전달하는 서비스이다.

인터넷쇼핑 등의 비대면 거래에서 거래당사자들은 거래가 적절히 완료되지 않을 경우를 우려하여 신뢰할 수 있는 제3자에게 거래대금을 일시적으로 예치하고자 하는 수요가 생겨났는데 이러한 역할을 수행하는 것이 바로 결제대금예치업이다. 결제대금예치업은 에스크로(Escrow)라는 용어로 익히 알려져 있으며, 최근에는 개인과 소규모 판매업체 등의 거래를 중개하는 형태의 온라인 쇼핑몰인 오픈마켓을 중심으로 서비스가 제공되고 있다. 전자지급결제대행과 결제대금예치는 업무수행 과정이 유사하여 현재 모든 결제대금예치업자는 PG업을 겸영하고 있다. 따라서 결제대금예치업자가 수집하고 처리하는 정보의 범위와 정보의 수집 과정은 PG업자와 유사하므로, 자금세탁방지 측면에서 두 개의 업자를 구분할 실익은 없는 것으로 판단된다.

결제대금예치 거래 흐름도

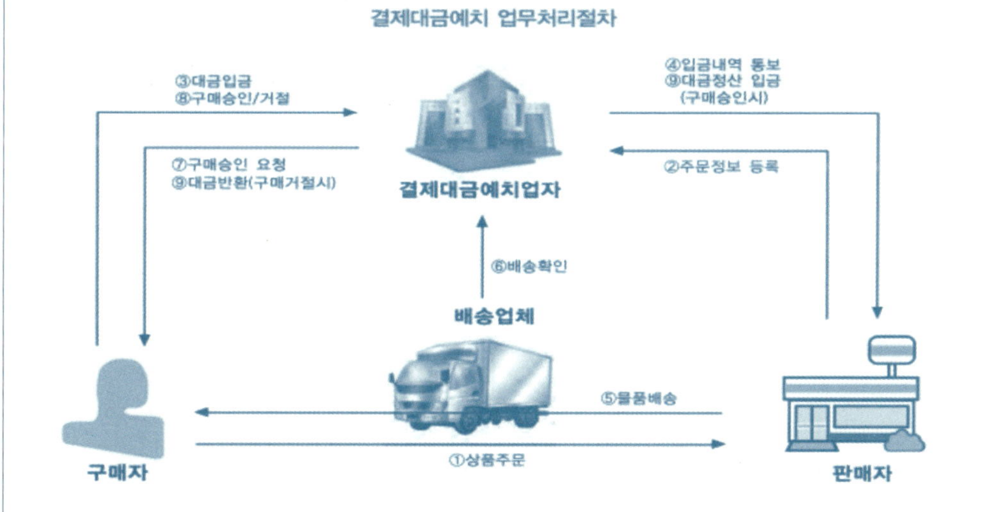

자료 출처 : 한국의 지급결제제도(2014) 한국은행

5) 전자고지결제업(EBPP)

전자고지결제업은 각종 세금, 공과금, 지로요금 등을 수취인(징수기관)을 대신하여 납부자에게 인터넷 등으로 고지하고, 대금을 자신의 계좌로 직접 수취한 후 징수기관에게 정산·지급하는 업무를 수행하는 전자금융업자이다.

즉, 수취인(물품 또는 용역 공급자)을 대신하여 지급인(물품 또는 용역 구매자)이 수취인에게 지급하여야 할 자금의 내역(고지서 등)을 전자적인 수단(이메일 또는 휴대폰 문자 등)으로 고지하고, 자금을 직접 수수하며 정산을 대행하는 서비스이다.

전자고지결제는 종이고지서 발송에 따른 인쇄비, 우편요금 등을 절감하고자 하는 기업들의 수요에서 출발하였다. 전자방식 고지서발송 서비스를 제공해온 업체들이 대금수취 및 정산기능까지 업무범위를 확장하면서 전자고지결제업무가 등장하게 되었다.

거래규모는 크지 않으나 전자고지영역이 확대되고, 간편결제 플랫폼 사업자들이 관련 서비스를 출시함에 따라 이용금액이 증가하고 있고, 다수 고객의 자금이 전자고지결제업자 명의 계좌에 집금되어 물품·용역 공급자 계좌로 이체되므로 거래 모니터링에 어려움이 있다.

전자고지결제 거래 흐름도

자료 출처 : 한국의 지급결제제도(2014) 한국은행

(2) 전자금융업자의 자금세탁 취약점

전자금융업 이용자 수 및 거래규모가 급성장함과 동시에 최근 전자금융업자와 관련된 보이스피싱 사기사건 증가, 마약거래 대금 결제 등 다양한 자금세탁 리스크가 증가되고 있어 사회적 이슈가 되어 있다. 따라서 전자금융업자를 이용한 자금세탁 사례에 대한 폭넓은 이해를 통하여 전자금융업자가 향후 개선해 나가야 할 조치에 대하여 중장기적인 계획을 수립할 필요가 있다.

금융감독원 자금세탁방지실이 발표한 보도자료에 따르면, 전자금융업은 회사별 자체 전산망을 이용하여 선불전자지급수단을 이동시키므로 자금의 이동경로 추적이 어렵고, 법령상 선불전자지급수단의 보유한도(200만 원)와 관계없이 충전과 양도를 반복할 경우 자금이체가 제한 없이 가능하며, 비대면 거래 방식을 사용함에 따라 정확한 고객정보 확인에 한계가 있을 수 있는 점 등이 주요 자금세탁 위험 요인으로 확인되었다. 물론 전자금융업자들에 대한 자금세탁방지 의무가 부과되어 다양한 노력들이 취해지고 있으나, 여전히 매일 매일 변화하는 신기술을 통한 서비스를 제공하는 전자금융업자에 대해서는 좀 더 체계적이고 촘촘한 자금세탁방지 내부통제 프로그램 이행을 요구하고 있다.

전자금융업자의 취약성

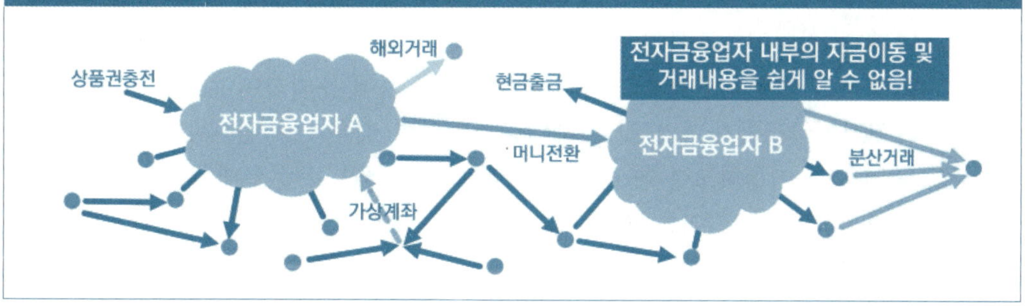

자료 출처 : 금융감독원

이와 같은 전자금융업의 자금세탁 취약성을 고려하여 전자금융업자와 거래하는 금융회사등은 전자금융업자에 대하여 고위험 고객으로 분류하는 것이 바람직하다. 또한 최근 금융감독원은 전자금융업자(특히 PG사)와의 펌뱅킹서비스 계약을 개시하고 유지하는 동안, PG사들의 가상계좌 재판매로 인하여 야기되는 자금세탁 위험을 사전적으로 예방하기 위하여 펌뱅킹서비스 가이드라인을 개정할 것을 요구하였다.

글로벌 모범기준 등에 따르면 자금세탁방지를 위한 내부통제절차가 적정하게 마련되지 않은 전자금융업자에 대해서는 거래거절 등의 조치를 취하는 경우가 일반적이다. 따라서 전자금융업자를 고객으로 수용하기 위해서는 해당 전자금융업자가 등록된 전자금융업자임을 반드시 확인하고, 해당 전자금융업자의 자금세탁방지 내부통제 현황을 면밀하게 파악하고, 해당 전자금융업자의 위험에 대한 통제책 등을 마련하여 고위 경영진의 승인을 득하여 거래를 개시하는 것이 바람직하다.

(3) 전자금융업자의 자금세탁방지 의무

1) 고객확인제도의 예외사항의 범위

① 전자금융업자는 다른 금융회사등과 동일하게 자금세탁방지 의무를 준수하여야 한다. 다만 전자금융업자는 고객확인제도시 확인·검증하여야 하는 신원확인번호를 CI번호로 대체하여 제공하고 있다. 다만, STR보고시 CI번호로 보고할 경우 다시 지속적으로 CI체계를 유지하여야 하는지에 대해서도 새롭게 검토할 필요가 있다고 판단된다.

② 위험이 낮은 전자화폐(무기명)의 발행과 선불전자지급수단의 발행시에는 예외적으로 고객확인의 전부 또는 일부를 하지 않을 수 있다고 예외사항을 규정하고 있다(다만, 면제하는 고객확인의 경우는 일반적인 고객확인에 대한 것이고, 고객이 자금세탁행위 우려가 있어 강화된 고객확인 대상인 경우 고객확인의무가 면제되지 않는다는 점에 유의하여야 함).

③ 전자지급결제대행업 및 결제대금예치업의 경우 가맹점(Seller)에 대해서만 CDD를 이행하도록 하고 있어 구매자(Buyer)인 고객에 대해서는 고객확인을 면제하고 있다. 이는 Buyer들이 결제를 진행할 때 대부분 신용카드 또는 타 은행의 계좌를 통한 거래를 하기 때문에 자금세탁위험이 낮다고 판단하였기 때문이다. 그러나 최근 대형 전자금융업자들은 구매자가 모두 회원이기 때문에 Buyer에 대해서도 신원확인을 하는 것이 일반적인 추세이다.

특정금융정보법 시행령 및 특정금융정보법 감독규정(고객확인의무 적용범위 및 면제 금융거래)

특정금융정보법 시행령 제10조의2(고객확인의무의 적용범위 등)

① 법 제5조의2제1항 각 호에 따른 확인(이하 "고객확인"이라 한다)에 관한 의무는 금융거래등에 적용된다. 다만, 금융회사등은 금융거래등의 성질상 그 적용이 적절하지 않거나 자금세탁행위와 공중협박자금조달행위에 이용될 가능성이 현저히 적은 금융거래등으로서 금융정보분석원장이 정하여 고시하는 금융거래등의 경우에는 금융정보분석원장이 정하여 고시하는 바에 따라 법 제5조의2제1항제1호에 따른 확인 조치의 전부 또는 일부를 하지 않을 수 있다.

특정금융정보법 감독 규정 제21조(고객확인면제 금융거래등의 범위)

특정금융정보법 시행령 제10조의2 제1항에서 "금융정보분석원장이 정하는 거래"라 함은 다음 각 호의 어느 하나에 해당하는 거래를 말한다.

1. 금융실명법 제3조제2항제1호, 동법 시행령 제4조제1항제2호에서 정하는 각종 공과금 등의 수납
2. 금융실명법 제3조제2항제3호, 동법 시행령 제4조제2항, 제3항에서 정하는 채권의 거래
3. 법원공탁금, 정부 · 법원보관금, 송달료의 지출
4. 보험기간의 만료시 보험계약자, 피보험자 또는 보험수익자에 대하여 환급금이 발생하지 아니하는 보험계약

5. 전자금융거래법 제16조제1항 단서, 같은 법 시행령 제11조제1항에서 정하는 전자화폐의 발행
6. 전자금융거래법 제23조제1항제1호, 같은 법 시행령 제13조제1항 본문에서 정하는 선불전자지급수단의 발행

제23조(전자지급수단 등의 발행과 이용한도)
① 금융위원회는 전자지급수단의 특성을 감안하여 대통령령이 정하는 바에 따라 금융회사 또는 전자금융업자에게 다음 각 호에 규정된 한도를 제한하거나 그 밖에 필요한 조치를 할 수 있다.
1. 전자화폐 및 선불전자지급수단의 발행권면 최고한도
전자금융거래법 시행령 제13조 제1항 본문
① 법 제23조제1항제1호에 따른 전자화폐의 발행권면 최고한도는 200만 원으로, 선불전자지급수단의 발행권면 최고한도는 50만 원으로 한다.

전술한 바와 같이 전자금융업자가 수행하여야 하는 고객확인이 모든 경우에 면제되는 것이 아님에 유의하여야 한다.

금융위 법령해석 회신문(190237)에 의하면 금융회사등은 선불전자지급수단과 선불카드를 결합한 성격의 결제수단을 이용하려는 고객에 대해서 고객확인을 수행해야 한다고 해석하고 있다.

법령해석 **선불전자지급수단+선불카드 성격의 결제수단이 특정금융정보법에 따른 고객확인 면제 및 실명확인 간소화 대상에 포함되는지 여부**

◎ 전자금융거래법에 따른 선불전자지급수단과 여신전문금융업법에 따른 선불카드를 결합한 성격의 결제수단(이하 "본 건 상품")을 이용하는 고객에 대해, 특정금융정보법 제5조의2 제1항 각 호에 따른 확인(이하 '고객확인')시 선불전자지급수단에 준하는 방법으로 고객확인이 가능한지 여부

- 금융회사등은 선불전자지급수단과 선불카드를 결합한 성격의 결제수단을 이용하는 고객에 대해 고객확인을 이행하는 경우, 선불카드와 관련한 금융거래에 준하여 고객확인을 해야 합니다.

◎ 선불전자지급수단의 경우 고객확인 이행 및 방식에 있어서 일정한 예외를 규정하고 있습니다(특정금융정보법 제5조의2 제1항 각 호, 같은 법 시행령 제10조의2 제1항·제10조의4 제1호, 특정금융정보법 감독규정 제21조 제6호·제23조의2 제1항).

◎ 그러나 선불전자지급수단 및 선불카드의 성격을 동시에 띠고 있는 본 건 상품의 경우 선불전자지급수단에 한정하여 적용되는 위 규정에 따른 고객확인은 적용되기 어렵다고 할 것입니다.

- 따라서, 본 건 상품 고객에 대해 두 가지 금융거래(선불전자지급수단 및 선불카드 발행)에 대한 고객확인을 모두 포괄할 수 있는 수준의 의무 이행을 위해서는 선불카드와 관련한 금융거래에 준하는 방법으로 고객확인을 이행해야 합니다.

2) 개인식별정보로 사용되는 CI번호

CI(Connection Information)란 우리말로 '연계정보'라고 한다. CI는 88byte로 영어 대소문자와 특수문자의 조합으로 표현되며, 본인확인기관 등에서 개인별로 고유하게 부여하는 개인 식별정보로 어느 업체에서 발급해도 유일한 값이므로 이 값이 같으면 동일인으로 판단 가능하다. 주민등록번호 수집이 금지되면서 인터넷서비스업체에서는 휴대폰본인인증, 공인인증, 신용카드 인증을 통해 CI를 제공받고 있으며 주민등록번호를 대신해 고객을 구별하는 데이터로 사용하고 있다.

전자금융업자들이 주민등록번호를 보관하지 못하도록 하는 가장 큰 이유는 개인정보 보호와 관련된 위험을 최소화하기 위한 것이다. 대형 전자금융업자들은 보유 고객수와 매출 등을 고려할 경우 충분히 개인정보 보안정책 등을 적용할 수 있으나, 소규모 전자금융업자들의 경우, 규모가 작아 해당 리스크를 통제할 수 없는 경우도 있을 수 있고, 개인정보 통제를 위한 인적, 물적 비용에 대한 부담도 큰 허들로 작용하고 있어, CI번호를 유지할 것인지 아니면 주민번호체계로 변경할 것인지에 대해서는 아직도 많은 논의가 필요한 상태이다.

특정금융정보법에 따르면 고객확인을 위하여 고객의 실지명의(이름 + 신원확인번호)와 주소, 연락처 등을 확인할 것을 요구하고 있으나, 전자금융업자의 경우 개인고객의 실지명의 대신 고객의 성명, 생년월일 및 성별정보와 정보통신망법에 따른 본인확인 대체수단으로 활용하는 연계정보를 확인하고, 그리고 고객의 주소 정보 및 연락처 정보를 확인해야 한다.

한국인터넷진흥원 "CI에 대한 현황 및 논의 필요사항"

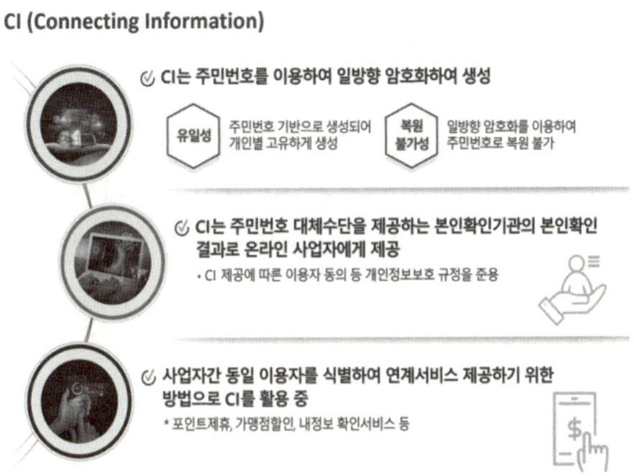

자료 출처 : 한국인터넷진흥원

특정금융정보법 감독규정 제22조의2(실지명의에 관한 사항)

① 영 제10조의4제1호에서 "금융정보분석원장이 정하여 고시하는 고객"이란 법 제5조의2제1항제2호에 해당하지 아니한 고객으로서 다음 각 호의 어느 하나에 해당하는 자(「전자금융거래법」 제28조제1항 단서 및 같은 조 제2항 단서에 따른 「은행법」에 따른 은행과 금융회사를 포함한다)와 전자금융거래를 하는 고객을 말한다.

1. 「전자금융거래법」 제28조제1항
2. 「전자금융거래법」 제28조제2항제1호부터 제4호
3. 「전자금융거래법 시행령」 제15조제3항제1호 및 제2호

② 영 제10조의4제1호에서 "금융정보분석원장이 정하여 고시하는 사항"은 다음 각 호에서 규정하는 사항을 말한다.

1. 성명, 생년월일 및 성별
2. 「정보통신망 이용촉진 및 정보보호 등에 관한 법률」 제23조의2제2항에 따른 대체수단 활용으로 생성된 연계정보
3. 전자금융거래를 위해 전자금융업자에 제공한 계좌번호(계좌번호가 없는 경우에는 참조가능한 번호를 말한다)

(4) 전자금융업자의 자금세탁방지 관련 주요 지적사항

1) 의심스러운 거래 추출기준 운영 불합리

ⓐ 의심스러운 거래 모니터링을 위해 총 OO개의 추출기준(STR 룰(Rule))을 운영하고 있으며, 상시 점검 및 정기 점검을 통해 추출기준의 적정성을 검토하고 있으나 일부 추출기준이 회사의 실정과 맞지 않는 등 추출기준을

불합리하게 운영한 사례가 있으므로 의심스러운 거래 추출기준의 실효성과 적절성을 높일 수 있도록 관련업무를 개선할 필요가 있음

ⓑ 의심스러운 거래 보고 제외 건 검토 불철저
내규 등을 통해 의심스러운 거래 검토 및 내·외부 보고절차를 마련하여 운영하고 있으나, 내규 규정과 달리 의심스러운 거래 보고 제외(미보고) 건에 대하여 보고 제외의 적정성 점검 및 보고책임자 보고 등을 수행하지 않고 있으므로 의심스러운 거래 보고 제외 건에 대하여 주기적으로 또는 수시 테마 점검 등을 통하여 적정성을 점검하고, 점검 결과를 보고책임자에게 보고할 필요가 있음

2) 고객확인업무 운영 불합리

ⓐ 2019년 7월 전자금융업자에 대하여 자금세탁방지의무가 부과되기 전의 기존 고객에 대해 고객확인을 지속적으로 수행하고 있으나, 검사착수일 현재 기존 고객에 대한 고객확인이 다소 미흡하므로 자금세탁방지 업무의 적절한 수행을 위해 기존 고객에 대해 고객확인 이행률을 제고할 필요가 있음

ⓑ 고객이 고위험에 해당하는 경우 강화된 고객확인을 위해 자금원천, 거래목적 등을 추가로 확인하는 데 있어, 증권사 연결 고객에 대해서는 동 증권사가 확인한 거래목적, 자금원천 등을 활용하고 있으나, 고객이 각 사별로 거래하는 목적, 자금원천 등이 각각 다를 수 있어 강화된 고객확인이 적정하게 수행되지 않을 우려가 있으므로 이에 대한 개선이 필요함

ⓒ 비대면 고객확인시 고객의 입력 정보 중 주소정보에 대해서는 적정 여부를 매일 점검하고 있으나, 고객의 영문명에 대해서는 점검을 수행하고 있지 않아 요주의 인물 여부 확인의 적정성 및 고객확인정보의 정확성이 저하될 우려가 있으므로 점검 절차를 마련할 필요가 있음

ⓓ 고객이 입력한 정보 등의 적정성을 확인하기 위하여 사후검수 등을 실시하고 있으나, 관련 업무담당자의 세부적인 업무분장 및 업무수행 절차 등이 마련되어 있지 않아 사후검수 업무가 적절히 수행되지 않을 우려가 있으므로 업무분장을 명확하게 하고 업무절차를 구체적으로 마련할 필요가 있음

ⓔ 고객위험평가모형을 운영하는 데 있어 회사의 고객정책과 맞지 않는 부분이 있는 등 불합리한 사항이 있으므로 고객의 위험도가 적정하게 평가될 수 있도록 고객위험평가모형을 합리적으로 개선하고 주기적으로 점검하는 절차 등을 마련할 필요가 있음

ⓕ 동일 이용자 고객이 여러 개의 계정(ID)을 만들어 거래를 수행할 수 있는데, 고객위험평가모형을 고객기준이 아닌 계정기준으로 운영함에 따라 동일 고객임에도 계정별로 거래항목 및 거래규모 등의 차이에 따라 고객위험평가 결과가 달라질 수 있으므로 고객 기준으로 위험을 통합 관리하는 등 개선이 필요함

ⓖ 고객위험평가모형에서 가맹점 고객에 대한 업종위험을 평가할 때, 고가의 귀금속 판매상을 제외하고 다른 업종은 위험수준을 식별·평가하지 않고 동일한 위험수준으로 평가하고 있어 고객의 특성에 따라 다양하게 발생하는 자금세탁위험 등이 적절히 반영되지 않을 우려가 있으므로 고객위험 평가시 가맹점 고객별 업종 특성을 반영하는 등 고객위험평가 모형에 대한 개선이 필요함

3) 독립적 감사업무 운영 불합리

ⓐ 자금세탁방지 업무에 대한 독립적 감사를 외부전문가에게 위탁하여 실시하고 있으나 외부 감사업체 선정 절차 및 감사범위 등이 내규로 마련되어 있지 않고, AML팀이 외부 감사업체 선정 업무를 수행하는 경우가 있어 감사업무의 독립성이 미흡하며, 금융정보분석원의 자금세탁방지제도이행 종합평가 및 위험관리수준 평가를 위해 AML팀이 평가지표에 대한 근거자료를 관련 내부시스템에서 가져와 금융정보분석원 위험평가 시스템에 입력하고 있으나, 자료의 적정성·무결성을 검증하는 절차가 없어 동 자료의 입력에 오류가 있을 경우 회사전체의 위험평가가 잘못될 우려가 있으므로 외부전문가에 의한 독립적 감사업무 운영 절차 및 방법을 개선하고, 금융정보분석원 위험평가 시스템 입력 자료의 적정성을 검증하는 절차를 마련할 필요가 있음

ⓑ 독립적 감사 지적사항에 대한 개선조치 결과가 이사회에 보고되지 않아 이사회가 독립적 감사의 사후조치 경과를 파악하지 못하고 일부 지적사항이 검사 착수일까지 개선되지 않는 등 개선조치 이행을 위한 사후관리가 미흡함.

4) RBA 위험평가 관련 운영 불합리

2019년 7월 전자금융업자에 대하여 자금세탁방지의무가 부과되었음에도 자금세탁방지를 위한 전사적 위험평가(이하 'RBA 위험평가')를 지연실시 하였고 내규상 근거 또는 검토 없이 세부적인 평가항목 등을 매년 임의로 변경해서 수행하고 있고, RBA 위험평가 관련 업무매뉴얼 내용이 실제 운영실태와 상이하며 RBA 위험평가 결과 및 개선조치 결과를 경영진에만 보고하고 이사회에 미보고하였음.

과거 미흡사항에 대해 개선조치가 완료되었는지 여부를 관리하지 않아 개선조치가 누락되는 경우가 발생하였으므로 RBA 위험평가의 평가항목, 평가절차, 수정·변경을 위한 검토절차 등을 내규 또는 업무매뉴얼에 명확히 규정하여 운영하는 한편, RBA 위험평가 결과 및 개선조치 결과를 이사회에 보고하고 개선조치 완료 여부를 지속적으로 모니터링하기 바람

5) 신상품 위험평가 운영 불합리

신규 금융상품 및 서비스의 위험평가 절차 및 방법에 관한 사항을 내규에 규정하고 있으나 자금세탁 위험의 관점에서 상품의 신규성 및 금융상품 여부를 판단하는 구체적인 기준을 포함하지 않아 실무상 신상품 위험평가 대상인지 판단하기 어려운 측면이 있고, 이로 인해 위험평가가 누락될 가능성이 있으므로 자금세탁위험 평가의 대상이 되는 신규 금융상품 및 서비스를 결정하는 명확한 기준을 수립하기 바람

(5) 전자금융업자의 자금세탁 주요 사례 (금융감독원 발표자료)

1) 유형1-가상계좌를 활용한 자금세탁 위험

전자금융업자가 구매 또는 충전용으로 고객에게 할당하는 가상계좌는 누구나 입금할 수 있고 실입금자의 실명 및 계좌번호를 알 수 없는 특성이 있어 자금세탁 위험에 노출될 수 있다. ① 제3자가 구매용 가상계좌에 무통장입금하여 거액의 물품 구매 후 본인의 은행 계좌로 환불받는 방식 또는 ② 사기 피해자들이 머니충전용 가상계좌로 입금한 편취 금원으로 머니를 충전한 후 이를 환급받는 방식 등으로 제3자의 금전을 수취하는 유형의 자금세탁에 악용될 소지가 있다.

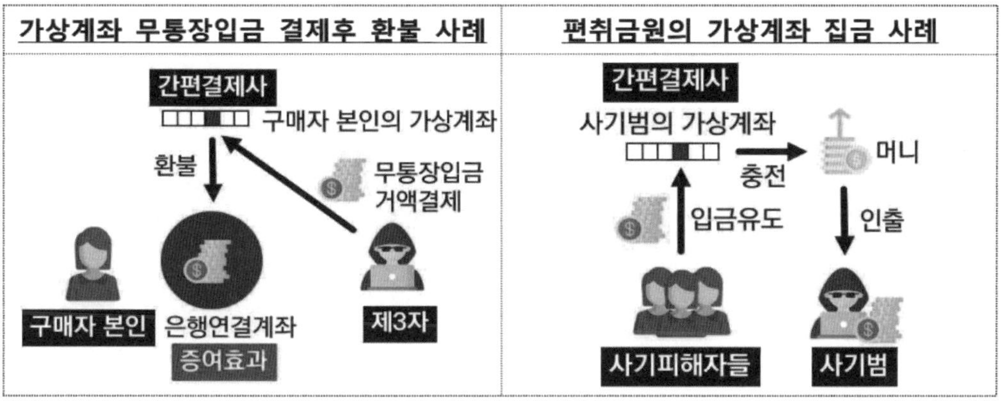

자료 출처 : 금융감독원

2) 유형2-구매행위를 가장한 자금세탁 위험

전자금융업은 ① 구매의 실질이 없는 자가매출, 위장가맹점에의 반복결제 등 허위매출방식 또는 ② 환금성이 높은 상품을 구매한 뒤 현금화하는 방식 등으로 자금세탁 위험에도 노출될 수 있다.

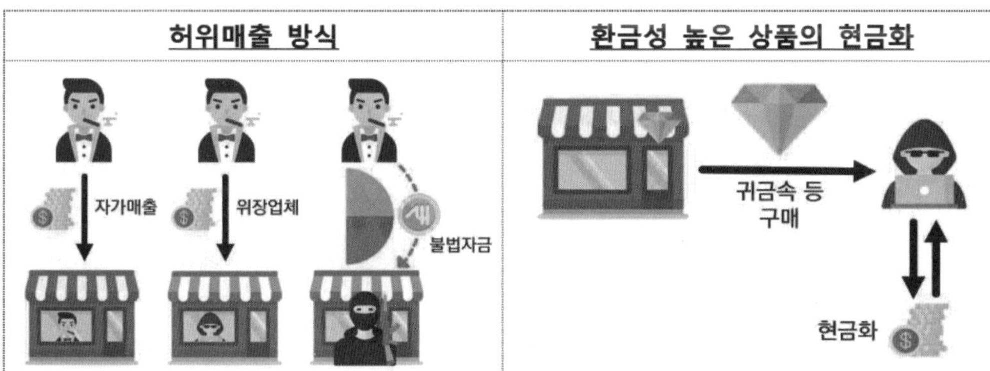

자료 출처 : 금융감독원

제3절 가상자산거래소

1. 개요

가상자산(화폐)의 유래는 2008년 은행산업에 대한 불신이 컸던 "사토시 나카모토(가명)의 9장의 논문(Bitcoin : A Peer-to-Peer Electronic Cash System)에서 시작되었고, 2009년 최초의 암호화폐인 비트코인을 출시할 수 있는 토대를 제공한 분산원장기술인 블록체인 기술의 등장으로 올라간다. 이후 디지털 자산 환경은 디지털 지급토큰뿐만 아니라, 대체 불가능한 토큰(NFTs)과 같은 비지급디지털 자산을 아우르는 형태로 진화해 왔다. 이에 FATF는 2018년 10월 총회에서 권고안 15 "신기술(New Technologies)"을 개정하여 가상자산 및 가상자산사업자에 대한 자금세탁방지 규제를 의무화 하였다.

최근 가상자산과 관련된 거래가 급증하고, 이로 인한 여러 가지 문제(예를 들어 해킹, 유사수신 행위, 시세조작, 불투명한 ICO프로세스 등)가 발생하게 됨에 따라 정부는 2021년 3월 특정금융정보법 개정을 통해 가상자산사업자에 대한 신고제를 도입하고 자금세탁방지의무와 투자자보호를 위한 각종 규제 장치를 마련하여 무분별한 가상자산의 발행으로 인한 피해자 발생을 최소화하고자 하였다.

그러나, 현행 자금세탁방지 중심의 규제체계로는(즉, 가상자산거래에 대한 기초법체계 없이 특정금융정보법에서 자금세탁방지에 대한 규율만을 마련한 체계) 각종 불공정거래행위에 대해 적극적으로 대응하기가 어렵고, 이용자의 피해 발생을 사전에 방지하거나 가상자산사업자에 대한 감독·처벌 및 이용자 피해를 구제하는 등에 한계가 있다는 지적이 계속되어 가상자산시장의 이용자 보호와 불공정거래행위를 규제하는 내용을 담은 「가상자산 이용자 보호 등에 관한 법률」(이하 '가상자산이용자보호법')이 2024년 7월부터 시행되었다.

이와 더불어 2024년 하반기 가상자산사업자 대규모 갱신신고를 앞두고 그간 가상자산사업자 신고제 운영과정에서 발견된 보완 필요성을 개선하기 위해 다음과 같이 특정금융정보법 시행령 및 특정금융거래정보 보고 및 감독규정 개정을 추진하였다[23].

23) 금융정보분석원 자금세탁방지 연차보고서(2023년) - 2024년 12월 발행

① 부적정 가상자산사업자의 시장진입 배제를 위해 가상자산사업자의 신고심사 기준을 강화함. 신고사항에 특정금융정보법, 가상자산이용자보호법 등 가상자산 관련 법령준수 체계 및 대주주 현황 등을 추가함

② 신고 불수리 사유 관련해서는 금융관련 법률 위반 범위에 외국의 금융 관련 법률 및 가상자산이용자보호법을 포함하였고 영업과 관련하여 부정한 방법으로 금전등을 받은 경우 등을 직권말소 사유로 추가함

③ 변경신고 사항별 가상자산사업자의 변경신고서 제출 기한을 명확히 규정함

- 변경신고 시 사항별 경중, 의무이행 가능성 등을 고려하여 대표자, 임원, 실명확인입출금계정 등의 변경은 변경하려는 날의 30일 전까지 신고
- 대주주 변경, 사업자 소재지, 연락처 등의 변경은 변경 후 14일 내
- 정보보호관리체계 인증에 관한 정보 변경과 같이 서류 준비 등에 상당 기간이 소요되는 경우에는 변경 후 30일 내에 신고

④ 대표자, 임원 등의 형사소송이 진행 중인 경우 등에는 심사를 중단할 수 있는 법적근거를 마련함

⑤ 금융회사등의 실명확인입출금계정 발급 관련 요건을 강화하여 금융회사등의 내부 업무규정에 실명확인입출금계정 발급 기준 등을 정하도록 하고, 금융회사등은 자금세탁행위등을 방지하고 실명확인입출금계정을 원활히 제공하기 위한 충분한 조직,인력 및 물적시설을 갖추도록 규정함

2024년 말 일부 가상자산사업자가 갱신신고를 진행하지 않아 2025년 2월 총 28개의 가상자산사업자(5개의 원화거래소와, 코인거래소와 지갑보관업자를 포함함)가 갱신신고를 진행하고 있는 사업자로 확인된다. NFT 매매나 가상자산 예치 및 랜딩, DeFi 서비스 등은 특정금융정보법상의 신고업무에 해당하지 않는다(상세 내용은 금융정보분석원 홈페이지 알림마당 - 공지사항 참조).

현재 대부분의 거래가 특정 원화거래소에서 발생하고 있어, 코인거래만 가능한 대다수의 가상자산거래소 등은 사업을 지속하는데 어려움을 가지고 있다. 특히 2024년 7월부터 가상자산 이용자보호법이 시행되고, 가상자산사업자의 갱신요건이 강화되어, 가상자산 거래소가 해킹 등으로부터 고객을 보호하기 위한 보험가입 등이 의무화되자, 기존의 코인마켓 중 일부는 사실상의 갱신을 포기하는 상황이 발생하여, 코인거래소가 사업의 지속성을 유지하기 위해서는 색다른 돌파구가 필요한 실정이다.

가상자산이용자보호법 제2조(정의)

제2조(정의) 이 법에서 사용하는 용어의 뜻은 다음과 같다.

1. "가상자산"이란 경제적 가치를 지닌 것으로서 전자적으로 거래 또는 이전될 수 있는 전자적 증표(그에 관한 일체의 권리를 포함한다)를 말한다. 다만, 다음 각 목의 어느 하나에 해당하는 것은 제외한다.
   가. 화폐 · 재화 · 용역 등으로 교환될 수 없는 전자적 증표 또는 그 증표에 관한 정보로서 발행인이 사용처와 그 용도를 제한한 것
   나. 「게임산업진흥에 관한 법률」 제32조제1항제7호에 따른 게임물의 이용을 통하여 획득한 유 · 무형의 결과물
   다. 「전자금융거래법」 제2조제14호에 따른 선불전자지급수단 및 같은 조 제15호에 따른 전자화폐
   라. 「주식·사채 등의 전자등록에 관한 법률」 제2조제4호에 따른 전자등록주식등
   마. 「전자어음의 발행 및 유통에 관한 법률」 제2조제2호에 따른 전자어음
   바. 「상법」 제862조에 따른 전자선하증권
   사. 「한국은행법」에 따른 한국은행(이하 "한국은행"이라 한다)이 발행하는 전자적 형태의 화폐 및 그와 관련된 서비스
   아. 거래의 형태와 특성을 고려하여 대통령령으로 정하는 것
2. "가상자산사업자"란 가상자산과 관련하여 다음 각 목의 어느 하나에 해당하는 행위를 영업으로 하는 자를 말한다.
   가. 가상자산을 매도·매수(이하 "매매"라 한다)하는 행위
   나. 가상자산을 다른 가상자산과 교환하는 행위
   다. 가상자산을 이전하는 행위 중 대통령령으로 정하는 행위
   라. 가상자산을 보관 또는 관리하는 행위
   마. 가목 및 나목의 행위를 중개 · 알선하거나 대행하는 행위
3. "이용자"란 가상자산사업자를 통하여 가상자산을 매매, 교환, 이전 또는 보관 · 관리하는 자를 말한다.
4. "가상자산시장"이란 가상자산의 매매 또는 가상자산 간 교환을 할 수 있는 시장을 말한다.

금융위원회의 가상자산사업자 실태조사 보고서에 따르면 2024년 상반기의 현황은 1) 가상자산 가격 상승 등에 따라 2023년 하반기 대비 일평균 거래규모가 67% 증가하였고(시가총액은 27% 증가, 원화예치금은 3% 증가, 거래가능 이용자는 21% 증가함), 2) 코인마켓사업자 영업종료 등의 영향으로 전체 상장 종목 수는 감소하였고, 이로 인하여 전체 인력과 AML 담당 인력 모두 감소한 것으로 파악된다.

2024년 6월 현재 약 7.7백만 명의 이용자가 활계좌(거래가능 이용자)를 통하여 거래를 하고 있으며(그 중 약 400만 명은 100만 원 이하 거래자로 분류되고, 8만여 명이 1억 원 이상 거래를 하는 것으로 확인됨), 30대와 40대가 가장 거래를 많이 하는 것으로 확인되었다.

2024년 상반기 가상자산사업자 실태조사

구분	등록 계정수(개)		실제 이용자수(명)	
	'23년말	'24.6월말	'23년말	'24.6월말
원화마켓	17,897,016	19,418,185	6,401,325	7,753,946
코인마켓	264,892	194,547	47,487	27,027
계	**18,161,908**	**19,612,732**	**6,448,812**	**7,780,973**

※ 사업자별 등록 계정, 이용자수 단순 합산(중복 포함, 휴면계정 제외)

〈연령대별 가상자산 개인 이용자 규모〉

구분	20대 이하	30대	40대	50대	60대 이상	합계
남 성	108만명	158만명	150만명	85만명	28만명	529만명
여 성	36만명	69만명	69만명	54만명	21만명	249만명
합 계 (비중)	144만명 (18.6%)	227만명 (29.2%)	219만명 (28.1%)	139만명 (17.9%)	49만명 (6.2%)	778만명 (100%)

자료 출처 : 금융위원회

다만, 한국 거래소는 해외거래소와 좀 다르게 비트코인이나 이더리움 등 주요 가상자산 비중이 낮고(글로벌 시장은 약 72%이고, 한국 원화거래소는 48%), 단독 상장된 가상자산의 비율이 여전히 높아 단독 상장 가상자산의 상장 프로세스를 좀 더 강화할 것이 요구된다.

가상자산 보유 현황 비교표(글로벌 상위 10개 VS 국내 상위 10개 종목)

(단위 : 조원)

구분	글로벌 상위 10개 종목*			국내 상위 10개 종목**		
	종목명	시가총액	비중	종목명	시가총액	비중
1	BTC	1,717	54.4%	BTC	20.55	37.2%
2	ETH	573	18.2%	ETH	6.16	11.1%
3	USDT	157	5.0%	XRP	5.88	10.6%
4	BNB	119	3.8%	DOGE	1.53	2.8%
5	SOL	94	3.0%	ETC	1.47	2.7%
6	USDC	45	1.4%	SOL	1.25	2.3%
7	XRP	37	1.2%	SHIB	0.93	1.7%
8	TON	26	0.8%	BCH	0.74	1.3%
9	DOGE	25	0.8%	ADA	0.60	1.1%
10	ADA	19	0.6%	STX	0.38	0.7%

* '24.6.30. 코인마켓캡 기준 (글로벌 총 시가총액 3,125조원 추정)
** '24.6.30. 사업자 실태조사 결과 기준 (국내 총 시가총액 55.3조원)

2. 가상자산거래소의 자금세탁 취약성

가상자산에 대해서는 지속적으로 자금세탁 취약성에 대한 우려가 제기되고 있으며, 이런 취약점으로 인하여 최근 다양한 범죄자금을 세탁하는 데 가상자산을 이용하는 것으로 확인되고 있다. 가상자산의 주요 취약점은 다음과 같다.

(1) 익명성(Anonymity)

가상자산은 익명으로 거래할 수 있다. 우리나라는 2021년 9월부터 모든 가상자산거래소의 자금세탁방지제도, 특히 고객확인제도를 도입하였고, 법인거래가 제한되어 있고, 2022년 3월부터 시행된 트래블룰로 인하여 익명 거래의 가능성을 차단하기 위하여 통제하고 있지만, 국내 거래소에서 자금세탁방지에 대한 규제가 약한 해외거래소로 이동 될 경우, 자금의 추적에 어려움이 있을 수 있다.

(2) 역외 거래 가능성(Cross-Border)

가상자산은 역외로의 이동이 쉽고 빠르게 이루어질 수 있다. 전통적인 금융회사에서(특히 은행) 역외거래를 하고자 할 때는 외국환거래법에 따른 통제가 적용 되는 반면, 가상자산를 통한 역외거래는 이러한 제한 없이 자금이동이 가능하다. 따라서 범죄자들이 불법 범죄수익을 국내 법집행기관의 추적을 피하고자 가상자산으로 거래할 경우, 다른 국가의 사법당국과의 협업이 이루어지지 않을 경우, 은닉자금을 찾아내는 데 어려움을 겪게 된다.

(3) 식별자에 대한 정보 부족(Lack of Identifier)

가상자산의 탈중앙화라는 성격으로 인하여 거래에 대한 효과적인 관리감독을 이행하는 데 어려움이 있다. 즉 가상자산 거래의 경우 지갑소유자(Wallet Holder)의 체인거래 정보를 항상 검증하는 것은 무리가 있기 때문이다.

(4) 보안취약성(Wallet/Platform Seurity)

지갑 또는 플랫폼 손상 및 암호화폐 도난시 도난당한 암호 화폐를 회수하여 자금세탁에 이용되지 않도록 방지하는 것이 어렵다. 특히 최근 언론에서 종종 보도되는 북한이나 러시아의 암호화폐 해킹 가능성에 대한 이슈는 우리나라의 가상자산거래소나 해당 자금을 예치하고 있는 다른 금융회사에 경제제재(Sanction) 리스크를 높게 하고, 최근 가상자산거래소의 Hot Wallet에 보유된 가상자산에 대한 해킹은, 가상자산거래소를 이용하는 고객들의 자산에 직접적인 피해를 줄 수 있다는 점에서 보안 취약성 강화를 위한 내부통제 강화가 요구되었다. 그러나 2023년 7월 이행된 가상자산 이용자 보호 등에 관한 법률("가상자산이용자보호법")에 따르면 가상자산사업자는 해킹·전산장애 등에 대비하여 Hot Wallet의 보유 한도를 제한하고 보험 또는 공제에 가입하거나 준비금을 적립할 것을 요구하고 있어 현재 갱신을 준비하는 모든 가상자산사업자들은 이에 필요한 조치를 마무리한 것으로 확인된다.

가상자산 이용자 보호를 위한 보험 등의 가입

법 제8조(보험의 가입 등)

가상자산사업자는 해킹 · 전산장애 등 대통령령으로 정하는 사고에 따른 책임을 이행하기 위하여 금융위원회가 정하여 고시하는 기준에 따라 보험 또는 공제에 가입하거나 준비금을 적립하는 등 필요한 조치를 하여야 한다.

제10조(보험의 가입 등)

① 가상자산사업자는 법 제8조에 따라 다음 각 호의 조치를 취하여야 한다. 다만, 제3호의 조치는 제1호 및 제2호의 조치가 모두 불가능하거나 제1호 또는 제2호의 조치만으로 제2항에 따른 금액 기준을 준수하는 것이 불가능한 경우에 한하여 취할 수 있다.
  1. 해킹 · 전산장애 등 사고에 따른 책임을 이행하기 위하여 보험 또는 공제 가입
  2. 준비금 적립
  3. 영 제8조제1항각 호의 기관에 대한 금전의 예치 또는 신탁

② 제1항에 따른 보험 또는 공제의 보상한도, 준비금 적립액 및 예치 · 신탁금의 총합은 다음 각 호에서 정하는 금액 이상이어야 한다.
  1. 가상자산사업자가 보관 중인 이용자 가상자산 중 인터넷과 분리하여 보관하는 가상자산을 제외한 나머지 가상자산의 경제적 가치(가상자산 종류별로 보관 중인 총 수량에 최근 1년간 일평균 원화 환산액을 곱한 금액의 총합)의 100분의 5에 상당하는 금액
  2. 30억 원. 다만,「특정 금융거래정보의 보고 및 이용 등에 관한 법률」 제7조제3항제2호단서에 해당하는 가상자산사업자의 경우에는 5억 원

③ 가상자산사업자는 매월 말일을 기준으로 제2항에 따른 보험 또는 공제의 보상한도, 준비금 적립액 및 예치 · 신탁금을 산정하여, 다음달 10일까지 보험 또는 공제의 보상한도 상향, 준비금 및 예치 · 신탁금 추가적립 등 필요한 조치를 하여야 한다.

④ 가상자산사업자는 준비금을 적립하거나 금전을 예치 · 신탁하는 경우 해킹 · 전산장애 등 사고에 대한 책임의 이행이 신속히 이루어질 수 있도록 준비금 및 예치 · 신탁금의 관리와 지급에 관한 내부 절차를 수립하여 운영하여야 한다.

(5) 규제수준의 상이

모든 국가가 가상자산 거래를 규제하기 위한 통제환경이 상이하기 때문에 가상자산이 통제 취약국으로 이동이 될 경우 자금추적이 거의 불가능해진다. 가상자산거래의 이러한 취약점을 통제하기 위하여 FATF에서는 가상자산거래의 AML/CFT에 대한 국제기준을 정하고 회원국들이 이에 대한 이행을 권고함에 따라 정부는 다른 국가들보다 발 빠르게 규제환경을 강화하고 있으며, 많은 국가의 규제당국들이 한국의 가상자산 규제환경에 대한 관심을 가지고 한국의 모범기준을 배우기 위하여 노력하고 있는 실정이다.

3. 가상자산거래소의 신고절차 및 가상자산거래소 이용자 보호 및 자금세탁방지 의무

(1) 주요 신고요건

특정금융정보법 제7조(신고), 동 시행령 제10조의11(가상자산사업자의 신고) 및 특정금융정보법 감독규정 제27조(가상자산사업자의 신고)에서 가상자산거래소로 신고수리를 위한 요건과 갱신을 위한 요건(현재 매 3년마다 갱신신고를 마쳐야 함)을 규정하고 있다. 가상자산거래소로 신고수리되기 위한 주된 요건은 다음과 같다.

① 사업장의 소재지 및 연락처, 국적 및 성명(법인의 경우에는 대표자 및 임원의 국적 및 성명을 말함) 등과 대주주에 관한 사항 등

② 사업추진계획서

③ 정보보호 관리체계 인증(ISMS)과 관련 예비인증 획득

④ 실명확인이 가능한 입출금 계정을 통하여 금융거래를 하여야 함[가상자산사업자가 고객에게 제공하는 가상자산 거래와 관련하여 가상자산과 금전의 교환 행위가 없는 경우는 예외로 함(즉, 코인마켓 등)]

⑤ 특정금융정보법 등 기타 금융관련 법규 등에 따라 벌금 이상의 형을 선고받고 그 집행이 면제된 날로부터 5년이 경과한 자(가상자산사업자가 법인인 경우에는 그 대표자와 임원을 포함함)

⑥ 신고 또는 변경신고가 말소된 이력이 있는 경우, 5년이 경과하여야 됨

가상자산사업자의 신고(특정금융정보법 및 동 법 시행령)

제7조(신고)

① 가상자산사업자(이를 운영하려는 자를 포함한다. 이하 이 조에서 같다)는 대통령령으로 정하는 바에 따라 다음 각 호의 사항을 금융정보분석원장에게 신고하여야 한다.

1. 상호 및 대표자의 성명
2. 사업장의 소재지, 연락처 등 대통령령으로 정하는 사항

② 제1항에 따라 신고한 자는 신고한 사항이 변경된 경우에는 대통령령으로 정하는 바에 따라 금융정보분석원장에게 변경신고를 하여야 한다.

③ 금융정보분석원장은 제1항에도 불구하고 다음 각 호의 어느 하나에 해당하는 자에 대해서는 대통령령으로 정하는 바에 따라 가상자산사업자의 신고를 수리하지 아니할 수 있다.

1. 정보보호 관리체계 인증을 획득하지 못한 자
2. 실명확인이 가능한 입출금 계정[동일 금융회사등(대통령령으로 정하는 금융회사등에 한정한다)에 개설된 가상자산사업자의 계좌와 그 가상자산사업자의 고객의 계좌 사이에서만 금융거래등을 허용하는 계정을 말한다]을 통하여 금융거래등을 하지 아니하는 자. 다만, 가상자산거래의 특성을 고려하여 금융정보분석원장이 정하는자에 대해서는 예외로 한다.
3. 이 법,「범죄수익은닉의 규제 및 처벌 등에 관한 법률」,「공중 등 협박목적 및 대량살상무기확산을 위한 자금조달행위의 금지에 관한 법률」,「외국환거래법」및「자본시장과 금융투자업에 관한 법률」등 대통령령으로 정하는 금융관련 법률에 따라 벌금 이상의 형을 선고받고 그 집행이 끝나거나(집행이 끝난 것으로 보는 경우를 포함한다) 집행이 면제된 날부터 5년이 지나지 아니한 자(가상자산사업자가 법인인 경우에는 그 대표자와 임원을 포함한다)
4. 제4항에 따라 신고 또는 변경신고가 말소되고 5년이 지나지 아니한 자

④ 금융정보분석원장은 가상자산사업자가 다음 각 호의 어느 하나에 해당하는 경우에는대통령령으로 정하는 바에 따라 제1항 또는 제2항에 따른 신고 또는 변경신고를 직권으로 말소할 수 있다.

1. 제3항 각 호의 어느 하나에 해당하는 경우. 다만, 제3항 제1호에 해당하는 경우로서 대통령령으로 정하는 경우에는 그러하지 아니하다.
2. 「부가가치세법」제8조에 따라 관할 세무서장에게 폐업신고를 하거나 관할 세무서장이 사업자등록을 말소한 경우
3. 제5항에 따른 영업의 전부 또는 일부의 정지 명령을 이행하지 아니한 경우
4. 거짓이나 그 밖의 부정한 방법으로 신고 또는 변경신고를 하는 등 대통령령으로 정하는 경우

⑤ 금융정보분석원장은 가상자산사업자가 다음 각 호의 어느 하나에 해당하는 경우에는대통령령으로 정하는 바에 따라 6개월의 범위에서 영업의 전부 또는 일부의 정지를 명할 수 있다.

1. 제15조 제2항 제1호에 따른 시정명령을 이행하지 아니한 경우
2. 제15조 제2항 제2호에 따른 기관경고를 3회 이상 받은 경우
3. 그 밖에 고의 또는 중대한 과실로 자금세탁행위와 공중협박자금조달행위를 방지하기 위하여 필요한 조치를 하지 아니한 경우로서 대통령령으로 정하는 경우

⑥ 제1항에 따른 신고의 유효기간은 신고를 수리한 날부터 5년 이하의 범위에서 대통령령으로 정하는 기간으로 한다. 신고 유효기간이 지난 후 계속하여 같은 행위를 영업으로 하려는 자는 대통령령으로 정하는 바에 따라 신고를 갱신하여야 한다.

⑦ 금융정보분석원장은 제1항부터 제6항까지에 따른 가상자산사업자의 신고에 관한 정보 및 금융정보분석원장의 조치를 대통령령으로 정하는 바에 따라 공개할 수 있다.

⑧ 금융정보분석원장은 이 조에 따른 가상자산사업자의 신고와 관련한 업무로서 대통령령으로 정하는 업무를「금융위원회의 설치 등에 관한 법률」에 따른 금융감독원의 원장(이하 "금융감독원장"이라 한다)에게 위탁할 수 있다.

⑨ 금융회사등이 제3항 제2호에 따른 실명확인이 가능한 입출금 계정을 개시하는 기준, 조건 및 절차에 관하여 필요한 사항은 대통령령으로 정한다.

동 법 시행령 제10조의11(가상자산사업자의 신고)

① 법 제7조 제1항에 따라 신고를 하려는 자는금융정보분석원장이 정하여 고시하는 신고서에 다음 각 호의 서류를 첨부하여 금융정보분석원장에게 제출해야 한다.
1. 정관 또는 이에 준하는 업무운영규정
2. 사업추진계획서
3. 법 제5조의2 제1항 제3호 마목2)에 따른 정보보호 관리체계 인증(이하 "정보보호관리체계인증"이라 한다)에 관한 자료
4. 법 제7조 제3항 제2호 본문에 따른 실명확인이 가능한 입출금 계정(이하 "실명확인입출금계정"이라 한다)에 관한 자료
5. 그 밖에 가상자산사업자의 신고를 위해 금융정보분석원장이 필요하다고 정하여 고시하는 자료

② 법 제7조 제1항 제2호에서 "사업장의 소재지, 연락처 등 대통령령으로 정하는 사항"이란 다음 각 호의 사항을 말한다.
1. 사업장의 소재지 및 연락처
2. 국적 및 성명(법인의 경우에는 대표자 및 임원의 국적 및 성명을 말한다)
3. 전자우편주소 및 인터넷도메인 이름
4. 호스트서버의 소재지
5. 그 밖에 제1호부터 제4호까지에 준하는 사항으로서 금융정보분석원장이 정하여 고시하는 사항

③ 법 제7조 제2항에 따라 변경신고를 하려는 자는 신고한 사항이 변경된 날을 기준으로 30일의 범위에서 변경사항의 경중 등을 고려하여 금융정보분석원장이 정하여 고시하는 기한까지 금융정보분석원장이 정하여 고시하는 변경신고서에 그 변경사항을 증명하는 서류를 첨부하여 금융정보분석원장에게 제출해야 한다.

가상자산사업자의 신고(특정금융정보법 감독규정)

제27조(가상자산사업자의 신고)

③ 영 제10조의11 제1항 제5호에서 "금융정보분석원장이 필요하다고 정하여 고시하는 자료"란 본점의 위치와 명칭을 기재한 자료를 말한다.

④ 영 제10조의11 제2항 제5호에서 "금융정보분석원장이 정하여 고시하는 사항"이란 다음 각 호의 사항을 말한다.

1. 법 제2조 제1호 하목에 따른 행위 중 가상자산사업자가 수행할 행위의 유형
2. 법 제7조 제3항 제2호 본문에 따른 실명확인이 가능한 입출금 계정에 관한 정보
3. 외국 가상자산사업자[본점 또는 주사무소가 외국에 있는 자(사업의 실질적 관리장소가 국내에 있지 않은 경우만 해당한다)로서 내국인을 대상으로 가상자산거래를 영업으로 하는 자를 말한다]의 경우 다음 각 목의 사항
   가. 국내 사업장의 소재지 및 연락처
   나. 국내에 거주하면서 외국 가상자산사업자를 대표할 수 있는 자의 국적 및 성명
4. 대주주에 관한 사항(대주주에 관하여는「금융회사의 지배구조에 관한 법률」제2조제6호를 준용한다. 이 경우 "금융회사"는 "가상자산사업자"로 본다)
5. 자금세탁행위, 공중협박자금조달행위 방지 및 이용자보호 등을 위한 이 법,「가상자산 이용자 보호 등에 관한 법률」 등 가상자산 관련 법령(이하 이 조에서 "가상자산 관련 법령"이라 한다)을 준수하기 위한 적절한 조직 · 인력, 전산설비 및 내부통제체계 마련 · 운영 등에 관한 사항
6. 법 제 7조 제3항 제1호에 따른 정보보호 관리체계 인증에 관한 정보

⑤ 영 제10조의11 제3항에서 "금융정보분석원장이 정하여 고시하는 기한"이란 다음 각 호에 따른 기한을 말한다 .

1. 다음 각 목의 어느 하나에 해당하는 사항이 변경된 경우: 신고한 사항이 변경된 날부터 14일이 되는 날까지
   가. 법 제7조 제1항 제1호에 따른 상호
   나. 영 제10조의11 제2항 제1호 또는 제4항 제3호 가목에 따른 사업장의 소재지 및 연락처
   다. 영 제10조의11 제2항 제3호에 따른 전자우편주소 및 인터넷도메인 이름
   라. 영 제10조의11 제2항 제4호에 따른 호스트서버의 소재지
   마. 제4항 제4호에 따른 대주주에 관한 사항
   바. 제4항 제5호에 따른 자금세탁행위, 공중협박자금조달행위 방지 및 이용자보호 등을 위한 가상자산 관련 법령을 준수하기 위한 적절한 조직 · 인력, 전산설비 및 내부통제체계 마련 · 운영 등에 관한 사항
2. 제4항 제6호에 따른 정보보호 관리체계 인증에 관한 정보가 변경된 경우: 신고한 정보가 변경된 날부터 30일이 되는 날까지
3. 제1호 및 제2호에 해당하지 않는 경우: 신고한 사항이 변경되는 날의 30일 전까지

⑥ 영 제10조의12 제2항 제2호에서 "금융정보분석원장이 정하여 고시하는 물적 시설"이란 다음 각 호의 시설을 말한다.

1. 실명확인입출금계정을 원활히 제공하기 위한 전산시스템
2. 실명확인입출금계정을 통한 자금세탁행위 및 공중협박자금조달행위 위험을 확인 · 식별할 수 있는 전산시스템

⑦ 법 제7조에 따른 신고 또는 변경신고 등을 한 자(신고인, 대표자, 임원 및 제4항제4호에 따른 대주주를 포함한다)를 상대로 형사소송 절차가 진행되고 있거나 금융위원회, 금융정보분석원, 검찰청 또는 금융

감독원 등(외국인 또는 외국법인인 경우에는 이들에 준하는 본국의 감독기관 등을 포함한다)에 의한 조사 · 검사 등의 절차가 진행되고 있고, 그 소송이나 조사 · 검사 등의 내용이 신고심사에 중대한 영향을 미칠 수 있다고 금융정보분석원장이 인정한 경우 또는 법 제7조제3항각 호의 사항과 관련된 사실관계 등을 조회 · 확인 중인 경우에는 금융정보분석원장은 그 소송이나 조사 · 검사, 사실관계 등 조회 · 확인 등의 절차가 끝날 때까지 심사를 중단할 수 있다.

⑧ 금융정보분석원장은 제7항에 따라 심사를 중단한 경우 소송이나 조사 · 검사, 사실관계 등 조회 · 확인 등의 진행경과를 고려하여 필요하다고 인정하는 경우 심사를 재개할 수 있으며, 심사를 중단한 날부터 매 6개월이 경과할 때마다 심사 재개 여부를 판단하여야 한다.

⑨ 금융회사등은 실명확인입출금계정의 개시가 법 제7조 제9항에 따라 적정하게 이루어지도록 충분한 주의의무를 다하여야 하고, 법 제7조 제3항 제3호에 따른 금융관련 법률 및 이에 따른 규정, 법 제5조 제1항 제2호에 따른 절차 및 업무지침 등도 준수해야 한다.

가상자산사업자의 ISMS 인증 취득절차(금융위원회 – 가상자산사업자 신고 매뉴얼)

가상자산 사업을 영위하고자 하는 신규 사업자는 ISMS 예비인증 및 본인증을 순차적으로 취득하여야 함

① (1단계) 시험환경을 구축한 후 ISMS 예비인증을 신청 · 취득(①,②)

② (2단계) ISMS 예비인증 취득 3개월 이내에 FIU에 가상자산사업자 신고(③)

※ ISMS 예비인증 취득 후 신고 기한에 임박하여 신고서류를 제출할 경우 서류 보완 등에 장기간 소요될 수 있으므로 사전에 협의를 거쳐 서류 준비할 것을 권장

③ (3단계) FIU 신고 수리 후, 6개월 이내에 ISMS 본인증을 취득(④,⑤)

④ (4단계) ISMS 본인증을 취득 후, FIU에 30일 이내 변경신고(⑥,⑦)

※ 단, ④특금법 상 신고수리 이후 영업이 가능하며, 영업 중이더라도 ⑥ISMS 본인증 미획득시 영업종료하여야 함

(2) 가상자산사업자의 자금세탁방지 의무(트래블 룰(Travel Rule) 포함)

가상자산거래소는 다른 금융회사등과 같이 기본적 자금세탁방지의무(고객확인, 의심거래보고 등)를 준수하여야 하며, ① 고객별로 거래내역을 분리하여 보관하여야 하며, ② 고객 예치금을 고유재산과 분리하여 관리하고, ③ 신고 · 변경신고 의무를 이행하지 않은 가상자산사업자와는 영업을 목적으로 거래하지 않을 것, ④ 다크코인 취급 제한, ⑤ 오더북 공유 제한 등 자금세탁방지 의무 이행을 위한 조치를 하여야 한다.

또한 가상자산사업자에 대해 가상자산 이전시 정보제공의무(트래블 룰(Travel Rule))를 부과한 FATF 국제기준에 따라 특정금융정보법 및 동 법 시행령을 개정하여 가상자산사업자는 다른 가상자산사업자에게 1백만 원 상당 이상의 가상자산을 이전하는 경우 가상자산의 이전과 함께 송금인과 수취인의 실명, 가상자산주소 등 고객정보를 의무적으로 제공하여야 하며, 수집된 송·수신인의 정보를 거래관계가 종료된 때부터 5년간 보존하여야 한다.

국내 가상자산사업자에서 해외 가상자산사업자로의 가상자산 이전시 해외 가상자산사업자가 트래블 룰(Travel Rule) 의무를 부담하지 않는 경우가 많아, 가상자산사업자는 업계간 협의를 거쳐 송·수신인이 동일한 것으로 확인되고 해외 가상자산사업자의 자금세탁 위험이 낮은 것으로 평가되는 때에만 가상자산을 이전하는 실무적 방안이 마련되어 이행되고 있다. 개인지갑으로의 이전할 때에도 자금세탁위험 등을 경감시키기 위해 본인 명의의 개인지갑에 대한 사전등록제("화이트 리스트 제도")를 자율적으로 추진하여 규제가 낮은 지역으로의 가상자산 이동에 대한 위험을 경감시키기 위한 통제를 마련하였다. 다만 실무적으로 트래블 룰(Travel Rule)이 적용되지 않는 고위험국가에서 가상자산이 이전되는 것을 막기가 어려워 이 부분에 대해서는 모니터링을 강화하는 실무적인 접근으로 위험통제를 위하여 업계가 노력하고 있다.

특정금융정보법 시행령 제10조의10(가상자산 이전시 정보제공)

법 제6조제3항에 따라 가상자산사업자에 대하여 법 제5조의3을 적용하는 경우 그 정보 제공에 관하여는 다음 각 호에서 정하는 바에 따른다.

1. 정보제공은 금융정보분석원장이 정하여 고시하는 환산 기준에 따라 가상자산사업자가 다른 가상자산사업자에게 1백만 원 이상에 상당하는 가상자산을 이전하는 경우에 할 것
2. 가상자산을 이전하는 가상자산사업자는 가상자산을 이전받는 가상자산사업자에게 다음 각 목의 정보를 제공할 것
   가. 가상자산을 보내는 고객과 가상자산을 받는 고객의 성명(법인 · 단체의 경우에는 법인 · 단체의 명칭 및 대표자 성명을 말한다)
   나. 가상자산을 보내는 고객과 가상자산을 받는 고객의 가상자산주소(가상자산의 전송 기록 및 보관 내역의 관리를 위해 전자적으로 생성시킨 고유식별번호를 말한다)
3. 금융정보분석원장 또는 가상자산을 이전받는 가상자산사업자가 요청하는 경우에는 가상자산을 보내는 고객의 주민등록번호(법인의 경우에는 법인등록번호를 말한다) 또는 여권번호 · 외국인등록번호(외국인만 해당한다)를 제공할 것
4. 제2호에 따른 정보는 가상자산을 이전하는 경우에 함께 제공하고, 제3호에 따른 정보는 정보제공을 요청받은 날부터 3영업일 이내에 제공할 것

가상자산사업자는 고객의 거래 모니터링을 수행하기 위하여 일반적으로 가상자산지갑 주소를 이용하여 코인의 이동경로를 파악하는 조사 툴을 이용하여 모니터링을 수행하고 있다.

다만 현재 원화 실명계좌 보유 은행과 원화거래소 사이의 정보공유가 이루어지고 있지 않아(고객 앞 자금세탁방지 또는 내부통제 목적으로 은행과 가상자산거래소간의 정보를 제공할 수 있다는 동의를 받는다 해도 정보누설금지 이슈로 정보제공이 어려운 입장임) 거래의 end to end를 조사하기보다는 은행은 은행 계좌에서 발생한 거래, 그리고 가상자산거래소는 거래소에서 확인할 수 있는 거래에 국한되는 모니터링이 이루어지다 보니, 좀 더 상세한 조사가 이루어지기 어려운 점이 있다.

그리고 가상자산거래소 내부의 특수관계인들에 의한 시세조작, 미공개정보 이용 등 불공정거래행위를 예방하기 위하여 이상거래 모니터링을 수행하여야 하며 자금세탁행위와 공중협박자금조달행위를 효율적으로 방지하기 위하여 다음에서 거래를 제한하기 위한 조치를 마련하여 이행할 것을 요구하고 있다.

① 가상자산사업자나 가상자산사업자 본인의 특수관계인(「상법 시행령」 제34조제4항 각 호에 따른 특수관계인을 말한다)이 발행한 가상자산의 매매·교환을 중개·알선하거나 대행하는 행위

② 가상자산사업자의 임직원이 해당 가상자산사업자를 통해 가상자산을 매매하거나 교환하는 행위

③ 가상자산사업자가 가상자산의 매매 · 교환을 중개·알선하거나 대행하면서 실질적으로 그 중개·알선이나 대행의 상대방으로 거래하는 행위

특정금융정보법 시행령 제10조의20(가상자산사업자의 조치)

법 제8조에서 "고객별 거래내역을 분리하여 관리하는 등 대통령령으로 정하는 조치"란 다음 각 호의 조치를 말한다.

1. 고객별로 거래내역을 분리하여 관리할 것
2. 법 제5조의2제1항제3호마목1)에 따라 예치금을 고유재산과 구분하여 관리할 것
3. 법 제5조의2제1항 각 호에 따른 확인 조치가 모두 끝나지 않은 고객에 대해서는 거래를 제한할 것
4. 법 제7조제1항 및 제2항에 따른 신고 · 변경신고 의무를 이행하지 않은 가상자산사업자와는 영업을 목적으로 거래하지 않을 것
5. 자금세탁행위와 공중협박자금조달행위를 효율적으로 방지하기 위해 다음 각 목의 행위에 대한 거래를 제한하는 기준을 마련하여 시행할 것

가. 가상자산사업자나 가상자산사업자 본인의 특수관계인(「상법 시행령」 제34조 제4항 각 호에 따른 특수관계인을 말한다)이 발행한 가상자산의 매매 · 교환을 중개 · 알선하거나 대행하는 행위
나. 가상자산사업자의 임직원이 해당 가상자산사업자를 통해 가상자산을 매매하거나 교환하는 행위
다. 가상자산사업자가 가상자산의 매매 · 교환을 중개 · 알선하거나 대행하면서 실질적으로 그 중개 · 알선이나 대행의 상대방으로 거래하는 행위

6. 그 밖에 제1호부터 제5호까지에 준하는 조치로서 투명한 가상자산거래를 위해 금융정보분석원장이 정하여 고시하는 조치

특정금융정보법 감독규정 제28조(가상자산사업자의 조치)
영 제10조의20제6호에서 "금융정보분석원장이 정하여 고시하는 조치"란 다음 각 호의 조치를 말한다.

1. 자신의 고객과 다른 가상자산사업자의 고객 간 가상자산의 매매 · 교환을 중개하지 않을 것. 다만, 다른 가상자산사업자가 국내 또는 해외에서 인가 · 허가 · 등록 · 신고 등(이하 "인허가등"이라 한다)을 거쳐 자금세탁방지 의무를 이행하는 가상자산사업자이며, 가상자산사업자가 자신의 고객과 거래한 다른 가상자산사업자의 고객에 대한 정보를 확인할 수 있는 경우에는 중개할 수 있으며, 이 경우 다음 각 목의 사항을 이행해야 한다.
   가. 다른 가상자산사업자가 해외에서 인허가등을 받은 경우 외국 정부가 발행한 인허가등의 증표 사본을 금융정보분석원장에게 제출할 것
   나. 자신의 고객과 거래한 다른 가상자산사업자의 고객에 대한 정보를 매일 확인 · 기록해야 하며, 그 확인 절차 및 방법을 금융정보분석원장에게 사전에 제출할 것
2. 가상자산이 하나의 가상자산주소에서 다른 가상자산주소로 이전될 때 전송기록이 식별될 수 없도록 하는 기술이 내재되어 가상자산사업자가 전송기록을 확인할 수 없는 가상자산인지를 확인해야 하며, 이를 알게 된 경우 해당 가상자산을 취급하지 않도록 관리할 것

(3) 가상자산사업자와 거래하는 금융회사의 주의의무

가상자산거래소와 거래하는 금융회사등은 다른 고객과 동일하게 기본사항(고객의 신원, 실제 소유자, 추가정보 등)을 확인하는 것에 추가하여 ① 신고 및 변경신고의 직권말소 여부, ② 신고수리 여부, ③ 예치금과 고유재산의 구분관리 여부, ④ ISMS 획득 여부 등을 추가로 확인하여야 하며, ⑤ 가상자산사업자가 FIU에 미신고되어 있거나, 자금세탁 위험이 특별히 높다고 판단되는 경우 등에는 금융거래를 의무적으로 거절하여야 한다.

일반적으로 원화실명계정을 발급하는 은행들의 경우, 고객인 가상자산거래소의 내재위험과, 내부통제 효과성을 평가할 수 있는 운영위험을 정기적으로 평가하여, 당해 금융회사의 고객인 가상자산거래소의 자금세탁 위험을 모니터링하고 있다.

신용카드를 이용한 가상자산 구매 금지
금융위는 여신전문금융업법 시행령 개정을 통해 2024년 1월부터 해외거래소에서 가상자산을 카드로 구매하는 것을 법으로 금지함. 국내 가상자산거래소는 특정금융정보법의 적용을 받아 실명 확인이 가능한 입출금 계정을 통해서만 금전과 가상자산 간 거래가 가능함. 그러나, 해외 가상자산거래소에는 해당 규정 적용이 어려워 국내 카드사들은 해외 가상자산거래소 카드 결제가 일어나면 개별적으로 차단해왔고, 카드사 간 해당 정보를 상호 공유하는 방식으로 카드결제 지원을 중단하였음. 금융당국은 주식 등 금융투자상품, 사행행위, 환금성 상품과 동일하게 가상자산을 카드 결제 금지대상에 포함하고 국제브랜드사 협조 근거를 마련하여 외화유출과 자금세탁 방지 등을 강화하고 있음. 따라서 카드사등은 해외가상자산거래소에서 신용카드가 이용되지 않도록 거래모니터링을 강화하여야 함

4. 은행의 가상자산 실명계좌 운영지침

2018년 가상자산 실명계정 제도가 도입된 이후 가상자산거래소(원화마켓)별 입출금한도 확대방식 등 이용조건이 달라 이용자 불편이 발생하고, 적립금 수준 등 이용자보호 조치도 상이하여 시장혼란을 야기한다는 지적이 2022년 국회 국정감사에서 제기되었다.

또한, 2022년 금융당국과 수사기관에 의해 '가상자산을 현금화한 것으로 보이는 거액의 자금을 무역거래로 가장하여 해외송금'된 사건이 적발되었다. 가상자산이 자금세탁의 도관으로 이용될 수 있다는 우려와 함께 가상자산 실명계정에 대한 자금세탁방지 강화 필요성이 높아져 금융정보분석원은 은행연합회에 '가상자산 실명계정' 관련 표준안을 은행권 자율규제로 마련할 것을 요청하여 2023.7월 은행연합회는 다음의 내용을 포함하는 가상자산 실명계좌 운영지침 별지1-1 가상자산 실명계좌 운영지침[24]을 마련하여 배포하고 2024년 3월부터 시행하였다.

다만, 가상자산거래소 이용자 보호조치의 조속한 시행을 위해 준비금 적립은 2023년 9월부터 조기 시행하고, 전산시스템 개발 등에 추가적인 시간이 필요한 입출금한도 확대 기준·절차는 2024년 3월부터 시행하고 있다.

24) 별지1-1 가상자산 실명계좌 운영지침

(1) 실명계정 거래의 안전성을 제고하기 위한 내용 강화

① 준비금 적립등

은행은 가상자산거래소가 해킹·전산장애 등으로 부담할 수 있는 이용자에 대한 손해배상책임을 이행할 수 있도록 30억 원 이상의 준비금{(Max[일평균 예치금의 30%(최대 200억 원), 30억 원]}을 적립하여야 함

② 추심이체[25]시 추가인증

은행은 가상자산거래소의 추심지시에 따라 이용자 계좌에서 거래소 계좌로 자금이체시 전자서명인증 등 추가인증을 통해 이용자의 거래의사를 확인하여야 함

③ 장기 미이용시 추심이체 제한

은행은 1년 이상 입출금이 없는 이용자 계좌에 대해 추심이체를 제한하여야 함

④ 입출금한도 관리

은행은 이용자 계좌를 한도계정과 정상계정으로 구분하여 입출금 한도를 제한하고, 한도계정은 이용자의 거래목적과 자금원천이 확인된 경우에 한해 정상계정으로 전환되어 입출금 한도가 확대될 수 있음

(2) 실명계정 관련 자금세탁방지의 기준·절차를 내실화

① 강화된 고객확인

은행은 실명계정 이용자에 대해 원칙적으로 1년마다 강화된 고객확인(EDD : Enhanced Due Diligence)을 실시하여야 함(EDD 고객의 경우 이용자의 신원정보에 대한 확인 및 검증뿐 아니라 거래목적·자금원천 등에 대한 추가정보를 확인하여야 함). 다만, 은행은 자체 위험평가모델에 따른 이용자의 위험등급에 따라 고객확인 주기를 다르게 적용할 수 있음

② 고위험 이용자에 대한 검증 강화

은행은 거액출금 등 고위험 실명계정 이용자로부터 '가상자산 거래내역 확인서' 및 '재직증명서' 등의 문서를 제공받아 거래목적과 자금원천에 대한 검증을 실시하여야 함. 다만, 문서적 검증이 곤란한 경우 신뢰할 수 있고 독립적인 자료·정보 등을 통한 검증도 허용될 수 있음

---

25) 이용자가 사전 동의한 경우 은행은 거래소 요청시 이용자 계좌에서 거래소 계좌로 자금이체

③ **의심거래보고 기준 강화**

은행은 실명계정의 입출금이 명확한 경제적·법적 목적 없이 복잡하거나 규모가 큰 경우 또는 비정상적 형태 등에 해당하는 경우에는 의심거래보고 여부를 검토하여야 함

(3) 이용자 예치금 보호를 위한 조치를 강화

① **예치금 별도예치**

은행은 가상자산거래소가 이용자의 예치금을 별도예치하거나 신탁하도록 하여야 함

② **예치금 일일대사**

은행은 매영업일마다 가상자산거래소로부터 직전 영업일 예치금 현황을 제공받아 은행자료와 비교·확인하여야 함

③ **예치금 현장실사**

은행은 월 1회 이상 가상자산거래소 사무시설을 방문하여 현장실사를 실시하여야 함

④ **예치금 외부실사**

은행은 분기별로 가상자산거래소로부터 예치금 구분·관리실태에 대한 외부기관 실사결과를 제출받아 비교·확인하여야 함

5. 은행의 실명계정 발급기준

2021.9월 가상자산거래소에 대한 신고수리 제도가 마련된 이후, 원화마켓거래소로 변경신고가 수리된 5개의 가상자산거래소를 제외한 대부분의 코인마켓 거래소는 은행의 실명계정 발급이 이루어지지 않아 거래가 대폭 축소되고 있어, 지속적으로 은행과 원화 실명계정 발급을 위한 논의를 하고 있는 상황이다.

이에 금융정보분석원은 실명계좌 발급에 충분한 AML 역량이 확보된 은행에는 권한을 허용하고 복수 가상자산 실명 계정 취급시에는 보다 강화된 기준과 의무를 적용할 것이라는 은행의 실명 계정 발급기준안[26]을 마련하였다. 다만 해당안은 언론 등에 이미

26) 별지1-2 은행의 실명계정 발급 기준안

보도가 되었으나, 금융위원회가 해당 기준안의 이행에 대한 공식적인 입장이 없어, 참고용으로 활용하는 것이 바람직하다.

6. 가상자산거래소의 자금세탁 관련 주요 지적사례

최근 가상자산거래소에 대한 검사·감독이 강화되어, 금융정보분석원으로부터 자금세탁방지 업무에 대한 검사를, 금융감독원으로부터는 가상자산이용자 보호에 대한 검사를 받고 있다. 특히, 대부분의 가상자산거래소의 갱신기한이 2024년 Q3에 도래하고 있어, 원화거래소 전체와 일부 코인거래소가 검사를 이미 받았거나 곧 받을 예정이다.

특히, 대형 원화거래소의 신분증 진위여부 확인 절차에 대한 규제당국의 우려가 있어 이에 대한 최종 검사결과를 살펴볼 필요가 있다. 다만, 가상자산거래소에 대한 거액의 과태료 부과가 법원(1심 법원)에서 받아들여지지 않아, 향후 해당 과태료 부과처분 취소가 규제당국의 검사·감독에 어떤 영향을 줄지 지켜볼 필요가 있다. 아래 가상자산거래소에 대한 주요 지적사항은 법원 판결과 무관하게 기존에 공시된 내용을 토대로 기술하였다.

(1) 가상자산거래소에 대한 주요 지적사례

① 미신고 가상자산사업자와 거래금지 의무 위반

가상자산사업자는 신고 또는 변경신고 의무를 이행하지 않은 가상자산사업자와는 영업을 목적으로 거래하지 않아야 하나, X사는 수 개의 미신고 외국 가상자산사업자에 대한 고객의 가상자산 이전을 수차례에 걸쳐 지원하고, 가상자산 담보부 현금 대출을 제공하는 미신고 가상자산사업자인 Y의 요청에 따라 수차례에 걸쳐 가상자산 지갑의 이전 제한을 설정하여 Y의 가상자산 보관행위를 지원하는 등 미신고 가상자산사업자와 거래를 하여 법규를 위반하였음

② 특수관계인 발행 가상자산 거래제한 의무 위반

가상자산사업자는 본인의 특수관계인이 발행한 가상자산의 매매·교환을 중개·알선하거나 대행하는 행위를 제한하는 기준을 마련하여 시행하여야 하나, X사는 OO차례 특수관계인인 Y가 발행한 가상자산의 교환을 중개하는 등 상기 제한 기준을 시행하지 않아 법규를 위반하였음

③ 신규 상품 및 서비스 제공 전 자금세탁위험 평가 의무 위반

가상자산사업자는 신규 금융상품 및 서비스를 제공하기 전 자금세탁행위등의 위험을 평가하기 위한 절차 및 방법을 마련하고 운용하여야 하나, X사는 OO개의 상품 등을 제공하기 전 자금세탁행위등의 위험을 평가하지 않아 법규를 위반하였음

④ 고객확인의무 및 거래제한 조치의무 위반

ⓐ 고객확인의무 위반

- 가상자산사업자는 고객에 대하여 고객확인을 수행하고 주기적으로 고객확인을 재이행하여야 하나, X사는 OO명의 고객에 대해 고객확인을 전혀 하지 않고, OO명의 고객에 대해서는 고객확인 재이행 주기가 도래하였으나 재이행을 완료하지 않은 위반 사실이 확인됨
- 가상자산사업자는 개인고객의 신원정보 등을 확인하고 검증하여야 하는데도, X사는 실명확인증표 등을 통하지 않거나, 신원정보를 식별할 수 없는 실명확인증표 등을 이용하여 다수의 고객에 대한 고객확인 및 검증을 하고, 고객확인을 전혀 이행하지 않는 등 총 OO명의 고객에 대한 고객확인의무를 부적정하게 처리한 위반 사실이 확인됨

ⓑ 거래제한 조치의무 위반

- 가상자산사업자는 고객확인 조치가 모두 끝나지 않은 고객에 대해서는 거래를 제한하여야 하나, X사는 고객 OO명에 대한 고객확인 조치가 모두 끝나지 않았음에도 이자를 지급하는 등 거래를 제한하지 않은 위반 사실이 확인됨

⑤ 독립적 감사체계 구축 및 운영의무 위반

가상자산사업자는 자금세탁방지 업무를 수행하는 부서와 독립된 부서 등에서 연 1회 이상 독립적 감사를 실시하는 등 업무수행의 적절성 등을 검토·평가하는 독립적 감사체계를 구축 및 운영하여야 하나, X사는 독립적 감사를 실시한 사실이 없는 등 독립적 감사체계의 구축 및 운영의무를 태만히 한 사실이 있음

⑥ 가상자산 이전시 정보제공 의무 위반(트래블 룰(Travel Rule) 위반)

가상자산사업자는 다른 가상자산사업자에게 1백만 원 이상에 상당하는 가상자산을 이전하는 경우에는 가상자산을 보내는 고객(이하 "송신자")과 가상자산을 받는 고객의 성명, 가상자산주소를 이전받는 가상자산사업자에게

제공하여야 하는데도, X사는 1백만 원 이상에 상당하는 가상자산을 다른 가상자산 사업자에게 이전한 OO건에 대해 송신자의 가상자산주소를 이전 받는 가상자산 사업자에게 제공하지 않은 위반 사실이 확인됨

⑦ **의심거래 감시체계 구축·운영 미흡**

가상자산사업자는 의심거래보고를 효과적으로 수행하기 위해 금융거래등에 대한 감시체계의 구축 및 운영에 관한 절차 및 업무지침을 작성하고 운용하여야 함에도, X사는 운영 중인 OO개의 의심거래 추출룰(Rule) 중 XX개의 룰에서 의심거래가 전혀 추출되지 않았으나, 이에 대한 유효성 검토를 한차례 수행한 후 추가 검토를 하지 않는 등 의심거래 감시체계 구축·운영을 미흡하게 하였음. 의심거래 추출룰의 유효성을 주기적으로 검증하고, 유효성이 낮은 룰에 대해서는 적극적으로 임계치를 조정하는 등 효과적인 의심거래 모니터링체계를 구축하고 주기적으로 점검할 수 있도록 필요한 절차를 개선할 필요가 있음

⑧ **신고심사위 부대의견 이행 미흡**

금융정보분석원은 X사의 신고심사 과정에서 건전한 시장질서 확립과 이용자 피해방지 체계 마련을 위한 조치를 취할 것을 부대의견을 통해 요구하였음에도, X사는 가상자산 발행재단 관계자 등을 통한 자전거래가 빈번히 발생하였으나 이에 필요한 조치를 취하지 않았음. 이에 X사는 고객의 자전거래 등 이상거래 행위를 방지하기 위한 모니터링체계를 구축하고 주기적으로 점검할 수 있도록 필요한 절차 등을 개선할 필요가 있음

(2) 원화실명계좌 발급 은행에 대한 주요 지적 사례

① **가상자산사업자 관련 AML업무 운영체계 개선**

ⓐ 고객이 가상자산사업자인 경우 신고 의무 이행에 관한 사항 등을 확인해야 하고,실명확인 입출금계정을 개시하려는 경우 사업자의 자금세탁위험 등을 평가하여야 함에도, 동 업무 수행을 위한 별도의 전담인력이 없어 가상자산사업자에 대한 자금세탁위험 평가 및 모니터링을 효과적으로 수행하기 어려운 것으로 판단되므로 적정한 규모의AML 전담인력·조직을 배치·운영하기 바람

ⓑ 가상자산사업자의 고객예치금과 고유재산 분리 여부를 확인하기 위한 예치금잔액 대사 업무를 수행하고 있으나, 가상자산사업자가 제출하는 제한적인 자료에 근거하여 이루어지고 있으므로 가상자산사업자에 대한

실효성 있는 위험평가를 위해 구체적인 예치금 잔액 대사업무절차를 마련하는 한편, 가상자산사업자로부터 제공받는 정보 범위를 확대하고, 회계법인 실사자료 징구를 정례화하는 등 관련 절차 강화가 요구됨

ⓒ 가상자산사업자 식별·고객확인·위험평가를 위한 별도의 조직 및 전담인력이 없으며, 동 업무수행을 위한 전산시스템도 부재하여 가상자산 사업자에 대한 자금세탁 위험평가 및 모니터링을 충실히 수행하지 못할 가능성이 있음. 가상자산사업자 식별 및 고객확인 등을 위한 적정인력을 배치하고 전산시스템을 구축하는 등 가상자산사업자에 대한 자금세탁방지 위험 관리 강화가 요구됨

② 가상자산 거래 관련 의심스러운 거래 보고업무 운영 불합리

고객의 비정상적인 거래행위를 식별·분석하여 의심스러운 거래를 금융정보분석원에 보고하는 업무 체계를 마련하고 있으나, 아래와 같이 일부 미흡한 점이 있으므로 의심거래 추출기준 운영 및 관리 절차를 합리적으로 개선하고, 직원교육을 강화하기 바람

ⓐ 가상자산 거래 관련 의심거래 추출기준(STR 룰(Rule)) 중 OO개의 기준이 서로 유사하여 중복·과다 추출되고 있으므로 의심스러운 거래 보고업무가 실효성 있게 운영될 수 있도록 추출기준을 합리적으로 개선할 필요가 있음

ⓑ 가상자산 거래 관련 의심거래 점검대상으로 추출된 거래에 대해 담당자가 의심거래보고 여부를 검토하면서 의심거래보고 제외사유를 자금세탁방지부서에서 참고로 제공한 예시내용을 그대로 기재하는 등 검토내용이 미흡한 사례가 있으므로 보고 제외사유를 구체적으로 기재하도록 직원교육을 강화하는 등 관련 업무절차를 개선할 필요가 있음

ⓒ 가상자산이용자에 대한 강화된 고객확인 미흡

계좌개설시 고객확인을 완료한 기존 고객의 경우 실명확인입출금계정 서비스이용에 따른 강화된 고객확인(EDD) 수행이 미흡해질 우려가 있으므로 실명확인입출금계정 서비스 가입 단계에서 추가적인 EDD 정보를 입력하도록 하는 등 관련 시스템 및 업무절차를 개선하기 바람

7. 가상자산거래를 이용한 자금세탁 주요 사례

(1) N번방 사건

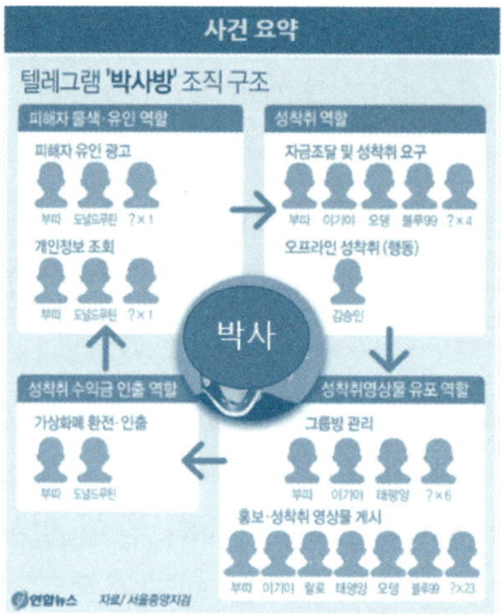

2018년 12월 여고생 성폭행 사건이 발생하고 성관계 동영상이 n번방에 유통되어, 피해자 가족이 이를 신고하여 수사가 시작됨.

N번방의 주요 운영자였던 박사(박사방 운영자)는 해당 동영상 판매대금을 가상자산(다크코인)을 통하여 수취하였던 것으로 확인되어 국민들을 더 놀라게 하였음

박사방의 경우 수천 건이 넘는 성음란물관련 거래내역이 확인되었고, 박사방 피해 여성 74명 중 16명이 미성년자라는 사실이 알려지며 논란이 더 커졌음

자료 출처 : 나무 위키

(2) 가상자산 투자와 관련된 강남 납치살인사건

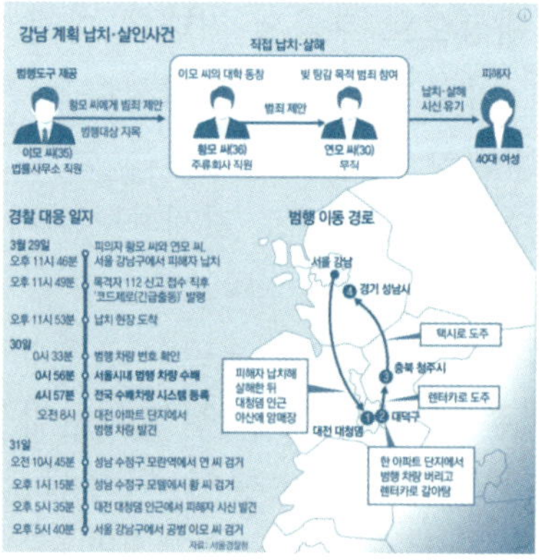

2023년 3월 강남구 아파트 단지 입구에서 남자 2명이 여자 1명을 폭행한 뒤 납치한 후 살해한 사건이 발생함(청부살인사건)

해당 사건에 대한 조사 결과 이들은 가상자산 시세조정에 가담하였다가 피해를 입은 피해자와 청부살인을 지시한 P코인 투자자 등 간의 비롯한 복잡한 금전거래가 얽혀 있는 사건으로 확인되었고, 이 과정에서 K거래소는 브로커로부터 뒷돈을 받고 이들이 시세조정을 모의하였던 P코인을 상장을 해 준 것으로 확인됨

자료 출처 : 나무 위키

(3) 가상자산 해킹 사건(1)

2017년 4월 B거래소의 실운영자이자 당시 감사였던 A씨는 악성 프로그램이 숨겨진 '이력서.hwp' 파일을 다운받았는데, 해커는 이씨의 개인 PC에 저장되어 있던 고객의 이름, 전화번호, e메일, 암호화폐 거래내역 등 개인정보 약 3만 1,000건의 파일을

유출하고, 이후 생년월일과 전화번호 등 아이디(ID)와 비밀번호로 사용될 가능성 있는 단어를 사전처럼 만들어놓고 입력하는 수법으로 고객 계정에 침입해 암호화폐 거래 정보도 확보함. 그리고 나서 해커는 자신이 얻은 정보를 돈을 받고 넘겼고, 이 정보를 이용한 일당은 B거래소 고객센터를 사칭해 200여 회에 걸쳐 고객이 보유한 암호화폐 약 70억 원을 탈취한 것으로 확인됨

조사 결과 A는 악성 프로그램을 방지, 치료할 수 있는 백신을 설치하지 않아 e메일 해킹에 그대로 노출됐던 것으로 드러났고, 또 동일 아이피(IP)에서 과다 접속하는 등 비정상적인 접속이 계속됨에도 차단조치를 하지 않은 것으로 확인되었음

(4) 가상자산 해킹 사건(2)

최근 블록체인 감사업체가 발표한 자료에 따르면 지난 3개월 동안 북한의 가상자산 해킹 그룹인 라자루스가 5건의 가상자산 해킹 사건 배후에 있다고 보고 있으며, 최근 발생한 가상자산 거래소 XX사가 5,400만달러(715억 원)를 해킹당했는데 이 역시 라자루스의 소행인 것으로 보인다고 발표함

해당 업체의 분석 결과에 따르면 XX사가 도난 자금 중 일부가 라자루스 그룹이 지원하는 AAAA에서 자금세탁에 활용하는 주소로 이체됐다며, 이런 정황을 토대로 북한 해킹 그룹이 관련된 사건으로 보인다고 설명함

(5) 가상자산 환치기 조직을 통한 불법 자금 반입을 통한 부동산 투자

가상자산 환치기조직을 통한 자금 불법반입 및 아파트 취득 흐름도

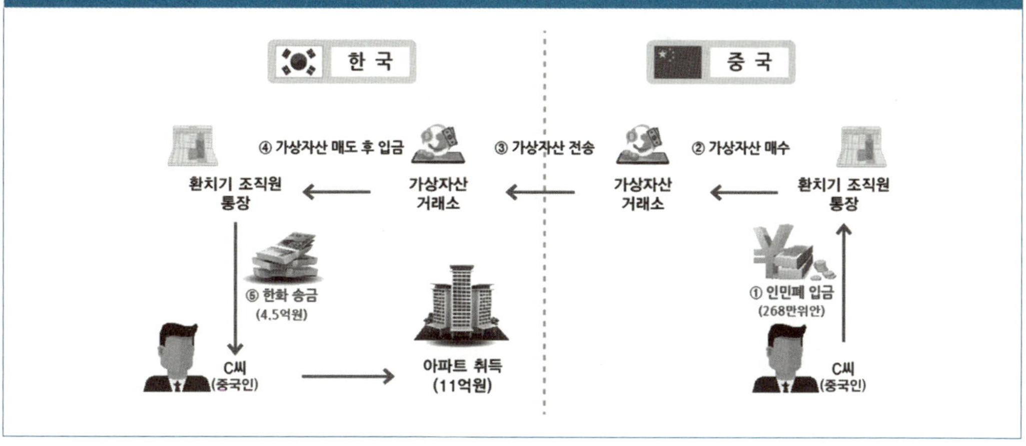

자료 출처 : 파이낸셜 뉴스

환치기 등 범죄자금으로 서울시내 아파트를 사들이거나 아파트를 매입하고도 자본거래 신고를 하지 않은 외국인들이 무더기로 세관에 적발됨

이들 중 몇몇 업체는 무역업체를 운영하면서 수출입 물품 가격을 조작해 관세를 포탈한 자금으로 아파트를 매수하거나 환치기를 통해 자금을 국내로 반입한 뒤 아파트를 매수한 혐의를 받고 있음

(6) 전자금융업자와 연계된 가상자산의 편법적인 현금화 위험

가상자산을 편법적으로 현금화하는 과정에서, 전자금융업자가 자금세탁 위험에 노출될 수 있음. 전자금융업자와 제휴관계가 없는 코인 결제대행업체를 이용하여 가상자산으로 물품을 구매하거나 물품 환불을 통해 현금화하는 등 가상자산사업자가 준수하고 있는 트래블 룰을 회피하고자 하는 자금세탁에 악용될 소지가 있음

(7) 가상자산 판매 다단계 사기사건

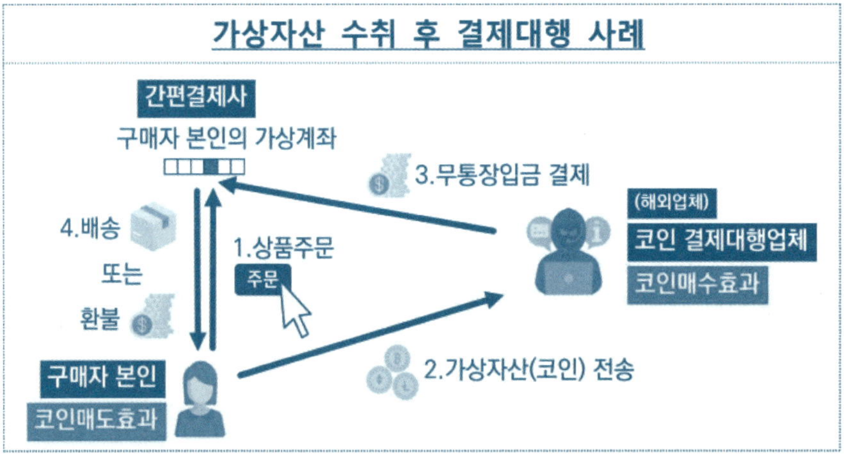

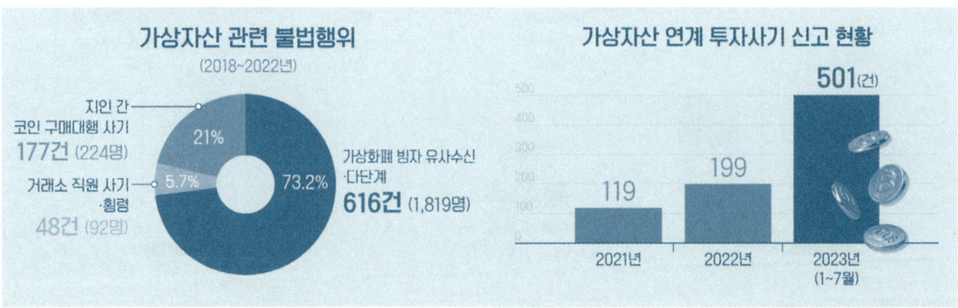

자료 출처 : KBS, 금융감독원

최근에는 은퇴한 중년층이나 노인들을 대상으로 '다단계 가상자산 사기'가 기승을 부리고 있음. 과거 건강제품이나 고가의 방문판매 화장품, 의료기, 옥장판 등과 관련된 다단계 사기로 많은 피해가 발생하였었는데, 최근에는 코인 같은 가상자산이 새로운 사기의 매개체가 되고 있음. 범죄자들은 과거 노년층 대상의 다단계 사기 사건 때처럼 동네 어르신들을 모아 잔치를 열어주고 노래도 틀어주며 환심을 사는 방식으로 접근해서 이제는 코인을 사라고 유도한다고 함

최근 문제가 된 것은 약 180만 명, 4조원대 투자 사기 피해가 발생해 경찰이 수사 중인 KOK 토큰(코인)이 있는데, 이들은 한류 OTT 플랫폼을 기반으로 운영하기 때문에 안정적이고, 한정된 양만 발행해 가치가 떨어지지 않게 할 수 있다며 투자자를 속여 자금을 확보한 것으로 확인되었음

이들은 철저한 다단계 방식으로 운영을 하였는데, 지역별로 운영자를 두고 그 아래에 계속 사람을 모아 새로운 투자자를 데려올 때마다 약속된 수익 외에 보상을 추가로 주는 구조로 기존의 다단계 사기와 너무나 유사하며 다만 투자 대상이 가상자산이라는 차이가 있음

그런데, 갑자기 코인 개발·운영 업체가 사라져 피해자들은 투자금을 회수할 수 없는 상태가 됨. 해당 코인이 해외 거래소에 상장된 건 맞지만 현재는 10원도 되지 않은 것으로 확인됨

최근 지속적으로 가상자산을 이용한 다단계 사기 사건이 증가하고 이에 대한 피해가 증가하고 있어, 비정상적인 수익을 준다는 가상자산 투자에 대한 제안은 가짜일 수 있다는 현장교육이 더 많이 제공될 필요가 있음

(8) 가상자산 채굴기 투자사기 사건

가상통화 채굴권을 판다고 속여 100억 원 상당의 이더리움(가상통화)을 가로챈 일당이 적발되었는데, 이들은 전국 단위 다단계 조직을 만들어 투자자를 모은 뒤 투자금을 가로챈 것으로 밝혀짐

이들은 가상통화 '파일코인' 채굴권을 팔아 천 명이 넘는 투자자로부터 수십억 원 가량의 이더리움을 가로챈 혐의를 받는 것으로 알려짐. 이들은 "파일코인 채굴 사업에

투자하면 코인을 채굴해 원금과 수익을 보장해주겠다"며 투자자를 모았으나, 실제로는 코인 채굴기의 용량이 부족해 투자자들에게 약속한 코인을 지급하는 게 불가능한 상황인 것으로 확인되었음. 이 범죄조직은 사업 설계, 투자자 모집, 홍보, 채굴기 관리, 전산 등으로 역할을 나눠 조직적으로 사기를 저질렀는데, 이들은 가상자산 투자사업 돌려막기, 다단계·유사수신 기법 등을 통해 범행을 반복해 온 것으로 확인됨

(9) 가상자산거래소를 가장한 도박 환전소 개설 사건

가상자산 거래소를 가장한 인터넷 도박사이트 운영에 연루된 조직폭력배 등 일당이 무더기로 붙잡혔는데, 이들은 가상자산 거래소를 가장한 인터넷 도박사이트를 개설하고 전국에서 이용자 3만 7천여 명을 모집해 가상자산 시세 등락을 예측해 돈을 베팅하는 수법으로 500억 원 규모의 인터넷 도박사이트를 운영한 혐의를 받고 있음. 이들은 운영·관리자 아래 '총판'은 지점 관리, '지점'은 회원 모집하는 역할을 했으며 '콜센터'는 회원을 대상으로 환전을 도운 것으로 확인되었다고 경찰이 발표함. 범죄자들은 회원이 승리하면 베팅금액의 1.9배를 지급하고, 회원이 패배하면 베팅금액을 수령해 각각 1~6% 수익을 나눠 가진 것으로 드러남

제4절 기존 무역거래를 이용한 자금세탁 위험

1. 개요

한국은 수출주도형 경제성장 정책을 토대로 지난 반세기 동안 지속적으로 성장한 대표적인 나라이다. 이에 따라 무역거래에 대한 외환 규제 완화와 무역금융에 대한 적극적인 지원을 통하여 무역기반 산업을 견고히 다져왔다.

불과 20~30년 전만 해도 은행 등은 무역금융과 관련된 거래는 대부분 신용장방식 또는 사전/사후 송금방식으로 이루어지고, 신용장거래는 신용리스크에 더 초점을 맞추어 검토를 하다 보니 "신용장통일규칙"상의 내용을 준수하는지 여부에 대한 주의사항에 대한 교육은 지속적으로 이루어졌으나, 무역거래를 통한 자금세탁행위나, 사기행위 또는 경제제재조치와 관련된 위험에 대해서는 크게 관심을 두지 않았다.

그러나 2010년대 중반에 들어서면서 세계 무역 거래가 급성장하는 한편 무역거래를 기반으로 하는 자금세탁, 사기 등 무역금융범죄가 급증하자 2017년 볼프스베르크

(Wolfsberg Group)[27] 그룹과 BATF(미국 무역금융은행연합)가 공동으로 무역금융 원칙 가이드라인을 발표하고 각 국가가 무역금융과 관련된 ML/TF 예방을 이행하여 줄 것을 촉구하고, 그 이후 많은 국가가 금융회사등에 Trade Based Money Laundering(TBML)를 방지하기 위한 제도를 이행할 것을 요구하고 있다.

2006년 FATF TBML 보고서에서 "불법자금의 원천을 합법화시키기 위한 목적으로 무역거래를 이용하여 범죄수익을 가장하거나 이동시키는 일련의 과정"이라고 정의하고 있다. 또한 2020년 FATF방법론 연구 실무그룹의 "TBML 업데이트 : 동향 및 발전보고서"에서 "TBML은 자금의 불법적인 출처를 합법화하거나 범죄활동에 자금을 조달하기 위한 노력의 일환으로서 무역거래를 통해 범죄수익을 숨기고 자금을 이동시키는 과정"이라고 정의하고 있다.

일반적으로 TBML은 무역서류 기반(신용장 방식 또는 Open Account 방식 등 무역서류를 기반으로 금융이 발생하는 거래 등)을 토대로 프레임워크가 마련되어 있어, 한국의 해외송금(사전/사후송금 방식)방식의 무역 관련 거래를 통제범위에 포함하지 않을 수 있어, 무역거래와 관련된 해외 당·타발 송금거래에 대해서는 별도로 구축할 필요가 있다.

현재, 국내 규제당국은 자금세탁방지등을 위하여 반드시 TBML 절차를 마련할 것을 법규화하고 있지 않으나, 수년 전에 발생한, 모뉴엘과 프론티어 사태 이후 무역금융과 관련된 사기사건에 대한 내부통제 강화가 요구되었으며, 2022년 가상자산 거래자들이 "김치프리미엄"을 이용하여 얻은 거액의 수익을 해외로 유출하는 과정에서 무역거래를 가장한 사례가 발견됨에 따라 이상해외송금에 대한 자금세탁방지 모니터링을 강화할 것을 요구하고 있어, TBML에 대한 이해를 제고하고 내부통제 강화를 위한 노력이 요구된다.

---

27) 자금세탁방지 및 테러자금조달 차단을 위한 민간 은행 연합으로서, Banco Santander, Bank of America, Barclays, Citigroup, Credit Suisse, Deutsche Bank, Goldman Sachs, HSBC, J.P. Morgan Chase, MUFG Bank, Société Générale, SCB, UBS 등 13개의 국제적인 은행으로 구성되어 있으며, 효과적인 자금세탁 통제에 관한 지침을 마련하여 업계 모범사례를 증진하기 위해 노력함

또한, 도입초기 TBML은 무역금융거래를 통한 자금세탁행위에 초점을 맞추었으나, 최근에는 Trade Fraud(무역사기), 민군 이중용도 물품(Dual Use Goods)[28], 경제제재 조치에 대한 통제와 함께 검토되어야 한다는 점에 유의하여야 한다.

2. TBML(Trade Fraud 포함)을 위한 주의의무와 Red Flag(위험신호)

(1) TBML(Trade Fraud 포함)를 위한 주의의무 강화(Trade Due Diligence)

TBML 프로세스를 위해서는 다음의 요소를 적절하게 운영하여 정확한 위험신호를 찾아 사전 또는 사후적인 조치를 취하는 것이 중요하다.

① 고객에 대한 고객확인 및 Trade Due Diligence 프로세스

고객확인 및 Trade Due Diligence(무역거래에 대한 주의의무) - Trade DD)가 적절하게 수행되고 정보가 충실히 확보될 경우 좀 더 정교한 모니터링 수행이 가능하다. 예를 들어 A라는 고객이 있을 경우, 1) 해당 고객이 사업 성격상 무역거래 가능성이 존재하고, 2) 무역금융에 연관된 물품이 해당 고객의 사업에서 발생할 수 있는 물품이어야 하며(예를 들어 의류소매업을 하는 업체가 원유 수입거래를 하겠다고 무역금융을 요청하는 경우, 재검토가 필요함), 3) 경제제재조치 국가나 지역과 연관성이 없어야 하며(예를 들어 북한이나 이란과 관련된 무역거래인지 또는 최근 러시아 경제제재조치 대상자나 지역과 연관이 있는지 여부) 등을 사전에 확인할 수 있어야 한다.

ⓐ 예시 1(Sanction Indicator – 경제제재조치 관련 위험 신호)

무역서류상의 물품을 실은 선박의 최종 목적지가 카자흐스탄인데 (카자흐스탄은 내륙 국가이므로 선박으로 이동될 경우, 육상이동을 위하여 반드시 환적이 발생하여야 함), 환적항이 없어 해당 선박에 대한 Sea Search를 수행한 경과 해당 물품은 이란에서 환적된 것이 확인된 경우, 이는 대이란 경제제재조치를 위반할 수 있어, 해당 거래를 거절할 것인지에 대한 검토가 요구된다.

ⓑ 예시 2(물품 상이)

일반적으로 이런 정보는 고객확인 과정에서 확인할 수 있는데, TBML을 위한 별도의 정보(예를 들어, 주요 거래 대상자, 주요 거래 국가, 주요 수출입 물품

28) 민군 이중용도 물품은 핵확산방지와 연관되는 영역으로 민간과 군사용도에 모두 사용될 수 있는 전략물자(한국에서는 전략물자원에서 해당 목록을 발표하고 있음)로서 해당 물품에 대한 핵확산 관련 물품이 거래되는 것을 통제하기 위한 프로세스임.

등에 대한 정보)를 최초에는 고객으로부터 확인하고, 거래가 개시된 이후에는 실제로 발생된 무역금융 거래를 토대로 데이터를 축적 및 비교하여 Red Flag가 생성될 수 있는지를 검토할 수 있도록 구현되는 것이 바람직하다.

② TBML 시스템 또는 체크리스트

TBML 자동화된 시스템을 반드시 구축할 필요가 있는지 여부는 각 금융회사의 무역거래 관련 거래 규모, 무역거래 고객 수, 또는 무역거래 관련 위험도를 토대로 결정하는 것이 바람직하다.

ⓐ 자동화된 TBML 시스템을 구축하는 경우

다양한 지표 등을 검토하여 TBML 시스템을 구축하기로 결정한 경우에는 어떠한 내용을 위험신호로 정할 것인지에 대한 검토를 수행하여야 한다. TBML(Fraud 포함)의 위험신호 중 일부는 거래 심사가 종료되기 전에 조사가 완료되어야 하는 경우가 있고, 일부는 고객의 CDD 정보 또는 Trade DD 정보를 통하여 Batch로 위험신호 Alert을 생성시켜 일정기간 내에 조사를 완료하도록 하는 방법이 있을 수 있다.

자동화된 TBML 위험신호(즉, 시나리오)에 대해서는 거래모니터링 시나리오처럼 해당 시나리오에 대한 효율성을 담보하기 위한 시나리오 유효성 평가를 정기적으로 수행하는 것이 바람직하고, 새로운 지표가 필요한 경우 시나리오를 지속적으로 업데이트하는 프로세스를 마련하여야 한다.

ⓑ 매뉴얼 체크리스트를 통하여 점검하는 방식

거래규모나 고객의 성격(예를 들어 상장기업인 대기업 거래가 전체 무역금융거래의 대부분을 차지하는 경우 위험도가 낮을 수 있음)을 고려하여 매뉴얼로 처리하고자 하는 경우에는, 무역거래 심사 직원들이 거래별로 확인하는 체크리스트를 만들어 처리할 수도 있다. 단 해당 체크리스트에는 위험신호 시나리오를 적절하게 마련하고 필요한 경우 지속적으로 업데이트를 하여야 한다.

③ TBML 위험 신호(시나리오)

TBML 위험 신호는 BATF가 Wolfsberg 그룹과 마련한 표준 위험 신호를 토대로 마련하는 것이 가장 용이한 방법이나, 각 회사의 거래 상품에 따라 상이하게 적용이 될 수 있다. 즉, 신용장을 통한 거래가 많은 경우 해당 지표의 유효성이 높을 수 있으나, 무신용장 방식의 거래가 많은 경우에는 해당 상품 구조에 적합한 위험신호를 마련하는 것이 중요하다. 또한 한국의 외국환거래법에 의하여 진행되는 해외송금을 이용한 무역거래(사전송금 및 사후송금 방식)도 TBML 내로 수용되어야 하므로 각 금융회사는 이러한 부분을 고려하여 위험 지표를 마련할 필요가 있다.

예를 들어 2022년 대부분의 은행에서 이슈가 되었던, 김치프리미엄을 이용하여 얻은 가상자산 거래 수익을 해외로 유출하는 과정에서 허위 무역서류를 기반으로 한 해외송금 거래가 이용되는 점에 유의할 필요가 있다. 동 사건이 발생된 이후 규제당국은 1) 소규모 자본금을 보유한 신생법인이 2) 회사의 거래 규모와 맞지 않게 단기간에 거액의 해외송금을 요청하는 경우 이상 송금의 징후로 보아 주의의무를 강화할 것을 요구하고 있다.

④ **위험신호를 조사하는 조사자의 역량**

TBML 프로세스에서 중요한 요소 중의 하나는 조사자의 역량이다. TBML과 관련된 거래를 모니터링하는 조사자가 무역금융거래에 대한 이해와 지식이 충분하지 않을 경우 아무리 좋은 시스템을 구축하여도 정확한 조사를 진행할 수 없으므로 TBML 조사자의 역량 강화를 위한 지속적인 교육이 요구된다.

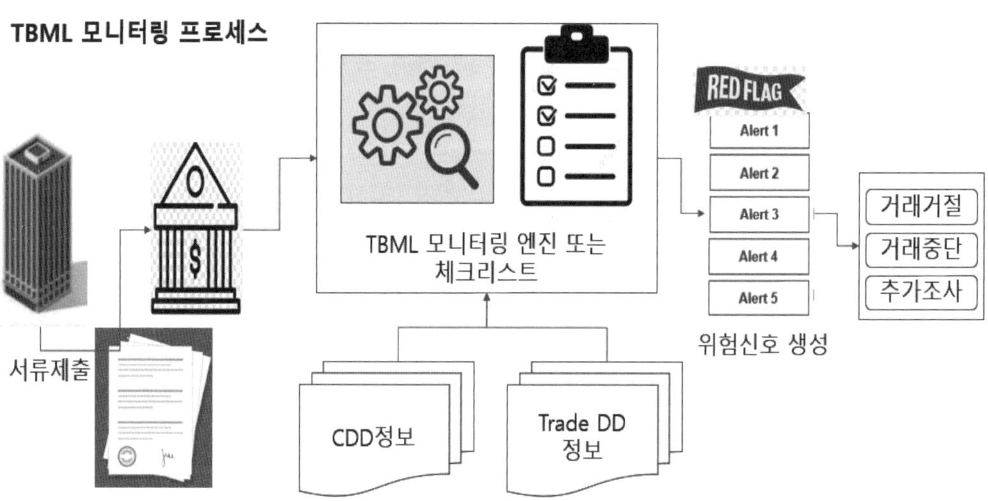

(2) TBML과 관련된 Red Flag

FATF와 Egmont 그룹은 합동으로 TBML에 대한 위험 지표를 마련하여 발표하였다. 위험 지표는 고객의 구조와 관련된 위험 지표, 무역거래와 관련된 위험 지표, 무역금융 관련 서류 및 상품 위험 지표, 계좌 및 거래활동과 관련된 위험 지표로 구분된다.

FATF Trade-Based Money Laundering – Trends and Developments

FATF-Egmont 공동 보고서는 무역 기반 자금을 탐지하는 데 어려움을 겪는 공공 및 민간을 돕는 것을 목표로 함. 본 보고서는 FATF의 글로벌 네트워크에서 발생한 수많은 사례 연구를 활용하여 범죄자들이 물품보다는 자금이동을 위하여 무역거래를 어떻게 악용하는지를 설명하고 있음

즉, 본 보고서는 무역 기반 자금세탁 위험을 해결하기 위한 권고사항에 대하여 강조하고 있음. 여기에는 국가위험평가 및 기타 위험에 초점을 맞춘 자료를 사용하여 국제 무역에 참여하는 공공 및 민간 부문 기관의 인식을 제고하고 금융 및 무역 데이터의 정보 공유를 개선하며 민관 파트너십을 포함한 당국과 민간 부문 간 협력이 포함됨

자료 출처 : FATF-Egmont 공동 보고서

① 무역금융거래를 하는 고객과 관련된 위험 지표(Structural Red Indicators)

- 무역거래를 하는 법인의 구조가 위장회사와 관련되어 있거나 고위험 국가(관할권)에 등록된 회사처럼 비정상적으로 복잡하고 비논리적으로 보이는 경우
- 무역업체가 AML/CTF 규제가 취약한 국가(관할권)에서 설립(등록)되거나 사무소를 두고 있는 경우
- 무역업체가 주소를 대량으로 등록할 수 있는 건물에 등록 주소를 가지고 있거나(예를 들어, 고밀도 주거용 건물, 사서함(우편함) 주소를 갖고 있는 경우, 상업용 건물 또는 산업 단지, 특히 특정 호수에 대한 언급이 없는 경우 상업용 건물 또는 산업단지 등)
- 무역거래를 하는 고객의 사업 활동이 명시된 주소에 적합하지 않는 경우(고객이 합리적인 설명 없이 주거용 부동산을 사용하는 것으로 보이는 경우)
- 무역업체에 대하여 온라인으로 확인할 수 있는 정보가 부족하거나, 온라인에서 확인이 되었더라도 명시된 사업 분야와 일치하지 않는 사업 활동을 암시하는

경우(무역업체의 웹사이트에 다른 웹사이트에서 가져온 상용구 자료가 많이 포함되어 있거나, 웹사이트에 해당 기업이 거래하고 있는 특정 제품이나 산업에 관한 내용이 충분하지 않은 경우)

- 무역업체의 일반적인 비즈니스 활동이 눈에 띄게 부족하거나, 명시된 직원 규모 대비 정기적인 급여 거래, 운영비용 관련 거래, 세금 납부 등과 관련된 거래가 부족한 경우
- 무역업체의 소유자 또는 고위 경영진이 실제 소유자를 은폐하기 위해 행동하는 명의인으로 보이는 경우. 즉 경영 경험이 부족하거나 거래 내용에 대한 지식이 부족하거나 여러 회사를 관리하는 경우
- 무역업체나 그 소유주 또는 고위 경영진에 대한 부정적인 언론보도가 있거나, (예를 들어 과거 자금세탁 계획, 사기, 탈세, 기타 범죄 활동), 조사가 진행 중이거나 과거의 조사 이력 또는 유죄 판결을 받은 경우
- 무역 거래 상품의 규모에 맞지 않게 최소한의 근무 직원을 유지하는 무역업체
- 무역 업체의 상호가 유명 기업의 이름을 복사한 것처럼 보이거나 동일 상호로 보일 만큼 유사한 경우, 또는 해당 유명 기업과 무관한데 그 기업의 일부로 보이고자 하는 경우
- 무역 업체가 설명할 수 없는 휴면기간(거래가 발생하지 않은 기간)이 있는 경우
- 법인이 부가세(VAT)신고서 제출과 같은 일반적인 사업 의무를 준수하지 않은 것이 확인되는 경우

② **무역거래활동과 관련된 위험 지표** (Trade Activity Risk Indicators)

- 무역거래 활동이 관련 법인의 사업 분야와 일치하지 않는 경우(예를 들어 자동차 딜러가 의류를 수출하거나 귀금속 딜러가 해산물을 수입하는 경우 등)
- 무역업체가 사업과 관련이 없는 다수의 제3자 중개인을 포함하는 복잡한 무역 거래에 관여된 경우
- 무역업체가 표준 비즈니스 관행과 일치하지 않는 거래, 운송 경로 또는 방법에 관여되어 있는 경우
- 무역업체가 비전통적이거나 지나치게 복잡하게 금융 상품을 사용하는 경우(예를 들어, 명백한 이유 없이 신용장 유효기간이 비정상적으로 길거나 빈번하게 연장하거나, 다양한 무역 거래 부문에 대해 다양한 유형의 무역 금융 상품을 혼합하여 사용하는 경우)

- 무역업체가 불합리하게 낮은 이윤을 지속적으로 유지하는 무역거래를 하는 경우(예를 들어 소매거래 가격과 비슷하거나 더 높은 가격으로 도매 상품을 수입하거나, 구매 가격과 같거나 낮은 가격으로 상품을 재판매하는 경우)
- 무역업체가 자신의 계산으로 상품을 구매하지만 구매 금액이 기업의 경제적 능력을 초과하는 경우(예금계좌로 갑작스럽게 유입된 자금 또는 제3자가 이체한 자금으로 거래자금을 조달함)
- 새로 설립되었거나 최근에 다시 거래가 활성화된 무역 법인이 대규모이고 고가치 무역 활동에 참여하는 경우(예를 들어 신생법인이 시장진입장벽이 높은 업종에서 거래활동을 하는 경우 등)

③ 무역서류 및 상품 관련 위험 지표(Trade Document & Commodity Risk Indicators)

- 계약서, 송장(Invoice) 또는 기타 거래 문서 전반에 걸친 불일치(예를 들어 수출 법인명과 자금 수령인의 이름 사이의 불일치 또는 송장 및 기본 계약서상의 가격 불일치 또는 실제 상품의 수량, 품질, 규모 또는 가격과 관련 설명(Description) 사이의 불일치).
- 계약서, 송장 또는 기타 무역서류상에 표시된 수수료 또는 가격이 상업적 고려 사항과 일치하지 않는 것처럼 보이거나 시장 가치와 일치하지 않거나 이전의 비교 가능한 거래와 크게 변동하는 것으로 보이는 경우
- 계약서, 송장 또는 기타 무역 문서에는 거래되는 상품에 대한 모호한 설명이 있는 경우(예를 들어 계약의 주체가 일반적이거나 구체적으로 기술되어 있지 않는 경우)
- 거래를 뒷받침하는 무역 또는 세관 문서가 누락되었거나, 위조된 것으로 보이거나, 허위 또는 오해의 소지가 있는 정보를 포함하거나, 이전에 거부된 문서를 다시 제출하거나, 자주 수정되거나 변경되는 경우
- 복잡하거나 정기적인 무역 거래를 지원하는 계약이 유난히 단순해 보임(예를 들어 해당 계약은 인터넷에서 볼 수 있는 "계약서 샘플" 구조를 따름)
- 법인의 무역거래와 관련하여 등록된 수출입 가격이 수출입 과정에서 송금하거나 송금받은 금액 사이에 상당한 불일치를 보임
- 일시적인 수입 및 국내 가공무역 체계 내에서 수입된 상품이 나중에 위조된 문서와 함께 수출되는 경우
- 상품 운송이 경제적이나 상업적 정당성 없이 여러 국가를 이동하면서 운송되는 경우

④ **계좌 및 거래내용과 관련된 위험 지표(Account & Transaction Activity Risk Indicators)**

- 법인이 거래의 마지막 순간에 이전에 알려지지 않은 법인에게 자금을 지급할 것을 변경 지시하거나, 법인이 예정된 지급일 또는 지급 금액에 대한 변경을 요청하는 경우
- 고객의 계좌에 고객의 비즈니스 활동과 일치하지 않게 과도한 거래건수 또는 금액이 표시되는 경우
- 무역업체의 계좌가 명확한 사업상의 이유 없이 대량 거래의 빠른 이동과 소액의 당일 잔액이 있는 "대리지급계좌(Pat-Trough Account)" 또는 "통과계좌(Transit Account)"로 보임. 이후 계좌 보유자와 비즈니스 관계가 없는 자유 무역 지역이나 역외 관할 구역의 개인이나 법인에게 현금으로 이체됨 - 무역 관련 계좌로 들어오는 전신송금은 분할되어 상업과 거의 또는 전혀 관련이 없는 여러 계좌로 전달됨
- 수입 상품에 대한 대금 지급이 명확한 경제적 이유 없이 상품 수취인이 아닌 법인에 의해 이루어지는 경우(예를 들어, 무역 거래에 관여하지 않은 위장회사 또는 전위사업체에 의해 자금 지급이 이루어지는 경우).
- 무역업체의 예금이나 다른 거래가 계속하여 CTR이나 기타 다른 관련 보고 기준 금액 미만의 금액으로 거래를 하는 경우
- 무역업체와 관련된 거래 활동은 거래량이 빠르고 크게 증가한 후, 단시간내에 휴면 상태가 되는 경우(2022년 해외 거액이상송금과 관련된 업체들의 경우 부가세를 탈루하기 위한 목적으로 3개월 단위로 무역업체를 변경하여 거래를 하는 공통 사항이 발견되었음)
- 비정상적인 것으로 간주되는 부문의 무역 거래에 대해 거액의 Round 금액으로 송금되거나 수취되는 경우(끝전이 없는 금액 - 무역거래의 경우 거래금액이 일반적으로 끝전이 있는 금액으로 표시되는데, 무역사기 또는 자금세탁과 관련된 대부분의 경우 특별한 이유 없이 끝전은 할인하는 등 끝전이 없는 거래가 많이 발생하여 위험 지표로 분류함)
- 결제는 순환 방식으로 이루어짐 - 자금이 한 국가에서 송금하고 다른 국가를 통과한 후 다시 송금한 국가에서 다시 수취되는 경우

3. 무역금융 관련 자금세탁, 사기 사례

(1) 모뉴엘 사건

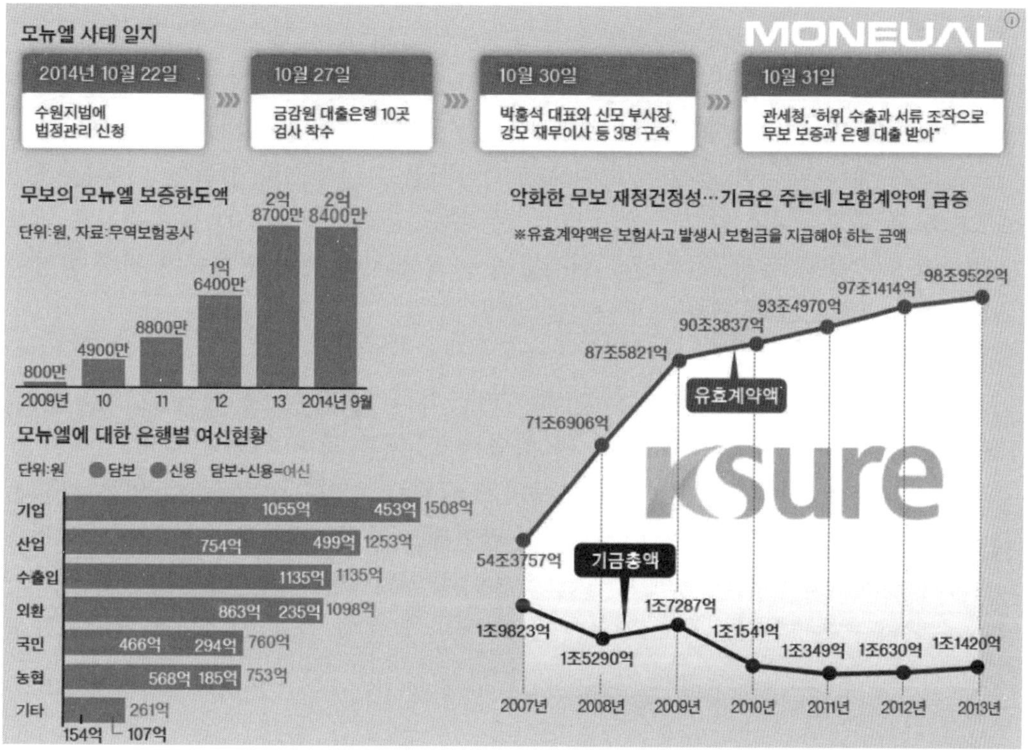

자료 출처 : 금융감독원

관세청 조사에 따르면 인보이스 가격 부풀리기의 대표적인 사례인 모뉴엘 사건은 2007년 모뉴엘이 미국에 수출한 HTPC의 대량 반품으로 인하여 회사 자금 사정이 어려워지자, 모뉴엘의 대표자 A 등은 반품된 불량품을 정상 물품으로 꾸며 허위 수출하기로 모의를 한 후 무역 사기 거래를 시작하게 되었다고 한다,

이들은 대당 8,000원~2만 원 정도인 저가 HTPC를 대당 250만 원으로 속여 수출한 뒤 관련 서류를 제시해 무역보험공사 보증서를 토대로 은행에서 무역금융 대출을 받아 자금을 회전하였으며, 2010년부터는 국내 당국의 추적 가능성을 원천봉쇄하기 위해 해외에서만 물품 거래가 이뤄진 것처럼 꾸며, 허위 수출금액 중 해외 거래분이 76%(2조 4,000억 원)에 달하게 되었다.

허위 거래를 위하여 모뉴엘은 미국의 ASI컴퓨터와 중국 CNBM·완싱·뉴에그닷컴 등 유명 업체들에 물품을 수출하는 것처럼 허위 서류를 꾸며 은행을 속였고, 모뉴엘은 허위 해외 거래업체만으로 허위 매출 1조를 달성하였다.

그런데 한국의 대표적인 PC제조업자인 LX사와 비교해 보면(LX사는 미국에 PC를 한 대도 팔고 있지 않았음), 모뉴엘이라는 잘 알려지지 않은 업체는 자사의 PC를 5개 업체가 대량 주문한 것으로 허위 보고함. 이런 프로세스가 가능한 이유는 해외 브로커를 통해 모뉴엘과 연결된 상대 업체들은 수출 금액의 1.5~10%를 수수료로 받고 허위 거래를 묵인해 주었고, 은행과 회계법인 등의 실사에 대비해 홍콩에 위장 공장을 설립하는 치밀함도 보인 것으로 관세청은 설명하였음

A 대표 등은 은행 대출금을 홍콩 페이퍼컴퍼니(PK홀딩스) 계좌로 송금한 뒤 446억 원을 빼돌려 다양한 용도로 사용하였는데, 예를 들어 해외 브로커 로비자금, 미국 캘리포니아 주택 구입, 자금세탁을 거쳐 국내로 반입된 백억 원이 넘는 자금은 도박자금, 제주도 개인 별장 구입, 자회사인 잘만테크 주식 매입, 부인 명의의 압구정동 커피숍과 연예기획사 투자 등에 투입된 것으로 확인되었다. 또한, 도박자금의 50%가 넘는 수십억 원은 카지노 칩으로 교환한 뒤 해외 브로커 등에게 뇌물로 제공했다고 알려졌음

해당 사건을 교훈으로 금융회사등에서는 Over-Invoice(가격 부풀리기)를 통한 허위 무역거래의 위험성을 인식하게 되었고, 많은 금융회사에서 Invoice 가격의 적정성을 확인하기 위하여 무역거래를 취급하기 이전에 다양한 사이트 등을 통해 해당 물품의 일반적인 가격을 확인하는 프로세스를 정립하게 되었음

(2) 뺑뺑이 무역

고가의 물품을 해외 위장회사로 수출한 후 수출된 물품을 다시 수입하는 일명 '뺑뺑이 무역'으로 무역거래를 가장하고, 이를 이용해 은행 대출을 받아 법인 운영자금 등으로 유용한 업체가 관세청에 의하여 적발됨

A씨는 스테인레스 스틸 압연강판 생산업체인 X사의 대표인데, A씨는 2014년 이후 신제품 개발 등의 이유로 경영난이 심화되자 기업 운영자금을 확보할 목적으로 260억 원 상당의 수출입거래를 조작하고, 이를 근거로 은행대출을 받아 만기가 도래한

기존의 대출을 상환하는 일명 '돌려막기'를 해 온 것으로 확인됨. A씨가 이 같은 수법으로 부당하게 대출받은 금액은 3년간 140여억 원에 달함

(3) 해외송금을 이용한 가장 무역거래 사례

가상자산거래와 일반상거래가 혼재된 자금 흐름도

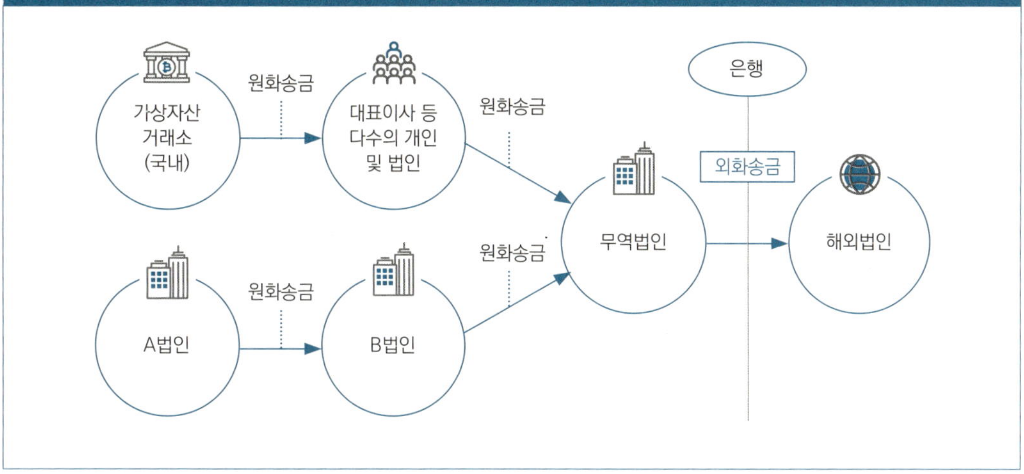

자료 출처 : 금융감독원

2022년 우리 외환 시장에서 큰 '의문'으로 떠올랐던 수조원대 불법 송금 사건의 수사 결과에 따르면 범죄자들은 가상화폐의 국가간 시세 차익 이른바 '김치 프리미엄'을 노린 일종의 환투기였는데, 이를 범죄자들은 허위 무역대금 관련 서류를 은행에 제출하여 해외의 위장회사(무역회사)로 송금한 후, 다시 해외에서 가상자산을 산 다음 다시 우리나라 거래소에서 되팔아 3~5%가량의 차익을 남긴 것으로 확인되었음. 범죄자들은 금수입, 화장품 원자재 수입 등을 사유로 가짜 계약서 등을 만들어, 홍콩, 미국, 일본 등으로 사전 수출대금 송금 방식으로 해외로 자금을 송금하였는데 대부분의 자금은 끝전이 없는 거래로 확인되어 자금세탁의 대표적인 위험 지표를 가지고 있었던 것으로 확인이 되었음

제5절 금융회사등의 자금세탁방지등을 위한 내부통제 체계

1. 개요

최근 거액의 금융사고가 지속적으로 발생하고, 불완전판매에 따른 대규모 금융소비자의 피해 등이 발생함에 따라, 규제당국은 각 금융회사에 대하여 자금세탁방지를 포함한 금융회사 전반에 걸쳐 내부통제를 강화할 것을 요구하고 있으며, 내부통제가 적절하게 이행되지 않을 경우 최고 경영진뿐만 아니라 이사회에 대해서도 책임을 물을 수 있도록 규제를 강화하고 있다. 특히, 내부통제 체계가 규제당국의 검사·제재 등을 통한 타율적 이행보다는 금융회사의 자율적 이행 능력제고를 통한 능동적인 내부통제 강화를 요구하고 있다.

즉, 금융회사등은 자신이 ML/TF에 이용되는 것을 방지하기 위하여 자금세탁등의 방지를 위한 내부통제 체계를 구축하여 운영하여야 한다. 자금세탁방지를 위한 내부통제란 금융회사 내부통제 기준의 일부분으로 ML/TF 위험을 예방하거나 완화하기 위해 금융회사의 모든 임직원에 의해 지속적으로 행해지는 일련의 과정으로 자금세탁방지 및 공중협박자금조달금지에 관한 업무 규정("자금세탁방지 업무규정")에서 상세하게 정하고 있다.

자금세탁방지등에 대한 내부통제 체계는 모든 금융회사등이 획일적인 기준을 가지고 마련하는 것이 아니라 각 금융회사등의 사업의 복잡성이나 특성, 주된 판매채널, 영업환경, 규모 등을 고려하여 구축하는 것이 바람직하다. 예를 들어 다양한 고객군, 금융상품 및 서비스를 제공하는 은행업과 환전업만을 제공하는 소규모 환전업자가 동일한 수준의 내부통제 체계를 구축한다면 효과성이나 효율성 측면에서 바람직하지 않을 수 있으므로, 자신의 환경이나 규모 등 다양한 요소를 고려하여 구축하는 것이 바람직하다. 또한 해당 금융산업에 대한 규제기관의 제재 이력 및 개선 요구사항 등을 고려하여 지속적인 위험평가 등을 실시하여 내부통제 체계를 개선하고 강화하여야 한다.

자금세탁방지등을 위한 금융회사등의 조치 등 내부통제 체계에 대해서는 특정금융정보법과 동 시행령, 그리고 자금세탁방지 업무규정, 그리고 금융회사등에 대한 지배구조법 감독 규정 등에서 상세한 내용을 규정하고 있다.

주된 내부통제 체계에는 ① 의심거래보고 및 고액현금거래보고를 위한 보고책임자 임명 및 내부보고 체제 수립 ② 고객확인제도 이행을 위한 절차 ③ 자금세탁방지를 위한 임직원을 위한 업무지침 마련 ④ 맞춤형 교육 및 연수 제공 ⑤ 직원알기 제도 ⑥ 독립적 감사 수행 ⑦ 상품 및 서비스 심사 ⑧ 기록보관 등이 있다.

고객확인제도, 고액현금거래보고제도 및 의심거래보고제도 및 위험평가와 관련된 상세한 내부통제 체계에 대하여는 상세하게 후술하도록 하고, 본 절에서는 해당 내용을 제외한 금융회사등의 조치 등에 관하여 기술하고자 한다.

자금세탁방지를 위한 내부통제 체계의 주요 사항

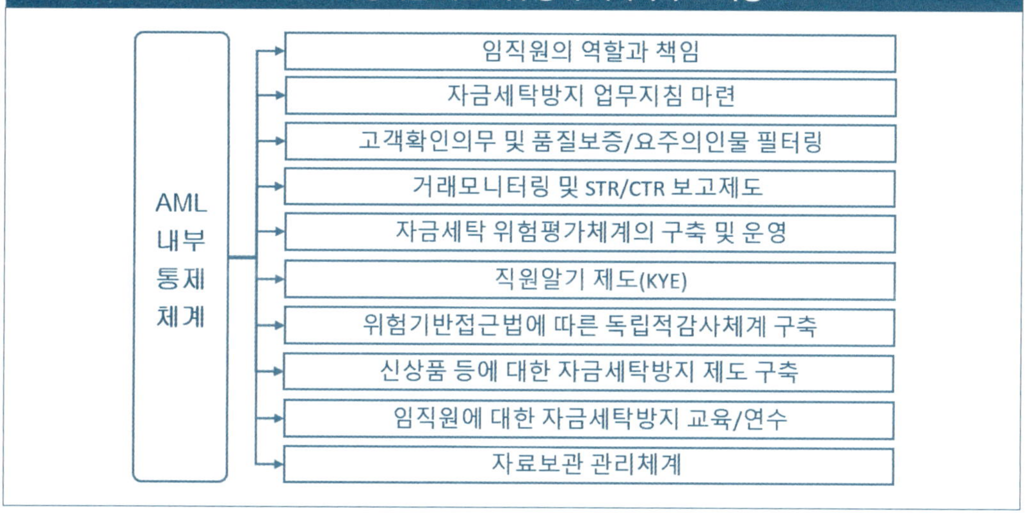

자금세탁방지를 위한 금융회사등의 조치(내부통제 체계)

특정금융정보법 제5조(금융회사등의 조치 등)

① 금융회사등은 제4조 제1항 및 제4조의2에 따른 보고를 원활하게 하고 금융회사등을 통한 자금세탁행위와 공중협박자금조달행위를 효율적으로 방지하기 위하여 다음 각 호의 조치를 하여야 한다.

1. 제4조제1항 및 제4조의2에 따른 보고 업무를 담당할 자의 임명 및 내부 보고 체제의 수립
2. 자금세탁행위와 공중협박자금조달행위의 방지를 위하여 해당 금융회사등의 임직원이 직무를 수행할 때 따라야 할 절차 및 업무지침의 작성 · 운용
3. 자금세탁행위와 공중협박자금조달행위의 방지를 위한 임직원의 교육 및 연수

② 주된 거래유형, 거래규모 등을 고려하여 대통령령으로 정하는 금융회사등에 대해서는 제1항 각 호의 조치 중 전부 또는 일부를 면제할 수 있다.

③ 제1항제2호에 따른 절차 및 업무지침은 다음 각 호의 사항을 포함하여야 한다.

1. 금융거래등에 내재된 자금세탁행위와 공중협박자금조달행위의 위험을 식별, 분석, 평가하여 위험도에 따라 관리 수준을 차등화하는 업무체계의 구축 및 운영에 관한 사항
2. 자금세탁행위와 공중협박자금조달행위의 방지 업무를 수행하는 부서로부터 독립된 부서나 기관에서 그 업무수행의 적절성, 효과성을 검토 · 평가하고 이에 따른 문제점을 개선하기 위한 업무체계의 마련 및 운영에 관한 사항
3. 그 밖에 자금세탁행위와 공중협박자금조달행위를 효율적으로 방지하기 위하여 대통령령으로 정하는 사항

④ 금융회사등은 임직원이 직무를 수행할 때 제1항제2호에 따른 절차 및 업무지침을 준수하는지 여부를 감독하여야 한다.

특정금융정보법 사행령 제9조(금융회사등의 조치 등)

① 금융회사등은 법 제5조제1항제1호에 따라 보고업무를 담당할 자를 임면한 때에는 그 사실을 금융정보분석원장에게 통보하여야 한다.

② 법 제5조 제3항 제3호에서 "대통령령으로 정하는 사항"이란 다음 각 호의 사항을 말한다.

1. 법 제4조 또는 제4조의2에 따른 보고를 효과적으로 수행하기 위해 필요한 금융거래등에 대한 감시체계의 구축 및 운영에 관한 사항
2. 법 제5조의2제1항 각 호에 따른 고객확인을 위해 고객의 자금세탁행위 및 공중협박자금조달행위의 위험을 평가하는 절차 및 방법에 관한 사항
3. 금융회사등이 다른 금융회사등을 통해 법 제5조의2에 따른 고객확인을 이행하는 경우에 준수해야 할 절차 및 방법에 관한 사항
4. 신규 금융상품 및 서비스를 제공하기 전 자금세탁행위와 공중협박자금조달행위의 위험을 평가하기 위한 절차 및 방법에 관한 사항
5. 금융회사등이 대한민국 외에 소재하는 자회사 또는 지점의 자금세탁행위와 공중협박자금조달행위 방지 의무의 이행을 감시하고 관리하기 위한 절차 및 방법에 관한 사항
6. 그 밖에 자금세탁행위 및 공중협박자금조달행위를 효율적으로 방지하기 위해 금융정보분석원장이 정하여 고시하는 사항

자금세탁방지 업무 규정 제24조(자금세탁방지 및 고객확인을 위한 업무지침)

① 법 제5조 제1항 제2호 및 제5조의2 제1항에서 "업무지침"이라 함은 금융회사등이 자신의 업무특성 또는 금융기법의 변화를 고려하여 자신이 자금세탁행위 및 공중협박자금조달행위에 이용되지 않도록 하기 위한 정책과 이를 이행하기 위한 구체적이고 적절한 조치 등을 서술한 내부지침을 말한다.

② 제1항의 업무지침에서는 법 제4조의 규정에 의한 의심되는 거래 보고, 법 제5조의2의 규정에 의한 고객확인의무에 관하여 고객 및 거래유형별로 자금세탁의 위험 정도에 따른 적절한 조치내용 · 절차 · 방법 등을 정할 수 있다.

금융회사지배구조 감독규정 제11조(내부통제기준 등)

② 금융회사는 다음 각 호의 사항 및 별표 3의 기준에 따른 사항을 내부통제기준에 포함하여야 한다.

6. 「특정 금융거래정보의 보고 및 이용 등에 관한 법률」제2조제4호에 따른 자금세탁행위 및 같은 조 제5호에 따른 공중협박자금조달행위(이하 "자금세탁행위등"이라 한다)를 방지하기 위한 다음 각 목의 사항(법 제2조제1호 나목의 금융투자업자 중 투자자문업자는 제외한다)

가. 「특정 금융거래정보의 보고 및 이용 등에 관한 법률」제2조제2호에 따른 금융거래에 내재된 자금세탁행위등의 위험을 식별, 분석, 평가하여 위험도에 따라 관리 수준을 차등화하는 자금세탁 위험평가체계의 구축 및 운영

나. 자금세탁행위등의 방지 업무를 수행하는 부서로부터 독립된 부서 또는 외부전문가가 그 업무수행의 적절성, 효과성을 검토 · 평가하고 이에 따른 문제점을 개선하기 위한 독립적 감사체계의 마련 및 운영

다. 소속 임직원이 자금세탁행위등에 가담하거나 이용되지 않도록 하기 위한 임직원의 신원사항 확인 및 교육 · 연수

2. 자금세탁방지등에 대한 업무지침의 작성·운용

(1) 개요

금융회사등은 자신의 임직원이 준수하여야 하는 자금세탁방지등에 대한 내부통제 정책 등에 대한 필요한 기준을 마련하여야 하는데, 여기에는 다양한 내규 등이 있을 수 있다. 예를 들어 거래모니터링에 대한 내규, 고객확인제도에 관한 내규, 각 임직원별 역할과 책임을 기술한 기준 등 다양한 내부통제 기준을 마련하여야 한다.

특정금융정보법 및 동법 시행령과 자금세탁방지 업무규정에 따르면 금융회사등은 자금세탁방지등을 위하여 해당 임직원이 직무를 수행할 때 따라야 하는 절차 및 업무지침을 작성하여 운영하여야 한다. 또한 특정금융정보법 감독규정 제24조(자금세탁방지 및 고객확인을 위한 업무지침)에 따르면 "업무지침이란 금융회사등이 자신의 업무특성 또는 금융기법의 변화를 고려하여 자신이 ML/TF에 이용되지 않도록 하기 위한 정책과 이를 이행하기 위한 구체적이고 적절한 조치 등을 서술한 내부지침을 말한다"라고 규정하고 있다.

다만 해당 업무지침은 금융위원회 고시인 "자금세탁방지 업무규정"과 혼동하여서는 안 된다. 과거 자금세탁방지 의무가 시행된 초기, 일부 금융회사들은 "자금세탁방지 업무규정"을 그대로 내규화하여 규제당국으로부터 개선을 요구받은 경우가 종종 발견되었다.

그런데, 최근까지도 일부 소규모 금융회사들은 자금세탁방지 인력 부족 등으로

인하여 자체적으로 업무지침을 마련하기가 어려울 수 있으므로, 관련 업권의 중앙회 또는 협회 등을 통하여 해당 업권의 사업 특성, 고객유형이나 자금세탁방지 의무의 범위, 상품의 특수성 등을 고려한 공통 업무 기준을 마련한 후, 각 금융회사등의 개별적인 내용을 추가하여 업무지침을 만드는 접근방식도 고려해 볼 수있다(다만, 협회나 중앙회의 공통 기준을 그대로 베껴 도입하는 경우에는 각 금융회사의 고유성 및 특수성을 반영할 수 없어 또 다른 지적사항이 될 수 있으므로 유의하여야 함).

해외 사례를 살펴보면, 금융회사등의 자금세탁방지에 대한 기본 원칙을 정한 자금세탁방지 규정을 가장 상위기준으로 마련하여 이사회의 승인을 받고, 개별적인 업무에 관한 내규들은 규정에 대한 하부 준칙이나 매뉴얼 등의 형태로 마련하는 것이 일반적이다.

따라서 자금세탁방지를 위한 업무지침은 각 금융회사등의 고유한 성격을 고려하여 마련하는 것이므로 금융회사별로 다르게 마련할 수 있다.

(2) 업무지침 최소 기준

금융회사등이 마련하여야 하는 업무지침은 각 금융회사가 다르게 마련할 수 있으나 적어도 다음의 사항을 포함하여야 한다.

1) 금융거래등에 내재된 ML/TF의 위험을 식별·분석·평가하여 위험도에 따라 관리 수준을 차등화하는 업무체계의 구축 및 운영에 관한 사항
2) ML/TF 방지 업무를 수행하는 부서로부터 독립된 부서나 기관에서 그 업무수행의 적절성, 효과성을 검토 · 평가하고 이에 따른 문제점을 개선하기 위한 업무체계의 마련 및 운영에 관한 사항
3) 그 밖에 ML/TF를 효율적으로 방지하기 위하여 다음의 내용을 포함하여야 한다.
   ① 의심거래보고 또는 고액현금거래보고에 따른 보고를 효과적으로 수행하기 위해 필요한 금융거래등에 대한 감시체계의 구축 및 운영에 관한 사항
   ② 고객확인을 위해 고객의 ML/TF의 위험을 평가하는 절차 및 방법에 관한 사항
   ③ 금융회사등이 다른 금융회사등을 통해 고객확인을 이행하는 경우에 준수해야 할 절차 및 방법에 관한 사항
   ④ 신규 금융상품 및 서비스를 제공하기 전 ML/TF의 위험을 평가하기 위한 절차 및 방법에 관한 사항
   ⑤ 금융회사등이 대한민국 외에 소재하는 자회사 또는 지점의 ML/TF 방지

의무의 이행을 감시하고 관리하기 위한 절차 및 방법에 관한 사항
⑥ 그 밖에 ML/TF를 효율적으로 방지하기 위해 금융정보분석원장이 정하여 고시하는 사항

또한 특정금융정보법 감독규정 제24조에 따르면 업무지침에는 의심거래보고 및 고객확인의무에 관하여 고객 및 거래유형별로 자금세탁의 위험 정도에 따른 적절한 조치내용·절차·방법 등을 정할 수 있다고 규정하고 있다.

개정된 자금세탁방지 업무규정(2025년 5월 13일 이행)에 따르면 "업무지침"은 이사회의 승인(다만, 법규 개정에 따른 용어변경, 자구수정 등 업무지침 내용의 실질적인 변화를 수반하지 않는 개정의 경우에는 대표이사가 이를 승인할 수 있음)을 받아야 한다.

그러나 금융회사등의 업무지침은 국내법규나 유권해석, 업권의 기준 등이 변경될 경우 지속적으로 업데이트가 이루어져야 하므로, 가장 상위 내규에 해당하는 업무지침(금융회사에 따라 이름을 달리할 수 있음, 예를 들어 "규정", "정책", "기준서" 등)은 해당 금융회사의 자금세탁방지에 대한 최우선 원칙이나 선언 등을 기술하는 것이 바람직하다[29]. 그리고 자금세탁방지 개별 업무에 대해서는 업무지침의 하위 내규를 마련하여 업무별로 상세한 기준을 마련하여 변경되는 내용을 적시에 업데이트하는 것이 바람직할 수 있다.

(3) 업무지침에 대한 지적사항 - 자금세탁방지업무 관련 내규 정비

① 특정금융정보법(제5조)은 금융회사가 ML/TF의 방지를 위하여 임직원이 직무를 수행할 때 따라야 할 업무지침 등을 작성하여 운용하도록 규정하고 있는데 내부 규정으로 "자금세탁방지업무규정" 및 "자금세탁방지업무지침" 등을 마련하여 운용하고 있으나 이를 정비하지 않아 관련 법규 일부를 적절하게 반영하지 못하고 있으므로 관련 법규에 맞게 내규를 보완할 필요가 있음

29) 개정 자금세탁방지 업무 규정에 따르면 업무지침 제정 · 개정 · 폐지 안건는 이사회에 상정하여 승인받을 것을 요구하고 있다. 다만, 법규 개정에 따른 용어변경, 자구수정 등 업무지침 내용의 실질적인 변화를 수반하지 않는 개정의 경우에는 대표이사가 이를 승인할 수 있다

② “자금세탁방지 업무처리기준”등 업무매뉴얼에 임직원의 구체적인 직무절차 등 중요내용이 포함되어 있는바, 임직원의 자금세탁방지 업무 이행을 담보하기 위해 자금세탁방지 내규인 「자금세탁방지업무규정」 및 「자금세탁방지 업무지침」에 동 매뉴얼의 중요내용을 명확히 반영하는 등 관련내규 체계를 정비할 필요가 있음

③ 「자금세탁방지업무지침」등에는 자금세탁방지 업무에 대하여 구체적인 기준, 절차 등을 규정하여야 함에도 일부 내용은 ‘일정기준에 부합하지 않을 경우’, ‘필요한 절차와 통제방안을 수립’ 등 모호하게 규정되어 있으므로 경영진 및 보고책임자는 금융실무에 적용될 수 있도록 기준과 필요한 절차 등을 명확히 수립할 필요가 있음

④ 자금세탁방지에 관한 내규에 비대면 거래에 대해 강화된 기준으로 자금세탁방지업무를 수행하기 위한 절차와 방법, 직원 알기 제도 및 보험설계사 등 제3자 알기 제도의 이행을 위한 절차와 방법 등을 구체적으로 명시하고 있지 않으므로, 임직원이 준수해야 할 자금세탁방지 업무의 절차와 방법 등을 명확하게 내규에 반영하여 자금세탁방지 업무에 실질적으로 참고·활용할 수 있도록 관련 내규를 개선하시기 바람

⑤ 회사가 현재 사용 중인 자금세탁방지 업무매뉴얼은 손해보험협회에서 배포한 업무매뉴얼을 그대로 사용하여 회사의 업무 특성을 제대로 반영하지 못하고 있으므로, 임직원이 실제 업무에 참고할 수 있도록 회사의 특성에 맞는 업무매뉴얼을 자체적으로 마련하여 실질적으로 자금세탁방지업무에 활용될 수 있도록 개선하시기 바람

⑥ 자금세탁방지 관련 내규 “자금세탁방지 업무규정”의 세부내용을 정한 「업무편람」을 제정하여 운영하고 동 업무편람에 자금세탁방지업무와 관련된 중요내용이 포함되어 있는 바 임직원의 자금세탁방지업무의 이행을 담보하기 위해 내규에 업무편람의 중요내용을 명확히 반영하거나 지침으로 별도 제정하는 등 관련 내규 체계를 정비할 필요가 있음

⑦ 내규인 「자금세탁방지 및 공중협박자금조달금지에 관한 업무지침」에 최근 법규 변경내용이 적절히 반영되어 있지 않고 회사 영업현실과 관계없는 ‘해외지점의 고객확인’, ‘환거래 계약 등’도 포함하고 있어 최근 법령 등의 개정사항과 회사 영업현실 등을 내규에 적절히 반영하여 운용할 필요가 있음

⑧ 특정금융정보 법규에서 보고책임자의 역할과 책임을 규정한 취지 등을 반영하여 보고책임자인 준법감시인이 의심스러운 거래 및 고액현금거래의 승인

및 보고 업무를 준법감시부서장에게 위임하지 않고 직접 수행하도록 내규를 개선하여 운영할 필요가 있으며, 자금세탁방지 업무에 대하여 독립적인 감사를 실시하여 그 결과를 이사회에 보고하고 관련 내용을 기록·관리하도록 절차를 마련하고 감사의 독립적 업무 수행을 위해 은행 내규에 감사의 역할과 책임을 규정할 필요가 있음. 또한 해외 점포에 대해 자금세탁방지 관련 국내법과 현지법의 기준을 비교·검토하여 더 강화된 기준을 적용하고 준법감시 보고서의 자금세탁방지 부분을 실효성 있게 작성하여 본점 차원에서 효과적으로 모니터링 할 수 있도록 절차를 강화할 필요

⑨ 회사는 자금세탁방지 관련 내규를 마련하여 운영하고 있음. 그러나 내규 중 일부의 내용이 상위 법령과 일치하지 않거나 실제 업무가 내규와 다르게 수행되는 등 내규의 관리와 운영이 전반적으로 미흡하여 자금세탁방지 업무가 적정하게 운영되지 못할 우려가 있음. 따라서 회사는 상위 법령과 내규가 일치하도록 내규를 정비하고 실무자가 내규를 활용하여 업무를 일관되게 수행할 수 있도록 실제 업무수행 내용을 참조하여 구체적 업무처리 지침을 마련하시기 바람

3. 임직원의 역할과 책임(보고책임자 임명 포함)

(1) 개요

자금세탁방지제도의 도입 초기, 자금세탁방지를 위한 내부통제 체제는 준법감시부서나 보고책임자가 담당할 업무라고 생각하는 것이 일반적인 시각이었다. 그러나 자금세탁방지는 금융회사 임직원 중 어느 한 사람이 담당하여 수행하는 것이 아니라 전체 임직원이 자신의 역할과 책임을 명확하게 수행하고, 이에 대한 준법문화가 정착될 경우 최선의 효과를 달성할 수 있다.

즉, 일선 영업점 직원부터 이사회의 이사까지 자신에게 부여된 역할과 책임을 명확하게 이해하고 이를 적정하게 수행할 경우, 법규 위반의 위험을 최소화할 수 있게 된다. 특히, 개정된 지배구조법에 따른 책무구조도가 시행됨에 따라 금융회사 임직원의 역할과 책임이 더 명확하게 마련될 것으로 예상된다.

또한, 2025년 5월 13일부터 시행되는 개정 자금세탁방지 업무 규정은 이사회, 대표이사, 준법감시인 그리고 보고책임자의 역할과 책임에 대하여 좀 더 구체적이고 명확하게 규정하고 있다(개정 자금세탁방지 업무 규정은 2025년 5월 13일 시행 예정임)

자금세탁방지 업무규정 개정 이유(2024년 11월 12일, 금융위원회 보고자료 발췌)

- 자금세탁방지 업무규정의 주된 개정 이유는 보고책임자의 자격요건 및 직위를 신설하여 자금세탁방지 업무의 전문성과 독립성을 확보하는 한편, 이사회 · 대표이사·경영진 · 보고책임자의 역할과 책임을 명확히 하여 자금세탁방지 업무의 실효성을 제고하기 위함임
- 개정 전 업무규정은 이사회 · 경영진 · 보고책임자의 자금세탁방지 업무 관련 역할과 책임을 규정하고 있으나, 일부 내용이 추상적으로 기술되는 등 주요 자금세탁 방지 의무의 이행 주체와 감독책임의 범위가 모호하다는 지적이 있었음
- 또한, 자금세탁방지 업무의 실무를 총괄하는 보고책임자의 자격요건이나 그 직위가 따로 정해진 바가 없어 자금세탁방지 업무 경력이 없는 직원이 보고책임자로 임명되는 등 전문성과 독립성이 충분히 확보되지 못한 사례도 다수 있었음(대부분의 금융회사의 경우 준법감시인이 보고책임자를 겸임함).
- 이에 금융정보분석원은 자금세탁 기법이 나날이 고도화·전문화되는 상황에서 금융회사등이 전사적 역량을 갖추어 관련 리스크에 대응할 수 있도록 자금세탁방지 업무담당자의 역할과 책임을 명확화하고 전문성·독립성을 강화하는 내용의 업무규정 개정을 추진하게 됨

(2) 이사회의 역할과 책임

1) 개요

국내 금융회사등에서 대형 금융사고가 발생한 경우, 규제당국은 해당 금융회사의 내부통제에 문제가 있다고 판단하여 즉각적인 내부통제 강화를 요구하고. 이와 더불어 금융사고를 발생케 한 내부통제 취약성에 대하여 경영진의 책임을 묻지만, 이사회에 대하여 직접적인 책임을 묻는 사례는 아직까지는 없었다.

그러나 미국이나 영국 등에서는 금융회사등의 자금세탁방지 정책에 대한 가장 상위 원칙을 정하는 자금세탁방지 규정(각 금융회사의 내규에 따라 명칭이 달라질 수 있음)에 대해서는 이사회의 승인을 받아야 하며, 문제가 발생할 경우 이사회에 직접적인 책임을 물어 자금세탁방지 업무를 담당하는 이사를 경질하는 경우가 종종 있다.

현재 자금세탁방지 업무 규정 제4조 "이사회의 역할과 책임에 따르면 이사회는 경영진이 자금세탁방지를 위해 설계·운영하는 내부통제 정책에 대한 감독책임과 경영진과 감사(또는 감사 위원회)의 평가 및 조치결과에 대한 검토와 승인을 하여야 하는 역할과 책임을 부여받는다.

예를 들어 각 금융회사는 전사적 위험평가 결과와 제도이행평가 결과를 이사회에 보고하여야 하는데, 해당 평가 과정에서 내부통제가 취약한 사항을 적정하게 파악하여 이에 대한 개선조치를 마련하여 이사회의 승인등을 받아야 한다. 이 때 이사회는 개선조치 등이 미흡할 경우 경영진에게 적정한 개선조치를 수행할 것으로 요구하여야 한다.

또한, 자금세탁방지업무에 대하여 정기적으로 감사를 수행하고, 해당 결과를 감사위원회와 이사회에 보고하고 감사지적 사항에 대하여 개선이 적정하게 이행되고 있는지 추적하고 지속해서 업데이트하여야 한다.

2) 이사회의 역할과 책임

<table>
<tr><th colspan="2">이사회의 역할과 책임(개정전 VS 개정 후)</th></tr>
<tr><td>개정전 이사회의 역할과 책임
① 금융회사등은 경영진이 설계 · 운영하는 자금세탁방지와 공중협박자금 · 대량살상무기확산자금조달금지(이하 "자금세탁방지등"이라 한다) 활동과 관련하여 이사회에 역할과 책임을 부여하여야 한다.
② 제1항에 따른 역할과 책임에는 다음 각 호의 사항이 포함되어야 한다.
1. 경영진이 자금세탁방지등을 위해 설계 · 운영하는 내부통제 정책에 대한 감독책임
2. 자금세탁방지등과 관련한 경영진과 감사(또는 감사위원회)의 평가 및 조치결과에 대한 검토와 승인 등</td><td>개정 후 이사회의 역할과 책임
① 금융회사등은 자금세탁방지와 공중협박자금 · 대량살상무기확산자금조달금지(이하 "자금세탁방지등"이라한다) 업무와 관련하여 이사회에 역할과 책임을 부여하여야 한다.
② 제1항에 따른 역할과 책임에는 다음 각 호의 사항이 포함되어야 한다.
1. 법 제5조 제1항 제2호에 따른 절차 및 업무지침(이하 "업무지침"이라 한다)의 제정 · 개정 및 폐지
2. 독립적 감사 결과 및 사후조치에 대한 검토와 승인
3. 대표이사 · 「금융회사의 지배구조에 관한 법률」(이하 "금융사지배구조법"이라 한다) 등 법령에 따른 준법감시인 또는「상법」에 따른 준법지원인(준법감시인과 준법지원인을 포괄하여 이하 "준법감시인등"이라 한다) · 보고책임자 등에게 내부통제 체계[계열회사(「독점규제 및 공정거래에 관한 법률」 제2조 제12호에 따른 계열회사를 말한다. 이하 같다)와 자회사(상법제342조의2에 따른 자회사를 말한다. 이하 같다)를 보유한 금융회사등의 경우 계열회사와 자회사를 포함하는 내부통제 체계를 의미한다. 이하 같다] 구축 · 운영 실태의보고 요구, 취약점에 대한 개선지시, 취약점 개선 조치 사항에 대한 검토와 승인</td></tr>
</table>

개정된 업무규정은 이사회의 감독대상이 구체화되고 감독업무 내용을 명확하게 된다. 즉, 기존에 "경영진"으로 모호하게 규정되었던 이사회의 감독 대상을 "대표이사 · 준법감시인 · 보고책임자"로 구체화하고, 이사회의 역할과 책임도 내부통제 체계의 구축·운영에 대한 "감독" 및 취약점에 대한 개선조치에 대한 승인, 개선지시 등으로 명확하게 규정하고 있다. 즉, 이사회에 일반적인 감독의무만 부과할 뿐, 구체적인 감독범위와 업무내용이 불분명하게 정하였던 기존 규정을 개선하여, 이사회의 역할이 구체화 된다.

따라서 자금세탁방지 업무규정이 시행되는 2025년 5월 13일부터는 1) 금융회사등의 주요 내규인 업무지침의 제정·개정·폐지 등을 위해서는 이사회의 승인을 받아야 하고(개정된 규제요건을 준수하기 위하여 각 금융회사등은 해당 내용을 반영하기 위하여 자금세탁방지를 위한 업무지침등 내규를 정비하여야 함), 2) 이사회를 구성하는 이사들이 자신들이 감독하여야 하는 대상과 업무를 포함한 역할과 책임에 대하여 정확하게 이해할 수 있도록 적정한 연수 프로그램 등을 제공하는 것이 필요할 것이다.

또한, 이사회는 대표이사·준법감시인·보고책임자 등에게 해당 금융회사등의 계열회사[30]와 자회사[31]의 내부통제 체계에 대해서도 감독할 책임을 지므로, 이사회가 감독하여야 하는 자회사나 계열회사를 명확하게 문서화하고(변경될 때마다 업데이트 하여야 함), 해당 자회사나 계열회사를 어떻게 감독할 것인지를 구체적으로 정한 내규를 마련하여야 한다.

최근 해당 자회사등의 범위를 어떻게 정의할 것인가에 대하여 일부 대형 법무법인의 해석에 따르면 "특정금융정보법은 위험기반접근방식(Risk Based Approach : RBA)원칙을 전제로 하고 있는데 업무 규정상 금융회사등의 자회사에 금융거래등을 하지 않는 일반회사까지 모두 포함된다고 해석할 경우 이러한 RBA 원칙에도 부합하지 않는 결과가 초래될 가능성이 있어, 해당 자회사 등은 "금융거래 등"을 하는 금융 자회사로 한정하여 보는 것이 합리적이라고 해석한다.

다만, 금융회사등에 속하는 않는 자회사와 계열회사(즉 비금융 자회사 등)에 대해서도 특정금융정보법 및 관련 규정이 적용되는지에 대해서 금융위원회의 비금융 해외 자회사에 대한 유권해석에 다음과 같은 내용이 있으므로 이 부분은 사안마다 다르게 적용될 수 있다는 점에 유의하여야 한다.

---

30) 독점규제 및 공정거래에 관한 법률 제2조 제12호에 따른 계열회사를 의미함

31) 상법 제342조의 2에 따른 자회사를 의미함

특정금융정보법 및 관련 규정 적용이 되는 자회사 등의 범위에 대한 유권해석

- 국내 금융회사의 해외 자회사가 "특정금융정보법"에서 금융거래로 정하지 않는 업무(보험관리업, 보험중개업)를 하는 경우 해당 자회사에게 특정금융정보법 및 관련 규정이 적용되는지 여부
- 국내 금융회사등의 해외 자회사가 특정금융정보법에서 금융거래로 정하지 않은 업무를 하는 경우라도 국내 금융회사등이 특정금융정보법 제2조 제1호 및 동법 시행령 제2조에 따른 금융회사등이라면 해당 자회사도 감독규정 제1조의2에 따라 금융회사등에 포함되므로 특정금융거래법 및 관련 규정이 적용되고 업무규정 제27조 제1항에 따라 금융회사등은 자회사에 대해 자금세탁방지등과 관련된 기준이 준수되도록 특별한 주의를 기울여야 한다고 보입니다.
- 특정금융정보법 제2조 제1호 및 동법 시행령 제2조 제15호에서는 ML/TF 행위에 이용될 가능성이 있는 금융거래등을 하는 자로서 금융정보분석원의 장이 정하여 고시하는 자를 금융회사등에 포함시키고 있으며 특정금융정보법 감독규정에서 제1조의2에서는 그 밖에 ML/TF 행위에 이용될 가능성이 있는 금융거래등을 하는 자로서 금융정보분석원장이 정하여 고시하는 자란 특정금융정보법 제2조 제1호 및 동법 시행령 제2조에 따른 금융회사등의 자회사를 말한다고 규정하고 있습니다.
- 또한, 자금세탁방지 업무규정 제27조 제1항은 금융회사등은 해외에 소재하는 자신의 지점 또는 자회사("금융회사등의 해외지점 등")의 자금세탁방지등의 의무이행 여부를 관리하여야 한다고 규정하고, 제2항에서 금융회사등은 FATF 권고사항이 이행되지 않거나 불충분하게 이행되고 있는 국가에 소재한 금융회사등의 해외지점 등에 대하여 자금세탁방지등과 관련된 기준이 준수되도록 특별한 주의를 기울여야 한다고 정하고 있습니다.
- 따라서, 국내 금융회사등의 해외자회사가 특정금융정보법에서 금융거래로 정하지 않은 업무를 하는 경우라도 국내 금융회사등이 특정금융정보법 제2조 제1호 및 동법 시행령 제2조에 따른 금융회사등이라면 해당 자회사도 감독규정 제1조의2에 따라 금융회사등에 포함되므로 특정금융거래법 및 관련규정에 적용되고 업무규정 제27조 제1항에 따라 금융회사등은 자회사에 대해 자금세탁방지등과 관련된 기준이 준수되도록 특별한 주의를 기울여야 한다.

(3) 이사회의 역할과 책임에 대한 주요 지적사항

① 「자금세탁방지 업무규정」에 의하면, 경영진이 설계·운영하는 자금세탁방지등의 활동과 관련하여 은행이 이사회에 그 역할과 책임을 부여하도록 하고 있으나 자금세탁방지업무와 관련된 이사회의 역할과 책임이 「이사회규정」이 아닌 「내부통제규정」에 반영되어 있으며, 경영진이 자금세탁방지업무 수행내용 등을 이사회에 직접 보고하는 절차가 마련되어 있지 않아 이사회의 자금세탁방지업무에 대한 실질적 감독에 한계가 있으므로, 자금세탁과 관련된 이사회의 역할과 책임을 「이사회규정」에 명시하고 경영진이 자금세탁방지업무 수행결과 및 평가내용 등을 직접 이사회에 보고하도록 절차를 마련하는 등 관련 규정을 개선하시기 바람

② 금융회사의 이사회규정에는 이사회의 역할에 대해 경영진이 자금세탁방지와 공중협박자금조달금지를 위해 설계 운영하는 내부통제 정책에 관한 감독책임을 두고 있으나, 자금세탁방지등과 관련한 경영진과 감사위원회의 평가 및 조치 결과에

대한 검토와 승인에 관한 사항이 누락되어 있으므로 이를 보완할 필요가 있음

③ 내규인 「AML업무지침」에는 이사회의 역할과 책임이 규정되어 있음에도 대표이사가 동 업무지침의 제·개정권자로 지정되어 있어, 상위권자인 이사회의 역할을 대표이사가 결정하는 모순과 함께 이사회가 자금세탁방지에 대한 역할과 책임을 인지하지 못할 우려가 있으므로 동 지침의 제·개정권자를 대표이사에서 이사회로 상향시키거나, 자금세탁방지관련 이사회의 역할 및 책임을 「이사회규정」에 포함토록 관련 규정을 개선하시기 바람

④ 감사와 경영진의 자금세탁방지 업무수행 결과 이사회 앞 보고가 적절히 이루어지지 않고 있으므로 감사는 독립적인 감사를 실시한 후 그 결과를 이사회에 보고하고, 경영진은 내부통제의 취약점에 대한 개선조치사항을 이사회에 보고할 필요가 있음

⑤ 다음의 주로 해외 자회사등에 대한 지적사항으로, 이사회 교육 등에 해당 사례 등을 반영하여 제공할 경우 이사회의 역할과 책임을 명확하게 이해하는데 도움이 될 수 있을 것으로 판단하여 기술하였다.

• 해외 현지법인 등에 대한 고객확인업무 개선

해외에 소재하는 지점 또는 자회사의 자금세탁업무 이행과 관련 준법감시부는 진출국 현지 법규의 존재여부, 현지 법인내 자금세탁 관련 내규의 보유 여부만을 파악하는 등 형식적으로 관리하고 있으므로 모든 해외 현지법인 진출국의 AML 관련 법규 내용을 파악하여 우리나라의 규제 내용과 비교하여 높은 기준을 채택해 현지법인 내규에 반영할 수 있도록 내부통제 절차를 구축하고 이의 이행여부를 정기적으로 점검하는 등 현지법인의 AML 관리를 강화할 필요

• 해외점포 자금세탁방지 업무 관리·감독업무 강화

자금세탁방지 업무규정 제27조에 의하면 금융회사는 해외에 소재하는 자신의 지점 또는 자회사의 자금세탁방지등의 의무이행 여부를 관리하여야 하는데도 해외점포의 자금세탁 방지업무를 처리함에 있어 아래와 같은 미흡한 점이 있으므로 해외 자금세탁방지 체계를 개선하시기 바람

- 20XX년 은행 감사부가 실시한 해외점포에 대한 리스크 평가시 자금세탁방지 시스템에 대한 비중이 낮아 해외점포에 대한 리스크 파악이 미흡할 수 있으므로, 자금세탁방지시스템 항목을 다양화하여 배점을 높이고 소재 국가별

감독·검사 강도 등을 감안하여 국가별로 배점을 차별화하는 등 해외점포의 자금세탁방지시스템에 대한 리스크 평가 업무의 효율성을 제고할 것

- 해외점포 자금세탁방지 업무에 대한 평가 및 상시 감시를 위해 1개월 기준으로 해외점포로부터 보고서(AML Report)를 징구하고 있으나 보고서의 구성이 의심스러운거래 보고, 고액현금거래 보고, 고객확인, 교육 등의 이행 건수 및 금액 등 정량적인 정보 위주로 구성되어 있는 등 내용이 단순하여 리스크 파악에 한계가 있으므로 전산시스템 구축을 통해 보고서 취합 및 보고 주기를 개선할 필요가 있으며, 보고서의 내용도 소재국의 자금세탁방지업무 특이 사항, 현지 감독당국의 감독·검사동향 등 정성적 부분을 확대하고 해외 점포와 보고내용에 대한 피드백을 실시하는등 해외점포에 대한 자금세탁방지업무 상시감시 체계를 개선할 것
- 감사부는 해외점포에 대한 검사 지적사항의 이행현황을 보고받고 있으나, 지적사항에 대한 관리·감독이 충실히 이행되지 않아 ◦◦ 현지법인이 동일한 내용을 재지적 받는 등 본점차원의 관리·감독이 형식적으로 운영되고 있어 현지 감독당국의 조치요구 사항 및 이행 현황을 준법지원부에 보고하도록하고 이행현황에 대해 감사부·준법지원부 등 관련부서가 공동으로 협의하는 절차를마련함과 아울러 내부통제위원회에 보고하는 등 해외 감독당국의 임점검사 후지적사항 정리에 대한 본점의 관리·감독 등 통제를 강화할 것

• 해외점포 자금세탁방지 업무 관리 미흡

해외점포에 대한 자금세탁방지 업무 관리, 감독을 위해 해외점포가 제출하는 정기보고서의 항목을 정량항목 위주에서 정성항목으로 확대하고, 자가평가 결과에 대한 검증 및 피드백 절차 등을 마련하는 등 본점의 해외점포 관리, 감독 및 협업 체계를 강화하며 해외점포에 대해 소재 국가별 특성을 반영한 위험평가 및 위험관리 체계를 마련하는 등 상시감시를 강화할 필요

• 해외지점에 대한 자금세탁방지업무 관리 불철저

A은행은 X지점에 대한 현지 감독기관의 검사 결과 자금세탁방지관련 시스템·내부통제 미흡 및 외주 내부감사인에 대한 본점과 경영진의 관리·감독 부족 등을 지적받는 등 X지점의 자금세탁방지 업무가 전반적으로 부실하게 운영되고 있었음에도, YY부 등은 X지점의 자금세탁방지 업무상 취약부분 개선을 위한 실질적이고 효과적인 조치를 취하지 아니하는 등 자금세탁방지

업무에 관한 관리·감독을 태만히 하여 X지점이 현지 감독기관으로부터 개선 미이행으로 재차 지적되고 거액의 제재금을 포함한 공식 제재조치를 받음으로써 은행의 재무적 손실 및 평판 저하를 초래한 사실이 있음

• 해외점포에 대한 자금세탁방지업무 관리 불합리

해외지점의 자금세탁방지업무 관리와 관련하여 아래와 같은 미흡사항이 있으므로 국내법 및 현지법에 부합하도록 지점 내규를 관리하고 전사적 자금세탁위험평가시 해외지점을 포함하는 등 해외점포에 대한 자금세탁방지업무 관리를 합리적으로 개선하시기 바람

- X지점 내규를 마련하면서 국내법과 현지법의 차이점에 대한 비교 검토를 소홀히 하여 비영리법인의 설립목적 확인에 관한 사항(현지법은 비영리법인의 설립목적 확인의무가 없음(검사착수일 현재 X지점 고객 중 비영리법인은 없음)이 누락되었음
- XX년 X월 위험기반 자금세탁방지 전산시스템을 구축하고, 그 다음해가 되서야 전사적자금세탁위험 평가를 수행하는 등 본점부서 및 영업점을 포함한 은행 전체의 자금세탁위험을 측정하여 관리하고 있으나, A지점은 전사적 자금세탁위험 평가 대상에포함되어 있지 않음

• 국외점포 등에 대한 AML 관리체계 개선

- 은행 내부규정상 국외점포에 대한 본점차원의 AML 임점점검을 의무사항이 아닌 선택사항으로 규정하고 있으며, 일부 국외점포의 경우 장기간 임점점검을 실시하지 않은 사례가 있으므로 내부규정 개정 등을 통해 AML 업무개선이 미진한 국외점포에 대해 의무적으로 임점점검을 실시하는 등 국외점포에 대한 AML 업무점검을 강화하시기 바람
- 외환거래시 수취인이 금융제재(Sanctions) 대상자에 해당하는지 검색하여 거래를 제한하는 전산검증 시스템(Safe Watch)을 운영하고 금융제재 관련 의심사항이 있는 경우 외환거래 전 추가 서류 점검도 실시하고 있으나, 전산검증시 성명 정보만 사용 가능하고 서류점검 인원도 타 은행 대비 현저히 적은 수준이므로 금융제재대상자의 검색 정보를 확대하고 점검인력을 보강하는 등 금융제재대상자 확인 절차를 강화하시기 바람

• 해외점포 자금세탁방지 업무 관리 미흡

A은행은 내규 「해외 자금세탁방지업무 관리지침」에 따라 해외점포의 자금세탁방지 업무의 적정성 등을 주기적으로 점검하기 위해 AML 업무 운영 현황 및 자기평가를 분기별로 제출받고 있으나, 보고자료가 형식적으로 작성(보고자료의 구성이 정량적인 정보 위주로만 되어 있어 정성적인 평가항목이 없고, 자기평가는 형식적인 체크리스트로서 검증 및 사후관리가 미흡)되는 등 해외점포의 전반적인 AML 리스크를 파악하는데 한계가 있어 점검의 실효성이 낮으므로 해외점포가 제출하는 보고자료에 대한 실질적인 검증 및 피드백 절차를 마련하는 등 해외점포에 대한 자금세탁위험 관리를 강화하시기 바람

4. 대표이사의 역할과 책임

(1) 대표이사의 역할과 책임

자금세탁방지 의무는 금융회사 측면에서 보면 수익을 창출하는 업무와 직접적인 관계가 없고, 인력배치 및 시스템 구현 등 비용이 크게 발생하는 업무이므로, 제도 도입 초기 대표이사나 경영진의 관심을 두기 어려워, 견고한 전사적인 자금세탁방지 문화를 구현하기가 쉽지 않았다.

그러나 규제당국의 규제 강화와 국내외에서 거액의 과태료를 부과받는 경우가 종종 발생하고, 자금세탁방지 의무 미준수에 대한 책임이 대표이사나 경영진까지 높아질 수 있다는 변화 때문에 대표이사나 경영진의 역할이 강조되고 있다. 즉, 대표이사를 포함한 경영진의 자금세탁방지 준법의식은 자금세탁방지 내부통제 체제가 일선 직원부터 이사회까지 전사적으로 자금세탁방지 업무를 적정하게 이행하는 데 가장 중요한 원동력이 된다.

개정 전 자금세탁방지 업무 규정에서는 대표이사가 아닌 경영진의 역할과 책임에 관하여 규정되었으나, 개정된 업무 규정은 경영진이 아닌 대표이사의 책임과 역할을 명료화하고 있다. 즉, 업무 범위가 불분명한 것으로 지적되었던 대표이사의 경우, 개정 규정에 따르면 자금세탁방지 관련 업무지침 마련 및 이사회 보고, 보고책임자 임명, 자금세탁방지 업무조직 구성 등 내부통제 체계 "구축"을 총괄하게 된다.

또한, 보고책임자 등에게 내부통제 체계의 취약점을 보고받은 경우, 해당 취약점이 적정하게 개선되도록 하고, 해당 개선사항을 이사회에 보고하는 것도 대표이사의 책임으로 규정된다(기존의 경영진의 역할과 책임은 삭제[32]됨).

결론적으로 개정 업무 규정에서 정한 대표이사의 주된 책임은 1) 업무지침에 대한 이사회 상정(단, 법규 개정에 따른 용어변경, 자구수정 등 업무지침 내용의 실질적인 변화를 수반하지 않는 개정의 경우에는 대표이사가 이를 승인할 수 있음), 2) 자금세탁방지업무 관련 전문인력 배치 등 지원조직 구성·유지, 3) 보고책임자가 보고한 자금세탁방지 내부통제체계의 취약점 개선 및 개선조치 사항의 이사회 보고 등으로 정리할 수 있다.

대표이사가 해당 역할과 책임을 다하기 위해서 가장 효율적인 방법은 자금세탁방지업무에 대한 별도의 위원회등을 마련하여, 대표이사가 직접 위원장이 되도록 한 후, 자금세탁방지를 위한 리스크를 파악하고, 이에 대한 개선이 적정하게 이루어지는지에 대한 추적관리를 하도록 하는 벙법도 있다(만약 대표이사가 직접 참여하고 위원장의 역할을 담당하는 내부통제위원회가 있는 경우, 해당 위원회에 자금세탁방지의무에 대한 내용을 논의할 수 있도록 권한을 부여하는 방법도 있음).

해당 위원회 등에서는 주된 임원이 직접 참여하여 각 업무프로세스 별 리스크를 관리하도록 하는 방법이 가장 바람직하다. 예를 들어, 비대면 고객확인을 수행할 경우, 신분증 진위여부에 대한 시스템이 사본을 원본처럼 확인하는 이슈가 발견되었다면,

32) 구, 자금세탁방지업무 규정상의 제5조(경영진의 역할 및 책임)

① 금융회사등은 경영진에게 자금세탁방지등의 활동에 관한 역할과 책임을 부여하여야 한다.

② 제1항에 따른 역할과 책임에는 다음 각 호의 사항이 포함되어야 한다.

1. 자금세탁방지등을 위한 내부통제 정책[계열회사(「독점규제 및 공정거래에 관한 법률」 제2조제3호에 따른 계열회사를 말한다. 이하 같다)와 자회사(상법 제342조의2에 따른 자회사를 말한다. 이하 같다)를 보유한 금융회사등의 경우 계열회사와 자회사를 포함하는 내부통제 정책을 의미한다. 이하 같다]의 설계·운영·평가
2. 자금세탁방지등을 위한 내부통제 규정 승인
3. 내부통제 정책의 준수책임 및 취약점에 대한 개선조치 사항의 이사회 보고
4. 내부통제 정책 이행과정에서 발견된 취약점을 개선할 책임
5. 자금세탁방지등의 효과적 수행에 필요한 전문성과 독립성을 갖춘 일정 직위 이상의 자를 보고책임자로 임명 및 그 임면사항을 금융정보분석원의 장(이하 "금융정보분석원장"이라 한다)에게 통보 등
6. 제19조제2항제1호에 따른 정책·통제·절차에 관한 사항

디지털 부서나 개인고객을 담당하는 임원에게 해당 이슈를 적절히 개선할 수 있도록 하여 실질적 이행책임을 경영진에게 부여할 수 있다.

대표이사의 역할과 책임

① 금융회사등은 대표이사(대표이사가 없는 경우 이에 준하는 자를 말한다. 이하 같다)에게 자금세탁방지등 업무와 관련하여 역할과 책임을 부여하여야 한다.
② 제1항에 따른 역할과 책임에는 다음 각 호의 사항이 포함되어야 한다.
 1. 자금세탁방지등을 위한 내부통제체계의 총괄적 구축 · 운영
 2. 업무지침 제정 · 개정 · 폐지 안건의 이사회 상정(법규 개정에 따른 용어변경, 자구수정 등 업무지침 내용의 실질적인 변화를 수반하지 않는 개정의 경우에는 대표이사가 이를 승인할 수 있다) 및 세부 업무지침 승인
 3. 전문인력 배치 등 지원조직 구성 · 유지
 4. 보고책임자 등에게 보고받은 내부통제체계의 취약점 개선 및 개선조치 사항의 이사회 보고
 5. 다음 각 목의 기준(준법감시인등을 보고책임자로 임명하는 경우에는 적용하지 아니한다)에 따라 다른 직을 겸하는지 여부 등을 고려하여 직무를 충실하게 수행할 수 있는 보고책임자를 임명
 6. 제19조제2항제1호에 따른 정책 · 통제 · 절차에 관한 사항
 7. 보고책임자가 수행하는 자금세탁방지등 업무를 상당한 주의를 다하여 감독할 책임(준법감시인등을 둘 법령상 의무가 있는 금융회사등의 경우 준법감시인등을 보조하는 범위에 한정한다)

또한, 대표이사는 보고책임자가 수행하는 자금세탁방지등 업무를 상당한주의를 다하여 감독할 책임을 가지는데, 준법감시인등을 둘 법령상 의무가 있는 금융회사등의 경우 준법감시인 등을 보조하는 범위에 한정하도록 규정하고 있다.

즉, 준법감시인등이 보고책임자를 겸직하지 않고 분리된 경우, 준법감시인이 보고책임자가 수행하는 자금세탁방지등 업무를 상당한 주의를 다하여 감독할 책임을 가지게 되므로, 법상 준법감사인이 필수적으로 요구되지 않은 가상자산사업자나 전자금융업자 등이 준법감시인을 두고 보고책임자를 분리하여 마련할 경우, 자금세탁방지의무 위반과 관련하여 보고책임자가 행위자의 책임을 질 경우, 대표이사가 아닌 준법감시인이 감독책임을 지게 되는 효과가 발생할 수 있다.

TD 은행의 자금세탁 사례 -38

- 토론토-도미니언 뱅크(TD 뱅크 – 캐나다의 5대은행이자 미국에서 7번째로 큰 캐나다 은행임)
- TD은행은 중국 마약조직의 자금세탁 및 불법거래 수행, 뇌물 수수로 거액의 벌금을 납부함(약 4조 8천억 원)
- TD뱅크 그룹의 CEO는 "은행의 미국 AML 프로그램의 결함이 심각하다는 것을 인식하고 있으며, 우리의 의무와 책임을 충실하게 준수하기 위해서는 CEO와 고위 경영진, 이사회의 노력과 의지가 가장 중요하다"고 발언함

- TD 은행의 자금세탁행위는 TD은행의 직원들이 연관된 사례로서
  - TD은행의 A지점 직원(X)은 신원을 알 수 없는 외국인을 위해 가짜 이름과 주소를 사용하여 계좌를 개설하여 주고 해당 사실을 은폐하고 뇌물로 200달러를 받은 것으로 확인됨. 신원을 알 수 없는 이들은 X가 제공하는 직불카드를 사용해 콜롬비아의 ATM에서 거액의 현금을 인출하여 의심거래로 계좌 동결 조치가 이루어졌으나, X는 계좌보유자들을 대신하여 신원 보증을 해 주고 계좌동결을 해지시킴
  - TD은행의 B지점 직원들은 다른 용의자들의 계좌를 개설하고, 사기 및 자금세탁을 위한 거래 감시를 회피하도록 지원함

(2) 경영진(대표이사 포함) 역할과 책임에 대한 지적사항

현재까지 대표이사나 경영진의 책임에 대한 직접적인 지적사항은 확인되지 않았으나 다음 지적사항은 향후 대표이사가 부담하여야 하는 책임과 관련된 사항이므로 대표이사 연수 등에서 참조사례로 활용할 수 있을 것으로 기대해 본다.

① 역할 및 책임이 명확하지 않은 자금세탁방지(AML) 심의위원회를 보고책임자(준법감시인) 상위에 두고 자금세탁방지 업무의 주요 사항을 심의하도록 하고 있어 보고책임자의 독립성 훼손 및 책임 전가의 우려가 있는 한편, AML 심의위원회(총 4명) 위원(위원장 포함)의 75%(3명)를 영업담당 임원으로 정하고 있어 영업과 자금세탁 관련 내부통제간 이행 상충 소지가 존재하므로 앞으로 자금세탁방지 업무 관련 보고책임자의 독립성을 강화하고 이해상충 소지를 최소화할 수 있도록 AML 심의위원회의 운영방식을 개선하시기 바람

② 자금세탁방지 업무 담당 인력구조 불합리

이번 검사 착수일 현재 자금세탁방지팀 직원 9명(부장, 팀장 제외)중 2년 단위 계약직 5명이 영업점에서 보고한 의심스러운 거래에 대한 검토 업무를 수행하고 있는데 계약기간 종료 후 신규 직원을 채용하여 다시 동일한 업무를 전담토록 함으로써 STR 검토 업무의 연속성, 효율성 및 정보보안이 소홀할 우려가 있으므로 담당 인력구조를 개선하시기 바람

5. 준법감시인의 역할과 책임(신설)

(1) 준법감시인의 역할과 책임

현재 대부분 금융회사등은 준법감시인이 보고책임자를 겸하고 있다. 그러나 개정된 업무규정에서는 준법감시인과 보고책임자를 분리할 것을 원칙으로 규정하고, 자금세탁방지업무에 대한 준법감시인의 역할과 책임을 신설하여 별도로 규정하고 있다.

개정된 업무 규정에 따르면 준법감시인은 1) 임직원의 자금세탁방지 업무지침 준수 여부에 대한 감독과 2) 보고책임자의 업무를 감독할 것이 요구된다(단, 준법감시인이 보고책임자를 겸직하는 경우, 동 감독책임은 대표이사가 부담하게 됨).

준법감시인과 보고책임자를 분리하게 된 배경에는 1) 보고책임자의 전문성을 확보하여 독립적인 업무를 수행하도록 하기 위한 것이기도 하며, 2) 준법감시인의 주된 역할은 금융회사등의 내부통제에 대한 준법점검 활동을 수행할 것을 기대하는데, 준법감시인이 보고책임자를 겸할 경우, 자금세탁방지 업무에 대해서는 준법감시인이 직접 업무수행의 책임자이며 준법점검 활동을 수행하여야 하는 자가 되므로 자신의 업무를 자신이 점검하는 이해상충이 이슈가 있으므로, 이 두 역할을 분리하여 준법감시인의 준법점검 활동을 강화할 것을 기대하는 것으로 이해된다.

준법감시인이 수행하여야 하는 임직원의 자금세탁방지 업무지침 준수여부에 대한 감독 역할에 대하여 아직 금융정보분석원의 정확한 해석이 나오지 않아 명확하게 기술할 수 없지만, 준법감시인과 보고책임자가 분리된 다른 국가들의 사례에서 살펴보면, 준법감시인은 감사부의 감사와는 별도로 보고책임자가 수행한 업무에 대한 준법점검활동을 수행한다.

해외 금융회사등의 사례를 살펴보면 준법감시부 산하에 점검부서를 설치하여 금융회사가 준수하여야 하는 다양한 법규의 준수여부를 점검하도록 한다(예를 들어 보고책임자가 수행하는 STR 보고의 적정성 점검 등, CDD 활동의 적정성에 대한 점검 등 다양한 점검을 수행함).

그러나 현재 대부분의 금융회사등에서 준법감시인은 영업점의 준법점검 과정에서 자금세탁방지 업무의 적절성을 점검하나, 보고책임자가 수행한 업무에 대해서는 직접 점검활동을 수행하지 않고 있으므로, 향후 각 금융회사는 보고책임자에 대한 준법점검

활동을 수행하기 위한 방법을 마련하여야 한다.

따라서, 금융회사등은 보고책임자의 업무에 대한 준법점검 활동 수행을 위한 방법론을 마련할 필요가 있으나, 만약 이런 방법론을 마련하기 어려울 경우, 점검범위를 좁혀 테마 점검 방식으로 점검을 수행할 수 있을 것 같다(예를 들어 고위험 고객의 CDD 적정성 확인, 거래모니터링에서 미보고로 결정한 거래에 대한 점검 등). 다만, 현재 대부분의 금융회사가 금융정보분석원 앞 준법감시인의 역할과 책임에 대하여 질의를 하여 지침을 기다리고 있으므로, 향후 금융정보분석원의 유권해석이나 지침 등을 확인하여 적정한 내부통제 체계를 구축할 필요가 있다.

준법감시인의 역할과 책임

① 금융회사등은 준법감시인등에게 자금세탁방지등 업무와 관련하여 역할과 책임을 부여하여야 한다. 다만, 준법감시인등을 둘 법령상 의무가 없는 금융회사등은 제2항 제1호의 역할과 책임을 보고책임자에게 부여하여야 한다.

② 제1항에 따른 역할과 책임에는 다음 각 호의 사항이 포함되어야 한다.

1. 법 제5조 제4항에 따라 임직원의 직무 수행시 업무지침 준수여부 감독
2. 보고책임자가 수행하는 자금세탁방지등 업무를 상당한 주의를 다하여 감독할 책임(준법감시인등이 보고책임자를 겸직하지 않는 경우에 한정한다)

(3) 준법감시인의 역할과 책임에 대한 지적사항

① 준법감시팀이 일반업무에 대한 감사업무 및 자금세탁방지업무를 겸임하고 있으므로, 전문적으로 감사업무를 수행하는 인력 및 조직을 확보하여 준법감시팀의 자금세탁방지업무 수행에 대한 독립적이고 정기적인 감사실시 및 평가가 이행되도록 관련 조직 체계를 개선하시기 바람

② 현지 감독당국이 A사의 해외지점 준법감시 인력의 전문성 부족 및 지점 준법감시인(Compliance Officer)의 인적자원 등에 대한 통제 강화를 반복 지적하고 있음에도, 지점 준법감시 인력의 전문성 및 준법감시업무 경험이 여전히 부족한 것으로 판단되므로, 지점 준법감시인의 준법감시 업무 및 인적자원 운영에 대한 적정한 관리·감독이 가능하도록 통제 방안을 마련할 필요

6. 보고책임자의 역할과 책임

(1) 개요

보고책임자[33]는 각 금융회사등의 자금세탁방지 업무를 총괄하는 자로서, 의심거래, 고액현금거래를 금융정보분석원에 보고하고 고객확인업무를 총괄하는 역할을 수행하는 자이다. 홍콩 등 일부 국가에서는 보고책임자로 임명된 자가 그에게 부여된 자금세탁방지 업무를 적정하게 이행하지 않을 경우, 보고책임자 개인에 대하여 형사책임을 부담하도록 법제화하고 있고, 일반적으로 자금세탁방지 업무에 대한 전문성을 갖춘 자로 임명한다(예를 들어, 법집행기관 경력자, 변호사, 회계사 등).

그러나 우리나라는 앞에서 기술한 바와 같이 대부분의 금융회사등에서 준법감시인이 보고책임자를 겸하고 있어, 이번 업무 규정 개정을 통하여 보고책임자의 자격과 지위를 명확히 하고, 자금세탁방지 관련 내부통제 체계를 정기적으로 점검하고, 취약점을 대표이사에게 보고하도록 관련 규정을 명확화하였다.

(2) 보고책임자의 임면

보고책임자는 대표이사가 임면할 수 있으며, 금융회사등은 보고책임자 임면통보서에 의하여 해당 내용을 금융정보분석원 홈페이지를 통해 등록하여야 한다.

특정금융정보법 - 보고책임자의 임면

제17조(보고책임자 임면 통보) 영 제9조의 규정에 의하여 보고책임자를 임면한 금융회사등은 별지 제3호 서식의 보고책임자 임면통보서에 의하여 당해 내용을 금융정보분석원 홈페이지를 통해 등록하여야 한다.
제18조(내부 보고체제 수립 등의 예외 등)
① 삭제
② 다음 각호의 금융회사등의 보고책임자는 당해 금융회사등을 관리 또는 운용하는 금융회사등의 보고책임자가 겸임한다.
  1. 여신전문금융업법에 의한 신기술사업투자조합
  2. 중소기업창업지원법에 의한 중소기업창업투자조합
  3. 산업발전법에 의한 기업구조조정조합
③ 영 제2조제10호의 규정에 의한 환전영업자의 보고책임자는 환전영업자가 금융정보분석원장에게 별도로 보고책임자를 통보한 경우를 제외하고는 한국은행총재에게 등록한 대표자를 보고책임자로 본다. 이 경우 한국은행총재는 등록된 대표자의 인적사항을 금융정보분석원장에게 통보하여야 한다.

---

33) An MLRO is an individual who ensures their company stays compliant with the rules on money laundering, which are described and overseen by the Financial Conduct Authority (FCA).

그러나 1) 여신전문금융업법에 의한 신기술사업투자조합, 2) 중소기업창업지원법에 의한 중소기업창업투자조합, 3) 산업발전법에 의한 기업구조조정조합의 경우에는 당해 금융회사등을 관리 또는 운용하는 금융회사등의 보고책임자가 겸임한다. 즉 해당 조합등을 관리 운용하는 금융회사등의 보고책임자가 자신이 속한 금융회사등과 해당 조합등의 보고책임자를 겸임하게 되는 것이다.

또한 환전영업자의 보고책임자는 환전영업자가 금융정보분석원장에게 별도로 보고책임자를 통보한 경우를 제외하고는 한국은행 총재에게 등록한 대표자를 보고책임자로 본다. 이 경우 한국은행총재는 등록된 대표자의 인적사항을 금융정보분석원자에게 통보하여야 한다. 즉, 환전업자의 경우 규모가 작은 것이 일반적이므로 별도의 보고책임자를 두기 어려울 수 있어, 예외적으로 규정하는 것으로 볼 수 있다.

보고책임자는 보고담당자 변경 등 정보의 변동이 있는 경우 금융정보분석원 홈페이지를 통해 이를 즉시 갱신하여야 하며, 필요한 경우 당해 기관 보고담당자 등을 금융정보분석원 홈페이지에 등록·관리할 수 있다.

특정금융정보법 감독규정 별지 제3호 서식 - 보고책임자 임면통보서

보고책임자 임면 통보서		
금융기관등 명 :		
	신 보고책임자1)	구 보고책임자1)
성 명		
직 위		
소 속 부 서		
임 명 일 자		
전 화 번 호		
이 메 일 주 소		

「특정금융거래정보의 제공 및 이용 등에 관한 법률」 제5조 및 같은 법 시행령 제9조의 규정에 따라 위와 같이 통보합니다.

년 월 일

통보자 직위 성명 (인)

금융정보분석원장 귀하

주 : 1) 보고책임자가 복수인 경우 칸을 나누어서 작성

(3) 보고책임자의 역할과 책임

보고책임자의 주된 역할과 책임은 1) 의심되는 거래 또는 고액현금거래를 금융정보분석원장에게 보고하고 2) 고객확인의 이행과 관련된 업무를 총괄, 3) 자금세탁방지등을 위한 내부통제 체계의 구체적 구축 · 운영과 관련하여 관련 규정 및 세부 업무지침의 작성 및 운용하고, 4) 직원알기제도를 이행하고 5) 임직원에 대하여 적절한 교육 및 연수 등을 제공하여야 한다.

이와 더불어, 보고책임자가 합리적 업무절차에 따라 상당한 주의를 다하여 직무를 수행한 경우, 위법·부당행위의 실질을 고려하여 행위책임 또는 감독책임의 주체를 달리볼 수 있도록 규정하였다. 즉, 지점 차원에서 발생하는 고객확인의무 또는 STR·CTR 보고의무 위반의 경우, 해당 위반 사유를 본점에서 점검하기 어려운 경우에 해당한다면 그 행위자와 감독자를 달리 정할 수 있도록 업무 규정을 개정하였다.

본점 점검이 어려운 경우란, 예를 들어 영업점에서 처리하여야 하는 STR Alert(위험신호)에 대하여 영업점에서 미보고로 처리하였거나, 본점 CDD 집중이행팀에서 CDD를 적정하게 수행하지 않은 경우 등이 있을 수 있다. 이 경우 보고책임자가 해당 지점이나 이행팀에서 수행한 Case에 대한 적정이행 점검을 위한 업무 절차를 마련하고 이에 따라 점검 업무를 수행하는 등 상당한 주의를 다하여 직무를 수행하였다는 것을 전제로, 해당 위반행위에 대한 행위 책임자를 누구로 할 것인지 고민해 볼 수 있다.

개정된 업무 규정에서 이러한 경우 아래와 같이 행위주체와 감독주체를 달리 정할 수 있을 것으로 예상된다. 그러나 아직 개정된 업무 규정에 대하여 금융정보분석원의 해석이나 지침이 나오지 않아, 개정된 업무 규정에 대한 금융정보분석원의 해석이나 지침 등이 제공될 경우, 더 명확해질 것으로 예상된다.

	본점점검이 가능한 경우	본점점검이 어려운 경우
STR·CTR 보고의무 위반	▪ 행위자: 보고책임자	▪ 행위자: 지점장 ▪ 감독자: 보고책임자
고객확인의무 위반	▪ 감독자: 보고책임자	▪ 감독자: 지점장

보고책임자의 역할과 책임[35]

① 금융회사등의 보고책임자는 법 제4조 및 제4조의2에 따라 의심되는 거래 또는 고액현금거래를 금융정보분석원장에게 보고하여야 한다.
② 금융회사등의 보고책임자는 법 제5조의2에 따른 고객확인의 이행과 관련된 업무를 총괄한다.
③ 금융회사등은 자금세탁방지등을 위한 내부통제 체계의 구체적 구축 · 운영과 관련하여 보고책임자에게 역할과 책임을 부여하여야 한다.
(개정 전) ③ 금융회사등은 자금세탁방지등을 위한 내부통제 정책의 설계 · 운영 및 평가와 관련하여 보고책임자에게 역할과 책임을 부여하여야 한다.
④ 제3항에 따른 역할과 책임에는 다음 각 호의 사항이 포함되어야 한다.
1. 관련 규정 및 세부 업무지침의 작성 및 운용
2. 직무기술서 등에 자금세탁방지등의 업무와 관련한 임직원별 역할과 책임 및 보고체계 등 명시
3. 전자금융기술의 발전, 금융 신상품의 개발 등에 따른 자금세탁행위 및 공중협박 자금·대량살상무기 확산자금 조달(이하 "자금세탁행위등"이라 한다) 유형과 기법에 대한 대응방안 마련
4. 직원알기제도의 수립 및 운영

---

34) 기존 업무규정상의 보고책임자의 역할과 책임(제6조 보고책임자의 역할 및 책임)
① 금융회사등의 보고책임자는 법 제4조 및 제4조의2에 따라 의심되는 거래 또는 고액현금거래를 금융정보분석원장에게 보고하여야 한다.
② 금융회사등의 보고책임자는 법 제5조의2에 따른 고객확인의 이행과 관련된 업무를 총괄한다.
③ 금융회사등은 자금세탁방지등을 위한 내부통제 정책의 설계 · 운영 및 평가와 관련하여 보고책임자에게 역할과 책임을 부여하여야 한다.
④ 제3항에 따른 역할과 책임에는 다음 각 호의 사항이 포함되어야 한다.
1. 관련 규정 및 세부 업무지침의 작성 및 운용
2. 직무기술서 또는 관련규정 등에 임직원별 자금세탁방지등의 업무와 관련한 역할과 책임 및 보고체계 등 명시
3. 전자금융기술의 발전, 금융 신상품의 개발 등에 따른 자금세탁행위 및 공중협박자금·대량살상무기확산자금 조달(이하 "자금세탁행위등"이라 한다) 유형과 기법에 대한 대응방안 마련
4. 직원알기제도의 수립 및 운영
5. 임직원에 대한 교육 및 연수
6. 자금세탁방지등의 업무와 관련된 자료의 보존책임
7. 자금세탁방지등의 운영상황 모니터링 및 개선 · 보완
8. 자금세탁방지등 시스템 · 통제활동의 운영과 효과의 정기적 점검결과 및 그 개선사항의 경영진 보고
9. 금융거래 규모 등 자체 여건을 감안한 전담직원 배치
10. 기타 자금세탁방지등과 관련하여 필요한 사항 등
⑤ 금융회사등의 보고책임자는 금융정보분석원과의 업무협조 및 정보교환 등을 위해 적절한 조치를 취하여야 한다.
⑥ 제5항에 따른 조치에는 다음 각 호의 사항이 포함되어야 한다.
1. 특정금융거래정보의 분석을 위해 금융정보분석원장이 문서에 의해 외국환거래 등을 이용한 금융거래 관련 정보 또는 자료의 제공을 요청하는 경우 그 제공
2. 의심되는 거래보고 및 고액현금거래보고와 관련한 내부보고체계 운용상황의 점검·개선사항에 대하여 금융정보분석원과의 정보교환 등

5. 임직원에 대한 교육 및 연수
6. 자금세탁방지등의 업무와 관련된 자료의 보존책임
7. 자금세탁방지등 관련 내부통제체계 구축 · 운영실태의 정기적 점검 및 그 결과 발견된 취약점의 대표이사 등에 대한 보고(다만, 대표이사는 준법감시인등이 점검 · 보고하도록 할 수 있다)
8. 기타 자금세탁방지등과 관련하여 필요한 사항 등
9. 삭제

⑤ 제1항부터 제4항까지의 규정에도 불구하고 보고책임자가 합리적 업무절차에 따라 상당한 주의를 다하여 직무를 수행한 경우 업무의 분장 및 조직구조 등을 포함한 위법 · 부당행위의 실질을 고려하여 관련자의 구분을 달리할 수 있다.

⑥ 금융회사등의 보고책임자는 금융정보분석원과의 업무협조 및 정보교환 등을 위해 적절한 조치를 취하여야 한다.

⑦ 제6항에 따른 조치에는 다음 각 호의 사항이 포함되어야 한다.

1. 특정금융거래정보의 분석을 위해 금융정보분석원장이 문서에 의해 외국환거래 등을 이용한 금융거래 관련 정보 또는 자료의 제공을 요청하는 경우 그 제공
2. 의심되는 거래보고 및 고액현금거래보고와 관련한 내부보고체계 운용상황의 점검 · 개선사항에 대하여 금융정보분석원과의 정보교환 등

(4) 보고책임자의 자격과 지위

준법감시인에 대해서는 자격요건과 지위 등이 명확하게 규정되었으나, 현행 업무규정에서는 보고책임자에 대해서는 구체적인 자격요건이나 지위 등을 규정하지 않고 있었다.

그러나 개정 자금세탁방지 업무규정에서는 자금세탁방지 업무에 요구되는 전문성·독립성을 고려하여 보고책임자 임명시 관련 경력이 2년 이상인 자를 임명하도록 자격요건을 신설하고, 최소한의 독립성을 보장하기 위해 최소 직위 요건을 규정하고 있다. 다만, 준법감시인 등을 보고책임자로 임명할 때는 준법감시인에 대한 자격요건과 지위 등에 관한 규정이 이미 마련되어 있으므로 동 규정은 적용되지 아니한다.

다만, 개정 보고책임자의 자격요건 요건에 대해서는 동 업무개정 시행 즉시(2025년 5월 13일) 전문 역량을 갖춘 보고책임자를 확보하기 어려울 수 있고, 적절한 인력 양성을 위해서는 충분한 시간이 필요하므로, 이런 업권의 상황을 고려하여 고시한 날로부터 2년 6개월의 유예기간을 부여하였으므로 동 조항이 적용되는 기관들은 2027년 5월 13일까지 자격을 갖춘 자를 보고책임자로 임명하면 된다.

즉, 금융회사가 향후 보고책임자로 선임할 것을 고려하는 임직원이 리더쉽이나 전문적인 역량이 충분하나, 업무경력이 2년에 미치지 못한 경우, 업무 규정 시행시점에서 해당 임직원을 보고책임자로 선임하고, 2년 유예기간 동안 해당 자금세탁방지업무를 전적으로 담당할 경우 해당 임직원은 2027년 5월 자격요건을 준수한 것으로 인정된다.

그런데 "자금세탁방지등 관련 분야에서 업무를 수행한 경력이 있는 자"에 대해서는 업무규정 개정을 위한 TFT에서 업무를 2년 이상 전담으로 한 경력을 자격요건으로 인정하는 것이 바람직하다는 의견이 있었는데, 일부 금융회사에서 영업점 총괄 업무를 담당하는 영업점장도 자금세탁업무를 일부 수행하므로, 해당 영업점장을 자금세탁방지에 관한 경력이 있는 자로 인정할 수 있지 않느냐에 대한 문의가 많았으나, 자금세탁방지 업무를 전담으로 한 경력만 자격요건으로 인정하는 것이 합리적이라는 의견이 다수를 차지한다.

보고책임자의 자격 요건(법령에 따라 준법감시인등을 둘 의무가 부여된 금융회사등에 한정)
1) 특정금융정보법 제2조 제1호의 금융회사등 또는 금융사지배구조법 시행령 제21조 제2항 제2호 가목부터 바목까지의 기관에서 2년 이상(자금세탁방지등을 주된 업무로 하지 않은 경우 경력의 절반만 인정하고 월 단위 이하 15일 이상은 1월로 하며 15일 미만은 계산하지 아니한다. 이하 같다) 자금세탁방지등 관련 분야 업무를 수행한 경력이 있는 사람 2) 자금세탁방지등 관련 분야의 석사학위 이상의 학위소지자로서 2년 이상 자금세탁방지등 관련 분야 업무를 수행한 경력이 있는 사람 3) 변호사 또는 공인회계사의 자격을 가진 사람으로서 2년 이상 자금세탁방지등 관련 분야 업무를 수행한 경력이 있는 사람 4) 금융정보분석원, 법 제10조 제4항에 따른 검찰총장등을 장으로 하는 법집행기관(금융위원회와 중앙선거관리위원회를 포함한다), 영 제15조 제3항 각 호의 검사 수탁기관에서 2년 이상 자금세탁방지등 관련 분야 업무를 수행한 경력이 있는 사람

또한, 현행 업무규정은 보고책임자의 직위를 별도로 규정하지 않고 있는데, 개정 업무규정에서는 보고책임자에 관한 최소한의 직위를 규정하고 있다.

현재까지 준법감시인이 보고책임자를 겸하는 것이 일반적인 업계 관행이고 준법감시인이 임원인 경우가 대부분이므로 보고책임자도 임원인 경우가 대부분이었다. 그러나 개정된 업무규정에서는 ① 은행(농협 및 수협포함)의 경우에는 사내이사 또는 업무집행책임자를 보고책임자로 임명하여야 하며, ② 은행 이외의 금융회사로서 사내이사 또는 업무집행책임자인 준법감시인을 두어야 하는 경우에는 준법감시인

차하위 직위 이상, ③ 앞의 두 경우에 모두 해당하지 않는 경우에는 자금세탁방지등 업무의 독립적 수행을 위해 필요한 일정 직위 이상의 자로 보고책임자를 임명하여야 한다.

다만, 개정된 업규규정이 시행되어도, 준법감시인이 보고책임자를 겸직하는 것을 금지하는 것은 아니다. 만약 준법감시인이 보고책임자를 겸하는 것으로 결정한 금융회사등의 경우에는 준법감시인에 대한 감독책임을 대표이사가 수행해야 하고, 준법감시인의 자신(보고책임자)의 업무에 관한 준법점검 활동을 수행하는 과정에서 이해상충이 발생하지 않도록 조직 체계를 마련하여야 한다는 것에 유의하여야 한다.

보고책임자의 최소한의 직위
1) 법 제2조제1호가목부터 라목(외국은행의 국내지점은 제외한다) 및 사목부터 아목(조합은 제외한다)까지의 금융회사등: 사내이사 또는 업무집행책임자 2) 1)에 속하지 않고 금융사지배구조법 제25조제2항에 따라 사내이사 또는 업무집행책임자 중에서 준법감시인을 두어야 하는 금융회사등 : 준법감시인 차하위 직위 이상 3) 1)과 2)에 속하지 않는 법 제2조제1호의 금융회사등 : 자금세탁방지등 업무의 독립적 수행을 위해 필요한 일정 직위 이상

(5) 보고책임자의 역할과 책임에 대한 지적사항

① 의심거래 보고·고액 현금거래 보고책임자를 보고책임자의 업무에 부합토록 일정 권한과 직위에 있는 자를 선임하고 자금세탁방지 전담 인력의 충원과 부서간 업무 조정을 하는 방안에 대해서도 검토하시기 바람

② 자금세탁방지 업무 감사담당자가 보고책임자를 겸임하고 있으므로 자금세탁방지업무와 감사업무를 분리하여 운영하고 감사결과 지적사항에 대한 사후 관리를 엄격하게 하시기 바람

③ 자금세탁방지업무규정 제4조의2 제2항은 경영진의 책임과 역할을 정하고 있으나 보고책임자의 임명 및 금융정보분석원앞 통보에 관한 사항이 누락되어 있으므로 이를 보완할 필요가 있음

④ 의심스러운 거래 및 고액 현금거래의 보고담당자 및 보고책임자를 본점이 아닌 지점의 직원과 지점장이 각각 일선 업무와 함께 겸임하고 있어 관련 보고 업무가 독립적으로 수행되지 못할 우려가 있으므로 금융거래 업무를 하지 않는 독립된 부서(예:준법감시부)의 임직원을 보고담당자와 보고책임자로 지정하는 등 내부 보고 체제를 개선할 필요가 있음

7. 맞춤형 교육 및 연수 제공

(1) 개요

자금세탁방지에 관한 교육은 효과적인 자금세탁방지 제도 이행을 위한 예방조치의 핵심 통제에 해당한다. 특히, 최근 금융거래의 디지털화 · 자금세탁 범죄의 고도화 등에 따라 새로운 자금세탁 위험이 지속적으로 대두되는 상황에서 임직원에 양질의 교육을 제공할 필요성이 더욱 증가하고 있다.

자금세탁방지 업무규정에서는 금융회사등은 자금세탁방지 업무에 대한 교육 및 연수프로그램을 수립하고 운용하여야 하며, 보고책임자는 이에 따른 교육 및 연수를 연 1회 이상 실시할 것을 요구하고 있다.

(2) 교육운영 방향[35)]

금융정보분석원은 2024년 자금세탁방지 관련 금융회사 임직원 교육운영 방향을 발표하며 자금세탁방지 업무에 대한 교육권고시간 유연화, 이사회·경영진 교육 내실화, 교육품질 관리, 전문가 양성체계 구축 등에 대한 개선 필요사항을 제기하였다. 다만 금융정보분석원은 매년 교육운영방향을 업데이트하고 있으므로, 2025년 금융정보분석원이 임직원 교육운영방향이 발표될 경우, 해당 내용을 각 금융회사의 년간 자금세탁방지 교육계획에 반영하여 경영진과 이사회의 승인을 받아야 한다.

또한 자금세탁방지에 대한 연간 계획을 수립할 때 현업부서들의 니즈를 분석하여 현업 부서등이 요구하는 교육 내용이 포함될 수 있도록 운영하는 것이 중요하다. 예를 들어, 비즈니스의 전략상 가상자산사업자나 전자금융업자와 제휴를 진행하는 경우, 해당 비즈니스 직원들의 새로운 제휴 사업의 자금세탁 위험을 명확하게 이해하는 것이 요구되므로, 해당 산업에 대한 특별 교육이 요구될 수 있다. 이런 경우 자금세탁방지부는 현업부서의 니즈를 파악하여 연수계획을 수립할 필요가 있다.

1) 직원 교육권고시간 유연화

2023년 금융정보분석원의 권고사항에 따르면 금융회사등은 매년 직원 1인당 최소 6시간 자금세탁방지 교육을 이수할 것을 권고하였으나, 금융회사

35) 2024년 금융정보분석원 임직원 교육운영방향 자료 참고

임직원의 직위 · 담당업무의 난이도와 중요도 등과 무관하게 모든 직원에게 일률적으로 6시간의 자금세탁방지 교육을 이수하도록 하는 것은 교육 효과성이 저해될 수 있다는 우려가 유관기관협의회 등을 통해 제기되어 직원 교육 권고 시간을 1인당 평균 6시간으로 유연화하였다.

자금세탁방지 교육 권고시간 및 배분기준 유연화

① 교육 권고시간

- 금융회사는 교육권고시간 총량*(직원수 × 6시간)을 각 직원에게 배분하여 직원별 교육권고시간 결정할 수 있음(예시 : 직원이 1,000명인 저축은행 → 6,000시간을 1,000명에 배분)
- 직원 1인당 2시간 이상 48시간 이하의 범위에서 권고시간 배분
- 매년 1분기에 이사회 · 경영진 승인하에 직원별 교육권고시간을 결정하고 문서화해 보존(필요시 이행평가시 증빙자료로 징구)

② 배분 기준

- 권고시간은 직원별로 수행하는 AML 업무의 중요도 · 난이도 · 책임성 등에 비례적이고 적절하게 배분되어야 함

교육권고시간 조정 전 · 후 비교

'23년 교육권고시간

구분	산정기준	평가방식
이사회	최소 6시간	상대평가
경영진	최소 6시간	상대평가
직원	최소 6시간	상대평가

▶

'24년 교육권고시간

구분	산정기준	평가방식
이사회	최소 6시간	절대평가
경영진	최소 6시간	절대평가
직원	평균 6시간	절대평가

2) 이사회·경영진 교육 내실화

각 금융회사등은 이사회 · 경영진에 대한 AML 교육이 양적 · 질적으로 활성화 될 수 있도록 제도적 지원하여야 한다. 이사회와 경영진에 대한 교육 프로그램을 어떻게 제공할 것인지에 대하여 많은 금융회사등이 고민이 많다. 이사회와 경영진이 자금세탁방지에 대한 관심과 이해가 높을수록 해당 금융회사의 자금세탁방지에 대한 준법 문화가 높아질 수 있기 때문이다.

자금세탁방지 교육 권고시간 및 배분기준 유연화

① 이행평가
- 1인당 최소 6시간의 교육 권고시간 및 현행 제도이행평가 지표는 유지하되 평가방식을 절대평가로 변경(업무의 중요도 등을 기준으로 임원간 교육시간 차등을 두기 어려운 측면)
- 교육실적 점검 · 유관기관 협의회 등을 통해 이사회 · 경영진 교육실적을 상시 모니터링하고 검사대상 선정시 활용

② 강의 개발
- 민간교육전문기관과 협력하여 검사 · 제재사례 등을 중심으로 이사회 · 경영진에 특화된 교육강좌 개발 · 운영
- AML 최근 동향 등을 반영하여 매년 강좌 업데이트 진행

③ 이행 평가 방법
- 금융회사등이 자율적으로 배분한 직원별 권고시간을 기준으로 권고시간 이수 여부 판단
- 제도이행평가시 교육권고시간 총량 대비 교육권고시간 이상 교육을 이수한 직원의 권고시간 총량을 절대평가

※ (예시) 직원이 10명이고 교육권고시간이 3명은 13시간, 7명은 3시간인 경우 전자(3명)만 교육을 각 13시간 이상 이수한 경우 ⇒ 39/60={13(시간)x3(명)}/{6(시간)x10(명)}

3) 자금세탁방지 교육 질적 수준 제고

① 제도이행평가시 금융회사 내 자체 교육 비중 반영

- 금융회사등에서 구축 · 운영하는 자금세탁방지체계가 실제로 원활하게 운영되기 위해서는 자체 교육의 적정한 운영이 필요(개별 금융회사가 주체가 되어 운영하는 해당 회사의 AML 시스템에 특화된 교육)
- 직원(이사회 · 경영진 제외) 자금세탁방지 교육실적(실적시간기준)의 최소 10% 이상*은 자체교육으로 실시('24년 이후 실적에 적용)(* [산식] (직원 자체교육 실적시간) ÷ (직원 교육 실적시간) ≥ 10%)
  - 해당 기준을 충족하지 못하는 경우 직원 교육실적 지표 취득 점수의 90%만 인정

② 이해도 점검 여부에 따라 실적인정비율 등 차등화

- 제도이행평가시 이해도를 점검하는 교육의 경우 전달 효과성 등을 고려하여 교육실적 인정 비율을 보다 상향하여 적용
- (이해도 점검) 이해도를 점검(즉, 교육 후 테스트 실시)하는 교육의 경우, 집합교육과 사이버교육 교육시간 대비 각 150%, 120%의 실적시간 인정
- (이해도 미점검) 이해도를 점검하지 않는 교육의 경우, 집합교육과 사이버교육 교육시간 대비 각 120%, 100%의 실적시간 인정

교육권고시간 조정 전 · 후 비교

'23년 교육실적 인정비율

교육형태	이해도 점검 有	이해도 점검 無
집합	120%	
사이버	100%	

'24년 이후 교육실적 인정비율

교육형태	이해도 점검 有	이해도 점검 無
집합	150%(+30%)	120%
사이버	120%(+20%)	100%

③ 점검 기준

- 점검 기준
  - 다음과 같은 기준을 모두 충족하는 경우에 한하여 '이해도를 점검'한 것으로 보고 상향된 실적 인정비율 적용
    - 기준을 충족하지 못하는 교육실적에 상향된 인정비율을 임의로 적용하여 지표값을 허위입력하는 경우 해당 지표 점수 미부여
- 이해도를 점검하는 교육실적 비중이 10% 미만인 경우 직원 교육실적 지표 취득점수의 90%만 인정*('24년 이후 실적에 적용)

  *이사회 · 경영진은 해당 규정 미적용, [산식] 자체교육 관련 산식과 동일

이해도 점검기준

- (문제수) 교육시간당 3개 문항 이상 출제(다만, 10시간 이상 교육의 경우 30문항)
- (난이도) 교육을 성실히 이수한 경우에 정답을 맞힐 수 있는 문제를 출제
- (수료기준) 전체 배점 대비 최소 60% 이상 득점한 경우에 수료로 처리
- (응시횟수) 문제를 기존과 다르게 출제하는 경우에 재응시 허용
- (공유제한) 사이버 강의의 경우 응시자별로 문제 · 보기를 다르게 구성

4) 자금세탁방지 전문가 양성체계 구축

- 자금세탁방지 업무능력 검정시험* 도입 · 시행
- 금융회사등 내부 전문가 양성 지원
- 제도이행평가시 전문가 양성실적에 AML 업무경력을 반영해 업무 연속성을 보장하고 내부 전문가를 양성할 유인 제공
  - AML 전담업무경력(자금세탁방지 업무 외 타 업무를 겸임한 경력기간은 50%로 산정)이 2년 이상인 경우에 전문가 자격점수를 200%, 1년 이상 2년 미만인 경우 150%, 1년 미만인 경우 120% 인정

- 다만, 평가대상기간에 AML 업무를 수행한 직원에 한정하여 상향된 자격점수 인정비율을 적용하여, 업무경력 및 자격증을 갖춘 전문인력이 AML 업무를 지속적으로 수행하게 하도록 유도(자금세탁방지 업무 외 他 업무를 겸임한 경력기간은 50%로 산정)

(3) 교육내용 및 방법

금융회사등은 직위 또는 담당 업무 등 교육대상에 따라 적절하게 구분하여 교육 및 연수를 실시하여야 한다. 금융회사등은 이에 따라 교육 및 연수를 실시하는 경우 다음 내용이 포함되도록 하여야 한다.

1. 자금세탁방지등에 관한 법규 및 제도의 주요내용
2. 자금세탁방지등과 관련된 내부정책 및 절차
3. 의심되는 거래의 유형 및 최근 동향
4. 고객확인의 이행과 관련한 고객유형별 업무처리 절차
5. 의심되는 거래 및 고액현금거래보고 업무처리 절차
6. 자금세탁방지등과 관련된 임직원의 역할 등

자금세탁방지에 대한 교육 및 연수는 집합, 전달, 화상 등 다양한 방법으로 실시할 수 있으며, 금융회사등이 교육 및 연수를 실시한 경우 그 일자·대상·내용 등을 기록·보존하여야 한다. 다만 본점에서 문서로 제공한 내용은 제도이행 평가에서 교육으로 인정하지 않고 있다.

(4) 자금세탁방지 업무에 대한 교육 등에 대한 주요 지적사항

① 임직원에 대한 자금세탁방지 교육을 집합교육 없이 문서 전달이나 사이버 교육 위주로만 실시하고 있어 직급별 특화된 교육이 이루어지고 있지 않으므로 직급별·업무별로 교육내용을 차별화하고 집합교육을 확대하는 등 자금세탁방지교육프로그램을 개선하시기 바람

② 자금세탁방지 관련 실질적인 교육 필요
금융기관 등은 교육 및 연수프로그램을 수립하고 운영하여야 하고, 보고책임자는 수립된 교육계획에 의거 교육 및 연수를 연1회 이상 실시하여야 한다고 규정되어 있으나, 이번 검사착수일 현재까지 임원에 대한 자체 교육계획을 수립·시행하지 않고 있으며, 특정금융정보법 개정되어 의심거래보고 기준이 삭제되었으나, 검사대상기간 중 보험설계사를 대상으로 실시한 집합교육시 사용한 교재 내용 중

법 개정에 따른 보고기준을 수정치 않고 계속 사용하고 있는 바, 자금세탁방지 교육계획 수립시 교육대상에 임원을 포함하여 시행토록 하고, 교육 내용도 현행법규를 충실히 반영토록 하며 사이버교육시에는 교육결과를 평가하는 등 임직원의 업무 수행에 실질적으로 도움이 될 수 있도록 교육 및 연수 프로그램을 개선하시기 바람

③ 대출모집인에 대한 자금세탁방지 교육 필요

XX사는 내규에 의거 임직원에 대하여는 연 2회 이상 자금세탁방지 교육을 실시하고 있으나, 대출 상담, 대출신청서 접수 및 전달하는 업무를 담당하고 있는 대출모집인은 고객의 신원확인 업무를 일부 수행하고 있음에도 자금세탁방지 교육 대상에서 제외하고 있는바, 대출모집인에 대해서도 고객확인의무 및 의심거래보고 등 자금세탁방지 업무와 관련한 교육을 임직원에 준하여 실시하는 방안을 마련하시기 바람

④ 자금세탁방지업무 교육 운영 미흡

내규 등에 의하면 보고책임자는 임직원의 직급, 담당업무 등을 적절하게 고려하여 자금세탁방지업무에 대한 교육 및 연수를 실시할 필요가 있고 자금세탁방지제도의 변경 내용 등 새로운 내용을 지속적으로 교육 및 연수 내용에 반영하여야 하는데도, 임원 대상 교육을 실시한 적이 없고, 법인 고객의 실제소유자 확인 절차 등에 대한 직원 교육도 실시하지 않는 등 교육이 부실하게 운영되고 있으므로 임원에 대한 자금세탁방지업무 교육을 강화하는 한편 법규 및 제도의 변경 사항에 대해 지속적으로 교육을 실시하는 등 임직원에 대한 교육 강화 방안을 마련하여 운영하시기 바람

⑤ 임직원 교육 불합리

금융회사는 임직원을 대상으로 그 직위, 담당업무 등을 고려하여 자금세탁방지를 위한 적절한 교육을 실시하여야 하나, 자금세탁방지 업무를 담당하는 법무실과 감사, 경영진, 고객확인 담당직원등의 직위나 담당업무에 따라 차등화된 교육내용 없이 획일적으로 교육을 실시하였고 교육자료에 개정된 상위 법규의 내용이 반영되지 않는 등 부정확한 내용이 포함되어 교육의 실효성이 낮으므로 임원, 감사, 법무실 등에 대한 차별화된 교육을 실시하고, 교육자료의 최신성과 정확성을 제고하시기 바람

자금세탁방지등 업무규정 - 교육 및 연수

제7조(교육 · 연수 실시 등)
① 금융회사등은 법 제5조 제1항 제3호에 따른 교육 및 연수프로그램을 수립하고 운용하여야 한다.
② 보고책임자는 제1항에 따른 교육 및 연수를 연 1회 이상 실시하여야 한다.
제8조(교육내용)
① 금융회사등은 직위 또는 담당 업무 등 교육대상에 따라 적절하게 구분하여 교육 및 연수를 실시하여야 한다.
② 금융회사등은 제1항에 따라 교육 및 연수를 실시하는 경우 다음 각 호의 내용이 포함되도록 하여야 한다.

1. 자금세탁방지등에 관한 법규 및 제도의 주요내용
2. 자금세탁방지등과 관련된 내부정책 및 절차
3. 의심되는 거래의 유형 및 최근 동향
4. 고객확인의 이행과 관련한 고객유형별 업무처리 절차
5. 의심되는 거래 및 고액현금거래보고 업무처리 절차
6. 자금세탁방지등과 관련된 임직원의 역할 등

제9조(교육방법 등)
① 금융회사등은 제7조에 따른 교육 및 연수를 집합, 전달, 화상 등 다양한 방법으로 실시할 수 있다.
② 금융회사등은 교육 및 연수를 실시한 경우 그 일자 · 대상 · 내용 등을 기록 · 보존하여야 한다.

8. 직원알기 제도

(1) 직원알기 제도의 의의

앞에서 기술한 토론토-도미니엄 은행(TD은행)의 사례를 다시 살펴보면 TD은행의 특정 직원은 중국 마약 조직의 자금세탁행위를 도운 것으로 확인되었고, 이로 인하여 TD은행은 5조에 가까운 벌금을 부여받았고, 벌금을 내기 위한 비용 조달을 위하여 TD은행이 보유하고 있는 주식을 매각하였다는 것이 언론보도 내용이다, 또한, 최근 몇 년간 국내 금융회사에서도 거액의 금융사고가 지속적으로 발생함에 따라 금융회사 임직원의 불법행위나 자금세탁행위를 방지할 수 있는 내부통제가 취약한 것이 아니냐는 비난을 받기도 하였다.

이와 같이 금융회사의 임직원이 직접 자금세탁을 하거나 외부인과 공모하여 자금세탁행위를 하는 경우 대부분 적발이 어렵고, 사고 금액이 거액이고 장기적으로 이루어지는 경우가 많다는 것을 인정할 수 있다. 또한, 해당 금융회사는 규제당국으로부터의 제재, 평판악화, 최악의 경우 금융회사의 파산 등 매우 심각한 상황에 빠질 수 있다.

따라서, 금융회사등은 임직원과 관련된 자금세탁행위가 발생하지 않도록 적절한 내부통제절차를 마련하고, 임직원에 대한 상시감시 모니터링을 이행하는 것이 필요하다.

이를 위하여 각 금융회사는 직원알기제도를 도입하여 이행하여야 한다. 직원알기제도란(Know Your Employee : KYE) 자금세탁행위등에 자신의 임직원이 연관되지 않게 하려고 임직원의 채용 및 재직기간 중 상시적으로 임직원의 신원확인 등을 확인하고 상시적으로 모니터링을 수행하여금융회사등의 임직원의 자금세탁행위 및 불법행위에 연관되지 않도록 적정하게 관리하는 자금세탁방지의 내부통제 정책 중의 하나이다.

물론, 대형 금융회사등(예, 은행, 증권, 보험 등)에는 감사부등에 의하여 수행되는 상시감시 프로세스를 통하여 임직원에 대한 위법·위규행위를 적발하기 위한 모니터링을 수행하고 있는데, 상시감시제도는 임직원의 불법행위와 더불어 내규 위반 등 다양한 영역의 내용을 모니터링하는 것으로 직원알기제도와는 유사하나 임직원의 Life Cycle(채용부터 퇴사시까지)에 걸쳐 수행되는 직원알기 제도와는 차이가 있다.

따라서 각 금융회사등은 각 금융회사에 맞는 직원알기제도에 대한 업무지침과 프로세스를 마련하여 운영하여야 한다.

(2) 금융회사등이 마련하여야 하는 프로세스

금융회사등은 직원알기 제도를 위하여 반드시 직원알기 제도에 관한 문서화된 업무지침(매뉴얼 또는 세칙 등 각 금융회사의 내규체계에 맞는 명칭을 사용하면 됨)을 마련하여야 하며, 직원알기제도의 통제 프로세스는 임직원의 Life-Cycle에 맞춰 각 단계별로 다르게 수행되어야 한다.

직원 Life-Cycle에 따른 직원알기 제도

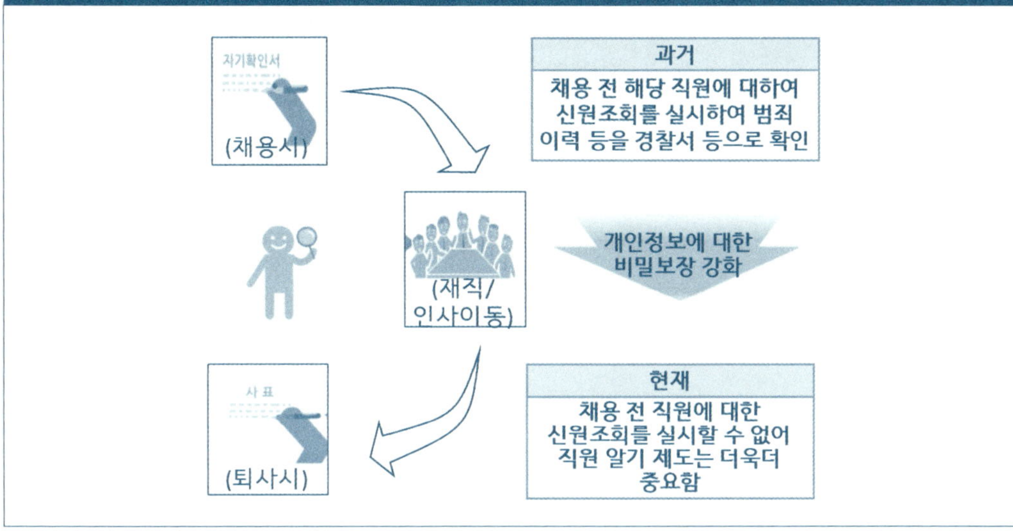

1) 채용시 프로세스

개인정보보호가 강화되기 이전 대부분의 금융회사들은 채용되는 임직원이 과거 범죄이력이나 부적절한 이력이 있었는지를 확인하기 위하여 지원자의 주소지 관할 경찰서에 신원조회라는 절차를 거쳤었다.

그러나, 개인정보보호가 강화되자, 금융회사등과 같은 민간회사에서는 임직원들에 대한 신원조회를 진행할 수 없어, 채용대상자의 자기신고 또는 경력조회 등의 절차를 통하여 채용을 허용할 수 없는 범죄이력 등을 확인하는 것이 일반적이다[36].

자금세탁방지부서에서 직원알기제도를 적정하게 마련하기 위해서는 우선, 별도의 프로세스를 구현하는 것보다는 동일 금융회사의 인사부가 수행하는 채용절차를 파악하여, 미흡한 부분만 추가 프로세스를 마련함으로써, 동일한 절차의 중복을 방지할 수 있다(예를 들어 인사부는 채용과정에서 채용대상자의 이름검색, 신원확인, 범죄이력 여부에 대한 자기신고, 경력조회 등의 절차를

36) 미국 영국 등은 외부 용역회사를 통하여 채용될 사람에 대하여 이전 직장에 대한 경력확인 및 부채, 파산 등 신용상태 점검뿐 아니라 범죄이력 체크, 마약복용 체크 등 매우 엄격한 사전 점검 수행하나, 우리나라의 경우, 개인정보보호 이슈 등으로 인한 신원확인 체크가 불가해 자기신고형태 또는 경력확인 프로세스로 운영 중임

수행하는 것이 일반적이므로, 해당 프로세스를 통하여 채용전 직원알기 제도를 적정하게 수행하였다고 판단할 수 있으므로 인사부와의 협업이 중요함). 그래서 직원알기 업무지침 등은 일반적으로 자금세탁방지부서와 인사부와 협업하여 마련하는 것이 가장 바람직하며, 채용전 업무처리는 아래와 같이 마련할 수 있다.

① 채용대상자에 대한 부정적인 언론보도, PEP여부, 또는 금융거래 제한대상자여부를 확인하기 위하여 요주의인물 필터링을 수행함(외부 밴더에 용역을 통하여 채용전 확인을 수행하는 경우가 아니라면, 이미 해당 금융회사에 마련된 요주의인물 필터링 절차를 통하여 점검을 수행함).

그런데 현재 대부분의 금융회사에서는 국내 PEP(정치적 주요인물)에 대한 검색을 수행하지 않고 있는데, 채용지원자에 대해서는 국내 PEP여부를 확인하여 만약 정치적 주요인물에 해당될 경우, 해당 채용지원자가 공정한 절차를 통하여 채용되었는지를 확인하여야 한다. 예를 들어, 외국계 기업에서는 자기신고서에 가족 중에 고위공직자가 있는지를 확인하고, 해당 고위공직자가 PEP의 정의에 부합할 경우, 해당 사례를 자금세탁방지부서 등으로 이첩하여 해당 지원자의 채용 과정(즉, 특채 또는 공채인지 여부, 혹시 추천인이 있었는지 여부 등)이 공정하게 이루어졌는지를 확인하는 프로세스를 마련하고 있다.

② 자기신고 등을 통하여 확인하여야 하는 부분
- 기본적으로 확인하는 개인정보 이외에 신용상태, 범죄이력이 있는지 여부
- 학력위조나 경력위조 등이 있는지 여부(예를 들어 직전에 근무하였던 회사에서 횡령죄로 면직된 자가, 해당 경력은 포함하지 않거나 허위로 기재할 수 있으므로, 경력이 단절된 기간이 있는 경우에는 반드시 추가 확인이 필요함)

위 채용전 과정에서 ① PEP와의 연관성이 있는 경우, 앞에서 기술한 것처럼, 채용대상자가 정상적인 방법으로 채용되었는지 여부(예를 들어 공식적인 채용 프로세스가 아닌 임원 추천 등으로 특채로 채용될 경우, 부정청탁이나 뇌물 등과 연관된 문제가 될 수 있으므로 철저하게 확인하여야 함), ② 자기신고서 내용에 허위가 파악된 경우, 인사부와 자금세탁방지부서가 협의하여

채용여부를 결정할 수 있다[37].

2) 채용 결정시 프로세스

일반적으로 채용이 결정되면, 직원에 대하여 별도의 신원확인 절차를 다시 수행할 필요는 없고, 급여계좌를 개설하는 과정에서 CDD를 수행하므로 동 절차를 통하여 신원확인 절차를 이행할 수 있다. 그러나 가상자산사업자나 전자금융업자처럼 급여계좌를 자신의 금융회사에서 개설할 수 없는 경우, 인사부의 채용 프로세스에 CDD에 준하는 신원확인 절차를 마련하는 것이 바람직하다. 다만, 임직원이 고위험으로 평가되는 경우 이에 대해서는 유의하여 살펴보아야 한다.

3) 채용 후 임직원에 대한 상시 직원확인의무

① 지속적인 신원확인

금융회사는 임직원에 대하여 지속적인 신원확인을 수행하여야 한다. 일반적으로는 급여계좌에 대한 CDD 재점검(재이행)을 통하여 정기적인 신원확인을 수행할 수 있다. 만약 이에 해당하지 않는 경우, 임직원에 대한 정기적인 신원확인 절차를 수행하여야 한다(즉, 자기신고서에 대한 매년 확약서 제출 등).

② 요주의인물 필터링

임직원이 부정적인 언론보도나 PEP 등에 해당하는지 여부를 확인하기 위하여 지속적인 모니터링을 수행하여야 한다. 만약 부정적인 언론보도 등이 있는 경우 해당 내용에 대한 추가적인 조사를 수행할 필요가 있다.

③ 지속적인 모니터링

- 임직원에 대한 계좌 또는 급여 압류, 압수수색영장 등이 발부된 경우 금융회사등은 해당 내용을 명확하게 파악하여 해당 임직원이 기존 직무를 수행하는 것이 부적절하다고 판단될 경우 직무 이동 등을 진행할 수 있다.

37) 외국 금융회사의 경우, 자기신고서에 정치적 중요인물과 연관이 있다고 표시하거나, 허위 경력 등이 파악된 경우, 인사부는 일반적으로 Financial Crime Compliance(금융범죄 법규준수 – 우리나라의 경우 자금세탁방지 부서에 해당함) 부서에 자문을 구하는 절차를 마련하고 있다.

- 예를 들어, 임직원의 급여계좌에 압류 등이 진행되었는데, 해당 직원이 고액자산가 전담 PB일 경우, 잠재적 금융사고 가능성이 존재하므로 고액 예금이나 현금성거래를 수행하지 않는 후선업무로 배치할 필요가 있다
- 임직원 자신이나 가족 계좌에 대한 압수수색이 이루어진 경우, 어떤 범죄와 연관되었는지를 확인하고 필요한 경우 해당 임직원에 대한 직무수행 정지 등 필요한 절차를 취하여야 한다.

• 임직원이 의심거래 모니터링이나 상시 감시 모니터링에서 추출되거나 다른 정황들을 확인하였더니 의심거래에 해당한다고 판단된 경우, 해당 임직원에 대한 STR 보고를 수행하여야 하며, 필요한 경우 감사부등에 해당 직원에 대한 사고조사가 필요한지 확인할 필요가 있다.
- 예를 들어, 임직원이 도박계좌로 파악되는 계좌와 지속적으로 거래를 하는 경우, 해당 직원이 불법도박에 관여되었을 수 있으므로 추가적인 조사가 필요할 수 있다.
- 직원이 갑자기 거액의 현금거래를 하였는데, 해당 자금으로 고객의 대출을 상환하는 것이 확인된 경우, 횡령 또는 차명계좌일 가능성이 있으므로 추가조사를 수행하여야 한다.

• 그런데 임직원에 대한 모니터링은 대외비 준수가 중요하고 정확한 조사가 필요하다. 따라서 가급적이면 임직원에 대한 모니터링은 소수의 지정된 조사자에 의하여 수행되는 것이 바람직하다. 가능하면 조사 경험이 많은 상위조사자이며, 대외비 준수를 할 수 있는 자를 지정하여 임직원과 관련된 Alert를 처리하도록 하는 것이 합리적이다.

(3) 직원알기제도에 대한 제도이행 평가 지표

현재 제도이행평가에서 직원알기제도에 대한 지표를 살펴보면 직원알기제도에 대한 내규가 있는지 여부를 평가하고 있다. 그런데 최근 금융회사 직원에 의한 횡령사실이 자주 발생하고 있어 직원알기제도 내규 평가를 강화할 필요가 있어, 금융정보분석원은 2025년 상반기부터 직원알기제도에 대한 평가를 강화할 예정이므로, 이를 고려하여 직원알기제도 업무지침과 프로세스를 정비할 필요가 있다. 변경되는 제도이행평가에는 다음과 같은 내용이 포함될 것으로 예상된다.

① 국내 및 국외 신규 채용시 직원 신원정보 확인 및 검증
② 임직원에 대해 요주의인물 및 PEP업무 등 평판위험 확인
③ 적절한 교육 제공 및 지속적인 직원알기제도 수행

④ 금융사고 발생시 내부 임직원이 전제범죄와의 관련성을 분석하여 개선조치 수립
⑤ 투자, 대출, 위탁 자산운영부분에서 직원이 자금세탁범죄와 연계되지 않도록 조치
⑥ 임직원이 전제범죄와 연루된 것으로 의심되는 거래활동 및 금융거래를 모니터링할 수 있는 룰(Rule) 운영 및 후속절차 마련 등

자금세탁방지등 업무규정 직원알기 제도

제10조(정의) 직원알기제도란 금융회사등이 자금세탁행위등에 자신의 임 · 직원이 이용되지 않도록 하기 위해 임 · 직원을 채용(재직 중 포함)하는 때에 그 신원사항 등을 확인하고 심사하는 것을 말한다.
제11조(절차수립 등)
① 금융회사등은 직원알기제도의 이행과 관련된 절차와 방법을 수립하여야 한다.
② 금융회사등은 제1항에 따라 수립된 관련 절차 등이 원활하게 운용될 수 있도록 적절한 조치를 취하여야 한다.

금융회사지배구조 감독규정

6. 「특정 금융거래정보의 보고 및 이용 등에 관한 법률」제2조제4호에 따른 자금세탁행위 및 같은 조 제5호에 따른 공중협박자금조달행위(이하 "자금세탁행위등"이라 한다)를 방지하기 위한 다음 각 목의 사항(법 제2조제1호 나목의 금융투자업자 중 투자자문업자는 제외한다)
  가. 「특정 금융거래정보의 보고 및 이용 등에 관한 법률」제2조제2호에 따른 금융거래에 내재된 자금세탁행위등의 위험을 식별, 분석, 평가하여 위험도에 따라 관리 수준을 차등화하는 자금세탁 위험평가체계의 구축 및 운영
  나. 자금세탁행위등의 방지 업무를 수행하는 부서로부터 독립된 부서 또는 외부전문가가 그 업무수행의 적절성, 효과성을 검토·평가하고 이에 따른 문제점을 개선하기 위한 독립적 감사체계의 마련 및 운영
  다. 소속 임직원이 자금세탁행위등에 가담하거나 이용되지 않도록 하기 위한 임직원의 신원사항 확인 및 교육·연수

(4) 직원알기제도에 대한 지적사항

규제당국의 "직원알기제도 운영미흡"에 대한 지적사항은 다음과 같다.

회사는 임직원을 채용하는 때에 신원사항 등을 확인하고, 재직 중인 직원에 대해서도 주기적으로 직원알기 제도를 실시하고 있다. 그러나 구체적인 업무매뉴얼이 마련되어 있지 않아 업무수행자에 따라 절차와 방법이 달라질 우려가 있다. 또한, 신입직원 채용시 요주의인물 여부(WLF) 등에 대한 검증 및 확인 절차를 채용 시점이 아닌 사후적으로 운영하고 있으며, 재직 중인 임직원의 신원정보 최신화가 이루어지지 않은 상황에서 요주의인물 일치 여부(WLF) 검증을 실시하는 등 직원알기제도 운영이 미흡한 부분이 있다. 따라서 회사는 제도의 취지를 고려하여 동 제도의 이행과 관련된 절차와

방법을 포함한 매뉴얼을 구체적으로 마련하고, 임직원을 신규 채용하는 때에 신원사항 및 요주의인물 검증 등을 수행할 수 있는 프로세스를 갖추며, 재직 중인 임직원의 신원확인 정보가적시에 반영될 수 있도록 절차를 마련하는 등 제도의 실효성을 제고할 수 있도록 개선할 것.

9. 독립적 감사 수행

(1) 개요

금융회사등은 자금세탁방지 업무가 적정하게 수행되고 있는지에 대한 점검을 수행하여 미흡한 업무에 관해 확인하여, 이를 지속적으로 개선하는 절차를 마련하여야 한다.

예를 들어, 신규고객이나 재점검 고객에 대한 CDD 품질이 적정한지를 어떻게 확신할 수 있는지 생각해 보면, 해당 업무를 수행하지 않는 제3자에 의하여 점검이나 테스트를 수행하는 방법을 생각해 볼 수 있다.

또한 보고책임자가 자금세탁방지업무 수행에 대한 자체평가 후 개선사항을 경영진에 보고하는 경우, 보고책임자가 수행한 자체평가에 대해서는 보고책임자 조직이 아닌 제3자에 의한 독립적인 시각에서 검증이 필요하다.

이처럼 현업부서나 보고책임자의 자체평가에 대한 객관성과 공정성을 담보하고 자율이행 능력을 제고하기 위해 제3의 독립적인 부서나 외부 조직에 의하여 자금세탁방지 내부통제 체계의 적정성 및 운영의 효과성 등을 재평가할 필요성이 있다.

현재 금융회사등의 점검절차에는 1) 현업 부서에서 직접 자기점검을 수행하는 방법(1선의 Self Control), 2) 준법감시부의 준법점검 활동을 통하여 독립적인 점검을 수행하는 방법(2선의 독립적인 점검), 3) 감사부에 의하여 감사(3선의 독립적 감사)를 수행하는 방법 등 다양한 방법을 생각할 수 있다.

대부분 대형 금융회사는 3선방어체계에 따라 위에서 기술한 이런 모든 점검 절차를 수행하고 있다. 그러나 준법감시인이나 감사조직이 필수적으로 요구되지 않는 금융회사의 경우에는 최소한의 점검 절차를 마련할 필요가 있다. 이를 위하여 금융회사는 적어도 독립적 감사체계라는 내부통제 정책을 마련하여야 한다.

독립적 감사체계란 금융회사등이 자금세탁방지등의 업무를 수행하는 부서와는 독립된 부서에서, 그 업무수행의 적절성, 효과성을 검토·평가하고 이에 따른 문제점 등을 개선하기 위해 취하는 절차 및 방법을 의미한다. 따라서 각 금융회사등은 독립적 감사를 실시하기 위한 체계를 구축·운영할 것이 요구된다.

(2) 독립적 검사 주체

일반적으로 전통적인 금융회사등은 내부 감사 조직이 마련되어 있어 정기적으로 감사수행이 가능하지만, 감사 조직이 없는 경우는 외부 전문가로 하여금 독립적 감사를 실시하게 하여야 한다.

자금세탁방지 업무규정에 따르면 감사 또는 감사위원회로 하여금 독립적 감사를 실시하도록 규정하고 있으며, 이와 더불어 금융회사등은 감사부서 외의 내부부서(자금세탁방지등의 업무를 담당하는 부서는 제외한다) 또는 외부전문가로 하여금 독립적 감사를 실시할 수 있음을 규정하고 있다.

다만, 이러한 독립적 감사를 실시하는 자는 자금세탁방지등의 업무평가를 위해 관련 전문성을 갖추어야 한다.

즉, 내부 감사조직에 의하여 정기적 감사를 수행하는 경우, 내부감사 인력 중 자금세탁방지 업무에 대한 전문성을 갖춘 인력이 요구된다(금융정보분석원 제도이행 평가에서 감사인력 중 자금세탁방지 관련 전문 자격증[38)]을 갖춘 인력이 어느 정도인지에 대하여 평가함).

38) 2025년 2월 현재 금융정보분석원이 자금세탁방지에 대한 전문성을 인정해 주는 전문자격증에는 ① CAMS, ② KCAMS, ③ 기초, ④ 핵심, ⑤ TPAC 등이 있음

또한, 외부전문가로 하여금 독립적 감사를 실시할 경우, 법무법인, 회계법인 등에 수행하는 경우가 일반적인데, 해당 외부전문가가 자금세탁업무에 대한 전문성을 갖추었는지를 명확히 확인할 필요가 있다.

예를 들어, 가상자산사업자 등 일부 금융회사등은 독립적인 감사업무를 수행할 감사위원회나 감사부를 필수적으로 마련할 의무가 있지 않아, 감사업무를 외부 전문기관에 위탁하여 수행하는 경우가 종종 있다(대부분 회계법인 또는 법무법인에 위탁하는 것이 일반적임). 이런 사례에서 외부 전문기관에 의한 감사 수행 결과 및 방법론이 규제당국의 기대에 미치지 못하는 경우가 종종 발견되어, 외부 전문가를 통한 독립적 감사를 수행하는 경우에는 감사인력의 적정성, 독립성 감사방법론 등이 적정하게 마련되었는지를 확인할 필요가 있다.

자금세탁방지 업무 규정 – 독립적 감사체계

제12조(정의 등)

① 독립적 감사체계란 금융회사등이 자금세탁방지등의 업무를 수행하는 부서와는 독립된 부서에서 그 업무수행의 적절성, 효과성을 검토 · 평가하고 이에 따른 문제점 등을 개선하기 위해 취하는 절차 및 방법 등을 말한다.

② 금융회사등은 제1항에 따라 독립적인 감사를 실시하기 위한 체계를 구축 · 운영하여야 한다.

제13조(주체)

① 금융회사등은 감사 또는 감사위원회로 하여금 제12조에 따른 독립적 감사를 실시하도록 하여야 한다.

② 금융회사등은 제1항에 따른 독립적 감사를 실시하는 자로 하여금 자금세탁방지등의 업무평가를 위해 관련 전문성을 갖출 수 있도록 적절한 조치를 취하여야 한다.

③ 제1항에도 불구하고 금융회사등은 감사부서 외의 내부부서(자금세탁방지등의 업무를 담당하는 부서는 제외한다) 또는 외부전문가로 하여금 독립적 감사를 실시하게 할 수 있다.

제14조(주기) 금융회사등은 독립적 감사를 연 1회 이상 실시하여야 한다. 다만, 영업점에 대해서는 자금세탁방지등의 이행수준과 자금세탁행위등의 위험도를 고려하여 감사주기를 따로 정할 수 있다.

제15조(방법 및 범위)

① 금융회사등은 실지감사의 방법으로 독립적 감사를 실시하여야 한다. 다만, 영업점에 대해서는 실지감사 · 서면 · 모니터링 등의 방법을 활용하여 실시할 수 있다.

② 금융회사등이 실시하는 독립적 감사는 자금세탁방지등의 업무수행의 적절성과 효과성 등을 검토 · 평가하고 그에 따른 의견을 제시할 수 있도록 다음 각 호의 사항이 포함되어야 한다.

1. 자금세탁방지등 관련정책, 절차 및 통제활동 등의 설계 · 운영의 적정성 및 효과성
2. 자금세탁방지등 모니터링 시스템의 적정성
3. 관련업무의 효율적 수행을 위한 인원의 적정성 등

제16조(결과보고 등) 금융회사등의 감사 또는 감사위원회는 제14조에 따라 감사를 실시한 후 그 결과를 이사회에 보고하고 감사범위 · 내용 · 위반사항 및 사후조치 등을 기록 · 관리하여야 한다.

(3) 독립적 검사업무 범위 및 주기

1) 독립적 검사업무 주기

금융회사등은 독립적 감사를 연 1회 이상 실시하여야 한다. 즉, 자금세탁방지 업무를 전담하는 부서에 대하여 적어도 1회 이상 실시하여야 한다. 다만, 영업점에 대해서는 자금세탁방지등의 이행수준과 자금세탁행위등의 위험도를 고려하여 감사주기를 따로 정할 수 있다. 즉, 영업점에 대한 감사수행주기는 각 지점이나 자금세탁방지 업무와 관련된 부서(예를 들어 외환업무부 등)의 자금세탁방지 리스크 수준이나 최근 규제당국의 주된 지적사항 등을 고려하여 각 금융회사가 자율적으로 정할 수 있다. 그러나 일정 기간 내에는 반드시 정기적[특정기간 (예 : 1~3년) 또는 지점/본부부서 등의 AML 리스크별 주기 등을 혼합 운영]으로 감사를 수행하여야 한다.

2) 독립적 감사의 방법 및 범위

① 독립적 감사는 실지감사의 방법으로 수행해야 하며, 영업점에 대해서는 실지감사·서면·모니터링 등의 방법을 활용할 수 있다.

② 금융회사등이 실시하는 독립적 감사는 자금세탁방지등의 업무수행의 적절성과 효과성 등을 검토 · 평가하고 그에 따른 의견을 제시할 수 있도록 다음의 사항을 포함하여 수행되어야 한다.

- 자금세탁방지등 관련정책, 절차 및 통제활동 등의 설계 · 운영의 적정성 및 효과성
- 자금세탁방지등 모니터링 시스템의 적정성
- 관련 업무의 효율적 수행을 위한 인원의 적정성 등

③ 가장 바람직한 방법은 각 금융회사 자체적으로 자금세탁방지 업무에 대한 감사방법론을 마련하여 각 업무의 품질이 적정한지를 테스트할 수 있다. 미국등의 규제당국은 일반적으로 다음과 같이 3단계로 나눠 감사를 수행한다.

- 해당 금융회사가 규제 요건을 준수하기 위한 내규 등을 적정하게 마련되었는지에 대한 점검 수행을 할 수 있다. 그리고 해당 업무를 수행하는 직원의 역량이 충분한지에 대해서는 테스트할 수 있으며, 자금세탁방지 업무에 대하여 충분한 역량을 가진 적정한 인력이 배치되었는지 등에 대한 점검도 수행될 수 있다.
- 내규에 대한 점검을 수행한 후, 동 내규에 따라 업무가 이행되었는지를 확인하기 위하여 실질 거래에 대한 샘플 테스트를 수행할 수 있다. 예를

들어, CDD 품질이나, CTR, STR에 대한 보고 및 보고제외의 적정성 등을 점검할 수 있는데, 고객 수나 거래건수가 너무 많을 경우 전수를 확인하기 보다는 통계적 방법론에 따른 샘플 모수를 추출하여 샘플테스트 방식으로 점검을 수행할 수 있다. 다만, STR에 대한 테스트를 하는 경우 누설금지 요건을 준수하기 위하여 고객 정보 등을 마스킹하여 검사자료 등을 제공되어야 함에 유의하여야 한다

- 가장 마지막 단계로는 자금세탁방지과 관련된 시스템이 적정하게 운영되고 있는지에 대한 테스트를 수행할 수 있다. 예를 들어 CTR 전산 쿼리나 CDD 일회성 거래 합산 쿼리 등을 확인하여 규제요건에 부합하게 전산이 구현되었는지 확인하는 것이다. 또한, 최근 규제당국으로부터 가장 많은 지적을 받은 CTR 업무와 관련해서는 CTR 대상거래와 현금거래가 모두 적정하게 산출되어 합산되는지 여부를 검증하는 테스트를 수행하는 것도 좋은 방법일 수 있다.

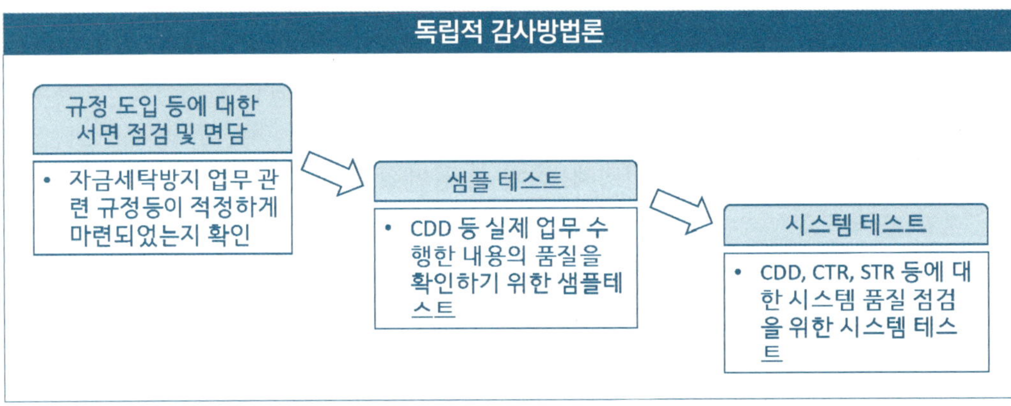

3) 검사결과에 대한 보고

금융회사등의 감사 또는 감사위원회는 감사를 실시한 후 그 결과를 이사회에 보고하고, 감사범위·내용·위반사항 및 사후조치 등을 기록·관리하여야 한다. 발견된 지적사항에 대해서는 개선이 완료될 때까지 추적 관리하여 이사회에 보고되어야 한다.

(4) 독립적 검사업무에 대한 유권해석

Q. 업무규정 제12조의 '독립적 감사체계' 구축과 관련하여, 아래의 경우에 '독립적감사체계'를 구축하였다고 볼 수 있는지가 궁금합니다.

① 준법감시인을 겸임하는 감사팀장이 보고책임자를 통제하여 자금세탁방지 업무를 직접 컨트롤하는 경우
② 준법감시인을 겸임하는 감사팀장이 업무규정 제6조 제4항(보고책임자의 역할 및 책임)의 업무를 수행하는 경우

질의① 관련하여, 해당 사례는 '독립적 감사체계'를 구축하였다고 볼 수 없습니다. '독립적인 감사체계'란 보고책임자 및 담당부서(주로 준법지원부)에서 수행한 자금세탁방지 업무의 적절성·효과성을 독립된 부서(감사 또는 감사위원회 등)에서 검토 ·평가하여 취약점에 대한 개선사항을 이사회에 보고하도록 하는 일련의 절차와 방법을 말합니다.

따라서 감사팀장이 준법감시인을 겸임하는 경우에는 자금세탁방지 업무의 적절성 등을 객관적이고 독립적으로 검토·평가하기 어려우므로 업무규정 제12조상의 '독립적 감사체계'를 구축하였다고 볼 수 없습니다.

질의② 관련하여, 선진국(미국, 독일, 스위스 등)의 경우에는 감사의 객관성·공정성을 담보하기 위하여 외부의 독립적 제3자(법무법인·회계법인 등)가 금융회사의 자금세탁방지 운영체계 적정성을 검토하여 그 결과를 감독기관에 제출하고, 추후 감독기관이 직접 검사를 통해 제3자 인증의 적정성을 검토한 후 조치를 취하는 "제3자 인증제도"를 운영 중에 있습니다.

이는 「주식회사의 외부감사에 관한 법률」에 의거 주식회사에 대해 회계법인이 회계감사를 실시하여 그 결과를 감독기관에 제출하고, 감독기관은 동 결과보고서에 대해 감리·제재하는 체계와 유사한 제도라고 할 수 있습니다.

우리나라의 경우에는 제3자 인증권자 및 자격요건, 금융회사의 비용부담 문제 등을 고려하여 '제3자 인증 제도'가 아닌 '독립적 내부감사 제도'를 도입한 것입니다. 따라서 해당 사례와 같이 감사팀장이 보고책임자를 겸임하고 있어 감사 또는 감사위원회가 자금세탁방지 업무의 적절성 등에 대한 독립적 감사를 실시하기 어려운 금융회사의 경우에는 업무규정 제13조 제3항에 따라 감사부서 외의 내부부서(자금세탁방지등 업무 담당 부서 제외) 또는 외부 전문가로 하여금 독립적 감사를 실시하게 할 수 있습니다.

※ 한편, 「금융회사의 지배구조에 관한 법률(이하 '지배구조법')」에 따르면, 감사 담당부서와 준법감시담당부서는 각각 별도로 두어야 함을 유의하시기 바랍니다.

(5) 독립적 검사업무에 대한 금융정보분석원 제도이행 평가 지표 개선내용

금융정보분석원은 금융회사등의 자금세탁방지 내부통제를 지속적으로 개선하기 위해서는 자율적인 이행의 중요성을 강조함과 동시에 해당 이행 내용의 적정성에 대한 독립적 검사의 수행이 중요하므로, 소규모 금융회사부터 대형 금융회사에까지 독립적 감사의 중요성을 지속적으로 강조하고 있다.

이에 2024년 12월 독립적 감사 점검분야와 관련된 지표를 신설하여 독립적 감사를 통해 AML 주요분야가 적절히 점검될 수 있도록 점검실적 분야도 평가하도록 제도이행 지표를 개선하였다. 각 금융회사는 독립적감사 시 아래 중점점검 10개 분야를 모두 점검하여야 하며, 지적사항이 발생하지 않는 경우 점검내용의 충실성을 입증할 수 있도록 증빙자료를 반드시 보관하여야 한다.

독립적 검사시 중점 점검 분야	
가. AML 관련 내규	내규 및 업무 프로세스의 적절한 설계 및 운영현황을 점검
나. 의심거래 감시체계	모니터링 방식 및 절차, 신속한 감시, 충실하고 적극적인 거래 검토 등을 점검
다. 고객확인	고객유형 분류, 검증, 실제 소유자 확인, Watchlist 관리 등을 점검
라. STR/CTR 보고 및 관리	보고 누락여부 및 기한내 검토, 관리상황 등을 점검
마. 직원알기제도	신규 및 재직 직원에 대한 직원알기제도 현황 등을 점검
바. 위험평가	국가·고객·상품 및 서비스 등 위험평가에 대한 적정성 및 운영현황을 점검
사. AML 관련 교육	
아. AML 업무의 효율적 수행을 위한 인원 적정성	
자. 지점 및 부서의 AML 활동	각 지점 및 부서에서 AML 활동이 적절히 이루어지는지 점검
차. AML 전담부서의 통제활동 등 운영 적정성	지점 대상 AML 관련 활동 지원, 각종 점검 현황 등 운영 적정성 점검

특히 금융회사내에 자체적인 감사기능이 없는 경우 외부감사를 활용하는데 외부감사의 감사역량이 천양지차라서 외부감사를 이용하는 경우 반드시 일정한 감사방법서를 사용하여 점검할 것을 요구하는 것이 바람직하다. 가장 기본이 될 수 있는 방법서에는 금융감독원의 자금세탁방지 검사업무안내서 또는 제도이행평가 관련 지표 상세내용을 점검한 후 증빙자료를 첨부하는 방식으로 진행하는 것도 가능할 수 있을 것으로 판단된다.

금융감독원 자금세탁방지 검사업무안내서

(6) 독립적 검사업무에 대한 주요 지적사항

① 영업점에 대한 감사주기를 '정기적'으로 실시한다고만 규정하고 있으므로 감사주기를 명확하게 규정하고, 검사부가 자금세탁방지업무 검사결과를 모두 이사회에 보고하도록 하는 등 자금세탁방지업무 내규를 합리적으로 정비하시기 바람

② 자금세탁방지 업무에 대한 독립적인 감사업무 미흡
내규상 자금세탁방지 업무 중 "혐의거래(STR) 모니터링 및 보고 이행 적정 여부" 및 "고액현금거래(CTR) 보고 제외 등록 적정 여부"를 점검하도록 규정하고 있어 자금세탁방지 업무에 대한 독립적인 감사의 실효성이 부족하므로, 준법감시부(자금세탁방지팀) 뿐만 아니라 영업점에 대한 내부감사시 고객확인 및 기타 내부통제절차에 대해서도 실질적인 감사가 이루어지도록 개선할 것

③ 독립적 감사업무의 실효성 및 전문성 강화
내규에 따라 감사위원회가 연 1회 점검 결과를 이사회에 보고하고 있으나, 감사팀이 자금세탁방지업무에 대한 감사를 실시하면서 체크 리스트만을 작성·보관하고 있어 감사결과 미흡한 사항 및 그 개선방안 등에 대한 사후관리가 미흡하며, 자금세탁방지 업무에 대한 감사인력의 전문성을 확보하여야 하나,

전문 감사인력 양성노력이 미흡하여 자금세탁방지 업무의 적정성과 효과성에 대한 검토·평가 업무가 소홀해 질 우려가 있으므로 앞으로 감사결과보고서, 사후조치 결과 보고서 등을 작성하는 등 감사결과에 대한 철저한 사후관리를 통해 자금세탁방지 관련 감사업무의 실효성을 제고하는 한편, 자금세탁방지 전문감사인력에 대한 자금세탁방지 교육 등을 통해 감사인력의 전문성을 제고할 필요가 있음

④ 자금세탁방지업무에 대한 독립적인 감사업무 운영 불합리

내규에 의하여 자금세탁방지 업무는 준법감시팀이, 자금세탁방지 감사업무는 감사팀이 각각 수행토록 하고 있으나, 인력 부족 등으로 준법감시팀과 감사팀의 팀원들의 업무가 명확하게 구분되지 않는 경우가 발생하여 자금세탁방지 감사업무의 독립성이 저해될 소지가 있으므로 내규에 따라 준법감시팀과 감사팀의 업무를 명확히 구분하여 운용하고 필요시 인력을 충원하는 방안을 마련하시기 바람

⑤ 자금세탁방지 관련 영업점 현장점검 및 감사 업무 운영 불합리

회사 내규를 개정하여 준법감시부와 검사부가 영업점에 대한 현장점검 및 감사를 연1회 실시하도록 하였으나, 점검대상·범위 및 항목 등 구체적인 점검 및 감사계획을 수립하지 않고 있어 향후 영업점 자금세탁방지업무에 대한 현장점검 및 감사가 적절하게 이루어지지 않을 우려가 있으므로 준법감시부 및 검사부는 영업점 현장점검 및 감사실시에 관한 구체적인 계획을 수립·운영하시기 바람

⑥ 자금세탁방지업무 관련 내부감사 운영 불합리

내규에 따르면 감사팀은 자금세탁방지업무 담당부서 및 영업점에 대해 정기적으로 자금세탁방지업무에 대한 감사를 수행해야 하는데도 영업점의 자금세탁방지업무에 대해 의심스러운 사항이 발생한 경우에 한하여 감사를 실시함에 따라 영업점 내부감사가 주기적으로 이루어지지 않고 있는 등 감사업무가 불합리하게 운영되고 있으므로 영업점에 대해서도 주기적인 감사가 이루어질 수 있도록 내부감사 계획을 합리적으로 수립하여 운영하시기 바람.

⑦ 독립적 감사업무 운영 불합리

- 자금세탁방지 업무에 대한 독립적 감사를 외부 전문가에게 위탁하여 실시하고 있으나 외부 감사업체 선정 절차 및 감사범위 등이 내규로 마련되어 있지 않으며, 독립적 감사 지적사항에 대한 개선조치 결과가 이사회에 보고되지 않아 이사회가 독립적 감사의 사후조치 경과를 파악하지 못하고 일부 지적사항이 검사착수일까지 개선되지 않는 등 개선조치 이행을 위한 사후관리가 미흡한 한편, 금융정보분석원의 자금세탁방지 제도이행 종합평가

및 위험관리수준평가를 위해 AML팀이 평가지표에 대한 근거자료를 관련 내부 시스템에서 가져와 금융정보분석원 위험평가시스템에 입력하고 있으나, 자료의 적정성·무결성을 검증하는 절차가 없어 동 자료의 입력에 오류가 있을 경우 회사 전체의 위험평가가 잘못될 우려가 있으므로 외부감사업체 선정에 관한 내규를 마련하고, 감사 지적사항에 대한 개선조치 결과를 이사회에 보고하며, 금융정보분석원 위험평가시스템 입력 자료의 적정성을 검증하는 절차를 마련하시기 바람

- 검사착수일 현재 상근감사가 자금세탁방지와 관련한 감사업무를 수행하고 있으나, 일부 부서만을 대상으로 자금세탁방지 관련 독립적 감사를 실시하였고, 감사결과 및 개선조치를 보고서의 형태로 기록·보존하지 않았으므로 자금세탁방지업무 수행부서와 독립된 부서에서 전부서 및 지점을 대상으로 자금세탁방지업무 수행의 적절성, 효과성을 검토·평가·개선하는 독립적 감사를 수행하고 이를 감사보고서의 형태로 기록·보존하는 등 자금세탁방지에 관한 감사업무절차를 개선하시기 바람
- 회사는 연1회 이상 자금세탁방지업무 수행에 대한 독립적 감사를 실시하고 해당 결과 보고서를 이사회에 보고하고 있으나, ① 감사결과보고서에 개선권고사항 이행현황등 검사 사후관리 내용이 포함되어 있지 않아 이사회가 자금세탁방지등 업무의 운영실태에 대한 감사의 점검 · 평가 및 조치의 효과성을 파악하지 못할 우려가 있고, ② 본부 및 영업점 감사업무 매뉴얼상 영업점의 자금세탁방지업무 처리 적정성에 대한 점검항목이 미흡하며, 감사항목별 세부점검 방법등이 반영되어 있지 않아 감사 수행자에 따라 감사 수행방법이 달라질 가능성이 있다. 따라서 회사는 이사회가 독립적 감사의 사후조치 경과를 파악할 수 있는 방안을 마련하고, 자금세탁방지부문 본부 및 영업점 감사매뉴얼에 대한 감사항목을 구체화하여 독립적 감사의 실효성을 제고할 것
- 회사는 연1회 이상 자금세탁방지센터, 해외영업점 및 국내영업점의 자금세탁 방지업무 수행에 대한 독립적 감사를 실시하고 있으나, 이사회에 XXXX년도 자금세탁방지센터 및 해외영업점에 대한 독립적 감사결과를 보고하면서 국내영업점에 대한 감사결과 보고는 생략하였다. 또한, 그 다음 해도 국내 영업점에 대한 점검을 하면서 의심스러운 거래 보고 정보누설방지 등의 사유로 점검항목에서 의심스러운 거래 보고 및 고액 현금거래보고 관련 항목을 제외하는 등 점검을 미흡하게 운영하였으므로 회사는 국내영업점에 대한 독립적 감사결과를 이사회에 충실히 보고하고, 의심스러운 거래보고 및 고액 현금거래 보고 관련 업무처리에 대한 점검을 강화할 것

- 내부 감사담당부서가 자금세탁방지 업무 수행에 대한 감사는 실시하고 있으나 3년간 감사결과가 거의 동일하게 작성되었고, 자금세탁방지 업무 필수 감사항목에 대한 매뉴얼이 없어 감사수행자에 따라 감사항목이 달라질 가능성이 있으며, 감사 결과 지적사항의 통보절차가 없는 등 감사결과의 사후관리도 미흡하므로 독립적 감사 수행방법 및 감사항목에 대한 매뉴얼을 마련하고, 감사결과의통지 및 이행 여부 확인 등 사후관리 제도를 개선할 것
- 검사대상기간 중 신상품에 대한 AML 위험성 평가(사전검토)를 실시하지 않았고, XX월 AML 사전검토 체크리스트를 신설하였으나 이에 대한 구체적인 평가기준이 없으며, 결재권자의 AML 사전검토에 대한 결재를 하지 않았음에도 신상품 출시가 이루어진 사례도 있었으므로 신상품 출시 전 자금세탁 위험평가를 위한 체크리스트의 구체적인 평가기준을 마련하고, 자금세탁 위험 평가 승인 없이 상품을 출시할 수 없도록 시스템을 개선할 것

자금세탁방지업무 규정 – 독립적 감사체계

제12조(정의 등)

① 독립적 감사체계란 금융회사등이 자금세탁방지등의 업무를 수행하는 부서와는 독립된 부서에서 그 업무수행의 적절성, 효과성을 검토 · 평가하고 이에 따른 문제점 등을 개선하기 위해 취하는 절차 및 방법 등을 말한다.

② 금융회사등은 제1항에 따라 독립적인 감사를 실시하기 위한 체계를 구축 · 운영하여야 한다.

제13조(주체)

① 금융회사등은 감사 또는 감사위원회로 하여금 제12조에 따른 독립적 감사를 실시하도록 하여야 한다.

② 금융회사등은 제1항에 따른 독립적 감사를 실시하는 자로 하여금 자금세탁방지등의 업무평가를 위해 관련 전문성을 갖출 수 있도록 적절한 조치를 취하여야 한다.

③ 제1항에도 불구하고 금융회사등은 감사부서 외의 내부부서(자금세탁방지등의 업무를 담당하는 부서는 제외한다) 또는 외부전문가로 하여금 독립적 감사를 실시하게 할 수 있다.

제14조(주기) 금융회사등은 독립적 감사를 연 1회 이상 실시하여야 한다. 다만, 영업점에 대해서는 자금세탁방지등의 이행수준과 자금세탁행위등의 위험도를 고려하여 감사주기를 따로 정할 수 있다.

제15조(방법 및 범위)

① 금융회사등은 실지감사의 방법으로 독립적 감사를 실시하여야 한다. 다만, 영업점에 대해서는 실지감사 · 서면 · 모니터링 등의 방법을 활용하여 실시할 수 있다.

② 금융회사등이 실시하는 독립적 감사는 자금세탁방지등의 업무 수행의 적절성과 효과성 등을 검토 · 평가하고 그에 따른 의견을 제시할 수 있도록 다음 각 호의 사항이 포함되어야 한다.

1. 자금세탁방지등 관련정책, 절차 및 통제활동 등의 설계 · 운영의 적정성 및 효과성
2. 자금세탁방지등 모니터링 시스템의 적정성
3. 관련업무의 효율적 수행을 위한 인원의 적정성 등

제16조(결과보고 등) 금융회사등의 감사 또는 감사위원회는 제14조에 따라 감사를 실시한 후 그 결과를 이사회에 보고하고 감사범위 · 내용 · 위반사항 및 사후조치 등을 기록 · 관리하여야 한다.

10. 상품 및 서비스 심사

(1) 개요

금융상품 및 서비스가 나날이 발전하고, 디지털화, 비대면·전자거래 등의 증가로 인해 거래의 복잡성과 신속성 높아져서 금융회사의 자금세탁방지 시스템을 우회하기 위한 자금세탁 수법 역시 빠른 속도로 발전하여 항상 취급하던 상품이 언제 누군가에 의해 범죄 상품으로 사용되게 될 지 아무도 알 수 없다.

따라서 금융회사등은 새로운 상품 및 서비스가 도입될 때, 또는 기존 상품에 대한 주요 변경이 있어 재검토하거나 갱신하는 시점, 즉 상품 및 서비스의 Life-Cycle 전체에 걸쳐 해당 상품 및 서비스가 가지는 자금세탁 리스크를 사전적으로 충분히 검토할 수 있는 프로세스를 마련하여 자금세탁등의 위험을 경감시킬 수 있는 대책을 마련하여야 한다. 이를 통하여 금융회사등은 전자금융기술의 발전 및 금융환경 등의 변화로 생겨날 수 있는 상품 및 서비스를 이용한 자금세탁등의 위험을 예방하여야 한다.

예를 들어 입출금 계좌를 개설하는 경우, 다수 계좌인지를 확인하고, 한도제한 계좌 프로세스와 금융거래확인서를 통한 거래목적 등의 확인 절차가 왜 마련되었는지를 생각해 보자. 대포계좌의 위험이 없었던 2000년대 초반에 금융회사등은 이런 통제 절차를 고려해 보지 않았다. 그러나 보이스피싱, 금융사기, 불법도박 등 금융사기 관련 범죄가 급증하고, 해당 범죄에 금융회사등의 상품 및 서비스(예, 대포계좌 등)가 이용됨에 따라 금융회사등은 계좌개설 절차를 강화하고, 이상거래를 탐지하기 위한 별도의 모니터링 시스템(FDS: Fraud Detection System)을 구축하는 등 통제절차를 강화하고 있다.

이처럼 금융기술이 급변하고, 대부분 금융서비스를 하나의 채널을 통해 실시간으로 이루어질 수 있는 현시점에서, 우리가 제공하는 상품 및 서비스가 자금세탁방지등을 충분히 고려하여 설계하였는지 다시 한번 생각할 필요가 있다. 또한 이런 통제 절차는 신상품이나 서비스가 출시하였을 때 일회성으로 그치는 것이 아니라 지속적인 통제 활동으로 마련되어야 한다.

즉, 금융회사등은 상품 및 서비스에 대하여 1) 금융회사 자체 및 금융거래 등에 내재된 자금세탁 위험과, 2) 금융상품 및 서비스(새로운 기술 및 지급·결제 수단의 이용에 따른 것을 포함함) 등을 이용한 자금세탁행위등의 위험 등을 식별하고 확인·평가·이해하기 위한 정책과 절차를 수립·운영하여야 하며, 위험요소를 관리·경감하기 위한 적절한 조치로서 "신상품 등 자금세탁방지 절차"를 수립하여야 한다.

자금세탁방지업무 규정 – 신상품 등 자금세탁방지 절차 수립
제17조(절차 수립) 금융회사등은 다음 각 호의 어느 하나에 해당하는 사항을 식별하고 확인 · 평가 · 이해하기 위한 정책과 절차를 수립 · 운영하여야 하며, 위험요소를 관리 · 경감하기 위한 적절한 조치를 취하여야 한다. 1. 금융회사 자체 및 금융거래 등에 내재된 자금세탁행위등의 위험 2. 신규 금융상품 및 서비스 (새로운 기술 및 지급 · 결제 수단의 이용에 따른 것을 포함한다) 등을 이용한 자금세탁행위등의 위험

(2) 신상품 등 자금세탁방지 절차

대부분의 금융회사등에는 이미 상품 및 서비스 심사 절차가 마련되어 있을 것으로 판단된다. 해당 과정에서 금융회사등은 상품 및 서비스가 가지는 내재위험을 파악하고, 자금세탁 리스크 뿐만아니라 법규준수 리스크, 소비자보호리스크, 운영 리스크, 금융사기 리스크 등 전반적인 리스크에 대한 검토를 실시하고 있다. 일반적으로 상품 및 서비스 심사절차는 상품개발서에 해당 내용을 포함하거나, 자금세탁방지부서가 상품 및 서비스의 자금세탁등의 위험을 파악하기 위하여 마련한 체크리스트나 질의서 양식을 이용하여 평가할 수도 있다.

다만, 가장 좋은 방법은 각 상품 및 서비스가 가지는 내재위험을 점수화하여 고위험 상품이나 서비스를 이용하는 고객에 대해서는 더 위험이 높은 고객으로 간주될 수 있어야 한다. 이와 같은 상품 및 서비스의 위험평가는 정기적으로 수행하여 변화되는 내재위험을 잘 반영할 수 있도록 관리하는 것이 바람직하다.

상품 및 서비스 개발 과정에서 고위험 요소로 고려되어야 하는 주된 자금세탁 위험 요소에는 1) 제3자에게 자금지급이 가능한 상품, 2) 현금 위주의 거래 상품, 3) 익명거래가 가능한 상품, 4) 양도가능한 상품, 5) 거래 추적이 어려운 상품, 6) 환거래 서비스, 7) 해외 전신송금 등 거래추적의 어려운 상품 등이 있을 수 있다.

상품개발부서는 개발하는 상품 및 서비스에 대한 자금세탁 위험을 방지하기 위한 절차를 마련하여 문서화하여야 한다. 해당 절차에서 1) 해당 상품을 누구에게 제공할 것인지, 2) 어떤 채널을 통하여 제공할 것인지 3) 해당 상품이나 서비스를 통하여 어떤 자금세탁행위가 가능한지(잠재적 가능성), 4) 이런 위험에 대한 어떠한 경감책을 마련하였는지를 파악할 수 있어야 한다.

특히, 상품의 구조가 복잡할 경우 CDD 대상과 이행 방법, 비정상적인 거래의 유형 등을 해당 상품개발서에 모두 구체화할 필요가 있다. 예를 들어, 신디케이트론에 대한 상품 개발시 CDD 대상을 명확하게 하여야 하며, 필요한 거래모니터링이 적절하게 마련되지 않을 경우, 해당 상품의 출시를 중단하게 하거나 조건부 승인을 할 수 있다(즉, 거래모니터링 절차 마련 후 출시 등).

또한 비대면을 통한 고금리 정기예금을 개발하는 경우, 1) CDD 과정에서 차명계좌의 가능성이 높은 미성년자나 고령자(예를 들어 90세 이상 비대면 거래에 익숙하지 않은 노령자)를 허용할 것인지 여부, 2) 해지 또는 중도해지 즉시 타인명의 계좌로 이체되는 것을 모니터링하는 절차가 마련되었는지 여부, 3) 출시 후 추가 통제가 필요한지 여부 등(예를 들어 미성년자를 허용하는 경우, 3개월 모니터링 후 출시하도록 사후 통제 조건이 요구된 경우 등)을 파악할 수 있어야 한다.

신상품 및 서비스 검토 절차

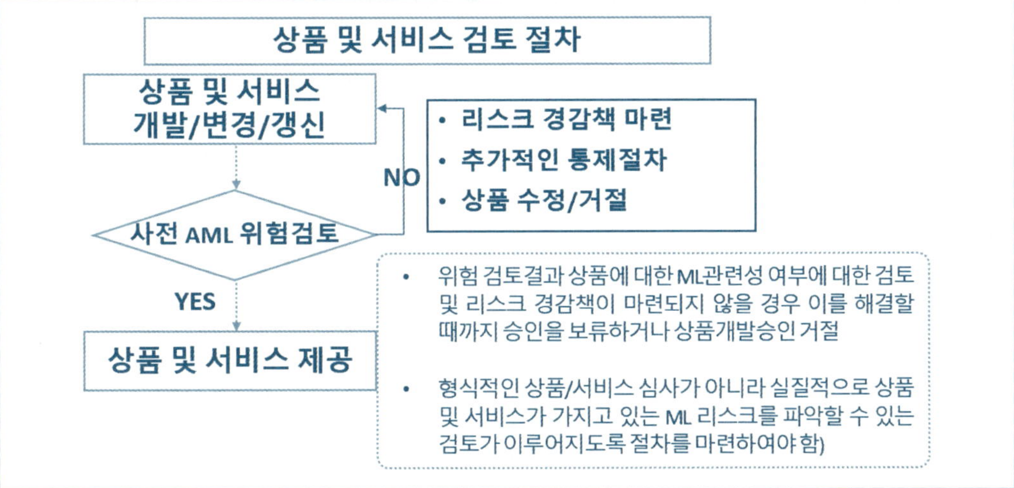

그러나 최근 상품 및 서비스 심사절차에 대한 규제당국의 지적사항을 살펴보면 심사절차가 형식적으로 이루어지고 있는 점에 대한 개선이 다양하게 요구되고 있다는 점에 유의할 필요가 있다. 따라서 금융회사등은 현재 마련된 상품 및 서비스 심사절차를 다시 한번 검토하여 해당 절차를 통하여 자금세탁등의 위험이 사전적으로 예방될 수 있도록 하여야 한다.

또한 상품이나 서비스 개발 과정에서 반드시 유의하여야 하는 사항으로, 해당 상품 또는 서비스의 출시로 인하여 기존의 CDD나 CTR/STR 시스템에 어떤 영향을 주는지를 파악하여, 새로운 상품 코드나 거래코드 등이 제대로 반영되지 않아 CTR/STR 데이터 추출 과정에서 관련 거래 등이 누락되지 않도록 하여야 한다. 예를 들어 새로운 ATM 제휴 서비스를 개시하는 경우, 해당 ATM을 통한 거래가 CTR 또는 STR 거래로 정확하게 추출될 수 있도록 시스템 테스트를 명확하게 수행하여야 한다.

(3) 상품 및 서비스절차에 대한 지적사항

① 신상품 서비스 위험 평가 업무절차 미흡

신규 상품 및 서비스 출시 이전에는 자금세탁 위험을 파악하고 관련 상품 및 서비스의 위험을 위험평가모형에 반영할 수 있도록 구체적인 업무절차를 마련할 필요

② 펌뱅킹 재판매서비스에 대한 자금세탁위험평가 및 모니터링 관련

「펌뱅킹 재판매 서비스」에 대하여 신상품·서비스에 대한 자금세탁위험을 평가하면서, 자금세탁위험을 경감하기 위해 고객(전자금융거래업체)으로부터 자금세탁방지제도 이행여부 확인서(체크리스트) 징구 등의 조치를 취하기로 하였으나, XX개사와 펌뱅킹 재판매 계약을 체결하면서 자금세탁방지제도 이행여부 확인서외에 증빙자료를 징구하여 이행여부를 확인하지 않고 있는 등 실질적인 자금세탁위험 경감조치가 이행되지 않고 있으며 펌뱅킹 재판매 거래에 내재된 위험과 관련한 의심거래 추출기준이 부족하여 해당 거래에 대한 모니터링이 취약할 우려가 있음

③ 신상품 평가방식 관련 절차 개선

- 신상품 출시 전 상품팀에서 체크리스트를 작성하여 자금세탁방지팀에 송부하고, 자금세탁방지팀은 체크리스트를 검토 후 점수로 변환하는 방식으로 신상품에 대한 자금세탁위험을 평가하고 있으나, 체크리스트 내용을 점수로 변환하여 자금세탁위험을 평가하지 않은 사례가 있으며 자금세탁위험 평가결과에 따른 위험경감조치 등 후속조치 실시 여부에 대한 객관적 기준이 없음
- 신규 금융상품 및 서비스의 위험평가 절차 및 방법에 관한 사항을 내규에 규정하고 있으나 자금세탁위험의 관점에서 상품의 신규성 및 금융상품 여부를 판단하는 구체적인 기준을 포함하지 않아 실무상 신상품 위험평가 대상인지 판단하기 어려운 측면이 있고, 이로 인해 위험평가가 누락될 가능성이 있으므로 자금세탁위험 평가의 대상이 되는 신규 금융상품 및 서비스를 결정하는 명확한

기준을 수립하시기 바람

- 신규 상품 및 서비스등을 출시하는 경우 사전에 상품개발부서 등에서 자금세탁위험에 대한 체크리스트를 작성하고 A부가 이를 반영하여 최종 자금세탁위험을 평가하도록 절차를 운영하고 있으나, 체크리스트의 입력값이 통제되지 않고, 위험평가 결과를 산출하는 수식에 오류가 있으며, 작성된 체크리스트 및 최종 자금세탁 위험평가 결과의 적정성을 검증하는 절차가 마련되어 있지 않아 신상품 등에 대한 위험평가가 적정하게 이루어지지 못할 우려가 있으므로 자금세탁 위험평가에 사용되는 체크리스트의 입력 및 합산 수식을 점검하고 작성된 체크리스트와 최종 자금세탁 위험평가의 적정성을 검증하는 방안을 마련하시길 바람

④ 신상품에 대한 의심스러운 거래 추출기준(STR 추출룰) 관련

내규에 따르면 신상품 출시와 관련하여 STR 추출룰의 필요 여부를 검토할 수 있도록만 규정되어 있어, STR 추출룰에 대한 검토가 필수적으로 이루어지지 않아 신상품에 대한 의심거래 모니터링이 소홀해질 우려가 있음

⑤ 신상품에 대한 사전위험평가 체계 불합리

내규 등에 따라 신규 금융상품 및 서비스를 고객에게 제공하기 전에 위험평가를 실시하여야 하고 신상품 이용에 따른 자금세탁 위험요소를 관리 및 경감하기 위한 조치를 취하여야 하나 사전 위험평가 업무 수행 여부에 대한 통제절차가 없어 신상품 출시 이후에 위험평가를 실시할 위험이 있고, 신상품 위험평가 결과를 고객위험평가모델의 상품지표에 반영하여 관리하는것 이외에 관리 및 경감 조치 필요 여부, 조치의 범위 및 시기 등에 대한 기준이 마련되어 있지 않으므로 신상품 취급시 사전에 위험평가가 실시될 수 있도록 관련 통제절차를 강화하고, 상품에 내재된 자금세탁 관련 위험요소를 적정하게 관리 및 조치하기 위한 세부기준을 마련할 것

⑥ 신상품등 제공 전 위험평가업무 운영 불합리

- 회사는 상품심의위원회에 회부된 상품을 대상으로 신규 상품 출시 전 자금세탁행위 관련 위험을 평가하고 있다. 위험평가 시 회사는 상품 운용 구조측면만을 중심으로 위험을 평가하고, 투자대상에 대한 자금세탁행위 관련 위험을 평가하는 절차는 별도로 마련하지 않았다. 그 결과 모든 상품을 동일한 위험으로 평가하였다.
- 또한 현재 회사가 운영하고 있는 신규 상품 출시 전 자금세탁위험 평가기준은 지나치게 단순하여 위험평가가 형식적으로 이루어질 우려가 있다.

• 따라서 회사는 자금세탁위험 측면에서 신상품을 정의하는 절차를 마련하고 실효성 있는 자금세탁위험 평가가 되도록 평가기준을 구체화하여 신상품 위험평가를 운영할 것

⑦ 신상품에 대한 사전위험평가 체계 미흡

회사는 신규 상품 출시 전 해당 상품이 자금세탁방지 위험평가 대상인지 여부를 확인하고, 대상인 경우 위험평가를 실시하고 있으나 다음과 같이 일부 미흡한 점이 있다. 따라서 회사는 신규 상품 또는 기존 상품의 변경 상품에 대한 자금세탁방지 위험평가 업무가 누락되지 않고 실효성 있게 이루어질 수 있도록 시스템상 통제장치를 마련하고 신규 상품 판단 기준에 대한 체크리스트를 재정비하는 등 위험평가시 평가 결과가 합리적으로 도출될 수 있도록 평가등급 체계를 전면 재정비하여 운영할 것

• 기존 상품이 변경되어 출시되는 경우 최초 상품 출시일, 상품 변경일, 위험평가 실시일 등이 체계적으로 관리되고 있지 않아 해당 상품에 대한 최종위험평가 이력을 확인하지 못할 우려가 있다.

• 신규 상품 출시 전 자금세탁방지 위험평가 대상 여부의 확인을 반드시 거치도록 시스템으로 통제하는 절차가 없고, 신규 상품 여부를 확인하는 체크리스트를 마련하였으나 실제 업무시에는 이를 활용하지 않고 업무 담당자가 주관적으로 판단하고 있어 일부 신상품의 경우 사전위험평가 업무처리가 누락될 우려가 있다.

• 신규 상품 위험평가 결과에 대해 평가 등급을 규정하는 명확한 기준이 없어 평가자에 따라 위험평가 결과가 주관적으로 정해질 우려가 있다.

⑧ 신상품등 제공 전 위험평가의무 위반

금융회사는 신규 금융상품 및 서비스를 제공하기 전 자금세탁행위등의 위험을 평가하기 위한 절차 및 방법을 마련하고 운용하여야 하는데도 일정 기간 중 출시된 일부 금융상품에 대하여 유사성 판단을 위한 사전평가를 누락 또는 사후에 실시하거나, 소홀하게 검토하는 등 신상품 제공 전 위험평가 절차 및 방법을 적정하게 운용하지 아니하였음

⑨ 신규 상품 및 서비스에 대한 사전위험평가 운영 미흡

회사는 신규 상품 및 서비스 출시 전 해당 상품 및 서비스가 자금세탁위험 평가 대상인지 여부를 확인하고, 대상에 해당하는 경우 위험평가를 실시하고 있다. 내규에서 신상품 위험평가를 생략할 수 있는 사유를 정하고 있고, 위험평가를 생략하는 경우 그 사유 및 그 사유에 해당한다고 판단한 구체적인 근거를

기록하고 있으나, 위험평가를 생략한 일부 상품 및 서비스에 대해 위험평가를 생략할 수 있는 사유에 해당한다고 판단한 근거를 기록하지 않아 담당자에 따라 일정한 기준이나 원칙 없이 위험평가를 생략할 우려가 있다. 따라서 회사는 신규 상품 및 서비스 위험평가 생략 사유에 대한 구체적 판단기준을 마련하여 신상품 사전위험평가 업무체계를 개선할 것

⑩ 신규 금융상품 제공 전 자금세탁 위험평가 관련 절차 및 업무지침 작성·운용의무 위반

금융회사등은 신규 금융상품 및 서비스를 제공하기 전 자금세탁행위등의 위험을 평가하기 위한 절차 및 업무지침을 작성·운용하여야 하는 의무가 있다. 그러나 XX은행은 신규 금융상품 및 서비스 제공 전 자금세탁행위등의 위험을 평가하는 절차 및 업무지침을 마련하고도 일정기간 동안 신규 금융상품 및 서비스를 제공한 후 위험평가 업무를 사후적으로 수행하는 등 신규상품 및 서비스를 제공하기 전 위험평가 절차 및 업무지침을 적정하게 운용하지 아니하였음

11. 자료 보관

금융회사등은 자금세탁방지 활동과 관련된 자료와 고객확인 관련 자료, 고액현금거래보고 관련 자료, 그리고 의심거래보고를 위한 자료를 규제기관이 제공을 요청할 경우 즉각적으로 제공할 수 있도록 자료보관 체계에 따라 5년 이상 보관하여야 한다.

과거 대부분 고객이 대면 채널(영업점 등)을 통하여 금융회사등과 거래를 하는 경우, 계좌개설이나 금융거래 자료는 원본 문서가 존재하여 해당 자료를 각 금융회사등의 문서보관 체계에 따라 보관했다. 그러나 최근 비대면 채널을 통한 상품 및 서비스 제공이 증가함에 따라 많은 거래가 디지털 자료화되어 있어 해당 자료가 적정하게 보관되고 있는지, 보관기간이 경과한 데이터는 잘 폐기되고 있는지를 확인할 수 있어야 한다.

자금세탁방지업무 규정 - 자료보존

제84조(보존기간)

① 금융회사등은 고객확인기록, 금융거래기록, 의심되는 거래 및 고액현금거래 보고서를 포함한 내·외부 보고서 및 관련 자료 등을 금융거래관계가 종료된 때부터 5년 이상 보존하여야 한다.

제85조(보존대상)

① 금융회사등이 고객확인기록과 관련하여 보존해야 할 자료는 다음 각 호와 같다.

1. 고객(대리인, 실제소유자 포함)에 대한 고객확인서, 실명확인증표 사본 또는 고객신원정보를 확인하거나 검증하기 위해 확보한 자료
2. 고객신원정보 외에 금융거래의 목적 및 성격을 파악하기 위해 추가로 확인한 자료
3. 고객확인을 위한 내부승인 관련 자료
4. 계좌개설 일시, 계좌개설 담당자 등 계좌개설 관련 자료 등

② 금융회사등이 금융거래기록과 관련하여 보존해야 할 자료는 다음 각 호와 같다.

1. 거래에 사용된 계좌번호, 상품 종류, 거래일자, 통화 종류, 거래 금액을 포함한 전산자료나 거래신청서, 약정서, 내역표, 전표의 사본 및 업무서신
2. 금융거래에 대한 내부승인 관련 근거 자료 등

③ 금융회사등이 내·외부 보고와 관련하여 보존해야 할 자료는 다음 각 호와 같다.

1. 의심되는 거래 보고서(사본 또는 결재 양식) 및 보고대상이 된 금융거래 자료
2. 의심되는 합당한 근거를 기록한 자료
3. 의심되는 거래 미보고 대상에 대하여 자금세탁행위등의 가능성과 관련하여 조사하였던 기록 및 기타 자료
4. 고액현금거래 보고서(사본 또는 결재 양식) 및 보고대상이 된 금융거래 자료
5. 고액현금거래 미보고 대상에 대하여 조사하였던 기록 및 기타자료
6. 자금세탁방지업무 보고책임자의 경영진 보고서 등

④ 금융회사등은 제1항부터 제3항에 따른 자료 외에 다음 각호의 자료를 5년간 보존하여야 한다.

1. 자금세탁방지등을 위한 내부통제 활동의 설계·운영·평가와 관련된 자료
2. 독립적인 감사수행 및 사후조치 기록
3. 자금세탁방지등에 관한 교육내용, 일자, 대상자를 포함한 교육 관련 사항 등

제86조(보존방법)

① 금융회사등은 제85조에 따른 자료를 보존·관리하기 위한 절차를 수립 및 운영하여야 한다.

② 금융회사등은 원본, 사본, 마이크로필름, 스캔, 전산화 등 다양한 형태로 내부관리 절차에 따라 보존할 수 있다.

③ 금융회사등은 보고책임자의 책임하에 보안이 유지되도록 보존자료를 관리하여야 한다.

④ 금융회사등은 금융정보분석원장 또는 법 제11조제3항에 따라 검사업무를 위탁받은 기관의 장이 제85조에 따른 자료를 요구하는 때에는 적시에 제공하여야 한다.

제87조(보존장소) 금융회사등은 보존대상 자료를 본점 또는 문서보관소('본점 등')에 보존하여야 한다. 다만, 보존대상 자료를 본점 등에 보존하는 것이 현저히 곤란할 때에는 지정된 장소에 보존할 수 있다.

다음은 자료 보관과 관련된 주요 지적사항이다.

① 고객확인 정보 데이터베이스 관리 미흡

의심스러운 거래 모니터링 및 요주의 인물 여부 확인 등을 충실히 이행하기 위해서는 정확한 고객확인 정보 관리가 필요함에도 외국인의 고객명, 영문고객명, 국적 등이 고객확인을 통해 실제 확인한 정보와 다른 방식으로 데이터베이스에 적재되거나 AML 업무시스템 화면상 부적정하게 표시되는 등 미흡한 점이 있으므로 고객확인 정보를 관리하는 데이터베이스에 대한 점검을 실시하여 오입력 사례 및 전산 오류 등에 대해 지속적인 개선 노력을 기울이시기 바람

② 고객정보 관리 미흡

회사는 자금세탁방지 시스템 및 여신업무 운영시스템에 비정상적으로 입력되어 있는 고객정보를 발견하는 경우 데이터 적정성을 점검 및 수정하여 관리하고 있으나 다음과 같이 일부 미흡한 점이 확인됨

- 비정상 고객정보 보유 여부를 주기적으로 점검하거나 검증하는 절차가 없어 일부 고객의 경우 실제 고객확인 업무 수행시 확인한 정보와 다른 내용으로 관리되고 있음
- 또한 일부 고객의 경우 자금세탁방지 시스템과 여신업무 운영시스템 간 정보 내용이 서로 일치하지 않거나 동일 시스템내 데이터베이스간에도 서로 다른 내용의 정보로 관리되고 있는 등 고객정보 관리에서 미흡한 사항이 다수 발견되었다. 이로 인해 의심스러운 거래 모니터링 등 자금세탁방지 업무수행시 적기에 정확한 고객정보를 확인하지 못할 우려가 있음
- 따라서 회사는 고객의 정보가 최신의 정확한 정보로 유지될 수 있도록 주기적으로 비정상 데이터 검증을 수행하고, 고객정보 보관, 이용 및 처리시스템간 고객정보가 상호 일치하도록 관리체계를 마련하여 운영할 것

주요내용 종합정리

1. 한국 국가위험평가에 따르면 자금세탁위험과 관련하여 범죄수익을 창출하는 전제범죄 분석에서 7개의 위험을 확인하고 금융업과 거래수단에서 2개의 위험을 확인하였다. 테러자금위험에 대해서는 한국은 국제화되고 개방된 경제로서 교역과 국제적 왕래가 활발하므로 세계적인 테러와 테러자금조달 위협에 항상 노출되어 있다고 평가되었으나, 지정학적 위치와 문화적 특성 때문에 테러와 테러자금조달이 빈번하게 발생하지는 않으나 언제든지 테러 공격의 대상이 될 수 있다. 또한 재외 한국인은 한국인임을 이유로 외국에서 실제 테러공격의 목표가 될 수 있는 위험에 노출되어 있다는 점에 대하여 이해를 할 수 있다.

한국의 자금세탁 위험		
주요위험		확인 배경
전제범죄	탈세·조세포탈(관세포탈 포함)	• 가장 빈번하고 광범위하게 이루어지는 자금세탁 • 지하경제의 크기 고려시 매우 큰 규모 • 국가재정의 건전성에 심각한 위협
	불법도박 등 불법사행행위	• 범죄조직과 연계하여 규모 대형화 • 참여자 경제적 손실, 가족·직장·건강 위협
	보이스피싱 등 금융사기	• 불법 목적의 조직된 집단에 의한 범죄 • 여성·노동자 대상 지속 발생, 심각한 위협
	부패범죄(수뢰·증뢰·알선 등)	• 국가권력을 이용한 악의적 범죄 • 대규모 범죄수익 창출 • 경제활동 왜곡 등 심각한 사회적·경제적 피해
	주가조작 등 불공정거래	• 투자자 시장불신과 자본시장 건전성 위협 • 건당 대규모 범죄수익 • 더욱 증가하는 심각한 금융범죄
	재산국외도피(무역거래 이용)	• 허위 무역거래, 유령회사 등을 악용 • 국가 재산 유출 • 국가재정 건전성에 큰 위협
	횡령·배임	• 기업의 존립과 다수의 경제활동에 영향 • 한국의 취약한 기업구조가 요인으로 작용 • 범죄의 파급력과 자금세탁의 유인이 큼

한국의 자금세탁 위험		
주요위험		확인 배경
취약 분야	현금거래	• 탈세, 부패범죄, 자금세탁등의 주요 수단 • 고액권환수가 낮아 불법자금 은닉수단 의심 • 일부 부동산거래 등에서 여전히 선호
	가상 통화(자산)	• 급격하게 성장했으나 규제받지 않는 시장 • 거래 추적 곤란을 악용, 범죄수익 모집 수단 • 외국 불법자금의 국내 반입 통로 의심

자료 출처 : 관계부처 합동 국가위험평가

2. 2024년 기준 한국의 자금세탁방지 의무를 준수하고 검사대상이 되는 “금융 회사등”은 약 9,000여 개 정도이다. 해당 금융회사등은 규모나 사업성격이 다양하여 각 업권이 가지는 자금세탁 리스크를 일률적으로 설명할 수 없다. 따라서 각 금융회사등은 자신이 노출된 자금세탁 위험의 유형을 파악하여, 해당 금융회사의 상품, 서비스, 채널 등 해당 위험을 경감할 수 있도록 통제를 마련하는 것이 중요하다. 만약 각 금융회사등이 해당 금융회사가 노출된 자금세탁등의 위험을 적정하게 통제하지 못할 경우, 이를 먼저 파악한 범죄자들이 해당 업권을 자금세탁 통로로 이용하여 단기간에 거대한 자금이 법집행기관의 추적을 따돌려 범죄수익 환수에 어려움을 겪게 된다. 이는 곧 한국의 금융소비자의 피해와 범죄의 활성화에 직결될 수 있음을 다시 한번 환기할 필요가 있다. 이에 기반함으로써 각 금융회사등(은행, 금융투자업, 보험업, 상호금융업, 여신전문업, 대부업, 소액해외송금업, 환전업, 온라인투자연계금융업, 카지노사업)의 사업성격 및 자금세탁 사례, 자금세탁 취약성, 그리고 자금세탁위반 사례에 대하여 이해할 수 있다.

3. 새롭게 대두한 전제범죄(마약범죄, 디지털 성범죄, 가상자산 관련 시세조작 등)에 대한 이해와 전자금융업과 가상자산사업과 같은 새로운 금융시스템의 등장에 따른 자금세탁 위험과 해당 업권의 성격, 자금세탁 취약성, 자금세탁 사례 및 주요 위반사항에 대하여 이해할 수 있다.

주요내용 종합정리

4. 금융회사등은 자신이 ML/TF에 이용되는 것을 방지하기 위하여 자금세탁등의 방지를 위한 내부통제 체계를 구축하여 운영하여야 한다. 자금세탁방지를 위한 내부통제란 금융회사 내부통제 기준의 일부분으로 ML/TF 위험을 예방하거나 완화하기 위해 금융회사의 모든 임직원에 의해 지속적으로 행해지는 일련의 과정으로서 다양한 내부통제체제를 마련하여 운영하여야 하는 사항에 대하여 이해할 수 있다.

연습문제

1. 다음 중 국가위험평가서에서 전제범죄 분석을 통하여 확인된 7개의 위험에 해당하지 않는 것을 고르시오.
   ① 탈세·조세포탈(관세포탈 포함)
   ② 현금거래
   ③ 보이스피싱 등 금융사기
   ④ 불법도박 등 불법사행행위
   ⑤ 주가조작 등 불공정거래

2. 다음 중 자금세탁방지 의무가 부과된 금융회사등에 해당하지 않는 것을 고르시오.
   ① 온라인투자연계금융업자
   ② 전자금융업자
   ③ 모든 대부업자
   ④ 환전업자
   ⑤ 가상자산사업자

3. 다음 중 현재 우리나라에 존재하는 전자금융업자 유형에 해당하지 않는 것을 고르시오.
   ① 전자지급결제대행
   ② 선불전자 지급수단
   ③ 직불전자 지급수단
   ④ 전자화폐
   ⑤ 결제대금예치업

연습문제

4. 다음 중 가상자산사업자의 자금세탁방지의무에 해당하지 않는 것을 고르시오.
   ① 1백만 원 상당 이상의 가상자산을 이전하는 경우 트래블 룰(Travel Rule) 이행
   ② 신고·변경신고 의무를 이행하지 않은 가상자산사업자와는 영업을 목적으로 거래하지 않을 것
   ③ 고객 예치금을 고유재산과 분리하여 관리할 것
   ④ 고객확인의무
   ⑤ 가상자산사업자 본인의 특수관계인이 발행한 가상자산의 매매를 중개하는 행위는 특별한 제한 없이 거래가 가능함

5. 다음은 금융회사등에 대한 설명이다. 옳지 않은 것을 고르시오.
   ① 카지노사업자는 고객이 10백만 원 이상의 일회성 금융거래를 하는 경우 합당한 주의로서 고객의 신원정보(성명, 실명번호, 주소 및 연락처 등)를 확인하여야 함
   ② 환전업자는 환전업을 영위하기 위한 목적을 외국환은행과 사이에 외국통화등의 매각 및 예치, 외국환은행으로부터의 외국통화매입을 위해서는 거래외국환은행을 지정하여야 한다.
   ③ 금융투자업이란 이익을 얻을 목적으로 계속적이거나 반복적인 방법으로 행하는 행위로서, ㉠ 투자매매업, ㉡ 투자중개업, ㉢ 집합투자업 ㉣ 투자자문업 ㉤ 투자일임업 ㉥ 신탁업을 행하는 자를 의미한다.
   ④ 대부업법에 따르면 대부업자나 대부중개업의 상호에 대하여 규정하여 일정 예외사항을 제외하고는 반드시 상호에 "대부" 또는 대부중개업을 사용하여야 한다.
   ⑤ 소액해외송금업자는 건당 5,000달러, 동일인당 연간 지급 및 수령 누계한도는 각 5만 달러이며, 소액해외송금업체 이용시 사전에 등록한 금융회사의 계좌를 통해 거래하여야 한다.

6. 다음은 금융회사등의 자금세탁방지 내부 통제에 대한 설명이다. 옳지 않은 것을 고르시오.

① 금융회사등은 독립적 감사를 연 1회 이상 실시하여야 한다. 다만, 영업점에 대해서는 자금세탁방지등의 이행수준과 자금세탁행위등의 위험도를 고려하여 감사주기를 따로 정할 수 있다.

② 금융회사등은 새로운 상품 및 서비스가 도입될 때, 또는 기존 상품에 대한 주요 변경이 있어 재검토하거나 갱신하는 시점, 즉 상품 및 서비스의 life cycle 전체에 걸쳐 해당 상품 및 서비스가 가지는 자금세탁 리스크를 사전적으로 충분히 검토할 수 있는 프로세스를 마련하여 자금세탁등의 위험을 경감시킬 수 있는 대책을 마련하여야 한다.

③ 직원알기 제도란(Know Your Employee : KYE) 자금세탁행위등에 자신의 임직원이 연관되지 않게 하려고 임직원의 채용 및 재직기간 중 상시적으로 임직원의 신원확인 등을 확인하고 상시적으로 모니터링을 수행하여 금융회사등의 임직원의 자금세탁행위 및 불법행위에 연관되지 않도록 적정하게 관리하는 자금세탁방지의 내부통제 정책 중의 하나이다.

④ 자금세탁방지에 대한 교육 및 연수는 집합, 전달, 화상 등 다양한 방법으로 실시할 수 있으며, 금융회사등이 교육 및 연수를 실시한 경우 그 일자 · 대상 · 내용 등을 기록 · 보존하여야 한다.

⑤ 개정될 자금세탁방지 업무규정에 따르면, 2025년 5월 시점에 자금세탁방지 관련 업무경력이 2년에 미치지 못한 자는 보고책임자로 선임될 수 없다.

정답/해설

1. ②

현금거래는 취약분야에서 확인된 위험임. 전제범죄 분석을 통하여 확인된 7개의 위험은 탈세·조세포탈(관세포탈 포함), 불법도박 등 불법사행행위, 보이스피싱 등 금융사기, 부패범죄(수뢰·증뢰·알선 등), 주가조작 등 불공정거래, 재산국외도피(무역거래 이용), 횡령·배임 등임

2. ③

대부업자는 규모가 다양하여 모든 대부업자에 대하여 자금세탁방지 의무를 부과하는 것이 아니라 자산규모 500억 원 이상의 대형 대부업자에 한하여 자금세탁방지 의무를 부과하고 있음

3. ④

2025년 1월 현재 한국에 등록된 전자금융업자의 유형에는 전자지급결제대행, 선불전자 지급 수단, 직불전자 지급수단, 결제대금예치업, 전자고지결제업이 있으며, 현재 등록된 전자자금이체업, 전자화폐업은 존재하지 않음

4. ⑤

가상자산거래소 내부의 특수관계인들에 의한 시세조작, 미공개정보 이용 등 불공정거래행위를 포함하여 자금세탁행위와 공중협박자금조달행위를 효율적으로 방지하기 위하여 다음의 거래를 제한하기 위한 조치를 마련하여 이행할 것을 요구하고 있음

① 가상자산사업자나 가상자산사업자 본인의 특수관계인(「상법 시행령」 제34조 제4항 각 호에 따른 특수관계인을 말한다)이 발행한 가상자산의 매매 · 교환을 중개 · 알선하거나 대행하는 행위,

② 가상자산사업자의 임직원이 해당 가상자산사업자를 통해 가상자산을 매매하거나 교환하는 행위

③ 가상자산사업자가 가상자산의 매매 · 교환을 중개 · 알선하거나 대행하면서 실질적으로 그 중개·알선이나 대행의 상대방으로 거래하는 행위

5. ①

카지노사업자의 일회성 고객확인 대상은 3백만 원 이상의 일회성 금융거래를 하는 경우임

6. ⑤

개정될 자금세탁방지 업무 규정에 따르면 금융회사가 보고책임자로 선임할 것을 고려하는 임직원이 전문적인 역량이 충분하나, 업무경력이 2년에 미치지 못한 경우, 업무 규정 시행 시점에서 해당 임직원을 보고책임자로 선임하고, 2년 유예기간 동안 해당 자금세탁방지업무를 전적으로 담당할 경우 해당 임직원은 2027년 5월 자격요건을 준수한 것으로 인정된다.

별지

별지 1-1 은행연합회 가상자산실명계정 운영지침

제1장 총칙

제1조(목적) 이 지침은 「특정 금융거래정보의 보고 및 이용 등에 관한 법률」(이하 "특정금융정보법"이라 한다)에 따라 은행이 실명확인이 가능한 입출금 계정을 개시하고 운영하는 데 필요한 절차와 기준을 정하여 자금세탁행위를 방지하고 이용자의 권익을 보호하는 것을 목적으로 한다.

제2조(정의) 이 지침에서 사용하는 용어의 뜻은 다음 각 호와 같다.

1. "은행"이란 특정금융정보법 제7조제9항에 따라 실명확인이 가능한 입출금 계정을 개시한 자를 말한다.
2. "가상자산사업자"란 특정금융정보법 제7조제1항에 따라 금융정보분석원장에게 신고한 자를 말한다. 다만, 가상자산과 금전의 교환행위가 없는 가상자산사업자는 제외한다.
3. "이용자"란 가상자산사업자를 통해 가상자산을 매매, 교환, 이전 또는 보관·관리하는 자를 말한다.
4. "실명계정"이란 동일 은행에 개설된 가상자산사업자의 계좌와 이용자의 계좌(이하 "이용자 계좌"라 한다) 사이에서만 입출금이 허용되는 실명확인이 가능한 입출금 계정을 말한다.
5. "예치금"이란 가상자산사업자가 이용자 실명계정으로부터 예치받은 금전을 말한다.

제2장 실명계정의 안전성 확보

제3조(준비금 적립 등) ① 은행은 가상자산사업자에게 해킹·전산장애 및 기타 법령·약관·계약서류에 위반하는 행위를 하거나 그 업무를 소홀히 하는 경우 등에 따른 이용자에 대한 손해배상책임을 이행하기 위하여 준비금을 적립하거나 보험 또는 공제에 가입할 것을 요구한다.

② 제1항에 따라 적립해야 하는 준비금 또는 보험·공제의 보상한도는 다음 각 호에 따른 금액 중 큰 금액 이상으로 하며, 계약체결일 및 계약체결일 이후 1년마다 보상한도를 산정한다. 다만 은행은 가상자산사업자의 영업손익·위험평가결과 등을 감안하여 요구할 적립금액 등을 조정할 수 있다.

1. 은행과 가상자산사업자의 제2항 본문의 보상한도 산정 기준일 직전 1년간 가상자산사업자의 계좌로 입금된 예치금의 1일 평균금액의 30% 상당액(최대 200억 원)
2. 30억 원

제4조(추심이체시 추가인증 등) 가상자산사업자의 추심지시에 따라 이용자 계좌에서 출금(이하 "추심이체"라 한다)이 발생할 경우 은행은 사전에 다음 각 호의 어느 하나에 해당하는 방법으로 이용자의 의사를 확인한다.

1. 「전자서명법」 제2조제8호에 따른 전자서명인증사업자의 전자서명인증
2. 「정보통신망 이용촉진 및 정보보호 등에 관한 법률」 제23조의3에 따른 본인확인기관에서 제공하는 본인확인
3. 기타 제1호 및 제2호에 준하는 방법

별지

제5조(장기 미이용 실명계정의 관리) 은행은 1년 이상 입출금이 없는 이용자 계좌에 대하여 추심이체를 제한할 수 있으며, 직접 또는 가상자산사업자를 통해 이용자에게 이를 안내한다. 다만 이용자가 가상자산사업자를 통해 추심이체 계속동의에 대한 의사를 표시한 경우에는 그러하지 아니하다.

제6조(실명계정 입출금 한도) 은행은 자금세탁방지 및 이용자 보호 등을 감안하여 한도계정 및 정상계정으로 구분하여 실명계정의 입출금 한도를 제한한다.

제7조(실명계정 거래목적등 확인) ① 은행은 이용자로부터 대면 또는 비대면 절차를 통하여 다음 각 호의 사항을 확인한 경우 제6조에 따라 한도계정 방식으로 개설된 실명계정의 입출금 한도를 정상계정 수준으로 확대할 수 있다.

1. 거래목적 : '실명계정 가상자산 거래내역 확인서'(별지서식 참고) 등을 통해 개별 은행이 별도로 정한 기준 이상의 가상자산 매매등을 하였다는 사실
2. 자금원천 : 가상자산 매매등에 사용된 자금이 이용자의 소득(이자소득, 배당소득, 사업소득, 근로소득, 연금소득, 기타소득, 퇴직소득, 양도소득) 또는 차입금이라는 사실

② 은행은 제1항에 따른 확인에 필요한 경우 이용자에게 추가 증빙자료의 제출을 요청할 수 있다.

제3장 실명계정을 통한 자금세탁행위 방지

제8조(이용자에 대한 강화된 고객확인) ① 은행은 실명계정의 개시를 신청하는 이용자에 대해 강화된 고객확인을 실시한다.
② 은행은 실명계정이 개시된 이용자에 대해 강화된 고객확인을 1년마다 지속적으로 실시한다. 다만 개별 은행의 위험평가 모델에 의하여 고객확인 재이행 주기를 이용자 별 위험등급에 따라 다르게 적용할 수 있다.
③ 제1항 및 제2항에 따른 고객확인이 이용자의 자료제출 거부 등으로 이뤄지지 않은 경우에는 은행은 실명계정의 개시 또는 실명계정을 통한 입출금을 거부하거나 제한하고 특정금융정보법 제4조에 따른 의심되는 거래보고(이하 "의심거래보고"라 한다)를 검토한다.

제9조(초고위험 이용자에 대한 고객확인 강화) ① 개별 은행이 정한 기준에 해당하는 거액출금 등 고위험 실명계정 이용자에 대해서는 강화된 고객확인시 문서적 검증을 실시한다. 다만 문서적 검증이 곤란한 경우로서 신뢰할 수 있고 독립적인 자료·정보 등을 통하여 검증할 수 있는 경우에는 그러하지 아니하다.
② 제1항에 따른 문서적 검증은 다음 각 호의 문서(단, 제3호에 따른 문서는 필요한 경우에 한함)를 이용자 등으로부터 제출받아 실시한다.

1. '실명계정 가상자산 거래내역 확인서'(별지서식 참고)
2. 재직증명서, 근로소득원천징수영수증, 건강보험자격득실확인서, 연금증서, 개인사업자 소득금액 증명원 또는 소득세법상 소득의 존재를 증빙할 수 있는 서류
3. 기타 제1호 및 제2호에 준하는 것으로 이용자의 거래목적 및 자금원천 등을 증빙할 수 있는 서류

③ 은행은 문서제출 거부 또는 자료·정보 등의 부재로 제1항 및 제2항에 따른 검증이 이뤄지지 않아 고객확인을 할 수 없는 경우, 실명계정의 입출금을 거부하거나 제한하고 의심거래보고를 검토한다.

제10조(실명계정에 대한 의심거래보고) ① 은행은 이용자 실명계정의 입출금이 명확한 경제적·법적 목적 없이 복잡하거나 규모가 큰 경우 또는 비정상적 형태 등에 해당하는 경우 의심거래보고 여부를 적극적으로 검토한다.

② 은행은 제1항에 따른 검토대상 판단기준에 다음 각 호의 경우를 포함시킨다. 다만 의심거래보고 검토대상에 대한 다른 판단기준에 해당 내용이 포함되어 있거나 자금세탁행위로 판단할 합리적 근거가 부족한 경우에는 그러하지 아니하다.

1. 이용자 계좌로의 입금 규모가 개별 은행이 정하는 기준을 초과하는 경우
2. 이용자 계좌로의 입금 규모가 이용자 계좌에서의 출금 규모에 비해 개별 은행이 정하는 기준·비율을 초과하는 경우
3. 기타 이용자 계좌의 입출금 형태가 일반적인 예금계좌의 거래형태와 상이한 경우

③ 은행은 제1항에 따른 검토 결과를 기록·관리한다.

제4장 이용자 예치금 보호

제11조(예치금 신탁 등) 은행은 가상자산사업자에게 예치금을 예치 또는 신탁할 것을 요구한다.

제12조(예치금 일일대사) ① 은행은 가상자산거래소의 예치금과 고유재산간 구분·관리(이하 "예치금 구분·관리"라 한다)를 상시적으로 확인할 수 있는 절차를 마련한다.

② 은행은 매 영업일마다 가상자산사업자로부터 직전 영업일의 예치금 일별 현황과 고유재산 잔액 현황을 전송받아 은행의 자료와 비교·확인하는 등 모니터링(이하 "일일대사"라 한다)을 실시하고 해당 결과를 기록·관리한다.

제13조(예치금 현장실사) 은행은 월 1회 이상 가상자산사업자 사무시설을 방문하여 다음 각 호의 사항을 확인(이하 "현장실사"라 한다)하고 해당 결과를 기록·관리한다.

1. 제12조에 따른 일일대사 결과와 가상자산사업자 DB의 일치
2. 실명계정 입출금의 가상자산사업자 DB에 실시간 반영
3. 기타 가상자산사업자의 예치금 구분·관리를 확인하기 위해 필요한 사항

제14조(예치금 외부실사) ① 은행은 가상자산사업자에게 분기마다 신뢰할 수 있는 외부기관을 통해 예치금 구분·관리 실태를 점검(이하 "외부실사"라 한다)하고 그 결과를 은행에 제출하도록 요구한다.

② 은행은 제1항에 따라 제출받은 외부실사 결과와 가상자산사업자의 재무상태표(다만, 가상자산사업자가 「자본시장과 금융투자업에 관한 법률」 제159조에 따른 사업보고서 제출대상법인인 경우 분기보고서) 및 제12조의 일일대사 결과를 비교·확인하고 해당 결과를 기록·관리한다.

제15조(비교·확인 등의 범위) 은행이 제12조부터 제14조까지 조항에 따라 비교·확인 등 점검해야 하는 범위는 예치금과 관련된 사항으로 한하며, 은행의 비교·확인 등 점검이 이용자에 대한 법적 책임을 새롭게 발생시키지 않는다.

별지

부칙

제1조(시행일) 이 지침은 2024년 01월 01일부터 시행한다. 다만, 다음 각 호의 사항은 그 구분에 따른 날부터 시행한다.

1. 제3조의 규정 : 2023년 09월 01일
2. 제7조의 규정 : 2024년 03월 01일

[별지서식]

실명계정 가상자산 거래내역 확인서*

○○○님의 가상자산 투자금 거래내역을 아래와 같이 확인합니다.

고객명 :
은행계좌 :
조회기간 : 0000년 00월 00일 ~ 0000년 00월 00일
발급번호 :

거래일자	구분	거래내용	거래금액(원)	거래후잔액(원)
00.00.00. 00:00:00	매수	○○○	0000	0000
00.00.00. 00:00:00	매도	○○○	0000	0000

0000년 00월 00일

가상자산사업자명(인)

* 실명계정 가상자산 거래내역 확인서에 기재될 최소한의 내용을 기재한 예시양식으로, 은행과 협의하에 각 가상자산사업자별로 추가적인 내용이 기재된 별도양식 사용 가능

별지 1-2 은행의 가상자산 실명계좌 운영지침(안) - 이행되지 않은 안으로 참조용으로 사용할 것

(1) 실명계정 거래의 안전성을 제고하기 위한 내용 강화

① 준비금 적립등 - 은행은 가상자산거래소가 해킹·전산장애 등으로 부담할 수 있는 이용자에 대한 손해배상책임을 이행할 수 있도록 30억 원 이상의 준비금(Max[일평균 예치금의 30%(최대 200억 원), 30억 원]을 적립하여야 함

② 추심이체시[40] 추가인증 - 은행은 가상자산거래소의 추심지시에 따라 이용자 계좌에서 거래소 계좌로 자금이체시 전자서명인증 등 추가인증을 통해 이용자의 거래의사를 확인하여야 함

③ 장기 미이용시 추심이체 제한 - 은행은 1년 이상 입출금이 없는 이용자 계좌에 대해 추심이체를 제한하여야 함

④ 입출금한도 관리 - 은행은 이용자 계좌를 한도계정과 정상계정으로 구분하여 입출금 한도를 제한하고, 한도계정은 이용자의 거래목적과 자금원천이 확인된 경우에 한해 정상계정으로 전환되어 입출금 한도가 확대될 수 있음

(2) 실명계정 관련 자금세탁 방지의 기준·절차를 내실화

① 강화된 고객확인 - 은행은 실명계정 이용자에 대해 원칙적으로 1년마다 강화된 고객확인(EDD*)을 실시하여야 함((EDD Enhanced Due Diligence) 고객의 경우 이용자의 신원정보에 대한 확인 및 검증 뿐 아니라 거래목적·자금원천 등에 대한 추가정보 확인하여야 함). 다만, 은행은 자체 위험평가모델에 따른 이용자의 위험등급에 따라 고객확인 주기를 다르게 적용 할 수 있음

② 고위험 이용자에 대한 검증 강화 - 은행은 거액출금 등 고위험 실명계정 이용자로부터 '가상자산 거래내역 확인서' 및 '재직증명서' 등의 문서를 제공받아 거래목적과 자금원천에 대한 검증을 실시하여야 함. 다만, 문서적 검증이 곤란한 경우 신뢰할 수 있고 독립적인 자료·정보 등을 통한 검증도 허용될 수 있음

③ 의심거래보고 기준 강화 - 은행은 실명계정의 입출금이 명확한 경제적·법적 목적 없이 복잡하거나 규모가 큰 경우 또는 비정상적 형태 등에 해당하는 경우에는 의심거래보고 여부를 검토하여야 함

(3) 이용자 예치금 보호를 위한 조치를 강화

① 예치금 별도예치 - 은행은 가상자산거래소가 이용자의 예치금을 별도예치하거나 신탁하도록 하여야 함

② 예치금 일일대사 - 은행은 매영업일마다 가상자산거래소로부터 직전 영업일 예치금 현황을 제공받아 은행자료와 비교·확인하여야 함

③ 예치금 현장실사 - 은행은 월 1회 이상 가상자산거래소 사무시설을 방문하여 현장실사를 실시하여야 함

④ 예치금 외부실사 - 은행은 분기별로 가상자산거래소로부터 예치금 구분·관리실태에 대한 외부기관 실사결과를 제출받아 비교·확인하여야 함

40) 이용자가 사전 동의한 경우 은행은 거래소 요청 시 이용자 계좌에서 거래소 계좌로 자금이체

별지

5. 은행의 실명계정 발급기준

2021년 9월 가상자산거래소에 대한 신고수리제도가 마련된 이후, 원화마켓거래소로 변경신고가 수리된 5개의 가상자산거래소를 제외한 대부분의 코인마켓 거래소는 은행의 실명계정 발급이 이루어지지 않아 거래가 대폭 축소되고 있어, 지속적으로 은행과 원화 실명계정 발급을 위한 논의를 하고 있는 상황이다.

이에 금융정보분석원은 은행의 실명계좌 발급은 충분한 AML 역량이 확보된 은행에 허용하고 복수 가상자산 실명 계정 취급시에는 보다 강화된 기준과 의무를 적용할 것이라는 은행의 실명 계정 발급기준안을 마련하였다.

다만 해당안은 언론 등에 이미 보도가 되었으나, 금융위원회가 아직 공식적으로 발표한 내용이 아니므로, 변경될 수 있다는 점에 유의하여 업무에 참조하여야 한다.

기존에는 가상자산거래소와 은행간의 협약에 의하여 은행의 실명계정발급 확인서를 토대로 원화마켓을 위한 신고를 하였고, 별도의 은행의 자금세탁방지 역량을 확인하지 않았다. 그러나 향후에는 가상자산거래소에 대하여 원화 실명계정 발급을 원하는 은행은 적어도 다음의 기준을 만족할 수 있어야 실명계정 발급이 허용될 것으로 판단된다.

(1) 가상자산 실명계정 발급(1은행 – 1거래소)

최초 가상자산 실명계정 제도가 도입된 시점에는 별도의 실명계정 발급에 대한 규제가 마련되지 않았으나, 향후 다음의 조건을 충족하는 AML 역량을 보유한 은행에 한하여 실명계정 발급을 허용할 예정이다. 다만 기존에 진입한 은행의 경우 혼란 방지 차원에서 사업을 계속 유지할 수 있다.

① 감독원의 AML 점검(검사) 이력이 있을 것

감독원의 AML 이행평가를 검사받지 않은 은행의 경우 AML 능력 전반을 충분하게 검증하는데 한계가 있어, 금감원의 AML 이행평가 관련 검사 수행여부를 요건에 포함하였다(즉, 금감원의 AML 검사 이력이 없는 은행은 실명계정 발급이 어려워짐)

② 금융정보분석원 제도이행평가 중 위험관리 평가 등급 "보통"이상의 등급을 최근 2년간 4회 이상 유지하여야 함[41)]

금융회사의 AML 이행을 연 2회 평가하는 금융정보분석원의 제도이행평가 결과가 낮은 은행은 AML 분석·관리 능력이 상대적으로 취약할 우려가 있어, 최근 2년간 4회 이상 위험관리평가의 운영위험이 "보통" 등급 이상인 은행에만 실명계정 발급을 허용할 예정이다.

41) 2023년 하반기부터 분기별로 시행되었던 제도이행평가가 반기 평가로 변경됨에 따라 은행이 실명계정을 발급하고자 하는 경우 최근 2년 동안 4회(즉 매반기별) 이상 보통 이상의 등급을 유지하여야 함

구분기준	상위15%이내 (15%)	16%~35% (20%)	36%~65% (30%)	66%~85% (20%)	86%~100% (15%)
운영위험	우수(I)	양호(II))	**보통(III)**	미흡(IV)	주의(V)

③ 실명계정 발급은행 대상 공통 적용 표준안 이행 여부

은행연합회의 "가상자산실명계정 운영지침"을 이행할 수 있는 시스템 및 관리체계 등이 구축된 은행에 대해서만 신규 가상자산거래소에 대한 실명계정 발급을 인정할 예정이다.

(2) 복수 가상자산 실명계정 발급(1은행 – 복수거래소)

본 발급기준이 마련되기 전에는 별도의 규제가이드가 없어 1개의 은행이 복수거래소 취급이 가능하였으나, 이럴 경우 1개 은행이 처리하여야 할 AML 취급 대상과 범위가 크게 확대되는 문제가 있어(적정 AML 노하우와 인프라를 구축하지 않는 경우 1개 은행에 복수 거래소 취급을 허용시 시스템 리스크가 확대될 우려가 있음), ① 가상자산 관련 AML 경험, ② 우수한 AML 평가 역량을 갖춘 은행에 대해, ③ 인력·시스템 확충을 전제로 복수 거래소에 대한 실명계정 발급이 허용된다.

① 실명계정 운영 경험 : 2년 이상

2년 이상 가상자산에 대한 실명계정 운영 경험을 통해 가상자산 관련한 AML 관리 체계의 정상적인 운영이 검증된 은행이어야 함

② 금융정보분석원 위험관리평가 결과 등급 "양호"이상일 것

ⓐ 최근 2년간 4회 이상 위험관리평가 결과 : 은행 중 "양호"이상

구분기준	상위15%이내 (15%)	16%~35% (20%)	36%~65% (30%)	66%~85% (20%)	86%~100% (15%)
운영위험	우수(I)	**양호(II)**	보통(III)	미흡(IV)	주의(V)

ⓑ 최근 2년간 4회 이상 STR 상세분석율(STR 보고건수에 대한 상세분석 비율) : 은행 중 상위 35% 이내일 것

③ 인력·시스템 요건을 갖출 것

복수 거래소 신청당시 아래 Ⓐ와 Ⓑ에 대한 이행 계획서를 징구하고, 미유지할 경우 추가 발급한 실명계정을 제한함(신고 수리시 부가조건 부가)

Ⓐ AML 인력 요건

- 은행 본사 직원 수의 1.5% 이상을 AML 전담인력으로 운용하며, 각 거래소별 전담팀, 통합관리팀을 마련하여 관리하여야 함

• CAMS 등 공신력 있는 기관으로부터 AML 전문가 자격증을 취득한 자가 전체 전담인력의 50% 이상 유지
• 분기별 AML 교육시간 인당 4시간(가상자산관련 2시간 이상 포함) 이상 운영

Ⓑ AML 시스템 요건

• 거래소별 관리 – 은행은 가상자산 거래소별 전담팀을 설치하여 각 거래소별 AML 관리, 상시 모니터링 등 밀착 관리
• 통합 관리 – 은행은 복수 거래소의 정보를 종합하여 고객확인·STR 보완 수행(복수 거래소 합산 기준으로 초고위험 고객관리, STR 수행 등) 및 긴밀한 협의 채널 구축
• 독립 감사 – 은행 자체적으로 전체 가상자산 AML 업무에 대한 독립적 삼사를 연2회 실시

복수거래소 실명계정 발급 AML 인력·시스템 요건

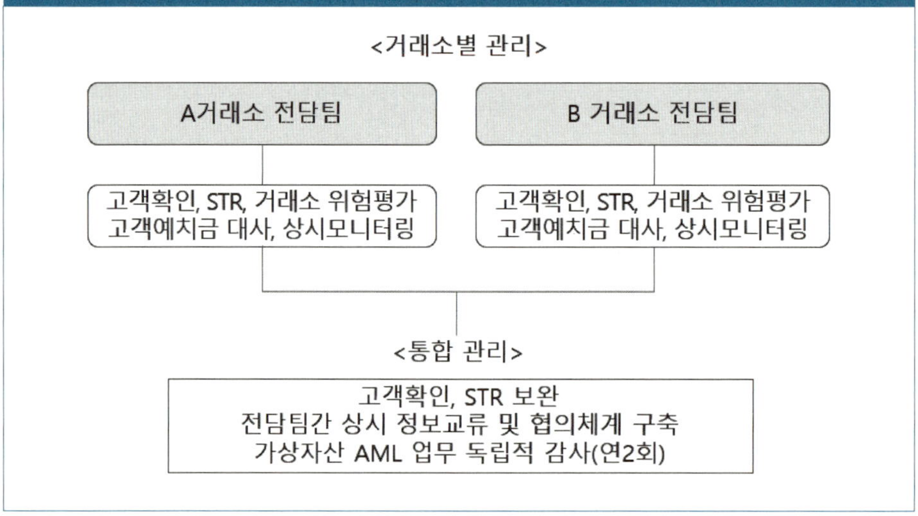

02

자금세탁 및 테러자금조달에 대한 위험평가제도

학습 개요

금융회사등은 자신의 자금세탁행위등의 위험을 확인·평가·이해(이하 “위험평가등”)하기 위해 적절한 조치를 취하여야 한다. 즉 금융회사들은 해당 금융회사에 내재된 자금세탁 및 테러자금조달위험(ML/TF 위험)을 명확하게 파악하고 이에 대한 적절한 대응조치를 취하여야 한다.

이를 위하여 금융회사등은 자금세탁방지를 위한 내부통제의 일환으로 당해 금융회사등에 대한 전사적 위험평가를 통하여 해당 금융회사등에 내재한 ML/TF 관련 고유위험을 평가하고 해당 고유위험을 통제할 수 있는 통제프로세스(운영위험)의 효과성을 평가하여 금융회사등의 ML/TF에 대한 잔여위험을 평가하여야 한다. 또한, 해당 잔여위험이 금융회사등이 정한 위험수용 범위를 벗어날 경우, 금융회사는 추가적인 통제방법을 마련하여 해당 리스크를 통제하여야 한다.

또한, 전편에서 상세히 기술한 것처럼 각 국가는 해당 국가의 ML/TF 위험을 평가하여 취약점에 대한 분석을 수행하고, 금융회사등을 포함한 각 산업 구성원들이 각각에 요구되는 ML/TF 위험을 통제하기 위한 여러 가지 제도를 적절하게 이행하고 있는지 등에 대한 감독 관리와 더불어 정기적인 위험평가를 통하여 모니터링하여야 한다.

이를 위하여 금융정보분석원은 금융회사등의 자금세탁내부통제의 적정성을 파악하기 위하여 정기적으로 제도이행평가를 실시하고, 해당 평가의 결과를 토대로 취약 금융회사에 대해서는 검사 실시 등의 조치를 취하고 있다. 본편에서는 금융회사의 전사적 위험평가제도와 금융정보분석원의 제도이행평가제도를 이해하는 데 도움을 주고자 한다.

학습 목표

- 금융회사의 전사적 위험평가 및 위험관리수준 평가에 대하여 이해할 수 있다.
- 금융정보분석원의 이행평가 제도에 대하여 이해할 수 있다.
- 전사적 위험평가에 대한 규제당국의 주요 지적사항에 대하여 이해할 수 있다.

1장

개요

전편에서 기술한 바와 같이 FATF 권고사항 1(위험평가와 위험기법접근법의 적용)에 따르면 각 국가는 지속적인 위험평가를 수행하여야 하며, 해당 평가 내용을 규제당국과 공유할 수 있는 체계(즉, 국가위험평가시스템 구축)를 마련할 것을 권고하고 있으며, 금융회사등은 당해 금융회사의 ML/TF 위험에 대한 전사적인 위험평가를 수행하여 필요한 경우 적절한 대응조치를 취할 수 있는 체계를 마련할 것을 권고하고 있다.

FATF 권고사항 1(위험평가 및 위험기반접근법의 적용)

국가는 자신의 자금세탁 및 테러자금조달 위험을 확인, 평가 및 이해하여야 하며, 위험을 효과적으로 경감시킬 수 있도록 위험평가를 총괄할 당국 또는 매커니즘 등의 조치를 취하고 재원을 사용하여야 한다. 각 국가는 그 위험평가 결과에 기초하여 자금세탁 및 테러자금조달 방지 또는 그 위험에 대한 경감조치가 확인된 위험에 확실하게 상응하도록 하기 위해 위험기반접근법을 적용하여야 한다. 이 접근법은 AML/CFT 체제 전반에 걸쳐 재원을 효율적으로 배분하고 FATF 권고사항을 위험수준에 따라 이행하기 위한 주요 기틀이 되어야 한다.

이와 같은 국제기준 등을 준수하고 각 금융회사등이 노출된 ML/TF 위험을 적절하게 통제하기 위하여, 각 금융회사는 전사적 위험평가제도를 마련하여 자신의 내재위험(고유위험)이 무엇인지 명확하게 파악하고, 이를 통제할 수 있는 통제 프레임워크가 적정하게 운영되는지를 정기적으로 평가하여, 파악된 위험에 대한 추가적인 통제방안을 마련하여야 한다.

또한, 규제당국은 각 금융회사가 자금세탁방지제도를 적정하게 운영하고 있는지를 모니터링하고 평가할 수 있는 평가제도(㉠ 제도이행평가)를 마련하여야 한다. 대부분의 국가에서는 위험기반접근법을 토대로 각 금융회사의 제도이행 실태를 파악하기 위한 평가프로세스를 마련하여 운영하고 있다.

한국은 2010년 6월 제정된 자금세탁방지 및 공중협박자금조달금지에 관한 업무규정("자금세탁방지 업무규정")에서 정한 바에 따라 "자금세탁방지제도의 원활한 정착과 적극적인 이행을 유도하기 위하여 종합평가와 자가평가"라는 제도를 마련하여 운영하였다.

(구) 자금세탁방지업무규정(자가평가 제도)(2019년 7월 개정 이전 내용)
① 금융정보분석원장은 제18조에 따른 평가와는 별도로 금융회사등으로 하여금 자금세탁방지제도를 스스로 평가하도록 할 수 있다. ② 금융정보분석원장은 제1항에 따른 평가를 하고자 하는 경우 평가대상·항목·기간 등 평가에 필요한 사항을 정하여 금융회사등에 통보하여야 한다. ③ 금융회사등은 제1항 및 제2항에 따라 평가에 필요한 사항을 금융정보분석원장으로부터 통보받은 때에는 그에 따라 평가를 실시하여야 한다. ④ 금융회사등은 금융정보분석원장이 제1항에 따른 평가를 위해 구축한 자가평가 시스템을 통해 정해진 기간 내에 제3항에 따른 평가결과를 제출하여야 한다. ⑤ 금융정보분석원장은 제3항에 따른 평가결과를 활용하기 위해 적절한 조치를 취할 수 있다.

즉, 금융정보분석원장은 자금세탁방지 의무를 준수하여야 하는 전체 금융회사등이 자금세탁방지 내부통제제도를 적정하게 이행하는지를 총괄적으로 파악할 수 있는 종합평가제도와, 금융회사등이 자체적으로 자금세탁방지 내부통제제도의 취약점을 파악하여 개선할 수 있도록 스스로 평가하여 정해진 기간 내에 금융정보분석원장에게 제출하는 자가평가 제도를 마련하여 운영하여 왔다.

그 후, 2019년 자금세탁방지 업무규정 개정을 통하여 종합평가제도[업무규정 제18조(종합평가)]는 반기별로 수행되는 제도이행평가로 전환하여 더 이상 수행하지 않고 있으며, 제19조 자가평가제도(제19조)는 위험관리수준평가제도[자금세탁방지 업무규정 제19조 (위험관리수준 평가)]로 변경하였다.

위험관리수준 평가[1]는 "금융회사가 자신의 자금세탁행위등의 위험을 확인·평가·이해하고 적절한 조치를 취하면 이에 대해 금융정보분석원장이 금융회사등이 자신의 금융거래등에 내재된 자금세탁행위등의 위험에 대한 적절한 통제절차를 마련하고,

1) 일반적으로 금융회사등에서는 "RBA 평가"라고 표현하고 있는데, 이는 전사적 위험평가 시 위험기반접근법이 사용되었기 때문에 이용된 용어인데, 향후에는 전사적 위험평가 또는 위험관리수준 평가라는 용어로 재정립될 필요가 있음

취약점을 지속적으로 개선하는 적절한 조치를 취하고 있는지를 주기적으로 평가하는 제도"이다.

또한 특정금융정보법 제5조의2(금융회사등의 조치)에서 금융회사등이 ML/TF를 효율적으로 방지하기 위하여 임직원이 직무를 수행할 때 따라야 할 업무지침을 작성하여 운용할 것을 정하고 있는데, 해당 업무지침에 위험평가에 대한 내용을 포함할 것을 요구하고 있다.

따라서 각 금융회사등은 국내 법규의 준수를 위하여 자금세탁방지 목적의 업무지침에 전사적 위험평가에 대한 절차를 마련하여야 한다. 다만 해당 절차를 마련하는 경우 각 금융회사의 규모나 성격 등 제반 사정에 부합하게 마련하여 운영하여야 한다.

최근 규제당국의 지적사항에 따르면 전사적위험평가에 대한 내규 등이 적정하게 문서화되지 않거나 내규에서 정한 전사적 위험평가가 실질적으로 수행되지 않아 개선요구를 받은 경우가 있어, 각 금융회사는 전사적 위험평가에 대한 내규를 제대로 마련하고 내규에 따른 업무 수행을 효과적으로 수행하도록 주의를 다하여야 한다.

특정금융정보법 제5조 제3항(금융회사등의 조치 등)

③ 제1항제2호에 따른 절차 및 업무지침은 다음 각 호의 사항을 포함하여야 한다.
1. 금융거래등에 내재된 자금세탁행위와 공중협박자금조달행위의 위험을 식별, 분석, 평가하여 위험도에 따라 관리 수준을 차등화하는 업무체계의 구축 및 운영에 관한 사항
2. 자금세탁행위와 공중협박자금조달행위의 방지 업무를 수행하는 부서로부터 독립된 부서나 기관에서 그 업무 수행의 적절성, 효과성을 검토·평가하고 이에 따른 문제점을 개선하기 위한 업무체계의 마련 및 운영에 관한 사항
3. 그 밖에 자금세탁행위와 공중협박자금조달행위를 효율적으로 방지하기 위하여 대통령령으로 정하는 사항

④ 금융회사등은 임직원이 직무를 수행할 때 제1항제2호에 따른 절차 및 업무지침을 준수하는지 여부를 감독하여야 한다.

2장

자금세탁방지를 위한 금융회사의 위험관리수준 평가("전사적 위험평가")

제1절 개요

위험관리수준 평가(혹은 전사적 위험평가)는 위험기반접근법을 토대로 각 금융회사가 자신의 자금세탁행위등의 위험을 확인·평가·이해하기 위해 취하는 조치로서 국제기준에서 요구하는 전사적 위험평가제도로 이해할 수 있다. 이는 (구)자금세탁방지 업무규정에서 정하고 있는 "자가평가제도"를 대체하는 제도로서 금융회사가 전사적 위험평가제도를 통하여 파악된 위험 등에 대한 적절한 조치를 취하면, 금융정보분석원은 주기적으로 각 금융회사등이 자신의 내재된 ML/TF 위험에 상응한 적절한 조치를 취하였는지를 평가하여 확인하는 제도이다.

그런데 동 규정(위험관리수준 평가)은 금융회사의 전사적 위험평가와 금융정보분석원의 제도이행평가에 대한 요건이 혼재되어 있어 금융회사등이 해당 조문을 이해할 때 불필요한 오해가 발생할 소지가 있어 향후 업무규정 개정시 이를 명확하게 재정비할 것을 요구하고 있다.[2)]

업무규정 제19조(위험관리수준 평가) 개선의 필요성
해당 규정은 각 금융회사가 ML/TF 위험을 관리하기 위하여 직접 위험평가 기준을 마련하여 수행하여야 하는 전사적 위험평가와 금융정보분석원의 제도이행평가 내용이 혼재되어 있어, 일부 금융회사에서는 금융회사 자체의 전사적 위험평가제도를 마련하는 것이 아니라, 금융정보분석원이 실시하는 제도이행평가를 위한 지표값을 금융정보분석원의 위험평가시스템에 입력하는 경우 위험관리수준 평가가 이행된 것으로 오해하여 규제당국의 개선을 요구받은 사례가 종종 발견되고 있다.

2) 2023년 하반기 법무법인, 금융업권, 금융정보분석원으로 구성된 TFT에서 업무규정 전반에 대한 개정을 논의하는 과정에서 동 규정 조문을 명확히 구분할 것을 요구하였음

이를 방지하기 위하여 위험관리수준 평가관련 업무규정 내용을 금융회사가 수행하여야 하는 사항과 금융정보분석원장이 수행하여야 하는 사항으로 구분할 수 있도록 업무규정을 재정비하여, 각 금융회사등이 좀 더 명확하게 위험관리수준 평가에 대한 개념을 파악하고 이해를 높일 수 있을 것으로 기대한다.

자금세탁방지업무규정 제19조(전사적위험평가 vs 제도이행평가)

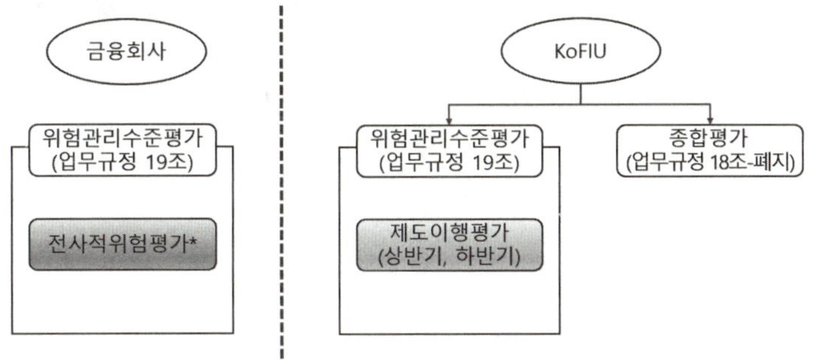

* 전사적 위험평가는 자금세탁방지업무규정에서 정의하고 있는 용어가 아니라 국제적으로 사용되는 용어임

자금세탁방지 업무규정 제19조 제1항의 위험관리수준 평가(전사적 위험평가) 규정에 따르면 각 금융회사는 자신의 자금세탁행위등의 위험을 확인·평가·이해하기 위해 다음을 수행하여야 한다.

① 위험평가등의 결과를 문서화

② 전반적 위험의 수준과 위험의 완화를 위해 적용되어야 할 적절한 조치의 수준과 종류를 결정하기에 앞서 관련된 모든 위험 요소들을 고려

③ 위험평가등의 결과를 지속적으로 최신 상태로 유지

④ 위험평가등의 정보를 금융정보분석원장 및 법 제15조제6항(현재 자금세탁방지 업무규정에서는 법 제11조 제6항으로 기술하고 있으나, 해당 내용은 표시오류로 판단됨)에 따른 검사수탁기관의 장에게 제공하기 위한 적절한 운영체계 구축

⑤ 업무 규정상의 위험평가, 국가위험, 고객유형 평가, 상품 및 서비스 위험에 대한 내용을 위험 평가 등에 반영[3]

위험관리수준 평가는 위험기반접근법을 토대로 수행하여, 잔여위험이 높고 영향도가 큰 관리대상에 대해서 자원을 집중 투입하여 각 금융회사등의 자금세탁등의 위험을

3) 2021년 7월 금융정보분석원이 배포한 AML/CFT 관련 위험평가 및 위험기반접근법 처리 기준 참조할 것

가장 효과적으로 관리할 수 있도록 하고, 잔여위험이 낮고 영향도가 낮은 관리 대상에 대해서는 간소화된 대응 조치를 마련하게 함으로써, 금융회사가 우선적으로 관리하여야 하는 내용에 대하여 인적 및 물적 자원을 집중적으로 투입하여 통제의 효과성과 효율성을 높이기 위한 것이다.

전통적인 접근법[4]과 위험기반접근법 대비표

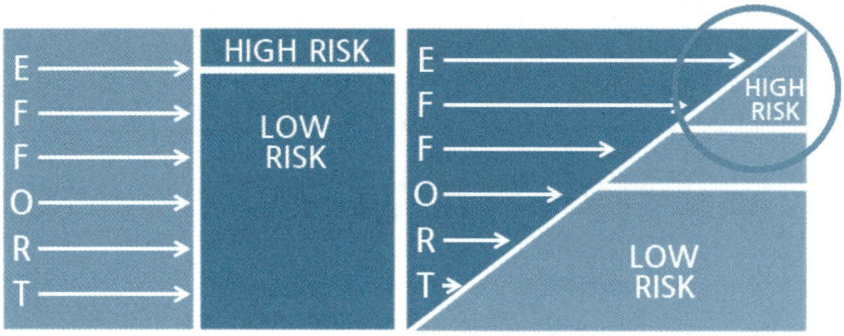

금융회사등의 전사적 위험평가를 수행하기 위해서는 금융회사는 ① 업무규정상의 위험평가 요소를 고려하여 금융회사의 내재위험(고유위험 - Inherent Risk)을 정량적으로 평가하여, ② 내재위험을 통제하기 위한 운영통제 프로세스가 적정한지에 대한 평가와 대응조치를 마련하여(내부통제 효과성 평가 및 운영위험 평가) ③ 고유위험에서 내부통제의 효과성을 차감하여 관리할 잔여위험(Residual Risk)을 평가하여, 해당 잔여리스크가 각 금융회사가 사전적으로 정한 위험수용범위(Risk Appetite) 내에서 관리되고 있는지를 지속적으로 평가하여야 한다.

위험평가(고유위험이나 운영위험) 과정에서 파악된 위험은 적절하게 관리하고 경감책을 마련하여야 한다. 즉 마련된 위험 경감책은 경영진의 승인과 모니터링을 통하여 관리되어야 하며, 특히 높은 위험으로 파악된 내용에 대해서는 즉시적인 조치와 더 강화된 통제책 등이 마련되어야 한다.

---

4) 위험기반접근법이 도입되기 전까지 각 금융회사등은 자금세탁등의 위험을 관리하기 위하여 모든 위험평가 요소에 대하여 동일한 통제를 구현하여 왔음. 즉, 저위험과 고위험 요소에 대한 평가에 차별을 두지 않아, 고위험 요소에 대한 관리보다는 다수의 저위험 요소를 관리하는 데 많은 인적·물적 자원이 투입하게 됨으로써, 자금세탁등의 위험에 대한 통제의 비효율성을 초래하여 위험기반접근법을 도입하게 됨

위험관리수준 평가 개념

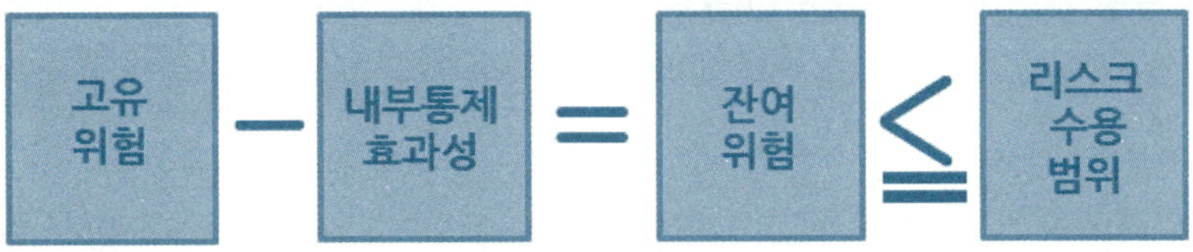

자금세탁방지 업무규정(종합평가 및 위험관리수준 평가)

제18조(종합평가) 금융정보분석원장은 자금세탁방지제도의 원활한 정착과 적극적 이행을 유도하기 위하여 매년 금융회사등의 자금세탁방지제도 이행현황 등에 대하여 종합적인 평가를 실시하여야 한다.

제19조(위험관리수준 평가)

① 금융회사등은 자신의 자금세탁 행위 등의 위험을 확인·평가·이해(이하 "위험평가등")하기 위해 다음 각 호의 조치들을 포함하여 적절한 조치를 취해야 한다.

1. 위험평가등의 결과를 문서화
2. 전반적 위험의 수준과 위험의 완화를 위해 적용되어야 할 적절한 조치의 수준과 종류를 결정하기에 앞서 관련된 모든 위험 요소들을 고려
3. 위험평가등의 결과를 지속적으로 최신 상태로 유지
4. 위험평가등의 정보를 금융정보분석원장 및 법 제11조제6항에 따른 검사수탁기관의 장에게 제공하기 위한 적절한 운영체계 구축
5. 제28조부터 제31조까지의 내용을 위험평가등에 반영

② 금융회사등은 자신의 자금세탁행위등의 위험을 관리하고 경감하기 위해서 다음 각 호의 조치를 취해야 한다.

1. 경영진의 승인을 거친 정책·통제·절차(이하 "통제등"이라 한다)를 구비
2. 통제등의 시행 여부를 감시하고 필요한 경우 통제등을 강화
3. 자금세탁행위등의 위험이 높은 것으로 확인된 분야에 대해 강화된 조치 수행
4. 제17조 및 제70조 제2항에 따른 자금세탁행위등의 위험을 평가할 수 있는 절차 수립·운영 사항 반영

③ 금융회사등은 법 제5조제1항제2호에 따른 절차 및 업무지침 작성·운용 사항 중 같은 조 제3항제1호의 의무이행과 관련하여 제1항 및 제2항의 내용을 반영하고 준수하여야 한다.

④ 금융정보분석원장은 금융회사등이 자신의 금융거래등에 내재된 자금세탁행위등의 위험에 상응하여 적절한 조치를 취하고 있는지 주기적으로 평가("위험관리수준 평가")하여야 한다.

⑤ 금융정보분석원장은 위험관리수준 평가를 위해 필요한 내용을 금융회사등이 보고하도록 조치할 수 있으며, 금융회사등은 금융정보분석원장이 정하여 통보한 방법 및 기한 등에 따라 보고하여야 한다. 다만, 금융정보분석원장이 검사수탁기관의 장과 협의하여 달리 정하는 경우에는 그에 따른다.

제2절 위험관리수준 평가를 이해하기 위한 개념

1. 리스크 수용범위(Risk Appetite)

리스크 수용범위(또는 리스크 감수 성향)란 금융회사등이 자금세탁위험을 통제하여 측정된 잔여위험에 대하여 수용할 수 있는 범위에 대한 것이다. 즉, 자금세탁등의 위험은 규제 리스크이고 이를 적정하게 통제하지 못할 경우 제재 등을 받을 수 있으므로 리스크 수용범위는 “Zero Tolerance(무관용 정책)”로 유지하는 것이 바람직하지만, 현실적으로 금융회사등의 ML/TF 위험을 “Zero”로 가져가기 어렵기 때문에 이를 통제하기 위한 다양한 제도 등을 마련하여 운영하는 것이다. 일반적으로 가장 바람직한 리스크 수용범위는 잔여위험을 저위험(Low)로 유지할 수 있도록 통제책을 마련하는 것이다.

현재 금융회사등이 설계한 전사적 위험평가절차에 리스크 수용범위를 고려한 모델은 거의 없는 것으로 판단된다. 왜냐하면 금융회사등이 전사적 위험평가를 설계할 경우 고유위험과 운영위험에 대해서는 명확한 가이드라인이 제공되었으나, 잔여위험을 저위험으로 유지하기 위한 리스크 수용범위에 대한 개념이 도입되지 않은 상태에서 설계가 이루어졌기 때문이다. 그러나 대부분의 글로벌 금융회사등은 전사적 위험평가절차에서 가장 먼저 설정하는 것이 잔여위험과 리스크 수용범위이고, 해당 잔여위험을 최저로 하기 위하여 고유위험을 통제하거나(예를 들어 De-risk 정책을 통하여 고위험 고객에 대한 거래 거절, 또는 고위험 고객 수를 최소한으로 유지할 수 있도록 통제), 운영통제를 더 강화하는 정책을 마련하고 있다.

따라서, 전사적 위험평가를 수행할 경우, 위험관리수준 평가와 관련된 개념을 토대로 각 금융회사등의 위험평가절차가 적절히 운영되고 있는지 살펴볼 필요가 있다.

2. 고유위험

고유위험(내재위험 - Inherent Risk)라 함은 각 금융회사 자체가 가지고 있는 ML/TF 위험으로서, 고유위험이 높을수록 금융회사가 마련하여야 하는 내부통제는 더 강화되어야 하므로 고유위험 평가 결과에 대한 분석을 통하여 이에 상응하는 내부 통제에 개선이 필요한지 여부를 지속적으로 관리하여야 한다. 고유위험 평가를 위해서는 일반적으로 다음의 요소들을 고려하여 평가하여야 한다.

(1) 금융회사의 성격

각 금융회사의 사업의 성격에 따라 위험도가 상이할 수 있다. 예를 들어 가상자산사업자 등은 사업의 성격 자체가 고위험 산업으로 분류될 수 있어, 국내 금융회사등이 가상자산거래소와 거래를 하기 위해서 금융회사등은 가상자산사업자에 대하여 강화된 주의의무와 더불어 법규에서 정한 추가적인 내용을 확인하여야 한다(전편 가상자산사업자 관련 내용 참조).

또한, 글로벌 금융회사들은 일부 전자금융업자에 대하여 환거래고객과 유사한 강화된 주의의무를 수행할 것을 요구하거나 자금세탁방지 내부통제가 미흡하다고 판단되는 전자금융업자에 대해서는 거래를 수용하지 않는 경우가 있다.

그 이유는 전자금융업자등이 제공하는 상품과 관련하여 가맹점과 최종 소비자간의 자금흐름을 명확하게 이해하지 못할 경우, 해당 상품을 통하여 범죄자금이 이동하여도 쉽게 파악이 어렵고, 위장 가맹점이나 허위 매출을 통제하기 위하여 강화된 모니터링이 마련되지 않는 전자금융업자에 대해서는 자금세탁 위험이 높아 고객 수용이 어렵기 때문이다.

(2) 고객유형평가

고객유형별 잠재적인 자금세탁 및 테러자금 위험을 분석하는 것은 금융회사의 전체 위험을 평가하는 데 매우 중요하다. 즉, 금융회사등의 고객 중 정치적 주요인물이나 고액자산가, 부정적인 언론보도 노출자, 의심거래보고 거래가 자주 발생하는 고객 등 고위험 고객의 규모를 파악하는 것이 필요하다.

사례 2-1 금융회사등의 De-Risk 정책 사례(이란 고객에 대한 계좌개설 제한)

최근 미국이 대이란 제재 조치(US Sanction)를 복원한 가운데, 국내은행들이 미국의 경제제재조치 위반을 우려해 국내에 거주하는 이란인 고객에 대한 기존 계좌 해지 권고 및 신규 계좌개설을 제한하고 있다는 내용이 언론 등에 보도된 사실이 있음. 즉 미국 경제제재조치에 따르면 미달러나 미국인(미국은행 포함)이 이란관련 거래에 직간접적으로 관여한 경우, 이를 취급한 금융회사등이 제재를 받을 수 있어, 이런 위험에 노출되지 않도록 국내 금융회사들이 De-risk 정책을 마련하여 이란인에 대한 거래를 제한하게 된 것임

은행들은 이란 유학생과 노동자에 한해 자금원천과 거래목적이 비상업적이고 개인용도라는 사실을 확인한 뒤, 고위 경영진의 승인을 받아 계좌를 개설하고 있으나, 사실상 이란인 고객들은 해외 송금길이 막히게 된 것이다.

사례 2-2 고객유형과 관련된 고유위험 통제 방안에 대한 개선점

① 일반적으로 글로벌 대형 금융회사등은 고객관련 고유위험을 관리하기 위하여 해당 금융회사가 수용할 수 있는 고위험 고객 범위를 사전적으로 정의한 후, 전사적 위험평가 결과, 고유위험의 해당 수용범위를 초과할 경우, 이를 개선하기 위한 경감책을 취하도록 정책을 세움(예를 들어, 전체 고객 중 0.3%만을 고위험 고객으로 수용하기로 사전적으로 정의할 경우, 전체 고객 수가 1천만 명에 해당할 경우, 3만 명 정도만 고위험 고객으로 유지되어야 함). 왜냐하면, 고위험 고객 수가 증가하여 고유위험이 높아질 경우, 이를 위하여 더 많은 인적·물적 자원을 투입하여 해당 위험을 관리하여야 하므로 위험관리의 효용성 측면에서 일정 수준 이상의 고위험 고객을 수용하지 않는 것이 바람직하기 때문이다.

② 이런 이유로 인하여 글로벌 금융회사등은 고객관련 고유위험을 통제하기 어려운 경우, 고위험 고객에 대한 de-risk 정책을 도입하여, 일정 고위험 고객군에 대한 거래를 수용하지 않거나 기존 고객에 대한 거래제한 등의 정책을 세워 각 금융회사등의 고유위험을 관리하는 것이 일반적이다(예를 들어, Sanction 대상 국가 고객에 대한 거래 거절정책, 비영리단체에 대한 거래제한, 가상자산거래소에 대한 제한적인 거래수용 등)

③ 그러나, 한국은 전사적 위험평가제도를 도입시, 이와 같은 개념이 도입되지 않았고, 금융회사의 사회적 책임 및 금융소비자 보호 측면에서 이와 같은 정책을 도입하기에는 어려움이 있어, 잔여위험 통제 및 리스크 수용범위를 사전적으로 정의하여 위험관리수준 평가 제도를 운영하는 데 어려움이 있는 것이 현실이다. 따라서 향후 규제당국이 전체 금융회사등에 대한 위험평가제도의 취지 등에 재교육을 통하여 이를 점진적으로 개선해 나갈 필요가 있음

(3) 국가위험평가

특정 국가의 자금세탁방지 및 테러자금조달금지 제도와 금융거래에 대한 규제 환경이 취약해서 발생할 수 있는 위험으로 FATF 권고사항 이행 취약국가, 마약 통제 리스크 취약국가, 조세 피난처, 경제제재조치 대상국가, 금융 비밀보호 통제의 정도, 부패지수 정도 등을 고려하여 국가위험을 평가하고, 해당 국가와 관련된 고객의 규모가 어느 정도인지 파악하여 고유위험 평가에 반영하여야 한다.

※ 주의사항

(1) 각 금융회사는 CDD 과정에서 파악하는 고객의 국가 정보를 단순하게 정의하여 국적국 정보만 확인하는 경우가 있을 수 있는데, 개인고객의 경우에는 이중 국적자, 거주국과 국적국이 상이한 고객, 출생국과 국적국이 상이한 고객 등 다양한 고려사항이 있을 수 있고, 법인의 경우에는 설립국과 영업국, 주요 매출 발생국, 법인관계인의 국적국/거주국 등을 고려하여야 더 정확한 국가위험평가를 수행할 수 있다. 따라서 각 금융회사의 성격 또는 영업환경 등을 고려하여 어떤 국가정보를 고객으로부터 파악할 것인지에 대한 정책을 수립하여야 한다.

(2) 국가위험평가시 사용되는 국가의 범위를 어떻게 규정할 것인지에 대해서도 고려하여야 한다. 현재 발표되는 조세피난처 등의 경우에는 국가가 아닌 지역(예를 들어 필리핀 라부안 등)도 있을 수 있고, 난민이나 무국적자 등의 경우에는 어떻게 처리할 것인지에 대해서도 국가위험평가에 반영하여 정책을 마련하는 것이 바람직하다.

고위험 국가 예시(2024년 10월 현재)

① FATF 권고사항 이행 취약국가 - FATF가 발표하는 Blacklist(대응조치가 필요한 국가(이란, 북한) + 강화된 주의의무가 요구되는 국가(미얀마))와 Grey-list(강화된 관찰대상 국가(베트남 포함 24개 국가))

② 마약 통제 리스크 취약국가 - 미얀마, 태국, 라오스(골든트라이앵글), 아프가니스탄, 콜롬비아, 멕시코 등 남미 국가 등

③ 미국의 경제제재조치 대상 국가 - 이란, 북한, 시리아, 쿠바, 수단, 러시아 등

④ 부패 관련 위험이 높은 국가 - 소말리아, 남수단, 시리아 등

⑤ 조세 피난처 - 안도라, 바하마, 버뮤다, 케이만 아일랜드, 리히텐슈타인, 파나마 등

사례 2-3 파나마 페이퍼컴퍼니에서 폭로로 파악된 파나마 - 자금세탁의 천국이 된 이유

파나마는 자금세탁국이라는 오명을 벗기 위하여 부단하게 노력하나, 아직도 갈 길이 먼 것 같다. 파나마가 자금세탁의 천국이라고 대대적으로 알려진 이유는 "파나마의 최대로펌인 모색 폰세카가 보유한 금융비밀문서가 ICIJ(국제탐사보도언론인협회)를 통하여 폭로되는 것으로 거슬러 갈 수 있다. 해당 문건에는 전 세계 유명 부유층이 어떻게 세무조사를 피해서 재산을 은닉했는지에 대한 정보가 포함되어 있다.

모색 폰세카는 1986년 설립되어 역외 금융서비스에 특화된 법률회사로 주로 스위스 영국령 버진아일랜드, 건지섬 등 조세피난처에서 역외서비스를 제공하여 왔다. 모색 폰세카는 수십년 동안 역외에 수십만 개의 위장회사를 만들어 자금세탁을 도운 것으로 추정되었으며, 대형 글로벌 금융회사들의 조세피난처에 설립한 페이퍼컴퍼니들의 계좌를 이용하여 자금을 세탁하여 왔으며, 기업이나 개인이 자금을 페이퍼컴퍼니로 송금하면 무기명 채권을 발행하게 되고 즉시 자금의 실소유주를 은닉하여 왔던 것으로 알려졌다. 특히 유명정치인, 연예인, 스포츠인사 및 한국의 대기업이나 정치인들이 해당 명단에 포함되어 있는 것으로 확인되어 한참 사회적인 이슈가 되었다.

파나마는 기존 조세회피처로 유명하였던 영국령 버진아일랜드(영국령이나 영국의 자금세탁관련 법규의 적용을 받지 않으며 전 세계 절반가량의 위장회사가 소재한 것으로 파악되었음)가 2005년부터 무기명주식(회사의 주식이 무기명식으로 발행되어 실제 해당 회사의 소유자를 파악하기 어려움)에 대한 단속이 강화되자, 조세회피 목적을 가진 고객들이 대거 파나마로 이전하게 되었기 때문이다, 해당 사건 이후 파나마도 2016년부터 무기명주식에 대한 단속을 강화하였지만 여전히 위험은 내재된 것으로 평가하고 사건 이후 많은 국가들이 파나마 은행들과 환거래계약을 해지하기도 하였다.

모색 폰세카의 자금세탁 방법

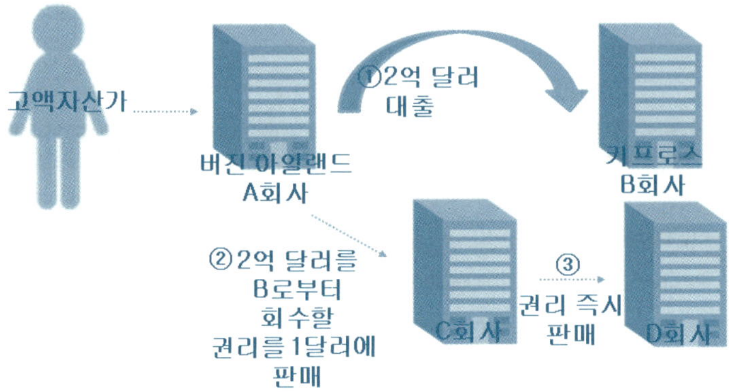

1. 고액자산가의 버진아일랜드에 A라는 회사를 설립하고(무기명주식 발행으로 실소유자 파악 불가)

2. A는 또 다른 조세회피처인 키프로스(또는 사이프러스)에 B회사에 2억 원을 대출하게 됨

3. A는 이와 동시에 파나마에 설립된 B에 대한 채권을 1달러에 판매하고

4. C사는 다시 해당 채권을 파나마 소재의 D회사에 판매하여 2억불의 자금이 하루에 수개의 조세회피국가를 통하여 어디로 흘러갔는지 확인이 불가해짐

전 세계 부패인식 지수(부패지수가 높은 국가일수록 자금세탁위험도 높게 평가됨)

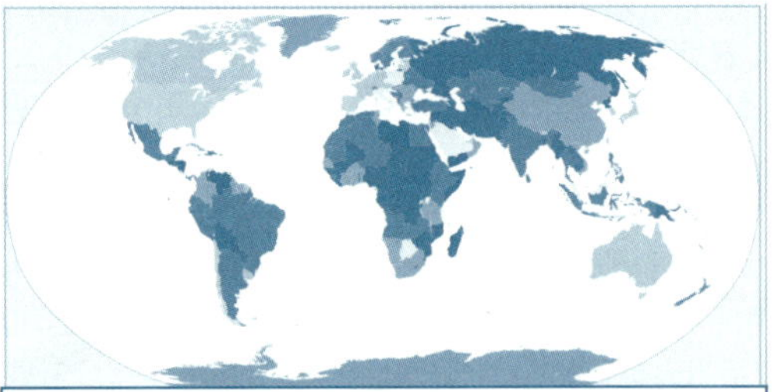

전 세계의 부패지수 상황. 부패지수 지도와 자금세탁 리스크가 높은 국가 지도는 거의 유사함. 일반적으로 경제가 안정되어 있고 사회제도가 안정적인("소위 선진국") 국가일수록 부패지수가 긍정적임

- 90-99
- 80-89
- 70-79
- 60-69
- 50-59
- 40-49
- 30-39
- 20-29
- 10-19
- 0-9
- 자료 없음

자료 출처 : 국제투명성 기구 발표자료(2023)

(4) 상품 및 서비스·채널 위험평가

금융회사등은 자금세탁 및 테러자금조달 위험평가시 모든 상품 및 서비스를 대상으로 위험평가를 수행하여야 한다. 고위험 상품이나 서비스·채널을 이용하는 고객수가 많을수록 고유위험 지표는 높아지게 된다. FATF(권고사항 15)는 금융회사가 신상품 개발시, 새로운 유통구조, 새로운 채널, 신기술 등을 사용하기 위한 세부 위험을 평가하도록 요구하고 있으며, 신상품에 대한 위험평가는 신상품을 고객에게 판매, 제공 하기 전에 이루어져야 하며 고위험으로 확인될 경우는 강화된 조치가 필요하다고 권고하고 있다.

과거 FATF는 비대면 거래에 대해서는 당연 고위험으로 고려하였으나, 최근 금융거래 패러다임의 변화에 따라, 인터넷은행, 전자금융업자들의 간편 자금이체, 가상자산거래 등 비대면 거래가 급증하고, 전통적인 금융산업에서도 비대면 거래 규모가 더 많은 비율을 차지하게 됨에 따라 비대면 채널을 이용한 거래를 반드시 고위험 거래로 보는 입장을 취하고 있지는 않다.

FATF 권고사항 15
각국 및 금융회사등은 (a) 신규 금융상품의 개발 및 새로운 전달체계(New Delivery Mechanism)를 포함한 신규 업무 발굴과 관련하여 그리고 (b) 새로 개발됐거나 현재 개발 중인 금융기법을 신규 및 기존 상품에 사용하여 발생할 수 있는 ML/TF 위험을 확인·평가하여야 한다. 금융회사등의 경우 신규 금융상품 및 취급업무의 출시 개시, 또는 새로 개발됐거나 현재 개발 중인 금융기법의 사용에 위에서 명시한 위험평가를 선행하여야 한다. 금융회사등은 해당 위험을 관리 완화하기 위해 적절한 조치를 취하여야 한다. 가상자산으로부터 발생할 수 있는 위험을 관리 완화하기 위해 각국은 가상자산 취급업체들이 AML/CFT 관련 규제를 받고 인허가 또는 신고 등록을 하도록 해야 하며, 가상자산 취급 업체들을 대상으로 FATF 권고사항 내 관련 조치를 이행하도록 하고 그 이행 여부를 감시하는 효과적 체계를 갖춰야 한다.

상품 및 서비스·채널 평가를 위한 지표[5)]

① 업권 공통지표

수신성 상품의 규모, 외환, 여신거래의 규모, 투자상품 거래규모, 가상계좌 및 모계좌 보유 비율, 환거래계약 고객 규모(은행업권) 등

② 보험업권

고액/일시납 보험상품(예를 들어 월납보험료가 1천만 원 이상이거나, 일시납 금액이 2억 원 이상인 경우 등), 보험계약의 최초 납입 보험료, 보험계약자 변경계약 규모, 보험수익자 변경 계약 규모 등

③ 금융투자업

파생상품(선물 장내옵션) 거래금액 규모, 투기목적 거래 장외파생상품 거래건수, 투자일임·자문 계약체결 건수 등

④ 여신전문금융업권

신용카드 상품 거래금액, 직불형 카드 상품거래 금액 규모, 기명식 선불카드 상품 거래 규모, 무기명식 선불카드 미사용발행 잔액 등

⑤ 카지노 업권

칩/티켓을 고액으로 구매한 고객의 규모, 게임에 고액으로 베팅한 고객의 규모, 칩/티켓을 현금으로 환불한 금액이 고액인 고객의 규모 등

3. 통제 효과성 평가(운영위험 평가)

통제 효과성평가(또는 운영위험 평가)는 고유위험을 통제하여 각 금융회사의 자금세탁 및 테러자금조달 위험에 대한 잔여위험을 Low로 유지하기 위하여 수행하는 여러 가지 통제책을 의미한다.

통제 효과성 평가를 위해서는 각 금융회사등의 자금세탁방지를 위한 내부통제 프로세스가 적정하게 이행되고 있는지를 평가하는 것이 일반적이다. 금융정보분석원의 AML/CFT 관련 위험평가 및 위험기반 접근법 처리 기준에 따르면[6)] 내부통제 분류로 ① 전사통제 위험, ② 내부통제 위험, ③ 고객확인 위험, ④ 위험관리 위험, ⑤ 모니터링 및 보고관리 위험 ⑥ 정보시스템 위험등으로 분류하고 있다.

5) 차정현 "자금세탁방지법 강의" 672페이지 "상품 및 서비스 위험" 내용 발췌

6) 2021년 7월 금융정보분석원 : AML/CFT 관련 위험평가 및 위험기반접근법 처리 기준 참조

다만, 금융정보분석원의 내부통제 분류는 최소한의 요건으로 파악하여야 하며, 각 금융회사의 성격 등을 고려하여 추가적인 내용을 반영하여 평가하여야 한다. 또한 잔여위험을 측정하기 위해서는 고유위험뿐만 아니라 운영위험지표에 대해서도 평가를 하여야 하는데, 특히 최근 여러 나라의 규제당국이 ML/TF 위험 유형은 기존의 운영리스크 통제 체계로 수치화될 수 없는 부분 등이 존재하여 이를 개선하여야 한다는 지적이 있어, ML/TF 위험관리를 위하여 과거 운영리스크 방법론을 따랐던 트랜드를 전사적 위험평가(즉, Enterprise Risk Management Framework) 체계로 변경하고, ML/TF 위험을 운영리스크 위험에서 분리하여 별도의 위험으로 구분하고 있다. 즉 기존 운영리스크에서 자금세탁 리스크를 별개로 구분하여 평가하는 체계를 요구하는 것이 현재 글로벌 트렌드라고 이해하면 된다.

또한, 운영위험에 대한 통제 유효성 평가는 정량적 평가와 정성적 평가를 통합하여 평가값을 마련하는 것이 일반적인데, 이를 위해서 실질적인 테스트 등의 결과(예: CDD에 대한 품질 평가수행)를 통하여 통제 효과성 평가가 이루어질 필요가 있다. 그러나, 아직 운영 리스크에 대한 평가프레임이 명확하게 정착되지 않은 금융회사등이 있을 수 있어(특히, 소규모 금융회사등), 향후 이 부분에 대해서는 장기간에 걸친 재정비가 필요할 것이라고 생각한다. 예를 들어 다음과 같은 샘플테스트 등의 결과는 정량/정성 평가를 통한 결과 도출이 가능할 수 있다.

가능한 평가방법	내용
평가결과값	통제효과성을 평가한 결과 모두 특별한 미흡사항이 없을 경우 Low로 평가될 수 있으나, 보통 또는 미흡이 있을 경우 높은 위험으로 평가되어야 한다. 개별 항목별 평가값을 전체적으로 검토하여 내부통제효과성 평가에 대한 최종평가값을 도출하게 되며, 3단계(만족, 보통, 미흡) 또는 5단계(매우 만족, 만족, 보통, 일부 미흡, 통제 실패)로 평가하는 것이 일반적임
통제환경	관련 제 규정·준칙이 마련되어 있고 정기적으로 업데이트되고 있는지 파악. 국내 법규개정 내용이나 감사 지적사항 등이 적정하게 반영되어 정기적으로 검토되었는지에 대하여 평가
샘플테스트 관련 내용 (CDD/ CTR/TM)	품질보증(Quality Assurance)이 요구되는 CDD/CTR/거래모니터링 테스트에 대하여 정기적으로 수행되는 운영리스크 평가 지표값을 전체 평가기간 동안의 값을 고려하여 평가. ㉯ 품질보증의 유효성 평가 값 ① 에러율＜1% (만족), ② 1%≤에러율<3% (보통), ③ 3%≤에러율 (미흡)
인력의 적정성 평가	Resource Capacity 분석이 적정하게 수행되었는지 여부를 평가 ① 거래모니터링을 직원(1인 기준)이 하루에 적정하게 수행할 수 있는 건수가 30건일 경우, 매월 거래모니터링 조사건수가 10,000건 발생하는 금융회사가 있다면 적어도 17명의 조사자가 필요하게 되고 이에 충족하지 못할 경우 조사자 충원 등의 조치가 필요함 ② 직원의 퇴사 또는 전직이 일정 기준을 넘어 업무의 질적 수준이 보장될 수 없는 경우(조사 업무자의 잦은 이동 등) 추가적인 조치가 요구됨
Outsourcing	제3자에 대한 Outsourcing의 경우 독립적인 평가방법론에 따라 평가를 수행하는 것이 가장 바람직함. 여기에는 테스트 기반(로직의 적정성 검증, 인력의 적정성, 시스템 보안 및 안정성 등에 대한 테스트 포함) 평가가 반드시 수행되어야 함
시스템 평가	데이터의 정합성, 추출 로직의 적정성, 심각한 장애 상황 등을 포함한 테스트 등을 포함한 평가 수행. 특히 TM 시나리오 룰 효용성, CDD 위험평가모델에 대한 정기적인 검증 등이 중요함

운영위험평가 지표

위험관리수준 평가 관련 운영위험지표 현황(2023년 하반기 자료)

전사통제정책(11)	내부통제(17)	고객확인(36)	위험관리(18)	모니터링 및 보고 관리(29)
• 통제환경(11)	• 전담조직의 독립성 및 전문성(6) • 교육 및 연수(1) • 독립적 감사체계(3) • 보안절차(3)	• 고객확인의무 절차 수립(9) • 지속적인 고객확인의무 수행(2) • 요주의 리스트 확인(4) • 전신송금 고객확인(1) • 제3자 고객확인 및 아웃소싱(제3자 위탁)관리(2) • 고위험 관리(18)	• 자금세탁 위험식별(12) • 고객 자금세탁 위험평가(3) • 신상품 등 자금세탁 위험평가(3)	• STR 거래 모니터링 보고절차(7) • CTR 거래 모니터링 및 보고절차(2) • STR 보고(6) • STR 제공(3) • 가상자산 모니터링(10) • 기타(1)

자료 출처 : 금융정보분석원

4. 잔여위험 평가 측정

잔여위험은 식별된 전체 자금세탁등의 위험에서 내부통제를 통해 금융회사등에서 관리되는 위험을 제외한 잔여 자금세탁 및 테러자금조달위험을 의미한다. 잔여위험을 정확하게 평가하기 위해서는 고유위험에 대한 정확한 평가와 현재의 자금세탁 및 테러자금조달 내부통제 효과성에 대한 신뢰성 있는 분석과 평가가 중요하다.

금융회사는 위험분석과 후속의 대책 수준을 결정하기 위해 연관된 모든 자금세탁 및 테러자금조달 위험과 내부통제의 효과성을 고려하여 잔여위험을 분석(최종 잔여위험은 손실을 정량화(수치화))하여 관리할 필요가 있다.

또한, 현재 일부 금융회사등이 지점별 잔여위험을 평가하는 경우가 많은데, 그렇게 평가단위를 소규모 단위로 정할 경우, 고객위험이나 국가위험, 상품 등의 차별성이 없어 위험평가를 적정하게 수행할 수 없을 수도 있고, 만약 위험이 너무 높은 지점은 지점 거래 제한 또는 영업 중단이라는 극단적인 조치가 요구되어야 한다. 또한 고유위험을 제외하고는 통제 유효성은 전사적으로 평가되어야 하는 것이 중요하므로 평가단위를 좀 더 확대하여 사업부서 수준으로 수행을 하거나 본점과 각 해외지점 및 본지사별(예를 들어 해외지점이나 자회사 등)로 이행하는 것이 더 효율적이고 전체적인 위험도를 파악할 수 있는 긍정적인 면도 있으니, 이와 같이 접근하는 것도 검토할 필요가 있다고 판단된다.

이를 위해서는 각 금융회사등이 전사적 위험평가 대상을 확정하는 것이 중요하다. 즉, 해외지점 또는 금융 자회사등이 누락되지 않도록 전사적 위험평가를 수행할 대상을 매년 업데이트하는 것 또한 중요하다.

예를 들어 금융지주회사의 경우, 전체 자회사, 해외지점, 계열회사 등의 명단을 모두 확인하여, 그중 금융자회사와 금융자회사가 아닌 명단을 분류하여, 금융자회사가 수행하여야 하는 전사적 위험평가 절차와 금융자회사가 아닌 회사 등에 대한 자금세탁방지를 위한 통제책을 적용할 것인지를 결정하여야 한다. 그리고 나서 정기적으로 수행되는 전사적 위험 평가에서 고위험으로 판단되는 금융자회사 또는 해외지점 등이 확인될 경우, 해당 자회사 등의 경영진으로부터 위험경감책을 마련하여 조치를 취할 것을 요구하여야 한다.

고유위험/통제효과성/잔여위험 평가 예시

고유위험	소매금융본부	기업금융본부	뉴욕지점 (소매Only)	상하이 지점 (한국 대기업만)	미얀마지점 (소매대출 Only)
고객	고위험	중위험	고위험	저위험	고위험
국가	저위험	중위험	중위험	중위험	고위험
상품 및 서비스	중위험	고위험	고위험	고위험	중위험
채널	고위험	고위험	고위험	고위험	고위험
사업	중위험	중위험	중위험	중위험	중위험
	중위험	고위험	고위험	중위험	고위험

통제유효성	소매금융본부	기업금융본부	뉴욕지점 (소매Only)	상하이 지점 (한국 대기업만)	미얀마지점 (소매대출 Only)
통제환경	만족	만족	미흡	만족	미흡
내부통제	만족	만족	보통	만족	미흡
CDD	보통	미흡	보통	보통	보통
TM/CTR	미흡	만족	미흡	보통	보통
인력	미흡	보통	미흡	미흡	보통
………	보통	보통	미흡	보통	보통
	미흡	보통	미흡	보통	보통

고유위험/통제효과성/잔여위험 평가 예시

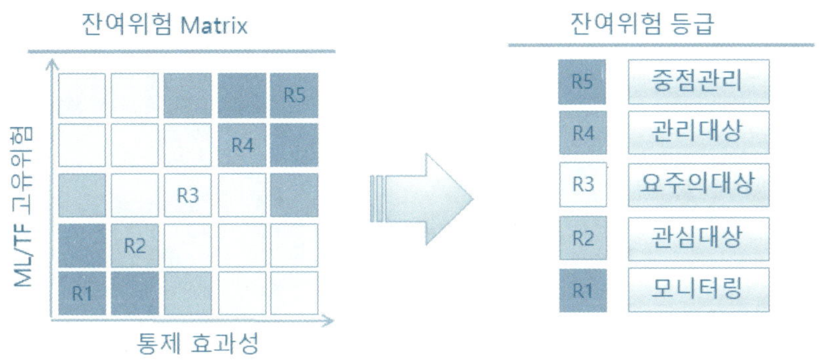

제3절 위험평가 프로세스

위험평가 프로세스란, 각 금융회사등이 위험을 확인·평가·이해하고 적절한 조치를 취하는 과정으로서 위험인식(식별), 위험분석, 위험평가 및 개선대책 수립 및 경영진 피드백을 지속적으로 수행하는 과정이다.

위험평가를 수행함에 있어, 위험의 수준과 완화를 위해 적용되어야 할 조치의 수준을 결정하기에 앞서 관련된 모든 위험요소를 고려하여야 하며, 위험평가의 성격과 범위는 사업의 성격과 규모에 상응하게 이루어져야 한다.

또한, 이런 위험평가 결과는 지속적인 평가를 업데이트하고, 관련 근거 등을 증빙화할 수 있는 상태로 문서화되어야 하고, 최신의 상태로 유지될 수 있어야 하며, 위험평가 정보 등을 금융정보분석원과 검사수탁기관에 제공할 수 있는 체계를 마련하여야 한다.

위험평가(식별·분석·평가·지속적인 위험평가) 절차 예시

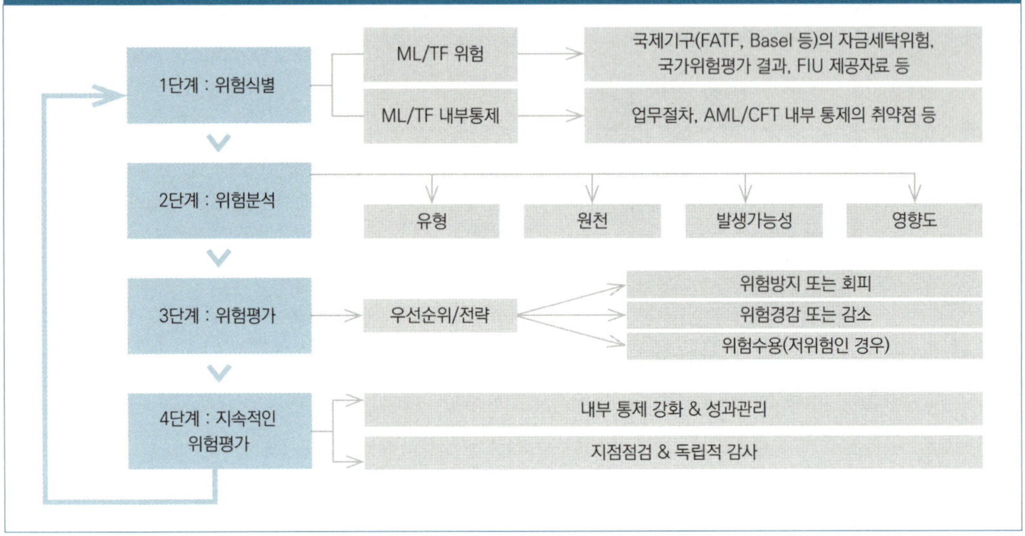

자료 출처: 금융정보분석원

1. 위험 인식(식별)

금융회사에서 자금세탁 및 테러자금조달 방지 활동과 관련된 잠재적 위험과 원인을 파악하는 단계로서, 금융회사의 각 현업부서나 조직의 자금세탁 또는 테러자금조달 사례 또는 의심 사례 또는 취약점 등을 조사하여 위험 요인에 대한 리스크를 인식하는 단계이다. 최근 규제당국으로부터 제재 또는 개선 요구사항 또는 내부감사 지적사항, 운영리스크 평가 지적사항 등의 지표를 위험인식 지표로 활용 가능하다.

위험은 ML/TF과, ML/TF 위험을 방지·경감하기 위한 조치를 이행하지 못하거나 규정을 준수하지 못할 위험(이하 '내부 통제 위험')으로 구분할 수 있다.

위험은 다양한 방법으로 식별될 수 있는데, 가장 바람직한 방법은 사업부서 또는 자금세탁방지 부서가 자체적인 점검 과정에서 스스로 식별하여(즉, self-identified 이슈) 해당 이슈를 조속히 해결하는 것이 가장 바람직한 방법이며, 일반적으로 자체식별한 이슈가 적정하게 경영진 등에 보고되고 이에 대한 경감책 등이 충분히 마련된 경우에는 규제당국의 제재 등이 감경될 수 있으므로 이런 점에 유의하여 업무를 수행할 필요가 있다.

위험식별

금융회사 외부자료

- 국제기구(FATF, Basel 등) 자금세탁 유형
- 국가위험평가 (National Risk Assessment)
- 업권별 위험평가 (Sector Risk Assessment)
- KoFIU 제공 자료(각종 통계지표)
- 자금세탁방지 관련 규정 (법, 시행령, 규정 등)

금융회사 내부자료

- 국내 자금세탁 사례 (신문 및 언론 등)
- STR 보고 유형

ML/TF 위험(위협) 식별

- 국가위험
- 고객 위험
- 채널 위험
- 상품 및 서비스 위험
- 기타 위험

내부통제(취약점) 식별

- 고객확인절차
- 교육 및 연수
- 독립적인 감사
- 내부통제
- 기타 통제

자료 출처: 금융정보분석원

사례 2-4 위험 식별 사례 (예시)

① A 금융회사가 새로운 사업 확대로(예를 들어 개인고객에 대한 사업만 운영하던 금융회사가 법인고객으로 비즈니스를 확대) 고객에 대한 위험을 새롭게 식별하여야 하는 경우

② 동일업계에서 규제당국에서 제재를 받은 사항이 해당 금융회사 업무에도 잠재적 위험이 있을 수 있는 경우(예를 들어 동일업권에서 차세대 시스템으로 시스템 변경시 일부 상품이 CTR 데이터에 합산되지 않은 경우가 발견되었는데, 해당 금융회사도 제재를 받은 금융회사가 시스템을 개발한 컨설팅 업체를 사용하였거나, 동일한 외주사가 개발을 하여 유사 위험이 발생할 가능성이 있어 점검한 결과 일부 누락이 확인되어 추가적인 조사가 필요한 경우)

③ 언론에서 심각한 부정적인 보도가 지속적으로 나오는 등 사회적으로 문제가 된 고객이 해당 금융회사의 기존 고객이라는 것이 확인되었고, 확인결과 해당 고객에 대한 ML/TF 위험을 자체적으로 식별된 경우

④ CDD 완전성/거래모니터링 완전성에 대한 테스트 결과에서 오류가 갑자기 증가하는 경우(운영리스크 점검과정에서 파악이 되는 경우)

⑤ 감사부 감사과정에서 일정 업무에서 ML/TF 취약점이 발견된 경우 등

자료 출처 : 금융정보분석원

2. 위험분석

위험평가에서 가장 중요한 단계로서 위험 식별 단계에서 파악된 위험 요건의 본질, 원천, 발생 가능성, 영향도와 ML/TF 위험을 방지·경감하지 못할 내부통제 위험도 분석하고 결과를 이해하는 단계로서 광범위한 금융회사등의 환경과 조직의 여러 요인을 고려하여 자금세탁 및 테러자금조달 위험의 심각성과 크기를 결정하게 되는 단계이다. 위험을 분석하는 경우 전사적 위험 식별 및 분석에서 해당 위험 단계로 분석하는 것이 다양한 측면에 대한 분석과 위험분석 누락을 예방할 수 있다.

위험 식별 및 분석 모델 예시

전체업무(여·수신 등) 대상으로 ML/TF 위험 식별 및 분석 → **세부업무별로** ML/TF 위험 식별 및 분석 → **내부통제 수준에** 대한 위험 식별 및 분석

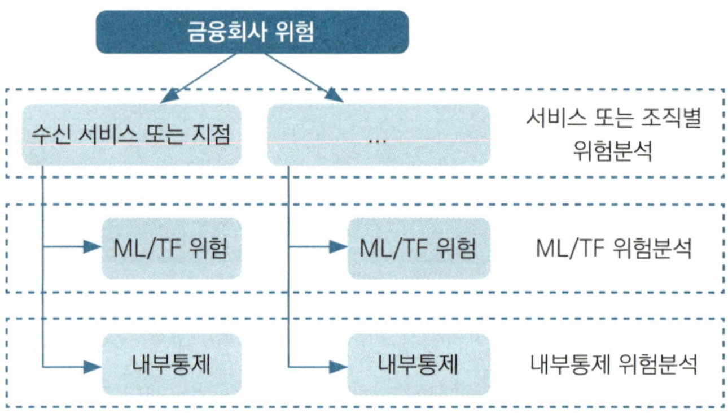

자료 출처: 금융정보분석원

사례 2-5 ML/TF 사례를 통한 위험 식별 및 분석 예시

ML/TF 사례를 통한 위험 식별 및 분석(은행 비대면 해외송금 급증 사례 예시)

주요 ML/TF 사례

- 비대면 채널을 이용한 소액의 해외 이상 송금이 급증함

ML/TF 위험 식별

- 고객위험 식별
  - 고객 소득에 비하여 과다한 송금 거래 발생
- 채널 위험
  - 비대면 송금채널 이용
- 상품 및 서비스 위험
  - 자금이체(payment) 서비스

ML/TF 내부통제

- 고객확인절차(CDD)
  - 소득에 비하여 과도한 거래
- 채널의 ML/TF 통제
  - 1일 또는 1회 거래에 대한 금액 통제의 변경(외국환거래법)
  - 해외송금의 목적이 자본/투자거래가 아닌 증여성 송금일 경우 거래 제한 여부
- 거래모니터링
  - 기존 모니터링에서 해당 사례가 커버되는지 분석
- 최근 사례에 대한 전파 및 직원 교육이 적정하게 수행되었는지

ML/TF 위험분석

- 고객위험 분석 : 중위험
  - 비대면 해외송금이 없던 고객이 과도한 해외송금
- 채널위험 분석 : 고위험
  - 비대면 채널 이용시 거래목적 및 자금출처 등에 대한
    확인이 어려움
  - 해외 가상자산거래소와의 거래를 확인하기 위한 해외가상자산거래소에 대한 명단 업데이트 미흡
- 상품위험 분석 : 고위험
  - 비대면 채널을 이용한 해외송금 거래에 대한 규제

- CDD 절차 분석 : 고위험
  - 자금출처 및 거래목적 확인 강화 및 CDD 등급 상향
- 상품위험 분석 : 중위험
  - 비대면 채널을 이용한 해외송금일 경우도 거래목적 및 자금출처 확인이 불분명할 경우 거래 제한
- 채널위험 분석 : 중위험
  - 비대면 채널을 통한 분할송금 통제를 위한 인별/일별 한도 신설
- 거래모니터링 : 중위험
  - 기존 해외송금 모니터링의 일부 룰을 개선하여 비대면 채널을 이용한 분할 송금거래 모니터링 강화
- 직원 인식에 대한 분석 : 중위험
  - 외환사업부 직원 연수 및 전 직원에 대한 사례 전파

사례 2-5 ML/TF 사례를 통한 위험 식별 및 분석 예시

ML/TF 사례를 통한 위험 식별 및 분석(보험 사례 예시)

주요 ML/TF 사례

- 장기 비과세 보험에 대한 보험료를 거액의 현금으로 일시납입금 거래 증가

ML/TF 위험 식별

- 고객위험 식별
  - 기존 고객이 아닌 신규 고객이 급증
- 채널 위험
  - 방카슈랑스를 통한 거래 규모가 급증
- 상품 및 서비스 위험
  - 장기 비과세 보험 상품

ML/TF 내부통제

- 고객확인절차(CDD)
  - 현금으로 거액의 보험상품을 가입하는 신규고객에 대한 고객확인절차 강화 필요성 검토
- 채널의 ML/TF 통제
  - 은행에서 판매되는 상품 규모가 많아 방카슈랑스 상품에 대한 추가 통제 필요성 검토
- 거래모니터링
  - 기존 모니터링에서 해당 사례가 커버되는지 분석
- 최근 사례에 대한 전파 및 직원 교육이 적정하게 수행되었는지

ML/TF 위험 분석

- 고객위험 분석 : 중위험
  - 기존의 고액자산가가 아닌 최초 신규 고객 증가
- 채널위험 분석 : 고위험
  - 방카슈랑스를 통한 상품판매 급증 및 추가 납입의 경우 은행 자료를 통하여 거액 현금을 납입하여 자금출처 확인이 어려움
- 상품위험 분석 : 고위험
  - 수익자 변경 가능 및 정기납입 거래를 일시 납입으로 처리 가능하고, 입금방식에 대한 제한이 없어 지로로 납입 가능

ML/TF 내부통제 분석

- CDD 절차 분석 : 고위험
  - 자금출처 및 거래목적 확인 강화 및 CDD 등급 상향
- 상품위험 분석 : 고위험
  - 은행지로를 이용한거액현금입금거래에 대한 통제 강화
- 채널위험 분석 : 중위험
  - 방카슈랑스 판매채널을 통한 신규거래에 대한 최초 자금출처에 대한 통제 강화 및 중간에 수익자 변경에 대한 통제 강화 필요
- 거래모니터링 : 고위험
  - 기존 보험거래 모니터링에 대한 일부를 개선하여 거액 현금 보험금 입금 거래 또는 지로를 통한 입금 거래에 대한 모니터링 강화
- 직원 인식에 대한 분석 : 중위험
  - 직원 연수 및 전 직원에 대한 사례 전파

ML/TF 사례를 통한 위험 식별 및 분석(가상자산사업자 사례 예시)

주요 ML/TF 사례

- 마약거래와 관련된 압수수색 영장 증가

ML/TF 위험 식별

- 고객위험 식별
  - 20~30대 남성 중 소액 가상자산 거래 발생 건수가 빈번한 고객
- 채널 위험
  - 전자지갑을 이용한 가상자산 이체
- 상품 및 서비스 위험
  - 가상자산 이체 서비스

ML/TF 내부통제

- 고객확인절차(CDD)
  - 압수수색 영장이 송부된 고객에 대한 고객확인 절차
- 채널의 ML/TF 통제
  - 개인 전자지갑, 특히 트래블 룰(Travel Rule)이 적용되지 않은 해외 거래소의 전자지갑으로 이체에 대한 통제 여부
- 거래모니터링
  - 기존 모니터링에서 해당 사례가 커버되는지 분석
- 최근 사례에 대한 전파 및 직원 교육이 적정하게 수행되었는지

ML/TF 위험 분석

- 고객위험 분석 : 고위험
  - 마약관련 판매대금 수급책으로 파악되는 20~30 남성의 거래에 대한 압수수색 영장 증가로 가상자산거래소를 이용한 마약관련 자금세탁 위험이 증가
- 채널위험 분석 : 고위험
  - 압수수색이 접수된 고객의 주요 트랜드를 분석한 결과
    1) 트래블 룰(Travel Rule)이 적용되지 않은 해외거래소와의 빈번한 거래
    2) 트래블 룰(Travel Rule) 적용 미만 거래가 빈번하게 발생하는 공통점이 확인됨

ML/TF 내부통제 분석

- CDD 절차 분석 : 고위험
  - 압수수색 관련 고객에 대한 거래해지 또는 제한 조치 등 강화된 프로세스 적용
- 채널위험 분석 : 중위험
  - 트래블 룰(Travel Rule) 적용이 되지 않는 전자지갑으로 이체 제한 또는 트래블 룰(Travel Rule) 적용을 회피하기 위하여 소액으로 분할거래를 하는 경우 추가통제 절차 마련
- 거래모니터링 : 중위험
  - 기존 거래 모니터링의 일부 룰을 개선하여 마약관련 불법자금 이체에 대한 통제 강화
- 직원 인식에 대한 분석 : 중위험
  - 거래모니터링 직원 연수 및 전 직원에 대한 사례 전파

3. 위험평가

위험평가는 위험분석 결과를 이해하고 결정된 위험의 수준에 따라 위험경감 및 관리를 위한 조치의 범위(즉 우선순위 결정, 조치내용 및 조치 시기 등)를 차별화 및 결정하는 과정으로서, 사전에 예방조치가 요구되는 위험, 즉각적인 긴급대책을 세워야 하는 위험, 중장기 계획을 수립하여야 하는 위험 등을 분류하고 각 위험에 맞는 경감책을 수립하는 단계이다.

위험평가 단계에서는 심각성이 높은 위험에 대해 우선적인 경감책 수립을 결정하게 되고, 사전 예방 효과가 크고 회사 손실이 큰 위험요인에 대해 우선순위를 높게 결정하고, 위험을 경감시키기 위한 개선계획은 "통제활동, 정책 및 규정 제정, 업무절차 개선, 시스템 개선 등"을 모두 포함하여 수립하고, 우선순위에 따라 제한된 자원을 효율적으로 배분하는 자원 배분계획을 수립하게 된다.

모든 위험에 대하여 즉각적인 조치를 취하는 것은 위험을 미봉하는 수준의 대책이 마련될 수 있으므로 각 위험에 맞게 단기, 중장기 계획을 수립하여 경감책을 마련하는 것이 중요하다. 특히 최근 국내 금융회사등의 해외 지점(예, 미국 뉴욕지점 등)들이 해외 규제당국으로부터 징벌적 제재로 거액의 과태료를 부과받는 경우가 발생하고 있는데, 이와 같이 확인된 위험에 대해서는 중장기적인 계획을 세워 발견된 위험을 순차적으로 해결해 나가려는 노력을 보여주는 것이 중요하다. 글로벌 금융회사들도 종종 천문학적인 벌금 등을 부과받는 경우가 있는데, 이런 경우 일반적으로 단기적인 계획은 일부 사항에 불과하여 장기간에 걸쳐 ML/TF 정책에 대한 전략적인 개선, 시스템 고도화 및 개선, 전문인력 채용확대 및 양성을 통한 인력 강화, 경영진의 책임 강화 등 다양한 주제에 대하여 장기적으로 개선계획을 수립하고, 이를 정기적으로 규제당국의 모니터링을 받아 개선계획이 적절하게 이행되고 있는지에 대한 관리를 받게 된다.

위험수준에 따른 조치수준 결정 원칙 예시
• 고위험 : 금융회사등은 고위험이 확인된 경우 해당 위험의 관리 및 완화를 위해 강화된 조치를 시행하여야 함 • 저위험 : 감독당국은 저위험이 확인된 경우 해당 위험의 관리 및 완화를 위한 간소화된 조치의 시행을 허용할 수 있음

자료 출처 : 금융정보분석원

4. 지속적인 위험평가와 위험경감을 위한 개선조치

(1) 지속적인 위험평가

위험평가는 최신성을 유지할 수 있도록 지속적으로 실시되어야 하며 위험평가 결과를 최신 상태로 유지하여야 한다. 특히 새로운 금융기업, 기술, 상품, 채널 등이 빠르게 변하고 있는 금융산업 환경에서는 위험평가를 지속적으로 수행하는 것이 아주 중요하며, 지속적인 위험평가 결과는 근거를 입증할 수 있어야 하며, 업데이트를 위하여 문서화되어 관리하여야 한다.

또한, 내부통제 위험 식별 및 분석 과정을 통해 도출된 통제활동에 대해 지속적으로 효과적 작동 여부를 평가(이하 '내부통제 효과성 평가')를 수행하고 이에 대한 개선 계획을 수립하여야 하며, 평가결과는 관련 부서에 피드백하여 미흡한 부분은 조치 계획을 마련하여 체계적으로 이행토록 하는 등 개선 여부를 관리하여야 한다.

이러한 활동은 일반적으로 자금세탁관리 전담부서가 관리하는 것이 일반적인데, 자금세탁관리부서가 위험을 개선하기 위한 모든 계획을 수립하고 이행하는 것이 아니라, 각 금융회사의 운영리스크 관리체계(또는 ERMF 관리체계)에 따라 이행부서가 지정되고(즉, 해당 업무에 대한 프로세스를 담당하는 부서 - "Process Owner"), 자금세탁방지 전담부서는 전사적인 자금세탁 위험에 대한 리스크 통제 오너로서 개선 계획 등이 적정하게 이행되고 있는지를 점검하고 관리하는 주체가 되는 것이 일반적이다.

물론 사안에 따라 자금세탁방지 전담부서가 직접 프로세스 오너가 되거나, 여러 부서가 함께 이행 책임을 지는 경우도 있을 수 있다(예를 들어 연수계획 및 이행의 경우에는 인사부와 자금세탁방지부서가 함께 이행책임을 부담할 수 있고, 거래모니터링 프로세스 개선 등 보고책임자가 직접 이행책임을 지는 업무 등에 대해서는 자금세탁방지 부서가 전담 책임을 질 수 있다).

사례 2-6 개선조치의 대한 이행책임 주체 및 관리감독 책임 사례(예시)

① 최근 규제당국이 자금세탁방지 연수 강화를 요구함에 따라 이사회, 경영진, 자금세탁방지 업무 담당자(감사부 직원 포함) 및 일반직원에 대하여 차별화된 연수 제공 및 필수 연수시간이 권고됨. 이 경우 자금세탁방지 연수에 대한 이행책임은 보고책임자의 역할이므로 보고책임자가 개선계획을 수립하여 이행하는 것이 바람직하나, 연수 제공 플랫폼은 일반적으로 인사부(HR) 등에서 오너십을 가질 수 있으므로, 자금세탁방지 전담부서와 HR이 이행책임에 대한 Co-Owner로 지정될 수 있음

② 해외 이상송금거래로 인한 외국환업무 내부통제 강화 방안이 마련되었는데, 그중 해외이상송금에 대한 거래모니터링 룰(Rule) 개선 등이 요구됨. 이 경우 거래모니터링 개선업무에 대하여 외환사업부등에서 이상외환송금에 대한 정의 등에 대한 조언을 제공할 수 있으나, 모니터링 룰(Rule) 개선은 보고책임자의 책임이므로, 자금세탁방지 전담부서가 해당 업무에 대한 개선조치를 이행하는 것이 바람직할 수 있음

③ 해외 이상송금거래와 관련된 고객위험을 분석한 결과, 대부분의 이상송금 관련법인이 소액 자본금을 기반으로 한 신생법인이거나, 실소유자나 대표자가 외국인인 여행관련 사업자 또는 공유오피스를 둔 위장법인 형태의 새로운 법인 유형으로, 해당 고객에 대한 수용 여부 또는 현장답사 및 실소유자에 대한 검증 등 고객확인절차 강화를 통하여 추가적인 위험을 경감하고자 할 경우, 고객확인 절차 강화에 대한 지침마련 및 직원 연수 등은 현업부서 CDD팀이 이행하고 자금세탁전담부서는 CDD 이행부서가 적정하게 위험경감책을 적시에 적정하게 개선하고 있는지를 감독하는 역할을 수행하게 됨(물론 CDD 정책 등에 대한 책임이 현업부서가 아닌 자금세탁방지 전담부서인 금융회사인 경우, 해당 이행 책임은 자금세탁방지 전담부서가 되는 것이 일반적임)

④ 최근 고금리 기조로 발행된 현금 환수율이 5만 원권 발행 이후 최고에 달하는 상황에서 비과세 고액 장기보험 상품 판매가 급증함. 그런데 해당 보험의 최초 납입금 또는 일시 납입금이 거액현금으로 입금되는 거래가 급증하여, 증여세 탈루 또는 불법 자금의 유입 등의 잠재적 리스크가 발생하게 되자, 보험담당 부서는 최초 납입금 또는 일시 납입금이 거액의 현금이 발생할 경우, 자금의 출처를 확인하는 통제를 추가할 예정임. 이 경우 상품 위험이 변동됨에 따라 상품담당부서인 보험담당부서가 위험 경감책을 마련하여 이행하고, 자금세탁방지 전담부서는 해당 위험 경감책이 적정하게 이행되고 있는지에 대한 관리감독을 수행함

(2) 위험경감을 위한 개선조치

금융회사등은 확인된 위험(국가가 확인한 위험, 위험평가 결과 확인된 위험 등)을 관리 및 완화(이하 '위험경감')하기 위해 ① 효과적인 위험경감 조치를 위한 정책, 통제 및 절차를 마련하고, ② 위험경감을 위한 정책, 통제 및 절차는 경영진의 승인을 거쳐야 하며, ③ 높은 ML/TF 위험이 확인된 분야에 대한 위험을 관리·경감하기 위한 강화된 조치를 수행하여야 하고 ④ 위험경감 조치는 국가 및 검사·감독기관의 지침 및 기준 등과 일치하도록 하여야 한다.

즉, 위험평가절차를 통하여 파악된 위험 및 이에 대한 위험 경감책은 경영진에 보고하고 경영진은 해당 경감대책이 적정하게 이행되는지 모니터링하는 절차를 수행하게 되고, 경감대책이 미흡할 경우 추가적인 후속조치가 이루어질 수 있도록 경영진의 통제활동이 원활하게 수행될 수 있는 통제환경이나 강력한 의지가 필요하다.

이를 위해서는 체계적으로 자금세탁위험을 상시적으로 관리감독할 수 있는 상설 위험관리위원회의 설치가 요구된다. 글로벌 금융회사등은 ML/TF에 대한 통제를

위하여 이사회 산하에 자금세탁방지위원회를 두어 직접적으로 자금세탁방지를 위한 정책 및 규정을 승인하고, 파악된 위험에 대한 경감책을 감독·관리하거나, 고위험 거래 또는 고객에 대한 상시적인 논의 및 승인, 파악된 위험에 대한 지속적인 모니터링 및 개선조치에 대한 이행 현황 감독 등을 위하여 대표이사가 직접적으로 진행하는 자금세탁방지관리 위원회를 설치하는 것이 일반적이다. 국내에서는 각 금융회사의 업무 환경 등을 고려하여 자금세탁위험관리위원회를 설치하거나, 법적 필수 위원회인 내부통제위원회에서 함께 관리하는 체계를 마련할 필요가 있으므로, 각 금융회사의 규모 및 사업환경을 고려하여 이와 유사한 Governance 위원회(감독관리위원회) 설치를 고려하여 자금세탁방지에 대한 이사회 및 경영진의 역할을 강화하고 Top-down 방식으로 자금세탁방지 법규준수 문화를 회사 내에 구축하려는 노력이 필요하다.

한편 위험이 낮아 별도의 위험경감 조치를 취하지 않기로 결정할 경우에는 ML/TF 위험이 낮다는 것을 증명하여야 하는데 이는 매우 엄격하게 제한적이고 정당한 상황인 경우에 적용되는 것이 일반적이다. 예를 들어 ① 특정 유형의 금융회사등 또는 영업행위와 관련된 경우에 해당하여 FATF 권고사항을 적용하지 않아도 되는 경우라고 명백하게 확인할 수 있는 경우 또는 ② 고객(자연인·법인)의 금융활동[화폐 혹은 가치이전(MVT) 행위 제외]이 일회적이고 매우 제한적으로 이뤄질 경우 등이 이에 해당할 수 있다.

그러나 일반적으로 금융회사등은 위험평가 프로세스를 통하여 확인된 위험의 수준에 대하여 정량적인 평가를 수행하여 고위험, 중위험, 저위험 등으로 분류하여, 모든 위험에 대하여 경영진이나 거버넌스 위원회에 상정하여 개선대책의 이행에 대한 모니터링을 수행한다. 이때 위험 경감책을 수행하지 않기로 결정한 경우에는 그 사유와 근거를 문서화하여 경영진이나 거버넌스 위원회에 보고하여 해당 결정 등이 적절하였는지를 관리하도록 하는 것이 바람직하다.

3장

금융정보분석원의 제도이행평가

제1절 개요

FATF 권고사항에 의하면 각 국가는 금융회사등의 자금세탁 및 테러자금조달 위험 관련 의무사항의 준수 여부에 대해 위험에 상응하는 적절한 감독 조치를 취하여야 한다. 즉, 각 국가는 금융회사등이 적절한 규제와 감독의 대상이 되고 FATF 권고사항을 효과적으로 이행하도록 하여야 하며, 규제당국은 검사권한 등 자금세탁 및 테러자금조달을 방지하기 위한 금융회사의 의무 이행 여부를 감독 또는 모니터링하고 이를 확인할 수 있는 적절한 권한을 가져야 한다[FATF 26 & 27(규제요건 및 규제당국의 감독)].

이와 같이 국가는 자금세탁방지 규제 대상이 되는 금융회사등이 자금세탁방지에 대한 법규를 적정하게 이행하는지 여부를 감독하고, 지속적인 모니터링을 수행하여야 한다. 이에 금융정보분석원은 위험평가 및 위험기반접근법 적용, 금융회사등의 AML 감독수준 차별화, 금융회사등의 ML/TF 위험평가 및 위험경감 조치 이행 유도 등을 위해 금융회사등에 대한 종합평가와 제도이행평가를 시행해 왔다.

그러나, 평가의 효율성 제고를 위하여 수행되는 종합평가와 분기별로 수행되는 제도이행평가(위험관리수준 평가)의 이중 부담 등을 고려하여 2021년 3분기부터 종합평가와 위험관리수준 평가를 통합한 제도이행평가를 시행하고 있으며, 2022년 하반기의 위험평가 지표 개정과 더불어 분기별로 수행되던 제도이행평가를 반기별 평가로 변경하여 금융회사등의 부담을 경감시켜 주고 있다.

제2절 제도이행평가

1. 개요

금융정보분석원장은 자금세탁방지 업무규정 제18조에 따른 자금세탁방지 이행현황 등에 대한 종합평가와 제19조에 따른 위험관리수준 평가를 주기적으로 수행하여 금융회사등의 자금세탁방지제도 이행 수준을 평가하여 자금세탁방지제도의 원활한 정착과 제도이행의 내실화를 유도하고 있다.

또한 금융회사등도 특정금융정보법에 따라 자체적인 위험평가 절차를 마련·시행하고 위험평가 등을 주기적으로 실시하여야 하고, 이를 토대로 금융정보분석원이 정기적으로 수행하는 제도이행평가에 자료를 제출하여야 한다(일반적으로 금융정보 분석원 홈페이지 위험평가에서 개별 금융회사등이 직접 지표 값을 입력하는 방식임).

제도이행평가란 금융회사등이 ML/TF 위험노출 정도에 비례하여 위험관리수준을 갖추고 대응하고 있는지에 대한 평가이다. 위험노출정도는 상품 및 서비스 등의 거래규모에 비례한다고 가정하여 가늠하고, 위험관리수준은 AML 조치를 수행하고 있는 정도에 따라 가늠하게 된다. 따라서 위험노출정도와 위험관리수준이 비례해야 적정한 관리를 하는 것으로 평가될 수 있다. 위험노출정도가 높은데 위험관리수준이 낮게 평가되는 경우 고위험 금융회사등으로 간주하게 된다.

즉, 특정금융정보법에서 자금세탁방지 의무 부과 대상자는 (1) 특정금융정보법에서 정한 자금세탁방지 업무 이행수준을 측정하고, (2) 금융회사등의 영업실적 등을 비교하여 자금세탁 관련 위험 노출 정도를 측정하기 위하여 정기적으로 제도이행평가 자료를 제출하여야 한다.

제도이행평가는 금융회사 측면에서 자금세탁위험에 노출되거나 관리가 미흡한 부분을 찾아내어 해당 위험에 상응하는 적절한 조치를 취할 수 있게 되고, 금융정보분석원 입장에서는 고위험 금융회사, 업권, 취약분야를 찾아내어 검사, 감독, 교육에 활용하고, 평가결과가 우수한 금융회사등에 대해서는 포상을 하는 지표로 활용되고 있다.

금융회사등은 금융정보분석원의 위험평가 시스템을 통해 반기별로 평가를 위한 자료를 보고하여야 한다. 금융감독원 등 검사수탁기관은 개별 보고자료, 전체 평가결과를 위험평가 시스템에서 바로 확인하여 검사 대상 선정 등에 활용할 수 있다.

따라서, 제도이행평가 점수가 낮게 평가될 경우, 특히 업권에서 해당 금융회사가 취약한 내용을 파악하여 이에 대한 즉각적인 조치를 마련하여 경영진 및 이사회 등에 보고하고, 해당 취약점 등이 적정히 개선되고 있는지에 대한 모니터링이 요구된다.

예를 들어 2023년 금융정보분석원이 금융회사 임직원 등에 대한 연수이수 시간을 권고하였다(일반직원, 경영진, 이사 - 6시간, 자금세탁담당직원 및 감사부 - 12시간). 해당 연수시간이 업권에 비하여 낮아 점수가 낮게 평가될 경우에는 연수 권고시간을 준수할 수 있는 계획을 수립하여 경영진과 이사회에 보고하고 해당 연수관련 지표가 개선된 결과를 다시 보고하여야 한다.

한편, 제도이행평가 내용을 적정하게 입력하지 않는 금융회사등에 대해서는 증빙자료를 요청하여 내용의 적정성을 검증하고 검증 결과 미흡점이 발견된 경우 평가상의 불이익을 주는 등 이행평가제도의 품질 개선을 위하여 점검 절차를 강화하고 있으므로, 각 지표에 대한 상세증빙 및 세부내역은 제출하지 않으나, 향후 내부감사 및 규제기관의 감사를 대비하기 위하여 적절하게 자료를 관리하여야 한다.

또한, 금융정보분석원은 각 금융회사등의 위험을 정확하게 파악할 수 있도록 지속적으로 지표개선에 대한 노력을 강구하고 있으며, 매년 금융회사등의 의견을 수렴하여 지표에 대한 점검과 일부 지표의 평가점수를 재조정하는 등 다양한 노력을 하고 있다. 따라서 각 금융회사등은 변경되는 지표 내용과 지표상세 내용을 명확하게 이해한 후 평가결과값을 입력하는 것이 중요하다.

2024년 12월 금융정보분석원은 운영지표와 관련되어 일부 내용을 재정비하여 제공하였다. 특히 최근 지속적으로 규제당국에 의하여 개선이 요구되고 있는 고객위험 자체 평가기준 마련 여부와 독립적 감사 점검분야 평가에 대한 신규 지표를 마련하였고, 보고책임자의 직급, 금융회사 제재실적, 지점 운영실태 점검 실적 등에 대한 지표를 개선하였으므로, 변경된 상세 지표설명 내용을 충분히 이해하여 정확한 내용이 입력되도록 유의하여야 한다.

2. 고유위험 평가

고유위험 지표는 각 금융회사의 위험 노출도에 대한 측정지표로서 각 금융회사등의 사업성격, 고객유형, 제공하는 상품 및 서비스 등의 성격 등을 토대로 해당 금융회사등에 내재된 위험(즉, 고유위험)을 측정하기 위한 것이다. 업권별 영업 내용에 따라 지표를 선정하여 사용하게 되며, 내재 위험에 많이 노출될수록 점수가 높게 평가된다. 각 지표별 점수는 모두 2점이며, 상대평가 또는 범위별 평가 방식을 취하고 있다(별지 1 고유위험평가 지표 세부기준(요약) 내용 참조할 것).

다만, 현재 금융정보분석원은 고유위험 지표별 점수를 수정하는 방안(상대평가 방식 등)을 논의하고 있다.

3. 운영위험 평가

운영위험 평가는 각 금융회사등이 내재된 위험을 어떻게 관리하는지를 측정하기 위한 지표로서 ML/TF 위험 통제 수준을 가늠하기 위한 지표이다. 여기에는 자금세탁방지 및 테러자금조달방지 관련 제 법규에서 요구하는 의무사항 등을 포함하고 있으며, 전 지표에 대해 전 업권이 필수로 지표를 입력하여야 하며, AML 관리가 효과적으로 이루어질수록 점수가 높게 평가된다(별지 2 운영위험 평가 지표 세부기준(요약) 참조할 것)

4. 제도이행평가의 결과

제도이행평가 결과를 토대로 위험관리수준 평가 등급이 부여된다. 고유위험과 운영위험을 각각 5단계로 등급화하여 위험별 등급을 확인할 수 있는데, 이는 동 업권 내 금융회사의 평가순위를 기준으로 등급화가 된다. 고유위험과 운영위험 지표는 최종 점수를 순위로 계산하여 등급화가 이루어진다.

구분기준	상위 15% 이내 (15%)	16%~35% (20%)	36%~65% (30%)	66%~85% (20%)	86%~100% (15%)
고유위험	높음(A)	다소 높음(B)	보통(C)	다소 낮음(D)	낮음(E)
운영위험	우수(Ⅰ)	양호(Ⅱ)	보통(Ⅲ)	미흡(Ⅳ)	주의(Ⅴ)

한편 검사수탁기관이 활용할 수 있도록 제도이행평가의 고유위험과 운영위험의 위험도를 평가하여 3단계로 등급화하고 있다. 다만 검사수탁기관의 활용 여부는 수탁기관의 자체결정에 따라 다를 수 있다.

제도위험평가에 대한 순위 등급화

고유위험과 운영위험 평가점수를 고려하여 고위험, 중위험, 저위험 순위로 등급화함

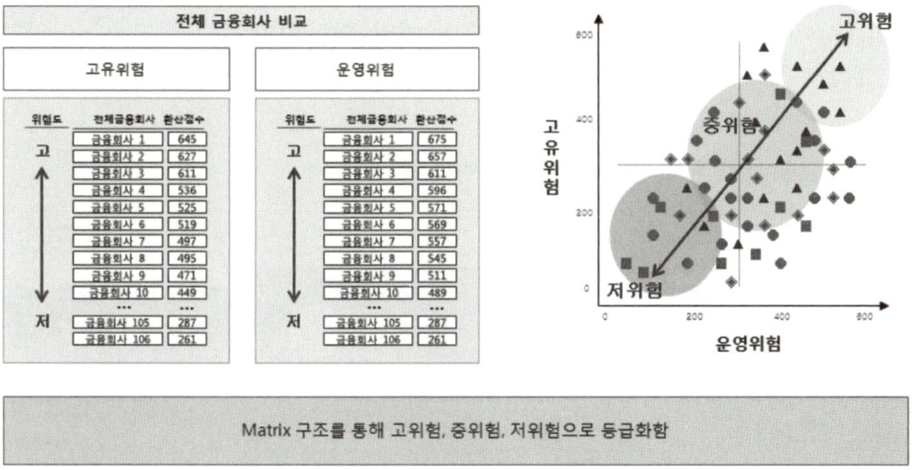

자료 출처 : 금융정보분석원

제도이행평가에 따른 상시 감시 Matrix

위험관리수준평가 등급제(검사수탁기관 대상)

◆ 고유위험과 운영위험의 각 등급별 위험도를 평가하여 **3단**계로 등급화

→ **검사수탁기관의 활용**여부는 **자체결정**에 따라 다름

구 분		위험관리도(운영위험) 하(관리 미흡) ≪--≫ 상(관리 철저)				
		주의(V)	미흡(IV)	보통(III)	양호(II)	우수(I)
위험노출도(고유위험) 상 ← (내재위험多) --- 내재위험少 → 하	높음(A)	집중감시	집중감시	일상감시	일상감시	자율감시
	다소높음(B)	집중감시	집중감시	일상감시	일상감시	자율감시
	보통(C)	집중감시	일상감시	일상감시	일상감시	자율감시
	다소낮음(D)	집중감시	일상감시	일상감시	자율감시	자율감시
	낮음(E)	집중감시	일상감시	일상감시	자율감시	자율감시

자료 출처 : 금융정보분석원

5. 제도이행평가의 입력 절차

제도이행평가는 금융회사의 위험관리수준 평가 내용을 토대로 금융정보분석원이 정한 지표값을 정해진 기한 내에 금융정보분석원 위험평가 시스템에서 입력하여야 한다(https://rba.kofiu.go.kr/ → 보고 PC에서 위험평가 시스템접속 → 위험평가 시스템 클릭).

(1) 금융정보분석원 위험평가 시스템 메인화면

자료 출처 : 금융정보분석원

(2) 위험평가 입력화면

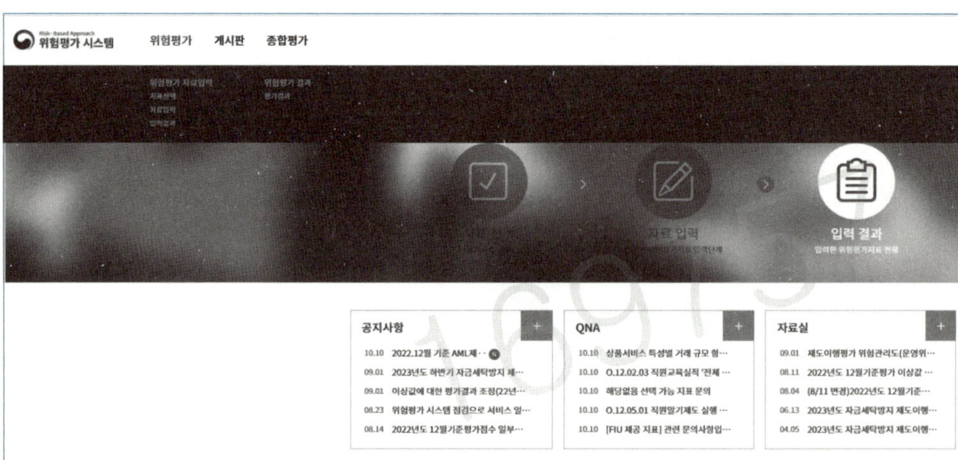

자료 출처 : 금융정보분석원

(3) 업권별 지표선택(고유위험 지표는 업권별로 상이함)

업권을 선택할 경우 자동적으로 선택 지표값이 확정되어 입력할 수 있는 환경임

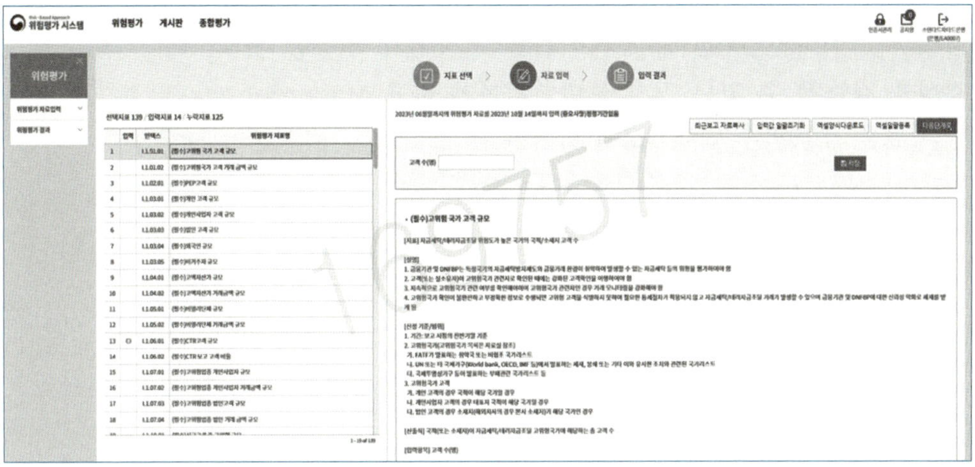

(4) 보고 지표 입력

보고 지표 입력 또는 엑셀 양식을 다운로드하여 일괄 등록 가능함(다만, 입력항목이 세분화되어 일괄 등록 시에도 주의가 필요함 ⓔ 경영진 수, 권고시간 이상 이수한 경영진 수, 경영진 AML 연수 시간 총 3개 항목에 대해 입력)

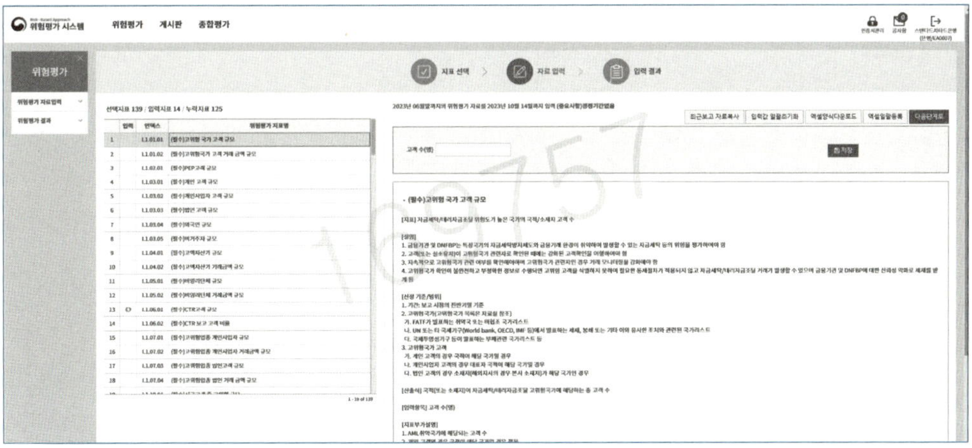

(5) 지표 입력 내용 증빙자료 보관

보고 지표 입력을 위한 증빙자료 등(데이터 추출 로직 포함)은 내·외부 감사 대비 등을 위하여 적정하게 보관·관리되어야 하며, 보고지표 등은 데이터 추출을 통하여 산출되는 값이 많으므로 해당 데이터를 전산에서 추출할 경우, 해당 추출 로직의 무결성을 검증할 수 있는 절차가 마련되어야 하고 Maker-checker 절차를 통하여 해당 자료를 검증한 후 입력되도록 하여야 함

4장

제도이행평가 및 위험관리수준 평가에 대한 검사지적 사항

1. 전사적인 위험평가 결과 활용 미흡

전사적인 자금세탁위험을 확인·평가하기 위해 RBA 시스템을 도입하고 금융정보분석원에 금융회사 자신의 위험관리수준 평가를 위한 자료를 제출하여 동 평가결과를 확인하고도 회사의 자금세탁방지위험 관리·경감을 하기 위한 정책 등을 수립하는 등의 평가결과를 활용하지 않고 있음

- 금융회사등은 위험관리수준 평가에서 확인된 위험에 대해서는 이를 관리하고 경감하기 위한 대책 등을 마련하여 해당 금융회사의 ML/TF 위험이 적정하게 관리되도록 하여야 함에도 이런 취지와 무관하게 위험관리수준 평가와 위험관리 정책이 별개의 프로세스로 운영되는 문제점이 있음. 많은 금융회사등이 외부 컨설팅 등을 통하여 전사적 위험평가를 위한 소위 RBA 시스템을 도입하였으나, 해당 시스템에서 도출되는 결과, 즉 위험평가절차를 통하여 확인된 결과를 적정하게 활용하지 못하는 경우가 많아 이에 대해서는 규제당국이 금융회사등에게 지속적인 인식 개선을 위한 교육 등을 제공할 필요가 있음

2. 해외 자회사, 본지점에 대한 전사적 위험평가 미흡

해외자회사의 자금세탁방지 의무이행에 대한 면밀한 모니터링 절차가 없으며, 위험접근기반법(RBA)에 따른 전사적인 위험평가에서 해외자회사는 제외되어 있는 등 해외자회사의 자금세탁방지 의무이행에 대한 관리가 미흡함

- 금융회사등의 전사적 위험평가는 말 그대로 전사적인 ML/TF에 대한 위험관리 수준 평가이므로, 해당 금융회사의 전 비즈니스 영역은 물론 해외 및 국내 금융자회사, 지점 등을 포괄하여 평가가 수행되어야 함
- 이를 위하여 정기적(대부분의 금융회사의 경우 매년 또는 필요시 Ad-Hoc으로 추가 평가를 수행하기도 함)으로 전사적 위험평가를 수행하기 전에 해당 기간에 평가가 수행되어야 하는 회사의 범위(예를 들어, 지주회사일 경우, 지주회사 산하의

금융자회사 및 이들의 해외지점 또는 현지법인 등)를 확정하기 위한 대상을 매년 업데이트하여 누락되는 영역이 없도록 관리하여야 함

3. 특정금융정보법에서 자금세탁방지 의무가 부과된 금융회사등에 해당하나 전사적 위험평가 지연 실시 및 정책 수립 미흡

① 전자금융업자에 대하여 자금세탁방지의무가 부과되었음에도 자금세탁방지를 위한 전사적 위험평가를 지연 실시하였고

② 내규상 근거 또는 검토 없이 세부적인 평가항목 등을 매년 임의로 변경해서 수행하고 있고

③ RBA 위험평가 관련 업무매뉴얼 내용이 실제 운영실태와 상이하며

④ RBA 위험평가 결과 및 개선조치 결과를 경영진에만 보고하고 이사회에 미보고 하였으며

⑤ 과거 미흡사항에 대해 개선조치가 완료되었는지 여부를 관리하지 않아 개선조치가 누락되는 경우가 발생함

- 전사적 위험평가를 적절하게 수행하기 위해서는 각 금융회사는 전사적 위험평가에 대한 지침을 마련하여 규제 당국에서 요구하는 모든 내용이 해당 지침을 통하여 적정하게 이행될 수 있도록 하여야 함. 하지만 소규모 금융회사등은 전사적 위험평가 정책을 마련하기 위해서는 외부 전문가(컨설팅 업체나 법무법인/회계법인 등)의 지원이나 내부 전문인력 등의 배치를 통하여 해결하여야 함에도 불구하고 현실적으로 어려움이 있어 향후 소규모 금융회사등을 위한 별도 간소화된 절차가 마련되어야 할 것인지에 대한 규제당국의 검토가 필요함
- 예를 들어, 일부 해외국가의 경우에는 은행과 비은행 금융회사를 구분하여 비은행 금융회사의 경우에는 해당 금융회사의 사업성격이나 고객유형 등을 고려하여 Lite 버전의 전사적 위험평가가 이루어질 수 있는 차별성을 두는 경우가 있어 한국도 이와 같은 해외 사례에 대한 연구를 통하여 소규모 금융회사등의 부담을 일부 완화시킬 필요가 있는지에 대한 실익 등을 검토할 필요가 있음

4. 위험평가에 대한 기준 미흡 및 보고절차 개선 필요

고유위험 및 운영위험을 식별하고 평가하는 구체적인 방법 및 기준 등이 미흡하여 위험평가 업무가 불합리하게 운영되고 있고, 전사 위험평가 결과를 대표이사 및 이사회에 적절히 보고하고 있지 않음

- 최근 규제당국이 전사적 위험평가의 적정성에 대한 검사지적 사항이 꾸준이 증가하고 있어 각 금융회사등은 동일업권에서 지적되는 개선사항에 대한 모니터링을 수행하여 사전적으로 개선을 수행할 필요가 있음. 동일업권은 아니지만, 금융회사 전체 업권에서 개선되어야 할 사항이 있는 경우에도 관심을 가져 규제당국의 지도 방향에 대하여 신속하게 파악하여 감사 수행 전 자체적으로 해당 사항 등을 개선하여 규제당국의 지적을 최소화할 필요가 있음

5. 위험평가에 대한 기준 미흡 및 보고절차 개선 필요

내규에 의하면 위험기반접근법(RBA)에 따라 전사적 위험을 식별, 분석, 평가하기 위한 절차를 마련·운영하여야 하나, 금융정보분석원 위험평가 시스템상의 지표 보고 절차와 전사적 위험평가 절차를 구분하지 않음. 자체 고유위험 등을 정기적으로 식별·평가하고 취약점을 개선하는 절차가 미흡하여 전사적 위험평가가 적절히 이루어지지 않을 우려가 있음

- 해당 지적사항은 현재 업무규정(제19조)의 위험관리수준 평가에 대한 규정에 금융회사가 수행하여야 하는 전사적 위험평가와 금융정보분석원의 제도이행평가 내용이 혼재되어 규정하고 있어, 이를 금융회사가 혼동하는 경우가 많이 발생함에 따른 지적사항으로 업무규정 개정(즉, 금융회사의 전사적 위험평가와 금융정보분석원의 제도이행평가를 별도의 조문으로 구분하여 규정하도록 규정개정이 요구됨)과 금융회사등에 대한 인식개선을 위한 교육을 지속적으로 수행하여 동일한 이슈가 재발되지 않도록 적극적으로 개선할 것이 요구됨

6. 전사적 위험평가에 대한 내규 마련 미흡

「자금세탁방지등에 관한 업무규정」, 「자금세탁방지 업무매뉴얼」등 내규를 마련하여 운영 중이나 의심스러운 거래 보고 제외 사유의 적정성 점검, 전사적 위험평가, 신상품위험평가, 독립적 감사 등의 구체적 절차 및 기준을 내규에 마련하지 않아 운영상 미흡한 점이 있으므로 자금세탁방지 업무의 구체적 운영기준 및 절차 등을 내규에 반영하여 충실히 이행하기 바람

- 특정금융정보법 제5조에서 위험관리수준 평가(즉, 전사적 위험평가)에 대한 내용을 업무지침에 적절하게 반영할 것을 요구하고 있으나, 소규모 금융회사나, 최근 특정금융정보법 준수 대상으로 편입한 금융회사등이 아직 준비가 되지 않아 이와 같은 지적이 발생하고 있음. 전술한 바와 같이 비은행 금융회사등에 대한 전사적 위험평가 요소를 간략하게 하되 해당 금융회사의 ML/TF 위험을 평가할 수 있는 Lite 평가 방법론을 도입할 것인지에 대한 구체적인 검토가 필요함

7. 위험평가 업무 운영 미흡

- A 금융회사는 시스템 평가자료를 바탕으로 회사의 업무별 자금세탁위험 평가를 실시하지 않아 업무계획 수립시 동 위험평가 결과가 반영되지 않은 것으로 확인되어 개선이 요구됨
- 해당 금융회사는 검사대상 기간 중 중 합리적인 사유 없이 단기간 내 고객의 위험도가 변동된 사례가 있는 등 고객 위험평가가 일부 부실한 것으로 확인됨
- 위험평가 시스템에 위험평가지표 자료를 전산으로 입력하는 과정에서 입력자료에 대한 정확성 검증이 미흡하고, 입력자료를 바탕으로 회사의 자금세탁위험 평가를 실시하지 않아 자금세탁방지 업무계획 수립시 동 위험평가 결과가 반영되고 있지 않음. 따라서 책임자가 입력자료의 정확성을 실질적으로 검토하도록 결재절차를 개선하는 한편, 금융정보분석원 위험평가 시스템 입력자료를 바탕으로 회사 전체 업무에 대한 위험평가를 실시하고 이를 근거로 업무별 자금세탁위험에 따른 자금세탁방지 계획을 수립할 것이 요구됨

주요내용 종합정리

1. 위험관리수준평가(혹은 전사적 위험평가)는 위험기반접근법을 토대로 각 금융회사가 자신의 자금세탁행위등의 위험을 확인·평가·이해하기 위한 조치로서 국제기준에서 요구하는 전사적 위험평가제도로 이해할 수 있음. 이는 구 업무규정에서 정하고 있는 "자가평가제도"를 대체하는 제도로서 금융회사가 전사적 위험평가제도를 통하여 파악된 위험 등에 대한 적절한 조치를 취하면, 금융정보분석원은 주기적으로 각 금융회사등이 자신의 내재된 ML/TF 위험에 상응한 적절한 조치를 취하였는지를 평가하여 확인하는 제도임

2. 위험평가 프로세스는 위험의 인식(식별)-위험의 분석-위험평가-지속적인 위험평가와 위험경감을 위한 개선조치(피드백 제공) 등의 절차를 통하여 이루어짐

3. 제도이행평가란 금융회사등이 ML/TF 위험노출정도에 비례하여 위험관리수준을 갖추고 대응하고 있는지에 대한 평가임. 이를 위하여 금융정보분석원이 정한 기한 내에(현재 반기별 평가) 고유위험 및 통제유효성 평가(운영위험 지표)에 대한 지표값을 입력하여 평가하는 제도임

4. 제도이행평가 결과를 토대로 위험관리수준 평가등급이 부여됨. 고유위험과 운영위험을 각각 5단계로 등급화하여 위험별 등급을 확인할 수 있는데, 이는 동 업권 내 금융회사의 평가순위를 기준으로 등급화가 됨. 고유위험과 운영위험 지표는 최종 점수를 순위로 계산하여 등급화가 이루어짐

구분기준	상위 15% 이내 (15%)	16%~35% (20%)	36%~65% (30%)	66%~85% (20%)	86%~100% (15%)
고유위험	높음(A)	다소 높음(B)	보통(C)	다소 낮음(D)	낮음(E)
운영위험	우수(Ⅰ)	양호(Ⅱ)	보통(Ⅲ)	미흡(Ⅳ)	주의(Ⅴ)

5. 검사수탁기관이 활용할 수 있도록 고유위험과 운영위험의 각 등급별 위험도를 평가하여 3단계로 등급화함. 다만 검사수탁기관의 활용 여부는 수탁 기관의 자체결정에 따라 다를 수 있음. 위험노출정도는 상품 및 서비스 등의 거래규모에 비례한다고 가정하여 가늠하고, 위험관리수준은 AML 조치를 수행하고 있는 정도에 따라 가늠하게 되므로 위험노출정도와 위험관리수준이 비례해야 적정한 관리를 하는 것으로 평가될 수 있음

연습문제

1. 다음 중 전사적 위험평가 중 고유위험 평가 요소에 해당하지 않는 것을 고르시오.
   ① 금융회사의 성격 평가
   ② 국가위험평가
   ③ 고객유형 평가
   ④ 상품 및 서비스 위험평가
   ⑤ 통제 효과성 평가

2. 다음 중 제도이행평가에 대한 설명 중 옳은 것을 고르시오.
   ① 제도이행평가는 금융회사가 자발적으로 수행하는 평가절차이다.
   ② 제도이행평가시 입력된 자료는 데이터의 무결성이 보장되어 이를 증빙할 수 있는 서류 등이 적절하게 보관되어야 한다.
   ③ 2023년 현재 제도이행평가는 종합평가와 자가평가제도로 구분되어 수행하는 제도이다.
   ④ 제도이행평가는 매년 1회 수행되고, 위험관리수준 평가제도와 동일한 제도이다.
   ⑤ 제도이행평가는 각 금융회사의 전사적 위험평가시스템에 입력하여 개별적으로 평가한다.

3. 다음 중 위험평가 절차에 대한 설명 중 잘못 설명한 것을 고르시오.
   ① 위험인식(식별) 단계는 금융회사에서 자금세탁 및 테러자금조달 방지 활동과 관련된 잠재적 위험과 원인을 파악하는 단계임
   ② 위험은 자금세탁·테러자금조달 위험과, ML/TF 위험을 방지·경감하기 위한 조치를 이행하지 못하거나 규정을 준수하지 못할 위험('내부통제 위험')으로 구분할 수 있음
   ③ 위험평가에서 가장 중요한 단계로서 위험 식별 단계에서 파악된 위험 요건의 본질, 원천, 발생 가능성, 영향도와 ML/TF 위험을 방지·경감하지 못할 내부통제 위험도 분석하고 결과를 이해하는 단계는 지속적인 위험평가 단계임
   ④ 위험평가는 위험분석 결과를 이해하고 결정된 위험의 수준에 따라 위험경감 및 관리를 위한 조치의 범위(즉 우선순위 결정, 조치내용 및 조치 시기 등)를 차별화하여 결정하는 과정임. 따라서 사전에 예방조치가 요구되는 위험, 즉각적인 긴급대책을 세워야 하는 위험, 중장기 계획을 수립하여야 하는 위험 등을 분류하고 각 위험에 맞는 경감책을 수립하는 단계임

연습문제

⑤ 위험이 낮아 별도의 위험경감 조치를 취하지 않기로 결정할 경우에는 ML/TF 위험이 낮다는 것을 증명하여야 하는데 이는 매우 엄격하게 제한적이고 정당한 상황인 경우에 적용되는 것이 일반적임

4. 다음 중 제도이행평가 결과에 대한 설명 중 옳지 않은 것을 고르시오.

① 고유위험과 운영위험의 각 등급별 위험도를 평가하여 3단계로 등급화하여 반드시 검사수탁기관이 활용할 것을 규정하고 있다.

② 제도이행평가를 토대로 각 금융회사의 위험관리수준 평가 등급이 부여됨

③ 제도이행평가는 고유위험과 운영위험을 각각 5단계로 등급화하여 위험별 등급을 확인할 수 있음

④ 고유위험은 높음(A), 다소 높음(B), 보통(C), 다소 낮음(D), 낮음(E) 5단계로 평가됨

⑤ 운영위험은 우수(Ⅰ), 양호(Ⅱ), 보통(Ⅲ), 미흡(Ⅳ), 주의(Ⅴ) 5단계로 평가됨

5. 통제 효과성평가(또는 운영위험 평가)는 고유위험을 통제하여 각 금융회사의 자금세탁 및 테러자금조달 위험에 대한 잔여위험을 Low로 유지하기 위한 여러 가지 통제책을 의미한다. 금융정보분석원의 AML/CFT 관련 위험평가 및 위험기반접근법 처리 기준에 따르면 내부통제 분류의 예시를 제시하고 있는데, 다음 중 이에 해당하지 않는 것을 고르시오.

① 전사통제 위험

② 내부통제 위험

③ 고객확인 위험

④ 모니터링 및 보고관리 위험

⑤ 비대면 채널에 대한 위험

정답/해설

1. ⑤
통제효과성 평가는 고유위험(내재위험)을 적절하게 관리하기 위하여 자금세탁방지제도 이행을 포함한 다양한 통제절차의 효과성을 평가하는 절차임

2. ②
① 제도이행평가는 금융회사의 전사적 위험평가 내용을 토대로 금융정보분석원이 요구하는 지표를 지정한 기한 내에 금융정보분석원의 위험평가 시스템에 입력하는 제도이다.
③ 2023년 현재 자가평가제도는 폐지되었고, 현재 종합평가와 제도이행평가제도를 제도이행평가로 통합하여 운영하고 있다.
④ 제도이행평가는 매 반기별로 수행되고 있으며, 위험관리수준 평가의 내용을 토대로 지표값을 입력하는 것으로 금융회사가 수행한 전사적인 위험평가인 위험관리수준 평가와 동일한 제도는 아니다.
⑤ 제도이행평가는 금융정보분석원 위험평가 시스템에 입력하여 금융정보분석원이 전체 금융회사등의 위험도를 총체적으로 파악할 수 있는 제도이다.

3. ③
위험평가에서 가장 중요한 단계로서 위험 식별 단계에서 파악된 위험 요건의 본질, 원천, 발생 가능성, 영향도와 ML/TF 위험을 방지·경감하지 못할 내부통제 위험도 분석하고 결과를 이해하는 단계는 "위험분석" 단계임

4. ①
위험관리수준 평가 등급제는 고유위험과 운영위험의 각 등급별 위험도를 평가하여 3단계로 등급화하여 검사수탁기관이 활용할 수 있도록 하고 있다. 다만 검사수탁기관의 활용 여부는 수탁기관의 자체결정에 따라 다를 수 있다.

5. ⑤
금융정보분석원의 AML/CFT 관련 위험평가 및 위험기반접근법 처리 기준에 따르면 내부통제 분류로 ① 전사통제 위험, ② 내부통제 위험, ③ 고객확인 위험, ④ 위험관리 위험, ⑤ 모니터링 및 보고관리 위험, ⑥ 정보시스템 위험 등으로 분류하고 있음

별지

별지 2-1(고유위험 지표)		
평가영역	세부 평가영역(각 지표별 2점, 상대평가)	평가항목 수
1. 고객 특성		**22**
	1. 고위험국적 보유고객 규모	2
	2. PEP 고객 규모	1
	3. 거래고객 규모	5
	4. 고액자산가 고객 규모	2
	5. 비영리단체(법인) 고객 규모	2
	6. CTR 보고 고객 규모	2
	7. 고위험 업종 고객 거래 규모	4
	8. 국내/외 회원의 신용카드 이용실적	3
	9. 실명확인증표 오류 규모	1
2. 국가 특성		**7**
	1. AML 취약국가 거래 규모	3
	2. 해외거래 용이성	4
3. 상품 및 서비스 특성		**108**
	1. 수신상품 규모	1
	2. 외환상품 규모	1
	3. 여신상품 규모	1
	4. 투자상품 규모	1
	5. 선불카드 상품 규모	1
	6. 가상계좌 규모	3
	7. 보험료 규모	2
	8. 현금거래 규모	1
	9. 환전거래 규모	2
	10. 해외송금거래 규모	2
	11. 국외현지법인거래 규모	2
	12. 해외직접투자 목적송금 거래 규모	2
	13. 무역거래목적	1
	14. 생명보험상품 규모	4

평가영역	세부 평가영역(각 지표별 2점, 상대평가)	평가항목 수
3. 상품 및 서비스 특성	15. 손해보험상품 규모	2
	16. 보험업 대출상품 규모	3
	17. 고액상품 규모	1
	18. 보험계약 모집형태	2
	19. 보험료수납 형태	2
	20. 해약관련거래 규모	3
	21. 계약변경 규모	2
	22. 재보험거래	2
	23. 파생상품 규모	7
	24. 부동산신탁	3
	25. 투자자문 및 일임업	7
	26. 투기목적	2
	27. 카드상품 규모	11
	28. 할부금융상품 규모	2
	29. 리스상품 규모	1
	30. 신기술금융상품 규모	2
	31. 골드바거래 규모	1
	32. 보완자본상품거래 규모	2
	33. 저신용점수 개인신용대출 규모	1
	34. 고액예금 규모	6
	35. 고액도박/의심거래 규모	8
	36. 카지노 게임 규모	2
	37. 우정사업본부 송금서비스 거래 규모	6
	38. 우정사업본부 지급결제 서비스 거래 규모	6
4. 채널 특성		**23**
	1. 익명거래 용이성	14
	2. 지점거래 용이성	6
	3. 보험계약 용이성	3

별지

평가영역	세부 평가영역(각 지표별 2점, 상대평가)	평가항목 수
5. 회사 특성		**15**
	1. 비중변동	3
	2. 직원변동	1
	3. 경영관리 리스크	3
	4. 지분구조 및 특수관계기업	2
	5. 보험사기 규모	2
	6. VIP룸 규모	4
	합계	**175**

별지 2-2(운영위험 지표 상세내용, 2024년 12월 기준)			
연번	**배점**	**지표명**	**수정사항(2024년 12월 개선)**
		1-1 내규마련 (165점)	
1	10	경영 및 인사 평가제도	
2	5	직원알기제도 내규 마련 여부	평가기준 변경(여부→구분)
3	10	AML/CFT 보안규정 마련 여부	
4	30	고객확인 내규 마련 여부	(비대면 채널 고객확인 내규 마련 여부), (지속적인 고객확인 내규 마련 여부)와 통합 및 배점조정(20→30)
5	10	실제 소유자 내규 마련 여부	
6	5	거래거절 내규 마련 여부	
7	10	Watchlist 내규 마련 여부	
8	5	송금자 정보 내규 마련 여부	
9	5	제3자 및 아웃소싱의 고객확인 내규 마련 여부	
10	5	가상계좌 고객확인 내규 마련 여부	
11	5	외국환거래 고객확인 내규 마련 여부	
12	5	종합자산관리고객확인내규 마련 여부	
13	5	고위험국가 고객확인 내규 마련 여부	
14	5	거래처 AML/CFT 내규 마련 여부	
15	20	AML/CFT 내규 마련 여부	

별지 2-2(운영위험 지표 상세내용, 2024년 12월 기준)			
연번	배점	지표명	수정사항(2024년 12월 개선)
16	5	신상품 AML/CFT 내규 마련 여부	
17	5	신상품 AML/CFT 전담부서 승인	
18	10	STR룰 지침 마련 여부	(전사적위험평가)와 통합
19	10	고객위험 평가기준 마련 여부	신규지표
1-2 전담조직 (110점)			
20	40	자금세탁방지 전담인력 규모	
21	15	전담인력 업무연속성	
22	15	고객확인 전담인력 규모	
23	10	AML/CFT 책임자 직급	
24	10	내규수립/업무수행 승인자 수준	
25	10	보고책임자 직급수준	
26	10	보고책임자 역할과 책임 평가	
2-1 이사회·경영진 보고 (30점)			
27	10	이사회 보고 실적	
28	20	최고경영자 보고 실적	
2-2 AML 교육 (100점)			
29	10	이사회 교육 실적	
30	10	경영진 교육 실적	
31	48	직원 교육 실적	
32	30	AML/CFT 전문가 양성 실적	전문가자격 점수기준 변경
33	2	AML/CFT 전문교육 실적	전문교육 추가
2-3 독립적 감사 (55점)			
34	10	지점 운영실태 점검 실적	평가기준 변경, 절대평가 변경
35	5	지점 지적사항 개선 실적	지표설명 추가, 절대평가 변경
36	15	독립적 감사 수행 실적	절대평가 변경
37	5	독립적 감사 지적사항 개선 실적	지표설명 추가, 절대평가 변경
38	10	독립적 감사팀 전문성 수준	평가지표명 및 지표설명 추가, 절대평가 변경, 배점변경
39	10	독립적 감사 점검분야 실적	신규지표

별지

별지 2-2(운영위험 지표 상세내용, 2024년 12월 기준)			
연번	배점	지표명	수정사항(2024년 12월 개선)
2-4 징계 및 포상(10점, 가감점 추가) * 평가기준 확인			
40	최대20점	금융회사 징계 실적	평가기준 변경
41	최대10점	임직원 외부 징계실적	평가기준 변경
42	최대10점	감독당국 금융제재 부과 실적	평가기준 변경, 지표명 변경
43	10	임직원 대내외포상 실적	배점조정(5점→10점)
2-5 취약점 점검(85점)			
44	5	직원알기제도 실행 실적	절대평가 변경
45	5	임직원 관련 룰(Rule) 규모	
46	5	AML/CFT 자료보관 점검	
47	5	보고PC 보관자료 삭제 실적	
48	5	AML/CFT 정보보안 점검 실적	
49	30	AML 취약점 점검 실적	지표설명 추가
50	20	AML/CFT 위험 경감/개선실적	절대평가 변경
51	5	신상품 위험평가 실적	절대평가 변경
52	5	내규 현행화 점검 실적	신규지표
3-1 CDD 이행수준 (145점)			
53	0	고객확인상급자재확인실적	
54	20	법인고객 고객확인 재확인 실적	
55	20	개인 및 임의단체 실제 소유자 재확인 실적	절대평가 변경
56	20	지속적인 고객확인 수행 실적	절대평가 변경
57	5	제3자 및 아웃소싱의 고객확인의무 점검 실적	절대평가 변경
58	5	외국환거래 고객확인 수행 실적	절대평가 변경
59	5	외국환거래 고객확인 재확인 실적	절대평가 변경
60	5	외국환거래 지속적인 고객확인 실적	절대평가 변경
61	5	일회성 금융거래고객 재확인 실적	절대평가 변경, 해당없음 신설
62	20	법인고객 검증 실적	절대평가 변경, 해당없음 신설
63	20	개인 및 임의단체 검증 실적	절대평가 변경, 해당없음 신설
64	20	주기별 고객확인 내역 점검 실적	

별지 2-2(운영위험 지표 상세내용, 2024년 12월 기준)			
연번	배점	지표명	수정사항(2024년 12월 개선)
3-2 EDD 이행수준 (35점)			
65	10	고위험국가 고객확인 재확인 실적	절대평가 변경
66	5	종합자산관리대상자 DB화	
67	20	주기적 고객위험평가 수행 실적	
3-3 Watch List 관리 (40점)			
68	10	신규고객 Watch List 대사 재확인 실적	절대평가 변경
69	10	Watch List 최신화 주기	
70	10	최신 Watch List 기준 일괄 확인 실적	
71	10	Watch List 고객확인 수행실적	절대평가 변경
4-1 STR 관리 (75점)			
72	5	가상계좌 관련 STR룰 규모	평가기준 변경
73	5	종합자산관리 관련 STR룰 규모	평가기준 변경
74	5	종합자산관리 관련 STR 실적	
75	20	외부정보 활용을 통한 STR 실적	지표설명 추가
76	20	정성적 STR 보고 실적	지표설명 추가
77	20	STR 룰(Rule) 유효성 점검 및 개선 실적	지표명 변경
4-2 STR 평가 (130점)			
78	5	CTR보고 대비 고액현금 STR 보고 비율	
79	10	외환 당타발 거래보고 대비 당타발 STR 보고 비율	배점조정(5점→10점)
80	20	기초 분석률 (필수지표)	
81	20	상세 분석률 (필수지표)	
82	20	STR 반려율	
83	5	반려 STR 미보고율	
84	30	법집행기관 제공 (필수지표)	평가기준 변경
85	20	STR 충실도	평가기준 변경
4-3 CTR 평가 (20점)			
86	10	CTR 충실도	
87	10	CTR 보고 오류율	

자료 출처 : 금융정보분석원

03

고객확인제도 (CDD)

학습 개요

고객확인제도란 자금세탁방지를 위하여 금융회사등이 이행하는 핵심제도 중 하나로서 금융회사등이 고객과 금융거래시 자신이 제공하는 금융상품 또는 서비스가 자금세탁등의 불법행위에 이용되지 않도록 고객의 신원확인 및 검증, 거래목적 및 실소유자 확인 등 고객에 대하여 합당한 주의를 기울이는 것을 의미한다. 고객확인절차를 이행하기 위하여 금융회사등은 각 고객의 자금세탁위험을 평가할 수 있는 위험평가모델을 마련하여 운영하고 있으며, 각 고객의 위험도에 따라 차등화된 신원확인 및 검증 절차를 이행한다.

고객확인제도는 거래개시 시점에 일회성에 한하여 이행하는 것이 아니라, 고객의 Life-cycle에 따라, 최초 고객이 금융회사등과 거래관계를 개시한 시점부터 해당 고객이 거래를 종료할 때까지 지속적으로 수행되는 절차이다. 즉 고객에게 특별한 위험신호가 생성되거나, 고객의 프로파일에 큰 변화가 있는 경우에는 즉시적인 고객확인절차를 재수행하고, 이와 더불어 고객의 정보를 가장 최신정보로 유지하기 위하여(Up-to-date) 정기적으로 재이행을 수행하게 된다. 고객확인이 적절하게 이행되어 고객이 자신의 프로파일에 맞는 거래를 하는 경우, 금융회사는 해당 고객에 대해서는 일반적인 고객확인을 수행할 수 있지만, 자신의 프로파일과 맞지 않는 거래를 하는 경우에는 이에 대한 사유를 확인하여 필요한 경우 추가적인 조치를 취하여 금융회사의 위험을 최소화하여야 한다. 본편에서는 고객확인을 위하여 각 금융회사가 이행하여야 하는 프로세스의 전반적인 내용을 살펴 각 금융회사가 규제당국이 기대하는 고객확인제도를 이행하여 회사가 가지는 평판 및 제재 리스크를 최소화하는 데 도움을 주고자 한다.

한편, 현재 CDD 관련 규정을 중점으로 자금세탁방지 업무규정에 대한 전면적인 개정을 위한 검토가 진행 중이며, 전자금융업자, 가상자산거래사업자(카지노 사업자에 대한 특칙 개정 포함)에 대한 특칙 마련의 요구가 있어, 동 내용을 포함하여 업무규정 개정이 마무리될 것으로 기대한다. 또한 2018년에 발간된 금융정보분석원 자금세탁방지제도 유권해석 사례집도 2024년 개정되어 제공되었으므로 해당 자료 업데이트를 잘 파악하여 업무에 적용하여야 한다.

학습 목표

- 고객확인제도의 의의와 필요성을 이해할 수 있다.
- 고객확인을 위한 위험기반접근법(Risk Based Approach)에 대하여 이해할 수 있다.
- 고객의 라이프 사이클에 맞는 고객확인 프로세스를 이해할 수 있다.
- 고객확인제도 대상과 요건을 이해할 수 있다.
- 실제 소유자 확인방법을 이해할 수 있다.
- 강화된 고객확인제도가 이행되어야 하는 대상에 대한 고객확인절차를 이해할 수 있다.
- 고객확인제도의 위반사례를 이해하고 금융회사의 개선점을 살펴보고 설명할 수 있다.

1장

고객확인제도의 의의와 필요성

제1절 고객확인제도의 의의

1. 고객확인제도란?

우리나라는 FATF의 권고사항(제10조 고객확인의무)을 반영하여 2006년 1월 최초로 고객확인의무제도를 도입하였다.

고객확인제도란 금융회사등이 고객과 금융거래시 자신이 제공하는 금융상품 또는 서비스가 자금세탁등의 불법행위에 이용되지 않도록 고객의 신원확인 및 검증, 거래목적 및 실소유자 확인 등 고객에 대하여 합당한 주의를 기울이는 것을 의미한다. 고객확인은 신원확인을 넘어서 거래목적, 실제 소유자 확인 및 자금의 원천 확인 등 추가적인 주의의무를 통하여 자금의 실제 소유자를 확인하고, 자금의 원천의 적법성을 확인하고자 하는 것을 의미한다.

〈FATF 권고사항 10(고객확인의무) 일부 발췌〉

금융회사는 익명 계좌나 명백한 허위 이름의 계좌(가명계좌)를 유지하는 것을 금지해야 합니다.

금융기관은 다음과 같은 경우 고객확인(CDD)을 이행하여야 합니다.
(1) 거래관계(Business Relationship) 수립시
(2) 다음의 일회성 거래(Occasional Transaction)을 하는 경우
  1) 일회성 거래 기준금액이 (USD/EUR 15,000) 이상인 경우 또는
  2) 권고사항 16에 대한 주석이 적용되는 전신송금인 경우
  3) 자금세탁 또는 테러자금조달이 의심되는 경우
  4) 금융회사가 기존에 확보한 고객확인정보의 진위나 타당성이 의심되는 경우

금융회사가 CDD를 수행해야 한다는 원칙은 법률로 명시되어야 합니다. 각 국가는 법이나 집행 가능한 수단을 통해 개별적인 CDD 의무를 부과하는 방법을 결정할 수 있습니다.

고객확인조치는 다음과 같이 행해져야 합니다.

(a) 신뢰할 수 있고 독립적인 원본 문서, 데이터 또는 정보를 사용하여 고객의 신원을 확인하고 검증하여야 합니다.
(b) 실소유자의 신원을 확인하고, 실소유자의 신원을 검증하기 위한 합리적인 조치를 취하여 금융회사가 해당 계좌의 실제 소유자가 누구인지 파악할 수 있어야 하며, 법인 및 법률관계의 경우, 금융회사는 법인 등의 소유권과 지배구조를 파악하여야 합니다.
(c) 거래목적 및 성격에 대한 정보를 이해하고 필요한 경우 이를 확보할 수 있어야 합니다.
(d) 거래관계에 대한 지속적인 고객확인 이행 및 거래관계 수립 이후 실시된 거래에 대한 면밀한 조사를 수행하여 고객, 고객의 사업 및 리스크 프로필, 그리고 필요한 경우 자금 출처에 대해 금융회사가 파악하고 있는 바가 실제 거래내용과 일치하도록 하여야 합니다.

금융기관은 위의 (a)~(d)에 따른 각 CDD 조치를 적용해야 하지만, 본 권고사항에 대한 해설에 따라 위험 기반 접근법(RBA)을 사용하여 그러한 조치의 범위를 결정해야 합니다. 금융 기관은 비즈니스 관계를 설정하거나 일회성 거래를 수행하기 전이나 도중에 고객과 실소유자의 신원을 확인해야 합니다.

자금세탁 및 테러자금조달 위험이 효과적으로 관리되고 정상적인 거래를 위하여 불가피한 경우 국가는 관계 수립 후 합리적으로 실행 가능한 범위에서 금융기관이 검증을 완료하도록 허용할 수 있습니다.

예를 들어 일시적으로 단기 여행을 목적으로 입국한 베트남(베트남은 2024년 10월 현재 FATF의 강화된 관찰 대상국가로 지정됨) 국적자가 계좌개설을 요청하는 경우 금융회사등은 어떻게 대응하여야 할 수 있는지 한 번 같이 생각해 보자

일반적으로 대부분의 금융회사등은 외국인 비거주자에 대해서는 특별한 예외사항(예를 들어 외국인등록증이 발급되기 이전에 학생증카드 발급, 장학금 지급을 위한 계좌 또는 급여계좌 개설)이 있는 경우가 아니라면 해당 계좌가 대포계좌로 사용되거나, 불법금융사기 등의 목적으로 사용될 위험이 높기 때문에 계좌개설을 거절하는 것이 일반적이다.

그런데 해당 외국인이 자신이 여행자금을 모두 분실하여 베트남에 있는 가족으로부터 송금을 받을 목적이므로 계좌를 꼭 개설하여 줄 것을 요청한다면 어떻게 해야 할까? 그리고 해당 고객은 베트남 대사관에서도 해당 고객을 도와줄 것을 요청한 상태이다.

우선 고객의 신원확인을 위하여 여권을 확인할 수 있다(만약 여권의 유효기간이 경과된 상태라면, 즉각적으로 계좌개설 절차를 거절하면 된다). 유효한 여권인 경우 외교부 등을 통하여 여권의 위변조를 확인하고, 필요하면 베트남 대사관에 해당

여권이 문제없는 여권인지를 추가적으로 확인할 수 있다. 여권에는 해당 고객의 주소 등이 표시되어 있지 않으므로, 추가적으로 해당 외국인에게 베트남 정부가 발행한 신분증을 추가로 요구하여야 한다.

신원이 확인되었다면, 고객 앞 송금을 받은 금액을 확인하여 해당 금액 범위 내(여행자금범위 내에서 합리적인 금액만 수취 가능함)에서 타발송금을 취급하고, 해당 계좌를 일회성 해외송금 수취를 목적으로 개설하고 송금이 온 후 즉시 해지하는 방법도 가능하다.

이와 같이 당해 금융회사등을 이용하는 고객에 대하여 거래관계를 개설하기 전에 신원을 확인·검증하고 거래목적을 확인하는 등 합당한 주의를 기울인 후 거래관계를 개설할지를 결정하는 것이 고객확인제도의 가장 중요한 절차이다.

자금세탁방지 업무규정 제20조(정의)

① 고객확인이란 금융회사등이 고객과 금융거래를 하는 때에 자신이 제공하는 금융상품 또는 서비스가 자금세탁행위등에 이용되지 않도록 법 제5조의2에 따라 고객의 신원확인 및 검증, 거래목적 및 실제소유자 확인 등 고객에 대하여 합당한 주의를 기울이는 것을 말한다.

② 간소화된 고객확인이란 고객확인 조치를 이행하는 금융회사 또는 금융정보분석원 등 정부에서 실시한 위험평가 결과 자금세탁행위등의 위험이 낮은 것으로 평가된 고객 또는 상품 및 서비스에 한하여, 제1항에 따른 고객확인을 위한 절차와 방법 중 일부(제38조에 따른 고객신원확인 제외)를 적용하지 않을 수 있음을 말한다. 다만, 다음 각 호의 경우에는 간소화된 고객확인 절차와 방법 등을 적용할 수 없다.

1. 외국인인 고객이 자금세탁방지 국제기구(이하 'FATF'라 한다) 권고사항을 도입하여 효과적으로 이행하고 있는 국가의 국민(법인 포함)이 아닌 경우
2. 자금세탁등이 의심되거나 위험이 높은 것으로 평가되는 경우

③ 강화된 고객확인이란 고객확인 조치를 이행하는 금융회사등 또는 정부에서 실시한 위험평가 결과 자금세탁행위등의 위험이 높은 것으로 평가된 고객 또는 상품 및 서비스에 대하여 제38조부터 제40조에 따른 신원확인 및 검증 이외에 제41조부터 제42조 및 제4장에 따른 추가적인 정보를 확인하는 것을 말한다.

④ 「보험업법」에 따른 생명보험 등 상법 제639조에 따른 타인을 위한 보험에 따른 금융거래의 경우 고객은 보험계약자 및 수익자를 말한다.

⑤ 금융회사등이 「신탁법」상 신탁(이하 "신탁"이라 한다)과 금융거래를 하는 경우 고객은 위탁자, 수탁자, 신탁관리인 및 수익자를 포함한다(금융회사등이 신탁에 대해 고객확인을 이행하는 경우 신탁의 수탁자는 수탁인으로서의 지위를 금융회사등에 공개해야 한다).

2. 고객확인제도의 연혁

(1) 국제적인 연혁

국제적인 기준으로 고객확인(신원확인)제도가 최초로 언급된 것은 BIS(Bank for International Settlement : 국제결제은행) 산하의 은행감독에 관한 바젤위원회(Basel Committee on Banking Supervision)에서 1988년 "자금세탁 목적을 위한 은행 시스템의 범죄적 사용방지를 위한 선언"에서 금융회사가 모든 고객의 신원을 확인하기 위한 합리적인 노력을 기울일 것을 촉구하였다.

그리고 1989년 FATF가 출범되어, 1990년에 최초로 40개 권고안을 채택하면서 본격적으로 고객확인제도(Customer Due Diligence)[1]에 대한 기준이 시초가 마련되었고, 2003년 6월 고객확인제도라는 표현을 권고사항에 처음으로 사용하여, 고객확인제도 관련 사항을 대폭 반영한 새로운 40개 권고안을 마련하게 되었다.

고객확인제도는 CDD 또는 KYC(Know Your Customer) 등의 용어를 혼합하여 사용하는데 그 이유는 국제기구 또는 국가별로 사용하는 용어의 차이에 의한 것이지 제도의 본질은 동일하다.

금융회사는 고객확인을 효과적으로 이행하기 위하여 고객확인을 위한 업무지침(즉, 고객확인제도에 대한 내규)을 마련하여 운영하여야 한다. 업무지침에는 고객확인의 적용대상 및 이행시기 등의 내용을 포함하여야 한다(자금세탁방지 업무규정 제21조).

---

1) 해당 권고안은 1970년대 스위스의 유명 금융회사의 금융스캔들에 자극을 받아 스위스 은행협회와 은행들이 1977년에 맺은 "스위스은행원 행동준칙(The SWISS Bankers Code of Conduct)"에서 처음으로 고객확인의무 등을 등장시켰다.

자금세탁방지업무 규정 제21조(업무지침의 작성 및 운용)
금융회사등은 법 제5조의2에 따라 고객확인을 효과적으로 이행하기 위해 작성 · 운용하는 업무지침에 다음 각 호의 사항을 포함하여야 한다. 다만, 법 제5조의2에 따른 업무지침은 법 제5조제2호에 따른 업무지침에 포함하여 작성 · 운용할 수 있다. 1. 고객확인의 적용대상 및 이행시기 2. 자금세탁행위등의 위험도에 따른 고객의 신원확인 및 검증 절차와 방법 3. 고객의 신원확인 및 검증 거절시의 처리 절차와 방법 4. 주요 고위험고객군에 대한 고객확인 이행 5. 지속적인 고객확인 이행 6. 자금세탁행위등의 위험도에 따른 거래모니터링 체계 구축 및 운용 등

(2) 우리나라 CDD 제도의 연혁

우리나라는 FATF 국제기준을 준수하기 위하여 2005년 1월 특정금융정보법을 개정하여 CDD 제도를 도입하였으나, 각 금융회사등의 시스템 및 절차 준비를 위하여 1년 유예기간을 거쳐 2006년 1월 18일 최초로 시행되었다. 또한, 2009년 FATF 정회원 가입과 상호평가 수검을 위하여 2007년 12월 특정금융정보법을 개정하여 강화된 고객확인제도(2008년 12월 22일 시행)로 도입하였고, 2014년 실제 소유자 확인제도 도입을 위한 법 개정(2016년 1월 1일 시행)을 통해 CDD와 관련된 주요 국제기준을 준수하기 위한 각 규정들의 틀을 마련하였다.

제2절 고객확인제도의 필요성

1. 금융회사등의 건전성 제고

고객확인제도 도입을 통해 고객이 가지는 자금세탁 리스크를 적정하게 파악하여 금융회사등이 입을 수 있는 평판·재정 및 제재리스크를 효과적으로 관리함으로써 금융회사등의 건전성을 제고할 수 있다.

2. 의심스러운 거래보고의 효용성 제고

고객확인 및 지속적인 재이행 과정에서 금융회사가 파악한 고객의 정보와 고객이 사실상 수행하는 금융거래 사이의 비교·분석을 통하여 의심스러운 거래 보고 제도를 보완하는 등 효용성을 제고할 수 있다.

고객확인제도는 금융회사가 고객의 정보를 취득하는 과정에서 고객의 답변과 행태 등을 통해 의심되는 거래보고 여부를 판단하는 데 유용하게 활용할 수 있으며, 금융정보분석원(KoFIU) 보고시 좀 더 정확한 정보의 제공이 가능하다. 고객으로부터 취득한 정보를 이용한 모니터링 과정을 통하여 의심되는 거래 패턴 등의 분석을 용이하게 함으로써 STR 제도의 효용성을 높이는 데 도움을 주고 있다.

3. 자금세탁방지 환경변화에 능동적 대응

국제기준의 변화, 전자금융의 발전(㉾ 전자금융업자의 다양한 금융 서비스 플랫폼 제공, 가상자산거래소 등의 새로운 금융거래, 소액송금업자의 해외송금 프로세스 등) 등 외부환경 변화에 맞추어 자금세탁 위험을 감소시키기 위해 금융회사등이 스스로 고객의 자금세탁 위험에 따라 차별화된 고객확인의무를 수행할 필요가 있다.

고객확인제도는 금융회사의 금융시스템을 이용하고자 하는 고객을 잘 파악함으로써 그 고객이 가질 수 있는 자금세탁 리스크를 사전적으로 통제하기 위한 제도이다. 즉, 고객확인제도는 금융회사의 입장에서는 금융회사가 고객의 수요에 맞는 금융서비스를 제공 하면서 정확한 고객확인을 통해 자금세탁의 리스크를 최소화하고 평판리스크를 줄일 수 있는 장치로 인식되고, 자금세탁방지 측면에서는 금융회사가 평소 고객에 대한 정보를 파악·축적함으로써 고객의 의심거래 여부를 파악하는 토대를 제공할 수 있다.

제3절 CDD와 STR·CTR과의 상관관계

자금세탁방지제도의 세 가지 핵심 제도, 즉 CDD(고객확인제도), CTR(고액현금거래보고제도), STR(의심거래보고제도)는 서로 유기적인 상관관계를 가지며 서로를 보완하는 역할을 가진다.

즉, 세 가지 제도가 상호 유기적인 보완을 제대로 할 경우 더 효과적인 자금세탁방지 의무를 수행할 수 있다.

- 고객확인제도가 적정하게 이행된 경우, 좋은 품질의 STR, CTR 보고가 이루어질 수 있다. 예를 들어 고객의 거래 규모나 거래 목적 등이 CDD 정보에서 확인한 내용과 일치하지 않을 경우, CDD 정보와의 불합치한 금융거래등이 STR 보고의 합리적인 근거가 될 수 있다.
- 또한 CTR 및 STR 보고가 자주 발생하는 고객에 대해서는 해당 자금의 출처 등을 재확인하기 위하여 CDD 정보를 업데이트하여, 자금의 출처가 불분명한 경우 거래제한/거래중단 등의 추가적인 조치를 취할 수 있다.

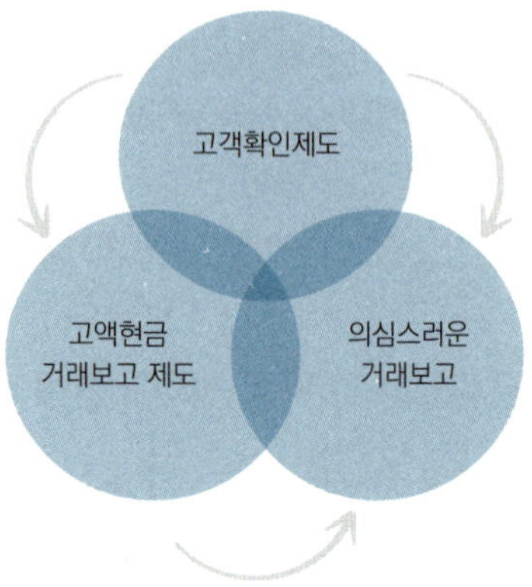

제4절 금융실명제도와 고객확인제도의 차이

1. 금융실명제도와 자금세탁방지제도의 연관성

1993년 마련된 "금융실명거래 및 비밀보장에 관한 법률(금융실명법)"은 금융회사에서 금융거래를 할 때에 가명 혹은 무기명에 의한 거래를 금지하고 실명임을 확인한 후에만 금융거래가 이루어지도록 하는 제도로서 대한민국에서는 대통령긴급명령인 긴급재정경제명령 제16호를 통해 1993년 8월 12일에 실시되었다.

1960년대부터 저축의 장려를 위해 예금주의 비밀보장, 가명, 차명 혹은 무기명에 의한 금융거래를 허용해 왔으나 1980년대에 들어서자 각종 금융 비리사건과 부정부패사건의 해결을 위해 금융실명제를 도입해야 할 필요성이 대두되었다.

금융실명제도의 주요내용은 ① 비실명계좌의 실명확인 없는 인출을 금지, ② 순인출 3천만 원 이상의 경우 국세청에 통보하며, 자금 출처를 조사할 수 있도록 하였으며, 1993년 8월 12일 오후 8시를 기해 위 사항을 실시하고, 13일은 오후 2시부터 금융기관의 업무를 시작하도록 하였다.

금융실명제도 실시에 따라 ① 비실명자금은 지하경제를 활성화시키고, ② 투기성 자금, 부정 부패자금 등의 활동 통로가 되어 실물경제의 발달을 저해하므로 이런 자금의 흐름을 막고, 추적하는 것을 가능하게 하고, ③ 금융자산소득의 흐름을 투명하게 파악할 수 있게 되어 종합소득세제 실시가 가능해지고, 이로 인해 세수가 늘어나 국가 재정 확보가 쉬워지게 되었다.

이와 같이 금융실명제도는 자금세탁방지를 위한 특정금융정보법이 제정될 때(2001년)까지 상당 기간 자금세탁방지를 위한 대체 법률로서의 역할을 하여 왔다. 그러나 금융실명제도는 실지명의에 의한 거래에 제한된 규정으로서, 실명거래 대상이 아닌 거래에 대해서는 적용이 되지 않으며, 차명계좌에 대한 처벌 규정이 없는 점 등으로 인한 한계로 인하여 별도의 자금세탁관련 입법이 요구되어 2001년 특정금융정보법이 제정시 의심거래보고 제도가 시작되었고 2006년 고객확인제도가 도입되었다.

고객확인제도는 단순한 실지명의에 의한 계좌개설을 넘어서 거래의 목적 및 자금의 원천을 확인하고, 모든 금융거래에 적용된다.

고객확인제도가 도입된 이후에도 차명거래에 대한 처벌이 제한적이라, 대포계좌를 이용한 금융범죄, 차명거래를 이용한 비자금 은닉 등은 지속되어, 2014년 11월 불법재산의 은닉, 자금세탁행위·조세포탈 등 불법행위나 범죄의 수단으로 악용될 수 있는 차명거래를 금지하기 위하여 금융실명법을 개정하여 차명거래를 처벌하기 위한 규정이 명문화하게 되었다.

또한, 특정금융정보법상의 자금세탁행위에 금융거래등의 상대방이 금융실명법 제3조 제3항을 위반하여 불법적인 금융거래등을 하는 등 자금세탁행위나 공중협박자금조달 행위를 하고 있다고 의심되는 합당한 근거가 있는 경우를 포함하여 차명계좌를 의심스러운 거래 보고대상으로 재정비하였다.

그런데 특정금융정보법상의 고객확인제도와 금융실명제도는 실지명의에 의한 거래 및 본인 신원검증 측면에서는 유사한 면이 있다. 따라서 법 효용성 측면에서는 금융실명법상의 실지명의에 대한 규정(즉, 비밀보장 부분은 제외)은 고객확인제도로 통합될 필요가 있다고 판단된다.

예를 들어 금융회사등의 임직원이 계좌개설 과정에서 실수 등으로 신분증 사본 보관 의무를 준수하지 못할 경우 금융실명법 위반과 특정금융정보법상의 고객확인의무 위반으로 징계를 받을 수 있다. 금융실명법 위반의 경우에는 개인 징계 및 개인 과태료 부과가 이루어질 수 있고, 특정금융정보법에 대해서는 금융회사등에 대한 과태료 부과 및 이에 따른 직원에 대한 내부 징계가 이루어질 수 있다.

그런데 동일 금융거래에 대하여 본인확인 미흡이라는 동일 행위로 인하여 금융실명법과 고객확인제도 위반으로 각각 처벌을 받을 수 있어 불합리한 점이 없지 않다. 따라서 만약 금융실명법상의 실지명의에 대한 규정이 고객확인제도 안으로 통합될 경우, 이와 같은 불합리는 해결될 수 있다고 생각된다.

최근 금융실명법과 고객확인제도에 대한 통합을 위한 법 개정에 대한 요구가 증가하여 해당 내용이 개정될 경우, 금융제도의 큰 혁신을 줄 수 있을 것이라는 기대를 해 볼 수 있다.

법 개정 목적

타인명의의 금융거래는 범죄수익 은닉, 비자금 조성, 조세 포탈, 자금세탁, 횡령 등 불법 · 탈법 행위나 범죄의 수단으로 악용될 수 있으므로 이러한 차명거래를 금지하고, 위반시 형사적 · 행정적 제재와 더불어 민사적 불이익을 부과함으로써 불법 · 탈법적 목적의 차명거래를 방지하려는 것임

주된 내용

- 불법재산의 은닉, 자금세탁행위, 공중협박자금 조달행위 및 강제 집행의 면탈, 그 밖에 탈법행위를 목적으로 타인의 실명에 의한 금융거래를 금지함
- 금융회사 종사자의 불법 차명거래 알선 · 중개 행위를 금지함
- 실명 확인 계좌에 보유하고 있는 금융자산은 명의자의 소유로 추정
- 금융실명법을 위반한 금융회사등의 임직원에게 부과하는 과태료 금액을 500만 원 이하에서 3천만 원 이하로 상향함
- 불법 차명거래자, 불법 차명거래를 알선 · 중개한 금융회사등의 종사자는 5년 이하 징역 또는 5천만 원 이하의 벌금에 처함
- 금융회사등은 불법 차명거래 금지에 관한 주요내용을 거래자에게 설명하도록 함

선의의 차명거래의 대표적인 사례

① 계·부녀회·동창회 등 친목모임 회비를 관리하기 위하여 대표자(회장, 총무, 간사 등) 명의의 계좌를 개설하는 행위
② 문중, 교회 등 임의단체 금융자산을 관리하기 위해 대표자(회장, 총무, 간사 등)명의 계좌를 개설하는 행위
③ 미성년 자녀의 금융자산을 관리하기 위해 부모명의 계좌에 예금하는 행위 등이 있음

불법 차명거래의 대표적인 사례

① 채권자들의 강제집행을 회피하기 위해 타인명의 계좌에 본인소유 자금을 예금하는 행위 (강제집행 면탈)
② 불법 도박자금을 은닉하기 위해 타인명의 계좌에 예금하는 행위(불법재산 은닉)
③ 증여세 납부 회피를 위해 증여세 감면 범위를 초과해 본인 소유 자금을 가족 명의 계좌에 예금하는 행위(조세포탈 행위)
④ 금융소득종합과세 회피를 위해 타인명의 계좌에 본인 소유 자금을 예금하는 행위(조세포탈 행위)
⑤ 생계형저축 등 세금우대 금융상품의 가입한도 제한 회피를 위해 타인명의 계좌에 본인 소유 자금을 분산 예금하는 행위(조세포탈 행위)

2. 금융실명제도와 고객확인제도의 차이점

고객확인의무	구분	금융실명제도
특정금융정보법	근거 법률	금융실명법
자금세탁등 불법행위 예방	목적	경제정의 실현
모든 금융거래	적용범위	은행업(수신·환업무) 증권업 등
계좌개설·일회성 금융거래시	확인시기	계좌개설·1백만 원 초과 거래
거래자의 신원, 실제 당사자 여부, 금융거래 목적 등	확인사항	거래자의 실지명의
과태료 조치	위반시 조치	과태료 조치

2장

고객확인을 위한 위험기반접근법 (Risk Based Approach)

제1절 개요

이미 전편에서 기술한 바와 같이 FATF 권고사항 1(위험평가와 위험기반접근법의 적용)에 따르면 자금세탁 및 테러자금조달 방지 또는 그 위험에 대한 경감조치가 확인된 위험에 확실하게 상응하도록 하기 위해 위험기반접근법(Risk Based Approach : RBA)을 적용하여야 한다. 위험기반접근법은 자금세탁방지 및 테러자금 조달방지 체제 전반에 걸쳐 인적·물적 자원을 효율적으로 배분하고 FATF 권고사항을 위험 수준에 따라 이행하기 위한 주요 기틀이 될 것을 기대한다.

RBA에 따르면 보다 높은 위험이 확인된 경우 강화된 자금세탁방지 프로세스를 적용하고 보다 낮은 위험이 확인된 경우 간소화된 조치를 이행할 수 있다.

우리나라는 2008년 강화된 고객확인제도를 도입하면서 고객확인제도를 포함한 자금세탁방지제도 전반에 걸쳐 위험기반접근법을 도입하여 이행하고 있다.

전통적인 접근법에 따르면 고객확인을 위하여 모든 고객에 대하여 동일한 수준의 주의의무를 수행하여야 하는 비효율성을 초래하게 되어, 인적·물적 자원의 비효율성을 초래하고, 많은 저위험 고객들의 고객경험(Client Experience)를 불편하게 하는 결과를 낳았다.

과거 2003년 일부 글로벌 금융회사등의 고객확인제도를 살펴보면 저위험 개인고객에 대해서도 주소검증 등을 요구하는 등 모든 고객에 대하여 강화된 고객확인을 수행하였던 경험이 존재하였다.

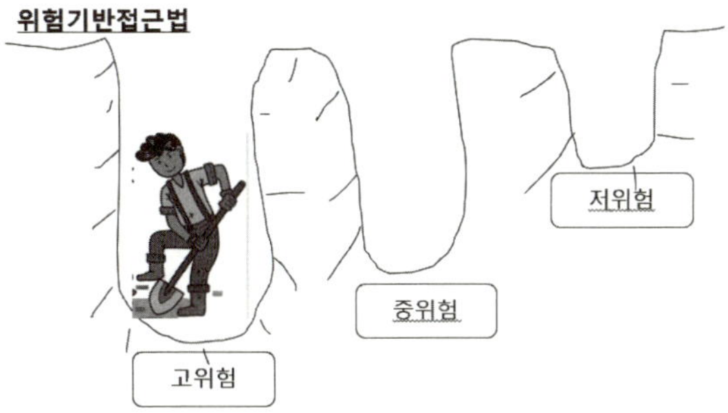

그러나 위험기반접근법이 도입되면서, 각 금융회사등은 자금세탁행위를 방지하기 위하여 위험이 많은 고객에 보다 집중할 수 있어, 비용에 대한 효용성을 높일 수 있는 효과적인 자금세탁방지를 이행할 수 있게 되었다.

이와 더불어 자금세탁행위등에 대하여 계속하여 강화되는 규제강도 및 천문학적인 벌금부과 등으로 인하여 금융회사들은 위험기반접근법을 토대로 De-risk 정책을 도입하여 자금세탁 리스크가 높은 특정 고객군의 경우 잔여 리스크(Residual Risk)가 리스크 수용범위(Risk Appetite)를 초과할 경우, 일부 고객군에 대한 수용을 허용하지 않는 정책을 수립하고 있는 추세이다.

〈위험기반접근방식에 대한 예시 1〉

OO금융회사는 동일한 일자에 다음 두 고객에 대한 계좌를 개설한다. 두 고객에 대하여 OO금융회사는 어떤 고려를 하여야 할까?

A고객	B고객
• A고객은 영업점 인근 아파트에 거주하는 연금소득자임 • 최근 물가인상 등으로 인하여 연금만을 가지고는 여유로운 생활이 어려워 본인이 보유하고 있는 아파트를 담보로 주택연금 담보대출을 신청하고자 OO금융회사를 방문함	• B고객은 대학원생이라고 밝혔는데, 어머니(X는 기존 고객임)와 함께 내점하여 역세권 아파트의 전세자금 대출을 신청하려고 함 • X는 가정주부이나, 남편이 건설교통부 고위공무원이라고 알려져 있으며, 평상시 현금거래를 주로 선호함 • X는 B의 전세자금 대출을 일시에 상환할 경우 수수료가 발생하는지, 자신이 아들을 대신하여 내점하여 전세대출금 상환이 가능한지 등을 문의함

위와 같은 사례를 여러분이 접한 경우, 두 고객을 동일한 위험으로 판단하여 처리할 것인지, 아니면 B에 대해서는 전세자금대출금 상환 여력이나, 혹시 해당 자금이 편법적으로 증여의 거래에 해당하는지 추가적인 것을 확인할 필요가 있는지 고민할 수 있을 것이다. 해당 고객들에 대하여 대출을 취급한 이후 B의 전세자금 대출이 지속적으로 현금으로 상환되고, 자금의 출처가 B의 부모라는 것이 확인되면, 아마 여러분 대부분은 해당 고객에 대하여 STR를 보고하는 등의 조치를 취하게 될 것이다. 이와 같이 유사한 대출상품을 가입하더라도 고객이 가지는 리스크가 다를 수 있으므로 다양한 리스크 요소를 검토하여 고객확인을 이행하여야 하는 것이 위험기반접근법에 따른 고객확인제도이다.

〈위험기반접근방식에 대한 예시 2〉

OO금융회사는 동일한 일자에 다음 두 고객에 대한 계좌를 개설한다. 두 고객에 대하여 OO금융회사는 어떤 고려를 하여야 할까?

A고객	B고객
• A법인은 자본금이 1백만 원이며, 원격지에 사업장을 두고 있으며, 서울의 사무소는 구글 검색결과 공유오피스를 사용하는 것으로 알려져 있음 • 또한 A법인의 실제 소유자와 대표자는 모두 중국인이고, 거래는 한국어 구사가 가능한 X에 의하여 주로 이루어짐 • X는 A법인은 화장품 수출업체로서 일본 등에서 원자재를 구매하여 해외 수출을 할 것이라고 설명하며, 매월 약 3천억 원 정도의 해외송금을 취급하기 위한 외환거래를 요청함	• B법인은 외감법인으로 확인되었으며, 최근 언론기사에 K-Beauty 유망업종으로 중국 및 동남아시아에 화장품 수출 계약을 맺었다는 기사가 있었음 • B법인은 등록된 주소지는 제품 생산공장이 있는 원격지이나 서울 사무소에서는 주로 금융거래등을 지원한다고 설명함 • B법인은 매월 약 2천억 원 정도의 화장품 수출대금을 수취할 것이라며 외환거래를 요청함

위의 사례에서 여러분은 A법인의 위험도를 좀 더 쉽게 파악할 수 있을 것이다. 특히 주소가 공유오피스인 경우(공유오피스인지를 확인하는 가장 쉬운 방법은 구글 검색을 할 경우, 해당 사무소가 공유오피스인 경우에는 즉시 파악이 가능함) 위장회사가 아닌지를 확인하기 위하여 현장답사를 수행하는 금융회사가 많아 추가적인 주의의무를 수행하고, 자본금이 1백만 원인데 거래 규모가 수천억 원 이상의 거래를 예상한다면 관련 계약서, 자금의 원천, 부가세 납부 내용 등을 추가로 확인할 수 있다.

이와 같이 동일한 외환상품을 거래하더라고 고객이 가지는 리스크가 다를 수 있으므로 이런 부분에 대한 주의를 기울려 고객확인을 수행할 것을 요구하는 것이 위험기반접근법에 따른 고객확인제도이다.

제2절 위험기반 고객확인 절차

자금세탁방지 업무규정 제20조 제2항과 제3항에서 간소화된 고객확인과 강화된 고객확인제도를 정의하고 있다.

간소화된 고객확인이란, 고객확인 조치를 이행하는 금융회사 또는 금융정보분석원 등 정부에서 실시한 위험평가 결과 자금세탁행위등의 위험이 낮은 것으로 평가된 고객 또는 상품 및 서비스에 한하여, 고객확인을 위한 절차와 방법 중 일부(자금세탁방지 업무규정 제38조에 따른 고객신원확인 제외)를 적용하지 않을 수 있음을 말한다. 다만, 다음의 경우에는 간소화된 고객확인 절차와 방법 등을 적용할 수 없다.

1. 외국인인 고객이 자금세탁방지 국제기구(FATF) 권고사항을 도입하여 효과적으로 이행하고 있는 국가의 국민(법인 포함)이 아닌 경우
2. 자금세탁등이 의심되거나 위험이 높은 것으로 평가되는 경우

〈간소화된 고객확인 예시〉

(1) 상장회사에 대한 실제 소유자 확인 면제

- 법인 고객 중 상장회사는 거래소 등을 통한 별도의 관리감독 프로세스가 존재하고(예를 들어 자본금의 일정 부분 이상 횡령사고가 발생될 경우 거래 중단 등의 조치), 실제 소유자나 대주주 등에 대한 공시절차가 이미 마련되어 있어, 모든 상장회사를 일반 법인과 동일한 고객확인절차를 적용하는 것은 비효율성을 초래할 수 있어 상장회사에 대해서는 실소유자 확인 면제 등 간소화된 고객확인 절차 적용이 가능하다.

(2) 전자금융업자 중 일부에 업종에 대한 고객확인의무 면제

- 전자금융업자는 다른 금융회사등과 동일하게 자금세탁방지 의무를 준수하여야 한다. 다만 고객확인제도에 대해서는 신원확인번호를 CI번호로 대체하여 제공하고 있으며, 위험이 낮은 전자화폐(무기명)의 발행과 선불전자지급수단의 발행시에는 예외적으로 고객확인의 전부 또는 일부를 하지 않을 수 있다고 예외사항을 규정하고 있다(다만, 면제하는 고객확인의 경우는 일반적인 고객확인에 대한 것이고, 고객이 자금세탁행위 우려가 있는 경우 강화된 고객확인 대상인 경우 고객확인의무가 면제되지 않는다는 점에 유의하여야 함)

강화된 고객확인이란 고객확인 조치를 이행하는 금융회사등 또는 정부에서 실시한 위험평가 결과 자금세탁행위등의 위험이 높은 것으로 평가된 고객 또는 상품 및 서비스에 대하여 신원확인 및 검증 이외에 추가적인 정보를 확인하는 것을 말한다.

〈강화된 고객확인 예시〉

(1) FATF 강화된 관찰대상(Blacklist – 강화된 주의의무 대상 국가) 국적 고객에 대한 강화된 고객확인 의무 이행

- 한국에 거주하는 미얀마 국적자인 고객 A가(한국남편과 결혼하여 가족관계증명서도 제출 가능함) 정부로부터 육아수당등을 지급받기 위해 계좌 개설을 요청함. 그러나 대부분 금융회사에서 A가 미얀마 국적자이므로 고위 경영진의 승인을 받아야만 계좌개설이 가능하다면서, 창구에서 거래를 거절하여 종종 민원이 발생하고 있음.
- 이와 같이 해당 고객의 국적국이나 거주국이 FATF에서 지정한 강화된 주의의무 대상 국가에 해당할 경우, 금융회사등은 일반적은 고객확인요건 이외에 거래의 목적, 자금의 원천 등을 확인함과 동시에 한도계좌만을 개설하고 매년 거주여부를 확인하는 서류를 제출하는 등의 강화된 조치를 취하여야 한다.

(2) 고위험 업종에 해당하는 가상자산사업자와의 거래시 강화된 고객확인의무 적용

- 금융회사등이 고위험산업으로 파악된 가상자산사업자와의 거래시 해당 가상자산사업자에 대한 일반적인 고객확인의무(신원확인 및 검증)과 더불어 법률상 요구하는 추가적인 내용을 확인하여야 한다.
- 가상자산거래소와 거래하는 금융회사등은 다른 고객과 동일하게 기본사항(고객의 신원, 실제 소유자, 추가정보 등)을 확인하는 것에 추가하여 ① 신고 및 변경신고의 직권말소 여부, ② 신고수리 여부, ③ 예치금과 고유재산의 구분관리 여부, ④ ISMS 획득 여부 등을 추가로 확인하여야 하며, ⑤ 가상자산사업자가 FIU 미신고되어 있거나, 자금세탁 위험이 특별히 높다고 판단되는 경우 등에는 금융거래를 의무적으로 거절하여야 한다.

이와 같이 금융회사등은 고객확인의무를 이행함에 있어 여러 가지 리스크 요소에 따른 자금세탁 위험도를 평가하여 위험도에 따라 금융거래 목적 및 자금거래의 원천을 확인하도록 위험기반접근법에 따른 차등화된 고객확인을 실시하여 인적·물적 자원을 리스크가 높은 고객에 더 할당하여 각 금융회사등을 통한 자금세탁행위를 효율적으로 방지할 수 있도록 절차를 마련하는 것이 중요하다.

제3절 위험평가 요소

1. 개요

금융회사등은 자금세탁등과 관련된 위험을 식별하고 평가하여 고객확인에 활용하여야 한다. 일반적으로 주요 위험요소를 국가위험, 고객위험, 상품 및 서비스(채널) 위험 등으로 분류하며, 각 금융회사는 각각의 영업환경 등을 고려하여 거래채널, 사업위험, 거래위험 등에 대해서도 식별하여 평가할 수 있다.

또한, 각 금융회사등은 고객의 자금세탁등의 위험도가 적정하게 반영되도록 위험평가요소와 중요도를 정하여 위험평가모형을 마련하여 고객의 자금세탁 위험도를 평가할 수 있도록 절차를 마련하여야 한다[자금세탁방지 업무규정 제28조(위험평가)].

자금세탁방지를 위한 위험평가요소에 대해서는 제2편 자금세탁 및 테러자금조달에 대한 위험평가제도 – 고객위험 평가에서 상세하게 설명하여 본편에서는 간략하게 기술하고자 한다.

2. 고객확인을 위한 위험평가모형(모델)

금융회사등은 고객의 자금세탁 리스크를 평가하기 위한 고객위험평가모델을 마련하여야 한다. 위험평가모델은 각 금융회사의 영업환경을 고려하여 마련하는 것이 대부분이며, 위험평가모델을 통하여 고객에 대한 자금세탁위험등급을 부여한다(회사에 따라 3등급(저위험, 중위험, 고위험)으로 분류하기도 하고 5등급(1~5 또는 A~E)등 각 금융회사등에서 정한 방법에 따라 고객의 위험등급을 부여하고 있다.

고객의 자금세탁위험평가 및 등급 산정은 고객확인절차의 가장 중요한 시작점이라고 할 수 있다(이는 신용평가모델에 따른 신용평가등급과 유사한 방식으로 모델링한다고 생각하면 이해가 쉬울 것이다). 즉, 신용평가 점수가 높은 고객의 경우 금리 등의 혜택을 받을 수 있고, 신용평가 점수가 안 좋을 경우 대출신청이 거절될 수 있는 것처럼 고객확인을 위한 위험평가등급도 위험이 낮을 경우 고객확인절차가 간소화할 수 있으며, 위험등급이 높을 경우 거래거절, 또는 고위험으로 분류할 수 있다.

위험평가모델은 Initial 모델(최초 파악된 정보를 토대로 평가)과 Behavior 모델(최초 정보와 고객의 거래활동 등의 정보를 추가하여 평가)로 구현되어 있는데, 이는 최초 고객이 거래를 개시하는 경우에는 거래정보 등이 존재하지 않으므로 고객 정보(즉, Static Data)를 토대로 위험평가등급을 산정하게 된다. 그러나 기존 고객의 경우에는 거래활동이 존재하므로 Static Data와 고객의 거래활동을 종합하여 재평가를 수행할 수 있게 된다. 즉, STR이 지속적으로 보고된 고객 또는 고위험 상품을 지속적으로 거래하는 경우에는 고위험 고객으로 재평가될 수 있다.

고객확인을 위한 고객위험평가모델

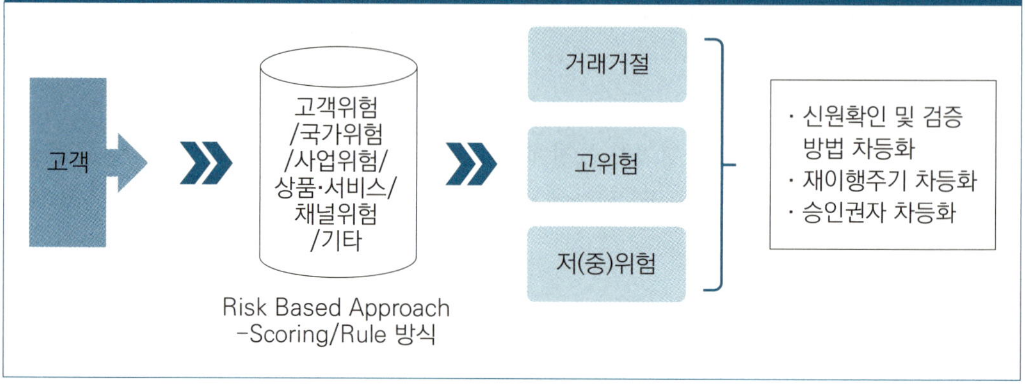

고객 위험평가모델을 통하여 고객위험 등급을 산정한 경우, 해당 등급에 따라

① 거래거절 대상이 될 수 있고

② 거래가 수용된 경우에는 1) 신원확인 및 검증 요건이 상이하게 적용될 수 있고, 2) 승인권자의 수준을 달리하게 되며, 3) 정기재이행 주기가 차별화될 수 있으며, 4) 의심스러운 거래보고를 위한 거래모니터링에서 다른 임계치 등을 적용하여 모니터링을 실시하게 된다.

최근 규제당국의 지적사항을 살펴보면 고객 위험평가모형의 적정성을 주기적으로 점검하지 않고 있으며, 평가 모형상 고위험이 발생하지 않는 등 위험평가의 실효성이 미흡하므로 위험평가모형의 유효성 검증 등 주기적인 적정성 점검절차를 마련하고, 고위험 분류기준을 검토하여 위험평가의 실효성을 제고할 것을 요구하고 있다.

일반적으로 글로벌 금융회사의 경우 고객확인을 위한 고객위험평가모델을 2~3년마다 재검증(Re-Validation)을 이행하여, 고객위험평가모델이 예상하는 고객 분포도를 보이는지(즉, 위험평가모델을 구축할 때, 고위험, 중위험, 저위험 고객의 분포곡선을 사전에 예상하여, 실제로 그대로 구현되는지를 검증하는 프로세스. 만약 예측한 분포도가 나오지 않았다면 그 원인을 규명하여 위험평가모델이 문제가 없는지를 확인하여야 함), 또는 고위험으로 분류되어야 하는 고객 중 누락되는 것은 없는지를 확인하고 모형이 일정 부분을 커버하지 못할 경우, 위험평가 요소의 가중치 등을 변경하여 재구축하는 프로세스를 마련하고 있다.

우리나라의 금융회사등은 고객위험평가모형을 대부분 외부 컨설팅회사를 통하여 구축하기 때문에 비용 등의 이슈로 정기적으로 재검증하여 업데이트하는 것은 용이하지 않다. 하지만 재검증의 프로세스를 간소하게 설계하여(예를 들어 샘플링한 동일한 성격을 가지는 고객이 모두 동일한 등급으로 추출되는지에 대한 검토, STR 등이 빈번하게 보고된 고객이 고위험으로 평가되고 있는지에 대한 검증 등) 조금씩 전산로직을 수정하여 사용하고 전체 모델 업데이트는 좀 더 장기적인 계획을 가지고 진행하는 것도 하나의 방법일 수 있다.

자금세탁방지 업무규정 제28조(위험평가)

① 금융회사등은 자금세탁행위등과 관련된 위험을 식별하고 평가하여 고객확인에 활용하여야 한다.
② 금융회사등은 자금세탁등과 관련된 위험을 식별하고 평가함에 있어 다음 각 호의 위험을 반영하여야 한다.
  1. 국가위험
  2. 고객유형
  3. 상품 및 서비스 위험 등
③ 금융회사등은 해당 고객의 자금세탁행위등의 위험도가 적정하게 반영되도록 위험 평가요소와 중요도를 정하여 자금세탁등의 위험을 평가하여야 한다.
④ 금융정보분석원장(검사수탁기관의 장을 포함한다)은 금융회사등이 제3항의 의무를 이행하도록 해야 한다.

3. 위험평가 요소

(1) 고객위험

금융회사는 고객자체가 가지고 있는 위험을 평가하여야 한다. 즉, 금융거래를 하는 고객의 특성에 따라 발생하는 자금세탁 위험을 말하며, 업종, 직업, 거래유형, 거래빈도 등을 활용하여 평가 가능하다.

예를 들어 요주의 인물 필터링 과정에서 정치적 주요인물로 확인되거나, 자금세탁 범죄로 처벌받은 자나 금융거래 제한자 등으로 확인된 경우, 해당 고객은 고위험으로 분류되어야 한다. 이를 위하여 금융회사는 모든 고객에 대한 사전 이름 필터링을 실시하여 요주의 인물 명단상에 등재된 고객으로 파악된 경우 추가적인 조치를 강구해야 한다. 또한 고객의 정보와 요주의 명단은 지속적으로 변경되므로, 최초 거래관계 시점뿐만 아니라, 상시적으로 요주의 명단에 대한 비교검색을 수행하여 변경된 고객의 상태를 확인하여야 한다.

법인 고객의 경우에는 법인 그 자체에 대한 평가와 더불어 법인의 관계인(대표자/고위 임원/실제 소유자)을 파악하여, 해당 관계인들이 가지고 있는 자금세탁 리스크를 법인의 리스크와 통합하여 파악하여야 한다.

예를 들어 법인 그 자체의 자금세탁 리스크는 낮게 평가되었으나, 법인의 관계인(실제 소유자 또는 임원 등)이 정치적 주요 인물이거나 불법 범죄행위와 관련된 자금세탁행위로 형사처벌을 받았다면, 해당 법인고객에 대하여 법인 자체의 리스크만을 고려하여 저위험으로 평가하는 것은 자금세탁 리스크를 적절하게 통제하였다고 볼 수 없음으로 법인고객의 위험평가모델은 이런 부분들을 고려하여 구축하여야 한다.

자금세탁방지 업무규정 제30조에서는 고객위험평가와 관련된 평가요소와 자금세탁등의 위험이 낮은 고객과 위험이 높아 추가정보 확인이 필요한 고객의 유형을 규정하고 있다.

자금세탁방지 업무규정 제30조(고객위험평가)
① 금융회사등은 고객의 특성에 따라 다양하게 발생하는 자금세탁행위등의 위험(이하 '고객위험'이라 한다)을 평가하여야 한다. 이 경우 고객의 직업(업종)·거래유형 및 거래빈도 등을 활용할 수 있다. ② 금융회사등은 다음 각 호의 고객을 자금세탁행위등의 위험이 낮은 고객으로 고려할 수 있다. 1. 국가기관, 지방자치단체, 공공단체(영 제8조의5에 따른 공공단체) 2. 법 제2조 및 제11조에 따른 감독 · 검사의 대상인 금융회사등(카지노사업자, 환전영업자, 소액해외송금업자, 대부업자 제외) 3. 주권상장법인 및 코스닥 상장법인 공시규정에 따라 공시의무를 부담하는 상장회사 ③ 금융회사등은 다음 각 호의 고객을 자금세탁등과 관련하여 추가정보 확인이 필요한 고객으로 고려하여야 한다. 1. 금융회사등으로부터 종합자산관리서비스를 받는 고객 중 금융회사등이 추가정보 확인이 필요하다고 판단한 고객 2. 외국의 정치적 주요인물 3. 비거주자(다만, 자금세탁행위등의 위험도를 고려하여 달리 정할 수 있다) 4. 대량의 현금(또는 현금등가물)거래가 수반되는 카지노사업자, 대부업자, 환전영업자 등(영 제8조의4제2호에 따른 "금융정보분석원장이 정하여 고시하는 자"도 이와 동일하다) 5. 고가의 귀금속 판매상 6. 금융위원회가 공중협박자금조달금지법 제4조제1항에 따라 고시하는 금융거래제한대상자 7. UN(United Nations) 결의 제1267호(1999년)·제1989호(2011년) 및 제2253호(2015), 제1718호(2006년), 제2231호(2015년), 제1988호(2011년)에 의거 국제연합 안전보장이사회 또는 동 이사회 결의 제1267호(1999년)·제1989호(2011년) 및 제2253호(2015), 제1718호(2006년), 제2231호(2015년), 제1988호(2011년)에 의하여 구성된 각각의 위원회(Security Council Committee)가 지정한 자(이하 "UN에서 지정하는 제재대상자"라 한다)

8. 개인자산을 신탁받아 보유할 목적으로 설립 또는 운영되는 법인 또는 단체
9. 명의주주가 있거나 무기명주식을 발행한 회사

(2) 국가위험

1) 금융회사등은 고객이 관련된 국가위험을 고려하여 고객의 자금세탁 위험을 평가하여야 한다. 즉 국가위험이란 특정 국가의 금융거래 환경이나 자금세탁 규제환경이 취약한지 여부에 따라 국가의 자금세탁 위험을 평가하는 프로세스로 일반적으로 대부분의 금융회사등은 아래와 같은 공신력 있는 기관의 자료 등을 활용하여 각 국가의 자금세탁위험을 평가하여 이를 고객위험평가모델에 반영하고 있다.

- FATF가 발표하는 국가(㉮ 이란, 북한, 미얀마)
- 마약 관련성(㉮ 멕시코, 콜롬비아)
- 경제제재조치대상 국가(㉮ 이란, 시리아, 북한, 쿠바)
- 조세 회피처(㉮ 버진아일랜드, 바하마, 파나마)
- 국제투명성기구의 부패관련 국가 리스트 (㉮ 소말리아, 수단)
- 해외 소재 지점 국가의 정부가 발표하는 ML리스크 국가

2) 개인고객의 경우 해당 고객이 가지는 국가정보가 국적국, 거주국, 출생국 등 다양할 수 있는데, 이 중 어느 국가정보를 가지고 해당 고객의 자금세탁 위험도를 평가할 것인가에 대한 고민이 있을 수 있다. 가장 바람직한 방법은 개인고객의 국적(Nationality)만을 평가하기보다는 개인고객의 출생국, 실제 거주하는 국가(Residential Country) 등도 고려하여 평가를 할 필요가 있다.

예를 들어 최근 한국에 거주하는 이란 국적을 가진 고객들이 일부 금융회사에서 계좌개설을 금지하자 외교부 및 해당 국가의 대사관을 통하여 강하게 민원을 제기한 사례가 있다.

현재 이란이 FATF가 지정한 Blacklist – 대응조치(Counter- measure)가 요구되는 국가로서 FATF는 해당 국가와 관련된 고객에 대해서는 사실상 거래중단 등의 조치를 취하고, 해당 국가에 금융회사 해외사무소 설립 금지 등을 요구하고 있다. 이러한 국제적 기준과 국내 규정을 반영하고 이란 국적자들의 거래를 금지하자 한국에 거주하는 이란 국적의 유학생이나 근로자 등이 금융거래의 피해를 입고 있다며 한국정부의 조치를 요구하게 된 것이다.

이와 같은 경우 해당 고객의 국적 국가는 고위험 국가이지만, 현재 한국에 거주하는 것이 분명하고 계좌개설 목적(예를 들어 장학금 수령이나 급여 수령 등)이 명확할 경우, 고위 경영진의 승인을 득하여 예외적으로 거래를 취급할 수 있지만, 주의할 것은 해당 고객 등이 언제라도 이란으로 돌아가 비대면 거래를 수행할 수 있으므로 매년 재이행시 거주증빙서류를 제출하는 등의 조건으로 취급하는 것이 바람직하다.

3) 법인고객 역시 설립국가뿐만 아니라 주된 영업국가가 어디인지를 파악하여 해당 고객의 위험 평가시 고려할 필요가 있다. 특히, 최근 이란, 북한, 러시아 등에 대한 경제제재조치가 강화되고, Secondary Boycott[2]에 의한 금융회사에 미치는 영향이 커짐에 따라 각 금융회사의 고객이 주요 사업소득과 관련된 국가가 경제제재조치 국가와 연관이 없는지 확인할 필요가 있다.

특히, 이란, 북한 등과 같이 FATF 등을 통해 발표하는 고위험 국가와 관련된 고객과 금융거래를 하는 경우, 명확한 경제적 또는 법적 목적 확인 불가능시 당해 거래의 배경과 목적에 대한 조사가 필요하다는 점에 유의하여야 한다.

---

2) 미국의 경제제재대상자가 미국의 경제제재를 회피하기 위해 제3국 등을 이용하는 것 등을 보완하기 위한 조치로서, Secondary Boycott 리스트에 등재되는 경우 미국 내 또는 미국을 경유하는(예 미국은행 등을 통한 거래 등) 사업이 제한될 수 있음. 세컨더리 보이콧 대상은 미국의 FinCen에서 미테러방지법(Patriot Act)에 따라 지정·고시하고, 미국인으로 하여금 거래 전에 특별조치를 요함

자금세탁방지 업무규정 제29조(국가위험평가)

① 금융회사등은 특정국가의 자금세탁방지제도와 금융거래 환경이 취약하여 발생할 수 있는 자금세탁행위등의 위험(이하 '국가위험'이라 한다)을 평가하여야 한다.

② 금융회사등이 제1항에 따라 국가위험을 평가하는 때에는 다음 각 호와 같은 공신력 있는 기관의 자료를 활용하여야 한다.

1. FATF가 성명서(Public Statement) 등을 통해 발표하는 고위험 국가(Higher-risk countries) 리스트
2. FATF가 이행 취약국가(Non-compliance)로 발표한 국가리스트
3. UN 또는 타 국제기구(World bank, OECD, IMF 등)에서 발표하는 제재, 봉쇄 또는 기타 이와 유사한 조치와 관련된 국가리스트
4. 금융회사등의 주요 해외지점 등 소재 국가의 정부에서 자금세탁행위등의 위험이 있다고 발표하는 국가리스트
5. 국제투명성기구 등이 발표하는 부패관련 국가리스트 등

(3) 비즈니스 위험

1) 금융회사는 법인고객에 대하여 해당 법인이나 단체의 업종 및 설립목적을 파악하여 이를 해당 법인고객의 자금세탁 리스크에 반영하여야 한다. 개인고객의 경우 직업의 업종을 위험평가 요소에 반영하여 평가할 수 있다.

2) 대부분의 금융회사는 통계청에서 발표하는 한국표준산업분류코드(KSIC)를 법인고객의 사업위험을 평가하는 기준으로 삼아, 코드별 자금세탁 리스크 평가(㉥ KSIC 코드별 고·중·저위험 등의 등급을 산정하여 이용)하여 고객위험 평가에 반영하고 있다. 사업목적(Nature of Business), 즉 해당 법인의 주된 사업 소득을 창출하는 업종이 무엇인지를 파악하여 고객의 위험을 평가하는 것이 더 바람직하다. 동일한 제조업이라도 무기제조업과 신발제조업의 자금세탁 리스크를 동일하게 평가하기에는 어려움이 있기 때문에 해당 고객이 실제 사업의 영역을 파악하여 업종을 입력하여야 한다.

3) 통계청의 한국표준산업분류코드[3]를 토대로 한 산업별 자금세탁 리스크 등급은 계속하여 진화하는 자금세탁 수법을 반영하고, 새로운 산업의 ML 리스크를 반영하기 위하여 정기적으로 점검되어야 한다. 즉 새로운 업종이 추가되거나 새롭게

---

3) 통계청의 한국표준산업분류코드(KSIC)는 UN의 ISIC(The International Standard Industrial Classification of All Economic Activities (ISIC))를 토대로 마련된 것임

고위험 업종으로 분류되는 업종을 적시에 반영하기 위하여 정기적으로 산업별 자금세탁 리스크등급을 업데이트하는 절차가 마련되어야 한다.

4) 한편 법인이 다양한 사업을 영위하는 경우, 일부 영업점 직원은 사업자 등록증상에 맨위에 나와 있는 업종을 입력하는 경우가 종종 발생하는데 그렇게 될 경우, 해당 고객의 실제 사업의 성격을 파악하지 못하는 상황이 발생할 수 있다. 따라서 고객으로부터 명확한 사업의 성격을 파악하여야 하며 여러 가지 사업을 모두 확인하여 고객의 프로파일에 입력하여 ML 리스크에 반영될 수 있도록 개선되는 것이 바람직하다.

예를 들어, 호텔이나 여행사 등은 고객의 편의를 위하여 환전업 등록을 하는 경우가 많은데, 이런 호텔이나 여행사가 환전업을 영위하니 당연 고위험으로 분류할 것인지, 아니면 주된 수익을 내는 업종이 무엇인지를 파악하여 비즈니스 위험을 판단할 것인지 고민할 수 있다.

글로벌 금융회사등에서는 법인의 경우 20% 이상의 사업소득을 발생시키는 모든 사업의 종류를 파악하여 해당 사업에 대한 자금세탁 리스크를 파악하고, 그 중 가장 주된 사업의 자금세탁 리스크와 주요 사업 중 가장 자금세탁 리스크가 높은 사업의 위험을 모두 고려하여 해당 고객의 최종 ML 리스크가 반영될 수 있도록 하고 있다.

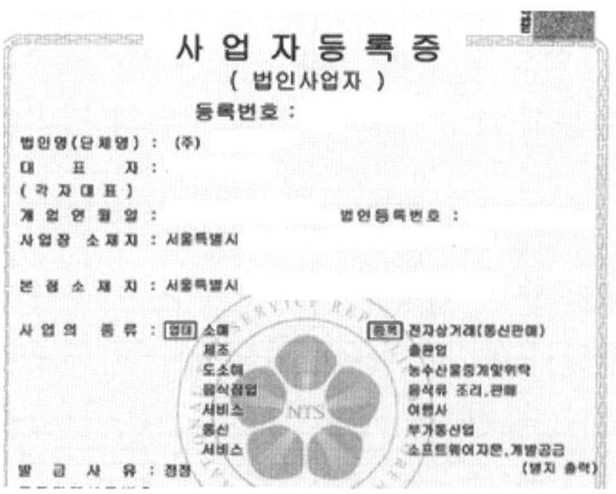
사 업 자 등 록 증
(법인사업자)
등록번호 :
법인명(단체명) : (주)
대 표 자 :
(각자대표)
개 업 연 월 일 : 법인등록번호 :
사업장 소재지 : 서울특별시
본 점 소 재 지 : 서울특별시
사 업 의 종 류 : 업태 소매 / 종목 전자상거래(통신판매)
제조 / 출판업
도소매 / 농수산물중개알위탁
음식점업 / 음식류 조리,판매
서비스 / 여행사
통신 / 부가통신업
서비스 / 소프트웨어자문,개발공급
(별지 출력)
발 급 사 유 : 정정

- 법인의 사업의 성격을 파악하기 위하여 사업자 등록증의 사업의 종류만을 파악하는 것이 옳은 방법인가?
- 사례의 경우처럼 성격이 상이한 여러 가지 사업을 영위하는 경우, 해당 고객의 주된 사업 내용을 파악하여, 이를 토대로 해당 법인의 ML 리스크를 파악하여야 한다.
- 특히, 상이한 사업의 종류에 ML리스크가 고위험(예 전자상거래)과 저위험 사업을 모두 포함하고 있는 경우에는 주된 사업과 가장 위험도가 높은 업태를 모두 고려하여 위험등급을 판단하는 것이 바람직하다.

(4) 상품 및 서비스(채널)위험

1) 금융회사는 금융회사가 제공하는 모든 금융상품 및 서비스/채널에 대한 자금세탁 리스크를 평가하여 특별히 고위험 상품을 거래하는 고객에 대해서는 추가적인 위험을 통제할 수 있는 절차를 마련하여야 한다. 이는 고객에게 제공하는 상품·서비스가 자금세탁에 이용될 수 있는 위험을 말하며 상품·서비스 종류, 거래채널 등을 활용하여 평가 가능하다.

   금융회사등은 해당 금융회사가 가지고 있는 상품 및 서비스/채널에 대한 위험평가 등급을 정하여야 하며, 기 정의된 상품/서비스/채널의 위험등급과 고객과의 연관성을 고려하여 고객의 위험등급을 평가하여야 한다.

   평가결과 고위험 상품을 거래하는 고객에 대해서는 추가적인 위험을 통제할 수 있는 절차를 마련하여야 한다[예를 들어 고위험 국가의 거주자(한국 입장에서는 외국인 비거주자)가 고액의 현금자금을 원천으로 한 입출금식 예금 계좌를 개설하는 경우 또는 한국인이 무기명식 양도성 예금증서를 거래하는 경우, 고위험으로 평가하여 추가적인 조치를 취하여야 한다].

2) 또한, 기존 고객이 새로운 고위험 상품을 추가적으로 가입하는 경우, 이를 고객의 위험평가에 반영할 수 있는 고객위험평가모델 절차를 구축하여야 한다. 예를 들어 동일한 사업성격을 가지는 법인고객(㉥ 금융회사)이지만, 서로 다른 리스크를 가진 상품을 가입하는 경우에는 동일한 고객군이지만 다른 위험도로 평가될 수 있다.

   - X은행은 A은행에 자금 집금(Collection)을 위하여 단순하게 원화 CASA 계좌를 보유하고 있음
   - Y은행은 A은행과 사이에 환거래관계를 맺고 있음

   이 경우 A은행은 X은행과 Y은행은 동일한 리스크를 가지고 있는 고객으로 분류하기 어려울 수 있다.

3) 한편 고객이 요구하는 금융상품이나 서비스가 회사의 업종이나 영위하고 있는 사업에 합치될 수 있는지에 대한 명확한 이해가 필요하다. 예를 들어 유령법인으로 판단되는 고객이 20~30개의 입출금 통장 개설을 요구한 경우이거나, 신생법인이

법인의 규모나 영업 목적과 합치하지 않은 다수의 통장 개설을 요구하거나, 과도한 금액의 외환 거래를 할 경우(㉠ 거액이상 해외 송금 사례), 해당 고객이 거래목적에 부합하게 상품과 서비스 등을 이용하는지에 대한 명확한 파악이 필요하다.

자금세탁방지 업무규정 제31조(상품 및 서비스 위험)

① 금융회사등은 고객에게 제공하는 상품 및 서비스에 따라 다양하게 발생하는 자금세탁행위등의 위험(이하 '상품위험'이라 한다)을 평가하여야 한다. 이 경우 상품 및 서비스의 종류, 거래채널 등을 활용하여 평가할 수 있다.

② 금융회사등은 다음 각 호를 자금세탁행위등의 위험이 낮은 상품 및 서비스로 고려할 수 있다.
1. 연간보험료가 300만 원 이하이거나 일시 보험료가 500만 원 이하인 보험
2. 보험해약 조항이 없고 저당용으로 사용될 수 없는 연금보험
3. 연금, 퇴직수당 및 기타 고용인에게 퇴직 후 혜택을 제공하기 위하여 급여에서 공제되어 조성된 기금으로서 그 권리를 타인에게 양도할 수 없는 것 등

③ 금융회사등은 다음 각 호의 상품 및 서비스를 자금세탁행위등의 위험이 높은 상품 및 서비스로 고려하여야 한다.
1. 양도성 예금증서(증서식 무기명)
2. 환거래 서비스
3. 자금세탁 행위등의 위험성이 높은 비대면 거래
4. 기타 정부 또는 감독기관에서 고위험으로 판단하는 상품 및 서비스 등

3장

고객확인 업무 대상 및 업무 처리 절차

제1절 거래금지·거래제한 고객

1. 개요

금융회사등은 해당 금융회사의 위험수용범위(Risk Appetite) 내에 있지 않는 고객에 대해서는 거래를 거절하는 정책을 마련할 수 있다. 예를 들어 국내 법규에서 거래를 허용하지 않는 고객군이나 고객 자체의 리스크가 너무 높아서 해당 금융회사에서 수용할 수 없는 고객군 등이 여기에 해당한다.

특히, 최근 일부 글로벌 금융회사등은 해당 고객의 내재적인 자금세탁의 리스크가 높은 고위험국가 관련 고객이거나(예를 들어 이란 국적 고객), 환전업자, 대부업자, 살상무기 관련 업체, 무기명 주식 발행회사 등에 대해서는 거래를 제한하거나 수용을 허용하지 않는 De-Risk 정책을 도입하는 경우가 많다.

또한, 기존고객이 형사처벌 대상자이거나 심각하게 부정적인 언론보도 등에 노출된 고객에 대해서는 특별히 강화된 주의의무를 수행하여, 필요한 경우 해당 고객과의 거래를 중단하거나 거래를 유지하기 위해서는 고위경영진의 결정을 요구하기도 한다.

우리나라 금융회사들은 강력한 고객보호 정책에 따라 "De-Risk 정책[4]"을 수행하기 어려웠으나, 최근 해외 규제당국으로부터 거액의 과태료 등을 부과받는 경우가 생겨남으로써, 점차적으로 국제적 기준들과 동일한 정책을 취하는 입장으로 전환되는 추세이다.

4) 자금세탁으로 인한 규제 리스크 등을 최소화하기 위하여 일정 고위험 고객군에 대한 거래를 금지 또는 제한하도록 하는 금융회사의 정책. 이를 통하여 금융회사의 Inherent Risk(내재 리스크)를 최소화하도록 함. 거래금지·거래제한 고객군에 대한 정책 및 정의는 각 금융회사의 영업환경, 고객유형, 비즈니스 규모 등을 고려하여 적절하게 정의할 수 있음

2. 거래금지 또는 거래제한 고객군의 예시

금융회사등은 AML 규정, CDD 준칙 등에서 각 금융회사가 수용할 수 없는 “거래금지, 거래제한 고객군”을 정의할 수 있으며, 국내 법규에서 거래금지·거래제한 고객군을 정의하는 경우에는 해당 고객군이 반드시 정책에 반영되도록 하여야 한다.

특히, 해외 지점·해외 현지법인이 소재하는 각 국가의 규제기관이 거래를 금지·제한하는 고객군을 사전적으로 파악하여 이를 각 해외지점, 현지법인의 CDD 준칙 등에 반영될 수 있도록 본점의 관리가 필요함에 유의하여야 한다. 아래는 거래금지·거래제한 고객의 예시이다.

(거래금지 고객군)

- 익명계좌 또는 Numbered 계좌는 허용하지 않음
- 위장은행, 미등록 환전업자, 미등록 대부업자, 미등록 가상자산사업자 등
- 금융거래제한대상자
- 자금세탁과 관련되었거나 이와 관련된 범죄를 범한 사실이 있다고 강한 의심이 있는 자
- 차명거래 관련인

(거래제한 고객군)

- 대포계좌개설 거래 보유자(금융회사에 따라 거래금지 고객으로 정할 수 있으나, 국내 법규에서 일정 기간이 경과할 경우 대포계좌개설 거래 보유자에 대한 제한 해제 등을 규정하고 있어, 금융회사별 상이한 정책을 마련할 수 있음)
- FATF 발표 고위험 국가 관련 고객

제2절 필수 고위험 고객군

고객위험평가모델에 따라 평가된 등급(일반적으로 시스템 등급)과 상관없이 특정 대상의 고객군은 높은 ML 리스크에 노출되어 있어 반드시 고위험 고객으로 분류할 필요가 있다. 이를 필수 고위험 고객이라 한다. 필수 고위험 고객의 대표적인 예시는 다음과 같다.

- 정치적 주요인물 및 그와 관련된 고객(PEPs)
- 반복적인 의심스러운 거래 보고자
- 고위험 직업군·산업군과 관련된 고객(예, 귀금속상, 대부업자, 가상자산 거래소)
- 고액자산가
- 초고위험 상품거래자(㉑ 무기명 양도성예금 등)
- 부정적인 언론 보도 노출자(자금세탁관련 범죄자에 대한 보도)

제3절 요주의 인물 필터링(WLF : Watch List Filtering)

금융회사등은 금융거래가 완료되기 전에 요주의 인물 리스트 정보와의 비교를 통해 당해 거래고객 및 관련인(대리인, 실제 소유자 및 법인·단체 고객의 경우 대표자 등을 포함함)이 요주의 인물인지 확인할 수 있는 절차를 수립·운영하여야 한다.

즉, 거래고객 및 관련인이 금융거래제한자이거나 정치적 주요인물 또는 자금세탁 관련 행위로 형사처벌을 받은 이력이 있는지 등을 확인하여 금융회사등이 수용할 수 없는 고객에 해당할 경우, 해당 고객에 대한 거래를 거절하여야 하며, 고객을 수용할 것으로 판단한 경우에는 추가적인 통제절차 등을 마련하여 경영진 등의 승인을 받아 거래를 개시할 수 있다.

일반적으로 대부분의 금융회사등은 요주의 인물명단을 제공하는 외부업체로부터 명단을 제공받아 신규고객에 대해서는 계좌개설시점에, 기존고객에 대해서는 정기적으로 요주의 인물에 대한 필터링을 수행하고 있다(WLF : Watch List Filtering).

요주의 인물 명단에는 ① 정치적 주요인물 명단, ② 금융거래제한대상자 명단(UN, EU, US Sanction 대상자 포함), ③ 부정적인 언론보도 노출자 등으로 구성될 수 있는데, 금융회사별로 어떤 명단을 사용할지 등을 결정하고 있다.

그리고 요주의 인물명단은 지속적으로 업데이트되므로, 금융회사등은 요주의 인물명단을 제공하는 외부 밴더의 명단 업데이트 주기에 부합하게 금융회사등의 요주의 인물명단을 업데이트 하도록 절차를 마련하여야 한다.

글로벌 금융회사들의 경우에는 고객에 대한 이름검색이나 외환·무역거래에 대한 거래검색을 영업 일선 직원들이 직접 수행할 경우, 적정한 조사가 수행되기 어려울 수 있어 영업점에서는 이름이나 검색대상 정보를 정확하게 입력하도록 하고, 유사일치로 생성된 이름에 대해서는 본점의 직원이 상세조사를 수행하도록 하는 경우가 일반적이다. 그 이유는 외부 밴더가 제공하는 명단은 조사에 필요한 모두 정보(예를 들어, 생년월일, 국적 등) 포함되어 있지 않아, 추가조사가 필요한 경우가 많은데 고객 접점에 있는 직원들이 해당 조사를 실시간으로 수행하기에 어려움이 있다. 또한 국제적인 기준에 따르면 금융거래제한대상자의 범위를 해당 금융거래제한대상자가 과점소유하거나 실질적으로 통제하는 법인 등(50% 룰(Rule)이라고 일반적으로 통칭됨)도 금융거래제한대상자로 분류할 것을 요구하기 때문에 조사자들의 특화된 업무 역량이 필요하기 때문이다.

최근 우리나라도 국제적인 기준에 부합하기 위하여 금융거래제한대상자에 한하여 거래를 제한하는 것이 아니라, 이들이 통제하거나 과점소유한 법인등에 대해서도 금융거래를 제한하기 위한 법규 개정을 논의하고 있어, 향후 법규 개정을 유의하여 살펴볼 필요가 있다. 글로벌 금융회사등은 해당 규제요건을 준수하기 위하여 50% 룰(Rule)에 적용되는 단체나 법인 등을 파악하기 위한 별도의 외부 명단을 추가로 구입하여 이들을 필터링하는 것이 일반적이다.

또한, 100% 동일한 이름만을 검색하는 것이 아니라, 유사이름일치 엔진(Fuzzy Logic Engine)을 사용하여 70~80% 유사한 이름인 경우에는 Alert을 생성시켜 조사를 하는 것이 일반적이다. 한국의 경우 이름 구조가 간단하여[대부분 성(한 글자)+이름(두 글자)] 한국명으로 검색을 할 경우 유사일치가 발생할 경우가 많지 않으나, 외국의 경우 이름 구조가(이름+Middle Name+성) 복잡하기 때문이다. 따라서 외국고객이 많은 금융회사등에서는 몇 %의 Fuzzy Logic(유사일치 탐색)을 사용할 것인지에 대한 검토가 필요하다.

예를 들어 미국 대통령인 트럼프의 정식이름은 Donald J. Trump인데, 해당 금융회사의 해외 투자 고객의 이름이 Donald Trump라면, 해당 고객이 미국 대통령인지 아니면 유사이름을 가진 다른 사람인지를 추가로 확인하여야 할 수 있는데, 100% 일치 로직을 구현할 경우, 두 이름은 다른 이름으로 판단하여 추출되지 않을 수 있다. 이런 위험을 차단하기 위하여 일반적으로 Fuzzy Logic을 구현하여 유사이름은 추출되도록 시스템을 구축하는 것이 바람직할 것으로 판단된다.

요주의 인물 필터링에 대한 유권해석

Q1. 요주의 인물 리스트 필터링에서 매치되었으나 금융거래제한대상자(업무규정 제43조제1항제1호)나 테러리스트 등 UN에서 지정하는 제재대상자(업무규정 제43조제1항제2호)가 아닌 고객이 있습니다. 이런 경우에는 어떤 방식의 고객확인이 이루어져야 하나요?

요주의 인물 리스트 필터링 결과 FATF지정 위험국가의 국적자(개인, 법인 및 단체를 포함) 또는 거주자(업무규정 제43조제1항제3호), 금융회사등의 주요 해외지점 등 소재 국가의 정부에서 자금세탁행위등의 위험을 우려하여 발표한 금융거래제한대상자 리스트(업무규정 제43조제1항제4호), "외국의 정치적 주요 인물(PEPs)" 리스트(업무규정 제43조제1항5호)에 해당하는 고객인 경우에는 당해 고객과의 거래를 거절하거나 거래관계 수립을 위해 고위경영진의 승인을 얻는 등 필요한 조치를 취하여야 합니다. 또한, 고객이 FATF지정 위험국가의 국적자(개인, 법인 및 단체를 포함) 또는 거주자(업무규정 제43조제1항제3호)인 경우에는 강화된 고객확인과 더불어 강화된 모니터링을 지속적으로 실시해야 합니다(업무규정 제69조부터제72조). 한편, 고객이 "외국의 정치적 주요인물(PEPs)"인 경우(업무규정 제43조제1항5호)에도 강화된 고객확인을 이행해야 하며 거래모니터링을 강화해야 합니다(업무규정 제64조 부터제68조).

Q2. 요주의 인물 여부 확인과 관련하여 궁금한 점이 있습니다. ① 업무규정 제43조제1항제3호의 "FATF지정 위험국가의 국적자(개인, 법인 및 단체를 포함한다) 또는 거주자"가 해당 국가의 국적을 가진 고객(개인 · 법인 · 금융기관 등)을 포함하는지 여부가 궁금합니다.② 또한 제43조제2항에 따라 요주의 인물에 해당하는 고객과의 거래를 거절하거나 거래관계 수립을 위해 고위경영진의 승인을 얻어야 하는데, 이때"고위경영진"의 범위가 궁금합니다.

FATF지정 위험국가의 국적자(개인, 법인 및 단체를 포함) 또는 거주자에는 해당 국가의 국적을 보유한 개인, 그 국가에 기반을 둔 법인 및 금융회사등(아래 예시 참조)이 포함됩니다.
(예시) ① 해당 국가의 법령에 따라 설립된 법인 및 ② 해당 국가의 법령에 따라 설립되어 금융업을 영위하는 자(그 자의 자회사 및 지점을 포함) 등 관련 업무규정(제43조)의 입법취지, FATF 권고기준, FATF 성명서 내용(국가 뿐 아니라 해당 국가 국적의 개인, 법인, 금융회사등에 대한 조치를 포함) 등에 비추어 볼 때, 해당 국가의 국적을 보유한 개인, 그 국가에 기반을 둔 법인, 금융회사등도 포함된다고 할 것입니다.

질의 ② 관련하여, '고위 경영진'이란 FATF 권고기준 및 해외 입법 사례를 비추어 볼 때 금융회사등의 영업 성질, 규모, 크기 등 금융회사등의 구체적 상황을 고려하여 결정할 사항이라 할 것입니다. 다만, 고위 경영진의 승인을 요하는 업무규정의 주요 취지는 외국의 정치적 주요인물이 금융기관을 악용하는 자금세탁등의 위험을 사전에 예방하자는 것이므로, 고위경영진은 자금세탁/테러자금조달 방지 주요 정책 결정에 대한 권한이 있으며, 금융거래의 자금세탁/테러자금조달 위험 관련 이해도가 높은 자(은행법상 은행의 경우 「금융회사지배구조법」 상 임원급 이상의 준법감시인)를 요건으로 한다고할 것입니다.

〈한국 국적자 최초로 SDN 등재〉

2023년 12월 한국 국적을 가진 국민(한국거주)이 최초로 미국의 SDN에(Specially Designated Nationals And Blocked Persons List[5])에 등록되었으나, 해당 대상자는 미국법에 의한 금융거래제한대상자에 해당하여 우리나라의 금융거래제한대상자에는 등록되지 않은 상태이다. 즉, 국내법규에서는 해당 대상자에 대한 금융거래를 제한하지 않았으나, 각 금융회사는 해당 대상자와의 거래가 존재하는지에 대한 확인을 수행하고, 만약 해당 대상자에 대한 거래가 있는 금융회사의 경우에는 해당 대상자와의 거래 제한 여부를 검토하였다. 그 이유는 해당 대상자가 미달러화 계좌를 보유하고 있을 경우, 해당 자산은 동결될 수 있고, 외환거래를 할 경우 해당 거래를 거절할 수 있기 때문이다.

또한, 해당 거래자가 실제 소유자이거나 통제하는 법인이 존재하는지 여부도 점검을 하여, 50% 룰(Rule)을 준수할 수 있도록 금융회사간 정보를 공유한 사례가 있었다.

〈요주의 인물 관리 프로세스에 대한 주요 지적사항〉

(1) 금융거래시 당해 거래고객에 대해 요주의 인물 여부를 확인하고 있으나, 본인 이외에 대리인, 실제 소유자, 법인·단체의 대표자에 대하여는 요주의 인물리스트 정보와 대사하는 절차가 전산시스템에 선택항목으로 반영되어 있어 요주의 인물 여부 확인이 누락될 우려가 있으므로 대리인, 실제 소유자, 법인·단체의 대표자 정보에 대하여도 요주의 인물 여부를 필수적으로 확인토록 전산시스템을 보완하여 운영할 것

(2) 요주의 인물 관리 전산시스템 필터링을 통해 동일 성명이 적출되었으나 동명이인 등 요주의 인물이 아닌 것으로 영업점에서 판단한 경우 그 판단 사유를 기재하고 업무팀장의 승인을 받아 금융거래를 완료할 수 있도록 하고 있으나, 동 판단 근거에 대한 검증 절차가 미비하여 영업점의 자의적 판단에 따라 요주의 인물과의 거래에 대한 고위경영진의 승인이 누락될 우려가 있으므로 영업점의 요주의 인물 여부 확인 결과에 대한 본점 자금세탁방지 담당부서의 정기적인 검증 절차를 마련하는 등 요주의 인물 여부 확인 관련 업무절차를 합리적으로 개선할 것

5) 미국 재무성 산하의 OFAC(Office of Foreign Assets Control)에서 발표하는 금융거래제한대상자 목록임

자금세탁방지 업무규정 제43조(요주의 인물 여부 확인)

① 금융회사등은 금융거래가 완료되기 전에 다음 각 호와 같은 요주의 인물 리스트 정보와의 비교를 통해 당해 거래고객(대리인, 법 제5조의2제1항제1호 나목에 따른 "실제 소유자" 및 법인·단체 고객의 경우 대표자를 포함한다)이 요주의 인물인지 여부를 확인할 수 있는 절차를 수립 · 운영하여야 한다.

1. 공중협박자금조달금지법에서 금융위원회가 고시하는 금융거래제한대상자 리스트
2. UN에서 지정하는 제재대상자
3. 제69조 각 호에 따른 FATF지정 위험국가의 국적자(개인, 법인 및 단체를 포함한다) 또는 거주자
4. 금융회사등의 주요 해외지점 등 소재 국가의 정부에서 자금세탁행위등의 위험을 우려하여 발표한 금융거래제한대상자 리스트
5. 외국의 정치적 주요인물 리스트 등

② 금융회사등은 고객이 제1항에 따른 요주의 인물에 해당하는 때에는 당해 고객과의 거래를 거절하거나 거래관계 수립을 위해 고위경영진의 승인을 얻는 등 필요한 조치를 취하여야 한다.

제4절 고객확인제도의 대상

1. 고객확인 대상거래

(1) 계좌의 신규 개설

고객확인의 대상은 해당 금융회사등과 거래관계를 개시하는 "계좌의 신규 개설"을 하는 고객에 대하여 이행하여야 한다. 이때 계좌의 신규 개설이라 하면, 금융거래등을 개시할 목적으로 금융회사등과 계약을 체결하는 것으로 하고, 다음의 경우가 이에 해당한다[자금세탁방지 업무규정 제22조(계좌의 신규 개설)].

1. 예금계좌, 위탁매매계좌 등의 신규 개설
2. 보험·공제계약·대출·보증·팩토링 계약의 체결
3. 양도성 예금증서, 표지어음 등의 발행
4. 펀드 신규 가입
5. 대여금고 약정, 보관어음 수탁을 위한 계약
6. 기타 영 제10조의2 제2항에 따른 금융거래를 개시할 목적으로 금융회사등과 계약을 체결하는 것

따라서 계좌의 신규 개설은 금융회사등에서 계좌(즉, 통장)를 개설하는 경우에만 해당하는 것이 아니라, 금융거래등을 개시할 목적으로 체결하는 약정이나 계약도 거래금액과 상관없이 이에 해당할 수 있으므로, 위에 예시되지 않더라도 거래상대방이

해당 금융회사의 고객으로 분류될 수 있으면 고객확인을 이행하는 것이 바람직하다.

즉, 계좌 형태와 상관없이 지속적인 거래관계를 수행할 목적으로 금융회사와의 계약을 맺는 경우 고객으로 보고 고객확인을 수행하는 것이 가장 바람직하다고 생각한다. 특히 혼동이 있을 수 있는 다음의 경우 자금세탁방지 업무는 고객확인을 수행하여야 하는 고객에 대하여 별도로 규정하고 있다.

- 「보험업법」에 따른 생명보험 등 상법 제639조에 따른 타인을 위한 보험에 따른 금융거래의 경우 고객은 보험계약자 및 수익자를 말함
- 금융회사등이 「신탁법」상 신탁과 금융거래를 하는 경우 고객은 위탁자, 수탁자, 신탁관리인 및 수익자를 포함함(금융회사등이 신탁에 대해 고객확인을 이행하는 경우 신탁의 수탁자는 수탁인으로서의 지위를 금융회사등에 공개해야 함).

자금세탁방지 업무규정 제22조(계좌 신규 개설)

법 제5조의2 제1항 제1호 및 영 제10조의2 제2항에 의한 '계좌의 신규 개설'은 다음 각 호를 포함한다.
1. 예금계좌, 위탁매매계좌 등의 신규 개설
2. 보험 · 공제계약 · 대출 · 보증 · 팩토링 계약의 체결
3. 양도성 예금증서, 표지어음 등의 발행
4. 펀드 신규 가입
5. 대여금고 약정, 보관어음 수탁을 위한 계약
6. 기타 영 제10조의2 제2항에 따른 금융거래를 개시할 목적으로 금융회사등과 계약을 체결하는 것

〈고객확인 누락 사례〉

인수·합병자문, 대량매매체결 중개 등의 경우 고객확인 대상 거래가 아니라고 잘못 판단하여 고객확인의무 이행 소홀

대부분의 금융회사의 경우 계좌 신규 개설의 경우, 일반적인 거래의 경우에는 고객확인제도를 이행하지만, 자주 발생하지 않거나 전산적으로 통제되지 않는 인수·합병자문 거래 등은 고객확인의무를 누락하는 경우가 종종 발생할 수 있어 금융감독원 AML 검사시 지적되어 조치가 요구되었음

〈유권해석〉 특정 금융거래정보의 보고 및 이용 등에 관한 법률에 따른 고객확인의무 대상자의 범위

• 신규 계좌개설을 하는 당사자가 아닌 '담보제공자'도 고객확인의무 대상에 포함되는지

• 담보제공의 경우 보증업무에 따른 거래에 해당할 수 있어 특정금융정보법 제2조제2호 및 동법 시행령 제3조에 따른 금융거래등에 해당된다고 볼 가능성이 있고, 이에 따라 동법 제5조의2제1항에 따른 고객확인의무 대상이 될 소지가 있으나, 질의하신 내용만으로는 구체적인 제반 사정 등을 파악할 수 없어 구체적 답변을 드리기 어렵다는 점 양해바랍니다 .

• 특정금융정보법 제2조제2호 및 동법 시행령 제3조에 따르면 금융거래등이란 금융회사등이 금융자산을 수입·매매·환매·중개·할인·발행·상환·환급·수탁·등록·교환하거나 그 이자·할인액 또는 배당을 지급하는 것과 이를 대행하는 것과 대출·보증·보험·공제·팩토링(기업이 물품 또는 용역의 제공에 의하여 취득한 매출채권을 양수·관리 또는 회수하는 업무를 말한다)·보호예수·금고대여 업무에 따른 거래 등을 의미한다고 규정하고 있고, 동법 제5조의2제1항에서는 고객이 제 계좌를 신규로 개설하거나 일정금액 이상의 일회성 현금거래 등의 경우 고객확인이 필요하다고 보고 있습니다.

- 따라서, 담보제공의 경우 보증업무에 따른 거래에 해당할 수 있어 특정금융정보법 제2조 및 동법 시행령 제3조에 따른 금융거래등에 해당된다고 볼 가능성이 있고, 이에 따라 동법 제5조의2제1항에 따른 고객확인의무 대상이 될 소지가 있으나, 질의하신 내용만으로는 구체적인 제반 사정 등을 파악할 수 없어 구체적 답변을 드리기 어렵다는 점 양해바랍니다.

(2) 일회성 금융 거래

1) "일회성 금융거래"라 함은 금융회사등에 개설된 계좌에 의하지 아니한 금융거래를 말하며(즉, 비고객을 위한 거래), 비고객과의 아래 거래를 이행할 때 일회성 금융거래로 분류할 수 있다[자금세탁방지 업무규정 제23조(일회성 금융거래)].
   1. 무통장 입금(송금), 외화송금 및 환전
   2. 자기앞수표의 발행 및 지급
   3. 보호예수(봉함된 경우 기준금액 미만으로 봄)
   4. 선불카드 매매

2) 고객확인 대상인 '일회성 금융거래'의 기준금액 세분화

2021년 3월 국제기준과 해외 입법례 등을 반영하여 고객확인을 수행하여야 하는 대상을 비고객 개념으로 변경하고, 일회성 CDD 고객확인기준금액을 기존 1,500만 원에서 1천만 원으로 조정하였다. 이는 법 개정 전 미달러화로 일회성 금융거래의 기준금액이 1만 달러이며, 고액현금거래보고의 기준금액이 1천만 원임을 고려할 때, 통화간 형평성 및 규정간 정합성 제고를 위하여 기준금액을 조정한 것이다. 즉,

CTR 보고금액은 현금 1천만 원 이상의 거래인데, CDD 대상금액은 15백만 원 이상 거래로 CDD와 CTR 기준금액이 서로 상이하여 CTR 보고 대상거래 중 CDD 대상거래에 해당하지 않는 경우가 있어, 이를 개선하기 위한 내용도 포함된 것이다.

또한, 금융회사의 특수성을 고려하여 금융회사별로 일회성 CDD 대상 기준금액을 세분화하였다.

〈일회성 CDD 대상 기준 금액〉
• 카지노 : 300만 원 또는 그에 상당하는 외화 • 가상자산 거래 : 100만 원에 상당하는 가상자산의 금액 • 전신송금 : 100만 원 또는 그에 상당하는 외화 • 외화표시 외국환거래 : 미화 1만달러 또는 이에 상응하는 외화 금액 • 기타 : 1,000만 원

3) 일회성 금액거래의 기준금액은 동일인 명의의 일회성 금융거래로서 7일 동안 합산한 금액이 1천만 원(또는 미화 1만불 상당액) 이상인 금융거래(이하 '연결거래'라 한다)를 포함한다. 즉 건별 비고객이 일회성 금융거래 기준금액 이상일 경우에만 CDD를 수행하는 것이 아니라, 7일간 합산한 금액이 기준금액 이상에 해당할 경우에도 CDD를 수행하여야 한다. 다만, 연결거래의 경우에는 당해 거래당사자가 동 거래를 한 이후 최초 금융거래시 고객확인을 하여야 한다.

〈일회성 금융거래 기준금액 산정시 동일인 명의의 7일 합산이 아닌 1일 합산을 적용하여 고객확인 대상 누락 가능성〉
금융회사는 일회성 금융거래에는 1천만 원(또는 미화 1만불 또는 이에 상당하는 금액) 이상의 단일 금융거래분만 아니라 동일인 명의의 일회성 금융거래로서 7일 동안 합산한 금액이 1천만 원(또는 미화 1만불 또는 이에 상당하는 금액) 이상인 금융거래(연결거래)의 경우에도 고객확인이 필요한 일회성 금융거래로 포함하기 때문에 합산 누락이 발생하지 않도록 유의하여야 함

(3) 기타 고객확인이 필요한 거래

금융회사등은 100만 원 초과의 전신송금거래가 발생하는 경우 송금자의 성명, 주민등록번호, 수취인의 계좌번호를 확인하여야 한다.

2. 대리인에 대한 고객확인제도

금융회사는 고객을 대리하여 거래관계를 체결하는 대리인에 대해서도 개인에 대한 고객 신원확인 및 검증절차에 준하여 신원 등을 확인해야 하며, 관련 기록을 전산 또는 문서적 방법 등으로 5년간 보관해야 한다.

즉, 개인 및 법인·단체 고객을 대신하여 계좌의 신규 개설, 일회성 금융거래등 금융거래를 하는 자(이하 '대리인'이라 한다)에 대해서는 그 권한이 있는지를 확인하고, 해당 대리인에 대해서도 고객확인을 하여야 한다.

1. 대리인에 의한 거래의 경우 대리인은 어떻게 확인해야 하나요?

- 특정금융정보법 시행령 제10조의4제1호 및 업무규정 제38조제3항에 따라 금융회사등은 고객을 대리하여 거래관계를 체결하는 대리인에 대해서도 개인에 대한 고객확인 및 검증절차에 준하여 신원 등을 확인해야 합니다.
- 또한 관련 기록을 전산 또는 문서적 방법 등으로 5년간 보관해야 합니다(업무규정 제84조 이하).
  ※ 대리인 관련 FATF 권고사항 제10조 주석 4. 금융회사는 권고기준 제10조에 명시된 고객확인 이행과정에서 고객·실제 소유자의 신원확인·검증시, 고객을 대신하여 거래하는 자가 적법한 권한을 부여받은 것인지 검증하고, 그 자의 신원을 확인·검증해야 한다.

2. 丁이 은행을 방문하여 甲, 乙, 丙 세 명의 계좌를 대리로 개설하였습니다. 이 경우 고객확인은 어떻게 이행해야 하나요

- 사안의 경우에는 甲, 乙, 丙 각각 본인에 대해 고객확인을 이행해야 하며, 대리인인 丁에 대해서도 본인과 같은 방법으로 고객확인을 이행해야 합니다.
- 또한 丁이 甲, 乙, 丙 각각으로부터 정당한 권한을 위임받았는지도 확인해야 합니다. 다만 사안과 같이 동일 대리인에 의한 다수 명의의 신규 계좌개설 또는 일회성 금융거래의 경우에는 자금세탁의 위험이 높을 수 있으므로, 이들 계좌의 신규 개설 및 금융거래가 합리적 사유가 있는지 확인하고 의심되는 합당한 근거가 있는 경우에는 의심거래보고를 고려해야 할 것입니다.

특히, 한 명의 대리인이 1일 또는 수일에 걸쳐 여러 고객을 대리하여 계좌개설을 요청하는 경우 다수계좌를 신청하는 사유를 확인, 계좌개설인과 해당 대리인의 관계에 대하여 명확하게 확인하여야 하며, 의심스러운 경우 거래거절 또는 고위험 고객으로 분류하고 의심스러운 거래보고를 검토하여야 한다.

구분	대리인 권한 확인에 필요한 서류
법인 대리인	• 금융실명제 업무해설에서 정한 대리권한 위임서류 • 공문(대리인 권한이 기재된 공문으로, 일정기간을 정하여 위임요청이 가능함) • 대리인 재직증명 서류(재직증명서, 직장의료보험증, 사원증, 명함 등을 포함한 서류) • 대리인 권한 확인서 (위 기재된 서류/증표를 징구할 수 없는 경우)
개인 대리인	• 금융실명제 업무해설에서 정한 대리권한 위임서류 • 위임자 신분증 • 대리인 권한 확인서[6](위 기재된 서류/증표를 징구할 수 없는 경우)

대리인 권한 확인을 위한 위임자의 신분증은 사본 징구 가능하나, 재직증명서류, 가족관계 확인서류, 인감 증명서 등은 원본 징구가 원칙이다. 또한, 재직증명서와 인감증명서 등 제반 서류의 활용 가능 기간은 금융실명제 기준에 따라 3개월 내 발급한 서류를 확인하는 것이 원칙이다.

〈유권해석〉 대리인에 대해서는 고객확인을 하되,
신원 검증에 대해서는 금융기관이 내부적으로 정할 수 있는지 여부

• 특정금융정보법에 따라 금융회사등은 고객이 계좌를 신규로 개설하는 경우 고객확인의무가 있으며, 대리인을 통한 계좌의 신규 개설시 대리인 권한이 있는지 확인하고 본인 및 대리인의 신원을 확인·검증할 것을 규정하고 있음

- 자금세탁방지 업무규정 제37조제1항에 따라 금융회사등은 고객과 금융거래를 하는 때에는 그 신원을 확인하여야 하며 신뢰할 수 있고 독립적인 문서·자료·정보 등을 통하여 그 정확성을 검증하여야 합니다.

- 또한, 업무규정 제38조제3항에 따라 금융회사등은 시행령 제10조의4제1호에 의해 개인 및 법인 · 단체 고객을 대신하여 계좌의 신규 개설, 일회성 금융 거래 등 금융거래를 하는 자(대리인)에 대해서는 그 권한이 있는지를 확인하고, 해당 대리인에 대해서도 고객확인을 하여야 합니다.

- 따라서, 대리인에 대해서도 고객확인을 하는 이상 신뢰할 수 있고 독립적인 문서 · 자료 · 정보 등을 통하여 그 정확성을 검증하여야 하므로 대리인의 신원확인정보도 그 정확성을 검증할 신뢰할 수 있고 독립적인 문서 · 자료 · 정보 등을 통하여 검증하여야 된다고 보입니다. 다만, 질의하신 내용은 구체적인 제반 사정 등에 따라 달리 판단될 수 있다는 점을 양지하여 주시기 바랍니다.

6) 별지 3-1 대리인권한 확인서

제5절 고객 Life-cycle에 맞는 고객확인 재이행 프로세스

1.개요

금융회사등은 고객의 거래, 계좌 및 관계에 대해 지속적인 모니터링을 수행하여 고객의 정보를 업데이트하여야 한다. 이를 통해 금융회사등은 고객의 비즈니스 및 리스크 프로필, 예상되는 관계의 성격 및 목적, 예상 활동 수준을 명확히 이해하게 된다.

고객 정보 등이 변경된 경우, 금융회사등은 CDD 기록을 업데이트하여 거래관계 기간 동안 고객에 대한 이해가 정확하고 최신 정보에 입각한 것이 되도록 한다.

고객 프로파일의 변경은 ① 직원이 고객과의 비즈니스 활동 중에 인지하거나(예를 들어 고객 면담과정에서 법인의 실소유자가 변경된 사실을 인지하는 경우), ② CDD 정기재점검 수행과정에서 변경사항을 인지하는 경우, ③ 거래모니터링이나 요주의 인물 필터링이나, 언론보도 모니터링 과정 등에서 파악할 수 있다.

국내 법규에 따르면 금융회사는 고객확인을 한 후에 같은 고객과 다시 금융거래를 하는 때에는 고객확인을 생략할 수 있다. 다만, 기존의 확인사항이 사실과 일치하지 아니할 우려가 있거나 그 타당성에 의심이 있는 경우에는 고객확인을 하여야 하며 금융회사등은 고객확인을 한 고객과 거래가 유지되는 동안 고객의 위험도에 따라 고객확인의 재이행 주기를 설정 · 운용하도록 규정하고 있어 정기적 CDD 재이행을 요구하고 있다.

또한 CDD와 관련된 법령이 변경될 경우, 해당 법령의 효력이 발생하기 이전에 이미 거래를 하고 있었거나 거래를 한 기존고객에 대해서는 적절한 시기에 고객확인을 하여야 한다. 위의 고객확인을 하여야 할 적절한 시기는 다음 어느 하나에 해당하는 때를 말한다.

- 자금세탁행위등의 우려가 높은 거래가 발생하는 경우
- 고객확인자료 기준이 실질적으로 변한 경우
- 계좌운영방식에 중요한 변화가 있는 경우
- 고객에 대한 정보가 충분히 확보되지 않았음을 알게 된 경우

자금세탁방지 업무규정 제25조(기존고객)

① 금융회사등은 법령 등의 개정에 따른 효력이 발생하기 이전에 이미 거래를 하고 있었거나 거래를 한 고객(이하 '기존고객'이라 한다)에 대하여 적절한 시기에 고객확인을 하여야 한다.
② 제1항의 고객확인을 하여야 할 적절한 시기는 다음 각 호의 어느 하나에 해당하는 때를 말한다.
  1. 자금세탁행위등의 우려가 높은 거래가 발생하는 경우
  2. 고객확인자료 기준이 실질적으로 변한 경우
  3. 계좌운영방식에 중요한 변화가 있는 경우
  4. 고객에 대한 정보가 충분히 확보되지 않았음을 알게 된 경우
③ 금융회사등은 제1항에 따른 효력이 발생한 이후에 고객확인을 통해 새로 고객이 된 자가 그 후 제2항 각 호의 어느 하나에 해당하는 때에는 그 고객에 대하여 다시 고객확인을 하여야 한다.

2. 정기적인 CDD 재이행

금융회사등은 고객확인을 한 고객과 거래가 유지되는 동안 고객의 거래행위를 고려한 자금세탁행위등의 위험도에 따라 고객확인의 재이행 주기를 설정·운용하여야 한다.

기존 고객에 대한 고객확인을 다시 하는 경우 ① 거래전반에 대한 면밀한 조사 및 이를 통해 금융회사등이 확보하고 있는 고객·사업·위험평가·자금출처 등 정보가 실제 거래내용과 일관성이 있는지 검토하고, ② 현존 기록에 대한 검토를 통해 고객확인을 위해 수집된 문서, 자료, 정보가 최신이며 적절한 것인지를 확인(특히 고위험군에 속하는 고객 또는 거래인 경우)하여야 한다.

이런 점검을 통하여 금융회사등은 해당 고객의 ① 고객확인정보의 업데이트 여부, ② 리스크 등급의 적정성 여부, ③ 고객의 거래활동과 고객이 제공한 정보의 일치성 여부(예를 들어 거래목적, 예상 거래규모 등)를 재점검하여야 하며, 의심이 있는 경우 고객에게 추가적인 정보의 제공을 요구하여야 한다. 또한 필요한 경우 의심스러운 거래보고 여부를 검토하여야 하며 자금세탁 리스크가 높다고 판단할 경우에는 거래거절도 검토하여야 한다[자금세탁방지 업무규정 제34조(지속적인 고객확인)].

※ 2013년 12월 31일 금융감독원의 "자금세탁방지 업무 관련 지도사항 송부"에 따른 재이행 주기와 관련하여 아래와 같은 내용으로 행정지도가 제공되었으나, 최근 금융정보분석원의 입장은 고객확인을 위한 재이행 주기는 각 금융회사가 자율적으로 정한 후, 이를 내규화하여 정기적인 재이행기간이 도래할 경우 사실상 재이행을 실시할 것을 기대하고 있다.

- (고객확인 재이행주기 미설정) 일부 금융회사는 고위험 고객에 한해 재이행주기를 설정하고 일반고객(저위험 고객 포함)에 대한 재이행주기를 미설정

▸ 고위험 고객은 최소 1년, 일반고객은 최소 3년에 1회 이상 고객확인을 할 수 있도록 재이행주기를 설정하고 내규에 반영

CDD 재이행시 신분증을 다시 징구하여야 하는가에 대해서는 국제적인 기준에 따르면 저위험 고객의 경우에는 필요한 경우가 아닌 한 재징구가 필요없다는 기준을 가지고 운영하고 있다. 그러나 여권이나 운전면허증처럼 유효기간이 있는 신분증인 경우에는 재징구를 요구하는 것이 일반적이다.

그러나 주민등록증과 같이 유효기간이 없는 신분증을 매번 CDD 재이행을 위하여 재징구할 경우, 부정적인 고객경험이 발생할 수도 있다.

금융정보분석원의 유권해석에 따르면 성명, 주민등록번호, 주소 연락처 등 단순한 고객신원사항의 변동여부를 확인할 때, 기존 내용 출력 후 변동이 없다는 것에 대해 고객서명을 받는 방식으로 고객 신원을 재확인하는 것도 가능한다. 다만 이 경우에도 각 금융회사에서는 FATF 국제기준 및 특정금융정보 법령상 검증의무를 철저히 이행해야 한다고 해석하고 있어, CDD 재이행 시 특별한 경우가 아닌 한 신분증 등을 재징구하는 것이 바람직해 보인다.

CDD 재이행시 간소화된 신원 재확인 및 검증이 가능한지?

질문 금융회사는 자금세탁행위 및 공중협박자금조달행위 방지를 위해 최초 고객확인을 한 고객과 거래가 유지되는 동안 당해 고객에 대해 지속적으로 고객확인을 해야 합니다. 이때, 주민등록번호 등 최초 고객확인 시 기재한 내역을 다시 작성해야 하는 번거로움이 있습니다. 이에 기존의 고객확인내용을 사용할 수 있도록, 고객 신원 재확인 시 기존 내용을 출력하여 고객확인 후 변동사항이 없으면 고객서명을 받는 것으로 확인방식을 간소화하면 어떨는지요?

답변 성명, 주민등록번호, 주소, 연락처 등 단순한 고객신원사항의 변동여부를 확인할 때, 기존 내용 출력 후 변동이 없다는 것에 대해 고객서명을 받는 방식으로 고객 신원을 재확인하는 것도 가능합니다. 다만 이러한 경우에도 각 금융회사에서는 FATF 국제기준 및 특정금융정보 법령상 검증의무를 철저히 이행해야 할 것입니다.

자금세탁방지 업무규정 제34조(지속적인 고객확인)

① 금융회사등은 고객확인을 한 고객과 거래가 유지되는 동안 당해 고객에 대하여 지속적으로 고객확인을 하여야 한다.

② 제1항에 따른 고객확인은 다음 각 호의 방법으로 하여야 한다.
1. 거래전반에 대한 면밀한 조사 및 이를 통해 금융회사등이 확보하고 있는 고객·사업·위험평가·자금출처 등 정보가 실제 거래내용과 일관성이 있는지 검토
2. 현존 기록에 대한 검토를 통해 고객확인을 위해 수집된 문서, 자료, 정보가 최신이며 적절한 것인지를 확인(특히 고위험군에 속하는 고객 또는 거래인 경우)

③ 금융회사등은 고객의 거래행위를 고려한 자금세탁행위등의 위험도에 따라 고객확인의 재이행 주기를 설정·운용하여야 한다.

3. CDD 조기재점검(Trigger Based CDD 재이행)

금융회사등은 고객과의 거래관계 과정에서 고객에 대하여 금융회사등에 높은 리스크를 야기할 수 있는 특정 사유(이하 "조기 재점검 사유")를 발견할 수 있다. 이와 같이 조기재점검 사유가 발생(Trigger Based CDD)할 경우 금융회사등은 고객의 정기적인 재이행 주기와 상관없이 CDD 정보를 재점검할 필요가 있다.

다만, 현재 자금세탁방지 업무규정 등에서 특별히 조기재점검 사유를 기술하고 있지 않으나, 기존 고객에 대하여 자금세탁행위등의 우려가 높은 거래가 발생하는 경우 다시 고객확인을 수행하여야 한다고 규정하고 있어(자금세탁방지 업무규정(제25조)), 조기재점검을 이행할 것을 요구하는 개념이 이미 포함된 것으로 이해된다. 다만 향후 업무규정 개정시 CDD 조기재점검에 대한 내용이 포함될 것으로 예상된다.

조기재점검 사유는 고객의 CDD 위험평가에 영향을 줄 수 있는 정보의 변경(예 업종변경, 국가정보 변경 또는 상품정보 변경 등)과 대표자나 실제 소유자의 변경, 또는 고객이 자금세탁행위와 연관될 수 있는 부정적인 언론보도, 정치적 주요 인물로의 변경, 또는 기존 CDD 서류의 중대한 흠결 등 다양한 사실을 인지한 경우 고객정보 업데이트와 추가적인 주의의무 등을 위하여 수행하여야 한다.

조기재점검을 수행하여야 하는 예시(아래 내용은 예시이므로 각 금융회사등이 자신에 부합한 조기재점검 사유를 정하여 내규화하면 됨)에는 다음과 같은 상황이 있을 수 있다.

1) 고객 또는 법인관계인의 CDD 정보 변경. 여기에는 신원확인 정보 또는 등록 문서의 업데이트, 고용 또는 사업 활동의 변화 등에 대한 정보 변경 등을 포함한다.

2) 기존에 수행한 CDD의 중대한 미비사항의 발견. 중대한 미비사항이란 거래개시 시점에 발견되었다면 적절한 시정 조치가 이행되기 전에는 계좌가 개설되지 않았을 미비사항을 의미하며 다음을 포함한다.
   ① 고객 CDD 리스크 등급의 부정확한 부여
   ② 불완전, 누락 또는 미비한 신원확인 문서 존재(예 누락 또는 판독 불가능한 신분증)
   ③ 법인 고객의 소유구조가 정확하게 파악되지 않음
   ④ 기존 고객에게 새로운 상품 또는 서비스가 소개되었으나, 해당 상품 또는 서비스의 위험이 고객위험 평가에 반영되지 않은 경우

〈CDD 재이행과 관련된 주요 지적사항〉

일부 금융회사의 경우 고객확인 재이행 주기 미설정 등의 일부 고객확인의무 준수 미흡이 지적되었음

(1) 일반적으로 대부분의 금융회사는 고객확인 주기적 점검(재이행 주기)과 관련하여 고위험의 경우 매 1년마다, 중저위험의 경우 매 3년마다 등의 주기를 설정하는 것이 대부분이나, 일부 금융회사에서는 이와 같은 재이행 주기가 명확하게 마련되어 있지 않은 경우가 발견되어 추가적인 조치가 요구되었음

(2) 다만, 금융회사가 매 재이행 주기마다 적정한 고객확인 재점검을 수행하고 있는지 여부에 대해서는 다시 한 번 정확하게 파악해 보고, 재이행 주기가 경과한 이후 고객이 창구에 내점한 경우에 한해 수행하거나, 실제적인 정보의 업데이트나 점검절차 없이 전산적으로 재이행 주기를 업데이트하는 경우에는 향후 FATF 기준 이행 및 감독원 검사 방향 등을 고려하여 국제적인 기준에 부합한 재이행 주기 설정 및 재이행 점검절차를 마련하는 것이 필요함

〈CDD(고객확인제도) 관련 고객 신원정보 재등록 주기 연장(금융정보분석원 Q&A)〉

• 현재 자금세탁방지 및 공중협박자금조달금지에 관한 업무규정 제34조에 따라 금융기관은 고객 계좌의 신원정보를 주기적으로 파악하여 자금세탁 우려에 대비하여야 함

- 금융정보분석원은 고객신원정보 재등록 주기를 자금세탁 저위험 고객은 3년에, 자금세탁 고위험 고객은 1년으로 권고하고 있음 - 장기간 거래가 없거나 자금세탁 위험도가 낮은 거래만을 하는 등 현실적으로 고객정보 재등록의 필요성이 낮은 계좌에 대해서도 의무적으로 3년에 1회 고객정보를 재등록해야 하므로 고객 민원 및 증권회사의 업무부담 가중

• 자금세탁 위험이 낮은 고객계좌에 대해서는 CDD 고객신원정보 재등록을 생략하거나 주기를 연장할 필요
※ (관련 법령 및 규정) 자금세탁방지 및 공중협박자금조달금지에 관한 업무규정 제34조

• 금융정보분석원은 업무규정 제34조에서 금융회사등은 고객의 거래 행위를 고려한 자금세탁등의 위험도에 따라 고객확인의 재이행 주기를 설정·운용하도록 규정하고 있으므로, 개별 금융회사가 위험도에 따라 주기를 합리적으로 설정하는 것이 가능함

제6절 인수합병시 고객확인제도

종종 금융회사등에 대한 인수합병에 대한 언론보도 등을 접하게 된다. 특히 최근 코인마켓 가상자산거래소를 해외 거래소가 인수하는 경우 등이 있는데, 이때 자금세탁방지 업무규정 제 26조의 인수 및 합병에 대한 요건이 준수되어야 함을 유의하여야 한다.

금융회사등은 인수·합병 등을 통해 새롭게 고객이 된 자에 대해서도 고객확인을 하여야 한다. 다만, 다음의 경우를 모두 충족하는 경우에는 이를 생략할 수 있다.

1. 고객확인 관련기록을 입수하고 피인수기관으로부터 법 제5조의2에 의한 고객확인 이행을 보증받은 경우
2. 제1호의 고객확인 관련 자료에 대한 표본추출 점검 등을 통해 적정하다고 판단되는 경우

예를 들어, A 금융회사가 B 금융회사를 인수·합병하였는데, B 금융회사에서 특정금융정보법상의 고객확인 이행을 보증하고, A 금융회사가 일정 건수의 표본을 추출하여 점검한 결과, 적정하다고 판단된 경우, B 금융회사의 기존 고객에 대하여 인수과정에서 고객확인을 새로 이행하지 않고, 각 고객이 정기재이행 또는 조기재점검

기간 동안 A 금융회사의 CDD 요건에 부합하게 CDD를 재이행 하면 된다. 다만, A 금융회사와 B 금융회사가 정기재이행 기간을 서로 다르게 규정한 경우, 소극적인 방법으로 접근하여 더 먼저 도래하는 기간에 재이행을 수행하는 것이 바람직하다.

또한, 금융회사등이 비금융회사를 인수·합병할 경우, 피인수(합병)회사의 고객에 대하여 인수한 금융회사등의 CDD 정책에 따라 CDD를 이행하여야 한다.

제7절 고객확인 면제 대상

금융회사등은 특정금융정보법 제5조의2에 따른 고객확인의무를 수행하여야 한다. 그런데 금융거래등의 성질상 그 적용이 적절하지 않거나 자금세탁행위나 테러자금조달행위에 이용될 가능성이 현저히 적은 금융거래등 중 금융정보분석원이 고시하는 금융거래등의 경우에는 고객확인조치의 전부 또는 일부를 하지 않을 수 있다.

특정금융정보법 시행령에서 정한 고객확인면제 금융거래등의 범위에 해당하는 거래는 아래와 같다.

1. 금융실명법에서 정하는 각종 공과금 등의 수납
2. 금융실명법에서 정하는 채권의 거래
3. 법원공탁금, 정부·법원보관금, 송달료의 지출
4. 보험기간의 만료시 보험계약자, 피보험자 또는 보험수익자에 대하여 환급금이 발생하지 아니하는 보험계약
5. 전자금융거래법에서 정하는 전자화폐의 발행
6. 전자금융거래법 제23조제1항제1호, 같은 법 시행령 제13조제1항 본문에서 정하는 선불전자지급수단의 발행

특히 전자금융업자의 경우 ① 전자고지결제업자의 경우 공과금 등의 수납의 경우와 ② 무기명 선불전자지급수단/전자화폐업자의 경우 CDD를 면제하고 있다. 다만 이 경우 고위험으로 확인된 고객에 대해서는 강화된 고객확인을 수행하여야 한다.

〈FATF 간소화된 고객확인〉

FATF는 자금세탁 및 테러자금조달 위험성이 낮다고 판단되는 경우에는 금융회사등이 간소화된 고객확인을 이행하도록 허용하고 있으며, 자금세탁 및 테러자금조달 위험성이 낮은 사례로서 다음과 같은 내용을 제시하고 있습니다(FATF 권고사항 제10조 주석 16. 이하 참조).

- FATF 권고사항에 따라 자금세탁 및 테러자금조달 방지 의무사항을 준수하며 이행 여부를 효과적으로 감독받고 있는 금융회사 및 비금융전문직사업자(DNFBPs)
- 증권거래소에 등록되어 있으며 실소유자에 관하여 적절한 투명성을 유지할 공시의무가 있는 상장기업
- 행정기관 또는 공기업
- 연간 보험료 납부액이 USD/EUR 1,000 미만이거나 1회 납부액이 USD /EUR 2,500 미만인 생명보험
- 해약조항이 없고 보험증권이 담보로 사용될 수 없는 조건의 연금보험
- 피고용자에게 퇴직금을 지급하는 연금, 퇴직연금 또는 유사한 보험계약으로서, 보험료는 급여에서 공제되는 방식으로 지불되며 이익의 양도를 허용하지 않는 보험관련 법령

감독규정 제21조 제4호에 의하면 보험기간 만료시 보험계약자, 피보험자 또는 보험수익자에 대해 환급금이 발생하지 않는 보험계약에 대해서는 고객확인의무가 면제되어 있다. 이와 관련하여 만약 보험기간 만료시에는 환급금이 발생하지 않으나, 보험계약 중도 해지시 중도 환급금이 발생하는 보험계약의 경우에는 금융회사의 고객확인의무가 존재하는지 의문점을 가질 수 있다.

이에 대하여 금융정보분석원 “만기시 환급금이 발생하지 않는 보험계약에 대해 고객확인의무가 면제되는 것은 자금세탁행위나 공중협박자금조달행위에 이용될 가능성이 현저히 적기 때문인데, 이는 환급금이 미발생하는 거래 형태에 주된 이유가 있다고 볼 수 있으므로 중도 해지시 환급금이 발생하는 경우에는 고객확인 대상 거래에 해당된다고 보는 것이 타당하다고 해석하고 있으므로 이 부분에 유의하여 업무 처리하여야 한다.

제8절 고객확인 이행시기

금융회사등은 고객이 계좌를 신규로 개설하기 전 또는 당해 금융거래가 완료되기 전까지 고객확인을 하는 것이 원칙이다. 다만 아래의 경우와 같이 금융거래의 성질 등으로 인하여 불가피한 경우 예외적으로 거래 이후에 이행하는 것을 허용하고 있다.

① 종업원·학생 등에 대한 일괄적인 계좌개설의 경우 : 거래당사자가 계좌개설 후 최초로 금융거래등을 하는 때[7]
② 상법 제639조에서 정하는 타인을 위한 보험의 경우 : 보험금, 만기환급금, 그 밖의 지급금액을 그에 관한 청구권자에게 지급하는 때 또는 보험금, 환급금, 그 밖의 지급금액에 관한 청구권이 행사되는 때
③ 7일 동안 동일인 명의로 이루어지는 일회성 금융거래등의 합계액이 기준금액(원화의 경우 1천만 원, 외화의 경우 미화환산 1만 불 상당액) 이상인 경우 : 동 거래 후 거래당사자가 최초로 금융거래등을 하는 때

글로벌 금융회사등의 경우도 한국과 유사하게 예외적으로 고객확인 유예(CDD Deferral)를 허용하는데, 법규에서 예외사항을 정하는 것보다 각 금융회사에서 통제절차를 마련하여 운영하도록 하는 경우가 많다. 예를 들어, CDD를 거래개시 이전에 이행할 수 없는 경우, 계좌는 개설할 수 있으나, 계좌를 통한 자금의 지급은 허용하지 않고, 일정기간 내에 CDD를 수행하도록 하고, 사전적으로 정의한 기한 내에 CDD가 이행되지 않을 경우 거래제한 조치를 취하는 형태의 내부통제를 구축하는 것이 일반적이다. 한국의 경우 금융실명법 등으로 인하여 신원검증이 되지 않을 경우 계좌개설이 불가능하므로, 아주 예외적인 경우에 한하여 CDD 유예를 허용하고 있어, 다른 국제적인 기준보다 강화된 통제절차를 마련하고 있다.

제9절 제3자를 통한 고객확인 이행

제3자를 통한 고객확인이란 금융회사등이 금융거래를 할 때마다 자신을 대신하여 타인인 제3자로 하여금 고객확인을 하도록 하거나 타인인 제3자가 이미 당해 고객에 대하여 고객확인을 통해 확보한 정보 등을 자신의 고객확인에 갈음하여 이를 활용하는 것을 말한다. 예를 들어 방카슈랑스 등을 판매하는 은행이 보험회사를 대신하여 고객확인을 하는 것 등이 이에 해당한다.

7) 금융실명법 해설서 종업원 학생 등의 일괄 계좌개설 내용 참조할 것

제3자를 통한 고객확인시 가장 중요한 내용은 고객확인업무를 위탁할지라도 위탁한 고객확인의 최종 책임은 여전히 당해 금융회사등에 남아 있으므로, 수탁자가 적정하게 고객확인의무를 수행하는지에 대한 정기적인 평가 등을 수행할 필요가 있다.

금융정보분석원은 유권해석을 통하여 금융회사등의 고객확인의무에 대한 위탁 가능 여부 및 위탁을 위한 이행요건을 제공하고 있다.

- 특정금융정보법 제5조의2에 규정된 고객확인의무를 ① 타 금융회사등에 위탁할 수 있는지 여부 및 ② 자금세탁방지 업무규정 제5조에 따른 이행요건의 세부내용

  (동 규정 제53조 제1호의 고객확인과 관련된 정보에 주민등록증 사본이 포함되는지 여부 및 동 조 제2호의 자료를 금융회사등의 요청이 있는 경우에만 제공하면 되는지 여부)

이에 따르면 금융회사등은 자금세탁방지 업무규정 제53조의 요건을 충족할 경우 제3자인 타 금융회사등에 위탁하여 고객확인을 할 수 있으며, 주민등록증 사본 등 고객확인과 관련된 문서사본의 경우에는 업무규정 제53조제2호에 따라 금융회사등의 요청시 제3자로부터 지체 없이 제공받아야 한다.

특히 제3자 고객확인이 성립하기 위해서는 고객확인의무 대행에 대해서도 업무 위수탁 계약이 체결되어야 하며, 위탁 금융회사가 고객확인과 관련된 문서 사본을 요청할 경우 제3자는 지체 없이 이를 제공해야 하는 것이며, 타 금융회사가 제3자로서 고객확인 업무를 대신하는 경우에도 특정금융정보법상 고객확인의무 이행과 관련한 최종적인 책임은 업무를 위탁한 당해 금융회사등에 있으므로(업무규정 제54조) 금융회사등은 이를 고려하여 고객확인의무를 이행하여야 할 것을 요구하고 있다.

이런 유권해석 등의 영향으로 방카슈랑스 계약, 카드 위탁판매 및 증권위탁 계좌를 개설하는 경우, 위탁금융회사는 수탁금융회사의 CDD 정보를 토대로 각 금융회사 자체의 CDD 정책을 마련하여 별도의 상품평가 및 승인 프로세스를 고려하여 추가적인 CDD를 이행하는 것이 일반적인 업계 관례이다.

자금세탁방지 업무규정(제3자를 통한 고객확인)

제52조(정의) ① 제3자를 통한 고객확인이란 금융회사등이 금융거래를 할 때마다 자신을 대신하여 타인인 제3자로 하여금 고객확인을 하도록 하거나 타인인 제3자가 이미 당해고객에 대하여 고객확인을 통해 확보한 정보 등을 자신의 고객확인에 갈음하여 이를 활용하는 것을 말한다.

제53조(이행요건) 금융회사등이 제52조에 따라 제3자를 통해 고객확인을 하고자 하는 경우 금융회사등과 제3자는 다음 각 호를 충족하여야 한다.

1. 제52조에 따라 제3자를 통해 고객확인을 하는 금융회사등은 제3자로부터 고객확인과 관련된 필요한 정보를 즉시 제공받을 것
2. 제52조에 따라 제3자를 통해 고객확인을 하는 금융회사등은 요청시 제3자로부터 고객신원정보 및 기타 고객확인과 관련된 문서사본 등의 자료를 지체없이 제공받을 것
3. 금융회사등은 제3자가 자금세탁방지등과 관련하여 감독기관의 규제 및 감독을 받고 있고, 고객확인을 위한 조치를 마련하고 있는 자인지를 확인할 것
4. 제52조에 따라 제3자를 통해 고객확인을 하는 금융회사등은 제3자가 국외에 거주하는 자인 경우 FATF의 권고사항을 도입하여 효과적으로 이행하고 있는 국가에 거주하는 자에 한하며, 그 국가가 동 권고사항을 적절하게 준수하는지를 점검할 것

제54조(최종책임) 제52조에 따라 고객확인을 제3자가 하는 경우 최종책임은 당해 금융회사등에 있다

〈개선 요청에 대한 금융정보분석원의 의견〉 보험회사가 보험대리점에 고객확인을 위탁하는 경우 책임범위

• 자금세탁방지 업무규정 제52조 및 제54조에 따라 보험회사는 제3자(금융기관보험대리점)에게 고객확인업무를 위탁할 수 있으나 그 최종 책임은 당해 보험회사에 있음

- 당사는 금융기관보험대리점을 통해 모집되는 보험계약에 대한 고객확인 업무를 해당 금융기관보험대리점에게 위탁(고객확인과 관련된 문서 사본 등의 자료를 지체 없이 보험회사에게 제공해야 함을 위탁계약서에 반영)

- 그러나 금융기관보험대리점은 개인정보 유출 우려 및 고객확인에 대한 최종 책임은 보험회사에 있다는 이유로 고객확인 정보를 보험회사에게 즉각적으로 제공해주지 않음

- 또한 보험회사가 자체적으로 고객평가를 실시하고 그 결과에 따라 고위험 고객에 대한 추가정보를 확보하고자 하는 경우,
  · 고객이 전화를 통한 고객확인 정보 제공을 거부하는 경우가 많으며, 개인정보 보호가 점차 강화됨에 따라 고객확인 정보를 전화 또는 팩스로 징구하는 것이 어려워지고 있음
    ※ 2016년부터 개정 특정금융정보법(2016년부터 시행)은 적절한 고객확인이 이행되지 않은 경우 당해 거래를 거절하도록 규정하고 있어 고객과의 마찰 또는 민원 급증 예상

• 고객확인 업무 위탁에 따라 수탁자가 고객확인을 수행한 경우 그 법적 책임도 수탁자와 분담할 수 있도록 제도 개선을 요청함

※ 고객확인의 목적은 고객과의 접점에서 고객 행동 및 거래 패턴을 파악하여 탈세 또는 자금세탁 가능성이 있다고 판단되는 경우 즉시 의심거래보고(STR)를 이행하여 금융회사에 위법한 자금이 유입되는 것을 차단하는 것에 있는 만큼, 고객확인 업무는 실제 고객을 대면하는 창구에서 이루어지는 것이 타당

※ (관련법령 또는 지도) 자금세탁방지 업무규정 제52조 및 제54조, 금감원 공문 '자금세탁방지 업무 관련 지도사항(자금세탁-00312)' 금감원 공문 '자금세탁방지 업무 관련 지도사항'

- 제3자 고객확인 사후관리 미흡 : 펀드판매, 방카슈랑스 등 업무위탁을 통해 상품을 판매하는 경우 제3자에게 고객확인의무를 위탁할 수 있으며, 그 책임은 위탁자에게 있음

- 제3자(수탁자) 고객확인 이후 위탁 금융회사의 자체위험평가 결과 高위험고객인 경우 EDD 수행을 위한 추가정보를 확보하는 데 소극적이고, 일부 금융회사는 자체 위험평가를 생략

▸ 제3자 고객확인 위탁의 경우에도 자체평가를 실시하고 고위험 고객에 대하여는 즉시 전화·인터넷·팩스 등을 이용하여 추가정보를 확보하는 방안을 마련

제10절 전신송금

FATF 권고사항 16(전신송금) 내용에 따르면 국가는 금융회사가 전신송금 및 관련 메시지에 요구된 그리고 정확한 송금인 정보와 요구된 수혜자 정보를 포함하도록 하여야 하고 그 정보는 일련의 지급·결제 과정 내내 전신송금 또는 관련메시지와 함께 기록되도록 하여야 한다.

국가는 요구된 송금인 그리고 수혜자 정보가 결여된 전신송금을 적발하기 위하여 금융회사가 전신송금을 감시하도록 하여야 한다.

국가는 테러행위 및 테러자금조달의 방지 및 억제와 관련된 유엔안보리 결의안에 명시된 각각의 의무사항에 따라 금융회사가 전신송금을 처리하는 과정에서 동결 조치를 취하도록 하고 지정된 개인과 단체와의 거래를 금지하여야 한다.

이와 같은 FATF 권고사항을 반영하여 자금세탁방지 업무규정에서 "100만 원(외화의 경우 1천 미합중국달러 또는 그에 상당하는 다른 통화로 표시된 금액)을 초과하는 모든 국내·외 전신송금"에 대하여 고객과 관련된 정보를 확인하여 보관할 것을 요구하며, 송금금융회사, 중계금융회사 및 수취금융회사의 의무에 대하여 규정하고 있다.

해외 송금과 관련해서는 은행이 해외 타발송금을 수취하는 경우, 송금은행으로부터 송금인의 국가정보나 주소 등을 누락한 전문을 받는 경우가 종종 발생하는데, 이 경우 수취 금융회사에서는 해당 송금 금융회사 앞 전문을 보내어 누락된 정보를 요청하고 필수적인 정보를 누락한 송금에 대해서는 거절하여 반환하는 프로세스가 마련되어 있다.

국내송금의 경우, 금융실명법등이 이미 정착되어 있고, 금융결제원을 통하여 정해진 양식에 맞도록 전신송금이 취급되어 전신송금 요건과 관련된 정보를 송·수신하는 과정에서 특별히 문제가 되지 않는다. 그러나 최근 전자금융업자의 자금이체에 대해서는 자금 흐름과 관련된 정보 제공과 관련된 부분에 대해서 전자금융업권과 타 금융회사업권간의 지속적인 논의를 통하여 전신송금 관련 정보 제공의 문제를 해결할 필요가 있다. 향후 개정되는 자금세탁방지 업무 개정에서 전자금융업자에 대한 특칙을 마련할 예정이므로 이 부분에 대한 추가적인 논의가 진행될 것이 예상된다.

〈금융정보분석원 유권해석 사례집 전신송금 관련 사례〉

질문 저희 회사는 영국에 본사를 둔 해외송금네트워크 회사입니다. 현재 전 세계에서 다양한 송금상품을 제공하고 있으며, 한국에서는 관련법에 따라 3개 은행에서 저희의 송금상품을 제공하고 있습니다. 저희 회사는 본사가 위치한 영국의 자금세탁방지 규정에 따라 가맹 은행으로부터 고객의 개인정보를 전달받아 처리해야 할 의무가 있습니다. 그런데 특정금융정보법 제5조의3상 해외송금시 정보를 받을 수 있는 '수취 금융회사'의 범위에 저희 회사가 포함될 수 있는지 등이 확실하지 않아 은행으로부터 필요한 개인정보를 전달받고 처리하는 데 어려움이 있습니다. 동법 제5조의3의 '수취 금융회사'의 의미가 정확히 무엇인지요?

답변 특정금융정보법 제5조의3은 금융회사등이 전신송금의 방법으로 동법 시행령이 정하는 금액(원화 1백만 원, 1천 미합중국달러 등) 이상을 송금하는 경우 송금인 및 수취인에 관련한 규정된 정보를 송금받는 금융회사등('수취 금융회사')에 제공해야 한다고 규정하고 있습니다. 이에 관한 FATF 기준을 보면 수취 금융회사 대상을 구체적으로 제한하고 있지 않습니다. 또한 동 조항의 입법 취지는 유엔 안전보장이사회 결의 등에 따른 금융거래제한의 효과적 실행 등에 있는데, 이러한 거래제한 의무를 준수해야 하는 수범대상자가 법상 규정된 금융회사에 한정되지 않는다는 점도 고려해야 할 것입니다.

따라서 해외 송금시 정보를 제공받는 수취 금융회사는 한국(은행법상 은행의 국외지점) 또는 외국 법령에 따라 설립되고, 외국간 지급 및 수령의 외국환업무를 업으로 하는 자로 해석할 수 있을 것입니다.

자금세탁방지 업무규정 제6절 전신송금

제46조(전신송금 적용대상) 금융회사등은 법 제5조의3 및 영 제10조의7에 따라 100만 원(외화의 경우 1천 미합중국달러 또는 그에 상당하는 다른 통화로 표시된 금액)을 초과하는 모든 국내 · 외 전신송금에 대하여 고객과 관련된 정보를 확인하고 보관하여야 한다. 다만, 다음 각 호의 거래에는 적용하지 않을 수 있다.

1. 현금카드, 직불카드 또는 체크카드 등에 의한 출금을 위한 이체
2. 카드 가맹점에서 신용카드, 직불카드 또는 체크카드 등에 의한 상품 및 서비스 구입에 대한 지불을 위한 이체
3. 신용카드에 의한 현금 또는 대출서비스를 위한 이체
4. 금융회사등 상호간의 업무를 수행하기 위한 이체와 결제 등

제47조(송금금융회사등의 의무)

① 송금금융회사등은 국내·외 다른 금융회사등으로 자금을 이체할 때마다 다음 각 호의 송금관련 정보를 보관하고, 이를 중개금융회사등 또는 수취금융회사등에 제공하여야 한다.

1. 송금인 및 수취인의 성명
2. 송금인 및 수취인의 계좌번호(계좌번호가 없는 경우 참조 가능한 단일번호)
3. 삭제
4. 해외송금의 경우 송금인의 주소 또는 고유번호 또는 주민등록번호(법인인 경우에는 법인등록번호, 외국인인 경우에는 여권번호 또는 외국인등록번호 등을 말한다)
5. 송금금액 및 송금일자
6. 수취금융회사등의 명칭
7. 수취인의 성명 및 계좌번호(계좌번호가 없는 경우 참조 가능한 단일번호)

② 해외 송금시 금융회사등이 고객으로부터 의뢰받은 여러개의 송금을 묶음 형태로 일괄 송금하는 경우에도 제1항의 규정을 적용한다.

제48조(중개금융회사등 및 수취금융회사등의 의무)

① 중개금융회사등은 송금금융회사등으로부터 제47조제1항 및 제2항에 따라 제공받은 정보(이하 "전신송금정보"라 한다)를 수취금융회사등에 제공하여야 한다. 다만, 기술적 제약 등으로 전자적 방식에 의한 제공이 어려운 중개금융회사등은 수취금융회사등의 요청이 있는 경우 3일 이내에 다른 방법으로 전신송금정보를 제공해야 한다.

② 중개·수취 금융회사등은 송금인 또는 수취인 정보의 누락이 있는지 여부를 확인하기 위한 모니터링 등 합리적 조치를 취하여야 한다.

③ 중개·수취 금융회사등은 송금인 또는 수취인 정보가 누락된 전신송금에 대해 정보의 제공을 송금금융회사등에 요청하거나 거래를 거절할 것인지 등 적절한 후속조치를 결정하기 위한 위험기반 정책 및 절차를 수립·운영하여야 한다.

제49조 〈삭 제〉

제50조(관련정보의 보관) 송금금융회사등·중개금융회사등·수취금융회사등은 전신송금정보를 당해 거래 완료 후 5년간 보관하여야 한다.

제51조(적용예외) 〈삭 제〉

⁝ 제11절 해외지점 등에 대한 고객확인 등

한국의 국제적 위상이 높아짐에 따라 한국 금융회사들도 해외 글로벌 네트워크를 강화하기 위하여 지속적으로 투자를 증대하고 있다. 그런데 만약 진출하는 해외 국가의 자금세탁방지 관련 규제환경을 제대로 이해하지 못할 경우, 해당 국가의 규제당국으로부터 제재 등을 받을 수 있는 위험에 노출하게 된다.

최근 우리나라 은행들의 해외지점 또는 자회사들이 미국의 규제당국으로부터 거액의 과태료 처분을 받은 경우를 살펴보더라도 해외 규제요건을 제대로 이해하여 준수하는 것이 중요하다는 것을 알 수 있다.

따라서, 해외에 지점, 자회사 등을 둔 금융회사등은 해당 국가의 자금세탁방지 관련 규제요건과 한국 규제요건 사이에 상이한 부분을 파악하여, 해외 지점이나 자회사 등이 한국의 규제요건 뿐만 아니라 해당 지점 등이 소재하는 현지의 규제요건을 모두 준수하도록 하는 절차를 충실하게 마련하여야 한다.

특히, 해외지점 등에 적용되는 자금세탁방지에 대한 국내법과 현지법상의 기준이 다를 경우에는 소재국의 법령 및 규정이 허용하는 범위 내에서 더 높은 기준을 적용하도록 해야 하며, 현지 국가의 자금세탁방지등의 기준이 국내 기준보다 낮은 경우 자금세탁행위등의 위험을 관리·경감할 수 있는 추가적인 조치를 취하여 금융정보분석원에 이를 통지하여야 한다.

일반적으로 글로벌 금융회사들은 해외 지점이나 자회사로부터 자금세탁방지와 관련된 현지 법규와 글로벌 금융회사의 본점이 소재하는 국가의 법규와 상이한 점이 있는지를 파악하기 위하여 현지법규에 대한 갭분석을 실시하도록 하여, 이를 국가별 예외사항 목록으로 관리하는 절차가 마련되어 있다.

자금세탁방지 업무규정 제27조(해외지점 등에 대한 고객확인 등)
① 금융회사등은 해외에 소재하는 자신의 지점 또는 자회사(이하 "금융회사등의 해외지점 등"이라 한다)의 자금세탁방지등의 의무이행 여부를 관리하여야 한다. ② 금융회사등은 FATF 권고사항이 이행되지 않거나 불충분하게 이행되고 있는 국가에 소재한 금융회사등의 해외지점 등에 대하여 자금세탁방지등과 관련된 기준이 준수되도록 특별한 주의를 기울여야 한다. ③ 금융회사등은 해외지점 등에 적용되는 자금세탁방지등에 관한 국내법과 현지법상의 기준이 다를 경우에는 소재국의 법령 및 규정이 허용하는 범위 내에서 더 높은 기준을 적용하여야 한다. ④ 금융회사등은 현지 국가의 자금세탁방지등의 기준이 국내 기준보다 낮은 경우 자금세탁행위등의 위험을 관리·경감할 수 있는 추가적인 조치를 취하고, 금융정보분석원에 이를 통지하여야 한다.

4장

고객별 신원확인 및 검증사항

제1절 개요

금융회사는 고객과 금융거래를 하는 때에는 그 신원을 확인하여야 하며 신뢰할 수 있고 독립적인 문서·자료·정보 등을 통하여 그 정확성을 검증하여야 하며, 금융거래를 하는 경우에는 거래관계의 목적 및 성격을 이해하고, 필요한 경우 관련 정보를 확보하여야 한다.

고객별 신원확인 및 검증사항 등은 고객유형별로 상이할 수 있다. 우리나라는 크게 개인(개인사업자)과 법인으로 구분하여 각 대상자별 신원확인 및 검증요건을 규정하고 있다.

그러나 국제적인 기준들을 살펴보면 고객유형을 좀 더 세분화하여 구체적인 신원확인 및 검증요건에 대하여 기술하고 있으며, 특정 상품의 경우에 대하여 누구를 고객확인 대상으로 봐야 하는지 등에 대한 상세한 가이드를 제공하고 있다. 우리 규제당국은 고객유형별 또는 상품에 따른 고객확인 요건을 구체적으로 기술하기 보다는 필요한 경우 유권해석이나 비조치 의견서 등을 통하여 기준을 제공하고 있다.

제2절 개인(개인사업자) 고객에 대한 신원확인 및 검증

1. 신원확인 및 검증사항 등

금융회사등은 개인과 계좌의 신규 개설 또는 일회성 금융거래를 하는 경우 해당 고객에 대한 고객확인을 수행하여야 한다. 개인고객에 대한 신원확인 및 검증사항 그리고 고위험 고객에 대한 추가적인 주의의무에 대하여 다음과 같이 정하고 있다.

구분	신원확인 정보	검증정보
기본적인 고객 확인의무	• 성명 • 생년월일, 성별 (외국인비거주자의 경우에 한함) • 실명번호 (전자금융업자의 성명, 생년 월일, 성별, 계좌번호, CI값으로 대체) • 국적 : 외국인의 경우에 한 함 • 주소 및 연락처(단, 외국인 비거주자의 경우 실제 거소 또는 연락처) • 직업 또는 업종 등 금융회사등이 자금세탁 행위등의 방지를 위하여 필요로 하는 사항	• 성명 • 생년월일, 성별 (외국인 비거주자의 경우에 한함) • 실명번호 • 국적 : 외국인의 경우에 한 함 • 주소 및 연락처(단, 외국인 비거주자의 경우 실제 거소 또는 연락처) • 실제 소유자 확인
강화된 고객 확인의무	• 전자금융업자의 경우 주민번호 • 직업 또는 업종(개인사업자) • 거래목적 • 거래자금의 원천 • 기타 금융회사등이 자금세탁 우려를 해소하기 위해 필요하다고 판단한 사항	• 신원확인증표 이외에 추가적인 문서 또는 비문서적 방법에 의한 검증

2. 개인 실명번호의 의미

고객유형	실지명의
개인(대한민국 국적자)	주민등록표에 기재된 성명 및 주민등록번호
외국인	여권에 기재된 성명 및 여권번호
외국인거주자	외국인등록증에 기재된 성명 및 외국인등록번호
재외국민	재외국민등록법에 의한 등록부에 기재된 성명 및 등록번호

전자금융업자의 경우 실지명의 대신 성명, 생년월일, 성별, 계좌번호, CI값으로 대체하여 신원확인정보 및 검증정보로 사용하고 있어, 별도의 예외를 규정하고 있다(다음의 전자금융업자의 CI 발급 체계 - 자료 출처 : 한국인터넷진흥원).

CI 정보는 본인확인기관 등에서 개인별로 고유하게 부여하는 개인 식별정보이므로 어느 회사에서 발급해도 유일한 값이므로, CI정보가 같으면 동일인으로 판단이 가능하다.

이는 전자금융업자는 주민등록번호 수집이 금지되기 때문에 CI 정보를 제공받아 주민등록번호를 대신하여 고객을 구별하는 데이터로 사용하고 있다.

〈CI 번호 발급체계〉

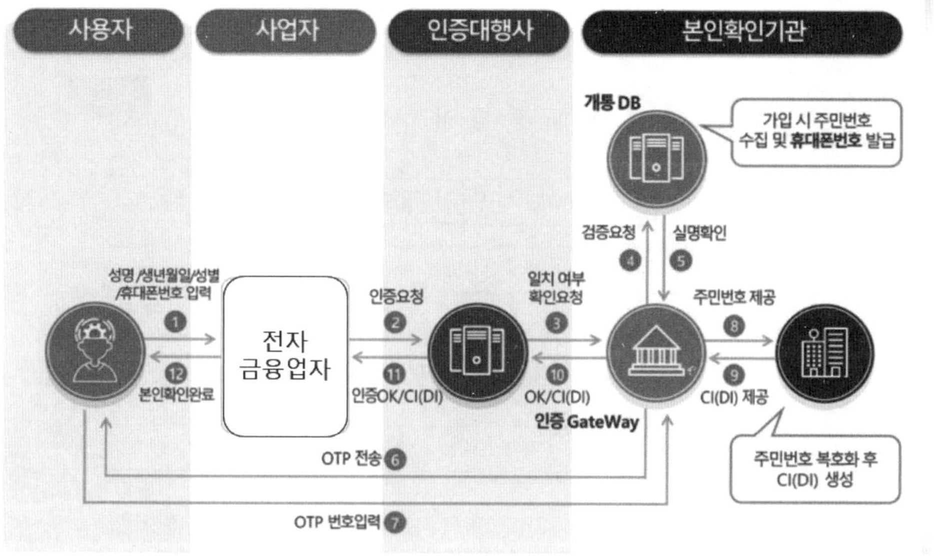

자료 출처 : 한국인터넷진흥원

3. 신원 검증

신원확인 사항에 대한 검증이란 신원확인을 위하여 징구한 실명확인증표에 대한 확인으로 문서적 방법 또는 비문서적 방법 중 최소 한 가지 이상의 방법을 이용하여 실지명의(성명 및 실명번호) 등의 진위 여부를 확인하는 것을 뜻한다.

내국인 고객이 여권만으로 실명거래시 금융실명법에 따른 실명확인은 가능하나 특정금융정보법에 따른 신원확인은 불가능한(주소확인 불가) 고객으로서 주민등록초본, 성명과 주소가 명시된 공공요금 청구서 또는 영수증, 재직증명서 등의 주소 정보를 확인할 수 있는 추가 서류확인 과정이 필요하다.

또한, 가족관계증명서상에는 등록기준지를 토대로 발급하고 있어, 해당 가족관계증명서상의 구성원들의 주소지를 확인하기 위한 서류로는 바람직하지 않을 수 있다.

〈가족관계증명서 사본 예시〉

아래 가족관계증명서는 등록 기준지를 토대로 발급되므로 가족구성원관의 관계는 확인 가능하나, 가족사항에 기술된 구성원들의 주소지가 등록기준지라는 것을 의미하지 않는다.

등록기준지는 가족관계등록부에 기록하는 사항 중 하나로, 가족관계 사항에 관한 행정업무를 담당하는 데 기준이 되는 지역이다. 본적이 폐지되면서 도입되었으며 그를 대체하는 개념으로 이해되는 경우가 많다

가 족 관 계 증 명 서 (상 세)

등록기준지	강원도 강릉시 왕산면 고단리 ☐번지

구분	성 명	출생연월일	주민등록번호	성별	본
본인				남	濟州

가족사항

구분	성 명	출생연월일	주민등록번호	성별	본
부	)	일		남	濟州
모		일		여	和同
배우자	)	일		여	晋州
자녀	)	일		여	濟州

위 가족관계증명서(상세)는 가족관계등록부의 기록사항과 틀림없음을 증명합니다.

☐년 05월 08일

모든 개인고객에 대해서는 정부가 발행한 신원확인증표로 신원을 검증하여야 한다. 다만 자금세탁등의 위험이 낮고 아래의 방법으로 고객의 신원을 확인한 때에는 검증을 이행한 것으로 볼 수 있으나, 금융실명법상 실명확인증표의 진위 여부에 주의를 기울여야 한다.

① 주민등록증 또는 운전면허증과 같이 고객의 사진이 부착되어 있으면서 검증사항(연락처는 제외)을 모두 확인할 수 있는 실명확인증표로 고객의 신원을 확인한 경우

② 학생·군인·경찰·교도소재소자 등에 대해 금융실명법상의 실명확인서류 원본에 의해 실명을 확인한 경우

또한, 실명확인증표의 진위 여부를 확인하여야 하므로, 현재 대부분의 금융회사등은 행안부를 통하여 신분증 진위 여부를 확인하는 시스템 환경을 구현하고 있다.

이와 같이 한국 국민에 대하여 예외적으로 간소화된 검증방법을 규정한 이유는 외국과 달리 우리나라는 모든 국민에게 주민등록번호라는 ID 체계가 부여되어 있으며, 대표적인 신원확인증표인 주민등록증과 대한민국 정보가 발행한 운전면허증 등의 위조가 상대적으로 어렵기 때문이다. 또한 금융실명법에 따라 실명대상 거래의 경우 금융회사가 실명증표 사본을 보관하도록 하는 통제가 마련되어 있어, 자금세탁 위험이 낮은 경우 금융회사와 고객의 부담완화를 위해 검증방법을 간소화한 것이다.

신원확인증표는 일반적으로 사진이 부착되어 있고, 정부·공공단체 등이 발행한 유효한 신분증이어야 하며, 이름, 신원확인번호, 주소 등을 확인할 수 있는 서류이어야 한다. 이런 요건을 충족하지 못할 경우에는 문서적 또는 비문서적 방법으로 추가확인을 하여야 한다. 가장 대표적인 예시로 검증서류로 구여권만을 제시하는 경우에는 주소 검증이 불가하므로 추가적인 검증서류 등을 제출하는 것이 원칙이다. 또한 최근 발행되는 대한민국 국적자를 위한 신여권은 주민등록번호를 포함하고 있지 않으므로, 신여권에 대한 인증을 통하여 주민등록번호를 확인하지 않은 경우에는 실명확인 문서로도 사용할 수 없음에 유의하여야 한다.

최근 모바일 운전면허증 발급에 따라 금융위원회는 모바일 운전면허증을 실명확인 및 고객확인제도를 위한 신원검증 서류로 허용하고 있다.

한편 최근 규제당국의 고객확인제도 관련 제재 사례 중 외국인의 국내거소 및 연락처 미확인과 관련된 사항은 모든 금융회사에서 유의하여 살펴볼 필요가 있다. 해당 제재 내용에 따르면 외국인 비거주자 고객에 대한 고객확인시 해당 외국인이 실질적으로 연락이 가능한 거소와 연락처에 대한 확인을 요구하고 있다.

대포계좌 예방을 위하여 비거주자 외국인에 대한 계좌개설은 상당히 제한되고 있으나, 환전 등을 요구할 경우에는 비거주외국인과 거래가 가능할 수 있으므로, 해당

외국인의 거소나 연락처를 확인하여야 하고, 이에 대한 검증이 요구되므로 반드시 유의하여 거래하여야 한다.

고객의 국내거소(외국인) 및 연락처 미확인
특정금융정보법에 따라 금융회사등은 고객이 금융거래를 개시할 목적으로 계약을 체결하거나 일회성 금융거래 등을 하는 경우 고객의 실지명의, 주소(외국인의 경우 국내거소), 연락처를 확인하여야 하는 고객확인의무가 있음 그러나 A은행의 일부 영업점에서는 일정기간동안 외국인 고객과 신규거래 등을 하면서 국내거소나 연락처를 확인하지 않는 등 고객확인의무를 이행하지 아니하였음

한편, 금융회사등은 신원검증 문서를 보관하여야 하는데, 해당 신원검증 문서는 눈으로 식별가능한 상태로 유지되어야 한다. 즉, 신분증 사본이 너무 흐릿하게 복사하여 눈으로 식별가능하지 않았다면 충분한 신원확인 및 검증이 이루어지지 않았다는 지적을 받을 수 있으므로, 이 부분에 대한 직원 교육 강화가 요구된다.

〈개인 신원확인증표 검증방법〉

실명확인증표	검증방법
주민등록증	• 정부24(http://www.gov.kr) 주민등록증진위확인/잠김해제/진위확인 • 민원24(http://www.minwom.go.kr) 주민등록증진위확인 • 행정안전부 ARS # 1382
운전면허증 (모바일 운전면허증)	• 도로교통공단 안전운전 통합민원 (http://www.safedriving.or.kr : 운전면허증 진위 여부 조회) • 경찰청 교통민원 24 (www.efine.go.kr : 운전면허증 진위 여부 조회)
여권	• 정부24(http://www.gov.kr) 여권정보진위확인 • 문서적 비문서적 방법에 따른 2차 검증(아래 참조)
외국인등록증 외국국적동포 국내거소 신고증 재외국민 주민등록증[7]	• 하이코리아(www.hikorea.go.kr) 등록증(신고증) 유효확인 • (온라인발급) 정부 24 : 사실/진위확인

<table>
<tr><th>실명확인증표</th><th></th><th></th><th>검증방법</th></tr>
<tr><td rowspan="4">여권, 외국인투자등록증, 외국인투자신고서, 사업자등록증 등만으로 고객확인을 하려는 경우</td><td rowspan="2">문서적 방법</td><td>실명증표 2개</td><td>여권 + 외국인등록증
여권 + 국내거소증 등</td></tr>
<tr><td colspan="2">재직증명서, 공과금영수증, 국제운전면허증, 사업자등록증, 영문명 기재된 신용카드, 재학증명서, 급여명세서 등</td></tr>
<tr><td rowspan="2">비문서적 방법</td><td>외국인 실명증표 인증관리</td><td>외국인 신분증 진위확인 동의서 징구</td></tr>
<tr><td>국내거소 확인</td><td>국내거소 연락처로 역조회, 사업자 방문 등</td></tr>
</table>

* (문서적 방법) 문서적 검증방법상 나열된 문서는 예시이며, 해당 문서에 검증 대상 정보(거소 또는 연락처)가 실제 기재되어 있지 않은 경우에는 적정한 검증방법으로 보기 어려움

(비문서적 방법) 고객확인자료에 대해서는 자료보존의무가 존재하므로, 비문서적 방법으로 이행한 경우 관련 증빙을 보존해야 함(특정금융정보법 제5조의4 제1항 제2호 등)

8) 2015년 재외국민 국내거소증 발급 제도가 재외국민 주민등록증으로 변경됨. 주민등록을 한 적이 없거나 말소된 해외 거주 국민이 국내에 30일 이상 머무를 목적으로 입국할 때, 거주지의 읍·면사무소나 동주민센터에 신고하면 '재외국민'으로 주민등록이 되는 것이다. 또한 현재 주민등록자가 국외로 이주하는 경우에도 주민등록이 말소되지 않고 '재외국민'으로 변경됨

〈가족 대리인에 의한 계좌개설시 본인의 실명확인증표 필요 여부〉

• 가족관계에 있는 대리인이 내방하여 계좌의 신규 개설시 대리인의 실명확인증표와 가족관계확인서류 외에 본인(예금주)의 실명확인증표 필요 여부

• 대리인을 통한 계좌의 신규 개설시 대리인 권한이 있는지 확인하고 대리인뿐만 아니라 본인의 실명확인증표를 징구하여 본인 및 대리인의 신원을 확인하고 검증하여야 합니다.
  - 이는 특정금융정보법상에 규정된 고객확인으로서 금융실명법상에 규정된 실명확인과는 별개의 의무사항입니다.

• 이에 따라 대리인을 통한 계좌의 신규 개설시 특정금융정보법상 고객확인의무를 이행하기 위하여 대리인뿐 아니라 본인의 실명확인증표도 징구하여 본인 및 대리인의 신원을 확인하고 검증하여야 합니다.

4. 개인고객의 실소유자에 대한 개념

금융회사등은 고객이 실제 소유자가 따로 존재한다고 밝히거나 타인을 대신하여 거래를 하고 있다고 의심될 경우에 실제 소유자 확인을 하여야 한다. 즉, 개인인 고객의 실지명의로 금융거래등을 하기로 하는 약정 또는 합의를 한 다른 개인 등 고객을 최종적으로 지배하거나 통제하는 사람(“실제 소유자”)이 있으면 그 실제 소유자의 실지명의 및 국적(실제 소유자가 외국인인 경우)을 확인해야 한다.

그러나 개인고객의 경우 특별한 경우가 아닌 한 “계좌 명의인 = 실제 소유자”로 간주되고, 만약 실제 소유자가 아닐 경우 차명계좌에 해당할 수 있어 허용되는 선의의 차명계좌에 아닌 한 거래를 거절하여야 한다.

제3절 비대면 채널을 이용한 고객확인

1. 개요

전통적인 금융산업에서 고객확인제도는 대면확인을 원칙으로 한다. 그러나 최근 전자산업의 발전, 인터넷은행의 증가, 비대면 채널을 이용한 금융서비스 확대 등에 따라, 금융위원회는 비대면 채널[9]을 이용한 실명확인 절차에 대한 가이드를

9) FATF는 2020년 2월 디지털 금융거래와 디지털 신분증을 활용한 고객확인 수요가 증가함에 따라, FATF는 이를 활용하여 고객확인을 하는 경우 FATF 국제기준 적용에 관한 디지털신분증 활용 지침서를 채택하였다.

제공하였으며, 최근 법인 및 외국인에 대한 비대면 실명확인절차를 허용하는 가이드를 제공하였다.

또한 부모에 의한 미성년자에 대한 비대면 채널을 통한 계좌 개설을 허용하고 있어, 향후 비대면 채널을 이용한 다양한 고객군의 거래개시가 가능해짐에 따라 모바일을 통한 금융회사의 고객 신원확인 및 검증도 다양한 방법으로 발전될 것으로 기대해 본다.

〈비대면 거래에 대한 실명확인 도입 현황〉
• 15.12월 금융당국은 온라인 금융거래 증가 및 정보통신기술 발전 등을 감안해 은행의 비대면 실명확인을 허용하여 금융실명제 시행 후 20여 년간 유지해 온 '대면 확인 원칙'을 변경(유권해석 변경) • 비대면 실명확인 도입 이후(15.12월~) 단계적으로 이용 기관 및 적용 대상 등을 확대해 금융소비자의 금융거래 편의를 제고 • 16.2월 제2금융권(금융투자업자/상호저축은행)도 비대면 실명확인을 통한 계좌 개설을 시작 • 16.8월 비대면 실명확인증표로 여권이 추가 • 17.1월 법인의 비대면 실명확인 절차를 마련(단, 명의도용 등 금융사고 방지를 위해 법인 비대면 실명확인 절차의 이용자를 대표자로 한정함) • 17.1월 금융회사에 비대면 실명확인을 위한 신분증 진위확인 서비스도 도입(주민등록증 및 운전면허증) • 19.12. 법인 및 외국인까지 확대 적용 • 2023년 4월 비대면 채널을 이용한 부모의 미성년자 자녀에 대한 계좌개설 대리 허용

2. 복수의 비대면 방식에 의한 고객확인 방법

금융회사등은 비대면 채널을 통하여 고객확인을 수행하는 경우 아래의 비대면 실명확인절차에 준하는 방식을 도입하도록 하고 있다.

방법	확인방법	선택방법
1	신분증 사본 제시 • 고객이 신분증을 촬영 또는 스캔하여 온라인(모바일 포함) 제출하면, 금융회사는 해당 사본을 실명확인 증표 발급기관에 진위 여부 확인	이중 확인(필수) 1~5 방법 중 상호 보완성을 고려해 두 가지 선택
2	영상통화 • 금융회사 직원이 고객과 영상통화하면서 육안 및 안면인식기술로 신분증상 사진과 고객 얼굴 대조	

방법	확인방법	선택방법
3	접근매체(예, 현금카드 등) 전달 때 확인 • 현금카드, 보안카드 등을 고객에게 우편등으로 전달할 때 전달업체 직원이 실명확인증표를 통해 실명확인	이중 확인(필수) 1~5 방법 중 상호 보완성을 고려해 두 가지 선택
4	기존 계좌 활용 • 다른 금융회사에 이미 개설된 계좌로부터 소액이체 등을 통해 고객의 동 계좌 거래권한 확인	
5	기타 이에 준하는 새로운 방식(바이오인증 등)	
6	타 기관 확인결과 활용(휴대폰 인증) • 인증기관 등 다른기관에서 신분확인 후 발급한 공인인증서, 아이핀 휴대폰번호 등을 활용	다중확인(권고) 이미 선택한 1~5 방법 중 두 가지를 제외하고 1~7 방법 중 추가 확인 방식을 선택해 적용하도록 권장
7	다수의 개인정보 검증 • 고객이 제공하는 개인정보와 신용정보사 등의 보유한 정보를 대조	

이와 더불어 비대면을 통해 계좌 등을 개설하는 경우에는 강화된 요건을 추가로 확인하도록 요구하고 있어 금융회사등은 비대면 계좌개설시 해당 고객의 거래목적 및 자금의 원천 등을 확인하여야 한다.

최근 비대면 거래 비중이 대면거래보다 증가하고 있어, 각 금융회사등은 비대면 채널을 통해 입력된 CDD 정보의 정합성에 대한 검토를 반드시 수행하여야 한다. 영업점 채널로 CDD를 이행할 경우, 고객이 정보를 제공하지 않거나, 부적절한 정보를 제공하는 경우 영업점직원의 점검에 의하여 미흡사항에 대한 보완이 가능하였으나, 비대면 채널에서는 고객이 정보를 직접 입력하는 과정에서 오류정보 또는 허위정보 입력이 가능하므로, 비대면 채널로 입력되는 고객정보의 적정성에 대한 점검을 수행하여 규제당국의 지적 대상이 되지 않도록 유의하여야 한다.

〈금융위원회 해석 -계좌개설시 복수의 비대면방식 허용에 따른 자금세탁방지 의무〉

금융위원회는 계좌개설시 금융실명법·전자금융거래법에 따른 실명확인을 '복수의 비대면방식'으로 수행할 수 있도록 허용한 바 있다.

(복수의 비대면방식)

- 이중확인-필수
  - ① 신분증 사본 제출, ② 영상통화, ③ 접근매체 전달시 확인, ④ 기존계좌 활용, ⑤ 기타 이에 준하는 방법(기등록된 바이오정보와 비교 등) 중 2가지 의무 적용
- 다중확인-권고
  - ⑥ 타 기관 확인결과 활용(휴대폰 인증 등), ⑦ 다수의 개인정보 검증까지 포함하여 이미 선택한 2가지를 제외하고 ①~⑦ 중 추가 확인

금융위원회는 「비대면 실명확인 관련 구체적 적용방안」에서 비대면 거래시 특정금융정보법에 따른 강화된 고객확인의무(EDD)를 준수하도록 하고 있다. 다만, 실제 소유자 확인을 포함한 자금세탁방지 관련 고객확인제도가 비대면 실명확인 방식에서 완화된 것은 아니며, 비대면 거래에서도 고객확인은 아래와 같이 FATF 권고기준 상의 고객확인 기준과의 정합성을 확보할 수 있도록 운용되어야 한다.

① FATF는 비대면 거래를 허용하고 있으나, 자금세탁위험이 높은 점을 감안하여 보다 강화된 고객확인조치를 적용토록 권고하고 있다. 따라서 금융회사는 FATF에서 권고하는 내용을 충분히 고려하여 운영할 필요가 있다.

② 또한 FATF는 금융회사가 타 기관을 통하여 고객확인의무 이행을 하는 것을 허용하고 있으며, 다만 금융회사가 수탁기관을 관리·감독하도록 하고 있다. 따라서 복수의 비대면방식 중 '접근매체 전달시 확인' 등 수탁기관을 통해 확인하는 경우에는 수탁기관에 대한 관리·감독 방안을 마련, 이행하여야 한다.

③ 한편 FATF는 비거주 외국인, 법인 등 자금세탁 고위험 고객군에 대해서는 강화된 고객확인조치를 적용하도록 권고하고 있다. 고위험 고객군에 대해 금융회사가 일반적인 비대면 확인방식으로는 거래목적 확인 등 이행이 미흡하다고 판단한 경우에는 추가확인이나 대면확인 요구가 가능하다.(비대면방식 적용은 선택사항이며 의무사항이 아님).

〈'은행 앱을 활용한 간편 실명확인 서비스'에 따라 기제출된 신분증(주민등록증, 운전면허증) 이미지를 활용하여 고객확인 수행시 적절한 고객확인을 수행한 것으로 볼 수 있는지 여부(금융정보분석원 Q&A)〉

- 자금세탁방지 업무규정 제39조 제2항의 자금세탁등의 위험이 낮은 경우로서 실명확인증표 확인 외에 특정금융정보법 제5조의2에 따른 고객확인을 이행하기 위한 기타 필요 충분한 조치를 모두 취하는 것을 전제로
  - 혁신금융서비스로 지정된 '은행 앱을 활용한 간편 실명확인 서비스'에 따라 기제출된 신분증(주민등록증, 운전면허증) 이미지를 활용하여 고객확인 수행시 적절한 고객확인을 수행한 것으로 볼 수 있습니다.

- 업무규정 제37조 제1항에 따라 금융회사등은 고객과 금융거래를 하는 때에는 그 신원을 확인하여야 하며 신뢰할 수 있고 독립적인 자료·정보 등을 통하여 그 정확성을 검증하여야 하며,
  - 업무규정 제39조 제2항에서는 자금세탁등의 위험이 낮은 경우에는 주민등록증 또는 운전면허증과 같이 고객의 사진이 부착되어 있으면서 연락처를 제외한 검증 사항을 모두 확인할 수 있는 실명확인증표로 고객의 신원을 확인한 경우 검증을 이행한 것으로 볼 수 있다고 규정하고 있습니다.

- 주민등록증 또는 운전면허증을 활용하는 해당 혁신금융서비스는 사진이 부착되어 있고 연락처를 제외한 검증사항을 모두 확인할 수 있으며,
  - 고객이 실명확인증표 원본을 제출하지 않더라도 해당 혁신금융서비스를 통해 실명확인이 가능하도록 특례를 부여한 점을 감안하여 동 서비스를 통해 실명확인 증표 확인을 이행했다고 볼 수 있다 할 것인 바,
  - 자금세탁등의 위험이 낮은 경우 특정금융정보법 제5조의2에 따른 고객확인을 이행하기 위한 기타 필요 충분한 조치를 모두 취하는 것을 전제로 혁신금융서비스 지정된 '은행 앱을 활용한 간편 실명확인 서비스'에 따라 기제출된 신분증(주민등록증, 운전면허증) 이미지를 활용하여 고객확인 수행시 적절한 고객확인을 수행한 것으로 볼 수 있습니다.

제4절 법인 고객에 대한 신원확인 및 검증

1. 법인의 신원확인 사항 및 검증사항

신원확인 사항	검증사항
1. 법인(단체)명 2. 실명번호 3. 본점/사업장 주소 및 소재지(외국법인의 경우 연락 가능한 실제 사업장 소재지) 4. 대표자 또는 대표이사·이사 등 고위 임원에 대한 정보 : 개인고객의 신원확인 사항에 준함 5. 업종(영리 법인인 경우), 회사 연락처 6. 설립목적(비영리 법인의 경우) 7. 신탁의 경우 위탁자, 수탁자, 신탁관리인 및 수익자에 대한 신원정보	1. 법인(단체)명 2. 실명번호 3. 본점/사업장 주소 및 소재지(외국법인의 경우 연락 가능한 실제 사업장 소재지) 4. 업종(영리 법인인 경우) 5. 설립목적(비영리 법인의 경우)

강화된 고객확인의무를 위한 추가요건

1. 법인구분 정보(대기업, 중소기업 등), 상장정보(거래소, 코스닥 등), 사업체 설립일, 홈페이지(또는 이메일) 등 회사에 관한 기본정보
2. 거래자금의 원천
3. 거래의 목적
4. 금융회사등이 필요하다고 판단하는 경우 예상거래 횟수 및 금액, 회사의 특징이나 세부정보 등 (주요상품/서비스, 시장 점유율, 재무정보, 종업원 수, 주요 공급자, 주요 고객 등)

금융회사는 법인 등과 거래시, 해당 법인의 신원을 확인하고, 검증하여야 한다. 특히 법인고객의 설립 사실을 증명할 수 있는 법인등기부등본 등의 문서 등을 통하여 법인 또는 법률관계가 실제로 존재하는지 여부를 확인하여야 한다.

금융회사등은 다음의 법인·단체 고객이 자금세탁행위등의 위험이 낮은 것으로 평가된 경우에 실제 소유자 확인 면제와 같은 간소화된 고객확인을 할 수 있다.

- 국가기관, 지방자치단체, 공공단체(영 제8조의5에 따른 공공단체)
- 법 제2조 및 제11조에 따른 감독·검사의 대상인 금융회사등(카지노사업자, 가상자산사업자 등은 제외)
- 주권상장법인[10)] 및 코스닥 상장법인 공시규정에 따라 공시의무를 부담하는 상장회사

만약 위에 해당하는 법인·단체 등이 고위험에 해당하는 경우에는 간소화된 고객확인 대상이 아니라는 점에 유의하여야 한다.

위의 간소화된 고객확인 대상이 아닌 경우에는 검증하여야 하는 신원확인정보에 대하여 정부가 발행한 문서 등(문서적 또는 비문서적 방법)에 의해 검증하는 등 추가적인 조치를 취하여야 한다. 현재 대부분의 금융회사등이 법인에 대한 고객확인시 법인등기부등본을 고객으로부터 징구하거나, 직접 대법원 사이트에서 조회하여, 동 내용을 확인하여 법인 등이 실제로 존재하는지 여부를 확인하고 있다.

---

10) 주권상장법인 : 다음 각 목의 어느 하나에 해당하는 법인
　가. 증권시장에 상장된 주권을 발행한 법인
　나. 주권과 관련된 증권예탁증권이 증권시장에 상장된 경우에는 그 주권을 발행한 법인

법인의 신원확인 및 검증과 관련해서는 대부분 법인이나 단체가 사업자등록증(고유번호증)과 법인등기부등본이나 정관 등을 제출하는 금융관행이 어느 정도 자리를 잡아가고 있다. 하지만 비영리법인 및 비영리단체에 대한 설립목적을 확인할 수 있는 서류를 징구하지 않아 지적되는 사례가 있으니 이 부분은 유의하여 누락이 발생하지 않도록 하여야 한다.

KISLINE, CRETOP, 한국기업데이터 등 외부 신용정보회사사이트의 정보는 정부등에서 발급한 서류에 해당하지 않으므로 법인의 설립관계를 확인하는 서류로 사용하는 것은 지양할 필요가 있다.

실명확인증표	검증방법(문서적·비문서적 검증방법)
사업자등록증	문서적 검증방법 • 법인등기부등본, 정관, 영업허가서 비문서적 검증방법 • 국세청 휴폐업 조회, 금융감독원 감사보고서(DART)
고유번호증(납세번호증)	2차 문서적 검증방법 • 법인등기부등본, 정관, 설립허가증, 회칙 • 국세청 홈택스(공익재단 공시) • 외부 사이트 조회(공공기관 경영정보 공개시스템(알리오), 지방공공 기관 통합공시(클린아이), 비영리민간단체 공익활동 지원사업 관리정보 시스템
외국인투자기업등록증	해당 국가의 법인설립등록증 • 해당 국가의 Company Registry(회사등록시스템) 등의 사이트에서 확인 가능

(1) 고객확인 과정에서 휴폐업 조회의 필요성

우리나라는 사업자등록번호 등으로 법인이나 단체에 대한 계좌개설을 하므로, 현재 해당 법인의 사업 지속 여부는 국세청에서 공개하는 사업자의 휴폐업 조회를 통하여 확인할 수 있다.

만약 거래를 개시하는 시점에 해당 사업자가 폐업된 사실을 인지한 경우에는 거래를 거절하여야 한다. 또한 정기적인 고객확인 재이행 과정에서 고객의 사업이 휴폐업된 사실을 알게 된 경우에는 해당 고객과의 거래 제한을 고려하여야 한다. 특히, 고객이 휴폐업 상태임에도 불구하고 지속적으로 자금이 거래되는 경우에는 의심스러운 거래 여부도 검토하여야 한다.

〈사업자등록 휴폐업 조회〉

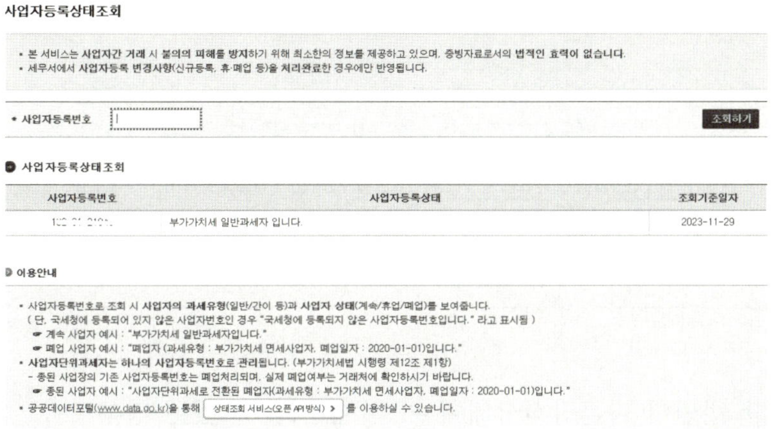

자료 출처 : 국세청

(2) 신용정보 확인의 필요성(객관적인 자료를 외부에서 확인할 수 있는 경우)

거래개시 시점에 해당 법인 고객이 자본잠식 상태라는 것을 확인하거나, 해당 법인이 신용불량상태라는 사실을 파악한 경우 어떠한 조치를 취하여야 할 것인가에 대하여 생각해 보자.

고객확인의무는 해당 고객이 당해 금융회사를 통한 거래를 개시할 때, 고객의 신원확인 및 검증을 수행하여 고객의 실체를 확인하고 거래의 목적 및 자금의 원천 등을 확인하여 거래 요청의 적정성을 확인하기 위하여 합당한 주의를 기울이기 위한 절차이다. 그런데, 해당 고객의 감사보고서나 신용정보회사등의 공개정보에 따르면 매출이 존재하지 않고 자본 잠식 상태의 고객이라는 것을 확인하였다면(아래 감사보고서 내용 참조할 것) 해당 고객의 거래 요청의 목적 등을 반드시 확인하여야 한다.

또한 특별한 목적이 확인되지 않을 경우, 거래를 거절하는 것이 바람직한 주의의무를 수행한 것이라고 볼 수 있다. 2022년 해외 거액이상송금 사례에서 자본 잠식된 외감법인 등이 불법수수료 등을 받고 허위 무역거래를 가장하여 거액의 해외송금을 진행한 사례가 있었으므로 이런 부분에 유의하여 거래를 하여야 한다.

재 무 제 표 에 대 한

감 사 보 고 서

강조사항

감사의견에는 영향을 미치지 않는 사항으로서 재무제표에 대한 주석 15에서 설명하는 바와 같이, 회사의 2020년 12월 31일로 종료되는 회계연도에 당기순손실 4,121백만원이 발생하였고 특별한 영업활동이 없으며, 당기말 현재로 회사의 유동부채가 유동자산을 7,749백만원 초과하고 있고 회사의 총부채 역시 총자산을 7,749백만원 초과하고 있습니다. 이러한 상황은 회사의 계속기업으로서의 존속능력에 유의적 의문을 불러 일으킬 만한 중요한 불확실성이 존재함을 의미합니다.

자료 출처 : 금융감독원 전자공시시스템

만약, 해당 법인이 자본잠식상태이나, 현재 매출이 있는 경우로서 일정 거래의 필요성이 존재하여 거래를 개시한 경우에는 해당 거래 목적의 범위를 벗어나는 거래가 발생하지 않도록 강화된 모니터링 등을 수행할 필요가 있다.

(3) 사업자 주소에 대한 추가적인 확인의 필요성

최근 발생하는 위장법인 등을 통한 금융사기의 경우, 해당 법인의 주소가 공유오피스이거나 개인 주택 등인 경우가 종종 발견되고 있다. 따라서 법인이 신생법인이고 주소가 공유오피스이거나 불명확한 경우에는 현장실사를 수행하는 것이 필요하다.

현장 실사 결과, 법인의 실체에 대한 의심이 있다면 거래를 거절하여야 한다. 해당 법인의 주소는 구글 등 포탈서비스를 통하여 확인하면 해당 주소지가 공유오피스인지 등을 확인할 수 있다.

(4) 업종에 대한 추가적인 확인의 필요성

최근 사업자등록 및 법인등록을 대행사를 통하여 진행하는 경우가 많아 유사한 업종을 가진 사업자등록증을 많이 확인할 수 있다. 그리고 사업자등록증상의 업종과 법인등기부등본의 업종에 차이가 보이는 경우를 종종 확인할 수 있다. 사업자등록증상의 업태 및 종목은 현재 해당 법인이 사업을 영위하는 업태를 보여주는 것이고, 법인등기부등본상의 목적은 향후에 영위할 수 있는 업태도 포함하고 있다. 따라서 법인 고객이 현재 사업자등록증상에는 포함되어 있지 않지만 법인등기부등본상에 기재된 업종을 추가로 영위하기 위해서는 사업자등록증의 업태와 종목을 변경하여야 한다.

그런데 아래 예시와 같이 사업자등록증의 종목에는 기재되어 있지 않지만 법인등기부등본상의 목적에 환전업, 상품권 매매업 등 고위험업종을 포함하고 있는 경우, 해당 법인이 향후 해당 비즈니스를 영위할 계획이 있는지를 확인하여야 한다. 또한 가능한 정기 재이행 시점에 사업자등록증을 재징구하거나 해당 사업자의 법인명을 관세청 등에 확인하여 해당 고위험 영업을 수행하는지 확인하는 것이 필요하다.

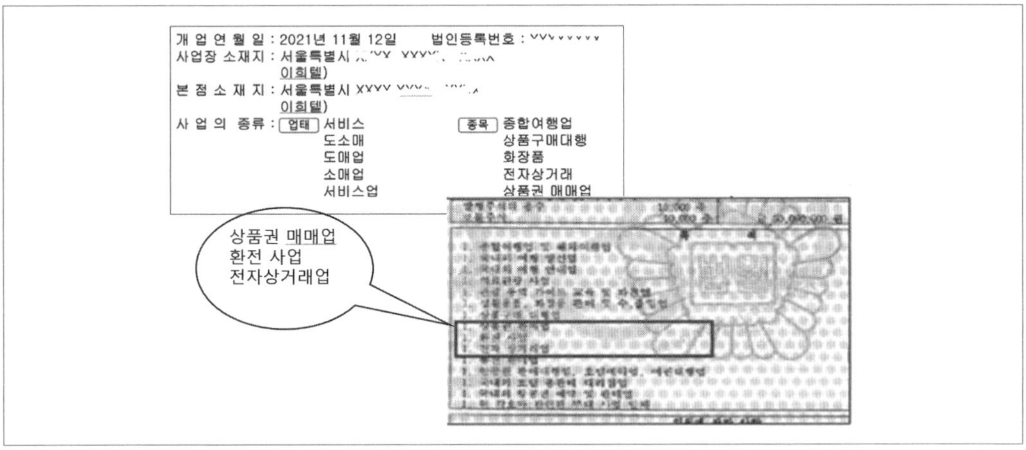

2. 강화된 고객확인을 위한 추가정보

금융회사가 자금세탁등의 위험이 높은 것으로 평가된 법인 고객에 대하여 확인하여야 할 추가정보는 다음과 같다.

1. 법인구분 정보(대기업, 중소기업 등), 상장정보(거래소, 코스닥 등), 사업체 설립일, 홈페이지(또는 이메일) 등 회사에 관한 기본정보
2. 거래자금의 원천
3. 거래의 목적
4. 금융회사등이 필요하다고 판단하는 경우 예상거래 횟수 및 금액, 회사의 특징이나 세부정보 등(주요상품/서비스, 시장 점유율, 재무정보, 종업원 수, 주요 공급자, 주요 고객 등)

금융회사는 위에 열거된 항목 이외에도 추가적으로 필요한 정보가 있는 경우 고객확인을 위하여 추가적으로 확인이 가능하다. 예를 들어 동일한 대리인에 의하여

서로 다른 법인에 대한 수개의 계좌개설 요청을 하거나, 기존에 개설된 계좌를 단기적으로 사용한 후 추가적인 거래가 없는 경우, 부가가치세를 탈루하거나 대포계좌 등의 목적으로 사용할 수 있으므로, 의심스러운 고객에 대해서는 법인세 또는 부가세납부 현황을 요구할 수도 있다.

〈유권해석〉 인터텟뱅킹을 통한 법인고객의 비대면 신규거래시 고객확인 이행에 대하여

- "기존계좌활용방식"과 법인의 "공동인증서"를 사용한 경우 복수의 비대면 방식 필요
- 비대면 거래에서도 실제 소유자 확인을 포함한 자금세탁방지 관련 고객확인제도는 오프라인에 준하는 정도의 고객확인을 실행하여야 합니다.
  - 이를 위해, 아래 유권해석 사례집(2018.2월)에 제시하였듯이, 비대면 거래시 ①~④ 중 2가지 의무를 적용하여야 하며, 그 외 추가적으로 ①~⑥ 중 이미 선택한 2가지를 제외한 방식으로 추가 확인토록 권고하고 있습니다.

  * 복수의 비대면방식 [자금세탁방지 유권해석사례집 48번 등] (이중확인-필수) ① 신분증 사본 제출, ② 영상통화, ③ 접근매체 전달시 확인, ④ 기존계좌 활용 중 2가지 의무 적용 (다중확인-권고) ⑤ 타 기관 확인결과 활용(휴대폰 인증 등), ⑥ 다수의 개인정보 검증까지 포함하여 이미 선택한 2가지를 제외하고 ①~⑥ 중 추가 확인
- 문의하신 "기존계좌활용방식"과 법인의 "공동인증서"의 경우 상기 복수의 비대면 방식 중 의무로 적용해야 하는 ①~④ 중 2가지를 수행했다고 볼 수 없어 상기 방법을 적절한 비대면 고객확인 수행이라고 보기 어렵습니다.
- 본 건 해석은 특정금융정보법상 고객확인의무에 대해 한정되어 있음을 알려드립니다. 비대면 거래에서도 실제 소유자 확인을 포함한 자금세탁방지 관련 고객확인제도는 오프라인에 준하는 정도의 고객확인을 실행하여야 합니다. 다만, 질의하신 내용은 구체적인 제반 사정 등에 따라 달리 판단될 수 있다는 점을 양지하여 주시기 바랍니다 .

3. 특수목적법인(SPC)에 대한 고객확인의무

프로젝트 파이낸싱, 수출금융, 구조화금융, 구조화 무역 금융, 자산담보부증권화를 진행하는 경우 일반적으로 특수목적회사(SPC : Special Purpose Company)를 만들어, 해당 회사를 통한 자금거래(대출 등)을 진행하는 것이 일반적이다. 이런 경우 금융회사등은 누구에 대하여 어떻게 고객확인을 이행하여야 하는지에 대한 문의가 많다.

글로벌 금융회사의 경우 SPC는 실체가 없는 자금운영을 위한 특수목적법인에 해당하므로 별도의 고객확인요건을 아래와 같이 정하고 있다.

- SPC 자체에 대한 CDD 이행과 더불어
- 그리고 거래를 주도하는 법인(주로 자금을 지원하는 법인 또는 자산보유자)의 신원을 검증하고 CDD를 이행하여야 함(일반적으로 Sponsor 법인 등)

우리나라의 경우 SPC의 CDD에 대하여 금융위원회의 유권해석도 동일한 맥락으로 설명하고 있다.

〈유권해석〉 SPC에 대한 실제 소유자 확인 방법

- 특정금융정보법 시행령 제10조의5(실제 소유자에 대한 확인) 관련 법인 또는 단체고객의 실제 소유자 확인 대상 및 범위 해석

① 페이퍼컴퍼니인 SPC 회사가 대출 등 금융거래시 금융회사가 실제 소유자를 확인해야 하는 대상
⇒ 금융거래시 고객확인 대상은 SPC 회사이며 SPC 회사의 실제 소유자를 확인하는 과정에서 실제 대출이 집행되는 회사 및 그 회사의 실제 소유자를 확인할 수 있습니다.

- 특정금융정보법 제5조의2제1항제1호는 고객이 계좌를 신규로 개설하거나 대통령령으로 정하는 금액 이상으로 일회성 금융거래를 하는 경우 고객의 신원에 관한 사항 및 고객을 최종적으로 지배하거나 통제하는 자연인(이하 "실제 소유자")에 관한 사항을 확인하도록 하고 있습니다.
  - 이때 "계좌를 신규로 개설"이란 특정금융정보법 시행령 제10조의2제2항에 따라 고객이 금융거래를 개시할 목적으로 금융회사등과 계약을 체결하는 것을 의미합니다.
  - 따라서 대출계약에서 금융거래를 개시할 목적으로 금융회사등과 계약을 체결하는 자에 대하여 고객확인을 해야 하므로 고객의 신원에 관한 사항은 SPC 회사에 관한 사항을 확인하여야 합니다.
  - 이후 고객확인 과정에서 특정금융정보법 제5조의2제1항제1호나목 및 동법 시행령 제10조의5에 따라 고객을 최종적으로 지배하거나 통제하는 사람이 실제 대출자라면 실제 소유자 확인시 실제 대출이 집행되는 회사 및 그 회사의 실제 소유자를 확인하면 됩니다.

4. 역외펀드/역외일임 투자에 대한 고객확인절차

(1) 배경

- 역외펀드는 외국인 투자등록 단위인 펀드 명의(일반적으로 "IRC, Investment Registration Certificate")로 금융거래를 실행하고 있는데 이럴 경우 펀드의 실제 소유자를 확인해야 함
- 그러나 외국인이 계좌개설시 제출하는 외국인 투자등록신청서에는 지분정보가 포함되어 있지 않고, 투자자가 다수로 복잡한 펀드구조의 특성상 지분정보를 파악하기가 어려워 실제 소유자 확인 3단계 중 1, 2단계에서 지분정보 파악은 사실상 불가능함
- 또한 3단계 대표자 확인 단계에서도 역외펀드 대다수는 대표자가 법인(자산운용사)이므로 실제 소유자로서 확인해야 하는 '자연인'을 특정하는 것이 어려움

(2) 역외펀드에 대한 고객확인 절차 개선

- 이러한 문제점을 해결하기 위해 금융정보분석원은 2016년 11월, 펀드의 운용주체인 자산운용사를 기준으로 실제 소유자를 확인하도록 하였고 이를 다시 2019년 2월 투자자가 누구인지를 구분하여 구체화하여 고객확인 대상과 실제 소유자 확인 대상 등을 세분화함
- 해외 투자자의 국내 투자 편의성을 제고하고, 실제 소유자 확인 절차를 수행하는 국내 금융회사의 부담이 완화되었다고 볼 수 있음
- 역외펀드의 경우, 해외 투자 거래의 구조, 실제 투자자의 개별 운용 지시가 있는지 여부 등에 따라, 고객확인의 대상이 되는 고객은 개별 투자자 또는 해외 자산운용사 중 일부 또는 전부가 될 수 있습니다.

1) 역외펀드[11]의 경우

역외 펀드	변경 전		변경 후		
	고객확인 대상	실제 소유자	자산운용사의 위험도	고객확인 대상	실제 소유자
	펀드	자산운용사 대표	저위험(*)	자산운용사	실제 소유자 확인 면제
	펀드	자산운용사 대표	고위험	자산운용사	지분비율 등 원칙대로 확인
	(*) FATF 권고 또는 국내 자금세탁방지 규정과 동일한 수준의 자금세탁방지 규정을 준수하고 있음을 해당국의 금융당국 등으로부터 충실히 감독 모니터링 받고 있는 금융회사				

11) "역외펀드"란 외국법령에 의하여 모집된 집합투자기구의 자금이 국내에 투자되는 경우 해당 집합투자기구를 의미

2) 역외 일임[12]의 경우

<table>
<tr><th></th><th colspan="2">변경 전</th><th colspan="4">변경 후</th></tr>
<tr><td rowspan="8">역외 일임</td><td>고객확인 대상</td><td>실제 소유자</td><td colspan="2">자산운용사의 위험도</td><td>고객확인 대상</td><td>실제 소유자</td></tr>
<tr><td rowspan="3">투자자</td><td rowspan="3">원칙대로 확인</td><td rowspan="3">저위험</td><td rowspan="2">투자자 운용지시(*) 있는 경우</td><td>투자자</td><td>지분비율 등 원칙대로 확인</td></tr>
<tr><td>자산운용사</td><td>실제 소유자 확인 면제</td></tr>
<tr><td>투자자 운영지시 없는 경우</td><td>자산운용사</td><td>실제 소유자 확인 면제</td></tr>
<tr><td rowspan="2">투자자</td><td rowspan="2">원칙대로 확인</td><td colspan="2" rowspan="2">고위험</td><td>투자자</td><td rowspan="2">지분비율 등 원칙대로 확인</td></tr>
<tr><td>자산운용사</td></tr>
<tr><td colspan="6">(*) 국내 증권사가 해외 개별투자자로부터 직접 운용지시를 받는지 여부</td></tr>
</table>

제5절 거래거절

금융회사등은 고객이 신원확인 정보 등의 제공을 거부하거나 자료를 제출하지 않는 등 고객확인을 할 수 없는 때에는 그 고객과의 거래를 거절하여야 한다, 이 경우 금융회사등은 거절한 거래 등에 대하여 의심거래보고를 이행하여야 한다.

또한 금융회사등은 이미 거래관계를 수립한 기존 고객에 대하여 고객확인을 할 수 없는 때에는 그 고객과의 거래관계를 종료하고, 의심거래보고를 이행하여야 한다.

한편, 금융회사등은 고객이 자금세탁행위등이 의심되나, 고객확인절차를 수행하는 것이 비밀누설의 우려가 있다고 합리적으로 판단되는 경우에는 고객확인 절차를 중단하고 의심거래보고를 이행하여야 한다.

그런데 실질 금융회사등의 업무에서는 거래거절 또는 기존 고객과의 거래 종료가 쉽지 않다. 왜냐하면 고객 등이 추가적인 정보 등을 요구할 경우 협조를 하지 않거나

12) "역외일임투자"란 역외에서 투자자와 역외투자일임업자 간 일임계약 체결 후 해당 자금이 국내에 투자되는 거래를 의미

민원 등을 제기할 경우, 금융회사등에서 소극적으로 대처할 수 밖에 없고, 고객이 추가적인 서류로 허위서류 등을 제출할 경우, 이를 검증하기가 어렵기 때문이다.

2022년 해외 거액이상송금 거래시 대부분의 금융회사등이 신생법인의 과도한 거래에 대하여 의구심을 가져 해외 무역거래를 입증할 수 있는 자료를 요청하자, 해당 법인 등은 허위 무역서류를 제출하여 거래거절이나 중단이 어려웠다.

이에 최근 각 업권에서는 약관 공동 개정 등을 통하여 금융회사가 자금세탁혐의가 명백한 고객에 대해서는 거래중단 또는 거래제한 등의 조치를 좀 더 적극적으로 취할 수 있는 방안을 모색하고 있다.

5장

실제 소유자 확인

제1절 실제 소유자의 확인 절차

FATF 등 국제기구의 권고사항에 따르면 금융회사등은 고객이 법인 또는 단체인 경우, 해당 법인 및 단체가 자금세탁이나 테러자금조달 등에 악용되는 것을 방지하기 위하여 법인의 신원확인 및 검증을 포함하여 해당 법인의 실제 소유자와 지배구조를 정확하게 파악할 것을 요구하고 있다.

실제 소유자는 해당 법인 등의 가장 많은 지분을 가진 주요 주주와는 개념이 다르다. 주요 주주는 반드시 개인이 아니고, 또 다른 법인일 수도 있기 때문이다. 또한 법인의 소유구조가 복잡한 경우 파악하기가 쉽지 않은 경우가 많을 수 있다. 자금세탁 목적으로 설립된 법인의 경우에는 궁극적인 실제 소유자를 은폐하기 위하여 의도적으로 소유구조를 복잡하게 하는 경우도 많이 발견된다.

이에 우리나라도 2016년 1월 개정된 특정금융정보법 시행령을 시행하여 실제 소유자 확인제도를 도입하여 금융회사등은 고객을 궁극적으로 지배하거나 통제하는 자연인(이하 '실제 소유자'라 한다)이 누구인지를 신뢰할 수 있고 독립적인 관련정보 및 자료 등을 이용하여 그 신원을 확인하고 검증하기 위한 합리적인 조치를 취할 것을 요구하고 있다.

제도 초기 많은 홍보에도 불구하고 금융회사등이 고객의 실제 소유자 확인의 목적 및 방법 등에 대한 이해도 부족으로 쉽게 정착되지 못하였으나, 규제당국의 지속적인 개도를 통하여 고객과 금융회사 모두 법인이나 단체 고객인 경우 실제 소유자나 해당 법인등을 통제하는 개인을 확인하여야 한다는 부분에 대해서는 많은 인식 개선이 있었다. 그러나 여전히 법인의 지배구조가 너무나 다양하여 실제 소유자를 확인하는 방식은 여전히 개선이 필요한 상황이다.

〈FATF 권고사항 24(법인의 투명성과 실제 소유자〉

국가는 법인이 자금세탁이나 테러자금조달을 위해 악용되는 것을 방지하기 위한 조치를 취하여야 한다.

국가는 법인의 실소유자 및 지배구조에 대해 적절하고, 정확하며 시의적절하게 정보를 규제당국이 확보하거나 접근할 수 있도록 하여야 한다.

특히, 법인이 무기명 주식 또는 무기명 주식 증서, 또는 명목주주나 명목이사를 허용하는 각종 수단을 발행할 수 있도록 허용하는 국가들은 해당 법인들이 자금세탁 및 테러자금조달에 악용되지 않도록 하는 효과적인 조치를 강구하여야 한다.

각국은 권고사항 10(고객확인제도)와 22(특정 전문직·비금융사업자의 고객확인의무)의 의무사항을 이행하는 금융회사와 특정 전문직 및 비금융사업자도 실소유자 및 지배구조에 대한 정보에 접근을 가능하게 하는 조치 마련을 고려하여야 한다.

특정금융정보법 시행령에 따르면 법인 또는 단체인 고객의 실제 소유자로서 다음 하나에 해당하는 사람이 있으면 그 실제 소유자의 성명, 생년월일 및 국적을 확인해야 한다. 이 경우 1단계에 해당하는 사람을 확인할 수 없는 때에는 2단계에 해당하는 사람을, 2단계에 해당하는 사람을 확인할 수 없는 때에는 3단계에 해당하는 사람을 각각 확인해야 한다.

〈법인 및 단체의 실제 소유자 확인 방법〉

아래의 단계를 통하여 확인한 실제 소유자에 대해서는 그 실제 소유자의 성명, 생년월일 및 국적을 확인하여야 한다.

(1단계) 100분의 25 이상의 지분증권을 소유한 사람
=〉 해당 법인 또는 단체의 의결권 있는 발행주식 총수(출자총액을 포함)의 100분의 25 이상의 주식, 그 밖의 출자 지분(그 주식, 그 밖의 출자지분과 관련된 증권예탁증권 포함) 을 소유하는 자("주주 등")

▼ (1 단계에서 확인할 수 없는 경우)

(2단계) 다음 어느 하나에 해당하는 사람
① 해당 법인 또는 단체의 의결권 있는 발행주식 총수를 기준으로 소유하는 주식, 그 밖의 출자지분의 수가 가장 많은 주주등
② 단독으로 또는 다른 주주등과의 합의 · 계약 등에 따라 대표자 · 업무집행사원 또는 임원 등의 과반수를 선임한 주주등
③ 해당 법인 또는 단체를 사실상 지배하는 자가 가목 및 나목에 해당하는 주주등과 명백히 다른 경우에는 그 사실상 지배하는 자

▼ (2 단계에서 확인할 수 없는 경우)

(3단계) 해당 법인 또는 단체의 대표자

그런데 실소유자를 확인하는 1단계와 2단계에서 ① 25% 이상 지분증권을 가진 자 또는 ② 의결권 있는 발행주식 총수를 기준으로 주식이나 출자지분이 가장 많은 주주등이 법인 또는 단체인 경우, 해당 법인 또는 단체의 중요한 경영사항에 대하여 사실상 영향력을 행사할 수 있는 사람으로서 다음 어느 하나에 해당하는 사람이 있으면 그 사람의 성명, 생년월일 및 국적을 확인할 수 있다.

가. 의결권 있는 발행주식 총수를 기준으로 소유하는 주식, 그 밖의 출자지분의 수가 가장 많은 주주등

나. 단독으로 또는 다른 주주등과의 합의 · 계약 등에 따라 대표자 · 업무집행사원 또는 임원 등의 과반수를 선임한 주주등

다. 그 주주등인 법인 또는 단체를 사실상 지배하는 자가 가목 및 나목에 해당하는 주주등과 명백히 다른 경우에는 그 사실상 지배하는 자

또한, 법인 · 단체 고객을 최종적으로 지배하거나 통제하는 자로서 대표이사 · 임원 등 고위 경영진의 직책에 있는 자연인이 있는 경우, 해당 자연인을 법인의 실제 소유자로 파악할 수 있으나, 법인의 실제 소유자를 정확하게 파악하지 않고, 3단계의 대표자를 실제 소유자로 입력하는 것은 실제 소유자를 적절하게 확인한 것으로 볼 수 없다는 점에 유의하여야 한다.

만약, 다음의 예시(1)와 같이 A법인에 대한 실소유자를 확인하는 과정에서 1단계에서 홍길동을 실제 소유자로 파악하고 A법인과 B법인의 실제 소유자를 파악하기 위한 추가적인 확인을 하지 않은 경우, 우리는 A법인의 실제 소유자인 고길동을 놓치게 된다. 이런 이유로 우리 법규는 1단계와 2단계에서 파악된 주요주주가 법인 또는 단체인 경우 최종적으로 상장회사나 개인이 나올 때까지 끝까지 추적하여 실제 소유자를 확인하도록 요구하고 있다.

(실제 소유자 확인 방법 - 예시 1)

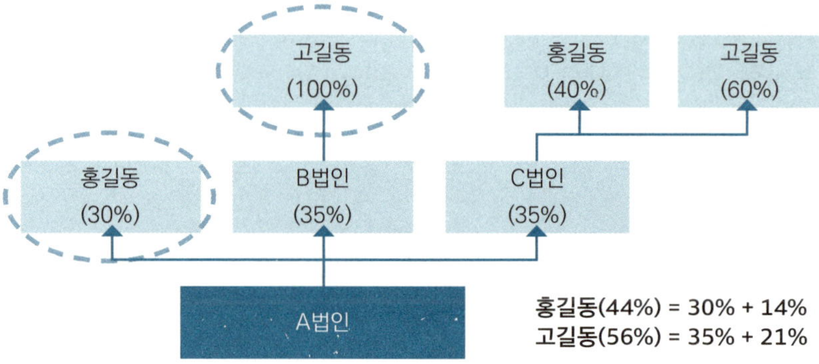

그런데, 특정금융정보법 시행령에서는 지분증권을 25% 이상 소유한 자가 여러 명인 경우에는 의결권 있는 발행주식 총수를 기준으로 소유하는 주식, 그 밖의 출자지분의 수가 가장 많은 주주등을 기준으로 확인해야 한다. 다만, 금융거래등을 이용한 자금세탁행위 및 공중협박자금조달행위를 방지하기 위하여 필요하다고 인정되는 경우에는 해당하는 자의 전부 또는 일부를 확인할 수 있다고 규정하고 있다.

이 부분은 한국 법규가 해외 규정과 조금 상이한 부분이다. 미국, 영국, 홍콩, 싱가폴 등에 따르면 금융회사등은 해당 법인의 25%(고위험인 경우 10%) 이상을 가진 모든 개인을 확인하고 해당 개인의 이름, 생년월일, 국적 및 신분증 등을 확인하거나 신분증 확인이 불가할 경우 주소 등 다른 정보를 확인할 것을 요구한다. 즉, 예시(1)의 사례에서 한국 법규는 고길동을 확인하면 되지만, 글로벌 기준에서는 홍길동과 고길동을 모두 실제 소유자로 확인하는 것이 일반적이다.

특정금융정보법 시행령 제10조의 5(실제 소유자에 대한 확인)

① 금융회사등은 법 제5조의2제1항제1호나목 본문에 따라 개인인 고객의 실지명의로 금융거래등을 하기로 하는 약정 또는 합의를 한 다른 개인 등 고객을 최종적으로 지배하거나 통제하는 사람(이하 이 조에서 "실제 소유자"라 한다)이 있으면 그 실제 소유자의 실지명의 및 국적(그 실제 소유자가 외국인인 경우로 한정한다. 이하 이 조에서 같다)을 확인해야 한다.

② 금융회사등은 법 제5조의2제1항제1호나목 단서에 따라 법인 또는 단체인 고객의 실제 소유자로서 다음 각 호의 어느 하나에 해당하는 사람이 있으면 그 실제 소유자의 성명, 생년월일 및 국적을 확인해야 한다. 이 경우 제1호에 해당하는 사람을 확인할 수 없는 때에는 제2호에 해당하는 사람을, 제2호에 해당하는 사람을 확인할 수 없는 때에는 제3호에 해당하는 사람을 각각 확인해야 한다.

1. 해당 법인 또는 단체의 의결권 있는 발행주식총수(출자총액을 포함한다. 이하 이 조에서 같다)의 100분의 25 이상의 주식, 그 밖의 출자지분(그 주식, 그 밖의 출자지분과 관련된 증권예탁증권을 포함한다. 이하 이 조에서 같다)을 소유하는 자(이하 이 조에서 "주주등"이라 한다)
2. 다음 각 목의 어느 하나에 해당하는 사람
   가. 해당 법인 또는 단체의 의결권 있는 발행주식총수를 기준으로 소유하는 주식, 그 밖의 출자지분의 수가 가장 많은 주주등
   나. 단독으로 또는 다른 주주등과의 합의·계약 등에 따라 대표자·업무집행사원 또는 임원 등의 과반수를 선임한 주주등
   다. 해당 법인 또는 단체를 사실상 지배하는 자가 가목 및 나목에 해당하는 주주등과 명백히 다른 경우에는 그 사실상 지배하는 자
3. 해당 법인 또는 단체의 대표자

③ 제2항 각 호 외의 부분 후단에도 불구하고 같은 항 제1호 또는 제2호가목에 따른 주주등이 다른 법인 또는 단체인 경우에는 그 주주등인 법인 또는 단체의 중요한 경영사항에 대하여 사실상 영향력을 행사할 수 있는 사람으로서 다음 각 호의 어느 하나에 해당하는 사람이 있으면 그 사람의 성명, 생년월일 및 국적을 확인할 수 있다. 이 경우 제1호 또는 제2호가목에 해당하는 자가 또 다른 법인 또는 단체인 때에는 그 또 다른 법인 또는 단체에 대하여 다음 각 호의 어느 하나에 해당하는 사람의 성명, 생년월일 및 국적을 확인할 수 있다.

1. 의결권 있는 발행주식총수의 100분의 25 이상을 소유하는 주주등
2. 다음 각 목의 어느 하나에 해당하는 자
   가. 의결권 있는 발행주식총수를 기준으로 소유하는 주식, 그 밖의 출자지분의 수가 가장 많은 주주등
   나. 단독으로 또는 다른 주주등과의 합의·계약 등에 따라 대표자·업무집행사원 또는 임원 등의 과반수를 선임한 주주등
   다. 그 주주등인 법인 또는 단체를 사실상 지배하는 자가 가목 및 나목에 해당하는 주주등과 명백히 다른 경우에는 그 사실상 지배하는 자

④ 제2항 및 제3항을 적용할 때 제2항제1호 또는 제2호나 제3항제1호 또는 제2호에 해당하는 자가 여러 명인 경우에는 의결권 있는 발행주식총수를 기준으로 소유하는 주식, 그 밖의 출자지분의 수가 가장 많은 주주등을 기준으로 확인해야 한다. 다만, 금융거래등을 이용한 자금세탁행위 및 공중협박자금조달행위를 방지하기 위하여 필요하다고 인정되는 경우에는 제2항제1호 또는 제2호나 제3항제1호 또는 제2호에 해당하는 자의 전부 또는 일부를 확인할 수 있다.

⑤ 제2항부터 제4항까지의 규정에도 불구하고 법인 또는 단체인 고객이 다음 각 호의 어느 하나에 해당하는 경우에는 제2항 및 제3항에 따른 확인을 하지 아니할 수 있다.

1. 국가 또는 지방자치단체
2. 다음 각 목의 어느 하나에 해당하는 공공단체
   가. 「공공기관의 운영에 관한 법률」에 따른 공공기관
   나. 「정부출연연구기관 등의 설립·운영 및 육성에 관한 법률」 및 「과학기술분야 정부출연연구기관 등의 설립·운영 및 육성에 관한 법률」에 따라 설립된 정부출연연구기관, 과학기술분야 정부출연연구기관 및 연구회
   다. 「지방공기업법」에 따라 설립된 지방직영기업·지방공사 및 지방공단
   라. 다음의 어느 하나에 해당하는 법인 중 자금세탁과 공중협박자금조달의 위험성이 없는 것으로 판단되어 금융정보분석원장이 지정하는 자

1) 법률에 따라 정부로부터 출자·출연·보조를 받는 법인
2) 법률에 따라 설립된 법인으로서 주무부장관의 인가 또는 허가를 받지 않고 그 법률에 따라 직접 설립된 법인

3. 다른 금융회사등(제8조의4 각 호의 어느 하나에 해당하는 자는 제외한다)
4. 「자본시장과 금융투자업에 관한 법률」 제159조제1항에 따른 사업보고서 제출대상법인

다만, 고객의 소유구조를 파악하는 과정에서 아직 확인되지 않은 개인이 해당 고객의 실제 소유자가 될 수 없음을 수학적으로 증명할 수 있는 경우, 그 시점에서 소유구조 파악을 중단할 수 있다(수학적 확실성의 원칙). 우리 법규에서는 해당 내용에 대한 설명이 없지만, 이 부분은 수학적으로 더 이상 추가적인 실제 소유자가 존재할 수 없기 때문에 추가적인 노력을 하지 않도록 하기 위하여 내규로 이런 부분들을 기술하는 것도 바람직할 것으로 보인다.

즉 소유구조가 파악되지 않은 모든 잠재적 지분을 합계하여 수학적 확실성 원칙의 적용 여부를 결정한다. 계산 오류시, 고객에 대한 소유구조 파악이 정확하게 이루어지지 않아 CDD가 불충분한 것으로 간주되고 전면적 보완조치 등의 조치가 필요할 수 있으므로 수학적 확실성의 원칙은 신중이 적용해야 한다.

아래 예시(2)에서는 개인 B를 제외한 어떤 다른 개인주주도 ABC(주)를 10% 초과하여 소유할 수 없다는 것이 수학적으로 증명되므로 수학적 확실성의 원칙이 적용될 수 있다. 즉, 개인 A가 최대 소유할 수 있는 지분은 8%(5+3)이다. 따라서 해당 법인의 실제 소유주는 B로 확인할 수 있다.

(실제 소유자 확인 방법 – 예시 2)

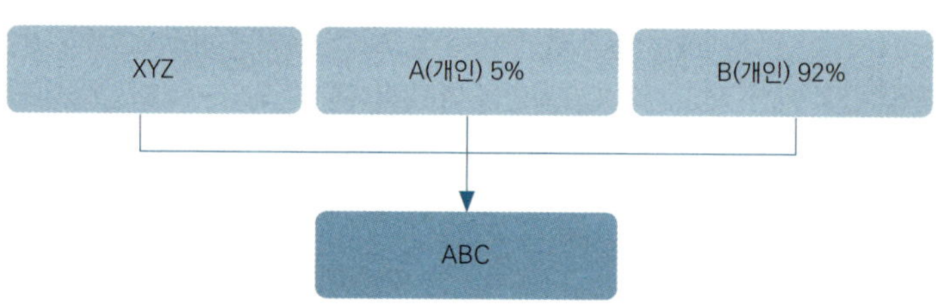

또한, 종종 법인의 실제 소유자를 확인하기 위하여 모든 Layer에 대한 확인을 하였지만 다음 예시(3)과 같이 법인 사이의 순환출자를 통하여 실제 소유자를 파악하기 어려운 경우도 존재한다. 이와 같은 경우에는 각 법인을 실질적으로 통제하는

자연인을 확인하는(일반적으로 5개 법인에 공통으로 대표이사, 이사 또는 감사 등으로 등재되어 있는 자) 것이 바람직하다.

(실제 소유자 확인 방법 - 예시 3)

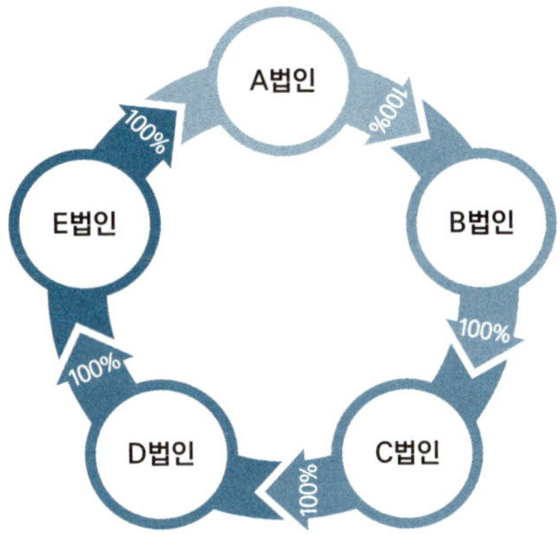

특히, 자금세탁목적을 위하여 복잡한 소유구조를 만들어 실제 소유자를 파악하기 어렵다고 의심이 되는 법인에 대해서는 거래 수용 여부에 대한 검토를 통하여 필요한 경우 거래를 거절하고 의심스러운 거래 보고를 검토할 필요가 있다.

어떤 경우를 복합한 소유구조로 보는지에 대해서는 각 금융회사마다 정책이 다를 수 있는데, 예를 들어 다음 예시(4)의 경우 복잡한 소유구조를 가진 법인으로 볼 수 있고, 이와 같은 법인의 경우 복잡한 소유구조에 대한 명백한 사유가 설명되지 않을 경우 실제 소유자 등을 숨기기 위하여 소유구조를 복잡하게 만든 것이라는 의심을 가질 수 있다.

다음 예시(4)의 경우 법인 실제 소유자를 확인하는 과정에서 역외법인이나 감독당국의 규제를 받지 않는 사모펀드 등이 확인되는 경우 실제 소유자를 확인하기 어려운 경우가 많다.

만약 동 사례에서 실질 소유자인 AB 펀드가 규제 금융회사이거나 자금세탁통제가 적절하게 마련된 국가에서 설립되고 규제를 받는 펀드일 경우 실제 소유자를 파악하기 어렵지 않을 수 있으나, 그렇지 않다면, 실제 소유자 확인이 어려울 수 있으므로 고객으로부터 실제 소유자를 확인할 수 있는 Ownership Structure Declaration

(소유 구조확인서) 등을 그려오도록 요구하거나 확인하여 올 것을 요청할 수 있다.

(실제 소유자 확인 방법 – 예시 4)

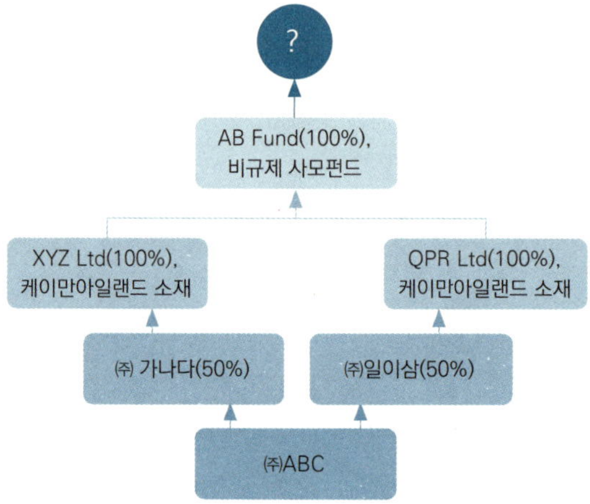

실제 소유자의 확인 방법은 해당 법인의 종류에 따라 달라질 수 있으므로 아래 예시를 활용하여 확인할 수 있다.

실제 소유자 확인을 위하여 사용 가능한 문서 예시

- 주식회사 : 주주명부, 주식등변동상황명세서(주주의 성명, 생년월일, 국적 정보 포함할 것)
- 외감법인 : 감사보고서
- 합명, 합자회사 : 정관(사원명부)
- 유한회사 : 사원명부, 출자명세서
- 창투사 및 투자조합 : 정관, 창업투자조합 등록원부, 출자자명세서 등
- 사단 및 재단법인 : 정관, 법인등기부등본, 국세청 공익법인 공시 사이트
- 우리사주 조합 : 조합원명부, 정관, 회칙 등
- 교회등 종교단체 : 회칙(또는 정관) 등
- SPC(특수목적법인) : SPC를 사실상 지배하는 법인 등이 있는 경우, 해당 법인 유형에 따른 실제 소유자 확인 문서 및 SPC 출자자명부
- 비거주 해외법인 : 해당 해외법인의 Company Search 또는 Company Registry 사이트
- 상장회사 : 한국거래소 조회 내용
- 금융회사 : 금융감독원 제도권금융회사 조회
- 정부 공공단체 : 알리오 등

주식회사의 경우 상법상 주주명부를 회사 내에 비치하도록 하고 있어, 일반적으로 금융회사등은 법인의 실제 소유자를 확인하기 위하여 주주명부를 징구한다.

그러나 주주명부는 일정한 양식이나 독립적인 제3자로부터 확인하는 것이 아니라, 고객이 의도적으로 정보를 허위로 제출하거나, 실제 소유자의 정보를 은폐할 경우 실제 소유자의 정보를 명확하게 파악하기 어려울 수 있다.

국내 법인의 경우 국세청에 주주에 대한 신고를 하여야 한다. 그리고 해당 주주에 대한 변경이 있는 경우 주식등변동상황명세서(아래 예시 그림 참조)를 제출하여야 한다.

대부분의 법인인 경우 직접 세무관련 업무를 취급하지 않고, 일반적으로 세무사등이 해당 업무를 대행하므로, 현재 국내법규에서 실제 소유자를 확인할 수 있는 가장 객관적인 방법은 당해 고객의 세무사를 통하여 제출받는 주식등변동상황명세서이다.

물론 주주명부를 통하여 확인이 가능하지만, 고객이 주주명부를 허위로 제출하는 경우에는 실제 소유자를 오류로 확인할 수 있게 된다. 이와 같은 사유로 인하여 다른 많은 국가에서는 아주 특별한 예외적인 경우가 아닌 한 주주관련 서류를 고객으로부터 직접 제출받는 것을 지양하고 객관적인 출처에서 독립적으로 확인할 것을 요구하는 것이 일반적이다.

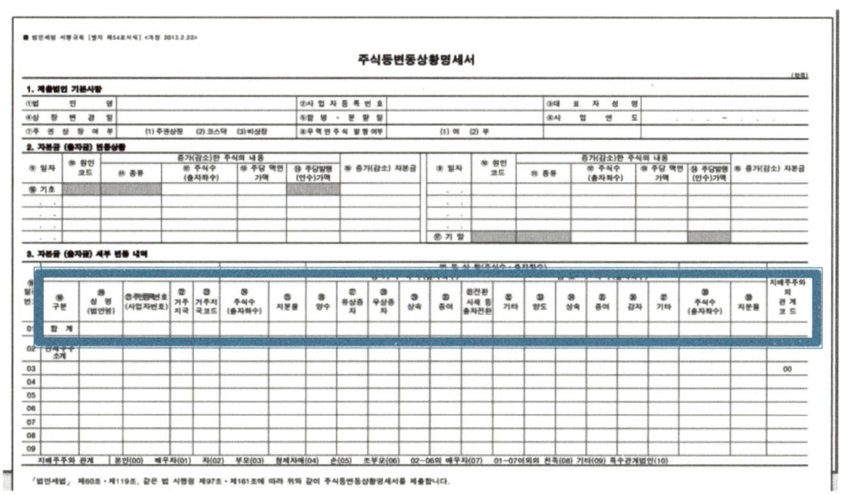

주식등변동상황명세서

1. 제출법인 기본사항

①법인명 ②사업자등록번호 ③대표자성명
④상장변경일 ⑤합병·분할일 ⑥사업연도
⑦주권상장여부 (1) 주권상장 (2) 코스닥 (3) 비상장 ⑧무액면주식 발행 여부 (1) 여 (2) 부

2. 자본금 (출자금) 변동상황

일자 / 원인코드 / 증가(감소)한 주식의 내용: 종류, 주식수(출자좌수), 주당 액면가액, 주당발행(인수)가액 / 증가(감소) 자본금
기초 / 기말

3. 자본금 (출자금) 세부 변동 내역

구분 / 성명(법인명) / 주민등록번호(사업자번호) / 거주지국 / 거주지국코드 / 주식수(출자좌수) / 지분율 / 양수 / 유상증자 / 무상증자 / 상속 / 증여 / 전환사채 등 출자전환 / 기타 / 양도 / 상속 / 증여 / 감자 / 기타 / 주식수(출자좌수) / 지분율 / 지배주주와의 관계코드

01 합계
02
03 00
04
05
06
07
08
09

지배주주와 관계 | 본인(00) 배우자(01) 자(02) 부모(03) 형제자매(04) 손(05) 조부모(06) 02~06의 배우자(07) 01~07이외의 친족(08) 기타(09) 특수관계법인(10)

「법인세법」 제60조·제119조, 같은 법 시행령 제97조·제161조에 따라 위와 같이 주식등변동상황명세서를 제출합니다.

자료 출처 : 국세청 양식

주주명부 예시

주 주 명 부

주 주 명	주민등록번호	소유주식의 종류	소유주식의 수
XXX	XXXXXX-XXXXXXX	보통주식	2,500,000주

1주의 금액 : 100원　　　　　합　계 : 2,500,000주

위 주주명부는 본사에 비치된 주주명부와 대조하여 틀림없음을 증명합니다.

2023년 XX월 XXX일

주식회사 XXXX(인)

또한 많은 금융회사에서 법인명에 “XX조합” 또는 “OO유한공사”라는 명칭이 있는 경우 공공단체로 오해하여 실제 소유자를 면제하는 경우가 종종 발견된다.

일반적으로 조합은 다양한 형태의 조합 구성이 가능하고, 각 조합원의 출자를 토대로 운영을 하고 조합의 대부분의 의사결정은 이사장과 이사회에 의하여 이루어지는 경우가 많다. 따라서 법령에 의하면 만들어진 금융회사나 공공단체로 분류할 수 있는 조합 법인이 아닌 한, 정관 또는 출자자명부를 통하여 실제 소유자를 확인하는 것이 바람직하다.

또한 “OO유한공사” 등 명칭에 공사라는 경우, 공공단체로 오해를 하는 경우가 있는데, 공공단체의 경우 대부분 관련 사이트에서 확인이 가능하므로, 알리오 등 공공단체 확인 사이트에서 확인이 불가하고, 해당 공사등의 설립 근거법이 명확하지 않은 경우 공공단체로 분류하면 안 된다.

실제 소유자 확인과 관련하여 가장 혼동이 많은 사례는 “아파트관리소”나 비영리 단체(법인)등이 있을 수 있다.

① 아파트관리사무소는 아파트 주민의 공동체로서 아파트관리를 위한 목적으로 만들어지는 단체이고 아래 K-apt(공동주택관리정보시스템)을 통하여 대부분의 아파트관리소의 회계감사결과 등을 모두 확인할 수 있다. 따라서 아파트입주자대표회의의 정관(일반적으로 회장, 감사, 이사 등으로 구성되어 있음) 등을 통하여 의사결정자를 확인하여 해당 의사결정권자를 해당 관리소 관련 자금의 실질 통제자로 확인할 수 있다.

자료 출처 : 한국부동산원

② 비영리단체의 경우에는 실제 소유자보다는, 해당 비영리단체의 설립목적을 확인하고, 사단법인이나 법인이 아닌 사단의 경우에는 정관 등을 통하여 의사결정권한을 확인한 후 실질적인 통제자를 확인하는 것이 바람직하다. 재단법인 또는 재단의 경우에는 자금 출연인과 해당 재단의 수혜자 등이 있을 수 있으므로, 이를 확인하여 실제 소유자 또는 통제자를 확인하여야 한다. 비영리단체에 대한 상세정보는 국세청과 비영리민간단체 공익활동 지원사업 관리정보시스템 등에서 확인할 수 있다(후술하는 강화된 고객확인제도 비영리단체에서 상세 설명함).

전술한 바와 같이 대부분의 국가에서는 고객확인 과정에서 실제 소유자 정보를 고객으로부터 확인하는 것이 아니라, 독립적인 출처를 통하여 확인한다. 실제 소유자 정보가 공개되어 있는 국가들에서는 Company Registry나 Company Search 사이트에서 소액의 비용으로 확인이 가능하다. 그러나 우리나라의 경우 법인의 통제구조 정보(즉, 이사 등의 정보)는 법인등기부 등본 등을 통하여 확인할 수 있으나, 지배구조(지분 소유자 정보)는 국세청만이 가지고 있는 정보라 공개되고 있지 않는다.

따라서 주주명부의 신뢰성이 확보되지 않는다고 판단되는 경우에는 법인 고객의 관할 세무서에 신고하는 주식등변동상황명세서나, 신용정보회사의 정보, 금융감독원 DART 사이트에서 확인한 외감법인의 감사보고서 등을 통하여 확인할 수 있다.

다만, KISLINE, CRETOP, 한국기업데이터 등 외부 신용정보회사사이트의 정보는 주기적으로 업데이트하는 것이 아니라 반드시 최신정보가 아닐 수 있음에 유의하여야 한다.

또한, 고객이 외국법인인 경우, 미국, 홍콩, 싱가폴 등 많은 국가에서는 법인등기부 등본에 준하는 서류에 주주정보가 나오는 경우가 많으므로 Company Search 또는 Company Registry 등의 웹사이트 등을 통하여 확인할 수 있는 경우도 많다. 외국의 Company Search 사이트 등은 구글 검색 등을 통하여 확인할 수 있다.

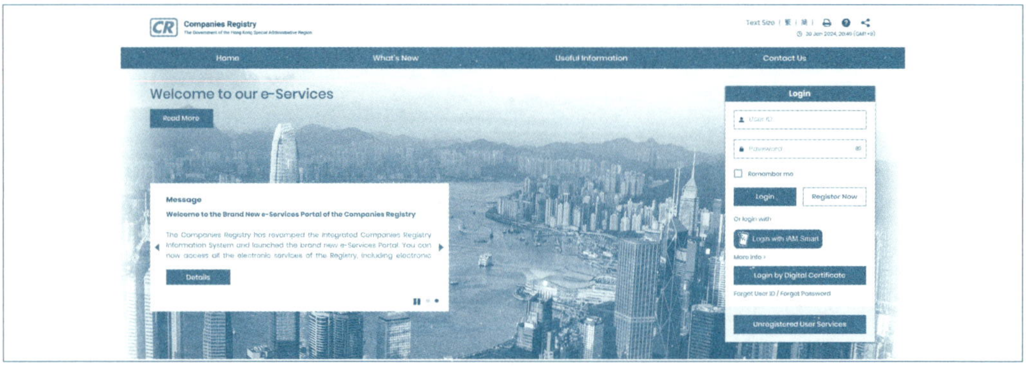

출처 : 홍콩 Company Registry 사이트(https://www.e-services.cr.gov.hk/ICRIS3EP)

〈해외 Company Registry 현황〉

다음은 다른 국가의 실제 소유자를 확인할 수 있는 사이트의 예시이다, 실제 소유자에 대한 확인은 금융회사, 상장회사, 일반법인별로 사이트가 다를 수 있으며, 미국과 같은 연방국가 등의 경우에는 각 주별로 별도의 사이트 등을 가지고 있으므로, 해외 법인의 경우, 회사의 유형 또는 국가 등을 고려하여 구글 등에서 해당 국가의 Company Registry를 확인하여 검색하면 된다. 다만 우리나라와 같이 실제 소유자에 대한 공개정보가 없는 국가 등도 존재할 수 있음을 고려하여 확인하여야 한다.

〈해외 Company Registry 현황〉

Country	Name	HTTP
Australia	Australian Business Register	http://www.abr.business.gov.au/
Australia	Office of the Registrar of Indigenuous Corp	http://www.oric.gov.au/
Bahamas	Government of the Bahamas	http://www.bahamas.gov.bs/bahamasweb2/home.nsf/vContentW/99B49574E40446618525701800647AFB
Brazil	Registro Empresarial e Integracao	http://drei.smpe.gov.br/assuntos/juntas-comerciais
British Virgin Islands	British Virgin Islands Financial Services Commission	http://www.bvifsc.vg/en-gb/regulatedentities.aspx
Canada	Companies and Deeds Online - CADO	https://cado.eservices.gov.nl.ca/Company/CompanyNameNumberSearch.aspx
Canada	Federal Corp Search Government of Canada - Innovation, Science and Economic Development Canada	https://www.ic.gc.ca/app/scr/cc/CorporationsCanada/fdrlCrpSrch.html?locale=en_CA
Cayman Islands	General Registry Cayman Islands	http://www.ciregistry.gov.ky/portal/page/portal/reghome
China	Credit Reference Center, The People's Bank of China.	http://www.pbccrc.org.cn/crc/
China	National Enterprise Credit Information Publicity System (incorporates companies registered with the SAIC or local AICs in the 31 provinces, autonomous regions and municipalities across the country.)	http://www.gsxt.gov.cn/index.html
Cyprus	Department of Registrar of Companies and Official Receiver	https://efiling.drcor.mcit.gov.cy/DrcorPublic/SearchForm.aspx?sc=0&lang=EN&cultureInfo=en-AU
Germany	Common Register Portal of German Federal States	https://www.handelsregister.de/rp_web/welcome.do
Germany	Company Register	https://www.unternehmensregister.de/ureg/index.html?language=en&goal=Teaser-BundesanzeigerVerlag&goal_kwd=Unternehmensregister
Hong Kong	Companies Registry	www.cr.gov.hk
Hong Kong	Integrated Companies Registry Information System	https://www.e-services.cr.gov.hk/ICRIS3EP/system/dashboard/information.do?systemclock=1704967416611
Singapore	Accounting and Corporate Regulatory Authority (ACRA)	https://wwww.acra.gov.sg/home/
Singapore	Charity Portal	https://www.charities.gov.sg/
Singapore	Registries of Society	https://www.ros.mha.gov.sg/egp/eservice/ROSES/FE_SocietySearch
Taiwan	Department of Commerce, MOEA	Government COMMERCE INDUSTRIAL SERVICES PORTAL
UAE	UAE National Economic Register	https://ner.economy.ae/
UK	UK Companies Houses	http://wck2.companieshouse.gov.uk//wcframe?name=accessCompanyInfo https://www.gov.uk/government/organisations/companies-house http://direct.companies-house.gov.uk/
USA	Delaware(주별로 CR이 존재)	http://corp.delaware.gov/
USA	Nevada	https://esos.state.nv.us/SOSServices/AnonymousAccess/CorpSearch/CorpSearch.aspx
USA	New York	https://appext20.dos.ny.gov/corp_public/corpsearch.entity_search_entry
Vietnam	Vietnam	https://dangkyquamang.dkkd.gov.vn/auth/Public/LogOn.aspx?ReturnUrl=%2fonline%2fdefault.aspx

〈유권해석〉 신용정보회사를 통해 조회 한 주요 주주현황 정보를 자금세탁방지 실제 소유자확인 및 검증서류로 활용해도 무방한지 여부

특정금융정보법 제5조의2제1항 및 자금세탁방지 업무규정 제41조에 따른 실제 소유자 확인 검증 자료로 신용정보회사에서 조회된 자료(해당 자료가 최신 정보임을 전제로 할 경우)를 이용할 수 있는지 여부

- "신용정보법"을 준수하여 관련 정보의 정확성과 최신성을 확보하고 있다면 금융회사등은 실제 소유자 확인 및 검증 자료로 이를 활용할 수 있다고 할 것입니다 .

- 특정금융정보법에 따라 금융회사등은 고객확인시 실제 소유자를 확인하여야 하며, 업무규정 제41조에 따라 금융회사등은 신뢰할 수 있고 독립적인 관련정보 및 자료 등을 이용하여 신원을 확인하고 검증하기 위한 합리적인 조치를 취해야 합니다.

- 금융회사등은 이를 고려하여 실제 소유자를 확인할 수 있는 방법 및 자료 등 관련 절차를 자율적으로 마련할 수 있으며, 진위 여부 등에 대하여도 책임이 있습니다.

- 신용정보회사의 자료가 신용정보법을 준수하여 관련 정보의 정확성과 최신성을 확보하고 있다면 금융회사등은 실제 소유자 확인 및 검증 자료로 이를 활용할 수 있다고 할 것입니다.

제2절 실제 소유자 확인 면제 대상법인

다음의 법인 또는 단체인 고객에 대해서는 실제 소유자를 확인하지 아니할 수 있다. 즉, 적정한 투명성이 보장되는 국내 법인 또는 단체 고객의 경우 금융회사가 실제 소유자에 관한 사항을 확인해야 하는 부담을 경감하기 위한 취지로 면제 조항을 규정하고 있다.

1. 국가 또는 지방자치단체
2. 다음 중 어느 하나에 해당하는 공공단체
   가. 「공공기관의 운영에 관한 법률」에 따른 공공기관
   나. 「정부출연연구기관 등의 설립·운영 및 육성에 관한 법률」 및 「과학기술분야 정부출연연구기관 등의 설립·운영 및 육성에 관한 법률」에 따라 설립된 정부출연연구기관, 과학기술분야 정부출연연구기관 및 연구회
   다. 「지방공기업법」에 따라 설립된 지방직영기업·지방공사 및 지방공단
   라. 다음의 어느 하나에 해당하는 법인 중 자금세탁과 공중협박자금조달의 위험성이 없는 것으로 판단되어 금융정보분석원장이 지정하는 자
      1) 법률에 따라 정부로부터 출자·출연·보조를 받는 법인

2) 법률에 따라 설립된 법인으로서 주무부장관의 인가 또는 허가를 받지 않고 그 법률에 따라 직접 설립된 법인

3. 다른 금융회사등(가상자산사업자, 카지노업장 등 제8조의4 각 호의 어느 하나에 해당하는 자는 제외한다)
4. 「자본시장과 금융투자업에 관한 법률」에 따른 사업보고서 제출대상법인

다만, 공시의무를 부담하는 주권상장법인과 코스닥상장법인에 대해 무조건적인 검증의 생략보다는 허위공시, 주금가장납입, 대주주의 비자금 조성·횡령·배임 여부 등 당해 법인의 위험수준을 고려하여 자율적인 기준을 수립한 후 검증을 생략하는 것이 바람직하다.

또한, 최근 규제당국의 주요 지적사항을 살펴보면, 앞에서 기술한 바와 같이 실제 소유자확인 면제 대상법인이 아님에도 불구하고, "OO유한공사", "XX조합" 등 법인명으로 유추하여 해당 고객의 실제 소유자 확인을 면제하여 지적된 경우가 확인되었다. 따라서, 실제 소유자 확인 면제대상인지를 결정하기 위해서는 각각의 유형을 확인할 수 있는 검증자료를 통하여 확인하는 것이 중요하다.

1. 국가 및 지방자치 단체 : 정부 홈페이지

2. 공공단체

① 공공기관운영법에 따른 공공기관("공공기관 알리오(www.alio.go.kr)"에 공개된 공공기관),

② 정부출연연구기관법에 따라 설립된 정부 출연연구 기관(「정부출연연구기관 등의 설립·운영 및 육성에 관한 법률」 별지의 연구기관 및 부설기관(한국개발연구원, 국제정책대학원, 건축도시공간연구소, 육아정책연구소) 및 연구회(경제·인문사회연구회)

③ 과기출연기관법에 따라 설립된 과학기술 분야 정부 출연연구기관(「과학기술분야 정부출연연구기관 등의 설립·운영 및 육성에 관한 법률」 별표의 연구기관 및 부설기관(녹색기술센터, 국가핵융합연구소, 국가보안기술연구소, 세계김치연구소, 재료연구소, 안전성평가연구서) 및 연구회(국가과학기술연구회)

④ 지방공기업법에 따라 설립된 지방직영기업·지방공사 및 지방공단(클린아이(지방공기업경영공시시스템, www.cleaneye.go.kr)에 공개된 지방직영기업·지방공사 및 지방공단

⑤ 금융정보분석원장이 지정하는 자(특정금융거래 정보 및 감독규정 별표1의 공공단체(아래 표 참조))

3. 금융회사 - 감독원 홈페이지(제도권 금융회사 조회)

4. 「자본시장과 금융투자업에 관한 법률」에 따른 사업보고서 제출대상법인 - 한국거래소 등

1. 한국은행
2. 한국방송공사
3. 한국교육방송공사
4. 한국교직원공제회
5.「국립대학병원 설치법」에 의하여 설립된 국립 대학병원
6. 한국정보통신기술협회
7. (재)유비쿼터스컴퓨팅사업단
8. 소프트웨어공제조합
9. 광주정보문화산업진흥원
10. 강원정보문화진흥원
11. 부산정보산업진흥원
12. 인천광역시정보산업진흥원
13. 전국은행연합회
14. 한국증권업협회
15. 생명보험협회
16. 대한손해보험협회
17. 한국여신전문금융업협회
18. 자산운용협회
19. 한국해양소년단연맹
20. 한국항만연수원
21. 한국해양오염방제조합
22. 한국해운조합
23. 한국선원복지고용센터
24. 한국해양조사협회
25. (재)한국항로표지기술협회
26. 예술의전당

〈유권해석〉 FIU의 실제 소유자 확인면제대상 명확화

• 최근 FIU는 실제 소유자 확인 면제 대상기관을 외국 국가, 지방자치단체 및 금융회사로 확대

* [면제확대기관]

(1) FATF, FSRB의 상호평가에 의해 효과적인 자금세탁방지 시스템을 갖춘 것으로 확인된 국가 및 지방자치단체

(2) FATF 권고 또는 국내 자금세탁방지 규정과 동일한 수준의 자금세탁방지 규정을 준수하고 있음을 해당 국의 금융당국으로부터 충실히 감독, 모니터링받고 있는 외국의 금융회사

• 다음 외국 법인, 단체도 면제 대상 기관에 추가가 가능한지 여부 포함

① 해외상장회사 : FATF 회원국으로 상호평가에 의해 효과적인 자금세탁방지 시스템을 갖춘 것으로 확인된 국가의 증권거래소에 상장된 회사로서, 금융회사가 해외상장회사의 지분구조 파악 가능성을 증빙시 면제 가능

② 해외 공공단체 : 공공단체의 범위, 관리·감독 체계, 지배구조 등 국가와의 관계 등에 대한 정보가 부족하므로 면제 대상 포함이 어려움(국내 금융회사의 경우 해외 공공단체의 증빙부담이 발생하므로 형평성 문제 발생 우려)

③ 외국금융회사의 해외 계열사 지점 및 법인 : 해외계열사의 본사(외국 금융회사)가 FATF의 상호평가에 의해 효과적 자금세탁방지 시스템을 갖춘 국가에 위치하여 해당 국가 금융당국의 관리·감독도 받는다는 사실을 증빙할 경우에는 면제가 가능

6장

강화된 고객확인제도

제1절 강화된 고객확인제도

강화된 고객확인이란 고객별·상품별 위험도를 분류하고 자금세탁위험이 큰 경우에는 더욱 엄격한 고객확인, 즉 금융거래의 목적과 자금거래의 원천 등을 확인하도록 하는 제도이다. 이를 위하여 금융회사등은 모든 고객에 대한 자금세탁 위험도를 평가하여 고위험 고객에 대해서는 강화된 고객확인을 수행하여 추가적인 정보 확인 등 필요한 조치를 취하여야 한다.

이와 더불어 특정 고객군에 대해서는 항상 강화된 고객확인을 수행할 것을 규정하고 있다. 이 장에서는 반드시 강화된 고객확인을 수행하여야 하는 고객군에 대하여 기술하고 있다.

제2절 고액자산가에 대한 강화된 고객확인제도

1. 종합적인 자산관리서비스를 제공받는 고객(고액자산가)

금융회사등은 금융회사로부터 투자자문을 비롯한 법률, 세무 설계 등 종합적인 자산관리서비스를 제공받는 고객 중 금융회사등이 추가정보 확인이 필요하다고 판단한 고객(즉, 고액자산가(High Net Worth))에 대해서는 강화된 고객확인을 수행하여야 한다.

(주거래 고객 또는 PB고객 등) 중 자체 선정기준을 충족하는 고객 예시

- 금융자산 10억 원 이상인 고객
- 실물자산을 포함한 금융자산이 100억 원 이상인 고객

금융회사는 자체 기준을 마련하여 "고액 자산가(High Net Worth)" - 각 회사의 자금세탁 위험을 고려하여 금융회사의 특정 직원에 의해 전담서비스를 제공받는 주요 관리고객-를 지정하여야 한다.

2008년 12월 강화된 고객확인제도를 도입하는 시점 대부분의 금융회사등은 해당 금융회사에 금융자산이 10억 원 이상인 고객을 고액자산가로 분류하였으나, 이는 예시에 불과하므로 각 금융회사등은 자신의 회사의 자체 기준에 따라 고액자산가를 선정하면 된다.

2. 고액자산가의 자금세탁 리스크

고액자산가는 다음과 같은 취약점으로 인해 자금세탁에 이용될 위험이 높기 때문에 금융회사등의 더 높은 주의의무가 필요하여 강화된 고객확인 대상군으로 분류된다.

- 주요 고객층이 주로 신분노출을 원하지 않는 고액자산가, 사회적·정치적 주요인물 등으로 구성
- 고객에 대한 비밀보장 문화 형성
- 고객과의 밀접한 유대관계 형성과 고객의 이익을 중요시하는 전담직원의 의식
- 고객에 대한 과도한 보호의식으로 인한 내부통제 미흡
- 수익중심의 전담직원 보상체계

이런 위험으로 인하여 금융회사는 종합자산관리서비스 고객으로 선정된 고객에 대해서 기본적인 신원확인 및 검증 이외에 강화된 고객확인을 이행하여야 한다. 강화된 고객확인을 위한 추가정보의 예시는 아래와 같다.

- 계좌개설시 사용된 자금의 원천과 출처
- 계좌개설 목적
- 계좌의 예상거래 횟수 및 금액
- 추정 자산규모

3. 고액자산가에 대한 자금의 원천 확인 및 검증방법

국제적인 기준에서는 고액자산가의 대하여 자산의 원천에 대한 검증을 요구하는 경우가 많다. 우리나라는 금융회사등은 자산의 원천에 대해 "저축", "투자", "상속", "사업 거래", 또는 "사업 매출액" 등 포괄적인 단어로 답변하고 있는데, 고객의 자금세탁 리스크를 파악하기에는 포괄적인 한 단어로 설명하는 것은 불충분하므로 업계 전반에 걸쳐 개선이 필요하다고 생각한다.

다음은 고액자산가의 자금 원천을 검증하고자 하는 경우 사용할 수 있는 체크리스트의 예시이다.

급여 – 고객의 자산이 급여인 경우	
• 고객의 직업에 대한 구체적인 내용 • 직업이 자산형성에 미친 영향 • 상세 정보 – 급여, 보너스, 스톡 옵션	**거래명세서**
사업 – 고객의 자산이 사업수익인 경우	
• 주요상품 및 서비스, 시장 점유율, 직원 수 • 해당 사업에 대한 고객의 지분 % • 예상 연 매출 • 사업 영위 기간 • 배당 내역/경영진 급여 지급 내역	**감사보고서/연례보고서**
투자 – 고객의 자산이 투자소득인 경우	
• 자산/투자 및 규모(부동산, 증권 등) • 최초 Seed Money의 원천 • 투자로 인한 연간소득/가치상승으로 인한 이득 • 고객이 해당 투자 상품/부동산을 보유하고 있던 기간	**종합소득세 신고 내역**
상속 – 고객의 부의 원천이 상속인 경우	
• 상속받은 자산의 가치/타입(예 부동산, 증권) • 기존의 자산(Original Wealth)이 어떻게, 누구로부터 어느 국가로부터 창출되었는지 • 해당 자산이 언제 상속되었는지 • 상속 이후 모든 사업활동 기술(예 벤처기업에 투자)	**세금명세서 인터넷 조회**

4. 고액자산가에 대한 강화된 고객확인 및 모니터링

금융회사등은 종합자산관리서비스 고객으로 선정되었거나 신규로 편입된 고객이 계좌를 신규로 개설하는 때에는 다음의 사항에 대하여 관리자의 검토 및 승인을 얻어야 한다.

- 강화된 고객확인을 통해 획득한 신원정보의 적정성
- 거래의 수용 여부

또한, 금융회사는 종합자산관리서비스 고객에 대한 금융거래 모니터링을 위해 효과적인 내부통제 절차를 수립하여야 하고, 이를 지속적으로 검토하여 업데이트 하여야 한다.

이와 더불어 금융회사는 자금세탁등의 위험이 특히 높다고 판단되는 고객에 대해서 업무상 또는 조직체계상 금융거래 승인부서와 독립된 상위 책임자가 지속적으로 모니터링하도록 조치하여야 한다.

특히, 자산의 원천을 확인하는 과정에서 고객 자산의 원천에 대해 합법적이라고 판단할 수 없거나, 고객의 자금 또는 자산의 적법성에 대해 합리적인 의심이 있는 경우, 금융회사는 해당 고객에 대한 추가적인 조치(의심스러운 거래보고, CDD 재점검, 거래 중단 또는 해지 검토 등) 등을 검토하여야 한다.

반기별로 실시되는 금융정보분석원의 제도이행평가에서 고액자산가에 대한 지표는 고액자산가에 대한 거래모니터링 시나리오 건수 및 STR 보고 건수 등을 평가 대상으로 삼고 있으므로, 고액자산가의 이상거래를 모니터링할 수 있는 충분한 시나리오를 마련하고 필요한 경우 STR로 보고될 수 있도록 면밀히 점검하여야 한다

제3절 환거래계약에 대한 강화된 고객확인제도

1. 개요

은행(환거래은행)이 국외의 은행(환거래요청은행)의 요청에 의해 금융상품 및 서비스(환거래서비스)를 제공하는 관계를 수립하는 것으로 별도의 계약서를 작성하는 것이 아니라 SWIFT 시스템을 통하여 계약을 맺는 프로세스로서, 단순 Key 교환만 하는 RMA(Relationship Management Agreement)와는 다르게 환거래계약을 맺을 경우 이용할 수 있는 금융상품 및 서비스의 종류가 달라진다.

- 환거래은행이 환거래요청은행에게 은행관련 서비스를 제공함으로써 환거래요청 은행은 당해 은행의 고객에게 국제적인 네트워크 부족으로 인해 제공할 수 없었던 국가간 상품 및 서비스를 제공할 수 있게 됨
- 환거래계약을 통해 자금관리서비스, 수표결제서비스, 국제간 자금이체, 무역관련 서비스 등을 제공함

- 다만, 최근 금융거래의 다양성, 전자기술 등의 발달로 인하여 은행간의 거래로 국한하지 않고, 범위를 좀 더 확대하여 Money Service Bureau(MSB:송금업자)), Fin-tech와 같은 Non-Bank를 포함한 금융회사에 금융서비스를 제공하는 것을 포함하여 정의하는 것이 바람직함

러시아 은행에 대한 환거래 차단 - "러시아 은행에 대한 국제결제 차단"

- 우크라이나 사태로 촉발된 러시아 은행의 스위프트 (SWIFT·국제은행간 통신협회) 배제가 시작
- 스위프트에서 배제되면 송금 등 국제 거래가 중단됨. 스위프트 제외 은행이 아니어도 중개은행 거부, 루블화 폭락 등으로 거래가 제한돼 소비자의 확인이 필요함

2. 환거래은행의 자금세탁 리스크

환거래계약을 통해 제공되는 서비스는 다음과 같은 취약점으로 인해 자금세탁에 이용될 위험이 높아 금융회사의 강화된 주의의무가 요구된다.

- 전체 거래에 대한 제한적인 정보로 인해 자금세탁 리스크를 전반적으로 파악하기 어려움
- 환거래요청은행의 고객정보 및 거래목적 등에 대한 확인이 어렵고, 환거래요청은행과 동 은행 소재국의 자금세탁방지제도 수행정도에 대한 정보 부족
- 중복계좌(Nested Account - 환거래요청은행이 환거래은행에 개설한 환거래계좌의 이용권한을 제3의 금융회사에 부여하면, 제3의 금융회사가 익명으로 환거래은행의 시스템에 접속하여 동 계좌(환거래요청은행 명의 계좌)를 사용할 수 있도록 마련된 계좌)를 이용한 익명거래 가능성 높음
- 대리지불계좌(Payable-through account - 환거래계좌를 보유한 환거래요청은행이 종속계좌 소유자(sub-account holder)로 불리는 자신의 고객에게 환거래계좌에 직접 접속해 거래할 수 있도록 허용하는 것)를 통한 직접적인 금융서비스 활용 가능성

만약 환거래요청은행이 대리지불계좌를 이용하여 자신의 고객에게 환거래계좌를 직접 이용하여 거래할 수 있는 서비스가 환거래계약에 포함되어 있는 경우 환거래은행은 다음의 추가적인 조치를 취하여야 한다.

- 환거래요청은행이 대리지불계좌를 통해 거래하고자 하는 자신의 고객에 대해 확인
- 환거래요청은행은 환거래은행이 요청하는 경우 해당 고객의 신원확인과 관련된 정보의 제공

3. 환거래요청은행에 대한 고객확인 및 검증의무

환거래은행은 계약체결 이전에 환거래요청은행의 실체, 소유권 및 지배구조, 주요 제공서비스 및 고객유형, 중복계좌 존재 여부 등을 확인하기 위해 강화된 고객확인에서 정한 신원확인 사항 이외에 다음과 같은 정보를 추가로 확인해야 함

- 환거래요청은행의 지배구조, 주요영업활동, 주된 소재지 (또는 국가) 등에 관한 정보수집을 통한 영업 또는 사업 성격 확인
- 입수 가능하거나 공개된 정보 등을 통해 환거래요청은행의 평판, 자금세탁등과 관련된 조사 또는 규제대상 여부 등의 감독 수준 평가
- 환거래요청은행이 주로 소재하는 지역(또는 국가)에 대한 자금세탁방지등의 조치와 환거래요청은행의 자금세탁방지등의 통제수단의 적절성 및 효과성 평가
- 환거래은행 및 환거래요청은행간 자금세탁방지등 각각의 책임의 문서화

이를 확인하기 위하여, 일부 해외 은행들은 환거래요청은행을 방문하여 자금세탁통제에 대해 확인하기도 하고, Wolfsberg에서 제공하는 CBDDQ(Correspondent Bank Due Diligence Questionnaires)를 통해 확인하기도 한다.

(Wolfsberg CBDDQ 예시)

Wolfsberg Group Financial Crime Compliance Questionnaire 2023 (FCCQ V1.2)

the Wolfsberg Group

Financial Institution Name:
Location (Country):

No #	Question	Answer
1. ENTITY & OWNERSHIP		
1	Full Legal name	
2	Append a list of foreign branches which are covered by this questionnaire	
3	Full Legal (Registered) Address	
4	Full Primary Business Address (if different from above)	
5	Date of Entity incorporation/establishment	
6	Select type of ownership and append an ownership chart if available	
6 a	Publicly Traded (25% of shares publicly traded)	Please select
6 a1	If Y, indicate the exchange traded on and ticker symbol	

자료 출처 : Wolfsberg CBDDQ

또한, 환거래은행은 환거래요청은행이 위장은행이 아닌지를 확인하여 독립적인 출처에서 해당 환거래요청은행이 적절한 규제를 받고 있는 은행인지를 확인하고 지속적인 모니터링을 통하여 환거래요청은행의 제재이력, PEP와의 연관성, 부정적인 언론보도 등에 노출되는지를 확인한다.

그리고 상당기간 거래가 없는 환거래요청은행에 대해서는 거래지속 여부를 확인하여 거래 가능성이 없는 경우에는 환거래관계를 중단하는 것이 바람직하다.

글로벌 금융회사등은 각 국가에 지점 등을 통하여 환거래요청은행에 대한 주의의무를 수행할 수 있는데, 우리나라 금융회사는 글로벌 네트워크가 많지 않아 환거래 은행에 대한 강화된 고객확인을 하기 위하여 많은 인적자원이 투입되어야 한다. 하지만 현재까지 강화된 고객확인 대상에 해당하는 환거래은행에 대한 개념을 명확하게 하지 못하여 환거래은행의 범위를 예치환거래 은행으로 좁게 해석하는 경우도 있는데, 향후 이 부분은 은행업권에서 전체 업권의 현황 등을 파악하여 재정비할 필요가 있다.

현재 대부분 국내 은행들은 SWIFT Plus라는 시스템을 통하여 환거래요청은행에 허용하는 MT(Message Type)를 다르게 설정할 수 있다. 그런데, 만약 일정 금융회사가 예치환거래은행에 한하여 환거래고객으로 정하고, RMA 관계만을 맺는 금융회사등에 대하여 전체 메시지 유형(MT)의 거래를 허용한다면, 이는 환거래요청은행에 대한 적절한 통제라고 볼 수 없다.

일반적으로 RMA만을 허용하는 경우에는 MT1XX, MT2XX 유형의 메시지만을 허용하고 이를 SWIFT Plus를 통하여 통제한다. 그리고 MT4XX, MT7XX(즉, 무역거래관련 메시지 타입)를 허용하는 경우에는 환거래은행으로 보는 것이 보편적이다.

만약 기존에 환거래은행의 범위를 예치환거래로 한정하였다면, 국제적인 기준이나 규제당국의 기대에 부합하게 환거래은행의 범위를 확장할 경우, 일시적으로 모든 환거래은행에 대한 강화된 CDD를 수행하기에는 어려움이 있다. 이에 은행연합회를 통하여 환거래은행 및 RMA 등에 대한 CDD 절차를 검토하여 모범기준을 마련하려는 움직임이 있으므로, 향후 변경된 기준이 마련될 경우, 각 금융회사등은 당해 금융회사의 인적 물적 자원의 가용범위를 토대로 기존 환거래은행등에 대한 보완정책을 마련할 필요가 예상된다.

〈MT Message Type〉

SWIFT MT Message Type		
MT Message Type	메시지 타입에 대한 간략 설명(Description)	메시지 타입 개수
MT 0XX	System Message(SWIFT 시스템 관련 메시지)	—
MT 1XX	Customer Payment and Cheques (고객의 송금 및 수표자금거래)	19
MT 2XX	Financial Institution Transfers (금융회사간 자금거래)	18
MT 3XX	Treasury Markets(금융시장 관련 자금거래)	27
MT 4XX	Collection and Cash Letters	17

SWIFT MT Message Type		
MT Message Type	메시지 타입에 대한 간략 설명(Description)	메시지 타입 개수
MT 5XX	Securities Markets(증권 관련 자금 거래)	60
MT 6XX	Treasury Markets(Metal & Syndications)	22
MT 7XX	Documentary Credits and Guarantees (화환어음 및 보증서 관련 메시지)	29
MT 8XX	Traveller's Cheques(여행자 수표 관련 메시지)	11
MT 9XX	Cash Management and Customer Satus	21

4. 환거래은행 – 위장은행과의 거래제한

환거래은행은 실제로 존재하지 않은 은행이거나 감독권이 미치지 않는 관할권(국가)에 설립된 은행과 환거래 계약을 체결하거나 거래를 계속할 수 없으며, 위장은행이 환거래요청은행의 계좌를 이용하지 않도록 적절한 조치를 취해야 한다.

위장은행에 대한 FATF의 권고사항

- 위장은행(Shell Bank)과의 거래관계 개설 금지
- 위장은행의 설립이나 활동을 허용해서는 안 됨
- 금융회사는 위장은행과 환거래계약 관계를 맺거나 지속해서는 안 됨
- 금융회사는 환거래계약 상대은행에 의해 자신들의 계좌가 위장은행으로 이용되도록 허용해서는 안 됨

5. 환거래계약에 대한 승인

금융회사가 새로운 환거래계약을 체결하는 경우 사전에 임원 등 고위경영진의 승인을 득하여야 한다.

금융회사는 신규 환거래계약 체결시 환거래요청은행(상대은행)이 자금세탁방지등을 위한 적절한 통제절차를 가지고 있지 않다고 판단될 경우 환거래계약을 체결하지 않는 것이 바람직하며, 부득이하게 환거래계약을 체결하는 경우 리스크를 경감할 수 있는 적정한 조치를 취한 후 거래를 허용하여야 한다.

환거래은행은 환거래요청은행에 대해 계약체결시 또는 지속적인 고객확인의무 수행시 충분한 고객확인 및 검증을 수행하지 못했다고 판단될 경우 금융거래 금지 및 계약해지를 고려할 수 있다.

FATF 권고사항 13(환거래은행)

금융회사는 국경간 환거래은행 및 기타 유사한 거래관계에 대하여 일반적인 고객확인조치를 이행하는 것 외에도 다음의 조치를 이행하여야 합니다.

(a) 요청은행의 비즈니스 성격을 완전히 이해하고, 해당 요청은행이 자금세탁방지 및 테러자금조달 금지와 관련하여 조사나 규제당국의 조치가 있었는지 여부를 판단할 수 있도록 공개된 정보를 충분히 수집

(b) 요청 금융회사의 자금세탁방지 및 테러자금조달금지조치 평가

(c) 새로운 환거래계약을 수립하기 전 고위 관리자의 승인을 득할 것

(d) 각 금융회사의 책임사항을 명확히 이해

(e) 대리지불계좌(Payable Through account)의 경우, 요청은행이 환거래계좌를 직접 사용할 수 있는 고객에 대해 고객확인조치를 취하였는지 그리고 환거래은행의 요청에 따라 해당 고객에 관한 적절한 고객확인 정보를 제공할 수 있는지를 충족시켜야 함

제4절 (외국)정치적 주요인물에 대한 강화된 고객확인제도

1. 외국의 정치적 주요 인물(Foreign PEP : Foreign Political Exposed Person)

현재 또는 과거(일반적으로 사임 후 1년 이내)에 외국에서 정치·사회적으로 영향력을 가진 사람들과 그들의 가족 또는 밀접한 관계가 있는 사람들을 의미하며, 고위공직자(국가수반, 고위 정치인, 정부, 사법당국 및 군 고위공직자, 국영기업의 임원, 정당의 요직에 있는 자 등)로 재임하였거나 재임 중인 개인을 말하며 중간관리나 하위공직자 등은 포함되지 않는다.

정치적 주요인물은 자신의 권력을 이용한 부패리스크가 높기 때문에 강화된 고객확인이 요구된다. 다만, 우리나라를 포함한 일부 국가에서는 민감성 등으로 인해 해당 국가의 정치적 주요인물(국내 정치적 주요인물)에 대해서는 PEP로 분류하지 않고, 외국의 정치적 주요인물에 대해서만 강화된 고객확인 이행을 요구한다.

그러나 최근 국내 정치적 주요인물에 대한 사회적 이슈가 종종 발생함에 따라 각 금융회사등은 비록 국내 법규에서 국내 정치적 주요인물에 대하여 강화된 확인의무를 요구하고 있지 않지만, 해당 금융회사 자체를 보호하기 위하여 인지할 수 있는 국내

정치적 주요인물에 대한 최소한의 정책을 마련하여 통제하는 것이 바람직할 것으로 판단된다.

특히 국내 국회의원들이 정치자금 후원계좌를 개설하여 여러 채널에서 홍보하는 영상이 자주 노출되는데, 해당 계좌를 보유한 금융회사등은 해당 계좌들이 적법하게 운영되는지에 대한 적극적인 모니터링과 고위경영진 앞 현재 고위공직자등의 정치자금 후원계좌를 어느 정도 보유하고 있으며, 해당 계좌 등을 어떻게 모니터링하고 있는지 등에 대한 현황을 정기적으로 보고할 필요가 있다.

FATF 권고사항 12(정치적 주요인물)

금융회사는 고객이나 실제 소유자 등이 외국의 정치적 주요인물(PEPs : Politically exposed Persons)에 대하여 일반적인 고객확인절차와 함께 다음의 조치를 위하여야 한다.

(a) 고객 또는 실소유자의 정치적 주요인물 여부를 확인할 수 있는 적절한 위험관리 시스템 운영
(b) 이러한 거래관계를 수립하기 위한(기존 고객인 경우 이러한 거래관계를 지속하여도 된다는) 고위관리자의 승인 취득
(c) 재산 및 자금의 출처를 확인할 수 있는 합리적인 조치
(d) 거래관계에 대한 강화된 모니터링을 지속적으로 수행

금융회사는 고객 또는 실소유자가 국내 정치적 주요인물이거나 국제기구의 요직에 재직 중이거나 재임한 개인인지를 확인하기 위한 합리적인 조치를 취하여야 한다. 이러한 개인과 고위험 거래관계를 수립하는 경우, 금융회사는 (b), (c) 및 (d)에서 정한 조치를 취하여야 한다.

정치적 주요인물에 적용되는 강화된 주의의무는 해당 정치적 주요인물의 가족과 측근에도 적용되어야 한다.

2. 정치적·사회적으로 영향력을 가진 사람들이란?

(1) 외국 정부의 행정, 사법, 국방, 기타 정부기관(국제기구를 포함한다)의 고위관리자
(2) 주요 외국 정당의 고위관리자
(3) 외국 국영기업의 경영자
(4) 왕족 및 귀족
(5) 종교계 지도자
(6) 외국의 정치적 주요인물과 관련되어 있는 사업체 또는 단체

3. 외국의 정치적 주요인물의 범위

고위 외국 정치인	• 외국 정부의 행정, 법무, 국무, 국방, 기타 사법기관에 몸담고 있는 고위관리, 주요 외국 정당의 고위관리, 외국 국영기업의 경영자 • 고위 외국 정치인과 관련되어 있는 회사나 사업체도 포함
가족	• 일반적으로 '고위 외국 정치인'의 부모, 형제, 배우자, 자녀, 혈연 또는 결혼에 의한 친인척 등
가까운 인물 (측근)	• 공식적으로 '고위 외국 정치인'과 특별히 가까운 관계(밀접한 관계가 있는)를 유지하고 있는 사람을 의미하고, 특히 고위 외국 정치인의 자금을 관리하는 자로 알려진 인물이 이에 해당함

4. 정치적 주요인물에 대한 고객확인 및 검증

금융회사등은 고객 또는 임원, 실소유자 등이 외국의 정치적 주요인물인지를 판단할 수 있도록 적절한 절차를 마련하여야 한다. 일반적으로 대부분의 금융회사등은 요주의 인물 명단을 외부업체로부터 제공받아, 고객 및 법인관계인(대표이사, 고위임원, 실소유자 등)에 대하여 이름 검색(WLF)을 수행하여야 정치적 주요인물에 해당하는지를 확인하고 있다.

예를 들어 트럼프 대선 성공에 가장 큰 지원을 한 일론 머스크의 기업이 한국에 현지법인 등을 설립할 경우, 해당 법인을 외국의 정치적 주요인물과 연관된 법인으로 취급하여야 할 것이냐라는 고민을 할 수 있다. 일론 머스크는 트럼프 2기 행정부에서 정부효율부(DOGE) 수장을 맡을 예정이라는 사실이 언론에 보도되었고, 이미 일론 머스크의 정치적 영향력이 커지고 있으므로 정치적 주요인물과 관련된 법인으로 판단하여 강화된 고객확인을 수행하는 것이 바람직할 것으로 판단된다.

고객 및 법인관계인(대표이사, 고위임원, 실소유자 등)이 외국의 정치적 주요인물로 확인된 때에는 강화된 고객확인을 이행하여야 하며, 이 경우 다음의 정보를 추가로 확인하는 등 재산 및 자금의 원천을 파악하기 위해 합당한 조치를 취하여야 한다.

- 계좌에 대한 거래권한을 가지고 있는 가족 또는 밀접한 관계가 있는 인물에 대한 신원정보(성명, 생년월일 국적)
- 정치적 주요인물이 관여되어 있는 법인 또는 단체에 대한 신원정보

외국의 정치적 주요인물과 관련하여 ① 외국의 정치적 주요인물이 신규로 계좌를 개설하는 경우와 이미 계좌를 개설한 고객(또는 실제 소유자 등)이 외국의 정치적

주요인물로 확인된 경우 그 고객과 거래를 계속 유지하고자 하는 경우 고위경영진의 승인을 득하여야 한다.

〈푸틴 절친 첼리스트 자금세탁 도운 은행임원들 벌금 10억 원!!〉

푸틴 러시아 대통령의 오랜 친구로 알려진 첼리스트가 자금세탁을 할 수 있도록 도와준 혐의를 받는 러시아 국영 가즈프롬은행 스위스 지사 관계자 4명에게 스위스 1심 법원이 유죄 판결을 내림

취리히 지방법원은 첼리스트 롤두긴이 수백만 프랑의 자금을 스위스 은행 계좌에 예치하도록 도운 혐의로 기소된 은행인 4명에게 모두 합쳐 74만 1천 스위스프랑, 우리 돈 10억 5천여만 원의 벌금과 자격정지 2년을 선고함

롤두긴은 푸틴 대통령의 해외 자산을 보호하는 역할을 하는 것으로 지목돼, 미국 정부가 제재명단에 올린 인물임. 법원이 유죄 판단을 내린 4명은 가즈프롬은행 스위스 지사 전직 임원들로, 3명은 러시아인이고 1명은 스위스인임

법원은 롤두긴이 예치금의 진짜 소유자가 아니라는 데에는 의심의 여지가 없으며, 이런 상황을 아무런 의문 없이 받아들이고 금융거래를 중단하지 않은 은행 관계자들에게는 책임을 물을 필요가 있다고 판시함

롤두긴은 2014~2016년에 걸쳐 자신의 은행 계좌에 출처가 불분명한 약 5천만 달러의 자금을 예치한 것으로 알려졌는데, 스위스 검찰은 이 가운데 3천만 스위스프랑, 우리 돈 약 419억 9천만 원 규모의 자금세탁 사건을 수사했음

또한, 금융회사등은 이미 계좌를 개설한 고객이 외국의 정치적 주요인물인지 여부를 확인하기 위해 지속적인 모니터링을 수행하고, 거래 모니터링을 강화하여야 한다. 이를 위하여 일반적인 금융회사등은 최초 거래개시 시점뿐만 아니라 지속적으로 요주의 인물에 대한 검색을 수행하고 PEP로 분류된 고객에 대해서 별도의 강화된 임계치를 가지고 모니터링을 수행한다.

그리고 PEP가 부정적인 언론보도 등에 노출되거나 부정부패와 관련된 형사처벌 등을 받은 사실이 확인된 경우, 해당 PEP와의 거래를 계속하여 유지할 것인지에 대한 검토를 수행하여 필요한 경우 거래를 중단할 수 있다.

5. PEP의 자금세탁 리스크의 평가 요소

금융회사등이 고객 중에 정치적 주요인물을 확인한 경우, 해당 정치적 주요인물의 거래 수용 여부를 위하여 평가를 진행하여야 한다. 일반적으로 아래의 표와 같이 4가지 주요 항목을 평가하여 해당 PEP와의 거래 여부를 결정하는 것이 바람직하다.

영향력 및 통제권	평판(REPUTATION)
• PEP와 고객과의 관계 • 주요 공직의 유형	• 부정적 언론 보도가 공개적으로 존재 : 자금세탁, 사기, 뇌물/부정 부패, 감독 당국의 조치 등(㉮ 형사재판 유죄 판결) • 관련성이 있는 기타 비공개 정보, • 내부 모니터링 시스템에서 발견된 리스크 요인
관할지역(JURISDICTION)	**자산원천의 적법성**
• 공직자의 정치적 영향력의 근원인 국가 (주요 공직 보유 국가), 거주국/국적국	• 고객의 사업 또는 업계 유형 • AML 비즈니스 리스크 유형

〈요주의 인물 관리 불철저에 대한 주요 지적사항〉
(1) PEP에 대한 실제 고객확인 절차가 내규와 달리 운용되고 있음. 내규에서는 고위 경영진 승인 후 거래관계를 개시하도록 하였으나, 실제로는 별도 승인절차를 두지 않고 모두 거절하도록 운용하는 사례가 발견되어 PEPs에 대한 고객확인시 내규와 실제 업무취급절차가 부합하도록 개선이 요구됨 (2) 금융위원회가 고시하는 금융거래제한대상자 목록은 수시로 변경되고 있음에도 요주의 인물 목록을 1년 주기로 변경하는 사례가 발견. 요주의 인물목록을 수시로 갱신하여 요주의 인물에 대하여 적시에 확인 가능하도록 하고, 거래관계 수립시 고위경영진의 승인을 얻는 등 필요한 조치를 마련하여야 함

〈금융정보분석원 유권해석〉

Q 외국의 "국영기업"도 "해당 국영기업의 경영자(정치적 주요인물)"와 "관련되어 있는 사업체 또는 단체"로 보아, 해당 국영기업이 신규로 계좌를 개설하는 경우에는 그 거래를 수용하기 위해 고위 경영진의 승인이 필요한 것인지요?

A 국영기업을 경영하는 자는 자금세탁과 그 전제범죄가 되는 뇌물 등 부패범죄의 목적으로 지위를 남용할 우려가 있어 이러한 자를 PEP로 지정할 필요가 있다고 봄(FATF). 따라서, 외국 국영기업 자체가 고객인 경우는 외국 국영 기업의 경영자인 PEP에 포함되지 않는다고 봄

Q PEPs와 관련되어 있는 '사업체 또는 단체'를 외국의 정치적 주요인물 중 하나로 규정하는 이유는?

A PEPs가 강화된 절차를 회피하기 위하여 자신의 계산으로 이루어지는 금융거래를 자신과 관련 있는 '사업체 또는 단체'의 이름으로 수행하거나, PEPs가 '사업체 또는 단체'에 대해 지배력을 행사하는 자로, 고객의 명의는 '사업체 또는 단체'이나, PEPs 개인이 자신의 이익을 위해 거래를 하는 것으로 볼 수 있는 거래 등을 방지하기 위한 것임

따라서 '사업체 또는 단체' 해당 여부는 PEP의 직접적인 관련성 등을 종합적으로 고려하여 판단하여야 하며, 고객이 외국 국영기업이라는 이유만으로 '사업체 또는 단체'에 해당한다고 보기 어려움

제5절 비영리단체에 대한 강화된 고객확인제도

1. 비영리단체의 개요

비영리단체란 법적 형태에 관계없이 학술, 종교, 자선, 문화, 교육, 사회 사업 등의 목적으로 "기금 등"을 모집 또는 사용하는 단체이며, "기금 등"의 범위는 현금, 여행자 수표, 자기앞수표, 우편환, 환어음 등 형태와 수단에 관계없이 모든 종류의 자산을 의미한다.

※ FATF 권고사항 8(비영리단체)

자선, 종교, 문화, 교육, 사회 및 인류애적인 목적 또는 기타 선행(good works)을 베풀기 위해 자금을 조성하고 분배하는 법인 또는 기관을 의미함

국가는 테러자금조달에 악용될 수 있는 단체와 관련된 법규의 타당성을 검토하여야 한다. 비영리조직은 특히 자금세탁이나 테러자금조달에 취약하므로 국가는 비영리단체가 아래의 목적으로 악용되지 않도록 하여야 한다.

(a) 테러조직을 합법적 단체로 가장하기 위한 수단
(b) 자산동결조치를 회피하는 목적 등을 포함하여 합법적인 단체로서 테러자금을 조달하기 위한 수단
(c) 테러조직의 자금을 합법적 목적에 사용될 것처럼 가장하는 것을 감추거나 은폐하기 위한 수단

2. 비영리단체의 자금세탁 리스크

비영리단체는 다음과 같은 취약점으로 인해 자금세탁에 이용될 위험이 높기 때문에 금융회사의 주의의무가 필요하다.

- 영리법인에 비해 비교적 설립이 간편
- 설립목적의 공공성 등에 의해 상대적으로 완화된 감독기준 적용
- 기부금 등 대부분 기금은 현금의 형태
- 국제적 조직체계를 갖춘 비영리단체의 경우 국내외활동 및 금융거래시 직·간접적으로 테러자금조달에 이용될 위험 높음

이에 금융회사등은 비영리단체의 자금세탁 리스크를 평가하기 위한 요소로 다음과 같은 내용을 고려할 수 있다.

- 단체의 목적이나 이념
- 본점이나 지사를 포함한 활동 지역
- 조직 구조
- 기부자나 자원봉사자 정보
- 자금 운용 기준과 지출 기준(기본적인 수익자 정보 포함)
- 기록보관 의무
- 다른 NGO나 정부, 그룹과의 제휴 현황
- 내부통제와 감사

일반적으로 비영리단체는 테러자금조달에 악용되는 경우가 많아 미국 등 일부 국가에 소재하는 대부분의 금융회사등은 비영리단체를 당연 고위험 고객으로 간주하여, 강화된 고객확인의무를 수행하고 있다. 아울러 비영리단체에 대한 검증은 비영리단체에 대한 상세정보 제공(DB 제공)업체가 존재하고 있어 해당 정보를 이용하여 검증하는 것이 일반적이다.

또한 2023년 10월 FATF 총회에서는 비영리단체의 테러자금조달 가능성에 대한 우려와 규제를 강화할 것을 강조하고 있다. 테러단체들의 자금 모집 수단 다양화 및 고도화로 전 세계적으로 테러 위험이 가중되는 현재 상황에 대응하여 비영리단체(NPO)가 테러자금조달에 악용되는 것을 방지하기 위해 이들 단체에 대한 조치들을 명확화하는 등 NPO 관련 국제기준을 개정하였다.

우리나라의 경우 비영리단체에 대하여 당연 고위험 고객으로 분류할 것을 요구하지는 않지만, 대기업과 관련된 재단법인등을 이용한 비자금 은닉 등 자금세탁 행위가 종종 발견되어, 비영리단체와 거래시 주의의무가 요구된다. 일반적으로 재단법인은 설립이 용이하고 이사장에 의하여 자금 통제가 가능하기 때문에 불법정치 자금(예를 들어 박근혜 정부 당시 설립되었던 K재단 또는 미르재단 등)이나 비자금을 은닉하는데 쉽게 사용되어 왔다

3. 비영리단체에 대한 고객확인 및 검증

금융회사는 고객이 비영리단체인 경우 고객확인 및 검증의무 이외에 다음과 같은 정보를 추가로 확인 가능하며 필요한 경우 상위 책임자의 검토 및 승인을 득하여야 한다.

- 비영리단체 설립 목적
- 조직체계(구조)
- 기부관련 정보
- 주요 기부자 정보, 주요 수혜자 정보, 모금/운영/집행자금 정보

우리나라에서 등록된 비영리단체에 대한 상세정보는 국세청과 비영리민간단체 공익활동 지원사업관리정보시스템 등에서 확인할 수 있다. 해당 사이트 등에서는 비영리단체의 결산정보 등이 고시되어 있고, 출연자 및 기부자 등의 정보를 확인할 수 있다.

특히 비영리단체의 경우에는 설립목적이 검증대상에 해당하므로 비영리단체의 설립목적 등을 정부가 제공한 사이트에서 확인하는 절차를 마련하여 설립목적 검증이 누락되지 않도록 유의하여야 한다.

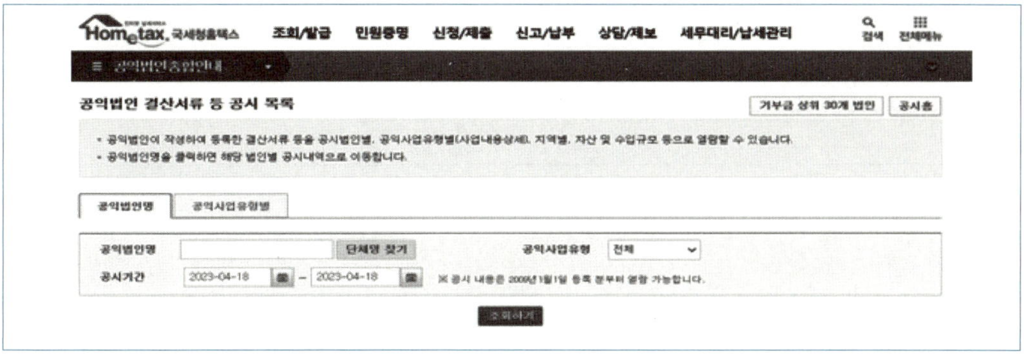

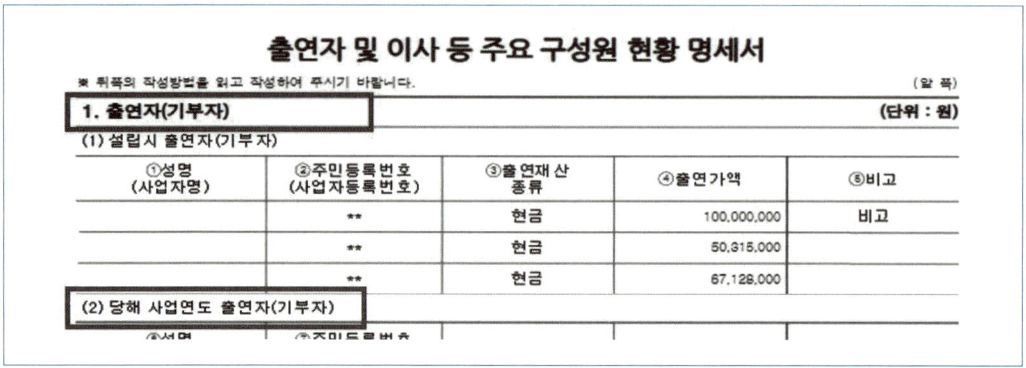

출연자 및 이사 등 주요 구성원 현황 명세서

※ 뒤쪽의 작성방법을 읽고 작성하여 주시기 바랍니다. (앞 쪽)

1. 출연자(기부자) (단위 : 원)

(1) 설립시 출연자(기부자)

①성명 (사업자명)	②주민등록번호 (사업자등록번호)	③출연재산 종류	④출연가액	⑤비고
	**	현금	100,000,000	비고
	**	현금	50,315,000	
	**	현금	67,128,000	

(2) 당해 사업연도 출연자(기부자)

자료 출처 : 국세청

왜 NPO가 테러자금조달에 악용될 위험성이 높은가? 〈금융정보분석원 유권해석 사례집〉

NPO(Non-Profit Organization)는 인도적 지원과 같은 윤리적 정당성이 수반된 사업을 전 세계에서 수행함에 따라 다음과 같은 운영상의 특징을 보임

- 신속한 기동성
- 글로벌 네트워크의 활용
- 무정부지역이나 분쟁/전쟁 지역에서의 활발한 활동
- 재정적, 물적 지원에 대한 용이성
- 지휘명령체계의 분산
- 대중 동원능력의 탁월성

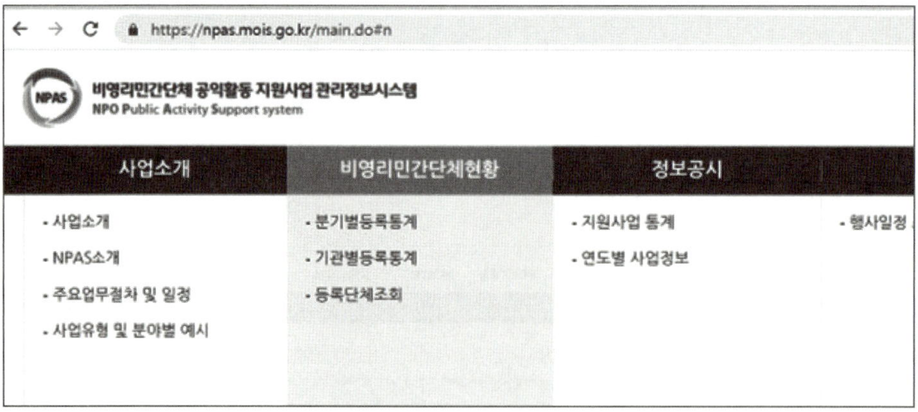

〈PEP와 관련된 재단법인의 리스크〉

2016년에 사회적 이슈가 된 KXX 재단, MXX 재단을 비롯하여 현재 사회적으로 다시 문제가 대두되고 있는 CXX재단은 모두 재단법인 형태로 설립되었음

일반적으로 재단은 설립이 용이할 뿐만 아니라 면세 혜택과 더불어 일반기업에 비하여 감사나 세무조사도 느슨한 편이며, 법인의 자금을 사용하는 의사결정도 용이한 편임

PEP과 관련된 재단법인과 거래를 유지할 것인지에 대한 여부는 최고 경영진 수준에서 논의되어야 할 내용으로서

- 해당 법인의 자금의 원천에 대한 명확한 확인
- 해당 자금이 법인의 설립의 목적에 합당하게 사용되는지 여부에 대한 명확한 모니터링
- 해당 법인에 대한 부정적인 언론보도 등의 유무(만약 부정적인 언론보도 등이 있었을 경우 이에 대한 충분한 통제책인 마련되었는지 여부)
- STR 보고가 있었는지 여부(횟수 및 보고 내용이 언론보도 내용과 관련성 여부)와 통제책이 적정하게 마련되었는지 여부를 검토하여 거래 여부를 결정하여야 함

제6절 FATF 지정 국가 관련 고객에 대한 강화된 고객확인제도

FATF는 각 국가의 국제기준 이행상황을 평가하여 매년 3회(2월, 6월, 10월) ① 중대한 결함이 있어 조치를 요하는 고위험 국가(Blacklist)와 ② 제도의 결함을 치유 중인 강화된 관찰대상 국가(Grey list)를 공개하고 있다. 2024년 10월 현재 FATF가 발표한 Blacklist와 Greylist에 해당하는 국가는 아래와 같다.

종 류		내 용	국가
조치를 요하는고위험 국가	대응조치 (Countermeasure)	사실상 거래중단, 해당 국가에 금융회사 해외사무소 설립 금지 등 적극적 대응조치 필요	이란 북한
	강화된 고객확인 (Enhanced due diligence)	자금세탁방지제도에 결함이 있어 해당 국가와의 거래시 강화된 고객확인 등 특별한 주의 필요	미얀마
강화된 관찰 대상 국가		자금세탁방지제도의 결함을 치유 중인 국가	24개국

최초 자금세탁방지 업무규정이 제정되었던 시점 FATF는 정기적으로 Public Statement라는 명칭으로 자금세탁방지 취약 국가명단을 발표하였으나, 현재는 더 이상 Public Statement라는 명단을 발표하지 않고 Blacklist와 Grey-list로 명명되는 국가명단을 매 2월, 5월, 10월 정기총회 기간 중에 발표하고 있다.

FATF의 Blacklist는 적극적인 대응조치가 필요한 국가와 강화된 주의의무가 필요한 국가를 포함하며, Greylist는 자금세탁 취약점을 개선하고 있는 국가를 포함하고 있다.

- 대응조치(Counter Measure : 이란, 북한)
  해당하는 국가와 관련된 고객에 대해서는 사실상 거래를 중단하고, 해당 국가에 금융회사의 해외사무소의 설립 금지 등 적극적인 대응조치를 이행할 것을 요구함
- 강화된 주의의무(Enhanced Due Diligence : 미얀마)
  해당 국가는 자금세탁방지제도에 결함이 있어 해당 국가와 관련된 고객과 거래시 강화된 주의의무 등 특별한 주의가 필요하다고 권고함
- 강화된 관찰대상 국가(Grey-list)
  자금세탁방지제도의 결함을 치유 중인 국가이므로 각 금융회사등은 자체적인 위험평가 절차에 따라 해당 국가와 관련된 고객과의 거래를 수행할 것을 요구함

그러나, 현재 자금세탁방지 업무규정은 변경된 FATF 지정국가에 대한 내용이 업데이트되지 않아, 2001년부터 발표되지 않고 있는 FATF 이행 취약국가와 FATF Public Statement에서 발표되는 국가와 관련된 자에 대하여 특별한 주의의무와 거래목적 확인 및 적절한 대응조치를 요구하고 있다. 또한 강화된 관찰대상국가와 관련된 고객에 대해서도 필수 고위험군으로 분류하여 강화된 고객확인과 고위 경영진의 승인을 득하도록 규정하고 있어 각 금융회사등의 업무에 부담이 되고 있다.

현재 개정 작업이 진행 중인 새로운 자금세탁방지 업무규정에서는 변경된 FATF 지정국가를 적정하게 반영하여 FATF가 권고하는 수준의 주의의무를 명확하게 기술하여 각 금융회사등의 혼란이 해결될 것으로 예상된다.

제7절 공중협박자금조달 고객

현재 정부가 지정하는 금융거래의 제한대상자로 분류할 수 있는 명단은 크게 ① 금융위원회가 지정하는 금융거래제한대상자, ② 기획재정부가 고시하는 국제평화 및 안전유지 등의 의무이행을 위한 지급 및 영수허가 지침에서 정한 금융제재대상자[13], ③ 외교부에서 고시하는 대북독자제재대상자[14]이다. 해당 명단은 UN제재대상자(대북독자제재대상자 중 일부는 한국이 먼저 독자제재대상자로 지정한 뒤 UN제재대상자로 지정된 자임) 또는 금융위원회의 금융거래제한대상자에 모두 포함되어 있다.

자금세탁방지 업무규정에서는 UN에서 지정하는 제재대상자와 금융위원회에서 고시하는 금융거래제한대상자와의 거래시에는 강화된 고객확인 및 모니터링을 요구하고 있으나, 사실상 금융회사등은 이에 해당하는 자가 거래를 요청하는 경우에는 이를 거절하여야 하며 아주 특별한 경우, 정부의 지원 등을 받아 거래가 가능한지를 검토하여야 한다(예를 들어, 최근 이란중앙은행이 한국 모은행에 예치하고 있던 자금을 인출하는 과정에서 미국 정부 및 한국 정부의 사전 지지를 토대로 거래진행 여부를 결정하였음).

또한, 한국은 경제제재조치 대상자의 범위에 대하여 미국이나 다른 국가와는 조금 다르게 정의하고 있다. 즉, 미국 등은 경제제재조치 대상자(우리나라의 금융거래제한 대상자에 해당함)를 지정한 경우, 해당 경제제재조치 대상자뿐만 아니라 해당 경제제재조치 대상자가 50% 이상 소유하거나 통제하는 자(50% Rule)에 대해서도 금융거래를 제한하고 있다.

13) (금융제재대상자 등에 대한 지급 및 영수의 허가) : 거주자 및 비거주자가 금융제재대상자 등에게 지급하고자 하거나 금융제재대상자 등으로부터 영수하고자 하는 경우(금융제재대상자 등의 예금·신탁 및 금전대차 등 자본거래와 관련하여 발생하는 금융기관과의 지급 및 영수를 포함한다) 및 금융제재대상자 등이 국내에서 외국에 지급하고자 하거나 외국으로부터 영수하고자 하는 경우에는 외국환거래규정에도 불구하고 한국은행총재의 허가를 받아야 함

14) 대북제재는 북한의 핵·WMD 개발 저지를 위해 '2010년 천안함 폭침에 대응한 「5.24조치」부터 실시됨. 대북제재로 인한 금융거래등 제한대상자는 '2016년 북한의 4차핵실험에 대응한 「3.8조치」이후 지정되었으며, 금융위는 외교부가 작성한 대북독자제재대상자를 금융거래제한대상자로 지정하고 있음(2016년 3월부터 2024.12월말 현재까지 개인 237명, 단체 174개, 선박 36척을 독자제재 대상으로 지정함. 제재대상자는 테러금지법과 외국환거래법에 따라 우리 국민과의 금융(가상자산 포함)거래와 외환 거래가 금지되고, 제재대상자의 국내 자산은 동결됨. 또한, 제재대상으로 지정된 제3국인의 경우 국내 입국이 금지됨.

최근 규제당국은 한국도 미국이나 국제기준에서 정하는 바와 같이, 50% 룰(Rule)을 적용하기 위한 법규 개정을 진행하고 있으며, 해당 법규가 시행될 경우 금융회사등의 영향도는 무엇인지에 대한 검토를 진행하고 있다. 50% 룰(Rule)이 적용될 경우, 해당 명단은 국가 등에서 고시하는 것이 아니라, 금융회사등이 자체적인 노력으로 파악하여야 하고, 이를 조사하기 위해서는 상당히 전문화된 인력이 필요한 실정이다.

물론 일부 요주의명단 제공업체에서 50% 룰(Rule)을 적용한 별도의 명단을 구축하여 제공하고 있지만(즉, 금융거래제한대상자가 50% 이상 소유하거나 통제하는 기업 명단 등을 제공함), 해당 명단을 구입하는 데 비용이 많이 부담될 수 있어, 각 금융회사등은 규제당국의 변화에 주의를 기울여 적절한 조치를 취할 수 있도록 하여야 한다.

제8절 가상자산사업자에 대한 강화된 고객확인제도[15)]

가상자산거래소와 거래하는 금융회사등은 다른 고객과 동일하게 기본사항(고객의 신원, 실제 소유자, 추가정보 등)을 확인하는 것에 추가하여 ① 신고 및 변경신고의 직권말소 여부, ② 신고수리 여부, ③ 예치금과 고유재산의 구분관리 여부, ④ ISMS 획득 여부 등을 추가로 확인하여야 하며, ⑤ 가상자산사업자가 FIU 미신고되어 있거나, 자금세탁 위험이 특별히 높다고 판단되는 경우 등에는 금융거래를 의무적으로 거절하여야 한다.

일반적으로 원화실명계정을 발급하는 은행들의 경우, 고객인 가상자산거래소의 내재위험과 내부통제 효과성을 평가할 수 있는 운영위험을 정기적으로 평가하여 당해 금융회사의 고객인 가상자산거래소의 자금세탁 위험을 지속적으로 모니터링하고 있다.

15) 제1편 금융회사등의 자금세탁 및 테러자금조달 위험에 대한 이해 – 가상자산사업자 참조할 것

7장

고객확인제도에 대한 주요 지적사항

제1절 고객확인의무 미이행

1. 고객확인제도 의무 위반

(1) 금융회사등은 개인고객의 신원정보 등을 확인하고 검증하여야 하는데도, OO금융회사는 실명확인증표 등을 통하지 않거나, 신원정보를 식별할 수 없는 실명확인증표 등을 이용하여 고객확인 및 검증을 하고 고객확인을 전혀 이행하지 않는 등 고객확인의무를 부적정하게 처리함

(2) 카지노사업자는 고객이 3백만 원 이상의 일회성 금융거래를 하는 경우 합당한 주의로서 고객의 신원정보(성명, 실명번호, 주소 및 연락처 등)를 확인하여야 하는데도 OO사는 일정기간 동안 카지노 고객에 대한 고객확인을 실시하는 과정에서 일부 신원확인정보를 누락하여 고객확인의무를 적정하게 이행하지 아니하였음

(3) XX은행 영업점에서는 신규 계좌개설 등 금융거래를 하면서 개인고객 본인의 신분증을 확인하지 않았고, 법인고객과 신규 계좌개설 등 거래를 하면서 대리인에 대하여 위임장 등을 통해 대리 권한이 있는지 여부를 확인하지 않는 등 고객확인 의무를 이행하지 아니함

(4) 비대면 실명확인 절차 미실시
특정금융정보법에 따라 금융회사등은 고객이 계좌를 신규로 개설하는 경우 고객의 신원에 관한 사항을 확인하여야 하고, 개인의 경우 실지명의 등을 확인하여야 하는 고객확인 의무가 있음. 그러나 X은행은 고객이 내점하지 않았음에도 추가로 필요한 비대면 실명확인 절차를 실시하지 않은 채 예금을 개설하여 실지명의 확인의무를 이행하지 아니하였음

- 금융위원회는 유권해석('15.12.1)을 통해 계좌개설시 「금융실명법」과 「전자금융거래법」에 따른 실명확인을 복수의 비대면 방식(※)에 따른 이중

확인과 강화된 고객확인 방식으로 이행할 수 있다고 허용한 바 있음

※ (이중확인-필수)

① 실명확인증표 사본 제출

② 영상통화

③ 접근매체 전달과정에서 확인

④ 기존계좌 활용

⑤ 기타 이에 준하는 방법(기등록된 바이오정보와 비교 등)중 2가지 의무 중첩적용 (다중확인-권고)

⑥ 타 기관 확인결과 활용

⑦ 다수의 개인정보 검증까지 포함하여 이미 선택한 2가지를 제외하고 ①~⑦ 중 추가 확인

(5) 고객확인의무 위반

특정금융정보법에 의하면 금융회사등은 개인고객이 계좌를 신규로 개설하는 경우 고객의 신원에 관한 사항 등을 확인(고객의 실지명의, 주소, 연락처 등에 의하여 확인)하여야 하는데도, A은행은 계좌를 신규 개설하는 과정에서 계좌 개설 명의인이 직접 내점하지 않았음에도 불구하고, 기 징구한 실명확인증표를 재사용하거나 카카오톡 등 모바일 메신저로 전달받은 신분증 이미지를 이용하여 본인이 내점한 것처럼 계좌개설신청서등 서류를 작성하고 계좌를 개설함으로써 고객의 신원을 확인하지 않은 사실이 있음

2. 실제 소유자 확인 누락

(1) 금융회사등은 국가, 지방자치단체 이외의 법인 또는 단체인 고객이 계좌를 신규로 개설하거나 일정 금액 이상의 일회성 금융거래를 하는 경우 실제 소유자의 성명, 생년월일 및 국적을 확인하여야 하는데도 실제 소유자 확인 절차를 거치지 않고 해당 법인 또는 단체의 실제 소유자 확인이 면제되는 것으로 처리하여 고객확인의무를 적정하게 이행하지 아니함

(2) 금융회사는 금융거래를 개시할 목적으로 법인 고객과 계약을 체결하는 경우 실제 소유자의 성명, 생년월일 및 국적을 확인하여야 하는데도, 일정기간 중 재산신탁계약 등 다수의 고객확인 대상 금융거래에 대해 실제 소유자 확인 면제대상이 아님에도 면제대상으로 오인하여 당해 법인고객의 실제 소유자에 관한 사항을 확인하지 않는 등 고객확인의무를 이행하지 아니하였음

3. CDD 미이행고객에 대한 거래제한 미조치

특정금융정보법 제8조 및 동 법 시행령 제10조의20제3호에 따라 가상자산사업자는 같은 법 제5조의2제1항에 따른 고객확인 조치가 모두 끝나지 않은 고객에 대해서는 거래를 제한하여야 하는데도, OO금융회사는 고객확인 조치가 모두 끝나지 않은 고객에 대한 거래를 제한하지 않은 사실이 발견됨

4. 가상자산 이전시 정보제공 의무 위반(Travel Rule 위반)

가상자산사업자는 다른 가상자산사업자에게 1백만 원 이상에 상당하는 가상자산을 이전하는 경우에는 가상자산을 보내는 고객(이하 “송신자”)과 가상자산을 받는 고객의 성명, 가상자산주소를 이전받는 가상자산사업자에게 제공하여야 함. 하지만 OO금융회사는 1백만 원 이상에 상당하는 가상자산을 다른 가상자산사업자에게 이전한 거래에 대해 송신자의 가상자산주소를 이전받는 가상자산사업자에게 제공하지 않은 사실이 확인되어 과태료가 부과됨

5. 고위험 고객에 대한 추가 정보 미확인

(1) 금융회사는 고객과 계약을 체결하는 경우 자금세탁등의 위험이 높은 것으로 평가된 고객에 대해서는 거래의 목적, 거래자금의 원천 등을 추가로 확인 하여야 함. 하지만 일정기간 동안 보험계약을 체결하면서 동 고객이 자금세탁등의 위험이 높은 고객으로 평가되었음에도 거래 목적 및 거래자금 원천 등을 확인하지 아니하였음

(2) 카지노사업자는 자금세탁행위를 할 위험이 높은 고객의 경우 고객의 신원정보(성명, 실명번호, 주소 및 연락처)를 확인하고, 직업 또는 업종(개인 사업자)과 거래자금의 원천·금융거래등의 목적을 추가로 확인하여야 하는데도 OO사는 일정기간 동안 자금세탁행위를 할 위험이 높은 고객에 대하여 직업 또는 업종(개인사업자)을 확인하지 않아 강화된 고객확인의무를 적정하게 이행하지 아니하였음

6. 비영리법인 및 단체 고객에 대한 설립목적 미확인

금융회사는 비영리법인 및 단체인 고객이 계좌를 신규로 개설하는 경우 해당 고객의 실지명의, 설립목적, 주된 사무소의 소재지 등을 확인하여야 하는데도 일정기간 비영리법인 또는 단체와 체크카드 신규 발급 계약을 체결하면서 설립목적을

확인하지 않고 설립목적을 확인할 수 있는 관련 서류도 징구하지 아니하였음

제2절 고객확인업무 운영 불합리

1. 고객확인 위험평가모델 관리 불철저

(1) 자금세탁방지 업무규정상 고위험군 고객(고액자산가, 카지노사업자, 대부업자, 환전상, 귀금속 판매상 등)에 대하여 위험평가모형상 위험점수를 충분히 높게 부여하지 않아 고위험 고객으로 분류되지 않고 있으므로 이를 개선할 것

(2) 고객의 자금세탁등과 관련된 위험을 식별하고 평가하기 위해 국가위험, 고객유형, 상품 및 서비스 위험 등을 반영한 고객 위험평가모형을 운영하고 있으나, 신규 고객의 경우 내규에서 정하고 있는 특정 고객 및 상품·서비스 유형만 고위험으로 분류되고, 고객위험평가모형에 따른 위험평가 결과로는 고위험 고객이 발생하지 않도록 위험평가모형이 설계되어 있어 고객 위험평가의 실효성이 미흡하므로 신규 고객에 대한 자금세탁 위험도가 적정하게 반영되도록 위험평가 요소와 중요도를 정비하는 등 고객위험평가모형을 합리적으로 개선할 것

(3) 2018년 고객위험평가모형을 구축하고, 신규 가입시 모형(Initial 모델)과 기존 고객에 대한 모형(Behavior 모델)으로 구분하여 고객의 위험도를 평가하고 있음. 하지만 위험평가 요소나 세부 기준 변경시 적정한 절차에 따라 변경되었는지 여부, 변경의 필요성(사유) 및 변경 전후 내역 등에 대한 관리 절차가 마련되어있지 않고 고객위험평가모형 구축 이후 모형의 적정성에 대한 점검이 별도로 이루어지지 않고 있으므로 고객위험평가 변경과 관련된 관리절차를 마련하고 고객위험평가모형의 적정성에 대한 주기적인 점검을 실시하기 바람

(4) 내규에 고객의 직업(업종)등을 활용하여 고객의 특성에 따라 다양하게 발생하는 자금세탁등의 위험(이하 '고객위험평가')을 평가하도록 하고 있음. 이에 따라 고객위험 평가를 수행하기 위해 「고객확인 위험평가모델 산정표」를 마련·운영하고 있는데 대부계약시 법인고객에 대한 고객위험평가는 그 법인의 업종 등을 고려하여 위험평가를 실시하고 있음. 개인고객에 대해서는 직업 등 고객유형별 위험 반영이 미흡하고 기존고객에 대한 고객위험평가는 자금세탁등의 위험보다는 대출계약 이후 원금 및 이자의 상환 여부에 따라 정상채권은 저위험으로,

연체채권은 고위험으로 평가하고 있으며 고객위험평가 모형의 주기적인 적정성 점검 및 변경 업무절차가 마련되어 있지 않음. 따라서 개인고객에 대한 고객유형별 위험을 식별·평가하는 절차를 마련하고 고객위험평가 모형을 주기적으로 점검하는 등 고객위험평가를 합리적으로 개선하기 바람

(5) 금융회사등은 고객에 대한 위험평가시 해당 고객의 위험도가 적정하게 반영되도록 평가요소와 중요도를 정하여 운용하여야 함에도 고객 위험평가모형을 구축한 이후 상당기간 모형의 평가요소 및 중요도가 고객의 자금세탁위험을 적정하게 반영하고 있는지에 대한 점검이 이루어지지 않았음. 국가위험의 경우 내규에서 정한 평가요소에 대해 일정 시점 이후 변동사항을 점검하거나 최신의 정보를 반영하지 않고 있어 고객의 위험도가 적정하게 평가되지 못할 우려가 있으므로 고객 위험평가모형의 평가요소 및 중요도에 대하여 적정성 여부를 주기적으로 점검하고 최신의 정보를 반영하여 고객의 위험도가 적정하게 평가될 수 있도록 관련 내규 및 업무절차를 개선하기 바람

(6) 국가위험, 고객유형, 상품 및 서비스 위험 등 자금세탁위험을 반영하고, 위험평가요소와 중요도를 정하여 자금세탁위험을 평가하여 고객확인에 활용하고 있으나 자금세탁행위등의 위험성이 높은 '비대면 거래 상품'과 금융정보분석원의 가상통화 관련 자금세탁방지 가이드라인상 '가상통화 취급업소 유의 업종'의 고객에 대해서도 다른 고객과 동일하거나 유사하게 자금세탁위험을 평가하고 있어 상기 '비대면 거래 상품' 및 '가상통화 취급업소 유의 업종'의 고객들과의 금융거래 과정에서 고객확인업무 수행이 소홀해질 우려가 있음

(7) 동일 이용자 고객이 여러 개의 계정(ID)을 만들어 거래를 수행할 수 있는데, 고객위험평가모형을 고객기준이 아닌 계정기준으로 운영함에 따라 동일 고객임에도 계정별로 거래항목 및 거래규모 등의 차이에 따라 고객위험평가 결과가 달라질 수 있으므로 고객 기준으로 위험을 통합 관리하는 등 개선이 필요함

(8) 고객위험평가모형에서 가맹점 고객에 대한 업종위험을 평가할 때, 고가의 귀금속 판매상을 제외하고 다른 업종은 위험수준을 식별·평가하지 않고 동일한 위험수준으로 평가하고 있어 고객의 특성에 따라 다양하게 발생하는 자금세탁위험 등이 적절히 반영되지 않을 우려가 있으므로 고객위험 평가시 가맹점 고객별 업종 특성을 반영하는 등 고객위험평가모형에 대한 개선이 필요함

2. 주기적인 고객확인 이행 미흡

(1) 내규 등을 통해 기존고객에 대한 고객확인 재이행 업무절차를 마련하고 주기적으로 고객확인 재이행을 실시하고 있으나 내규 규정과 달리 위험도에 따른 구분 없이 모든 고객에 대하여 동일한 고객확인 주기를 적용하여 고객확인 재이행을 수행하고 있으므로 고객위험도에 따른 고객확인 재이행 주기가 차등 적용될 수 있도록 관련 업무를 개선할 것

(2) 내규상에는 고객이 고액자산관리 대상으로 신규 등록되는 경우 강화된 고객확인 대상으로 분류하고 매 1년마다 고객확인을 재이행하도록 규정하고 있음. 하지만 실제로는 고객이 고액자산관리 대상으로 등록되더라도 전산상 고위험 고객으로 분류되지 않고 있어 강화된 고객확인이 적시에 이행되지 않을 우려가 있으므로 고액자산관리 대상 고객에 대해서는 등록 시점에 즉시 고위험으로 분류되도록 관련시스템을 개선하여 운영할 것

(3) 내규에 의하면 고위험 고객은 1년, 중·저위험 고객은 3년으로 고객확인 재이행 주기를 설정·운용하고 있으나, 재이행주기가 도래한 고객이 영업점을 방문하는 경우에 한하여 고객확인 재이행 업무를 수행하고 있음. 따라서 고객확인이 장기간 지체될 우려가 있으므로 재이행 주기가 도래한 고객에 대해 콜센터, 인터넷, 모바일 등 비대면 방식으로도 고객확인이 이루어지도록 업무절차를 개선할 것

(4) 금융회사등은 고객의 위험도에 따라 고객확인의무 재확인주기를 정하여 운영한다고 정하고 있으나, 해당 금융회사의 내규에 따르면 ① 정상채권은 자금세탁등의 위험이 낮은 상품 및 서비스로 평가하므로 정상채권의 고객확인 재이행 주기는 3년으로 설정·운용하고, ② 재이행 주기는 대출 실행일 또는 기한연장일 중 최근의 날짜를 기준으로 하며, ③ 연체채권의 경우 수시로 고객확인을 실시한다고 정하고 있어 고객의 위험도가 아니라 채권의 건전성에 따라 재이행 주기를 정하거나 기한 연장일을 기준으로 설정하는 경우 재이행 주기가 3년을 초과하게 되는 등 내규간 또는 조항간 고객확인 재이행 기준이 상충하고, 재이행에 대한 구체적 절차가 마련되어 있지 않아 주기적인 고객확인제도가 부실하게 운영될 우려가 있으므로 주기적인 고객확인 대상, 방법, 시기 및 적용 기준 등이 서로 상충되지 않도록 관련 내규를 개정하고 재이행에 대한 구체적 이행 절차를 마련할 것

(5) 2019.7.1. 전자금융업자에 대하여 자금세탁방지의무가 부과되기 전의 기존 고객에 대해서도 고객확인을 지속적으로 수행하고 있으나, 검사착수일 현재 기존 고객에 대한 고객확인이 다소 미흡하므로 자금세탁방지 업무의 적절한 수행을 위해 기존 고객에 대해 고객확인 이행률을 제고할 것

(6) 고객확인 재이행 주기가 일정기간 경과한 경우 거래를 제한하는 일반 은행거래와 달리 가상자산 거래 등 펌뱅킹 거래는 지속 이용이 가능하여 고객확인 재이행이 지체될 우려가 있으므로 재이행 주기가 일정기간 경과한 고객에 대하여 SNS 알림, 이메일 발송 등 고객확인의무를 지속적으로 이행할 수 있는 실효성 있는 방안을 마련할 것

(7) 개인고객에 대한 고객확인업무의 효과성과 효율성을 제고하기 위해 고객확인 내용에 변동이 발생하는 등 특정 사유(trigger)가 발생한 고객에 대하여 고객확인을 재이행하고, 고객의 영문명 및 상세주소 등이 부적정하게 입력된 것으로 판단되는 고객에게는 반기별로 메시지 전송 등을 통해 안내하여 수정입력하여야 함. 하지만 특정사유(trigger)가 발생한 고객만 고객확인 재이행되고 특정사유(trigger)가 고객정보 변경사항 위주로 되어 있어 자금세탁위험증가 고객이 제외될 우려가 높으며, 영문명이 부적정하다고 판단되는 고객명 및 상세주소 부적정 고객에 대하여는 수정이 지연되고 있으므로 고객확인 재이행을 위한 단계별 대응 조치 등 구체적인 업무절차를 마련하여야 함. 아울러 고객 재확인을 하는 특정 사유(trigger) 요건도 개선하는 등 고객확인 재이행의 적시성 및 실효성을 제고할 것

3. 대리인에 대한 CDD 미철저

(1) 다른 개인, 법인 그 밖의 단체를 위해 계좌 신규 개설, 일회성 금융거래등 금융거래를 하는 자('대리인')에 대해 그 권한이 있는지를 확인하고, 해당 대리인에 대해 고객확인을 수행하면서, 내규상으로는 법인 및 단체 고객의 대리인(실제로는 개인고객 및 대리인에 대해 각각 고객거래확인서를 징구하여 고객확인 수행 중)에 대한고객확인 방법만을 규정하고 있고, 개인고객의 대리인에 대한 고객확인 방법은 규정하고 있지 않으므로 개인고객의 대리인에 대한 구체적인 고객확인 업무절차를 반영하여 내규를 정비할 것

(2) 관련 내규 등에 따라 고객을 대신하여 금융거래를 하는 대리인에 대해서도 고객확인을 수행하고 있으나 계좌개설대리인 등 대리인의 고객확인 정보를

자금세탁방지 전산시스템에 입력하지 않거나 고객위험평가를 수행하지 않은 사례가 확인되는 등 대리인에 대한 고객확인업무 운영이 미흡함. 따라서 대리인에 대한 고객확인 정보의 전산 입력 및 고객위험평가를 철저히 하도록 관련업무 운영 절차를 개선할 것

4. 요주의 인물 관리 불철저

(1) 금융거래시 당해 거래고객에 대해 요주의 인물 여부를 확인하고 있으나, 본인 이외에 대리인, 실제 소유자, 법인·단체의 대표자에 대하여는 요주의 인물리스트 정보와 대사하는 절차가 전산시스템에 선택항목으로 반영되어 있어 요주의 인물여부 확인이 누락될 우려가 있음. 따라서 대리인, 실제 소유자, 법인·단체의 대표자 정보에 대하여도 요주의 인물 여부를 필수적으로 확인토록 전산시스템을 보완하여 운영할 것

(2) 요주의 인물 관리 전산시스템 필터링을 통해 동일 성명이 적출되었으나 동명이인 등 요주의 인물이 아닌 것으로 영업점에서 판단한 경우 그 판단 사유를 기재하고 업무팀장의 승인을 받아 금융거래를 완료할 수 있도록 하고 있음. 하지만 동 판단 근거에 대한 검증 절차가 미비하여 영업점의 자의적 판단에 따라 요주의 인물과의 거래에 대한 고위경영진의 승인이 누락될 우려가 있으므로 영업점의 요주의 인물 여부 확인 결과에 대한 본점 자금세탁방지 담당부서의 정기적인 검증 절차를 마련하는 등 요주의 인물 여부 확인 관련 업무절차를 합리적으로 개선할 것

(3) FATF 지정 위험국가 신규 추가시 기존 고객에 대해서 고객확인 재이행 전까지는 FATF 신규 지정 위험국가의 고객에 해당하는지 여부를 확인하지 않고 있음. 따라서 해당 고객의 거래에 대한 모니터링 강화 및 의심되는 거래보고 체계 강화 등 적절한 대응조치가 이루어지지 않을 우려가 있으므로 고객확인 재이행주기 도래 이전이더라도 FATF 지정 위험국가로 추가된 국적에 해당하는 고객에 대해서는 국가 위험도가 적시에 반영될 수 있도록 관련 업무절차를 개선할 것

5. 고객확인 정보 데이터베이스 관리 미흡

(1) 할부 리스거래의 경우 주주명부 등을 통해 실제 소유자를 확인하고도 전산시스템에 실제 소유자 정보를 미입력한 사례가 있으므로 할부 리스거래에 대해서도 실제 소유자 신원을 필수입력 정보로 지정하는 등 고객확인 정보의

전산시스템 입력절차를 개선하고 입력 적정성 여부에 대한 사후점검절차를 마련하여 운영할 것

(2) 비영리법인 고객에 대해 정관, 법인등기부등본 등을 통해 설립목적을 확인하고도 전산시스템 입력시 법인형태를 영리법인으로 입력하고 설립목적을 공란으로 남겨 두거나 '비영리법인' 등으로 소홀히 입력한 경우가 있음. 따라서 사업자등록번호 및 업종코드 등을 통해 비영리법인으로 확인되는 경우 전산시스템에 법인형태가 자동적으로 비영리법인으로 표시되고 설립목적을 필수적으로 입력하도록 전산시스템을 개선할 것

(3) 의심스러운 거래 모니터링 및 요주의 인물 여부 확인 등을 충실히 이행하기 위해서는 정확한 고객확인 정보 관리가 필요함에도 외국인의 고객명, 영문 고객명, 국적 등이 고객확인을 통해 실제 확인한 정보와 다른 방식으로 데이터베이스에 적재되거나 AML 업무시스템 화면상 부적정하게 표시되는 등 미흡한 점이 있으므로 고객확인 정보를 관리하는 데이터베이스에 대한 점검을 실시하여 오입력 사례 및 전산 오류 등에 대해 지속적인 개선 노력할 것

(4) 고객확인 업무를 수행하면서 확인 및 검증한 고객확인 정보를 전산시스템에 적정하게 입력하여 관리하여야 함. 하지만 미성년자에 대한 고객확인 과정에서 친권자 등 대리인에 대해서도 고객확인을 수행하였음에도 이를 전산시스템에 입력하지 않은 사례가 있고 제3자를 통한 고객확인 업무 수행의 경우 제3자로부터 고객확인과 관련된 필요한 정보를 제공받고도 전산시스템에 입력하지 않은 사례가 있는 등 고객확인 정보의 전산시스템 입력관련 절차가 미흡함. 따라서 고객확인 업무 수행시 관련 법규에서 정한 고객확인 정보를 필수 입력사항으로 지정하는 등 고객확인 정보의 전산시스템 입력절차를 개선하는 한편 입력 적정성 여부를 점검·관리하기 위한 세부적인 업무절차(담당부서, 실시주기 등)를 마련하여 운영할 것

(5) 자금세탁 위험행위 등의 위험이 높은 고객에 대해서는 직업 또는 업종(개인·개인사업자 해당), 거래의 목적, 거래자금의 원천 등 추가적인 정보를 확인하는 강화된 고객확인을 수행하고 있으며 고객의 '직업'을 입력하면서 상세 내용 입력 없는 '기타' 항목을 선택할 수 있고 '거래 목적'을 입력하면서 실제 거래목적을 파악하기 곤란한 항목도 선택할 수 있어 강화된 고객확인 업무의 실효성이 저하될 우려가 있음

(6) 영업점에서 법인고객과 거래시 실제 소유자, 설립목적 등 필수 고객확인 정보를 자금세탁방지 전산시스템(이하 '전산시스템')에 입력하지 않거나 고위험 고객과 거래시 강화된 고객확인을 위해 금융거래의 목적, 거래자금의 원천 등의 추가 정보를 전산시스템에 입력하지 않아도 정상적으로 거래가 가능하고 거래가 발생한 이후 본점 및 영업점의 자금세탁방지 담당자가 고객확인 업무시 필수 정보의 누락 또는 적정성 여부를 사후 점검하는 절차가 없음. 따라서 고객확인을 위한 필수적인 고객확인 정보의 전산입력이 누락된 경우 이후 거래가 진행되지 않도록 적절한 전산시스템상 통제방안을 마련하고 거래체결 이후에는 본점 및 영업점의 자금세탁방지 담당자가 필수 고객확인 정보의 정합성을 검증하는 절차를 마련할 것

6. 자금세탁방지 업무 관련 내규 미흡

(1) 자금세탁행위등의 방지를 위하여 임직원이 직무를 수행할 때 따라야 할 내규인 자금세탁방지 업무매뉴얼에 고객확인 업무절차 등을 정하고 있으나 이를 일정 시점 이후 정비하지 않아 고객확인 업무절차 일부가 현행 법규와 상이하거나 실제 운영내용과 불일치하고, 채널·거래별 고객확인 업무절차를 마련하고 있음에도 업무담당자별 고객확인 업무절차변경사항 일부를 적절하게 반영하지 못하고 있음. 따라서 관련 법규와 실제 업무에 부합하도록 고객확인 업무절차에 관한 내규를 정비하는 한편, 채널·거래별 고객확인 업무절차의 변경사항 등을 관련 내규에 반영하여 운영할 것

(2) 내규에 법인고객의 '25% 이상 주주' 또는 '최대주주 등'이 자연인이 아닌 다른 법인 또는 단체인 경우 실제 소유자 확인 절차를 정하고 있지 않으므로 관련 법규에 부합하도록 실제 소유자 확인 업무절차에 관한 내규를 정비할 것

7. 비대면 고객확인시 정보검증 불철저

(1) 비대면 고객확인시 고객의 입력 정보 중 주소정보에 대해서는 적정 여부를 매일 점검하고 있으나, 고객의 영문명에 대해서는 점검을 수행하고 있지 않아 요주의 인물 여부 확인의 적정성 및 고객확인정보의 정확성이 저하될 우려가 있으므로 점검 절차를 마련할 필요가 있음

(2) 비대면 고객확인 방식을 적용하는 인터넷은행의 특성상 가상자산을 거래하는 고령자 계좌의 경우 타인명의 사용이 의심되는 등 자금세탁위험이 있음에도,

고객정보의 정확성 검증을 위한 추가 절차가 없으므로 실제 거래당사자 여부가 의심되는 가상자산 거래 서비스 이용 고령자에 대하여 본인 의사에 따른 거래 여부 확인 등 본인확인 절차를 강화하기 바람

8. 업무위수탁 관리 불철저

(1) 계열사간 고객확인 업무위수탁에 관한 사항이 업무제휴계약서 등에 명시되어 있지 않아 고객확인 관련 정보 및 자료 제공 등이 적절히 이루어지지 않을 우려가 있으므로, 계열사를 통한 고객확인 업무의 적절한 이행을 담보하기 위해 업무제휴계약서 등에 고객확인 업무 위 수탁에 관한 사항을 명시하여 운영하도록 개선하기 바람

(2) XX사에 카드회원 및 가맹점 모집업무에 따른 고객확인업무를 위탁하면서

- 수탁기관이 수행한 고객확인업무에 대한 전산입력의 적정성 및 증빙서류 구비 여부 등을 확인하는 절차를 수립하지 않아 고객확인업무 전산입력 오류발생 사례와 관련 증빙서류 누락 사례가 발생하고 있고,
- 수탁기관의 위험평가모형으로 해당 고객들의 자금세탁위험도를 평가하고 있어 상품 및 서비스 위험요소가 반영되지 않고 있으며,
- 수탁기관으로부터 고객들의 자금세탁위험 평가 결과만 인지하고 있고 고객들이 고위험으로 분류된 사유를 확인할 수 없어 계속적인 거래에 대한 모니터링이 적절히 수행되지 않을 우려가 있으므로 주기적으로 제3자가 수행하는 고객확인 업무의 적정성을 점검하는 절차를 마련하고 자체 자금세탁방지시스템 등을 활용하여 고객위험평가가 적정하게 이루어질 수 있도록 업무취급절차를 개선할 것

(3) 제3자를 통한 고객확인 업무에 대한 전산입력의 적정성 및 증빙서류 구비 여부 등을 확인하지 않음에 따라 고객확인 업무가 적정하게 수행되지 않은 사례가 있으므로 제3자가 이행한 고객확인에 대한 점검을 강화하는 한편, 제3자가 확보한 기존 고객정보 활용시 고객정보 및 증빙서류를 빠짐 없이 입력하도록 임직원 교육 및 관리·감독을 철저히 할 것

(4) OO개 금융회사와 방카슈랑스 제휴계약을 체결하여 제3자 고객확인업무를 위탁하고 있으나 △△개 저축은행과의 업무제휴계약서에 제3자 고객확인 업무에 관한 최종 책임소재 등이 구체적으로 명시되어 있지 않아 고객확인 업무가 적정하게 이행되지 않을 우려가 있으므로 동 저축은행들과

고객확인 정보 제공 범위 및 책임소재 등이 구체적으로 명시될 수 있도록 업무제휴계약서를 재체결할 것

9. 실명확인증표 진위 여부 확인

금융회사등은 실명확인증표를 이용하여 고객의 신원확인을 하는 경우에는 실명확인증표의 진위 여부에 주의를 기울여야 함. 하지만 내규에 실명확인증표 진위 여부 확인 대상을 위험평가 결과가 고위험인 고객으로 한정하고 있고, 실무상으로도 고위험 고객 또는 일부 저·중위험 고객에 대해서만 실명확인증표 진위 여부를 확인하고 있으므로 고객의 신원확인시 실명확인증표 진위 여부 확인 업무를 충실히 수행할 수 있도록 관련 내규를 개정하고 업무절차를 개선할 것

10. 가상자산이용자에 대한 강화된 고객확인 미흡

계좌개설시 고객확인을 완료한 기존 고객의 경우 실명확인입출금계정 서비스 이용에 따른 강화된 고객확인(EDD) 수행이 미흡해질 우려가 있으므로 실명확인입출금계정 서비스 가입 단계에서 추가적인 EDD 정보를 입력하도록 하는 등 관련 시스템 및 업무절차를 개선할 것

8장

CDD에 대한 유권해석

1. 인터넷뱅킹을 통한 법인고객의 비대면 신규거래시 고객확인 이행에 대하여

◎ "기존계좌활용방식"과 법인의 "공동인증서"를 사용한 경우 복수의 비대면 방식 필요

◎ 비대면 거래에서도 실제 소유자 확인을 포함한 자금세탁방지 관련 고객확인제도는 오프라인에 준하는 정도의 고객확인을 실행하여야 합니다.

* 복수의 비대면방식[2024년 2월 개정된 유권해석 기준] (이중확인-필수) ① 신분증 사본 제출, ② 영상통화, ③ 접근매체 전달시 확인, ④ 기존계좌 활용, ⑤ 기타 이에 준하는 방법(기등록된 바이오정보와 비교 등) 중 2가지 의무 적용 (다중확인 -권고) ⑥ 타 기관 확인결과 활용(휴대폰 인증 등), ⑦ 다수의 개인정보 검증까지 포함하여 이미 선택한 2가지를 제외하고 ①~⑦ 중 추가 확인

◎ 문의하신 "기존계좌활용방식"과 법인의 "공동인증서"의 경우 상기 복수의 비대면 방식 중 의무로 적용해야 하는 ①~⑤ 중 2가지를 수행했다고 볼 수 없어 상기 방법을 적절한 비대면 고객확인 수행이라고 보기 어렵습니다.

◎ 본 건 해석은 특정금융정보법상 고객확인의무에 대해 한정되어 있음을 알려드립니다. 비대면 거래에서도 실제 소유자 확인을 포함한 자금세탁방지 관련 고객확인 제도는 오프라인에 준하는 정도의 고객확인을 실행하여야 합니다.

2. 특정금융정보법에 따른 고객확인의무 대상자의 범위

◎ 신규 계좌개설을 하는 당사자가 아닌 '담보제공자'도 고객확인의무 대상에 포함되는지

◎ 담보제공의 경우 보증업무에 따른 거래에 해당할 수 있어 특정금융정보법 제2조제2호 및 동법 시행령 제3조에 따른 금융거래등에 해당된다고 볼 가능성이 있고, 이에 따라 동법 제5조의2제1항에 따른 고객확인의무 대상이 될 소지가

있으나, 질의하신 내용만으로는 구체적인 제반 사정 등을 파악할 수 없어 구체적 답변을 드리기 어렵다는 점 양해바랍니다 .

◎ 특정금융정보법 제2조제2호 및 동법 시행령 제3조에 따르면 금융거래등이란 금융회사등이 금융자산을 수입·매매·환매·중개·할인·발행·상환·환급·수탁·등록·교환하거나 그 이자·할인액 또는 배당을 지급하는 것과 이를 대행하는 것과 대출·보증·보험·공제·팩토링(기업이 물품 또는 용역의 제공에 의하여 취득한 매출채권을 양수·관리 또는 회수하는 업무를 말한다)·보호예수·금고대여 업무에 따른 거래 등을 의미한다고 규정하고 있고, 동법 제5조의2제1항에서는 고객이 제 계좌를 신규로 개설하거나 일정 금액 이상의 일회성 현금거래 등의 경우 고객확인이 필요하다고 보고 있습니다.

- 따라서, 담보제공의 경우 보증업무에 따른 거래에 해당할 수 있어 특정금융정보법 제2조 및 동법 시행령 제3조에 따른 금융거래등에 해당된다고 볼 가능성이 있고, 이에 따라 동법 제5조의2제1항에 따른 고객확인의무 대상이 될 소지가 있으나, 질의하신 내용만으로는 구체적인 제반 사정 등을 파악할 수 없어 구체적 답변을 드리기 어렵다는 점 양해바랍니다.

3. 여권을 활용한 비대면 실명확인시 특정금융정보법상 고객확인의무 충족 여부

◎ 자금세탁방지 업무규정에 의해 미성년자(학생)의 경우, 비대면 계좌 개설시 "여권+학생증" 또는 "여권 +주민등록초본(상담원이 정부24를 통해 진위확인)"으로 실지명의를 확인하고 영상통화 혹은 기존 계좌 활용방식을 함께 사용할 경우 개인고객의 검증을 이행한 것으로 볼 수 있는지 여부

◎ 질의하신 사안의 경우, 질의내용만으로는 종합적인 판단에 한계가 있으나 비대면 계좌 개설시 "여권+학생증" 또는 "여권+주민등록초본"으로 실지명의를 확인하고 영상통화 혹은 기존 계좌 활용방식을 함께 사용하는 것만으로는 특정금융정보법령에서 규정하는 고객확인·검증을 모두 이행한 것으로 보기 어려울 수도 있을 것으로 판단됩니다. 다만, 구체적인 사실관계에 따라 법령해석 및 적용 여부 등이 달라질 수 있음을 양해하여 주시기 바랍니다.

◎ 비대면 계좌 개설시 고객확인·검증 과 관련하여 자금세탁방지 유권해석 사례집에 따르면, 고객확인사항 중 실명확인에 대해서는 '복수의 비대면 방식'을 통해 확인할 수 있도록 허용한 바 있으며, 이에 따라 각 금융회사등은 이를 준수하여 고객확인을 이행하여야 합니다. 또한 자금세탁방지 관련 고객확인제도는

비대면 실명확인 방식에서 완화된 것은 아니며, 실명확인 이외의 고객확인사항 및 강화된 고객확인에 따른 추가정보 확인시 금융회사는 오프라인에 준하는 정도의 고객확인을 온라인에서 비대면으로 자율적으로 실행할 수 있습니다. 이에 감독 또는 검사자들이 충분히 납득할 수 있도록 금융기관별로 오프라인에 준하는 정도의 합리적이고 객관적인 기준을 설정한 후 실행하는 것이 필요할 것입니다[자금세탁방지 유권해석사례집 ('18.02월), 48번 등 참고].

◎ 이에 따라 비대면 계좌개설시 실명확인이 이루어진 경우, 금융회사등은 오프라인과 마찬가지로 자금세탁행위등의 위험이 높지 않더라도 주소, 연락처 등 자금세탁방지 업무규정 제38조제1항에 따른 개인고객의 신원정보를 확인하여야 할 것이며, 이에 더하여 자금세탁행위등의 위험이 높은 것으로 평가된 개인고객에 대하여는 업무규정 제39조제3항에 따라 주소, 연락처를 정부가 발행한 문서 등에 의해 검증해야 할 뿐만 아니라 업무규정 제42조제1항에 따라 거래의 목적, 거래자금의 원천 등 업무규정 제42조 제2항의 추가적인 정보를 확인하여야 할 것입니다.

◎ 이러한 측면에서 FATF는 비대면 거래에서 자금세탁 위험이 높은 점을 감안하여 보다 강화된 고객확인조치를 적용토록 권고하고 있습니다. 따라서 금융회사는 FATF에서 권고하는 내용(금융거래의 목적 및 거래자금의 원천 확인 (고객확인서 징구 요구) 등)을 충분히 고려하여 운영할 필요가 있습니다.

4. 실제 소유자에 대한 신원확인

◎ 고객인 법인의 주주가 25%가 넘는 주주 3인[㉠ 주주 갑(40% 소유), 주주 을(30% 소유), 주주 병(30% 소유)]인 경우, 업무규정에 따른 신원확인을 최대 주주인 주주 갑에 대해서만 수행하면 되는 것인지 아니면 25%가 넘는 모든 주주에 대해서 신원확인을 수행하여야 하는지 여부

◎ 제시한 사례의 경우 25%가 넘는 주주 3인 중 지분율이 가장 높은 주주 갑에 대하여 실제 소유자에 대한 확인을 수행하여야 합니다. 다만, 금융거래를 이용한 자금세탁행위등을 방지하기 위해 필요하다고 인정되는 경우에는 주주 3인의 전부 또는 일부를 확인할 수 있습니다.

◎ 특정금융정보법 시행령 제10조의5제2항·제3항에서는 법인 또는 단체인 고객의 실제 소유자 확인시 의결권 있는 발행주식 총수를 기준으로 소유하는 주식, 그 밖의 출자지분 등을 고려하여 단계적으로 확인하도록 규정하고 있으며,

• 동조 제4항에서는 제2항제1호 또는 제2호나 제3항제1호 또는 제2호에 해당하는 자가 여러 명인 경우에는 의결권 있는 발행주식 총수를 기준으로 소유하는 주식, 그 밖의 출자지분의 수가 가장 많은 주주 등을 기준으로 확인할 것을 규정하고 있고, 금융거래를 이용한 "자금세탁행위등"을 방지하기 위하여 필요하다고 인정되는 경우에는 제2항제1호 또는 제2호나 제3항제1호 또는 제2호에 해당하는 자의 전부 또는 일부를 확인할 수 있도록 규정하고 있습니다.

◎ 이에 따라 사례의 경우 지분율 25%를 초과하는 주주가 3인(갑, 을, 병)으로 여러 명이므로 지분율이 가장 높은 주주인 갑에 대하여 실제 소유자에 대한 확인을 수행하여야 할 것입니다. 다만, 금융거래를 이용한 자금세탁행위등을 방지하기 위해 필요하다고 인정되는 경우에는 주주 3인의 전부 또는 일부를 확인할 수 있습니다.

5. 타인을 위한 보험의 경우 수익자에 대한 고객확인 이행시기에 대한 유권해석 요청

◎ 보험업법상 생명보험 등 상법 제639조에 따른 타인을 위한 보험거래에서 금융회사등이 '수익자' 에 대한 고객확인을 이행해야 하는 시기

• 금융회사등은 보험업법상 생명보험 등 상법 제639조에 따른 타인을 위한 보험거래에서 '수익자 지정시' 및 '수익자에게 보험금을 지급할 때'에 고객확인을 해야 합니다

◎ 타인을 위한 보험의 수익자 지정시에도 고객확인을 해야 한다면, 업무규정 제20조 제2항에 따른 간소화된 고객확인을 적용할 수 있는지 여부

• 다만, '수익자 지정시'에는 업무규정 제20조 제2항에 따른 간소화된 고객확인을 이행해도 무방하다 할 것입니다.

6. 금융회사등의 고객확인의무에 대한 위탁 가능 여부 및 위탁을 위한 이행요건 확인 요청

◎ 특정금융정보법 제5조의2에 규정된 고객확인의무를 ① 타 금융회사등에 위탁할 수 있는지 여부 및 ② 자금세탁방지 및 공중협박자금조달금지에 관한 업무규정 제53조에 따른 이행요건의 세부내용

* 동 규정 제53조 제1호의 고객확인과 관련된 정보에 주민등록증 사본이 포함 되는지 여부 및 동조 제2호의 자료를 금융회사등의 요청이 있는 경우에만 제공하면 되는지 여부

◎ 자금세탁방지 업무규정 제53조의 요건을 충족할 경우 제3자인 타 금융회사등에 위탁하여 고객확인을 할 수 있으며,

- 주민등록증 사본 등 고객확인과 관련된 문서사본의 경우에는 업무규정 제53조 제2호에 따라 금융회사등의 요청시 제3자로부터 지체 없이 제공받아야 합니다.

◎ 제3자를 통한 고객확인이란 금융회사가 자신을 대신하여 제3자로 하여금 특정금융정보법상 고객확인 업무를 수행하도록 하거나, 제3자가 이미 당해 고객에 대한 고객확인을 통해 확보한 정보를 자신의 고객확인에 갈음하여 활용하는 것을 의미합니다(업무규정 제52조).

- 업무규정 제53조 제3호에 따라 제3자는 자금세탁방지등과 관련하여 감독기관의 규제 및 감독을 받고 있고, 고객확인을 위한 조치를 마련하고 있어야 합니다.
- 또한, 제3자를 통한 고객확인의 경우 업무규정에 따른 이행요건을 준수해야 할 필요가 있으며(업무규정 제53조), 특히 제3자 고객확인이 성립하기 위해서는 고객확인의무 대행에 대해서도 업무위수탁 계약이 체결되어야 합니다[자금세탁방지제도 유권해석 사례집 (2018.2), p.104].

◎ 업무규정 제53조 제1호에서 규정하고 있는 '고객확인과 관련된 필요한 정보'는 특정금융정보법 제5조의2에 규정된 고객확인의무를 이행하기 위하여 금융회사등이 확인 하여야 하는 정보를 의미하는 것이며,

- 업무규정 제53조 제2호에 따라 주민등록증 사본 등 고객확인과 관련된 문서 사본의 경우 금융회사등의 요청이 있는 경우 제3자로부터 지체 없이 제공받아야 합니다.
- 이는 문언 그대로 금융회사등이 관련 문서사본을 요청할 경우 제3자는 지체 없이 이를 제공해야 하는 것이며, 타 금융회사가 제3자로서 고객확인 업무를 대신하는 경우에도 특정금융정보법상 고객확인의무 이행과 관련한 최종적인 책임은 업무를 위탁한 당해 금융회사등에 있으므로(업무규정 제54조) 금융회사등은 이를 고려하여 고객확인의무를 이행하여야 할 것입니다.

7. 신용정보회사를 통해 조회한 주요 주주현황 정보를 자금세탁방지 실제 소유자확인 및 검증서류로 활용해도 무방한지 여부

◎ 특정금융정보법 제5조의2제1항 및 자금세탁방지 업무규정 제41조에 따른 실제 소유자 확인 검증 자료로 신용정보회사에서 조회된 자료(해당 자료가 최신 정보임을 전제로 할 경우)를 이용할 수 있는지 여부

◎ "신용정보법"을 준수하여 관련 정보의 정확성과 최신성을 확보하고 있다면 금융회사등은 실제 소유자 확인 및 검증 자료로 이를 활용할 수 있다고 할 것입니다.

◎ 특정금융정보법 제5조의2제1항제1호나목에 따라 금융회사등은 고객확인시 실제 소유자를 확인하여야 하며, 업무규정 제41조에 따라 금융회사등은 신뢰할 수 있고 독립적인 관련정보 및 자료 등을 이용하여 신원을 확인하고 검증하기 위한 합리적인 조치를 취해야 합니다.

- 금융회사등은 이를 고려하여 실제 소유자를 확인할 수 있는 방법 및 자료 등 관련 절차를 자율적으로 마련할 수 있으며, 진위 여부 등에 대하여도 책임이 있습니다.

◎ 신용정보회사의 자료가 신용정보법을 준수하여 관련 정보의 정확성과 최신성을 확보하고 있다면 금융회사등은 실제 소유자 확인 및 검증 자료로 이를 활용할 수 있다고 할 것입니다.

8. 스포츠 토토 환급금 관련 고객확인의무 적용 여부

◎ 환급금 지급과 관련하여 현금 또는 계좌이체 방식으로 지급대행을 하는 경우 고객확인의무를 이행하여야 하는지 여부

◎ 당행의 은행 계좌를 기보유한 고객에게 계좌를 통해 환급금을 지급하는 경우 기존 고객에 대해 고객확인의무를 이행하였으므로 별도의 고객확인을 생략해도 될 것으로 판단됩니다.

◎ 다만, 환급금 지급시 1천만 원 이상을 현금으로 지급하는 경우 특정금융정보법 제5조의2 및 동법 시행령 제10조의3에 따른 일회성 금융거래에 해당하는 것으로 판단되며, 특정금융정보법 제5조의2 및 동법 시행령 제10조의3 등 관련 조항에 따라 고객확인을 수행하면 될 것으로 보입니다.

◎ 당행의 은행 계좌를 기보유한 고객에게 계좌를 통해 환급금을 지급하는 경우 기존 고객에 대해 고객확인의무를 이행하였으므로 별도의 고객확인을 생략해도 될 것으로 판단됩니다.

- 다만, 이 경우에도 자금세탁방지 업무규정 제34조 제1항에 따라 고객확인을 한 고객과 거래가 유지되는 동안 당해 고객에 대하여 지속적으로 고객확인을 하여야 하는 지속적인 고객확인의무는 이행이 필요하다고 보입니다.

◎ 환급금 지급시 1천만 원 이상을 현금으로 지급하는 경우 특정금융정보법 제5조의2 및 동법 시행령 제10조의3에 따른 일회성 금융거래에 해당하는 것으로 판단되며, 특정금융정보법 제5조의2 및 동법 시행령 제10조의3 등 관련 조항에

따라 고객확인을 수행하면 될 것으로 보입니다. 다만 , 질의하신 내용은 구체적인 제반 사정 등에 따라 달리 판단될 수 있다는 점을 양지하여 주시기 바랍니다.

9. 장기미거래 고객에 대한 고객확인 주기완화 가능 여부

◎ 1년 이상 금융거래가 없는 고객에 대해 고객이 거래를 재개한 시점에 주기적인 고객확인 절차를 수행하는 것이 가능한지 여부

◎ 특정금융정보법 시행령 제10조의6제2항에 따라 금융회사등은 고객확인을 한 후 해당 고객과 거래가 유지되는 동안 주기적으로 고객확인을 해야 하고, 금융회사등은 고객의 거래행위 등을 고려한 자금세탁행위와 공중협박자금조달행위의 위험도에 따라 고객확인의 주기를 설정·운용해야 합니다.

- 또한, 자금세탁방지 업무규정 제34조 제1항에 따라 금융회사등은 고객확인을 한 고객과 거래가 유지되는 동안 당해 고객에 대하여 지속적으로 고객확인을 하여야 하고, 제3항에 따라 금융회사등은 고객의 거래행위를 고려한 자금세탁행위등의 위험도에 따라 고객확인의 재이행 주기를 설정·운용하여야 합니다.

◎ 따라서, 고객과 거래가 유지된다고 보이는 경우 고객의 거래행위 등을 고려한 자금세탁행위와 공중협박자금조달행위의 위험도에 따라 고객확인의 주기를 설정·운용해야 하므로, 1년 이상 금융거래가 없더라도 고객이 거래를 재개한 시점만으로 재이행 주기를 설정하는 것이 아니라 고객의 거래행위 등을 고려한 자금세탁행위와 공중협박자금조달행위의 위험도에 따라 금융회사등이 자체적으로 설정·운용한 고객확인 재이행주기를 준수해야 한다고 보입니다.

10. 고객확인업무를 제3자(글로벌금융회사) 대행시 신원확인서류 요청

◎ 전자금융업자가 해외(일본)에 금융서비스를 제공하고자 전자금융업자의 해외(일본)지사와 해외(일본) 금융회사간 계약을 체결하였으며 계약 조건상 제3자인 해외(일본) 금융회사에서 고객확인업무를 수행한 경우 전자금융업자가 신원확인정보 등 문서사본서류를 제3자로부터 제공받지 않아도 되는지 여부

◎ 자금세탁방지 업무규정 제53조의 요건을 충족할 경우 제3자인 타 금융회사등에 위탁하여 고객확인을 할 수 있으며, 업무규정 제53조 제3호에 따라 제3자를 통해 고객확인을 하는 금융회사등은 요청시 제3자로부터 고객신원정보 및 기타 고객확인과 관련된 문서사본 등의 자료를 지체 없이 제공받아야 합니다.

- 따라서, 제3자인 해외(일본) 금융회사에서 고객확인업무를 수행한 경우 전자금융업자가 신원확인정보 및 기타 고객확인과 관련된 문서사본 등의 자료를 제3자로부터 제공받아야 한다고 보입니다.
- 이 경우 업무규정 제53조 제3호에 따라 제3자는 자금세탁방지등과 관련하여 감독 기관의 규제 및 감독을 받고 있고, 고객확인을 위한 조치를 마련하고 있어야 합니다.
- 또한, 제3자를 통한 고객확인의 경우 업무규정에 따른 이행요건을 준수해야 할 필요가 있으며(업무규정 제53조), 특히 제3자 고객확인이 성립하기 위해서는 고객확인의무 대행에 대해서도 업무 위수탁 계약이 체결되어야 합니다.

◎ 제3자를 통한 고객확인이란 금융회사가 자신을 대신하여 제3자로 하여금 특정금융정보법상 고객확인 업무를 수행하도록 하거나, 제3자가 이미 당해 고객에 대한 고객확인을 통해 확보한 정보를 자신의 고객확인에 갈음하여 활용하는 것을 의미 합니다(업무규정 제52조).

- 업무규정 제53조 제3호에 따라 제3자는 자금세탁방지등과 관련하여 감독 기관의 규제 및 감독을 받고 있고, 고객확인을 위한 조치를 마련하고 있어야 합니다.
- 또한, 제3자를 통한 고객확인의 경우 업무규정에 따른 이행요건을 준수해야 할 필요가 있으며 (업무규정 제53조), 특히 제3자 고객확인이 성립하기 위해서는 고객확인의무 대행에 대해서도 업무위수탁 계약이 체결되어야 합니다[자금세탁방지제도 유권해석 사례집 (2018.2), p.104].

◎ 업무규정 제53조 제1호에서 규정하고 있는 '고객확인과 관련된 필요한 정보'는 특정금융정보법 제5조의2에 규정된 고객확인의무를 이행하기 위하여 금융회사등이 확인 하여야 하는 정보를 의미하는 것이며,

- 업무규정 제53조 제2호에 따라 고객확인과 관련된 문서사본의 경우 금융회사등의 요청이 있는 경우 제3자로부터 지체 없이 제공받아야 합니다.
- 이는 문언 그대로 금융회사등이 관련 문서사본을 요청할 경우 제3자는 지체 없이 이를 제공해야 하는 것이며, 타 금융회사가 제3자로서 고객확인 업무를 대신하는 경우에도 특정금융정보법상 고객확인의무 이행과 관련한 최종적인 책임은 업무를 위탁한 당해 금융회사등에 있으므로(업무규정 제54조) 금융회사등은 이를 고려하여 고객확인의무를 이행하여야 할 것입니다 .

◎ 따라서, 제3자인 해외(일본) 금융회사에서 고객확인업무를 수행한 경우 전자금융업자가 신원확인정보 및 기타 고객확인과 관련된 문서사본 등의 자료를 제3자로부터 제공받아야 한다고 보입니다. 다만, 질의하신 내용은 구체적인 제반 사정 등에 따라 달리 판단될 수 있다는 점을 양지하여 주시기 바랍니다.

11. 소액해외송금업자와 금융회사등의 제휴 모델 상 관련 정보 수령을 통한 고객확인 절차 생략 가능 여부

◎ 외국환거래법상 소액해외송금업자가 자신을 대신하여 제3자인 여신전문금융업법상 여신전문금융회사로 하여금 고객확인을 하도록 할 수 있는지

◎ 외국환거래법상 소액해외송금업자는 자금세탁방지 업무규정 제53조와 같은 관련 규정의 요건을 충족할 경우 제3자인 여신전문금융업법상 여신전문금융회사로 통하여 고객확인을 할 수 있습니다.

◎ 제3자를 통한 고객확인이란, 금융회사가 자신을 대신하여 제3자로 하여금 특정금융정보법상 고객확인 업무를 수행하도록 하거나, 제3자가 이미 당해 고객에 대한 고객확인을 통해 확보한 정보를 자신의 고객확인에 갈음하여 활용하는 것을 의미합니다. (업무규정 제52조)

- 제3자는 '자금세탁방지등과 관련하여 감독기관의 규제 및 감독을 받고 있어야 하며, 고객확인을 위한 조치를 마련하고 있는 자'(업무규정 제53조 제3호)를 의미함. 따라서 특정금융정보법상 자금세탁방지의무가 부과되어 있고, 그에 따른 의무를 이행하고 감독기관의 규제 및 감독을 받고 있는 여신전문금융회사는 '제3자'에 해당한다고 볼 수 있음
- 또한, 제3자를 통한 고객확인의 경우 업무규정에 따른 이행요건을 준수해야할 필요(업무규정 제53조)가 있으며, 특히, 제3자 고객확인이 성립하기 위해서는 고객확인의무 대행에 대해서도 업무 위수탁 계약이 체결되어야 함[금융정보분석원, 자금세탁방지제도 유권해석 사례집(2018.2), 제104쪽 참조].

◎ 다만, 위수탁 계약에 의해 타 금융회사가 제3자로서 고객확인 업무를 대신하는 경우에도 특정금융정보법상 고객확인의무 이행과 관련한 최종적인 책임은 업무를 위탁한 당해 금융회사에 있음(업무규정 제54조). 상기 의견은 질의하신 사항만을 토대로 실무 검토한 내용이며, 구체적인 사실관계에 따라서 이와 다르게 해석될 여지도 있음을 알려드립니다.

12. “이용자가 미리 직접 대가를 지불하지 아니한 선불전자지급수단” 발행시 KYC 생략 가능 여부

◎ 전자금융업자의 고객이 재화 등의 구매나 이벤트 등 일정 요건을 충족하여 전자금융업자가 고객에게 무상으로 포인트를 제공하는 경우, 이는 자금세탁행위등에 이용될 가능성이 현저히 적은 전자금융거래법 제23조제1항제1호의 선불전자지급수단의 발행에 해당되는 것으로 보아 특정금융정보법 감독규정 제21조에 열거된 금융거래와 마찬가지로 고객확인면제가 가능한지 여부

◎ 제공하는 포인트가 전자금융거래법 제23조제1항제1호, 같은 법 시행령 제13조제1항 본문에서 정하는 발행권면 최고한도 50만 원의 선불전자지급수단에 해당한다면, 고객확인의무를 면제할 수 있다고 판단됩니다.

- 다만, 제공하는 포인트가 50 만 원 이상의 발행권면 최고한도가 있어 금융실명법 제2조제4호에 따른 실지명의로 발행 (200만 원까지 발행 가능)한 선불전자 지급수단에 해당하는 경우 고객확인의무를 면제하기 어렵다고 보입니다.

◎ 제공하는 포인트가 전자금융거래법 제23조제1항제1호, 같은 법 시행령 제13조제1항 본문에서 정하는 발행권면 최고한도 50만 원 미만의 선불전자지급수단에 해당하는지에 대해서는 질의하신 사실관계만으로는 단정할 수는 없으므로, 추가 확인이 필요하다고 보입니다.

- 다만, 전자금융거래법 제2조제14호에 따르면 “선불전자지급수단”이란 이전 가능한 금전적 가치가 전자적 방법으로 저장되어 발행된 증표 또는 그 증표에 관한 정보로서, ① 발행인(대통령령이 정하는 특수관계인을 포함) 외의 제3자로부터 재화 또는 용역을 구입하고 그 대가를 지급하는 데 사용되며, ② 구입할 수 있는 재화 또는 용역의 범위가 통계법 제22조제1항에 따른 한국표준산업분류 중분류상 2개 이상 업종인 것을 말하므로 귀사가 제공하는 무상포인트가 선불전자지급수단에 해당하는지는 위 정의 조항을 충족하는지에 따라 판단할 수 있다고 보입니다.

◎ 특정금융정보법 및 동 감독규정 제21조 제6호에 따르면, 전자금융거래법 제23조 제1항제1호, 같은 법 시행령 제13조제1항 본문에서 정하는 선불전자지급 수단의 발행은 고객확인의무를 면제하는바, 이러한 예외규정은 발행권면 최고한도가 선불전자지급수단의 발행권면 최고한도는 50만 원 이하의 무기명 선불전자지급 수단에만 적용됩니다.

• 따라서, 질의하신 사실관계만으로는 단정할 수는 없으나, 귀사가 제공하는 포인트가 전자금융거래법 제23조제1항제1호, 같은 법 시행령 제13조제1항 본문에서 정하는 발행권면 최고한도 50만 원인 선불전자지급수단에 해당한다면, 고객확인의무를 면제할 수 있다고 판단됩니다.

• 다만, 제공하는 포인트가 50만 원 이상의 발행권면 최고한도가 있어 금융실명법 제2조제4호에 따른 실지명의로 발행(200만 원까지 발행 가능)한 선불전자지급수단에 해당하는 경우 고객확인의무를 면제하기 어렵다고 보입니다.

◎ 다만, 질의하신 내용은 구체적인 제반 사정 등에 따라 달리 판단될 수 있다는 점을 양지하여 주시기 바랍니다.

13. 고객확인제도 관련 고객 신원정보 재등록 주기 연장

◎ 현재 자금세탁방지 및 공중협박자금조달금지에 관한 업무규정 제34조에 따라 금융기관은 고객 계좌의 신원정보를 주기적으로 파악하여 자금세탁 우려에 대비하여야 함

• 금융정보분석원은 고객신원정보 재등록 주기를 자금세탁 저위험 고객은 3년에, 자금세탁 고위험 고객은 1년으로 권고하고 있음

- 장기간 거래가 없거나 자금세탁 위험도가 낮은 거래만을 하는 등 현실적으로 고객정보 재등록의 필요성이 낮은 계좌에 대해서도 의무적으로 3년에 1회 고객정보를 재등록해야 해 고객 민원 및 증권회사의 업무부담 가중

◎ 건의사항

자금세탁 위험이 낮은 고객계좌에 대해서는 CDD 고객신원정보 재등록을 생략하거나 주기를 연장할 필요(관련 법령 및 규정 - 자금세탁방지 업무규정 제34조)

◎ 금융정보분석원은 업무규정 제34조에서 금융회사등은 고객의 거래 행위를 고려한 자금세탁등의 위험도에 따라 고객확인의 재이행 주기를 설정.운용하도록 규정하고 있으므로, 개별 금융회사가 위험도에 따라 주기를 합리적으로 설정하는 것이 가능함

14. 특정금융정보법상 고객확인제도의 업무적용에 관련 법령해석 및 비조치의견 요청

◎ 특정금융정보법 및 자금세탁방지 업무규정에 따라 수행하는 '고객확인' 및 '지속적 고객확인' 절차에 있어, 1) 국내법령의 요구 수준보다 강화된 형태의 정보, 증빙자료 등을 고객에게 요구하고 해당 요구사항이 이행되지 않을 시, 약관에서 허용하고 있는 보험계약 관련 거래(중도인출, 추가납입, 해지 등)를 제약할 수 있는지 여부 및 2) 기존 상품약관을 변경하여 1)의 사항을 약관 내 반영할 시, 해당 약관의 실효성 여부 및 약관에의 반영 자체가 제재 등의 조치의 대상인지 여부

◎ 특정금융정보법 등에 따른 고객확인이란 특정금융정보법 제5조의2에 따라 금융거래를 이용한 자금세탁행위 및 공중협박자금조달행위를 방지하기 위하여 고객에 대하여 합당한 주의를 기울이는 것을 의미하며, 이에 따라 같은 법 제5조의2제4항 '고객이 신원확인 등을 위한 정보제공을 거부'에 있어 '정보'의 범위는 같은 조 제1항 각 호의 사항을 의미한다고 할 것입니다.

- 이 경우 특정금융정보법에서 보험회사에 대해 부여된 의무를 이행하기 위하여 자금세탁 행위나 공중협박자금조달행위의 위험성에 비례하여 합리적으로 가능하다고 판단하는 범위 내에서 고객에 관한 사항을 확인할 수 있습니다.

◎ 다만, 보험회사는 계약자 권리를 부당하게 침해하는 내용으로 보험상품을 설계하는 것을 제한하여 보험소비자를 보호하고자 하는 보험업법 제128조의3(기초서류 작성·변경 원칙)의 취지, 하위법령 등에서 정하는 기초서류 작성에 관한 세부 기준 등을 종합적으로 감안하여, '고객확인'제도를 운영해야 할 것입니다.

- 즉, 특정금융정보법에서의 가능하지 않은 과도한 범위의 고객 관련 정보의 확인을 고객확인 등을 규정하는 취지에 부합하는 수준을 벗어나서, 자금세탁행위나 공중협박자금조달행위의 위험성과 비례성이 없거나 합리적으로 요구하면서 보험계약 관련 거래를 제약하는 등 정당한 사유 없이 보험계약자의 권리를 축소 또는 의무를 확대하는 내용을 기초서류에 포함하는 것은 보험업법 제 128조의3(기초서류 작성·변경 원칙)의 취지에 비추어볼 때, 신중해야 할 필요가 있습니다.

◎ 특정금융정보법 제5조의2, 같은 법 시행령 제10조의2, 자금세탁방지 업무규정 제20조에 따라, 고객확인이란 같은 법 제5조의2에 따라 금융거래를 이용한 자금세탁행위 및 공중협박자금조달행위를 방지하기 위하여 고객에 대하여 합당한 주의를 기울이는 것을 의미합니다.

• 따라서 특정금융정보법 제5조의2제4항 '고객이 신원확인 등을 위한 정보제공을 거부'에 있어 '정보'의 범위는 같은 법 제5조의2제1항 각 호의 사항을 의미 한다고 할 것입니다. 또한 같은 법 제5조의2제1항제2호나목 및 업무규정 제42조제2항제4호, 제3항제4호에 따르면 금융회사등은 자금세탁행위나 공중협박자금조달행위의 위험성에 비례하여 합리적으로 가능하다고 판단하는 범위 내에서 고객에 관한 사항을 확인할 수 있습니다.

• 한편 금융회사는 특정금융정보법 제5조의2제4항과 관련하여, 자금세탁방지 제도의 취지를 감안하여 자율적으로 기존 거래의 종료 방법과 절차를 마련하여 제도를 운영할 수 있음을 알려드립니다.

◎ 다만, 계약자 권리를 부당하게 침해하는 내용으로 보험상품을 설계하는 것을 제한하여 보험소비자를 보호하고자 하는 보험업법 제128조의3(기초서류 작성·변경 원칙)의 취지, 하위법령 등에서 정하는 기초서류 작성에 관한 세부 기준 등을 종합적으로 감안하여, '고객확인'제도를 운영해야 할 것입니다.

• 즉, 특정금융정보법에서의 고객확인 등을 규정하는 취지에 부합하는 수준을 벗어나서, 자금세탁행위나 공중협박자금조달행위의 위험성과 비례성이 없거나 합리적으로 가능하지 않은 과도한 범위의 고객 관련 정보의 확인을 요구하면서 보험계약 관련 거래를 제약하는 등 정당한 사유 없이 보험계약자의 권리를 축소 또는 의무를 확대하는 내용을 기초서류에 포함하는 것은 보험업법 제128조의3(기초서류 작성·변경 원칙)의 취지에 비추어볼 때 신중해야 할 필요가 있습니다.

15. NPL채권 매입 금융회사가 NPL 구성하는 개별 채권 차주에 대해 고객확인의무 여부 질의(자산양수도계약을 통해 NPL 채권을 매입한 금융회사가 NPL을 구성하는 개별 채권 차주에 대해 고객확인의무가 있는지 여부)

◎ 자금세탁방지 업무규정 제26조에 따라 금융회사등은 인수·합병 등을 통해 새롭게 고객이 된 자에 대해서도 고객확인을 하여야 하나, ❶고객확인 관련기록을 입수하고 피인수기관으로부터 법 제5조의2에 의한 고객확인 이행을 보증받은 경우와 ❷ ❶의 고객확인 관련자료에 대한 표본추출 점검 등을 통해 적정하다고 판단되는 경우의 두 가지 요건을 모두 충족하는 경우 고객확인을 생략할 수 있습니다 .

◎ 따라서, NPL 채권을 매입한 자산양수도계약이 인수 등을 통해 이루어진 경우에도 원칙적으로 개별채권 차주에 대해 고객확인이 필요하나, ❶고객확인 관련기록을 입수하고 피인수기관으로부터 법 제5조의2에 의한 고객확인 이행을 보증받은 경우와 ❷ ❶의 고객확인 관련자료에 대한 표본추출 점검 등을 통해 적정하다고 판단되는 경우의 두 가지 요건을 모두 충족하는 경우 고객확인을 생략할 수 있다고 보입니다.

16. 보험기간 만료시에 환급금이 발생하지 아니하는 보험인 경우 고객확인의무를 면하되 중도해지 신청 전이나 신청 후 또는 해지환급금 지급 전 고객확인을 이행하는 것의 허용 여부 질의

◎ 특정금융정보법 감독규정 제21조 제4호에 따르면 보험기간의 만료시 보험계약자, 피보험자 또는 보험수익자에 대한 환급금이 발생하지 아니하는 보험계약은 고객확인이 면제되는 바, 만료시에는 환급금이 발생하지 않지만 중도해지시 환급금이 발생하지 않는 보험계약에 대하여 고객확인의무를 면제하되, 중도해지시 환급금이 발생하는 보험계약의 경우 중도해지 신청 전후로 해지환급금 지급 전에 고객확인의무를 이행하는 것이 허용되는지 여부

◎ 만기시에 환급금이 발생하지 않는 보험계약이더라도 중도해지시 환급금이 발생하는 이상 자금세탁위험을 방지하기 위한 고객확인의무는 필수적으로 적용되고, 타인을 위한 보험이 아닌 일반적인 보험계약의 경우 금융거래등이 이루어지기 전에 고객확인을 하여야 하므로 보험계약 체결시 고객확인이 필요합니다. 다만, 보험계약자와 보험수익자가 다른 타인을 위한 보험계약의 경우 환급금을 지급하는 때 또는 환급금에 관한 청구권이 행사되는 때 고객확인이 가능하다고 보입니다.

◎ 특정금융정보법 제5조의2제1항에서는 금융회사등의 고객확인의무를 규정하고, 같은 법 시행령 제10조의2제1항 단서에서는 '금융거래 성질상 그 적용이 적절하지 않거나 자금세탁등에 이용될 가능성이 현저히 적은 거래' 등에 대해서는 고객확인을 하지 않을 수 있다고 규정하며 구체적인 사항은 특정금융정보법 감독규정에 위임하고 있습니다.

- 감독규정 제21조제4호에 따르면 '보험기간의 만료시 보험계약자, 피보험자 또는 보험수익자에 대하여 환급금이 발생하지 아니하는 보험계약'은 고객확인 의무가 면제됩니다. 다만, 보험기간 만기시 환급금이 발생하지 않더라도 중도

해지시 중도 환급금이 발생한다면 고객확인 대상으로 보입니다.

- 만기시 환급금이 발생하지 않는 보험계약에 대해 고객확인의무가 면제되는 것은 자금세탁행위나 공중협박자금조달행위에 이용될 가능성이 현저히 적기 때문인데, 이는 환급금이 미발생하는 거래 형태에 주된 이유가 있다고 볼 수 있습니다. 따라서 중도 해지시 환급금이 발생하는 경우에는 고객확인 대상 거래에 해당된다고 보는 것이 타당합니다.

◎ 한편 특정금융정보법 시행령 제10조의6제1항 본문은 금융회사등은 금융거래가 이루어지기 전에 고객확인을 하여야 한다고 규정하고 있습니다. 다만, 동법 시행령 제10조의6제1항 단서 및 감독규정 제23조제2호에 따라 상법 제639조에서 정하는 타인을 위한 보험의 경우 금융거래가 이루어진 후 환급금을 청구권자에게 지급하는 때 또는 환급금에 관한 청구권이 행사되는 때 고객확인을 할 수 있다고 보고 있습니다.

- 즉, 보험계약자와 보험수익자가 다른 타인을 위한 보험계약의 경우 환급금에 관한 청구권이 행사되는 때 고객확인이 가능합니다.

◎ 따라서, 만기시에 환급금이 발생하지 않는 보험계약이더라도 중도해지시 환급금이 발생하는 이상 자금세탁위험을 방지하기 위한 고객확인의무는 필수적으로 적용되고, 타인을 위한 보험이 아닌 보험계약의 경우 금융거래등이 이루어지기 전에 고객확인을 하여야 하므로 보험계약 체결시 고객확인이 필요합니다. 다만, 보험계약자와 보험수익자가 다른 타인을 위한 보험 계약의 경우 환급금을 청구권자에게 지급하는 때 또는 환급금에 관한 청구권이 행사되는 때 고객확인이 가능하다고 보입니다.

17. 외국법인 대표자 실지명의 확인 관련 문의

◎ 금융회사의 고객인 해외 법인에 대한 고객확인의무 이행 과정에서 해당 법인의 소재국의 개인정보 관련 법률을 이유로 법인 대표자의 성명, 생년월일 및 국적 등을 확인하기 어려운 경우에도 관련 대표자 정보 수집을 위해 최선의 노력을 다했다는 내용을 문서화할 경우 고객확인의무 이행을 다했다고 볼 수 있는지 질의

◎ 특정금융정보법 제5조의2제1항제1호가목 및 동법 시행령 제10조의4제2호 내지 제4호에 따라 특정금융정보법상 금융회사등은 법인인 고객에 대한 특정금융정보법 소정의 고객확인의무 이행시 대표자의 성명, 생년월일 및 국적을 확인해야 합니다.

◎ 특정금융정보법상 제5조의2는 금융회사등에게 고객확인의무를 부과하고 있으며, 고객확인이란 금융거래를 이용한 자금세탁행위 및 공중협박자금조달 행위를 방지하기 위하여 고객에 대하여 합당한 주의를 기울이는 것을 의미합니다.

◎ 특정금융정보법 제5조의2제1항제1호가목에서는 금융회사등이 계좌를 신규로 개설하거나 대통령령의 정하는 금액 이상의 일회성 금융거래를 하는 경우 대통령령 으로 정하는 고객의 신원에 관한 사항을 확인하도록 규정하고 있으며, 동법 시행령 제10조의4제2호 내지 제4호에서는 법인인 고객에 대한 고객확인 시 국내·해외법인 또는 단체에 대해서 공통적으로 대표자의 성명, 생년월일 및 국적을 확인할 것을 명확히 규정 *하고 있습니다 .

* 동명이인간 식별을 위한 필요 최소한의 정보를 법령에 규정 특정금융정보법 시행령 개정이유 및 '17.11.23 일자 금융위 보도자료 특정금융정보법 시행령 개정안 및 특정금융정보법 제재규정 입법예고 참조

◎ 따라서 금융회사등은 특정금융정보법령에 따라 법인인 고객에 대한 고객확인의무 이행시 반드시 대표자의 성명, 생년월일 및 국적을 확인해야 할 것입니다.

18. 선불전자지급수단 발행시 CDD&EDD 면제 여부 해석 요청

◎ 상품권카드와 같은 신유형 상품권의 법적 성격을 전자금융거래법 제23조제1항제1호 및 동법 시행령 제13조제1항 본문에서 정하는 선불전자지급수단으로 출시 또는 약관변경시, 특정금융정보법 및 동법 감독규정 제21조에 의해 고객확인 의무가 면제되는지 여부

◎ 귀사가 발행하는 상품권카드가 전자금융거래법 제23조제1항제1호 및 동법 시행령 제13조제1항 본문에서 정하는 것에 해당하는 선불전자지급수단으로 발행되는 것이라면, 특정금융정보법 제5조의2제1항제1호에 따른 고객확인은 면제됩니다.

◎ 다만, 특정금융정보법 제5조의2제1항제2호에 따른 고객확인은 면제 대상이 아니고, 귀사는 고객이 실제 소유자인지 여부가 의심되는 등 고객이 자금세탁행위나 공중협박자금조달행위를 할 우려가 있다고 판단되는 경우에는 금융거래의 목적과 거래자금의 원천 등을 포함하여 고객확인을 하고, 그 정보를 보존·관리하여야 합니다.

◎ 특정금융정보법은 금융회사등이 고객확인을 하도록 의무를 부과하면서(법 제5조의2), 동법 시행령에서 금융거래의 성질상 그 적용이 적절하지 아니하거나

자금세탁행위와 공중협박자금조달행위에 이용될 가능성이 현저히 적은 금융거래로서 금융정보분석원장이 정하여 고시하는 거래에 해당하는 경우에는 법 제5조의2제1항제1호에 따른 확인 조치의 전부 또는 일부를 하지 않을 수 있다고 규정하고 있습니다(시행령 제10조의2제1항).

- 금융정보분석원장이 정하여 고시하는 고객확인이 면제되는 금융거래에 전자금융거래법 제23조제1항제1호 및 동법 시행령 제13조제1항 본문에서 정하는 선불전자지급수단 발행을 포함하고 있어, 귀사가 발행하는 상품권 카드가 이에 해당하는 경우 특정금융정보법 제5조의2제1항제1호에 따른 고객확인은 면제됩니다.(시행령 제10조의2제1항 및 감독규정 제21조제6호)

◎ 다만, 특정금융정보법 제5조의2제1항제2호에 따른 고객확인은 면제대상이 아니고, 귀사는 고객이 실제 소유자인지 여부가 의심되는 등 고객이 자금세탁행위나 공중협박자금조달행위를 할 우려가 있다고 판단되는 경우(예컨대, 상품권카드의 다량 구매 또는 단기간 반복 구매 등)에는 금융거래의 목적과 거래자금의 원천 등을 포함하여 고객확인을 하고, 그 정보를 보존·관리하여야 합니다(법 제5조의2 및 제5조의4).

19. 보험기간 만료시에는 환급금이 발생하지 않지만 중도해지시 환급금이 발생하는 보험계약의 경우 고객확인의무가 있는지

◎ 보험기간 만료시에는 환급금이 발생하지 않지만 중도해지시 환급금이 발생하는 보험계약의 경우 고객확인의무가 있다고 할 것입니다.

◎ 특정금융정보법 시행령 제10조의2의 규정은 '금융거래 성질상 그 적용이 적절하지 않거나 자금세탁등에 이용될 가능성이 현저히 적은 거래'로서 금융정보분석원장이 고시하는 금융거래에 대하여는 고객확인을 하지 않을 수 있다고 규정하고 있습니다. 이에 따라 금융정보분석원장 고시는 '보험기간의 만료시 보험계약자, 피보험자 또는 보험수익자에 대하여 환급금이 발생하지 아니하는 보험계약'은 고객확인 면제 대상으로 규정하고 있습니다.

◎ 환급금이 발생하지 않는 보험계약은 자금세탁등에 이용될 가능성이 적은 거래로서 고객확인 면제 대상으로 규정된 점에 비추어 볼 때 면제의 주된 이유는 '만료시'라는 시점보다는 '환급금이 발생하지 아니하는' 자금세탁의 위험이 비교적 낮은 거래 형태에 기인한다고 볼 것입니다.

◎ 따라서 중도해지시 환급금이 발생할 경우 만기시의 환급금 발생 여부와 상관없이 고객확인 대상이 되는 보험계약에 해당함을 알려드립니다.

주요내용 종합정리

1. 고객확인제도란

금융회사등이 고객과 금융거래시 자신이 제공하는 금융상품 또는 서비스가 자금세탁등의 불법 행위에 이용되지 않도록 고객의 신원확인 및 검증, 거래목적 및 실소유자 확인 등 고객에 대하여 합당한 주의를 기울이는 것을 의미한다. 고객확인제도는 2006년 1월 18일부터 도입 시행되었다. 고객확인은 신원확인을 넘어서 거래목적, 실제 소유자 확인 및 자금의 원천 확인 등 추가적인 주의의무를 통하여 자금의 실제 소유자를 확인하고, 자금의 원천의 적법성을 확인하고자 하는 것을 의미한다.

2. 개인의 신원확인 및 검증 요건

구분	신원확인 정보	검증정보
기본적인 고객 확인의무	• 성명 • 생년월일, 성별 (외국인비거주자의 경우에 한함) • 실명번호 (전자금융업자의 성명, 생년 월일, 성별, 계좌번호, CI값으로 대체) • 국적 : 외국인의 경우에 한 함 • 주소 및 연락처 (단, 외국인 비거주자의 경우 실제 거소 또는 연락처) • 직업 또는 업종 등 금융회사등이 자금세탁 행위등의 방지를 위하여 필요로 하는 사항	• 성명 • 생년월일, 성별 (외국인 비거주자의 경우에 한함) • 실명번호 • 국적 : 외국인의 경우에 한 함 • 주소 및 연락처 (단, 외국인 비거주자의 경우 실제 거소 또는 연락처) • 실제 소유자 확인
강화된 고객 확인의무	• 전자금융업자의 경우 주민번호 • 직업 또는 업종(개인사업자) • 거래목적 • 거래자금의 원천 • 기타 금융회사등이 자금세탁 우려를 해소하기 위해 필요하다고 판단한 사항	• 신원확인증표 이외에 추가적인 문서 또는 비문서적 방법에 의한 검증

주요내용 종합정리

3. 법인의 신원확인 및 검증사항

(1) 신원확인 검증사항

신원확인 사항	검증사항
1. 법인(단체)명 2. 실명번호(전자금융업자의 경우 CI값+계좌번호) 3. 본점/사업장 주소 및 소재지(외국법인의 경우 연락 가능한 실제 사업장 소재지) 4. 대표자 또는 대표이사·이사 등 고위 임원에 대한 정보 : 개인고객의 신원확인 사항에 준함 5. 업종(영리 법인인 경우), 회사 연락처 6. 설립목적(비영리 법인의 경우) 7. 신탁의 경우 위탁자, 수탁자, 신탁관리인 및 수익자에 대한 신원정보	1. 법인(단체)명 2. 실명번호 3. 본점/사업장 주소 및 소재지(외국법인의 경우 연락 가능한 실제 사업장 소재지) 4. 업종(영리 법인인 경우) 5. 설립목적(비영리 법인의 경우)

(2) 강화된 고객확인을 위한 추가정보

금융회사가 자금세탁등의 위험이 높은 것으로 평가된 법인 고객에 대하여 확인하여야 할 추가정보는 다음과 같다.

1. 법인구분 정보(대기업, 중소기업 등), 상장정보(거래소, 코스닥 등), 사업체 설립일, 홈페이지(또는 이메일) 등 회사에 관한 기본정보
2. 거래자금의 원천
3. 거래의 목적
4. 금융회사등이 필요하다고 판단하는 경우 예상거래 횟수 및 금액, 회사의 특징이나 세부정보 등(주요상품/서비스, 시장 점유율, 재무정보, 종업원 수, 주요 공급자, 주요 고객 등)

4. 실제 소유자 확인 절차

(1단계) 100분의 25 이상의 지분증권을 소유한 사람

=> 해당 법인 또는 단체의 의결권 있는 발행주식 총수(출자총액을 포함)의 100분의 25 이상의 주식, 그 밖의 출자 지분(그 주식, 그 밖의 출자지분과 관련된 증권예탁증권 포함) 을 소유하는 자("주주등")

(1단계에서 확인할 수 없는 경우)

(2단계) 다음 어느 하나에 해당하는 사람

① 해당 법인 또는 단체의 의결권 있는 발행주식 총수를 기준으로 소유하는 주식, 그 밖의 출자지분의 수가 가장 많은 주주등

② 단독으로 또는 다른 주주등과의 합의 · 계약 등에 따라 대표자 · 업무집행사원 또는 임원 등의 과반수를 선임한 주주등

③ 해당 법인 또는 단체를 사실상 지배하는 자가 가목 및 나목에 해당하는 주주등과 명백히 다른 경우에는 그 사실상 지배하는 자

(2단계에서 확인할 수 없는 경우)

(3단계) 해당 법인 또는 단체의 대표자

연습문제

1. 다음 중 실제 소유자 면제 대상 법인이 아닌 경우를 고르시오.
   ① 저위험의 코스닥 상장회사
   ② 말레이시아의 공공단체
   ③ 저위험의 홍콩 소재 은행
   ④ 조달청
   ⑤ 한국은행

2. 다음 개인의 신원확증 및 검증에 대한 설명 중 옳지 않은 것을 고르시오.
   ① 전자금융업자의 경우 실지명의 대신 성명, 생년월일, 성별, 계좌번호, CI값으로 대체하여 신원확인정보 및 검증정보로 사용하도록 별도의 예외를 규정하고 있다
   ② 모든 개인고객에 대해서는 정부가 발행한 신원확인증표로 신원을 검증하여야 한다.
   ③ 자금세탁등의 위험이 낮고 주민등록증 또는 운전면허증 등으로 고객의 신원을 확인한 때에는 검증을 이행한 것으로 볼 수 있으나, 금융실명법상 실명확인증표의 진위 여부에 주의를 기울여야 한다.
   ④ 금융회사등은 고객이 계좌를 신규로 개설하는 경우 고객확인의무가 있으며, 대리인을 통한 계좌의 신규 개설시 대리인 권한이 있는지 확인하고 본인 및 대리인의 신원을 확인·검증하여야 한다.
   ⑤ 모바일 운전면허증 발급에 따라 금융위원회는 모바일 운전면허증을 실명확인 서류로는 인정하나 고객확인제도를 위한 신원검증 서류로 허용하고 있지 않다.

3. 다음 중 고위험 고객으로 분류되어 강화된 고객확인의무가 부과되는 고객에 해당하지 않는 경우를 고르시오.
   ① 영국 총리
   ② 금융회사 내부에서 고액자산가로 분류한 금융자산이 100억 원이 넘는 고객
   ③ 은행과 환거래계약을 맺은 해외 은행
   ④ XX시 XX주민센터 사회복지과 과장
   ⑤ 미얀마 국적의 미얀마에 거주하는 고객

4. 다음 중 고객위험평가 요소에 해당하지 않는 것을 고르시오.

① 국가 위험

② 환경 위험

③ 각 금융회사는 각각의 영업환경 등을 고려하여 위험평가 요소를 추가로 반영할 수 있다.

④ 비즈니스 위험

⑤ 상품/서비스/채널 위험

5. 다음 중 고위험 법인에 대하여 확인하여야 하는 추가정보 등에 해당하지 않을 수 있는 것을 고르시오.

① 대표자의 학력

② 거래 자금의 원천

③ 거래의 목적

④ 예상거래횟수 및 금액

⑤ 시장점유율, 주요 공급처

6. 다음 중 실제 소유자를 확인하는 방법에 대한 설명 중 옳지 않은 것을 고르시오.

① 개인의 경우 별도의 실제 소유자가 있는 경우, 선의의 차명계좌가 아닐 경우 불법 차명계좌에 해당할 수 있으므로 거래를 거절하는 것이 바람직하다.

② 공공기관에 해당하는 경우 실제 소유자 면제가 가능하므로, 공공기관임을 검증할 필요는 없다.

③ 25% 이상의 지분을 소유한 개인이 여러명이 있는 경우, 그 중 최대 지분을 가진 자를 실제 소유자로 파악할 수 있으나, 자금세탁등의 우려가 있는 경우 25%의 지분을 가진 모든 개인에 대한 성명, 생년월일, 국적 등의 정보를 파악하는 것이 바람직하다.

④ 순환출자 등으로 25% 이상의 지분을 보유한 개인을 파악하기 어려운 경우 해당 법인을 실제로 통제하는 개인을 파악하는 것이 중요하다.

⑤ 실제 소유자를 파악하기 어려운 경우, 법인이나 단체 고객으로부터 실제 소유자의 정보를 확인할 수 있는 충분한 자료를 받아야 하며, 그렇지 않은 경우 거래를 거절하는 것이 바람직하다.

정답/해설

1. ②

해외 공공단체의 범위, 관리·감독 체계, 지배구조 등 국가와의 관계 등에 대한 정보가 부족하므로 면제 대상 포함이 어려움(국내 금융회사의 경우 해외 공공단체의 증빙부담 발생하므로 형평성 문제 발생 우려)

2. ⑤

최근 모바일 운전면허증 발급에 따라 금융위원회는 모바일 운전면허증을 실명확인 및 고객확인제도를 위한 신원검증 서류로 허용하고 있다.

3. ④

현재 한국 정치적 주요인물에 대해서는 강화된 고객확인의무를 이행할 것을 법규로 요구하고 있지 않으며, 특히 낮은 직급의 공직을 가진 자는 정치적 주요인물로 분류하지 않는다.

4. ②

최근 Green-Washing이라는 개념이 도입되긴 하였지만, 환경위험은 자금세탁방지와 관련된 고객평가요소로 아직까지는 반영되고 있지 않다.

5. ①

대표자의 학력 등은 자금세탁방지를 위하여 필요한 정보로 볼 수 없다.

6. ②

공공기관에 해당하는 경우 실제 소유자 면제가 가능하므로, 해당 법인 또는 단체가 공공기관임을 입증할 수 있는 자료를 파악하여 검증 관련 문서로 보관하여야 한다.

별지

별지 3-1(대리인 권한 확인서)

일회성 금융거래시 대리인이 내점한 경우, 거래자 본인과의 "대리권한 확인" 목적으로만 사용함

대리인 권한 확인서

「특정 금융거래정보의 보고 및 이용 등에 관한 법률」 제5조의2, 「특정 금융거래 정보의 보고 및 이용 등에 관한 법률 시행령」 제10조의4, 「자금세탁방지 및 공중협박자금조달 금지에 관한 업무규정(금융정보분석원 고시)」 제38조 제③항의 '금융기관등은 영 제10조의4 제1호에 의해 개인 및 법인 단체 고객을 대신하여 계좌의 신규 개설, 일회성 금융거래등 금융거래를 하는 자(이하 '대리인'이라 한다)에 대해서는 그 권한이 있는 지를 확인하고, 해당 대리인에 대해서도 고객확인을 하여야 한다.'**는 규정에 따른 금융기관의 대리인 권한 여부 확인의무를 거부하거나 고객확인을 할 수 없는 때에는 동 규정 제44조에 따라 거래거절 혹은 중단하여야 함을 알려드립니다.**

■ **확인사항**(아래 항목들을 모두 기재해 주십시오)

구분	항목	내용	항목		내용
본인	성 명		실명번호		
	주 소	□□□ — □□□	연락처	전화	( )
				E-mail	
대리인	성 명		실명번호		*없는 경우 "없음"으로 기재*
	주 소	□□□ — □□□	연락처	전화	( )
				E-mail	*없는 경우 "없음"으로 기재*
	본인과의 관계				
	위임받은 내용				

별지

위의 본인으로부터 대리인 권한을 위임받았음을 확인하며, 만약 기재된 내용이 사실과 다를 경우, 그로 인해 발생하는 법률상 불이익에 대해 이의를 제기하지 않을 것을 확인합니다.

본 확인서 내용을 충분히 이해하고 틀림없이 자필로 기재하였습니다.
20 . . . 대리인________ (인/서명)

고객 앞 확인일자		확인 연락처		확인 직원	(인)

■ 본 확인서는 위임장, 공문(법인, 단체 등), 가족관계 확인서류 등 각 금융기관이 정하는 대리인 권한을 확인할 수 있는 문서를 제출한 경우 생략할 수 있습니다.

■ 대리인 권한 확인방법(예시)

구분	대리인 권한 확인방법
개인의 대리인	• 위임장(인감증명서), 본인신분증, 가족관계 확인서류 등 • 대리인 권한확인서(위 나열된 서류를 징구할 수 없는 경우)
법인의 대리인	• 위임장(인감증명서/사용인감계), 공문, 재직증명서, 사원증, 명함 등 • 대리인 권한확인서(위 나열된 서류를 징구할 수 없는 경우)

XX 금융회사

04

고액현금거래보고제도 (CTR)

학습 개요

고액현금거래보고(CTR : Currency Transaction Report)제도란 금융회사등이 동일금융회사에서 동일인 명의로 이루어지는 1거래일 동안의 금융거래등에 따라 지급한 금액을 합산하거나 영수한 현금금액(외국통화 제외)이 1천만 원 이상인 경우 이를 합산하여, 30일 이내에 금융정보분석원으로 보고하는 제도이다. 고액현금거래보고제도는 의심스러운 거래 보고 제도(STR), 고객확인제도(CDD)와 더불어 자금세탁방지를 위하여 금융회사가 이행하는 핵심제도 중의 하나에 해당한다. 본편에서는 고액현금거래보고에 대한 정확한 이해를 통하여, 금융회사의 금융시스템을 통한 자금세탁행위를 사전에 예방할 수 있는 지식을 갖추고, 고액현금거래보고 대상에 해당하는 현금거래와 대상 외 거래를 명확히 이해하여, 오보고나 미보고가 발생하지 않도록 학습자들의 이해를 높이고, 최근 규제당국의 고액현금거래보고에 대한 주요 지적사항 및 제재사례를 살펴보고 금융회사들이 고액현금거래보고제도 위반으로 인한 제재를 방지할 수 있도록 도움을 주고자 한다.

학습 목표

- 고액현금거래보고(CTR) 제도의 필요성을 이해할 수 있다.
- 고액현금거래보고제도의 보고기준에 대하여 이해할 수 있다.
- 고액현금거래보고제도에 대한 업무사례를 살펴보고 업무시 주의할 점에 대하여 이해할 수 있다.
- 고액현금거래보고제도의 위반사례를 이해하고 금융회사의 개선점을 살펴보고 설명할 수 있다.

1장

고액현금거래보고(CTR) 개요

제1절 고액현금거래보고 필요성

"현금"은 범죄자들이 범죄수익을 은닉하기 위한 자금세탁의 수단으로 가장 알려진 수단이며, 실제로도 많이 이용되는 것이 사실이다. 수년 전에 언론에 오랫동안 보도되었던 김제 마늘밭 사건을 많은 분들은 기억하고 있을 것이라고 생각한다. 물론 최근 금융기술의 발전으로 인하여 범죄자들은 "현금"뿐만 아니라, 다양한 방법[1)]을 통하여 범죄수익을 은닉하고 있지만, 현금거래는 거래자금의 추적이 용이하지 않은 이점으로 인하여 범죄자들은 여전히 범죄수익을 은닉하기 위한 방법으로 "현금"을 선호하고 있다.

이처럼 범죄자들이 범죄 수익을 은닉·위장하는 경우 고액의 현금거래를 수반하기 때문에, 금융회사 직원의 주관적 판단에 의존하여 의심거래를 보고하도록 하는 의심거래보고제도만으로는 불법자금을 적발하는 데 한계가 있어, 이를 보완하기 위하여 고액현금거래보고제도 도입의 필요성이 제기되었다. 즉, 고액현금거래보고를 통하여 불법자금의 유출입 또는 자금세탁혐의가 있는 비정상적 금융거래를 효율적으로 차단하고, 의심거래로 적발하지 못하는 불법 금융거래를 고액현금 거래보고 자료를 이용한 다양한 분석을 통하여 적발 가능케 하여 의심스러운 거래보고 제도를 보완하는 역할도 수행하게 된다.

---

1) 2022년과 2023년 국내 금융회사에서 거액의 횡령사고가 발생하여 사회적으로 이슈가 되었는데, 해당 범죄자들은 부동산 구입이나 회원권 구입, 대량의 금괴로 범죄자금을 은닉한 것으로 확인되었고, 자금추적이 어렵고 익명성 등의 이점을 가진 가상자산거래가 증가함에 따라, 범죄자들의 자금세탁 수법은 날로 다양해지고 복잡해지고 있어, 범죄자 검거비율에 비하여 범죄수익의 환수는 점점 더 어려워지고 있다.

이에 2005년 1월 특정금융정보법을 개정하여 고액현금거래보고제도를 마련하고, 금융회사들의 시스템 및 프로세스 도입을 위한 1년의 유예기간을 거쳐 2006년 1월 18일부터 시행되었다.

사례 4-1 김제 마늘밭 사건

2011년 4월 전라북도 김제시 한 마늘 밭에서 발견된 의문의 돈 뭉치가 발견되어 사회적으로 큰 이슈가 되었다. 경찰 발표 자료에 따르면, 범죄자인 A(B의 처남)의 범죄수익으로 알려진 해당 자금은 불법도박 사이트를 통해 벌어들인 범죄수익이었다. 이들은 2008년부터 외국(미국, 홍콩 등)에 서버를 개설하고 중국에 사무실을 마련하여 약 1550억 가까운 매출을 발생시켰고, 약 170억 원의 부당이득금으로 취한 것으로 알려졌다.

부당이득금 중 김제 마늘밭에서 압수한 장물은 총 110억 7800여만 원이고 B는 A로부터 불법도박 수익금 112억 56백만 원의 보관을 위탁받고, 처음에는 집안에 보관해 왔으나 A가 땅을 사서 안전하게 돈을 묻으라는 지시를 받고, 김제땅에 110억 원 가량을 묻고, 묻은 땅에는 마늘이나 고추 등을 심어 온 것으로 확인되었다.

그런데 B는 A가 허락한 생활비 이상을 소비하게 되자, 현금을 묻는 과정에서 토지 공사를 해 주었던 굴삭기 기사 C에게 뒤집어 씌우려고 B는 C에게 17억 원이 없어졌다고 C를 추궁하자 C가 자신의 결백을 밝히기 위해 경찰을 불렀다. 이를 조사하던 과정에서 경찰은 마늘밭에 묻혀있었던 110억 원에 해당하는 현금을 찾게 되고, 해당 자금은 모두 범죄수익으로 몰수하게 된 사건이다.

자료 출처 : 이데일리

제2절 한국의 현금거래 취약성[2)]

2018년 정부 관계부처 합동으로 발행한 국가 자금세탁·테러자금조달 위험평가서에 따르면, 한국의 자금세탁 및 테러자금 위험 분석결과(전제범죄 및 취약성 분석결과)를 종합하여 9개의 주요위험을 확인하였는데 그중 현금거래가 주요 취약분야로 파악되었고, 현금거래에 대하여 다음과 같이 분석하였다.

1. 자금세탁 및 테러자금 리스크 측면에서 현금거래의 특성

- 현금은 상거래 등 교환의 매개로서 편리하게 이용되고 있으나 거래의 익명성, 고액권(5만 원권)의 등장과 현금사용에 대한 규모파악의 한계 등으로 인하여 ML/TF 목적으로도 흔하게 악용되는 수단임

- 다만, 신용카드, 체크·직불카드의 보편화, 핀테크를 지급결제수단 발달로 결제수단이 다양화되고 편리하게 됨에 따라 현금 결제 비중은 감소하고 있으며, 특히 현금영수증 발행으로 현금결제도 전자화·투명화하는 추세임

2. 현금거래의 자금세탁 및 테러자금 취약점

- 소비지출에서 현금이 차지하는 비중은 다른 나라와 유사하나 5만 원권 환수율[3)] (2022년과 2023년 고금리 상황으로 5만 원권 환수율을 일시적으로 크게 증가하였음) 등을 고려할 때 현금은 여전히 유효한 ML/TF 수단으로 판단
- 현금거래의 특성(거래기록이 남지 않고 추적이 곤란한 점)을 이용한 과거 자금세탁 사건이 많아 현금거래는 상시적 위험으로 확인됨

---

2) 2018년 정부 관계부처합동 발행 국가 자금세탁·테러자금조달 위험평가서 발췌

3) 2022년 하반기 이후 고금리 기조로 인하여, 2023년 8월 기준 5만 원권 및 만 원권 환수율이 역대 최고에 달한 것으로 기록됨. 5만 원권이 발행된 이후 5만 원권의 환수율은 지속적으로 저조하고 개인금고 등의 판매는 꾸준히 증가하였음. 환수율은 2010년대에는 40~50% 정도의 환수율을 나타냈으나, 코로나19 이후 17% 정도로 하락하였다가, 2023년 77.8%로 역대 최고의 환수율을 보임

현금거래 비중

전체 소비지출(2011년 말 기준 137조원) 중 현금 거래 비중은 22.3%로 미국(14%)보다는 높지만, 캐나다(22%), 호주(23%), 독일(58%)과 유사 하거나 낮은 수준

5만 원권 환수율

5만 원권 환수율이 상대적으로 낮으며[3], 미환수 5만 원권은 거래에 활용되거나, 금고에 보관되는 것으로 추정

5만 원권 환수율 추이

자료 출처 : 한국은행, 양경숙 의원실

3. 현금거래의 ML/TF 위험 대응방안

- 고액현금거래보고제도

  현금을 이용한 자금세탁 및 테러자금조달 위험에 대응하기 위해 2006년부터 고액현금거래보고(CTR) 제도를 시행함. 해외 주요국의 수준으로 제도를 개선하고자 보고기준 금액을 하향(2019년 7월부터 1천만 원으로 적용). 이는 현금 사용에 대한 규제와 감시를 강화하는 국제추세에 맞추고, 현금 사용 축소에도 불구하고 ML/TF 악용 위험성이 높아지는 상황에 대응하기 위한 목적임

- 현금영수증제도 운영

  현금은 탈세·조세포탈 목적으로 악용될 가능성이 크므로 국세청은 2005년부터 동 제도를 운영하여 현금거래 양성화에 크게 기여. “현금영수증 발행”은 세계적으로 유일한 제도로서, 최근까지 현금영수증 발행금액은 지속적으로 상승하고 있으나, 카드사용 증가에 따라 발급건수는 소폭 하락하는 추세임

- 소득공제율제도 운영

  소득세 소득공제율 제도[4]를 도입하여 소비자의 현금거래의 현금영수증 발행, 신용·직불·체크카드 사용을 확대하고 있음 이로 인하여 현금 영수증 발행과 신용·직불·체크카드 사용 유인을 제공하여 거래투명화와 현금의 ML/TF 악용위험 완화에 기여

4) 급여소득자의 연간 소득액의 일정 부분 이상을 현금영수증, 신용· 직불· 체크카드로 지출한 경우 그 초과금액 중 일정 부분에 대하여 소득세 부과를 면제하는 제도

제3절 다른 나라의 고액현금거래보고제도

전 세계 모든 국가가 고액현금거래보고제도를 도입하고 있는 것은 아니며, 도입한 국가들도 각 국가의 사정에 맞게 운영하고 있다. 우리나라는 전술한 바와 같이 금융거래에서 현금거래 비중이 높은 점 때문에 자금세탁방지의 중요한 장치로서 도입 필요성이 강하게 제기되어 왔고, 자금세탁거래를 차단하는 데 효율적이라는 점이 인정됨에 따라 고액현금거래보고제도를 적극적으로 도입하게 되었고, FATF (Financial Action Task Force on Money Laundering) 등 자금세탁방지 관련 국제기구도 각국이 이러한 제도를 도입할 것을 적극 권고하고 있다.

고액현금거래보고제도는 미국을 시작으로 호주, 캐나다 등 주로 선진국 금융정보분석원(FIU)에서 도입하여 운영하여 왔으나 최근 들어 대만, 태국 등 도입 국가가 점점 확대되고 있다.

고액현금거래보고제도를 운용하고 있는 국가별 기준금액					
국가	미국	호주	캐나다	대만	태국
기준금액	USD 10,000	AUD 10,000	CAD 10,000	TWD 30,000	THB 2,000,000

여러 국가가 운영하는 고액현금거래보고제도의 보고방식에는 "보고면제제도"와 "면제대상 법정지정방식"이 있고, 각 국가는 자신의 국가의 상황에 맞게 도입하여 운영하고 있다.

CTR 보고방식	
보고면제 제도	미국, 캐나다 등은 보고 관련 비용부담을 줄이고, 자료의 실효성을 제고하기 위해 자금세탁 위험성이 상대적으로 낮은 정부기관 또는 금융회사등과의 거래는 금융회사가 스스로 판단하여 보고 대상에서 제외할 수 있도록 하는 제도
면제대상 법정 지정방식	우리나라처럼 고액현금거래 보고 면제대상기관을 법령에 명시하고, 해당 기관의 현금 거래는 CTR 보고를 면제하도록 하는 제도

보고대상 기관은 대부분의 국가에서 은행, 증권회사, 보험회사 등 모든 업종의 금융회사등으로 하고 있으며, 보고기준 금액은 자금세탁등 불법자금 유통을 효과적으로 차단할 수 있는 범위 내에서 현금거래 성향, 수준 등을 고려하여 각국이 결정하므로 국가에 따라 다르다. 미국, 호주, 캐나다 등 주요국에서는 1만 달러(자국화폐 기준)를 기준금액으로 정하고 있다.

제4절 우리나라의 CTR 보고 현황

CTR보고 건수는 2019년 7월 보고 기준금액을 1천만 원 이상으로 하향한 후 보고건수가 많이 증가하였고, 일반적으로 전체 건수의 60% 이상이 은행업권을 통하여 보고되었으나, 2023년 최초로 기타 업권에서의 CTR 보고 건수가 40%를 넘어섰다.

CTR 정보는 심사분석시 STR과 결합하여 심사분석의 기초로 활용되며 STR 위험도를 평가하는 자료로 활용되어, 금융정보분석원은 CTR정보의 지원으로 인한 STR 분석의 효과성이 높아질 것으로 기대하고 있다.

또한 고액현금거래보고 정보가 2013년부터 국세청, 관세청 등 법집행기관에 제공되어 조세징수에 많은 도움이 되고 있어 고액현금거래제도가 자금세탁방지를 위한 중요한 제도의 하나라는 것을 알 수 있다. 또한 보고금액 구간별 보고건수를 살펴보면 약 98%가 5천만 원 미만 거래 구간에 속하는 것으로 파악된다.

CTR 보고 현황

(1) 금융권별 보고 현황

보고기관	은 행	증 권	보 험	기 타*	합 계
건수(건) (%)	13,335,265 (68.3)	54,094 (0.3)	8,082 (0.0)	6,118,603 (31.4)	19,516,044 (100.0)
금액(십억원) (%)	92,694 (53.8)	644 (0.4)	79 (0.0)	78,837 (45.8)	172,254 (100.0)

* 우체국, 상호저축은행, 새마을금고, 상호금융, 카지노 등

(2) 보고건수 및 금액 추이

구 분	2014	2015	2016	2017	2018	2019	2020	2021	2022	2023
건수 (건)	8,641,901	8,900,974	8,943,413	9,584,536	9,538,820	15,665,401	20,414,549	20,551,280	20,523,284	19,516,044
보고금액 (십억원)	122,724	118,663	116,431	120,344	122,400	152,805	168,152	154,076	159,225	172,254

* CTR 보고기준금액 인하 : 5천만원 → 3천만원(08년) → 2천만원(10년) → 1천만원(19년)

자료 출처 : 2023년 금융정보분석원 연차보고서

상품권을 이용한 자금세탁 범죄 증가

최근 경찰은 사기 조직의 의뢰를 받아 허위 상품권 업체를 설립하고 범죄 수익금 420억 원의 자금세탁을 도와준 조직을 검거하여 구속 상태로 검찰에 송치함. 이들은 허위의 상품권 매매 업체 A사를 설립한 다음 정상적인 업체로 보이기 위해 기존에 운영 중이던 정상적인 상품권 업체 2곳과 공모한 것으로 드러남.

A사는 수표를 상품권 업체 B사에 주고 상품권을 받은 뒤 A사가 이 상품권을 또 다른 업체 C사에 전달해 현금으로 바꾸는 식으로 자금을 세탁하여 특정경제범죄법위반(사기), 범죄수익은닉규제법위반 등의 혐의가 적용되었음

최근 상품권업자들이 금융회사등에 영업용 목적이라며 거액의 현금을 인출하는 경우가 많아 금융회사등에서 거래거절 등을 고려하는 경우가 발생하는데, 상품권업자의 자금세탁리스크 등을 고려하여 고위험 고객으로 분류할 필요성과 거액 현금 요청시에는 매출정보 및 자금의 흐름에 대한 정보를 추가로 요청하는 것이 바람직해 보임

자료출처 : 경상일보

2장

고액현금거래보고제도

제1절 의의

고액현금거래보고제도란 특정금융정보법 제4조의2 제1항에서 "5천만 원의 범위에서 대통령령이 정하는 금액 이상의 현금(외국통화는 제외한다)이나 현금과 비슷한 기능의 지급수단으로서 대통령령이 정하는 것(이하 "현금등"이라 한다)을 금융거래등의 상대방에게 지급하거나 그로부터 영수(領收)한 경우에는 그 사실을 30일내에 금융정보분석원에 보고하는 제도"이다.

특정금융정보법 제4조의2(고액현금거래보고)

① 금융회사등은 5천만 원의 범위에서 대통령령으로 정하는 금액 이상의 현금(외국통화는 제외한다)이나 현금과 비슷한 기능의 지급수단으로서 대통령령으로 정하는 것(이하 "현금등"이라 한다)을 금융거래등의 상대방에게 지급하거나 그로부터 영수(領收)한 경우에는 그 사실을 30일 이내에 금융정보분석원장에게 보고하여야 한다. 다만, 다음 각 호의 어느 하나에 해당하는 경우에는 그러하지 아니하다.

1. 다른 금융회사등(대통령령으로 정하는 자는 제외한다)과의 현금등의 지급 또는 영수
2. 국가, 지방자치단체, 그 밖에 대통령령으로 정하는 공공단체와의 현금등의 지급 또는 영수
3. 자금세탁의 위험성이 없는 일상적인 현금등의 지급 또는 영수로서 대통령령으로 정하는 것

② 금융회사등은 금융거래등의 상대방이 제1항을 회피할 목적으로 금액을 분할하여 금융거래등을 하고 있다고 의심되는 합당한 근거가 있는 경우에는 그 사실을 금융정보분석원장에게 보고하여야 한다.

이에 따라 특정금융정보법 시행령 제8조의2 제1항과 제2호에서 고액현금거래보고의 구체적인 요건을 정하고 있는데, 즉 금융회사등이 ① 동일금융회사에서 ② 동일인 명의로 이루어지는 ③ 1거래일 동안의 금융거래등에 따라 ④ 지급한 금액을 합산하거나 영수한 현금금액(외국통화 제외)이 1천만 원 이상인 경우 이를 합산하여, ⑤ 30일 이내에 금융정보분석원으로 보고하는 제도로서 객관적 기준에 의해 일정 금액 이상의 현금거래를 보고토록 한다.

특정금융정보법 시행령 제8조의2(고액현금거래보고의 기준금액)

① 법 제4조의2제1항 각 호 외의 부분 본문에서 "대통령령으로 정하는 금액"이란 1천만 원을 말한다.

② 제1항의 금액을 산정할 때에는 금융회사등이 동일인 명의로 이루어지는 1거래일 동안의 금융거래등에 따라 지급한 금액을 합산하거나 영수한 금액을 합산한다. 다만, 법 제2조제1호파목에 따른 카지노사업자(이하 "카지노사업자"라 한다)가 같은 조 제2호다목에 해당하는 금융거래등을 하는 경우에는 거래 1건당 지급하거나 영수하는 금액을 기준으로 산정한다.

③ 제2항에서 동일인 명의란 「금융실명거래 및 비밀보장에 관한 법률」에 따른 실지명의(이하 "실지명의"라 한다)가 동일한 것을 말한다.

④ 제2항의 규정에 따라 금액을 합산함에 있어서 다음 각 호의 금액을 제외한다.

1. 100만 원 이하의 원화 송금(무통장입금을 포함한다) 금액
2. 100만 원 이하에 상당하는 외국통화의 매입 · 매각 금액
3. 금융정보분석원장이 정하는 공과금 등을 수납하거나 지출한 금액

대부분의 금융회사등은 고액현금거래보고의 누락을 방지하고, 정확한 데이터를 보고하기 위하여 자동화된 시스템을 통하여 추출된 CTR 자료를 점검하여 중계 기관을 통해 금융정보분석원으로 보고하는 방식으로 운영하고 있다.

또한 특정금융정보법 제4조의2 제2항에 따르면 "금융회사등은 금융거래등의 상대방이 제1항(고액현금거래보고)을 회피할 목적으로 금액을 분할하여 금융거래등을 하고 있다고 의심되는 합당한 근거가 있는 경우에는 그 사실을 금융정보분석원장에게 보고하도록 규정하고 있어, 해당 조문은 다수일간의 1천만 원 미만의 분할거래를 합산하여 단일 거래로 판단하여 고액현금거래로 보고하여야 하는 것처럼 해석될 수 있는 여지가 있다.

그러나 "금융회사등의 고액현금거래보고에 관한 업무지침"[5](별표 4-3) 제12조(의심되는 거래보고)에서 "금융회사등은 법 제4조의2 제2항에 따라 금융거래의 상대방이 고액현금거래보고를 회피할 목적으로 금액을 분할하여 금융거래를 하고 있다고 의심되는 합당한 근거가 있는 경우에는 그 사실을 금융정보분석원장에게 보고하도록

5) 2014년에 마련된 금융회사등의 고액현금거래보고에 관한 업무지침은 현재까지 개정이 이루어지지 않아 일부 내용(예를 들어 보고기준 금액 등)이 상이한 부분은 있으나, 현재 업무규정에 CTR에 관한 내용을 포함하고 있지 않아 CTR과 관련된 내용은 해당 지침을 근간으로 업무를 수행하여야 한다. 다만 2023년 업무규정 TFT팀에서 해당 지침에 대한 개정 등을 논의할 것으로 예상되어, 조속한 시일내에 해당 지침이 업데이트 될 것을 기대하고 있음

규정하여 의심거래로 보고할 것을 요구하는 것으로 지침에서 정하고 있다. 다만, 법 취지상 오해의 소지 등이 있어 특정금융정보법 개정시 해당 내용을 명확하게 의심거래로 보고하도록 법 조문을 개정할 필요가 있다고 판단된다.

금융회사등의 고액현금거래보고에 관한 업무지침 제12조(의심되는 거래 보고)

제12조(의심되는 거래보고)

① 금융회사등은 법 제4조의2 제2항에 따라 금융거래의 상대방이 고액현금거래보고를 회피할 목적으로 금액을 분할하여 금융거래를 하고 있다고 의심되는 합당한 근거가 있는 경우에는 그 사실을 금융정보분석원장에게 보고하여야 한다.

② 금융회사등은 제4조제3항의 경우에는 법 제4조에 따른 의심되는 거래보고를 검토하여야 한다,

③ 영 제7조제1항 및 제2항의 규정은 법 제4조의2제2항의 규정에 의한 보고에 관하여 이를 준용한다.

CTR 제도와 STR 제도의 차이점

구분	고액현금거래보고제도(CTR)	의심거래보고제도(STR)
제도내용	금융회사는 자금세탁 여부와 관계없이 기준금액 이상 현금거래 내용을 금융정보분석원에 보고	금융회사는 불법재산, 자금세탁행위를 하고 있다고 의심되는 금융거래 내용을 금융정보분석원에 보고
보고대상	일정 금액 이상의 현금의 지급, 영수 거래	- 불법재산이라고 의심되거나 - 금융실명법상 불법적인 차명거래 등 자금세탁·테러자금조달 의심이 있는 금융거래 - 범죄수익은닉규제법, 테러자금조달금지법상 수사기관이 신고한 경우
기준금액	원화 1천만 원 이상의 거래(합산)	기준금액 폐지
누설금지	대상 아님[6]	누설금지의무 대상
판단기준	객관적 기준에 따라 보고	금융회사 종사자의 업무지식, 전문성, 경험 등을 바탕으로 의심되는 거래 정황을 고려하여 판단
보고시기	금융거래 발생 후 30일 이내 보고	의심스러운 거래로 판단되는 때로부터 지체없이 보고(보고책임자 결정 후 3영업일 이내)

6) 고액현금거래보고(CTR)은 누설금지 조항이 존재하지 않음.

제2절 고액현금거래보고 기준

1. 보고의무 주체 – 금융회사등

특정금융정보법 제2조 제1호와 동법 시행령 제2조에서는 특정금융정보법 적용대상이 정하는 금융회사등으로 규정하고 있다.

최초 특정금융정보법이 마련된 2001년에는 특정금융정보법의 대상이 전통적인 금융회사등에 대한 STR 보고의무를 중심으로 마련되었으나, 2005년 특정금융정보법의 대상 업무가 고액현금거래보고 및 고객확인제도로 확대되었다.

또한 자금세탁에 대한 국제적 기준에 부합하고 한국 금융 산업의 자금세탁 취약점을 최소화하기 위하여, 특정금융정보법 적용대상인 "금융회사등"의 범위를 전통적인 금융회사와 더불어 카지노사업자, 가상자산사업자, 대부업자, 전자금융업자, 환전업자, 소액송금업자 등 다양한 금융업권으로 확대하였다.

금융회사등의 고액현금거래보고에 관한 업무지침 제7조에 따르면 법 제4조의2 제1항에 따라 "고액현금거래보고 의무를 가지는 금융회사등은 원칙적으로 제4조 제1항의 보고대상 금융거래가 발생한 금융회사등으로 정한다"고 규정하여 고액현금거래보고의 주체는 현금거래가 발생하는 모든 금융회사등이라고 판단하여야 한다(별표 4-2 특정금융정보법 및 동 법 시행령의 "금융회사등의 범위" 참조).

금융회사등의 고액현금거래보고에 관한 업무지침 제7조(보고의무 금융회사등)

제7조(보고의무 금융회사등)
① 법 제4조의2제1항에 따라 고액현금거래보고의무를 가지는 금융회사등은 원칙적으로 제4조제1항의 보고대상 금융거래가 발생한 금융회사등으로 정한다.

또한, 특정금융정보법 감독규정 제1조의2에 따르면 "특정금융정보법 시행령 제2조 제15호에서 그 밖에 자금세탁행위와 공중협박자금조달행위에 이용될 가능성이 있는 금융거래등을 하는 자로서 금융정보분석원장이 정하여 고시하는 자"란 ① 특정금융정보법 제2조 제1호 및 동법 시행령 제2조에 따른 금융회사등의 자회사(상법 제342조의2에 따른 자회사)와 ② 외국환거래법에 의하여 허가·신고 등을 받은 법 제2조 제1호 및 영 제2조의 규정에 의한 금융회사등의 해외자회사 및 해외지점("해외자회사등)에도 적용된다. 다만 해외자회사등에서 이루어진 현금의 지급 또는 영수에 대하여는 고액현금거래보고와 관련된 규정을 적용하지 않도록 정하고 있다.

특정 금융거래정보 보고 및 감독규정

제1조의2(금융회사등) 영 제2조제15호에서 "그 밖에 자금세탁행위와 공중협박자금조달행위에 이용될 가능성이 있는 금융거래등을 하는 자로서 금융정보분석원장이 정하여 고시하는 자"란 특정금융정보법 제2조제1호 및 동법 시행령 제2조에 따른 금융회사등(이하 "금융회사등"이라 한다)의 자회사(상법 제342조의2에 따른 자회사를 말한다. 이하 "자회사"라 한다)를 말한다.

제2조(해외자회사 및 해외지점에 대한 법령적용)

① 법 및 영의 규정은 「외국환거래법」에 의하여 허가·신고 등을 받은 법 제2조 제1호 및 영 제2조의 규정에 의한 금융회사등의 해외자회사 및 해외지점(이하 "해외자회사등"이라 한다)에도 적용된다.

② 해외자회사등에서 이루어진 현금의 지급 또는 영수에 대하여는 법 제4조의 2 및 영 제8조의 2 내지 7의 규정을 적용하지 아니한다.

③ 해외자회사등이 현지법령 등에 의해 법 제4조 제1항의 규정에 의한 보고 또는 법 제5조의 2의 규정에 의한 확인조치를 할 수 없는 경우 금융회사등은 그 사실을 금융정보분석원장에게 통보하여야 한다.

2. 보고대상 등

(1) 동일 금융회사

고액현금거래보고(CTR)는 동일 금융회사에서 발생한 현금거래를 합산하여 보고 하는 제도로서 금융회사별로 보고대상 여부를 판단하며 동일인이 동일자에 타 금융회사에서 거래한 현금거래는 합산되지 않는다. 통상적으로는 거래가 발생한 금융회사를 기준으로 현금거래를 합산하여 보고대상 여부를 판단하지만, 자기앞수표 거래[7]가 계좌를 보유한 금융회사가 아닌 타 금융회사(지급 금융회사)에서 거래가 발생할 수 있어 예외적으로 보고의무 금융회사가 달라질 수 있는 점에 유의하여야 한다.

(2) 동일인

특정금융정보법 시행령 제8조의 2에서 정한 바에 따르면 CTR 보고대상 주체인 동일인이란 「금융실명거래 및 비밀보장에 관한 법률」 제2조의 4호 및 동법 시행령 제3조에 따른 실지명의(이하 "실지명의"라 한다)가 동일한 것을 말한다. 실지명의라 함은 다음과 같다.

7) 금융회사등의 고액현금거래보고에 관한 업무지침 부칙 제2조를 근거하여 2015년 1월 1일부터 정액자기앞수표의 현금지급과 관련한 고액현금거래보고는 해당 자기앞수표 지급 금융회사가 이행하여야 한다.

보고의무의 주체와 거래상대방		
구분	보고주체 금융회사	보고대상 거래자
계좌거래	계좌개설 금융회사	계좌명의인
무통장 방식(비계좌) 거래	송금 금융회사	송금의뢰인
대출실행·대출상환 거래	대출 실행·상환 금융회사	대출 차주
자동화기기 거래	계좌 보유 금융회사	계좌 명의인
자기앞수표 지급거래[7)]	지급 금융회사	지급제시인
약속어음·당좌수표 지급거래	지급 금융회사	지급제시인

사례 4-2 보고주체에 대하여 혼동하기 쉬운 사례

다수의 금융회사에 계좌가 있는 홍길동이 1거래일(동일자)에 다음과 같은 현금거래를 함

1. 오전 10시, A은행 창구에서 A은행 계좌를 이용하여 현금 9백만 원 인출
2. 오후 1시, B은행 창구에서 B은행 계좌를 이용하여 현금 9백만 원 인출
3. 오후 1시 20분, B은행 자동화기기를 통해 A은행 계좌에서 현금 3백만 원을 인출

이 사례의 경우, 어느 은행이 홍길동에 대한 CTR를 보고하는지에 대하여 혼동하는 경우가 종종 있다. 이 경우 CTR 보고 주체는 A은행이고 A은행은 홍길동의 동일자 거래 12백만 원을 CTR로 보고하여야 한다. 즉, 자동화기기를 통한 현금거래의 보고주체 금융회사는 계좌 보유 금융회사이다.

- 개인(개인사업자 포함)인 경우 : 성명 + 주민등록번호
- 법인인 경우 : 법인명 + 사업자번호 등(고유번호증 등)
- 외국인의 경우 : 여권, 외국인등록증, 재외국민(외국국적 동포) 국내거소신고증 등의 실명증표별로 구분하여 합산

(3) 1거래일

보고대상은 1거래일을 기준으로 합산하는데, 영업일이 아닌 달력일자 기준이므로 공휴일 거래도 개별적으로 보고 기준으로 산정하여 보고하여야 한다. 다만, 카지노사업자의 경우에는 보고의 용이성을 위하여 1거래일이 아닌 1건당 지급 또는 영수금액 기준으로 보고하고 있다. 다만, 특정금융정보법 제2조 제1호 파목에 따른 카지노사업자가 고액현금거래보고 대상 금융거래등을 하는 경우에는 거래 1건당 지급하거나 영수하는 금액을 기준으로 산정한다.

최근 규제당국의 카지노사업자에 대한 과태료 부과 사례를 살펴보면 CTR 거래 보고 누락이 많아, 카지노사업자들은 건당 지급 및 영수금액에 대한 정확한 관리를 통하여

유사한 사례가 재발되지 않도록 통제를 강화할 필요가 있다.

(4) 현금의 지급 또는 영수 거래

CTR 보고대상 금융거래는 현금의 지급 또는 영수거래로서 금융회사와 고객 사이에 현금(한국은행권 및 주화, 즉, 5만 원권, 1만 원권, 5천원권, 1천원권의 지폐와 5백원, 백원, 오십원, 십원, 5원, 1원의 주화가 포함된 현금거래)의 물리적 이동이 이루어지는 거래를 의미한다.

즉 현금거래가 발생하는 상품의 종류나 계정의 형태와는 상관이 없고(예를 들어, 금융회사가 일시적으로 특정 목적으로 사용하는 별단예금, 가수금, 가지급 계정에 현금거래가 발생할 경우 CTR 보고대상에 해당함), 대체거래[8]에 해당하는 계좌이체, 전자금융채널을 통한 이체거래 등 회계상의 가치 이전만 이루어지는 거래와 현금처리 요청거래는 이에 해당하지 않는다.

또한, 현금으로 상품권, 복권, 입장권, 교통카드 충전, 수입인지 판매 등은 금융회사등의 금융거래가 아니므로 특정금융정보법 적용대상에 해당하지 않아, 고액현금거래보고 대상에 해당하지 아니한다.

CTR 보고대상 거래 제외(현금처리요청 거래)

2006년 1월부터 시행된 CTR제도는 제도 초반 보고대상 현금거래 범위에 "현금처리 요청거래"를 포함하였다. 즉, 실질적으로 현금의 물리적 이동이 수반되지 않으나, 고객이 금융회사의 계정상에 대체거래가 아닌 현금거래로 표시하여 줄 것을 요청하는 경우, 이를 CTR 보고에 합산하여 보고하도록 요구하였다.

그러나 고객의 의도적으로 거래추적을 회피할 목적(대체거래의 경우, 계정상 입금·지급거래가 동시에 일어나므로 자금 이동 거래를 용이하게 확인이 가능함) 또는 일반인들의 대체거래라는 금융거래 용어에 대한 이해 부족 등으로 실질적으로는 대체거래이나, 계좌 등에 현금으로 보이도록 거래해 줄 것을 요청하는 경우, 현금처리 요청거래가 발생할 수 있는데, 종종 거액의 거래들이(예를 들어 100억 원 현금처리 요청 거래), CTR로 보고됨에 따라, 금융정보분석원의 심사과정에서 혼란을 야기할 수 있는 여러 가지 비효율성이 확인됨에 따라 2014년 4월 18일부터 현금처리 요청거래는 CTR 보고에 합산하지 않도록 변경하였다.

8) 대체거래란 물리적 현금의 이동을 수반하지 않는 거래로서(예를 들어 계좌에서 5백만 원을 인출하여 타 금융회사로 5백만 원을 송금하는 경우), 계정과 계정사이에 입금과 지급이 발생하게 되는 거래를 의미함

구분	변경 전	변경 후
실제 현금거래	CTR 보고	CTR 보고
현금처리 요청거래	CTR 보고	CTR 보고 제외

※ 주의 사항

금융회사에서는 현금처리 요청거래에 대해 대체처리가 가능함을 설명하고, 고객 앞 현금요청 거래의 목적을 확인하고, 거래목적이 명확하지 않음에도 불구하고 현금처리 요청거래를 요구하는 경우 거래를 거절하거나, 의심스러운 거래 보고(STR) 여부를 검토 할 것이 요구된다.

"지급" 또는 "영수"는 금융회사를 기준으로 한 것이라 고객의 입장에서는 출금 (지급) 또는 입금(영수)거래이며, "지급거래"와 "입금거래"는 각각 별도로 합산하여 보고 기준금액에 해당하는지 여부를 판단하고, "지급거래"와 "입금거래"를 서로 합산하지는 않는다.

사례 4-3 합산의 범위에 대하여 잘못 판단할 수 있는 사례

홍길동이 1거래일 동안 동일 금융회사에서 오전에 현금으로 1천 5백만 원을 인출(지급)하고, 오후에 동일 계좌에 8백만 원을 입금(영수)할 경우, 입금거래와 지급거래를 상계하여, 현금거래가 7백만 원 발생한 것으로 보는 것이 아니라, 오전에 인출한 1천 5백만 원만 지급거래로 CTR 보고대상이 된다.

특정금융정보법 시행령 제8조의3에서 정한 CTR 보고대상에 해당하는 현금과 비슷한 기능의 지급수단이라 함은 카지노사업자가 지급 또는 영수하는 수표 중 권면액이 100만 원을 초과하는 수표를 말한다. 다만, 카지노사업자가 그 수표를 지급하거나 영수하면서 실지명의를 확인한 후 실지명의 및 수표번호를 기록 · 관리하는 경우는 제외한다.

제8조의3(현금과 비슷한 기능의 지급수단)

법 제4조의2제1항 각 호 외의 부분 본문에서 "대통령령으로 정하는 것"이란 법 제2조제2호다목에 해당하는 금융거래등을 하는 경우 카지노사업자가 지급 또는 영수하는 수표 중 권면액이 100만 원을 초과하는 수표를 말한다. 다만, 카지노사업자가 그 수표를 지급하거나 영수하면서 실지명의를 확인한 후 실지명의 및 수표번호를 기록 · 관리하는 경우는 제외한다.

현금거래에는 외화 현금은 포함되지 않는다. 다만 아래 사례는 금융회사의 직원들이 업무 수행시 혼란스러울 수 있는 부분이므로 유의하여 거래하여야 한다.

사례 4-4 외화 현금관련 거래시 고액현금거래보고 대상 여부에 잘못 판단할 수 있는 사례

① 미달러화를 가져와 원화 현금으로 환전해 가거나 원화 현금을 가져와 미달러화로 환전해 가는 경우에는 보고대상 현금거래에 포함

② 미달러화를 환전한 원화를 원화 예금계좌에 입금하거나 계좌에서 인출한 자금으로 환전하여 미달러화를 가져가는 경우에 보고대상 현금거래가 아님

또한 우리나라에서는 자기앞수표가 현금처럼 통용되기는 하지만, 자기앞수표는 법률상 '수표'에 해당하므로, 금융회사에서 발행한(자행 수표 및 타행 수표 포함) 자기앞수표를 계좌에 입금하거나 계좌에서 인출한 자금으로 자기앞수표를 발행하는 경우에는 보고대상 현금거래에 해당하지 않는다.

(5) 보고대상 기준금액 : 지급 또는 영수한 1천만 원 이상의 현금거래(합산거래)

고액현금거래보고의 기준 금액은 시행령 제8조의2 제1항에 따라 "금융거래등에 따라 지급한 금액을 합산하거나 영수한 현금금액이 각각 합산하여 1천만 원 이상인 경우이다. 고액현금거래보고 기준금액은 CTR 제도 이행 시점이었던 2006년 1월 기준 금액을 5천만 원으로 정하였으나, 국제기준 및 해외 주요국 수준으로 개선하기 위하여 점진적으로 보고기준 금액을 하향하여 2019년 7월부터는 기준금액을 1천만 원으로 하향 조정하였다. CTR 기준 금액 하향으로 CTR 보고건수가 증가함에 따라 CTR 정보의 활용도가 더 중요해지고 있다.

CTR 보고기준금액 변경 연혁

5천만 원 (2006년 1월) → **3천만 원** (2008년 1월) → **2천만 원** (2010년 1월) → **1천만 원** (2019년 7월)

(6) 합산거래의 예외

특정금융정보법 시행령 제8조의2제4항 및 특정금융거래 정보 및 감독규정 제9조(고액현금거래보고의 기준금액 합산시 제외되는 공과금)와 금융회사등의 고액현금거래보고 업무지침 제6조(보고기준금액 산정방법)에 따르면 고액현금거래보고 기준금액 산정시 다음의 금융거래는 합산대상에서 제외한다.

① 100만 원 이하의 원화 송금(무통장 입금 포함) 금액
② 100만 원 이하에 상당하는 외국통화의 매입·매각 금액
③ 100만 원 이하의 선불카드 거래금액
④ 금융실명법 제3조 제2항 제1호, 동법 시행령 제4조 제1항 제2호에서 정하는 공과금 등을 수납한 금액
⑤ 법원공탁금, 정부·법원보관금, 송달료를 지출한 금액에 의하여 수납한 금액
⑥ 은행지로장표[9)]
⑦ 수수료(중도해지 수수료, 중도상환수수료, 제증명서 발급 수수료 등)

사례 4-5 고액현금거래보고와 관련하여 무통장 송금(입금)시 유의사항

홍길동이 현금 50만 원과 자기앞수표 80만 원으로 130만 원을 송금하는 경우 CTR 보고 합산 대상에서 제외되는 것일까요?

→ 무통장 송금(입금)시 현금이 1백만 원 이하인 경우에 보고가 면제되는 것이 아니라 거래금액이 1백만 원 이하이어야 함. 현금금액이 1백만 원 이하이더라도 전체 송금금액이 1백만 원 초과라면 전체 송금 금액 중 현금은 합산대상에 해당하므로 현금 50만 원은 합산대상에 포함됨

특정금융정보법 감독규정(고액현금거래보고의 기준금액 합산시 제외되는 공과금)

제9조(고액현금거래보고의 기준금액 합산시 제외되는 공과금 등) 영 제8조의2제4항제3호에서 "금융정보분석원장이 정하는 공과금 등을 수납하거나 지출한 금액"이라 함은 다음 각호의 어느 하나에 해당하는 것을 말한다.

1. 금융실명법 제3조제2항제1호, 동법 시행령 제4조제1항제2호에서 정하는 공과금 등을 수납한 금액
2. 법원공탁금, 정부·법원보관금, 송달료를 지출한 금액
3. 은행지로장표에 의하여 수납한 금액
4. 100만 원 이하의 선불카드 거래 금액

9) 은행지로장표는 거래상대방에 대한 정보를 거래 금융회사가 확인하지 않기 때문에 종종 자금세탁 수단으로 사용될 수 있어, 해당 취약점에 대한 개선을 위한 재검토가 필요함

전국은행연합회 "금융실명거래 업무해설" (전국은행연합회 홈페이지 참조)

고액현금거래보고의 기준금액 합산시 제외되는 공과금

라, 공과금 등의 거래

(1) 실명확인을 생략할 수 있는 공과금 등

납부고지서 등에 납부명의자의 성명 등이 기재되어 있는 아래의 공과금 등은 실명확인 생략

※ 성명 등이 기재되지 않은 경우는 납부자에게 기재토록 함

- 국세, 지방세, 벌과금(벌금, 과태료, 범칙금 등)
- 법원공탁금, 정부·법원보관금, 송달료의 수납
- 전화요금(무선전화요금 포함)
- 전기요금
- 아파트관리비(병합고지된 국민주택기금의 원리금 및 대한주택공사의 임대료·융자상환금 포함)
- 전화부가서비스료(정보통신사용료, 전화사서함 요금)
- 도시가스요금(시설상환금 포함)
- 유치원, 초·중·고·대학(원)생의 등록금 및 수업료 (가상계좌 납부 방식은 제외)
- 신문구독료
- 보험료
- 신용카드대금(여신전문금융업법에 의한 신용카드회사에 한함)
- 100만 원 이하의 선불카드 거래

◎ 현금으로 납부하는 경우(계좌출금 포함) : 실명확인 생략

◎ 수표 등으로 납부하는 경우

- 고지서 : 실명확인 생략
- 수 표 : 수표 뒷면에 납부명의자의 성명과 납부내용을 기재(실명확인 생략)

(2) 실명확인을 하여야 하는 공과금

실명확인 생략대상 공과금이 아닌 각종 납부고지서에 의한 입금은 무통장 입금의 경우와 동일 (100만 원 이하는 실명확인 생략 가능)

※ 입금자가 대리인 자격으로 입금하고자 하는 경우에는 대리인에 대하여만 실명을 기재·확인하고 적당한 여백에 실명확인 후 날인

※ 법원공탁금, 정부·법원보관금, 송달료의 출금

명의인 거래 : 거래명의인 실명을 확인하여야 함

대리인 거래 : 거래명의인 및 대리인의 실명을 거래신청서 등에 모두 기재하고 대리인의 실명을 확인

(7) 보고일자

금융회사등은 CTR 보고대상 거래내역을 금융거래가 발생한 날로부터 30일 이내에 금융정보분석원장에게 보고하여야 한다. 만약 보고가 지연될 경우 CTR 미보고(지연보고)에 해당하여 과태료 부과 대상에 해당한다. 그러므로 금융회사는 보고일자를 확정하고 확정된 CTR 보고대상 거래를 30일 내에 보고하도록 하는 것이 중요하다.

30일은 민법상 초일불산입의 원칙에 따라 기산하고 마지막 30일 해당일이 휴일 등인 경우 익일까지 보고하여야 한다. 금융회사의 실무상으로는 오류보고 정정을 위한 기한 확보 및 지연보고 등의 리스크를 차단하기 위하여 보고기한이 도래하기 전에 금융정보분석원에 보고하는 것이 일반적이다.

한편, 고액현금거래보고는 금융회사등이 전용회선을 통하여 중계기관으로 전송한 후 중계기관이 금융정보분석원으로 보고하는 방식으로 이루어지는데, 간혹 금융회사등에서 보고책임자가 CTR 보고를 승인하여 정상적으로 금융정보분석원으로 접수된 것으로 판단하여 추가적인 검증을 하지 않는 경우가 있다.

그런데, 해당 금융회사의 전산시스템 오류로 실질적으로는 보고가 이루어지지 않아, 상당 기간이 경과한 이후 CTR 지연보고 등으로 과태료가 부과되는 사례가 종종 발생하였다. 따라서 금융회사등은 보고책임자의 보고 승인 이후 해당 거래가 중계기관을 거쳐 금융정보분석원에 접수가 정당하게 이루어졌는지를 검증하는 절차를 마련하여 이와 같은 사례가 발생하지 않도록 유의하여야 한다.

제3절 CTR 보고 면제 대상

특정금융정보법 제4조의 2 제1항 단서에 따르면, 일정 대상에 대해서는 고액현금거래보고 대상 예외로 규정하고 있다. 즉 ① 다른 금융회사등(대통령령으로 정하는 자는 제외 한다)과의 현금등의 지급 또는 영수, ② 국가, 지방자치단체, 그 밖에 대통령령으로 정하는 공공단체와의 현금등의 지급 또는 영수 ③ 자금세탁의 위험성이 없는 일상적인 현금등의 지급 또는 영수로서 대통령령으로 정하는 것이 이에 해당한다.

다른 금융회사등과의 거래를 예외로 하는 이유는 예를 들어, 현금거래를 수반하여 금융거래를 수행하는 금융회사등은 스스로 자금세탁방지를 위하여 철저한 내부통제 제도를 준수할 뿐만 아니라, 대부분 금융회사간의 현금거래는(예를 들어 증권회사가 대고객 영업을 위하여 현금을 은행에서 인출하는 거래 등) 각 금융회사의 현금보유량에 대한 규제요건을 준수하고, 자금세탁행위와 거리가 멀어 금융회사등간의 현금거래는 CTR거래 보고 면제 대상으로 정하고 있는 것이다.

다만, 특정금융정보법 시행령 제8조의4(고액현금거래보고의 예외에서 제외되는 금융회사등)에서 정한 카지노사업자와 가상자산사업자 등은 특정금융정보법상의 금융회사등에 해당하나, 자금세탁행위와 공중협박자금조달행위에 이용될 위험성이 높은 자로 판단하여 특정금융정보법 시행령 제8조의4 "CTR 보고 면제 대상"에서 제외하여, 해당 금융회사등과의 현금거래는 CTR 보고에 포함하여야 한다.

특정금융정보법 시행령 제8조의4(고액 현금거래 보고의 예외에서 제외되는 금융회사등)

제8조의4(고액 현금거래 보고의 예외에서 제외되는 금융회사등) 법 제4조의2제1항제1호에서 "대통령령으로 정하는 자"란 다음 각 호의 어느 하나에 해당하는 자를 말한다.

1. 카지노사업자

 1의2. 법 제2조제1호하목에 따른 가상자산사업자(이하 "가상자산사업자"라 한다)

2. 자금세탁행위와 공중협박자금조달행위에 이용될 위험성이 높은 자로서 금융정보분석원장이 정하여 고시하는 자

또한, 국가, 지방자치단체, 그 밖에 대통령령으로 정하는 공공단체와의 현금거래 등은 고액현금거래보고 대상의 예외로 규정하였다. 그런데, 공공단체 등의 횡령사고 등의 위험성, 그리고 보고대상 금융회사등이 보고예외 대상을 오류 판단하여 보고가 누락될 가능성 등의 문제로 인하여 2019년 7월 1일부터 시행령 제8조의5를 모두 삭제하여, 공공단체의 고액현금거래 대상 거래에 대해서도 CTR 보고를 하도록 개정하여 보고대상을 확대하였다. 따라서 해당 공공단체가 CTR 보고에서 누락되지 않도록 유의하여야 한다.

이에 따라 CTR 보고예외 대상에서 공공단체가 삭제되었으나, 특정금융거래 보고 및 감독규정 제10조(공공단체의 범위)는 실제 소유자 확인 면제가 가능한 공공단체의 규정(특정금융정보법 시행령 제10조의5 제5항 라목)이 계속 존속하기 때문에 해당 규정은 유지되고 있다. 과거 금융위원회 홈페이지를 통해 고액현금거래보고 제외대상 공공단체 목록을 고시하였는데 아래와 같은 기관을 고시하였다(공공단체 등이 CTR 보고 대상에 포함되면서 해당 목록은 삭제되었으나 향후 업무시 참조로 이용하도록 기술함).

과거 CTR 보고 면제 대상에 해당하였던 공공단체 - 현재는 보고대상임

① 공공기관운영법에 따른 공공기관(공공기관 알리오(www.alio.go.kr)에 공개된 공공기관)

② 정부출연연구기관법에 따라 설립된 정부 출연연구 기관(「정부출연연구기관 등의 설립·운영 및 육성에 관한 법률」 별지의 연구기관 및 부설기관(한국개발연구원, 국제정책대학원, 건축도시공간연구소, 육아정책연구소) 및 연구회(경제·인문사회 연구회)

③ 과기출연기관법에 따라 설립된 과학기술 분야 정부 출연연구기관(「과학기술분야 정부출연연구기관 등의 설립·운영 및 육성에 관한 법률」 별표의 연구기관 및 부설기관(녹색기술센터, 국가핵융합연구소, 국가보안기술연구소, 세계김치 연구소, 재료연구소, 안전성평가연구서) 및 연구회(국가과학기술연구회)

④ 지방공기업법에 따라 설립된 지방직영기업·지방공사 및 지방공단(지방공기업경영 공시시스템 - 클린아이(www.cleaneye.go.kr))에 공개된 지방직영기업·지방공사 및 지방공단

⑤ 금융정보분석원장이 지정하는 자(특정금융거래 정보 및 감독규정 별표1의 공공단체 - 아래 표 참조)

1. 한국은행	13. 전국은행연합회
2. 한국방송공사	14. 한국증권업협회
3. 한국교육방송공사	15. 생명보험협회
4. 한국교직원공제회	16. 대한손해보험협회
5.「국립대학병원 설치법」에 의하여 설립된 국립 대학병원	17. 한국여신전문금융업협회
	18. 자산운용협회
6. 한국정보통신기술협회	19. 한국해양소년단연맹
7. (재)유비쿼터스컴퓨팅사업단	20. 한국항만연수원
8. 소프트웨어공제조합	21. 한국해양오염방제조합
9. 광주정보문화산업진흥원	22. 한국해운조합
10. 강원정보문화진흥원	23. 한국선원복지고용센터
11. 부산정보산업진흥원	24. 한국해양조사협회
12. 인천광역시정보산업진흥원	25. (재)한국항로표지기술협회
	26. 예술의전당

※ 주의사항

금융회사등이 보고예외 대상을 정하는 경우, 대상 고객의 이름만으로 추정하거나, 사업자번호 체계를 토대로 제외하는 것은 CTR 보고 누락이나 오보고 등의 위험성이 존재한다. 그러므로 제외대상 또는 보고대상으로 확인하기 위해서는 해당 고객이 제외대상에 포함하는지를 검증할 수 있는 자료를 토대로 결정하여야 한다.

즉, 보고면제 대상 등록시, 이를 검증할 수 있는 문서를 증빙자료로 첨부하여 보고책임자의 승인을 받아(㉔ 금융감독원 제도권금융회사등을 확인한 자료를 증빙자료), CTR보고 면제 대상 고객을 별도 관리하여야 한다. 또한, 제외대상 기관 등이 변경되거나 폐업 등으로 더 이상 유효하지 않은 사업자일 수 있으므로, 해당 제외대상에 대한 정기적인 검증을 토대로 면제 대상 여부가 적절하게 관리되어 CTR 보고의 품질을 향상할 수 있도록 통제절차를 마련하는 것이 중요하다.

제4절 보고 방식

고액현금거래보고를 하는 금융회사등은 금융정보분석원장이 정하는 서식에 따라 다음의 사항을 온라인, 문서, 전자기록매체 그 밖에 금융정보분석원장이 정하는 방법으로 보고하여야 한다.

1. 보고하는 금융회사등의 명칭 및 소재지
2. 현금의 지급 또는 영수가 이루어진 일자 및 장소
3. 현금의 지급 또는 영수의 상대방
4. 현금의 지급 또는 영수의 내용
5. 그 밖에 현금의 지급 또는 영수의 사실을 분석하기 위하여 필요한 사항으로 금융정보분석원장이 정하는 사항

CTR 보고는 의심거래보고 제도와는 상이하게 금융회사가 직접 금융정보분석원에 보고하는 것이 아니라 금융정보분석원이 지정한 중계기관을 통하여 보고하고 있으며, 중계기관은 별도의 세부 운영기준을 마련하여야 한다. 현재 금융정보분석원이 지정한 CTR 중계기관은 전국은행연합회, 한국금융투자협회, 상호저축은행중앙회등이다.

감사부등에서 CTR 보고 적정성을 점검하는 경우가 있는데, 가장 쉬운 접근방법은 CTR거래가 가장 많은 영업점 1~2개 정도를 선정하여, 해당 지점에서 발생하는 1거래일 동안의 모든 현금 거래를 추출하여 CTR 보고 대상거래와 예외 대상 거래가 적정하게 분리되어 추출되는지를 확인하는 방법을 이용할 수 있다.

다만, 최근 비대면 거래의 증가에 따라 1거래일동안 금융회사등에서 비대면 채널을 통하여 발생한 모든 현금거래를 추출하여 CTR 데이터가 정확하게 추출되고 있는지를 확인하는 방법을 사용할 수 있다.

특정금융정보법 시행령 제8조의6 내지 제8조의7(고액현금거래의 보고방법 및 중계기관지정 등)

제8조의6(고액현금거래의 보고 방법 등)

① 법 제4조의2제1항에 따라 보고를 하는 금융회사등은 금융정보분석원장이 정하는 서식에 따라 다음 각 호의 사항을 온라인·문서·전자기록매체 그 밖에 금융정보분석원장이 정하는 방법으로 보고하여야 한다.

1. 보고하는 금융회사등의 명칭 및 소재지
2. 현금의 지급 또는 영수가 이루어진 일자 및 장소
3. 현금의 지급 또는 영수의 상대방
4. 현금의 지급 또는 영수의 내용
5. 그 밖에 현금의 지급 또는 영수의 사실을 분석하기 위하여 필요한 사항으로 금융정보분석원장이 정하는 사항

② 제7조제1항 및 제2항의 규정은 법 제4조의2제2항의 규정에 의한 보고에 관하여 이를 준용한다.

(5) 제8조의7(중계기관의 지정 등)

① 금융정보분석원장은 법 제4조의2제3항에 따른 중계기관(이하 "중계기관"이라 한다)을 지정한 때에는 이를 고시하여야 한다.

② 금융회사등은 중계기관을 거쳐 고액 현금거래를 금융정보분석원장에게 보고할 수 있다.

③ 금융정보분석원장은 중계기관의 업무처리기준을 정할 수 있으며, 중계기관으로 하여금 그 세부운영기준을 정하게 할 수 있다.

④ 중계기관의 장은 제3항에 따라 세부운영기준을 정한 경우에는 그 내용을 지체 없이 금융정보분석원장에게 알려야 한다.

사례 4-5 CTR 보고 전 품질 점검 방법에 대한 개선의 필요성

CTR 보고의 품질의 적정성을 보증하기 위하여 가장 중요한 것은 첫째, 영업점 직원이 현금거래를 정확하게 입력하고, 둘째, 영업점 현금거래뿐만 아니라, 비대면을 통하여 발생하는 현금거래(예를 들어 자동화기기를 이용한 현금거래) 등을 정확하게 합산하여 누락없이 보고하도록 절차를 마련하는 것이다.

대부분의 금융회사등은 CTR 보고대상 거래를 정확하게 확정하기 위하여 별도의 CTR DB(Data Base)를 마련하여, 보고대상자(보고면제 대상 포함), 합산거래, 합산대상 예외거래 등을 전산적으로 관리하는 것이 일반적이다.

따라서 ① 금융회사등은 현금거래가 발생할 수 있는 모든 상품, 서비스, 채널의 현금데이터가 누락 없이 CTR DB에 쌓이도록 시스템을 마련하고(현금거래 추출 로직 등에 대한 검증을 정기적으로 수행하여 혹시 누락되거나 오류로 쌓이는 데이터가 있는지 여부를 확인하여야 함), ② 영업점 직원들이 매일 자신이 거래한 현금거래가 정확하게 입력하였는지를 1차적으로 확인할 수 있도록 자동화된 시스템을 통하여 점검할 수 있는 환경을 마련하여 주어야 하며, ③ 영업점 직원 및 비대면채널 등을 통하여 거래된 현금거래 등이 적정하게 점검되었는지를 본부부서(㉮ 자금세탁방지 관련 부서)에서 2차적으로 재점검하여, 오류의

의심이 있는 경우, 이를 독립적으로 재점검할 수 있는 통제절차를 마련하고(예를 들어 동일 시간대에, 동일 창구직원에 의하여 동일한 금액을 현금으로 인출하여, 다시 현금으로 입금하는 경우, 이는 대체거래를 현금거래로 오류 입력하였거나, 현금처리요청 거래일 가능성이 있음), ④ 확정된 CTR 보고대상 거래에 대하여 보고책임자가 승인한 후, 동 거래가 금융정보분석원에 적정하게 접수되었는지를 확인할 수 있는 적어도 4단계에 걸친 점검절차를 마련하는 것이 중요하다.

그런데, 최근 이와 같은 점검절차에 대한 내부통제절차가 적정하게 마련되지 않아, CTR 미보고 또는 지연보고로 인한 과태료 부과 사례가 종종 발생하고 있으므로 각 금융회사의 환경에 맞는 고액현금거래 보고 데이터의 적정성(품질보증)을 확보하기 위한 프로세스의 개선이 요구된다.

금융회사가 단기간 내에 CTR 품질을 개선하고자 한다면, 일정기간 중에 회사 계정상 1천만 원이 넘는 모든 거래를 추출하고(현금, 대체, 현금처리 요청거래 모두 포함) CTR DB에서 CTR 대상거래로 확정된 거래와 비교대사한 후 계정상 현금으로 처리되어 있으나, CTR DB에 없는 데이터가 있다면 오류 가능성이 있으니 이를 점검하는 방식으로 검증하는 방법도 활용이 가능하다.

제5절 오보고 등에 대한 취소절차

금융회사등이 금융정보분석원장에게 보고한 고액현금거래에서 오류가 발견된 경우, 해당 고액현금거래보고(이하 "오보고")를 취소할 수 있도록 "금융회사등의 고액현금거래보고에 관한 업무지침"에서 별도로 절차를 마련하여 시행하고 있다.

즉, 금융회사등이 금융정보분석원장에게 보고한 고액현금거래에서 오류가 발견된 경우, 관련 절차에 따라 해당 오보고를 취소한다. 여기에는 ① 금융회사등에서 오류를 발견하여 내부보고체제를 거쳐 금융정보분석원에 신속하게 보고하고, 보고책임자의 책임하에 해당 오보고를 신속하게 취소하는 경우와, ② 금융정보분석원에서 오류를 발견하여 그 사실을 해당 금융회사등에 신속하게 통보하고, 금융회사등은 보고책임자의 책임하에 해당 오보고를 신속하게 취소하도록 하는 경우가 있다.

일반적으로 CTR 보고 제외대상에 대한 업무지식 미비 등에 의한 오보고가 일반적이나, 오보고의 경우에도 실질 거래내용이 현금거래라서 고액현금거래 미보고에 해당하는 경우도 있을 수 있으므로 항상 점검이 제대로 수행될 수 있도록 유의하여야 한다.

또한, 이미 고액현금거래로 보고된 금융거래에 대하여 금융정보분석원 또는 금융회사에서 취소 또는 정정을 요청할 수 있는데 이 경우에는 기보고한 문서번호를 기재하여야 하며, 고액현금거래서 보고양식에 "금융회사등 직원의 오조작으로 인한 취소" 등 그 사유를 함께 기재하여야 한다.

제6절 고액현금거래정보 제공 제도

1. CTR 정보 제공 범위 확대

고액현금거래보고 정보는 법집행기관의 범죄조사 목적에 한하여 제공하였으나, 2013년 11월 특정금융정보법을 개정하여 "금융정보분석원장은 고액현금거래보고로 금융회사등이 보고한 정보(제10조 제1항 제3호에 해당하는 정보는 제외)를 제10조에 따라 검찰총장등에게 제공한 경우에는 제공한 날(제2항 또는 제3항에 따라 통보를 유예한 경우에는 통보유예의 기간이 끝난 날)부터 10일 이내에 제공한 거래정보의 주요 내용, 사용목적, 제공받은 자 및 제공일 등을 명의인에게 금융정보분석원장이 정하는 표준양식으로 통보하도록 정하고 있다.

특히, 국세청과 관세청에 대한 FIU정보 제공요건을 "조세·관세 탈루 혐의 확인을 위한 조사 및 조세·관세 체납자에 대한 징수"로 확대하였다. 다만 해당 정보의 제공 등은 금융정보분석원의 "정보분석심의회 심의" 등 엄격한 절차를 거쳐 관련 기관에 제공하도록 규정하고 있다.

2014년 8월 28일 CTR 정보제공 사실이 최초로 고객에게 통보된 이후 고객은 국세청 등에 해당 고객의 정보를 제공한 금융회사를 인지할 수 있어 금융회사등에 대한 민원 등이 발생 가능할 수 있으므로 CTR 보고 등에 오류가 발생하지 않도록 유의해야 한다(법 제10조의 2).

그림 4-1 CTR 정보를 이용한 추징세액

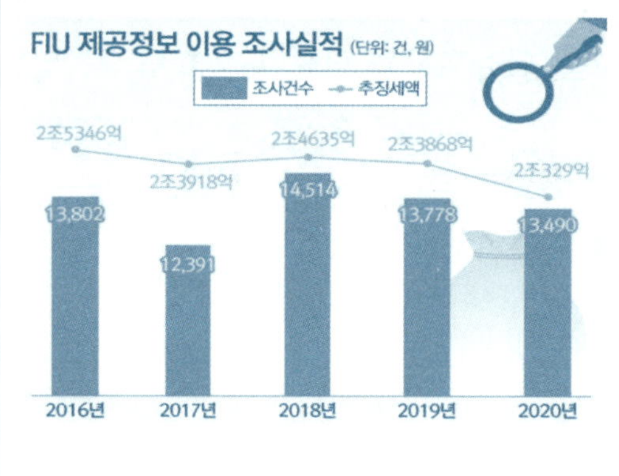

국세청이 세무조사시 금융정보분석원(FIU)의 CTR 정보를 활용하는 경우가, 전체 세무조사건의 90% 이상에 해당하고 추징한 세액은 연간 2조원 이상에 해당하며, 특히 국세청의 고질적인 골칫거리인 체납업무에도 쓰이는데, 이에 따른 징수실적은 5,000억 원에 달한다.

자료 출처 : 국세청

특정금융정보법 제10조의 2 (특정 금융거래정보 제공사실의 통보)

① 금융정보분석원장은 제4조의2에 따라 금융회사등이 보고한 정보(제10조제1항제3호에 해당하는 정보는 제외한다)를 제10조에 따라 검찰총장등에게 제공한 경우에는 제공한 날(제2항 또는 제3항에 따라 통보를 유예한 경우에는 통보유예의 기간이 끝난 날)부터 10일 이내에 제공한 거래정보의 주요 내용, 사용 목적, 제공받은 자 및 제공일 등을 명의인에게 금융정보분석원장이 정하는 표준양식으로 통보하여야 한다.

② 금융정보분석원장은 검찰총장등으로부터 다음 각 호의 어느 하나에 해당하는 사유로 통보의 유예를 서면으로 요청받은 경우에는 제1항에도 불구하고 6개월의 범위에서 통보를 유예하여야 한다.
1. 해당 통보가 사람의 생명이나 신체의 안전을 위협할 우려가 있는 경우
2. 해당 통보가 증거인멸, 증인 위협 등 공정한 사법절차의 진행을 방해할 우려가 명백한 경우
3. 해당 통보가 질문 · 조사 등의 행정절차의 진행을 방해하거나 과도하게 지연시킬 우려가 명백한 경우

③ 금융정보분석원장은 검찰총장등이 제2항 각 호의 어느 하나에 해당하는 사유가 지속되고 있음을 제시하고 통보의 유예를 서면으로 반복하여 요청하는 경우에는 요청받은 날부터 2회에 한정하여(제2항제1호의 경우는 제외한다) 매 1회 3개월의 범위에서 유예요청기간 동안 통보를 유예하여야 한다.

④ 금융정보분석원장은 제1항에 따라 명의인에게 통보하기 위하여 필요한 경우에는 관계 행정기관 등의 장에게 그 이용 목적을 분명하게 밝힌 문서로 다음 각 호의 자료의 제공을 요청할 수 있다.
1. 「주민등록법」 제30조제1항에 따른 주민등록전산정보자료
2. 사업장 소재지 등 사업자에 관한 기본사항

2. 고액현금거래정보(CTR) 제공사실 통보제도

위에서 기술한 바와 같이 특정금융정보법에 따라 금융정보분석원이 법집행기관의 요청에 의해 고액현금거래정보(CTR)를 제공한 경우, 제공한 날로부터 10일 이내에

제공한 거래정보의 주요 내용, 사용목적, 제공받은 자 및 제공일 등을 명의인에게 통보하는 제도이다.

1) 통보대상 : 특정금융정보법 제10조의2에 따른 명의인(거래자 또는 사업자)

2) 통보방법 : 국민비서서비스(구삐)를 통한 전자적 통보, 등기우편

3) 통보절차

① 국민비서서비스

A. 금융정보분석원

통보대상자가 국민비서서비스에 가입되어 있고 '고액거래정보 제공사실 통보' 알림서비스를 신청한 경우, 국민비서서비스를 통해 통보대상자의 휴대전화번호로 안내문 발송

B. 통보대상자

고액현금거래정보 제공사실 안내문 알람을 카카오톡, 네이버앱 등으로 확인한 후 [열람하기]를 터치하면 본인인증을 거쳐 "고액현금거래정보(CTR) 제공사실 통보 상세내역" 전자문서 열람

② 등기우편

통보대상자가 국민비서서비스에 가입되어 있지 않거나, 국민비서서비스에서 발송된 안내문(전자문서)을 확인하지 않은 경우 금융정보분석원에서 통보대상자에게 등기우편 발송

그림 4-2 CTR 정보제공 사실 통보 프로세스

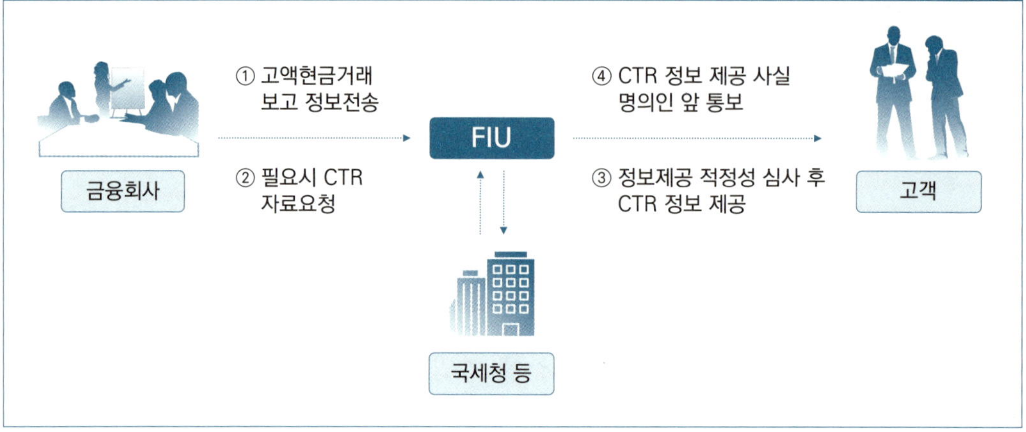

그림 4-3 CTR 정보제공 프로세스

국민비서 구삐를 이용하여 CTR 제공사실 통보문서를 확인하는 절차

[참고1] (예시) 카카오톡으로 CTR 제공사실 통보문서를 확인하는 절차

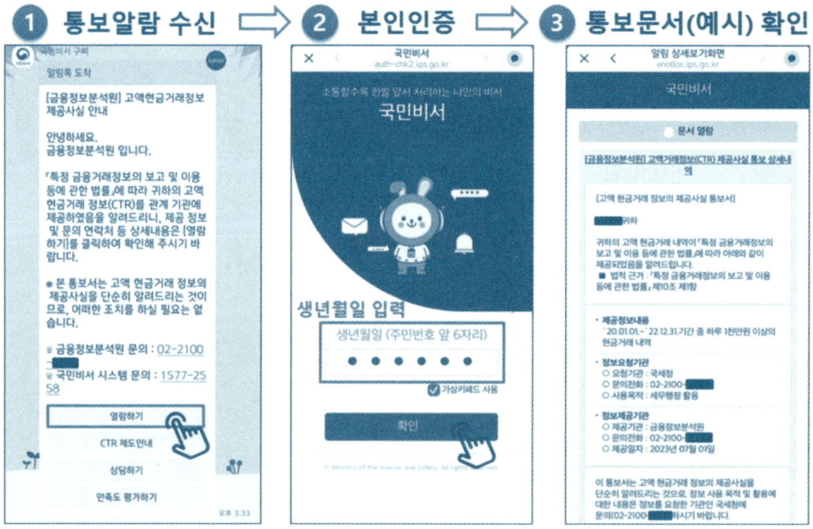

자료 출처 : 금융정보분석원 홈페이지

3장

CTR에 대한 주요 지적사항

제1절 CTR 위반에 대한 제재 규정

1. 벌칙 및 과태료

고액현금거래보고제도를 적정하게 이행하지 못할 경우 금융회사에 대한 제재가 부과되는데 제재에는 위반 내용에 따라 벌칙(형사처벌)과 과태료 부과가 가능하다.

2. CTR를 거짓으로 보고한 자

CTR를 거짓으로 보고한 자에 대하여 1년 이하의 징역 또는 1천만 원 이하의 벌금에 처하도록 규정하고 있으며(특정금융정보법 제17조(벌칙)), 뿐만 아니라 징역과 벌금을 병과(竝科)할 수 있다(제18조).

또한 양벌 규정(특정금융정보법 제19조(양벌규정))을 두어 CTR을 거짓으로 보고한 경우 법인의 대표자나 법인 또는 개인의 대리인, 사용인, 그 밖의 종업원이 그 법인 또는 개인의 업무에 관하여 행위자를 벌하는 외에 그 법인 또는 개인에 대하여도 벌금형을 부과하도록 규정하고 있다(다만, 법인 또는 개인이 그 위반행위를 방지하기 위하여 해당 업무에 상당한 주의와 감독을 게을리하지 아니한 경우는 제외).

이와 같이 CTR을 거짓으로 보고하는 자에 대하여 강력한 형사처벌 규정을 두고 있으므로, 금융회사등은 지속적으로 임직원의 인식을 제고하여, 해당 사항으로 처벌되지 않도록 주의를 기울여야 한다.

3. CTR 미보고·지연보고

CTR을 미보고하거나 지연보고한 경우는 3천만 원 이하의 과태료 부과대상에 해당한다[특정금융정보법 제20조 제2항(과태료)]. 지연보고도 미보고에 해당하여 과태료가 부과되므로, 각 금융회사는 CTR 미보고 또는 지연보고가 이루어지지 않도록 점검 절차를 마련하여야 한다.

특히, 상품 및 서비스가 새롭게 출시되거나, 채널을 새롭게 마련할 경우, 해당 신규 상품이나 서비스, 또는 채널에서 현금거래가 발생할 수 있는지, 발생하는 경우 CTR 보고가 누락되지 않도록 시스템을 구축하여야 하며, 최종 해당 상품 등을 출시하기 전에 현금거래 등이 CTR DB에 적정하게 추출되어 쌓이는지에 대한 충분한 테스트와 검증을 수행함은 물론 지속적으로 모든 상품 및 서비스, 채널 등에서 입력되는 CTR 거래 정보에 대한 검증을 통하여 CTR 보고 누락이 발생하지 않도록 하여야 한다.

최근 금융회사등이 차세대 시스템으로 시스템을 전면 교체하는 경우 일부 CTR 데이터가 누락되어 위반사례로 지적되는 경우가 종종 있어, 이와 같이 시스템에 대한 전면 변경이 발생할 경우에는, 시스템 이행 전에 기존 시스템에서 발생한 CTR 보고를 앞당겨 구시스템에서 모두 보고를 진행하고(즉, 신규 시스템으로 이전될 구시스템 CTR 정보를 최소화함), 새로운 시스템으로 이관된 후에는 즉시 보고를 진행하지 말고 여러 번의 테스트를 거쳐 적정성에 대한 검증이 완료된 후에 보고하는 것이 바람직하다.

과태료 부과와 관련해서 특정금융정보법 시행령은 과태료 부과기준을 별도로 정하고 있는데, 이에 따르면 금융정보분석원장은 위반행위의 정도, 위반행위의 동기와 그 결과 등을 고려하여 과태료 금액을 감경 또는 면제하거나 2분의 1의 범위에서 가중할 수 있으나 가중하는 경우에도 법 제20조제2항에 따른 과태료 금액의 상한(3천만 원 이하)을 초과할 수 없도록 규정하고 있다(과태료 부과기준 참조).

특정금융정보법 시행령 제17조(과태료 부과기준)

법 제20조제1항 및 제2항에 따른 과태료의 부과기준(제17조 관련)은 별표 2와 같다.

1. 일반기준
   금융정보분석원장은 위반행위의 정도, 위반행위의 동기와 그 결과 등을 고려하여 제2호에 따른 과태료 금액을 감경 또는 면제하거나 2분의 1의 범위에서 가중할 수 있다. 다만, 가중하는 경우에도 법 제20조제1항 및 제2항에 따른 과태료 금액의 상한을 초과할 수 없다.
2. 개별기준(단위 : 만 원)

위반행위	근거 법조문	과태료 금액
나. 금융회사등이 법 제4조의2제1항·제2항을 위반하여 보고를 하지 않은 경우	법 제20조 제2항제1호	900만 원

특정금융정보법 제17조~제20조(CTR 관련 벌칙 및 과태료)

제17조(벌칙) ③ 다음 각 호의 어느 하나에 해당하는 자는 1년 이하의 징역 또는 1천만 원 이하의 벌금에 처한다.

1. 제4조제1항 및 제4조의2제1항 · 제2항에 따른 보고를 거짓으로 한 자

제18조(징역과 벌금의 병과) 제16조 및 제17조에 규정된 죄를 범한 자에게는 징역과 벌금을 병과(竝科)할 수 있다.

제19조(양벌규정) 법인의 대표자나 법인 또는 개인의 대리인, 사용인, 그 밖의 종업원이 그 법인 또는 개인의 업무에 관하여 제17조의 위반행위를 한 경우에는 행위자를 벌하는 외에 그 법인 또는 개인에 대하여도 해당 조문의 벌금형을 과(科)한다. 다만, 법인 또는 개인이 그 위반행위를 방지하기 위하여 해당 업무에 관하여 상당한 주의와 감독을 게을리하지 아니한 경우에는 그러하지 아니하다.

제20조(과태료) ② 다음 각 호의 어느 하나에 해당하는 자에게는 3천만 원 이하의 과태료를 부과한다.

1. 제4조제1항제1호 · 제2호 또는 제4조의2제1항 · 제2항을 위반하여 보고를 하지 아니한 자

③ 제1항 및 제2항에 따른 과태료는 대통령령으로 정하는 바에 따라 금융정보분석원장이 부과 · 징수한다.

제2절 CTR 위반에 대한 제재 및 주요 지적사항

2018년부터 2022년 8월 사이 금융정보분석원이 CTR 위반으로 인한 제재공시 자료를 살펴보면 CTR 지연보고가 총 위반사례의 57%에 해당하고, 미보고가 33%에 해당한다. 따라서 90%에 해당하는 위반사례가 CTR 지연보고 또는 미보고로 인한 것이므로 금융회사등은 해당 사례가 발생하지 않도록 데이터 검증절차를 마련하여 이행하는 노력이 요구된다.

또한, 최근 금융정보분석원 홈페이지 제재공시 내용을 살펴보면, 새마을금고 및 신용협동조합에 대한 다수의 제재 사례가 공시되고 있는데, 그 중 CTR 지연보고가 많이 포함되어 있다. 따라서 CTR 데이타에 대한 정확한 관리 및 점검 강화 등을 통하여 CTR 위반으로 지적되지 않도록 절차를 강화할 필요가 있다.

CTR 제재공시 내용(2018년 1월 ~ 2022년 8월)		
유형 구분	빈도(건, 중복포함)	비율
CTR 지연보고(특정건 또는 특정기간)	17	57%
CTR 미보고, 누락보고(특정건 또는 특정기간)	10	33%
보고절차 불합리(보고책임자 결재누락, 인지 누락 등)	2	7%
추출요건 부정확(예외조건 미적용 등)	1	3%
합계	30	100%

CTR 과태료 부과 현황(2019년 ~2021년)

(CTR 누락건수 및 금융정보분석원 제재심의위원회 과태료 부과 현황(단위 : 건, 만 원))

부과연도	구분	은행	증권	보험	기타	합계
2019년	건수	212	6	26	38	282
	과태료	9,400	380	1,450	2,190	13,420
2020년	건수	40,981	79	14	134	41,408
	과태료	1,656,230	5,400	1,000	10,290	1,672,920
2021년	건수	-	18	-	3	21
	과태료	-	1,000	-	660	1,660
합계	건수	41,193	103	40	175	41,511
	과태료	1,665,630	6,780	2,450	13,140	1,688,000

자료 출처 : 황운하 의원실

1. 위반 사례

(1) 시스템 교체시 CTR 점검 소홀로 인한 CTR 지연보고 발생

전산시스템 오류로 인하여 다량의 CTR 지연 보고가 발생함. X금융회사는 CTR정보를 분류하여 IT 자회사에 보냈는데, IT 자회사가 금융정보분석원에 전송하는 과정에서 차세대시스템 오류와 맞물려 문제가 생기면서 CTR자료가 전송되지 않아 일정 기간 지연보고된 것으로 인하여 과태료 부과 대상이 됨

(2) 자의적 보고 제외 처리

2년여간 복수의 영업점에서 CTR 보고대상 거래가 발생하였지만, 자의적으로 보고를 제외로 판단하여 보고 누락이 발생하여 과태료 부과 대상이 됨

(3) 카지노사업자의 CTR 위반

X카지노사업자는 칩스환전 또는 칩스구매 과정에서 발생한 보고기준금액 이상의 고액현금거래를 금융정보분석원장에게 보고하지 아니하였고 칩스환전 또는 칩스구매 과정에서 발생한 보고기준금액 이상의 고액현금거래에 대하여 보고기한(30일)을 초과하여 지연보고하는 등 고액현금거래보고 의무를 적정하게 이행하지 아니하여 과태료 부과 대상이 됨

(4) 자동화기기 현금거래에 대한 CTR 보고 누락

자동화기기(CD/ATM), 특히 공동망 CD기)를 통해 현금 입·출금하는 경우, 고액현금거래로 보고하여야 하는데, 이를 CTR 데이터에 포함되도록 전산로직이 마련되지 않아 보고 누락이 발생함에 따른 과태료 부과

(5) 환전업자의 CTR 보고 누락

환전업자도 특정금융정보법 적용대상으로 고객과 사이에 외화 매입·매도 거래가 발생할 경우, CTR 보고 주체에 해당하는데, 고객으로부터 미화 1만불을 매입(1천만원 초과 거래)하여 CTR 대상거래가 발생하였으나, 30일이 경과하도록 CTR 보고를 지연하여 과태료 부과대상이 됨

(6) 고액현금거래보고 회피목적 분할거래에 대한 보고의무 위반

금융회사등은 금융거래등의 상대방이 금융회사등의 고액 현금거래 보고를 회피할 목적으로 금액을 분할하여 금융거래등을 하고 있다고 의심되는 합당한 근거가 있는 경우에는 그 사실을 종합적으로 검토한 후 의심되는 거래 보고대상 금융거래로 결정한 날로부터 3영업일 이내에 금융정보분석원장에게 보고하여야 함. 그러나 X새마을금고는 일정기간 중 금융거래 총 X건에 대해 고액현금거래보고 회피목적의 분할거래라고 의심되는 합당한 근거가 있었음에도 불구하고 보고기한(3영업일) 내에 금융정보분석원장에게 보고하지 아니하여 고액현금거래보고 회피목적 분할입금에 대한 보고의무를 적정하게 이행하지 아니하였음

2. CTR 관련 주요 지적사항

(1) 고액 현금거래 보고업무 운영 불합리

현금의 물리적 이동을 수반하지 않는 대체거래 등을 전산처리의 편의성 등에 따라 전산상 현금거래로 처리한 후 사후적으로 고액현금거래보고 대상에서 제외하는 건이 과다하여 고액현금거래보고 업무의 효율성 및 정확성이 저해하였으므로 현금거래가 아닌 거래가 고액현금거래보고 대상으로 추출되지 않도록 해당 전산처리 절차를 개선할 필요

(2) 보고기간 미준수 방지

CTR 보고기간 미준수는 특정금융거래보고법에 따른 과태료 부과 대상에 포함되므로 각 금융회사는 보고기간 준수에 철저를 기하여 보고 기간 내에 보고할 수 있도록 CTR 보고 점검 절차 개선이 필요

(3) 고객요청에 따른 대체거래의 현금처리에 대한 STR 적극 검토 필요

"고객의 현금처리 요청"등 현금의 물리적 이동이 없는 거래는 거래원장에 비록 현금으로 표기하였더라도 거래 실질에 맞게 CTR 보고에서 제외하여야 함. 다만, 이 경우 고객의 의도 등을 감안 금융회사등은 적극적으로 STR 여부를 검토하도록 절차 개선이 필요

(4) 오류보고 방지(현금의 물리적 이동이 없는 거래를 CTR로 오보고함)

특정금융정보법에 따라 FIU에 보고된 CTR 자료가 법집행기관에 제공된 경우 FIU는 일정기간 내에 명의인에게 제공한 거래정보의 주요내용 등을 통보하여야 함. 각 금융회사에서는 보고대상이 아닌 금융거래가 CTR로 잘못 보고되어 추후 불필요한 민원발생이 초래되지 않도록 내부 업무프로세스 및 전산시스템을 조속히 개선하고, 기 보고 내용 중 오류보고 건에 대한 철저한 점검을 통해 취소(정정)보고 조치하는 등 보고의 정확성 제고에 만전을 기할 필요가 있음

(5) 기타

1) 고액현금거래보고업무와 관련하여 금융정보분석원에 보고한 정보 중 현금의 물리적인 이동이 없는 끝전거래들이 포함되어 있고(㉠예 스마트뱅킹 가입 후 이체 테스트를 위한 1원 입금거래가 KoFIU로 보고됨), 은행 창구

직원이 예금 수납업무시 대체거래를 현금거래로 잘못 기표하여 동 거래를 고액현금거래보고 대상 선별시 수작업으로 제외하고 있는 사례가 다수 발생하고 있어(고액현금거래보고 대상 거래를 전산시스템에서 자동 추출한 후 해당 거래를 처리한 각 창구의 직원들이 실제 현금거래인지 여부를 확인) 전산시스템을 통하여 점검이 가능하도록 개선이 요구됨

2) 현금거래가 아닌 일부 거래가 DB상 "현금거래"로 분류되어 CTR 보고대상으로 잘못 추출되고 있어 해당 전산 로직 수정이 요구됨

3) 금융회사등과의 거래임에도 불구하고 이를 예외로 처리하지 아니하고 CTR로 보고하는 등 CTR 보고 면제대상에 대한 통제가 소홀

4) 고액현금거래로 추출된 거래 중 다수를 보고에서 제외하면서 영업점 창구직원 등의 전결로 처리하거나 건별 증빙을 확인하지 않아 고액현금거래보고 누락이 발생할 수 있으므로 절차 개선이 요구됨

5) 고액현금거래보고가 이미 이행된 이후 보고책임자가 결재하는 방식으로 시스템을 운영하고 있어 보고책임자의 고액현금거래보고에 대한 적정성 검토가 사전에 이루어지고 있지 않거나, 고액현금거래보고시 보고책임자의 결재없이 자금세탁업무 담당부서의 실무자가 결재 후 금융정보분석원에 보고하여 CTR 프로세스 개선이 요구됨

6) 보험회사에서 CTR 보고대상에 대하여 계약자만을 기준으로 합산하도록 추출기준을 운영하고 있어 실제 지급·영수인에 대한 CTR 보고대상 추출이 적절히 이루어지지 않을 우려가 있어 고액현금거래보고 대상을 적정하게 추출할 수 있도록 추출기준(CTR Query) 및 DB를 개선할 것이 요구됨. 특정금융정보법에 따라 FIU에 보고된 CTR 자료가 법집행기관에 제공된 경우 FIU는 일정기간 내에 명의인에게 제공한 거래정보의 주요내용 등을 통보하여야 함

제3절 CTR 보고에 대한 제도이행평가 지표

금융정보분석원의 제도이행평가 중 금융회사등의 CTR 보고와 관련된 지표에는 ① CTR 보고 대비 고액현금 STR 보고비율, ② 고객당 현금거래금액 규모, ③ CTR 충실도(즉, CTR 보고시 보고서식에 있는 각 항목이 빠짐 없이 보고되었는지 여부) ④ CTR 오류보고율, ⑤ 전체 현금거래 고객수 대비 CTR 보고 고객의 비율 등이 포함되어 있다. 특히, CTR 보고 충실도 및 오류보고율 지표는 각 금융회사의 CTR 정보의 정확성을 파악할 수 있는 지표이므로, 해당 지표와 관련된 정보에 대한 주기적인 데이터 로직 점검 등을 통하여 CTR 보고 데이터에 대한 품질보증이 이루어질 수 있도록 주의하여야 한다(자세한 내용은 제2편 제도이행평가 지표 내용을 참조할 것).

4장

CTR 관련 유권해석 내용

1. 신탁회사의 고액현금거래보고 여부

신탁회사가 신탁부동산에서 발생하는 분양대금을 관리하면서(분양대금은 사업비 등으로 지급) 부득이한 사유로 위탁자 또는 기타 거래업체에 사업비를 현금으로 지급해야 할 경우 고액현금거래보고 대상에 해당되는지 여부

- 부동산 신탁회사가 사업비를 위탁자 또는 기타거래에 현금으로 지급하는 거래는 금융회사등(부동산 신탁회사; 특정금융거래보고법 제2조 제1호 마목)이 금융 거래의 상대방에게 현금을 지급하는 행위이므로 고액현금거래보고 대상에 해당함

2. 보험회사 단체보험의 미경과 보험료를 현금으로 지급하는 행위

A사는 B보험사에 단체보험을 가입하였으나, B사와의 보험계약이 만료되기 전에 파산신청을 하였음. A사의 채권자인 C와 D와의 화의신청을 위해 확정일자를 부여한 채권양도 통지서를 B보험사에 제공하며 해지하는 단체보험의 미경과 보험료를 C와 D의 계좌로 환급처리 해줄 것을 요청함. 이에 B사는 C에게 2,500만 원, D에게 1,000만 원을 환급처리함

- 보험회사가 단체보험의 미경과 보험료를 보험계약자의 채권자에게 2천만 원 이상 현금으로 지급하는 거래(사안에서 채권자 C의 경우)는 금융회사등(보험 회사; 특정금융거래보고법 제2조 제1호 카목)이 금융거래의 상대방에게 현금을 지급하는 행위이므로 고액현금거래보고 대상에 해당함

3. 전자금융업자의 전자지급결제대행에 따른 신용카드 정산금

전자금융업자가 은행의 송금서비스를 이용하여 1천만 원 이상의 전자지급결제대행에 따른 신용카드대금 정산금을 지급하는 경우 '특정금융정보법' 제4조의2에 따른 고액현금거래 보고를 이행해야 하는지 여부

- CTR 보고대상은 고객이 현금등을 직접 금융회사등에 지급하거나 금융회사등으로부터 받는 거래가 대상이며, 계좌간 이체 등은 대상이 아님
- 전자금융업자가 은행의 송금서비스를 이용하여 1천만 원 이상의 전자지급결제 대행에 따른 신용카드대금 정산금을 지급하는 경우, 이는 금융거래 상대방에게 직접 현금등을 지급한 경우가 아니므로 해당 전자금융업자는 특정금융정보법에 제4조의2에 따른 고액현금거래보고를 하지 않아도 됨

4. 카지노사업자 업무

카지노사업자가 고객으로부터 "❶보관 혹은 ❷게임참여"를 목적으로 현금을 영수하고 '보관증'을 발행·지급하여 주는 행위, ❸'현금을 영수하고 발행·지급해준 보관증'을 영수하고 카지노에서 베팅에 사용되는 칩을 지급하는 행위, ❹현금을 영수하고 '바우처'를 지급하는 행위 및 ❺'바우처'를 영수하고 현금을 지급하는 행위가 '특정금융정보법' 제4조의2에 따른 고액현금거래보고 대상이 되는지 여부

1) 카지노사업자가 고객으로부터 ❸'현금을 영수하고 발행·지급해 준 보관증'을 영수하고 카지노에서 베팅에 사용되는 칩을 지급하는 행위는 특정금융정보법 제4조의2의 다른 요건을 충족하는 경우, 동조에 따른 고액현금거래보고 대상이 될 수 있을 것임

2) 카지노사업자가 고객으로부터 "❶보관 혹은 ❷게임참여"를 목적으로 현금을 영수하고 '보관증'을 발행·지급하여 주는 행위 및 ❹현금을 영수하고 '바우처'를 지급하는 행위 및 ❺'바우처'를 영수하고 현금을 지급하는 행위의 경우 카지노사업자의 보고대상인 금융거래등에 해당하지 않아 특정금융정보법 제4조의2에 따른 고액현금거래보고 대상이 아니라고 판단됨
   - "보관증"·"바우처"는 직접 게임 베팅에 사용하려면 칩으로 교환하여야 하며 이는 '카지노에서 베팅에 사용되는 도구인 칩'과는 상이한 것임을 의미하는 바, 카지노사업자의 보관증·바우처와 현금의 교환행위는 '카지노에서 베팅에 사용되는 도구인 칩'과 현금 또는 수표를 교환하는 거래인 금융거래등에 해당한다고 해석하기 어렵기 때문임
   - 다만, 카지노사업자는 금융거래의 상대방에 대한 고객확인을 수행하고 자금세탁행위나 공중협박자금조달행위를 하고 있다고 의심되는 합당한 근거가 있는 경우 그 사실을 금융정보분석원장에게 보고하는 등 특정금융정보법에 따른 자금세탁방지의무를 성실히 이행해야 할 것임

5. 보고일자에 대한 해석

특정금융정보법 제4조의2제1항에 따르면 금융회사는 고액현금거래가 있는 경우에는 그 사실을 30일 이내에 금융정보분석원에 보고하도록 하고 있음. 그런데 보고기간의 말일이 공휴일인 경우에는 언제까지 보고를 해야 30일 이내에 보고를 한 것이라고 볼 수 있는지 여부

- 법 제4조의2제1항에 따라 금융회사등은 현금등을 지급하거나 영수한 금융거래일로부터 30일 이내에 금융정보분석원에 보고할 의무가 있는 것이 원칙임. 고액현금거래보고 기간(30일)의 말일이 토요일 또는 공휴일인 경우에는 예외적으로 보고기한은 민법 제155조, 제161조에 따라 그 말일인 토요일 또는 공휴일의 다음날까지임. 예를 들어, 거래일이 2017년 2월 9일인 경우 보고기한은 원칙적으로는 30일 종료시점인 2017년 3월 11일(토)임. 그러나 3월 11일은 토요일, 그 다음날은 공휴일이므로 그 익일인 3월 13일(월)이 보고기한이라고 할 수 있음

5장

CTR 실무 사례 및 Q&A

1. 고액현금거래보고와 관련하여 현금거래(현금의 지급 또는 영수)의 구체적 의미

- "현금의 지급 또는 영수"란 금융기관과 고객 사이에서 이루어지는 현금의 물리적인 이동을 의미하는 것으로 금융회사 창구에서 이뤄지는 현금거래뿐만 아니라 현금자동입출금기를 통한 현금의 입·출금, 야간금고에서의 현금 입금 등도 보고대상에 해당됨. 다만, 회계상의 가치 이전만이 이루어지는 거래(계좌이체, 인터넷뱅킹 거래)는 보고대상에서 제외됨

2. 공휴일 거래의 합산

- CTR 보고는 법령상 영업일(Working Day)의 개념이 아니라 달력의 일자 기준(Calendar Day)이므로 공휴일 거래도 평일과 동일하게 1거래일 금액을 기준으로 합산금액이 보고대상금액 이상인 경우 보고하여야 함

3. 고액현금거래보고 기준금액 합산 기준

- 동일 금융기관에서 동일 명의로 1거래일 동안 일어난 현금거래를 모두 합산하여 1천만 원 이상일 경우 보고하며 현금 지급액과 영수액은 별개로 합산함. 다만, 자금세탁의 위험성이 적은 1백만 원 이하의 송금 또는 환전, 공과금 수납·지출금액은 금융기관의 보고 부담을 고려하여 합산시 제외하도록 하고 있음

4. 가족 신용카드의 현금서비스 사용액은 누구 명의로 합산

- 현재 본인과 가족명의 신용카드 한도는 본인명의로 통합하여 운용하고 있으므로 가족명의 신용카드의 현금서비스 사용액은 본인명의로 합산

5. 동일 외국인이 여권과 외국인등록증 등 서로 다른 실명증표를 이용하여 거래한 경우 동일인 합산방법

- 현행 대부분의 금융회사등의 전산시스템체계상 외국인의 경우, ① 여권을 주된 신원확인증표로 사용할 경우에는(예를 들어 외국인 비거주자인 고객이 여권과 추가 신원확인 자료를 제출하는 경우), 주민등록번호 체계와 유사한 실명조합번호를 자동으로 채번하여 거래를 진행하고, ② 거주자인 경우에는 외국인등록번호 또는 재외국민(외국국적 동포) 국내거소신고증 등을 실명확인번호로 사용하여 거래를 하므로 동일 외국인이 서로 다른 실명확인증표로 거래를 하는 경우, 시스템적으로 동일인인지 파악하는 것이 용이하지 않을 수 있음
- 또한, 여권번호는 유효기간이 경과할 경우 변경될 수 있기 때문에 동일인이 기존 고객임에도 불구하고 새로 발급된 여권번호로 신규 고객처럼 거래를 할 경우 주의를 기울이지 않으면, 다른 고객으로 처리될 수 있음(물론, 현재 금융회사등은 이와 같은 사례를 사전에 파악하기 위하여 이름과 생년월일이 동일한 고객이 다른 실명확인번호로 거래를 진행한 기록이 있는 경우 동일인인지 여부를 확인하여 기존 고객으로 확인된 경우 기존 고객정보를 변경하여 동일인으로 처리할 수 있도록 통제절차를 마련하고 있음)
- 이에 금융회사등은 동일인 여부에 대한 추가적인 확인을 하는 등 특별한 사정이 있는 경우가 아닌 한, 각각의 실명번호에 따라 금융거래내역을 개별적으로 합산하여 보고대상 여부를 결정하고 있음
- 만약, 외국인이 자금세탁 목적으로 의도적으로 서로 다른 실명확인증표를 이용하여 거래를 한다는 의심이 있는 경우에는 의심거래보고 여부를 검토할 필요가 있음

6. 무기명 양도성예금증서(CD) 발행 및 만기상환시 금융거래금액 합산의 명의자

- 무기명 양도성예금증서(CD) 발행시 발행의뢰인의 실명확인 후 증서상 무기명으로 발행하므로 발행의뢰인 명의로 합산하며 만기상환시에는 최종소지인(해지의뢰인) 명의로 금융거래금액 합산

7. 과세번호 없는 개인이 대표자인 임의단체의 경우 합산주체

- 대표자 개인명의 예금으로 보아 해당 거래가 발생한 당일의 대표자 본인의 예금거래가 있는 경우 모두 합산하여 보고하여야 함

8. 타익신탁 이자지급시 합산대상 고객

- 금융회사가 타익신탁(제3자를 수익자로 하는 신탁상품)의 이자를 고객 계좌로 직접 이체지급하는 경우에는 대체거래로 CTR 보고대상에 포함되지 아니함
- 그러나 고객이 직접 현금으로 영수하는 경우 수익자 명의로 합산하여야 함

9. A 금융회사에서 홍길동이 자신의 계좌에 900만 원을 현금으로 입금하고, 김복동에게 1백만 원을 현금으로 송금한 경우 홍길동이 CTR 보고대상에 해당하는지 여부

• 홍길동이 자신의 계좌에 입금한 900만 원 현금거래는 합산대상이나 김복동에게 송금한 현금 1백만 원은 특정금융거래보고법 시행령 제8조의2제4항제1호에 의거 합산 제외대상이므로 홍길동은 CTR 보고대상에 해당하지 아니함

10. A 금융회사에서 홍길동이 자신의 계좌에 오전에 현금 900만 원을 입금한 후, 오후에 다시 자신의 계좌에 1백만 원을 현금으로 계좌 입금한 경우, 홍길동이 CTR 보고대상에 해당하는지 여부

• 홍길동은 1거래일 동안 현금 900만 원과 현금 1백만 원을 입금하였으므로 특정금융거래보고법 시행령 제8조의2제2항에 의거 대통령령이 정하는 금액(1천만 원)이상의 금융거래에 해당되므로 보고대상임

11. 공동명의 예금의 경우 합산대상은?

• 공동명의 예금 신규시 전산에 등록된 주된 고객명의로 합산하여야 함. 따라서 공동명의 예금의 경우 필요한 경우, 해당 내용을 고객에게 설명하는 것이 바람직함

• 다만, 금융회사등은 공동명의 예금의 경우 법률적인 분쟁이 발생할 소지가 높아(예를 들어 전산에 등록된 주된 고객명의로 압류가 이루어질 경우 등), 특별한 목적이 있는 경우가 아닌 한, 공동명의 예금을 허용하지 않는 것이 일반적임

12. 다수의 금융회사가 현금거래에 관련되어 있거나, 다수의 금융거래자가 존재하는 경우 고액현금거래보고 기관과 보고대상이 되는 금융거래자는?

• 고액현금거래보고 대상은 금융거래에서 발생하는 현금의 물리적 이동(지급 또는 영수)이므로, 실제로 현금의 지급·영수를 수반하는 금융거래를 한 금융회사가 고액현금거래보고 의무가 있으며, 이때 금융회사는 자신의 거래상대방인 고객의 거래내역을 보고하게 됨

13. CTR 보고시 합산대상 이자와 보증료의 범위

- 금융거래의 성격을 가지는 대출이자, 보증료 등(기간에 대한 이자)는 포함하며, 중도해지수수료, 중도상환수수료, 제증명서 발급수수료 등 금융거래에 의해 부수적으로 발생하는 순수한 수수료(Fee)는 합산 제외
- 합산대상이자와 보증료(단, 특정금융거래보고법 제4조의2제1호와 제2호 및 동법 시행령 제8조의3에서 정한 경우 제외)
  - 원화 및 외화대출이자
  - 지급보증료
  - 지급보증대지급금이자
  - 매입어음이자
  - 외환수입이자(매입외환할인료, 수입어음결제이자)
  - 외환지급이자(수출환어음관련지급이자, 수입어음관련지급이자)
  - 카드론 이자
  - 현금서비스수수료(단, 취급수수료 제외)
  - 신용판매대금수수료 중 할부수수료

14. 대출금 상환시 CTR 합산대상

- 대출금 상환을 현금으로 하는 경우 CTR 합산대상이며 차주명의로 합산(단, 대위변제의 경우 거래의 상대방은 대위변제자로 하여야 함)
- 다만 전세자금 대출 등, 담보권해지 등을 위하여 임대인이 직접 현금으로 전세대출금을 상환하는 경우, 임차인인 차주를 CTR로 보고할 경우, 향후 해당 거래가 국세청 등에 제공되어, 명의인에게 금융정보제공 통보가 이루어질 경우, 임차인은 자신이 알지 못하는 거래에 해당할 수 있으므로, 실질적인 현금의 실소유자인 임대인을 보고하는 것이 CTR의 취지에 더 부합하다고 판단됨

15. 고객이 1천만 원의 원화 현금을 들고 내점하여 외화예금통장에 입금한 경우 보고대상 여부와 계좌·비계좌거래 중 어디에 해당하는지 여부

- 원화를 대가로 외화통장에 입금할 경우 금융회사등은 고객으로부터 원화 현금을 영수한 후, 원화 현금에 상당하는 외화로 환산하여 외화예금계좌에 입금하므로 CTR 보고대상에 해당함
- 또한, 환전거래와 혼합하여 혼동할 수 있으나, 계좌거래에 의한 현금영수에 해당되며 합산대상임

16. 고객이 외화예금통장에서 외화를 인출하는 경우와 외화를 대가로 원화로 환전하여 인출하는 경우 CTR 보고 여부

- 고객이 외화예금통장에서 외화로 인출하는 경우는, 외화 현금거래에 해당하므로 CTR 보고 대상에 해당하지 않음
- 그러나 외화 계좌에서 인출한 외화를 대가로 원화로 환전하여 인출하는 경우는 계좌거래에 의한 현금지급에 해당하므로 합산대상임

17. 현금자동입출금기 등을 이용한 1백만 원이하 송금의 합산 여부

- 특정금융거래보고법 제8조의2제4항제1호에 의거 100만 원 이하의 원화송금(무통장입금)금액은 합산 제외대상임
- 1백만 원 이하 송금의 경우 금융실명법 제3조제2항제1호 및 동법 시행령 제4조 제1항 제2호에 의거 실명확인 생략대상 금융거래이므로 합산 제외

18. 1백만 원 초과의 송금거래이나 현금이 1백만 원 이하인 경우 합산

- CTR제도는 금융회사와 거래자 사이의 현금의 물리적 이동을 의미하므로 현금금액만 합산(㉾ 150만 원 송금신청시 현금 50만 원, 자기앞수표 1백만 원의 경우 현금인 50만 원만 합산

19. 100만 원 이하의 원화송금(무통장입금 포함)금액의 합산 제외 범위

- 금융실명법 제4조 제1항 제3호에 의거 100만 원 이하의 원화송금(무통장입금 포함)거래는 보고기준금액 산정시 합산에서 제외됨
- 그러나, 통장, 카드, 모바일 칩 등을 이용한 100만 원 이하 입금거래는 계좌에 의한 거래로서 합산대상에 해당하고, 지급의 경우에는 통장이나 카드, 모바일 칩 등의 사용 여부에 관계없이 모두 합산하여야 함

20. 가수금, 가지급금, 별단예금 등 비온라인거래의 현금거래 합산

- 온라인, 비온라인 여부를 불문하고 금융회사와 고객과의 금융거래시 현금의 영수와 지급은 모두 합산대상임
- 출납과잉금은 금융회사와 거래자 사이의 현금의 물리적 이동이 아니므로 합산 제외에 해당하고, 추후 출납과잉금에 대한 정당거래를 파악하여 고객과 사이에 현금의 물리적 이동이 일어나면 해당 고객의 거래에 합산하여야 함

21. 전일자거래와 마감후거래에 대한 CTR 처리방법

- 전일자거래와 마감후거래의 계리일자는 서로 상이하나 CTR보고를 위한 거래합산 기준일은 전일자거래와 마감후거래가 발생한 당일로 함

22. 당일자 취소, 정정, 환입, 환출, 취소 등의 경우 보고대상 여부

- 원칙적으로 취소, 정정 등이 발생하더라도 금융기관과 거래자 사이에 현금의 물리적 이동이 발생하였다면 CTR로 보고하는 것이 바람직하나 입·출금거래 후 당일자 취소된 경우, 금융거래가 발생하지 않은 것으로 보아 보고대상에서 제외함
- 정정, 환입, 환출, 당일 이외의 취소는 보고대상이며 동 거래 발생당일이 보고기준일이 되고, 해당거래 또는 합산한 금액이 보고대상금액 이상일 경우, CTR로 보고하여야 함(㉠ 정상거래 시에는 보고대상이 아니었으나 환입, 환출, 정정 거래로 인하여 보고대상에 해당되면 환입, 환출, 정정 거래일이 보고 및 합산기준일이 됨)

23. 금융기관에서 판매를 대행하고 있는 상품권, 복권, 공연입장권, 교통카드충전, 수입인지(증지) 등의 판매금액 합산

- 상품권, 복권, 공연입장권, 교통카드충전, 수입인지(증지) 등의 판매는 특정금융정보법 제2조 제2호에서 정한 금융거래에 해당되지 않으며, 판매회사는 특정금융정보법의 적용대상 금융기관이 아니므로 합산 제외

24. 타금융회사가 발행한 정액권 자기앞수표를 지급 제시하여 현금으로 지급하는 경우 CTR 보고 주체는 ?

- 2014년 말까지 타금융회사가 발행한 정액권 자기앞수표를 현금으로 지급하는 경우, CTR 보고 주체는 해당 자기앞수표를 발행한 금융회사였으나, 자기앞수표 결제시스템의 발전으로 타행 정액권 자기앞수표가 실시간으로 지급이 가능해짐에 따라 2015년 1월 1일부터는 해당 자기앞수표를 지급한 금융회사가 CTR 보고 주체임

25. 자기앞수표의 대량발급 또는 대량지급 거래가 현금으로 발생하는 경우 보고 방법은?

- 정액 자기앞수표의 연속발행 또는 지급은 은행 실무상 전산 조작이 한건의 거래로 이루어지므로 시작번호와 끝번호를 입력한 후 한 건의 거래로 보고함

26. 공공단체에 대한 CTR보고 면제 여부

- CTR 제도 도입 초기에는 공공단체를 CTR 보고 면제 대상으로 규정하였으나, 공공단체에서 현금거래를 이용한 횡령사고 발생이 수차례 발생함과 더불어,
- 금융회사등에서 보고면제 대상 공공단체에 대한 오해가 부족하여, 보고대상에 해당하는 대상자를 보고 누락하는 사례가 종종 발생하여 2019년 7월 특정금융정보법 시행령을 개정하여 공공단체를 CTR 보고면제 대상 고객에서 제외하였으므로 공공단체 등에 대한 CTR 보고가 제외되지 않도록 유의하여야 함

27. CTR 보고 제외 대상 거래(공과금 등)의 제외 여부

- 금융회사등의 고액현금거래보고에 관한 업무지침 제6조제5항에서 아래에 해당하는 거래는 보고금액을 합산하지 않음
  - 100만 원 이하의 원화 송금(무통장입금 포함) 금액
  - 100만 원 이하에 상당하는 외국통화의 매입·매각금액
  - 100만 원 이하의 선불카드 거래금액
  - 금융실명법 제3조 제2항 제1호, 동법 시행령 제4조 제1항 제2호에서 정하는 공과금 등을 수납한 금액(전국은행연합회 발간 금융실명거래업무해설서 - 실명확인을 생략할 수 있는 공과금 내용 참조)
  - 법원공탁금, 정부·법원보관금, 송달료를 지출한 금액
  - 은행지로장표에 의하여 수납한 금액
- 그러나, 금융실명법에서 정한 공과금과 은행지로장표에 의하지 않은 "기타 각종 납부고지서"에 의한 공과금은 합산대상임에 유의하여야 함(㉄ 금융회사와 건설회사와의 계약에 의해 지로장표를 이용하지 않은 건설회사 납부고지서에 의한 아파트 중도금의 수납 등)

[참고] 은행지로장표에 의한 수납거래의 종류(예시)

- 보험료 : 각종 보험료(국민건강보험료 등)
- 물품대금 : 각종 물품대금, 학교 급식비
- 도시가스 : 도시가스 요금 등
- 사용료 : 유치원비, 학원비, 통신수수료, 기기사용료, 보수유지비, 건물관리비
- 부금 : 현재는 회비로 등록
- 회비 : 동창회비, 기부금, 선교비, 발전기금, 후원금, 헌금
- 학자금 : 수업료
- 신문구독료 : 신문대금
- 기타 : 이외의 대금

28. 실제 현금 출금이 없는 거래의 경우 이를 현금거래한 것처럼 처리하면 고액현금거래보고 대상이 되는지 여부

- 계좌에서 직접 타인에게 송금하거나 자기앞수표를 발행하는 경우와 같은 대체거래의 경우, 현금의 지급·영수가 없으므로 고액현금거래보고 대상이 아님
- 이 경우 금융회사에서는 현금처리 요청거래에 대해 대체처리가 가능함을 설명하고, 고객 앞 현금요청 거래의 목적을 확인하고, 거래목적이 명확하지 않음에도 불구하고 현금처리 요청거래를 요구하는 경우 거래를 거절하거나 의심스러운 거래 보고(STR) 여부를 검토 할 것이 요구됨

29. CTR 보고를 회피하기 위하여 거래금액을 분할하여 거래하는 경우, 이에 대한 대비책은?

- 금융회사등은 동일 금융회사에서 동일인 명의로 이루어지는 1거래일 동안의 현금거래를 모두 합산한 금액이 1천만 원 이상인 경우 보고하여야 함. 즉, 동일 금융회사 내의 여러 지점을 통한 분할거래, 동일인 명의의 여러 계좌를 이용한 분할거래 등을 모두 합산하여 보고 대상 여부를 판단하여야 하며, 이를 통해 거래자가 금융거래를 소액으로 분할하여 거래함으로써 고액현금거래보고를 회피하는 것을 방지하고 있음
- 또한 금융회사등은 거래자가 고액현금거래보고를 회피할 목적으로 금액을 분할하여 거래하고 있다고 의심되는 합당한 근거가 있는 경우, 그 사실을 금융정보분석원에 의심거래로 보고하여야 함

30. 보험회사에서 CTR 관련 유의사항

- 일반적으로 보험납입금 또는 보험지급금이 현금거래로 발생되는 경우는 그리 많지 않음. 다만, 최근 고금리 기조로 장기 고액보험금에 대하여 계약자가 아닌 자가 은행지로를 통하여 거액 현금거래를 진행할 경우, 은행지로거래는 CTR 보고 제외 대상에 해당하므로 자금의 출처가 왜곡될 수 있어 최근 규제당국은 보헙업계에 은행지로를 통한 거액 보험금 납입을 제한할 것을 권고하고 있음

31. 우체국 연관 거래시 CTR 관련 유의사항

- 최근 금융회사들이 영업점 수를 지속적으로 감소시키는 트렌드에 의하여 지방이나 금융회사 밀집지역이 아닌 곳에서는 주로 대면거래를 선호하는 고객들이 금융취약층이 될 수 있어 우체국이 제휴거래를 맺은 금융회사등은 우체국을 통하여 거래를 수행할 수 있음. 그러나 이 경우, CTR 보고는 해당 계좌개설 금융회사가 우체국으로부터 데이터를 받아 CTR 보고 의무를 준수하고 있음
- 현재 우체국과 제휴거래를 맺고 있는 금융회사간의 Hot-line을 개설하여 데이터 정합성에 대한 확인을 하고 있는 상황이나, 우체국은 계좌보유 금융회사가 CTR 오류보고 등이 발생하지 않도록 송부되는 데이터의 무결성과 우체국 금융 담당 직원들에 대한 연수를 강화할 필요가 있음

주요내용 종합정리

1. 고액현금거래보고(CTR)란 금융회사등이 동일금융회사에서 동일인 명의로 이루어지는 1거래일 동안의 금융거래등에 따라 지급한 금액을 합산하거나 영수한 현금금액(외국통화 제외)이 1천만 원 이상인 경우, 이를 합산하여 30일 이내에 금융정보분석원으로 보고하는 제도임

2. 다음의 거래는 고액현금거래보고 합산대상에서 제외함
   ① 100만 원 이하의 원화 송금(무통장 입금 포함) 금액
   ② 100만 원 이하에 상당하는 외국통화의 매입·매각 금액
   ③ 100만 원 이하의 선불카드 거래금액
   ④ 금융실명법 제3조제2항제1호, 동법 시행령 제4조제1항제2호에서 정하는 공과금 등을 수납한 금액
   ⑤ 법원공탁금, 정부·법원보관금, 송달료를 지출한 금액
   ⑥ 은행지로장표에 의하여 수납한 금액
   ⑦ 수수료(중도해지 수수료, 중도상환수수료, 제증명서 발급 수수료 등)

3. 다음에 대해서는 고액현금거래보고 대상 예외로 규정하고 있음
   ① 다른 금융회사등(대통령령으로 정하는 자는 제외한다)과의 현금등의 지급 또는 영수
   ② 국가, 지방자치단체, 그 밖에 대통령령으로 정하는 공공단체와의 현금등의 지급 또는 영수
   ③ 자금세탁의 위험성이 없는 일상적인 현금등의 지급 또는 영수로서 대통령령으로 정하는 것

4. 고액현금거래정보(CTR) 제공사실 통보제도란 금융정보분석원이 법집행기관의 요청에 의해 고액현금거래정보(CTR)를 제공한 경우, 제공한 날로부터 10일 이내에 제공한 거래정보의 주요 내용, 사용목적, 제공받은 자 및 제공일 등을 명의인에게 통보하는 제도임

연습문제

1. 다음 중 고액현금거래보고제도에 대한 설명 중 옳은 것을 고르시오.
   ① CTR보고제도는 의심거래보고제도의 보완적 역할만을 수행한다.
   ② 2023년 현재 CTR 보고 기준금액은 2천만 원이다.
   ③ 공공단체의 현금거래는 CTR 보고 면제대상거래에 해당한다.
   ④ CTR 보고는 거래발생일로부터 30영업일 내에 금융정보분석원장에게 보고하여야 한다.
   ⑤ 금융회사등은 금융거래등의 상대방이 고액현금거래보고를 회피할 목적으로 금액을 분할하여 금융거래등을 하고 있다고 의심되는 합당한 근거가 있는 경우에는 그 사실을 금융정보분석원장에게 보고하여야 한다.

2. 다음 사례는 고액현금거래보고 주체인 금융회사와 보고대상자를 잘못 설명한 것을 고르시오.
   ① 홍길동은 A보험회사에서 장기보험을 가입하면서 최초 납입금을 현금 5천만 원을 입금하였는데, A보험회사는 홍길동을 CTR 거래자로 보고하여야 함
   ② 홍길동은 A은행에 주택담보대출을 보유하고 있는데, 임꺽정은 홍길동의 보유 주택을 매입한 후, 홍길동 명의 주택담보대출 5억 원을 전액현금으로 상환하고, 자신은 대위변제자의 지위에 해당하므로 대위변제에 대한 영수증을 발급하여 줄 것을 요청하였는데, 이 경우 A은행은 주택담보대출의 차주는 홍길동이므로 홍길동을 CTR 보고자로 보고함
   ③ 홍길동은 A저축은행에 계좌를 보유하고 있는데, 자녀결혼식 축의금을 B은행의 자동화기기를 통하여 현금으로 1억 3천만 원을 입금하였는데, 이 경우 A저축은행은 홍길동을 CTR 거래자로 보고하여야 함
   ④ 홍길동은 A은행이 발행한 100만 원 정액권 자기앞수표 30장(일련번호 자기앞 수표)을 B은행에 방문하여 지급제시한 후 현금으로 교환하였는데, 이 경우 B은행은 홍길동을 CTR 거래자로 보고하여야 함
   ⑤ 홍길동이 현금 3천만 원을 소지하고 A은행 영업점에 내점하여 C새마을금고 임꺽정 계좌로 입금하였는데, 이 경우 A은행은 홍길동을 CTR거래자로 보고하여야 함

연습문제

3. 다음 중 CTR 합산거래 보고에서 제외되지 않는 거래를 고르시오.
   ① 미화 1천달러를 원화로 환전한 거래(기준 환율: 1,450원)
   ② 70만 원을 현금으로 소지하고 타행으로 무통장송금을 요청하는 거래
   ③ 대학등록금 4백 3십2만 5천원을 현금으로 소지하고 내점하여 지로장표를 통하여 입금하는 경우
   ④ 소송을 위한 송달료를 2백 6십만 원을 입금한 경우
   ⑤ 국세 과징금 1백 6만 원을 현금으로 납부하는 경우

4. 다음 중 고액현금거래보고제도 위반에 대한 제재에 대한 설명이다. 옳지 않은 것을 고르시오.
   ① CTR 보고를 거짓으로 한 자에 대해서는 1년 이하의 징역 또는 1천만 원 이하의 벌금에 처하는 등 형사처벌 대상이 됨
   ② CTR 정보를 거래 상대방 및 제3자에게 알려 줄 경우 누설금지 규정 위반에 해당하여 형사처벌 대상이 됨
   ③ CTR 미보고에 해당하는 경우 3천만 원 이하의 과태료 부과대상에 해당할 수 있고, 지연보고도 미보고로 분류됨
   ④ 금융정보분석원장은 위반행위의 정도, 위반행위의 동기와 그 결과 등을 고려하여 과태료 금액을 감경 또는 면제하거나 2분의 1의 범위에서 가중할 수 있음. 다만, 가중하는 경우에도 법에서 정한 과태료 금액의 상한을 초과할 수 없음
   ⑤ CTR 보고를 거짓으로 한 자에 대해서는 징역과 벌금을 병과할 수 있음

5. 다음 고액현금거래보고에 대한 설명 중 옳지 않은 것을 고르시오.

① 금융정보분석원장은 법집행기관의 요청에 의해 CTR거래 정보를 제공한 경우, 특별한 사유가 있는 경우가 아닌 한 제공한날로부터 10일 이내에 제공한 거래정보의 주요내용, 사용목적, 제공받은 자 및 제공일 등을 명의인에게 통보하여야 함

② 이미 고액현금거래로 보고된 금융거래에 대하여 정정보고를 하는 경우, 기보고한 문서번호와 그 사유를 기재하여야 함

③ 고객의 요청한 "현금처리 요청거래"는 CTR 보고 합산대상 거래에 해당하지 않음. 다만 이 경우 의심거래보고 여부에 대한 검토가 요구됨

④ 카지노사업자와 가상자산거래소와의 현금거래는 특정금융정보법에서 정한 금융회사등과의 거래에 해당하여 CTR 보고 면제거래로 처리하여야 함

⑤ 현금거래의 "지급거래"와 "입금거래"는 각각 별도로 합산하여 보고 기준금액에 해당하는지 여부를 판단하고, "지급거래"와 "입금거래"를 합산하지는 않음

정답/해설

1. ⑤

① CTR제도는 의심거래보고제도의 보완적 역할과 더불어, 현금거래의 자금세탁 취약성에 대한 통제제도로서의 기능을 수행하고, 특히 CTR 정보를 국세청·관세청 등에 제공된 이후 세금 추징에 도움을 주고 있음

② 2019년 7월 이후 CTR 보고 기준금액은 1천만 원으로 하향되었음

③ 공공단체는 여러 가지 취약성 등으로 인하여 2019년 7월부터 보고면제 대상에서 배제되었음

④ CTR 보고는 거래발생일로부터 30일(달력의 일자 기준) 이내에 금융정보분석원장에게 보고하여야 함

2. ②

대출금 상환을 현금으로 하는 경우 CTR 합산대상이며 차주명의로 합산하는 것이 원칙인데, 대위변제의 경우에는 CTR 보고대상인 거래의 상대방은 대위변제자로 하여야 함

3. ①

CTR 보고 제외에 해당하는 거래는 100만 원 이하에 상당하는 외국 통화의 매입·매각한 거래이므로 예시거래는 100만 원을 초과한 거래로 CTR 합산대상거래에 해당함

4. ②

고액현금거래보고는 의심거래보고와 다르게 누설금지 대상에 해당하지 아니함

5. ④

카지노사업자와 가상자산사업자 등은 특정금융정보법상의 금융회사등에 해당하나, 자금세탁행위와 공중협박자금조달행위에 이용될 위험성이 높은 자로 판단하여 특정금융정보법 시행령에서 제8조의4에서 CTR 보고 면제 대상에서 제외하여, 해당 금융회사등과의 현금거래는 CTR 보고에 포함하여야 함

별지

별지 4-1(CTR 관련 참조 법규)

(1) 특정 금융거래정보의 보고 및 이용 등에 관한 법률(KoFIU 홈페이지 참조)
(2) 특정 금융거래정보의 보고 및 이용 등에 관한 법률 시행령(KoFIU 홈페이지 참조)
(3) 특정 금융거래정보의 보고 및 감독규정(KoFIU 홈페이지 참조)
(4) 금융회사등의 고액현금거래보고에 관한 업무지침

별지 4-2(특정금융정보법 및 동법 시행령의 금융회사등의 범위)

(1) 특정금융정보법 제2조(정의)

1. "금융회사등"이란 다음 각 목의 자를 말한다.
   가. 「한국산업은행법」에 따른 한국산업은행
   나. 「한국수출입은행법」에 따른 한국수출입은행
   다. 「중소기업은행법」에 따른 중소기업은행
   라. 「은행법」에 따른 은행
   마. 「자본시장과 금융투자업에 관한 법률」에 따른 투자매매업자, 투자중개업자, 집합투자업자, 신탁업자, 증권금융회사, 종합금융회사 및 명의개서대행회사
   바. 「상호저축은행법」에 따른 상호저축은행과 상호저축은행중앙회
   사. 「농업협동조합법」에 따른 조합과 농협은행
   아. 「수산업협동조합법」에 따른 조합과 수협은행
   자. 「신용협동조합법」에 따른 신용협동조합과 신용협동조합중앙회
   차. 「새마을금고법」에 따른 금고와 중앙회
   카. 「보험업법」에 따른 보험회사
   타. 「우체국예금·보험에 관한 법률」에 따른 체신관서
   파. 「관광진흥법」에 따라 허가를 받아 카지노업을 하는 카지노 사업자(이하 "카지노사업자"라 한다)
   하. 「가상자산 이용자 보호 등에 관한 법률」 제2조제2호에 따른 가상자산사업자(이하 "가상자산사업자"라 한다)
   거. 제2호에 따른 금융거래등을 하는 자로서 대통령령으로 정하는 자

(2) 특정금융정보법 시행령 제2조(금융회사등)

제2조 제1호 거목에서 "대통령령으로 정하는 자"란 다음 각 호의 자

1. 「신용보증기금법」에 의한 신용보증기금
2. 「기술보증기금법」에 따른 기술보증기금
3. 「자본시장과 금융투자업에 관한 법률」에 따른 투자일임업자
4. 「온라인투자연계금융업 및 이용자 보호에 관한 법률」 제5조에 따라 등록한 온라인투자연계금융업자
5. 「여신전문금융업법」에 의한 여신전문금융회사와 신기술사업투자조합
6. 「산림조합법」에 의한 산림조합과 그 중앙회
7. 「금융지주회사법」에 의한 금융지주회사

별지

8. 「벤처투자 촉진에 관한 법률」 제2조 제10호 및 제11호에 따른 벤처투자회사 및 벤처투자조합
9. 삭제
10. 「외국환거래법」 제8조 제3항 제1호에 따라 등록한 환전영업자
11. 「농업협동조합법」 제161조의12에 따른 농협생명보험 및 농협손해보험
12. 「외국환거래법」 제8조 제3항 제2호에 따라 등록한 소액해외송금업자
13. 「전자금융거래법」에 따른 전자금융업자
14. 「대부업 등의 등록 및 금융이용자 보호에 관한 법률」 제3조 제2항 제5호에 따라 등록한 대부업자 중 같은 법 제9조의7 제1항에 따른 자산규모 이상인 자
15. 그 밖에 자금세탁행위와 공중협박자금조달행위에 이용될 가능성이 있는 금융거래등을 하는 자로서 법 제3조에 따른 금융정보분석원(이하 "금융정보분석원"이라 한다)의 장이 정하여 고시하는 자

별지 4-3(금융회사등의 고액현금거래보고에 관한 업무지침)

(해당 지침은 2014년 이후 개정이 이루어지지 않아 일부 법령 내용을 반영하지 못한 부분이 존재하여 현재 개정을 논의 중임)

제1장 총 칙

제1조 (목적) 이 지침은 고액현금거래보고와 관련하여 「특정 금융거래정보의 보고 및 이용 등에 관한 법률」(이하 '법'이라 한다) 제4조의2, 동법 시행령(이하 '영'이라 한다) 제8조의2, 제8조의3, 제8조의4, 제8조의6, 제8조의7 및 "특정 금융거래정보 보고 및 감독규정"(이하 '감독규정'이라 한다) 제9조, 제10조, 제11조, 제12조 등에서 정한 사항의 시행에 필요한 세부적 사항을 규정함을 목적으로 한다.

제2조(정의) 이 지침에서 사용하는 용어의 정의는 특별히 정한 경우 외에는 법, 영 및 테러자금금지법 등 관련 법령에서 정하는 바에 따른다.

제3조(적용 대상) 이 지침은 법 제2조 제1호에 따른 금융회사등(단, 법 제2조 제1호 파목의 카지노 사업자는 제외)에 적용된다.

제2장 금융회사등의 고액현금거래보고

제4조(보고대상)

① 법 제4조의2 제1항에 따라 금융회사등은 영 제8조의2 제1항에서 정하는 금액(2천만 원 : 법개정으로 1천만 원으로 변경되었으나 미반영된 내용인) 이상의 현금(외국통화는 제외)을 금융거래의 상대방에게 지급하거나 그로부터 영수(領收)한 경우에는 그 사실을 금융정보분석원장에게 보고하여야 한다.

② 제1항에서 "금융거래의 상대방에게 현금을 지급하거나 그로부터 영수한 경우"란 금융회사등과 금융거래의 상대방에게 물리적인 현금의 이동이 이루어진 경우를 말한다.

③ 제2항에 따라, 금융회사등은 물리적인 현금의 이동이 없는 금융거래임에도 불구하고, 금융거래 상대방의 일방적 요구에 의해 현금으로 처리한 거래는 보고하지 아니한다.

제5조(보고 제외대상)

① 금융회사등은 법 제4조의2 제1항 각 호 및 영 제8조의4, 제8조의5에서 정한 바와 같이 다음 각 호의 어느 하나에 해당하는 상대방과 금융거래를 하는 경우에는 고액현금거래보고 대상에서 제외한다.

1. 다른 금융회사등과의 현금의 지급 또는 영수
2. 국가, 지방자치단체 및 대통령령으로 정하는 공공단체와의 현금의 지급 또는 영수

② 제1항 제1호에서의 다른 금융회사등에는 영 제8조의4에 따라 카지노사업자("공공기관의 운영에 관한 법률"의 적용을 받는 카지노사업자는 제외한다)는 제외한다.

③ 제1항 제2호에서 대통령령으로 정하는 공공단체는 영 제8조의5에서 규정하는 "대통령으로 정하는 공공단체"를 말한다.

제6조(보고기준금액 산정방법)

① 금융회사등이 제4조 제1항의 보고 기준금액을 산정할 때에는 동일인명의로 이루어지는 1거래일 동안의 금융거래에 따라 지급하거나 영수한 금액을 각각 합산한다.

② 제1항에서의 "금융거래"는 금융회사등의 창구를 통한 거래외에 자동화기기를 이용한 거래에도 동일하게 적용된다.

③ 제1항에서 "동일인 명의"라 함은 "금융실명거래 및 비밀보장에 관한 법률"(이하 "금융실명법"이라 한다)제2조 제4호 및 동법 시행령 제3조의 실지명의가 동일한 것을 말한다.

④ 제3항과 관련하여 "외국인 및 재외국민·외국국적 동포"의 경우에는 금융실명법 제2조 제4호 및 동법 시행령 제3조의 여권, 외국인등록증, 재외국민(외국국적 동포), 국내거소신고증 등의 각 실명증표별로 구분하여 별도로 합산한다.

⑤ 제1항의 규정에 따라 보고 기준금액을 합산함에 있어서 영 제8조의2 제4항 및 감독규정 제9조에 따라 다음 각 호의 금액은 제외한다.

1. 100만 원 이하의 원화 송금(무통장입금 포함) 금액
2. 100만 원 이하에 상당하는 외국통화의 매입·매각금액
3. 100만 원 이하의 선불카드 거래금액
4. 금융실명법 제3조 제2항 제1호, 동법 시행령 제4조 제1항 제2호에서 정하는 공과금 등을 수납한 금액
5. 법원공탁금, 정부·법원보관금, 송달료를 지출한 금액
6. 은행지로장표에 의하여 수납한 금액

제7조(보고의무 금융회사등)

① 법 제4조의2 제1항에 따라 고액현금거래보고 의무를 가지는 금융회사등은 원칙적으로 제4조 제1항의 보고대상 금융거래가 발생한 금융회사등으로 정한다.

별지

② 고액현금거래보고 대상 금융거래가 발생한 금융회사등이 금융거래의 상대방에 대한 실명증표를 확인할 수 없는 다음 각 호의 경우에는 예외적으로 금융거래의 상대방이 계좌를 개설한 금융회사등이 보고한다.

1. 다른 금융회사등의 자동화기기를 이용한 현금의 지급 또는 영수
2. 전자금융서비스(CD/ATM 등)업체의 자동화기기를 이용한 현금의 지급 또는 영수
3. 금융회사등간에 지급 또는 영수 위탁계약에 따라 다른 금융회사등을 이용한 현금의 지급 또는 영수

③ 다른 금융회사등에 지급 제시한 정액자기앞수표의 현금 지급은 자기앞수표 발행 금융회사등이 보고한다(2015년 1월부터 지급회사보고로 변경되었으나, 해당 내용 미반영).

제8조(보고 시기) 금융회사등은 제4조 제1항에 해당하는 금융거래가 발생한 경우 법 제4조의2 제1항에 따라 발생일부터 30일 이내에 금융정보분석원장에게 보고하여야 한다.

제9조(보고방법) ① 법 제4조의2 제1항에 따라 보고를 하는 금융회사등은 금융정보분석원장이 정하는 서식에 따라 다음 각 호의 사항을 온라인·문서·전자기록매체 그 밖에 금융정보분석원장이 정하는 방법으로 보고해야 한다.

1. 보고하는 금융회사등의 명칭 및 소재지
2. 현금의 지급 또는 영수가 이루어진 일자 및 장소
3. 현금의 지급 또는 영수의 상대방
4. 현금의 지급 또는 영수의 내용
5. 그 밖에 현금의 지급 또는 영수의 사실을 분석하기 위하여 필요한 사항으로 금융정보분석원장이 정하는 사항

② 제1항에서 "금융정보분석원장이 정하는 서식"이라 함은 감독규정 별지 제2호 서식의 고액현금거래 보고서를 말한다.

③ 제1항 제5호에서 "그 밖에 현금의 지급 또는 영수를 분석하기 위하여 필요한 사항으로서 금융정보분석원장이 정하는 사항"이라 함은 무통자입금에 의한 송금시 수취인 계좌에 관한 정보를 말한다.

제9조의2(긴급한 경우의 보고 방법)

① 금융회사등은 제9조에 의한 방법으로 보고할 경우 자금세탁방지 목적을 달성할 수 없는 때에는 전화 또는 모사전송에 의한 방법으로 고액현금거래보고를 할 수 있다.

② 금융회사등은 제1항의 규정에 의한 방법으로 보고를 하고자 하는 경우에는 보고를 받으려고 하는 자가 금융정보분석원의 소속 공무원인지를 확인하여야 하며, 보고를 받는 공무원의 성명·보고일자 및 보고내용 등을 기록·보존하여야 한다.

③ 금융회사등은 제1항의 규정에 의한 방법으로 보고를 한 때에는 보고사항을 감독규정 제6조·제11조의 규정에 의한 보고서식에 의하여 문서, 전자기록매체 또는 온라인으로 다시 보고하여야 한다.

제10조(중계기관이 지정 등)

① 금융정보분석원장은 법 제4조의2 제3항에 따른 중계기관(이하 "중계기관"이라 한다)을 지정한 때에는 이를 고시하여야 한다.

② 금융회사등은 중계기관을 거쳐 고액현금거래를 금융정보분석원장에게 보고할 수 있다.
③ 금융정보분석원장은 중계기관의 업무처리기준을 정할 수 있으며, 중계기관으로 하여금 그 세부운영기준을 정하게 할 수 있다.
④ 중계기관의 장은 제3항에 따라 세부운영기준을 정한 경우에는 그 내용을 지체 없이 금융정보분석원장에게 알려야 한다.

제11조(오보고 취소 절차) 금융회사등이 금융정보분석원장에게 보고한 고액현금거래에서 오류가 발견된 경우, 다음 각 호의 절차에 따라 해당 고액현금거래보고(이하 "오보고"라 한다)를 취소한다.
금융회사등에서 오류를 발견한 경우, 그 사실을 제13조 제1항의 내부보고체제를 거쳐 금융정보분석원에 신속하게 보고하고, 보고책임자의 책임하에 해당 오보고를 신속하게 취소한다.
금융정보분석원에서 오류를 발견한 경우, 그 사실을 해당 금융회사등에 신속하게 통보하고, 금융회사등은 보고책임자의 책임하에 해당 오보고를 신속하게 취소한다.

제12조(의심되는 거래보고)
① 금융회사등은 법 제4조의2 제2항에 따라 금융거래의 상대방이 고액현금거래보고를 회피할 목적으로 금액을 분할하여 금융거래를 하고 있다고 의심되는 합당한 근거가 있는 경우에는 그 사실을 금융정보분석원장에게 보고하여야 한다.
② 금융회사등은 제4조 제3항의 경우에는 법 제4조에 따른 의심되는 거래보고를 검토하여야 한다,
③ 영 제7조 제1항 및 제2항의 규정은 법 제4조의2 제2항의 규정에 의한 보고에 관하여 이를 준용한다.

제3장 내부통제체제 구축·운영

제13조(보고체제 수립)
① 자금세탁방지 및 공중협박자금조달금지에 관한 업무규정 제81조에 따라 금융회사등은 법 제4조의2에 따른 고액현금거래보고를 위해 자신의 지점 등 내부에서 보고책임자에게 보고하는 내부보고체제와 이를 보고책임자의 책임하에 금융정보분석원에 보고하는 외부보고체제를 수립하여야 한다.
② 금융회사등은 보고대상의 오류, 금융회사 직원의 업무 편의(전산 환경 등) 및 전산오조작 등으로 발생한 거래가 고액현금거래보고되지 않도록 보고책임자의 책임하에 자체 점검체계를 갖추어야 한다.

제14조(자료보존) 법 제4조의2에 따라 고액현금거래보고 의무를 가지는 금융회사등은 다음 각 호의 자료를 5년 이상 보존하여야 한다.

1. 금융거래의 상대방을 확인하기 위해 확보한 자료 또는 내부승인 관련 자료
2. 금융거래기록과 관련된 자료
3. 고액현금거래보고를 위해 작성한 내·외부 보고서 및 관련 자료
4. 고액현금거래보고 제외 등과 관련하여 자체 검토하였던 기록 및 기타 자료
5. 월별 고액현금거래보고 건수 및 금액

별지

부칙

제1조 이 지침은 2014년 4월 18일 시행하며, 지침 시행 후 최초로 지급하거나 영수하는 금융거래부터 적용한다,

제2조 제7조 제3항은 2014년 12월 31일까지 효력을 가지며, 동년 동월 동일 이후에는 지급 금융회사등이 정액 자기앞수표의 현금 지급과 관련한 고액현금거래보고를 하여야 한다.

05

의심거래보고(STR) 제도

학습 개요

자금세탁방지를 위한 금융회사의 여러 가지 내부통제 중 가장 중요하고 가장 우선적으로 법제화된 의심거래보고(STR) 제도는 금융회사 직원의 경험 및 업무 전문성을 토대로 주관적인 판단하에 거래가 자금세탁과 연관되었다는 합리적인 의심이 있는 경우, 이를 금융정보분석원에 보고하는 제도이다.

금융정보분석원은 각 금융회사등이 보고한 의심거래를 분석하여 최종적으로 법집행기관에 제공하게 되므로 의심거래보고(STR) 제도는 범죄자금을 세탁하는 행위를 차단하는 데 핵심적인 역할을 하는 제도 중의 하나이다. 한편, 금융회사등이 STR을 적절하게 보고하지 않을 경우 과태료 등을 부과받을 수 있으며, 의심거래보고에 관한 내용을 제3자 등에 누설할 경우 정보누설금지 위반에 해당하여 형사처벌의 대상이 된다.

최근 규제당국의 의심거래보고와 관련된 주된 지적사항을 살펴보면 의심스러운 거래보고를 이행하지 않거나 보고를 지연하여 과태료 부과처분을 받은 경우가 지속적으로 발생하고 있고, STR 보고에 대한 직원들의 교육 강화와 더불어 STR 추출 룰(Rule)의 효율성 제고를 위한 노력을 강화할 것을 요구하고 있다.

본편에서는 의심거래보도제도에 대한 폭넓은 이해를 돕고, 현재 금융회사들이 운용하고 있는 의심거래 모니터링 절차 및 시스템을 적정하게 관리하기 위하여 마련되어야 하는 내부통제 절차를 이해하고, 각 금융회사들의 사업성격이나 제공하는 상품 및 서비스를 토대로 의심거래 유형을 적정하게 파악할 수 있도록 도움을 주고자 한다.

또한, 정기적인 룰(Rule) 효용성을 점검하기 위한 다양한 접근방법에 대한 이해를 통해 각 금융회사가 거래모니터링을 위한 룰(Rule) 효용성을 높일 수 있는 방법을 살펴보고, 최근에 금융회사들이 STR과 관련하여 제재 등을 받은 사례를 공유하여 각 금융회사가 개선하여야 하는 점을 이해하는 데 도움을 주고자 한다.

학습 목표

- 의심거래보고에 대한 전반적인 내용을 이해할 수 있다.
- 의심스러운 거래 보고 체제에 대하여 이해할 수 있다.
- 지속적인 의심거래보고를 위한 STR 추출 룰(Rule) 관리방안을 이해할 수 있다.
- STR 관련 위반 사례를 이해하고 금융회사의 개선점을 살펴보고 설명할 수 있다.
- 각 금융회사의 업권별 주요 의심거래 유형에 대하여 이해할 수 있다.

1장

의심거래보고의 개요

제1절 의심거래보고(STR : Suspicious Transaction Report)

1. 의심거래보고제도의 도입

자금세탁행위는 범죄수익은닉규제법에서 정한 전제범죄(Predicate Offences)[1]로부터 얻어진 불법자산을 세탁하는 행위이므로 자금세탁 범죄는 범죄행위를 통해 얻어진 수익을 은닉·가장하는 등 범죄수익을 처리하는 과정에서 발생하는 파생범죄라고 할 수 있다. 그러나 전제가 되는 범죄가 처벌되어야만 자금세탁 범죄로 처벌되는 것은 아니며, 자금세탁 범죄 그 자체가 전제범죄와 별개로 중형으로 처벌되도록 하는 것이 자금세탁 범죄화 제도의 핵심이라고 할 수 있다. 이를 위하여 한국에서는 "범죄수익은닉규제법률(범죄수익은닉법)"을 마련하여 전제범죄에 대하여 구체적으로 정의하고 있다.

이와 같은 FATF 권고안을 비롯한 국제기준에 부합하기 위하여 2001년 「특정 금융거래보고 및 이용 등에 관한 법률」("특정금융정보법")을 마련하여, 자금세탁행위의 범죄화, 금융정보분석원의 설치, 의심거래보고제도 등 자금세탁방지를 위하여 다양한 내용을 법제화하여 2002년부터 본격적으로 자금세탁방지제도를 이행하게 되었다.

1) 범죄수익은닉규제법에서 규정하고 있는 전제범죄란?
우리나라는 나열식 접근법을 택하여 자금세탁의 전제범죄로 2001년 금융정보분석원 출범 당시 자금세탁의 전제범죄로 38종 범죄를 지정한 후 그 범위를 꾸준히 확대하여 뇌물수수·공여죄, 사기·횡령·배임죄, 저작권법 위반범죄, 사행행위 등 규제 및 처벌 특례법 위반범죄, 「공중 등 협박목적 및 대량살상무기확산을 위한 자금조달행위의 금지에 관한 법률」 위반범죄 등을 추가함으로써 2021년 12월 말 기준 54개 법률 관련 총 116종의 범죄를 자금세탁의 전제범죄로 지정·운영하고 있었음. 그러나 2022년 1월에는 범죄수익은닉규제법을 개정하여 당초에 나열식으로 규정하고 있는 전제범죄의 범위를 일정 법정형 이상(사형, 무기 또는 장기 3년 이상의 징역이나 금고에 해당하는 죄)의 범죄도 포함하는 혼합식 규정방식을 도입하여 변화된 사회 환경에 따른 자금세탁 신종범죄에 실효적으로 대처할 수 있는 제도적 기반을 마련하였음

정부가 자금세탁방지 법제를 마련하게 된 데에는 크게 두 가지 이유가 있는데, 첫째는 대외적인 요인으로서 전 세계적으로 자본시장 및 외환시장의 자유화가 가속화됨에 따라 국가간의 영역을 뛰어넘은 불법 범죄자금의 세탁행위가 급증하고 있는 바, 이에 효과적으로 대응하기 위한 국제적인 노력에 동참하기 위한 것이다. 둘째는 대내적 요인으로서, 1999년 4월 1단계 외환자유화조치에 이어 2001년 1월 1일부터 제2단계 외환자유화 조치가 시행됨에 따라 예상되는 불법적인 재산의 해외도피와 불법자금의 국내외 유출입에 효과적으로 대응하기 위한 것이다.

의심거래보고제도란 금융회사등의 종사자의 업무 지식, 전문성과 경험을 토대로 주관적 판단에 의해 어떤 거래가 불법자금이라는 의심이 있거나, 거래 상대방이 자금세탁을 하고 있는 합리적 의심이 있는 경우 이를 지체 없이 금융정보분석원에 보고하는 자금세탁방지의 핵심제도이다.

의심거래보고제도를 각 국가가 마련할 것을 권고한 FATF 권고안 20(의심스러운 거래 보고)[2]에 따르면 금융회사는 자신을 통하여 거래되는 자금이 범죄활동과 관련된 불법자금 또는 테러자금조달 행위와 관련되었다고 의심되거나, 의심할만한 합리적인 근거가 있는 경우 법에서 정한 내용에 따라 그 내용을 금융정보분석원으로 보고할 것을 요구하고 있다.

한국은 2001년 특정금융정보법 제정 후 2002년부터 본격적으로 금융회사등이 STR를 보고하기 시작하였다. 법 이행 직후 금융회사등의 STR를 포함한 자금세탁방지 제도에 대한 이해 부족으로 소규모의 STR 보고가 진행되었으나(2002년 총 275건의 STR이 보고됨), 특정금융정보법 적용대상 금융회사의 증가(특히 가상자산사업자와 전자금융업자 등)와 자금세탁방지제도의 중요성에 대한 금융업권의 인식이 개선됨에 따라, STR 보고 건수는 급속도로 증가하였다(2023년 말 906,462건이 보고됨).

---

2) **FATF Recommendation 20(Reporting of suspicious transactions)**
If a financial institution suspects or has reasonable grounds to suspect that funds are the proceeds of a criminal activity, or are related to terrorist financing, it should be required, by law, to report promptly its suspicions to the financial intelligence unit (FIU).

의심스러운 거래 보고 기준 금액 변경 연혁

- 법 시행 시 의심스러운 거래의 보고기준금액은 5천만 원
- 2004년 1월 2천만 원으로 하향
- 2010년 6월 1천만 원으로 하향
- 2013년 8월 보고기준금액을 폐지하고 보고기준금액과 상관없이 의심스러운 경우 보고하도록 개정하여, 현재는 거래가 발생하지 않더라고 의심거래라고 판단한 경우에는 보고하여야 한다.

2. 의심스러운 거래 보고의 필요성

1) 금융회사등의 직원이 의심거래보고를 적절하게 이행할 경우, 이를 보고받은 금융정보분석원이 상세한 분석을 통하여 법집행기관에 보고함으로써 범죄행위를 적발하게 되고, 범죄자금세탁을 억제함으로써 범죄행위가 증가하는 것을 예방할 수 있다.

2) 또한, STR 보고를 통해 금융거래 흐름을 신속하게 파악할 수 있어 법집행기관이 신속하게 범죄자금의 이동을 차단하여(예를 들어 형사 압류 등) 범죄자금 환수율을 높일 수 있다.

3) STR 보고를 적정하게 수행하지 않을 경우 규제당국은 금융회사에게 과태료 부과, 임직원에 대한 징계 등의 조치 등을 취하게 되므로 금융회사의 임직원은 각자의 역할과 책임에 맞게 의심스러운 거래 보고를 이행하는 것이 매우 중요하다.

제2절 의심스러운 거래 보고 현황(자료출처 : 금융정보분석원 2022년 연차보고서)

1. STR 접수 현황

2001년(2001년 12월에 13건이 보고되었음) STR 보고제도가 마련된 이후부터 2023년까지 STR 보고 현황은 아래와 같다. STR 보고 건수는 2018년부터 급증하였는데 그 이유는 저축은행, 상호금융 등 제2금융권의 자금세탁방지제도에 대한 이해도 제고 및 가상자산거래 규모가 급증함에 따른 가상자산 관련 STR 보고가 증가하였기 때문이다.

월별 의심거래보고(STR) 접수건수

구분	1월	2월	3월	4월	5월	6월	7월	8월	9월	10월	11월	12월	합계
2002	16(*)	11	11	14	13	11	8	15	21	38	64	53	275
2003	74	92	75	105	77	94	184	133	162	247	195	306	1,744
2004	270	203	318	356	411	442	305	337	403	508	550	577	4,680
2005	602	370	674	937	941	1,425	1,466	1,551	1,518	1,411	1,210	1,354	13,459
2006	1,945	2,014	1,513	1,553	1,610	1,751	1,813	2,094	2,114	2,180	2,667	2,895	24,149
2007	3,009	3,245	4,378	4,215	4,566	4,033	3,956	4,776	3,945	4,347	6,769	5,235	52,474
2008	6,745	6,780	8,179	7,867	7,020	7,421	8,187	7,553	7,360	8,668	9,352	6,961	92,093
2009	11,164	7,655	8,136	11,221	10,040	12,087	14,297	11,024	12,153	11,962	11,556	14,987	136,282
2010	15,872	12,768	16,228	21,021	17,998	20,346	26,405	21,265	18,535	22,649	20,637	22,344	236,068
2011	22,725	28,532	39,226	30,897	27,618	26,950	26,582	24,513	25,048	23,253	26,384	27,735	329,463
2012	23,915	22,504	23,448	21,165	23,576	26,322	23,720	24,790	24,535	23,943	25,907	26,416	290,241
2013	28,247	21,724	27,580	26,172	27,195	24,336	31,045	38,074	31,607	42,836	42,507	37,419	378,742
2014	44,297	33,961	45,157	44,247	38,731	39,207	45,009	40,458	37,921	42,939	45,838	43,660	501,425
2015	56,267	40,138	54,732	51,916	47,853	48,077	45,841	47,078	58,534	55,149	58,252	60,239	624,076
2016	70,757	53,793	70,107	55,952	59,020	59,602	95,664	53,201	42,400	44,125	48,201	50,534	703,356
2017	41,423	38,716	48,996	44,098	39,056	41,763	42,032	45,506	46,667	34,454	46,269	50,928	519,908
2018	50,075	43,035	72,949	73,126	76,960	95,613	84,218	71,008	87,527	105,761	101,696	110,352	972,320
2019	102,026	80,887	101,729	71,838	86,876	78,300	74,964	77,658	62,881	66,738	64,122	58,928	926,947
2020	57,865	48,964	71,619	52,060	52,131	59,545	52,345	57,887	59,224	74,903	77,828	68,165	732,536
2021	67,237	58,560	70,492	74,545	79,053	82,547	78,504	65,655	68,663	77,329	79,188	82,882	884,655
2022	71,285	57,475	62,401	70,837	68,505	69,320	69,040	68,843	67,060	65,397	75,049	77,432	822,644
2023	65,333	67,373	77,772	76,509	71,109	79,036	75,409	76,216	79,463	71,899	82,412	83,931	906,462

(*) 2001년 12월 보고건수(13건) 포함

2. 금융기관별 의심거래보고 건수

금융회사별로 STR 보고현황을 살펴보면 2018년까지 은행업권의 보고가 대부분을 차지하였으나, 그 이후부터는 제2금융권과 가상자산거래소 등의 보고가 지속적으로 증가하고 있는 상황이다.

즉, 2021년부터 가상자산사업자에 대한 자금세탁방지의무가 부과되고, 2022년 3월부터 트래블 룰(Travel Rule)[3]의 시행으로 가상자산사업자간 자금이동 내역의 추적이 가능하여 가상자산사업자의 의심거래보고가 본격화됨에 따라 기타업권의 보고가 지속적으로 증가하고 있다.

3) 트래블 룰(Travel Rule) 이행 이전에는 개별 가상자산사업자가 확인할 수 있는 입출금 내역 또는 가상자산 매수·매도 내역만을 기반으로 의심거래가 보고되었고 보고건수도 적었음

현재 규제당국은 전자금융업자들에 대해서도 지속적인 자금세탁방지제도 강화를 요구하고 있어, 향후 STR 보고건수는 더 증가할 수 있고, 은행업권의 STR 보고비율은 과거 대비 지속적으로 감소할 것으로 예상된다. 특히 금융정보분석원은 STR 보고서의 품질 개선을 지속적으로 요구하고 있어, 은행권 등의 STR 보고서는 다소 감소할 수 있을 것으로 예상된다.

금융기관별 의심거래보고 건수

구분	은행	증권	보험	기타(*)	합계
2018	777,505	8,955	7,682	178,178	972,320
2019	707,295	11,090	7,916	200,646	926,947
2020	525,009	15,614	8,739	183,174	732,536
2021	589,355	27,650	9,659	257,991	884,655
2022	450,246	25,217	10,252	336,929	822,644
2023	447,602	33,940	11,201	413,719	906,462

(*)상호저축은행, 새마을금고, 신용협동조합, 단위조합(농협, 수협), 우체국, 카지노, 가상자산사업자 등

3. STR 정보의 법집행기관 제공 내역

금융회사등이 보고한 STR를 토대로 금융정보분석원은 상세분석과정을 통하여 10개의 법집행기관[4]에 제공하는데, 가장 많은 건수가 국세청과 경찰청에 제공되었다. 2022년은 관세청에 대한 제공건수가 급증하였다.

그 이유는 최근 무역금융을 이용한 금융사기가 증가하였고, 2022년 한국가상자산거래소의 김치프리미엄을 이용한 수익을 해외로 유출한 경우가 많이 적발된 것도 하나의 원인이라고 생각한다.

금융정보분석원은 심사분석 및 정보분석심의 단계에서 전제범죄의 종류 및 내용을 고려하여 STR 정보 제공 대상기관을 결정하게 된다.

4) 검찰청, 국세청, 관세청, 경찰청, 금융위, 중앙선관위, 해양경찰청, 국가정보원, 고위공직자범죄수사처, 행정안전부가 이에 해당함. 행정안전부는 지방자치단체의 지방세 업무와 관련하여 정보 제공기관에 추가되었음

예를 들어, 국세청의 경우 조세탈루혐의 확인을 위한 조사업무 또는 조세체납자에 대한 징수업무에 필요하다고 인정되는 경우에 제공되므로 의심거래보고의 심사분석 결과 도출된 전제범죄가 조세포탈인 경우 제공 대상기관이 된다.

다만, 범죄수익의 조성과 그 자금 흐름을 단서로 범죄행위를 추적하는 금융거래 분석의 성격상 하나의 거래가 다양한 전제범죄와 관련될 수 있으므로 복수의 법집행기관에 제공될 수 있다(예를 들어 법인의 임원이 횡령·배임 및 수출입가격 조작에 의하여 조성한 범죄수익과 재산을 국외로 도피한 경우라면 횡령·배임, 관세포탈, 재산국외도피, 조세포탈 등 복수의 범죄 유형을 전제로 하여 각 법집행기관에 제공될 수 있음).

특정금융거래정보의 법집행기관별 제공 내역

구분	검찰청	경찰청	국세청	관세청	금융위	선관위	해경청	국정원	공수처	행안부	합계
2019	1,924	11,760	13,069	2,658	12	0	0	0	-	-	29,423
2020	1,146	14,795	19,939	1,888	0	0	0	0	-	-	37,768
2021	2,642	18,785	17,475	3,651	30	0	0	12	0	0	42,595
2022	2,780	14,549	14,381	7,344	448	0	0	248	0	0	39,750
2023	2,555	15,894	14,854	4,120	1,238	0	7	8	0	0	38,676
합계	11,047	75,783	79,718	19,661	1,728	0	7	268	0	0	188,212

4. 법집행기관에 제공된 STR 정보의 처리결과

금융정보분석원이 법집행기관에 정보를 제공하여 수사 등을 통해 사건이 종결된 경우 법집행기관은 그 결과를 금융정보분석원에 회신하고 있다. 처리결과에 대한 정보는 제공한 정보의 유효성을 검증하고 심사분석 기법을 개발하는 데 자료로 사용되고 있다.

최근 5년간 금융정보분석원이 법집행기관에 제공하여 자금세탁 혐의 등으로 적극적인 조치(기소, 기소의견 송치, 고발, 추징 등)가 이루어진 건수는 총 59,000건에 달한다.

다만, 현재 금융회사등이 금융정보분석원 STR로 보고한 내용에 따라 금융회사등에 해당 STR이 어떻게 처리하였는지 또는 범죄수익으로 판단되어 형사적 조치가 이루어졌으므로 자금을 동결하라는 등의 피드백을 제공할 수 있는 프로세스가 마련되지 않아 금융회사등은 자신이 보고한 STR 중 어떤 거래가 법집행기관에 제공되는지 알 수 없는 한계가 있다. 이런 한계를 극복하기 위하여 금융정보분석원은 최근 STR 동향 공유협의체 등을 통하여 주요한 범죄와 관련된 거래등에 대해서 금융회사등이 동일한 이해를 가질 수 있도록 소통의 장을 강화하고 있다.

그러나, 일부 다른 나라의 금융정보분석원은 한국과 다르게 피드백을 제공하여 금융회사등은 금융정보분석원의 피드백을 토대로 기존 거래를 유지할 것인지 여부를 결정할 수 있다.

예를 들어 홍콩의 경우 금융회사등이 STR 보고를 할 경우, 범죄행위와 연관되었다는 내용이 확인될 경우, 해당 금융회사등에 피드백을 제공하여 거래중단 등의 조치를 즉각적으로 취해 범죄자금이 더 이상 움직일 수 없도록 조치를 취할 수 있는 프로세스가 마련되어 있다.

한편, 금융정보분석원이 법집행기관에 정보를 제공하여 수사 등을 통해 사건이 종결된 경우, 법집행기관은 그 결과를 금융정보분석원에 회신하도록 하고 있다. 처리결과에 대한 정보는 제공한 정보의 유효성을 검증하고 심사분석 기법을 개발하는 데 유용한 기준이 된다. 금융정보분석원은 2023년까지 자체 심사분석을 거쳐 432,525건을 제공하였고 법집행기관이 수사 등을 종결한 건은 299,712건이며, 그 중 72,699건이 자금세탁 혐의 등으로적극 조치(기소, 기소의견 송치, 고발, 추징 등) 되었다.

최근 5년간 국내 법집행기관의 요구에 의한 정보 제공건수

제공기관	제공	처리중	처리완료	적극	중간	소극
검찰청	26,709	7,855	18,854	5,364	1,381	12,109
경찰청	136,278	86,333	49,945	13,957	5,191	30,797
국세청	219,062	20,661	198,401	47,837	139,885	10,679
관세청	46,947	15,605	31,342	5,240	21,447	4,655
금융위	2,902	2,084	818	83	109	626
선관위	62	0	62	26	0	36
해경청	290	7	283	192	0	91
국정원	275	268	7	-	-	7
공수처	0	0	0	0	0	0
행안부	0	0	0	0	0	0
합계	432,525	132,813	299,712	72,699	168,013	59,000

* 적극 : 기소(검찰청), 기소의견송치(경찰청), 고발 추징(국세청) 등

** 중간 : 기소중지(검찰청), 내사중지(검찰청, 경찰청), 누적자료 활용(국세청) 등

*** 소극 : 무혐의, 입건유예(검찰청), 공소권없음(검찰청), 내사종결(경찰청) 등

2장

의심거래 보고절차

제1절 의심거래보고 대상 거래

특정금융정보법 제4조(불법재산 등으로 의심되는 거래의 보고 등)에서는 금융회사등은 대통령령으로 정하는 바에 따라 의심스러운 거래로 보고하여야 하는 사항을 규정하고 있다. 또한, 금융정보분석원은 혐의거래 참고유형을 발행하여 각 금융회사등이 의심되는 거래로 판단하는 여러 유형을 제시하고 있어, 일반적으로 금융회사등은 보고 유형에 해당하는 거래는 거래의 합리성이 확인되지 않는다면 보고대상 거래로 판단해야 한다.

특정금융정보법 제2조(정의) - 불법재산의 정의

4. "불법재산"이란 다음 각 목의 것을 말한다.
   가. 「범죄수익은닉의 규제 및 처벌 등에 관한 법률」 제2조제4호에 따른 범죄수익등
   나. 「마약류 불법거래 방지에 관한 특례법」 제2조제5항에 따른 불법수익등
   다. 「공중 등 협박목적 및 대량살상무기확산을 위한 자금조달행위의 금지에 관한 법률」 제2조제1호에 따른 공중협박자금
5. "자금세탁행위"란 다음 각 목의 행위를 말한다.
   가. 「범죄수익은닉의 규제 및 처벌 등에 관한 법률」 제3조에 따른 범죄행위
   나. 「마약류 불법거래 방지에 관한 특례법」 제7조에 따른 범죄행위
   다. 「조세범 처벌법」 제3조, 「관세법」 제270조, 「지방세기본법」 제102조 또는 「특정범죄 가중처벌 등에 관한 법률」 제8조의 죄를 범할 목적 또는 세법에 따라 납부하여야 하는 조세(「지방세기본법」에 따른 지방세를 포함한다. 이하 같다)를 탈루할 목적으로 재산의 취득·처분 또는 발생 원인에 관한 사실을 가장(假裝)하거나 그 재산을 은닉하는 행위
6. "공중협박자금조달행위"란 「공중 등 협박목적 및 대량살상무기확산을 위한 자금조달행위의 금지에 관한 법률」 제6조제1항의 죄에 해당하는 행위를 말한다.

특정금융정보법 제4조(불법재산 등으로 의심되는 거래의 보고 등)

① 금융회사등은 다음 각 호의 어느 하나에 해당하는 경우에는 대통령령으로 정하는 바에 따라 지체 없이 그 사실을 금융정보분석원장에게 보고하여야 한다.
1. 금융거래등과 관련하여 수수(授受)한 재산이 불법재산이라고 의심되는 합당한 근거가 있는 경우
2. 금융거래등의 상대방이 「금융실명거래 및 비밀보장에 관한 법률」 제3조제3항을 위반하여 불법적인 금융거래등을 하는 등 자금세탁행위나 공중협박자금조달행위를 하고 있다고 의심되는 합당한 근거가 있는 경우
3. 「범죄수익은닉의 규제 및 처벌 등에 관한 법률」 제5조 제1항 및 「공중 등 협박목적 및 대량살상무기확산을 위한 자금조달행위의 금지에 관한 법률」 제5조제2항에 따라 금융회사등의 종사자가 관할 수사기관에 신고한 경우

② 삭제

③ 금융회사등은 제1항에 따라 보고를 할 때에는 그 의심되는 합당한 근거를 분명하게 밝혀야 한다.

1. 금융거래등과 관련하여 수수(授受)한 재산이 불법재산이라고 의심되는 합당한 근거가 있는 경우

의심거래보고에 대한 내용을 제정시 보고기준 금액을 정하여 보고하도록 하였으나, 국제기준에 부합하기 위하여 2013년 8월부터 의심거래보고 기준금액을 폐지하였다. 즉, "불법 재산이라고 의심되거나 자금세탁행위라고 의심될 때" 금융회사등은 실제 발생한 금융거래뿐만 아니라 발생하지 않은 거래도 포함한다는 점을 명확하게 이해하여야 한다(예를 들어, 신규 고객이 거액의 현금이 든 가방을 소지하고 영업점에 방문하여 예금 가입을 요청함. 이에 영업점 직원이 고객의 소지한 거액 현금의 자금출처를 문의하자 화를 내며 영업점을 떠났다면, 영업점 직원은 해당 고객의 신원정보를 확인할 수 있는 경우 실질적으로 거래가 발생하지 않았지만 의심스러운 거래로 보고할 수 있음).

다만, 의심스러운 거래보고를 위해서는 반드시 보고 대상자의 신원확인 정보가 확인되어야만 금융정보분석원에 보고가 가능하다. 만약 해당 고객의 신원을 확인할 수 없는 경우 의심거래가 있더라도 보고가 불가할 수 있으므로 거래가 발생하지 않더라도 자금세탁행위라고 합당한 의심이 있는 경우, 해당 관련인의 신원확인 정보를 파악하는 것이 중요하다.

2. 금융거래등의 상대방이 「금융실명거래 및 비밀보장에 관한 법률」 제3조 제3항을 위반하여 불법적인 금융거래등을 하는 등 자금세탁행위나 공중협박자금조달행위를 하고 있다고 의심되는 합당한 근거가 있는 경우

금융실명법에 따른 의심거래보고(금융실명법 제3조 제3항)
제3조(금융실명거래) ③ 누구든지 「특정 금융거래정보의 보고 및 이용 등에 관한 법률」 제2조 제4호에 따른 불법재산의 은닉, 같은 조 제5호에 따른 자금세탁행위 또는 같은 조 제6호에 따른 공중협박자금조달행위 및 강제집행의 면탈, 그 밖에 탈법행위를 목적으로 타인의 실명으로 금융거래를 하여서는 아니 된다.

금융실명법 제3조(실명거래)에 따르면 누구든지 자금세탁 또는 테러자금조달행위 및 강제집행의 면탈 그 밖에 탈법행위를 목적으로 타인의 실명으로 금융거래를 하여서는 아니 된다고 규정하고 있다. 이는 1993년 제정된 금융실명법의 한계를 보완한 조치로서, 차명거래 근절을 위하여 2014년에 특정금융정보법을 개정하여 불법적인 차명거래를 금지하고 있다(다만, 일부 예외적으로 허용되는 선의의 차명거래가 존재하므로 이 부분에 대하여 명확하게 이해하는 것이 필요하다).

'차명금융거래'란 자신의 금융자산을 타인의 명의로 거래를 하는 것으로서, 1) 통상 실소유자와 명의인 양자간의 합의 또는 금융회사를 포함한 3자간의 합의를 토대로 실소유주가 예금 등 금융상품에 대한 실질적인 권리를 행사하기로 하면서 명의인이 외형적 거래자로서 금융회사에 대하여 실명을 확인하여 이루어지는 금융거래이거나, 2) 실소유자가 특정한 목적을 위하여 명의인과의 합의 없이 이루어진 계좌(예를 들어, 회사의 대표자가 비자금 조성을 목적으로 직원의 동의 없이, 다른 용도로 받은 위임장을 토대로 직원의 계좌를 만드는 경우)로서 쉽게 생각하면 타인의 계산 혹은 명의로 이루어진 금융거래로서 금융거래의 원천과 명의가 다른 경우를 차명금융거래라고 정의할 수 있다.

1993년 금융실명법이 마련된 이후, 사실상 모든 계좌는 본인의 실지명의에 의한 계좌로 개설되어야 하므로 한국에서는 익명 또는 Numbered 계좌(명의인의 실지명의가 아닌 숫자로 된 계좌로, 실제 소유자가 누구인지 확인할 수 없는 계좌로, 일반적으로 비밀보장 정책이 강화된 국가 등에서는 개설이 가능할 수 있음)가 불가능하다. 그러나 차명계좌의 경우에는 2014년 금융실명법이 개정되기 전까지, 차명계좌 개설을 위하여 명의를 빌려준 자는 실명법 또는 조세법에 의한 과세조치를 제외하고는 민·형사적 처벌의 대상이 되지 않아 보이스피싱 등을 위하여 대포계좌 개설을 하여도 명의인은 특별한 경우를 제외하고는 처벌 대상이 되지 않았다.

이에 2014년 금융실명법을 개정하여 불법행위 목적의 차명거래를 금지하고 이와 관련된 자들에 대한 처벌을 강화하였다. 불법행위 목적의 차명거래는 특정금융정보법에서 정한 불법재산의 은닉, 자금세탁행위, 테러자금조달행위와 강제집행 면탈행위를 주된 대상으로 하고 있다.

따라서 금융회사등의 임직원은 불법행위를 목적으로 한 차명계좌를 이용한 자금세탁이라는 합리적인 근거가 있는 경우, 해당 거래에 대하여 STR로 보고하여야 한다.

3. 「범죄수익은닉의 규제 및 처벌 등에 관한 법률」 제5조 제1항 및 「공중 등 협박목적 및 대량살상무기확산을 위한 자금조달행위의 금지에 관한 법률」 제5조 제2항에 따라 금융회사등의 종사자가 관할 수사기관에 신고한 경우

금융회사등은 업무 과정에서 자금세탁행위나 테러자금조달행위와 연관되어 수사기관에 신고한 경우, 해당 사건을 반드시 STR로 보고하여야 한다. 예를 들어 금융회사등이 대출과정에서 허위 대출서류를 제출받아 대출사기와 연관된 사실을 알게 되는 경우, 보험사기 사건을 조사하여 수사기관에 수사를 의뢰한 경우, 또는 금융회사등의 내부 직원이 횡령 등 금융사기 사건을 범한 경우, 해당 관련인을 고발하게 되는데 이 경우, 수사기관에 해당 사건을 고발함과 동시에 STR로 보고하여야 한다.

최근 규제당국에 지적된 사례를 살펴보면 금융회사의 내부직원이 횡령사건에 연루되어 해당 사건을 수사기관에 고발하였으나, STR로는 보고하지 않아 STR 미보고로 지적이 되는 사례가 종종 발견되었다. 이와 같은 위규 사항을 방지하기 위하여 가장 바람직한 방법은 금융회사 내부에서 불법적인 사고가 발생하는 경우 사고를 조사하는 부서에서 관련 부서등에 해당 사건에 대하여 STR 보고 여부를 반드시 확인하도록 하고, 내부 직원의 횡령 배임, 절도 등 금융사기 사건과 관련된 사례를 자금세탁방지부서와 공유하는 것이 바람직하다. 특히, 내부 직원의 금융사고 사건의 STR 보고 여부는 제도이행평가의 운영위험지표에 해당하므로 해당 사례가 STR 미보고로 이어지지 않도록 유관부서와 협의 체제를 공고히 할 필요가 있다.

금융회사가 수사기관에 신고한 경우가 아닐지라도 금융회사에 압수수색영장이 발부되어 고객이 자금세탁행위 등에 연관된 것을 알았다면, 금융회사등은 해당 거래에 대해서도 STR로 보고하여야 한다. 그리고 금융거래정보 제공 요청 내용에서 조세탈루 혐의, 상속세 탈루 혐의 등이 발견되거나 금융사기 사건, 공직자의 뇌물 수수 또는 주가조작 사건 관련 등 범죄사실과 관련된 조사가 진행되고 있다는 것을 인지한 경우, 또는 합리적인 의심이 있는 경우에는 STR로 보고하는 것이 필요하다.

사실 다양한 규제기관이나 법집행기관에서 매년 엄청나게 많은 압수수색영장이나 금융거래 정보제공 요청이 이루어지고 해당 금융거래정보제공 요청 등이 자금세탁이나 테러자금조달행위와 관련되지 않은 수도 있고, 해당 금융회사등의 고객과 관련이 없는 경우가 많을 수 있기 때문에, 각 금융회사등에 접수되는 모든 금융거래정보제공 요청 거래에 대하여 일일이 조사자가 다 검토하는 것은 현실적으로 어려움이 많다. 그래서 많은 금융회사등은 금융거래정보제공 요청 담당 부서와 협업하여[5], 해당 전담부서에서 금융거래 정보를 제공하는 경우, 이를 검토하여 시스템에 등록하게 하고 해당 정보를 자금세탁방지부서가 자동화된 시스템에서 점검할 수 있도록 구현할 필요가 있다. 그럴 경우 자금세탁방지 부서가 의심거래보고 여부를 판단하여 STR를 누락 없이 보고할 수 있게 된다.

또한 대부분의 금융회사등이 FDS(이상 부정거래 적발 시스템)을 마련하여 운영하고 있는데, 이상 부정거래로 적발된 경우에도 자금세탁행위와 연관된 경우에는 반드시 시스템적으로 내부 의심거래로 보고되게 하여 필요한 경우 STR 보고가 이루어질 수 있도록 프로세스를 강화할 필요가 있다.

5) 대부분의 대형 금융회사는 금융거래정보제공 요청에 대한 관리를 전담부서가 수행하고 있음. 그렇지 않고 해당 업무를 영업점에 수행할 것을 요청할 경우, 지정된 기한 내에 정보제공을 하는지 여부와 고객 앞 해당 내용을 공유할 수 있는 위험 등이 존재하므로 되도록 해당 업무는 집중화된 팀이 전담하는 것이 바람직함

ML/TF 관련 금융회사등의 종사자가 관할 수사기관에 신고한 경우

범죄수익은닉규제법 제5조(금융회사등의 신고 등)

① 「특정 금융거래정보의 보고 및 이용 등에 관한 법률」 제2조제1호에 따른 금융회사등(이하 "금융회사등"이라 한다)에 종사하는 사람은 같은 법 제2조제2호에 따른 금융거래등과 관련하여 수수한 재산이 범죄수익등이라는 사실을 알게 되었을 때 또는 금융거래등의 상대방이 제3조의 죄에 해당하는 행위를 하고 있다는 사실을 알게 되었을 때에는 다른 법률의 규정에도 불구하고 지체 없이 관할 수사기관에 신고하여야 한다.

공중 등 협박목적 및 대량살상무기확산을 위한 자금조달행위의 금지에 관한 법률 제5조 (금융회사등 및 그 종사자의 의무)

② 금융회사등의 종사자는 금융거래등과 관련하여 수수한 재산이 공중협박자금 또는 대량살상무기확산자금이라는 사실을 알게 되거나 금융거래등의 상대방이 제4조제4항에 따른 허가를 받지 아니하고 금융거래등이나 그에 따른 지급 · 영수를 하고 있다는 사실 또는 제6조제1항의 죄에 해당하는 행위를 하고 있다는 사실을 알게 된 때에는 다른 법률에도 불구하고 지체 없이 관할 수사기관에 그 사실을 신고하여야 한다.

4. 특정금융정보법 제4조 이외에 STR 보고를 요구하는 경우

(1) 고객확인과정에서 의심거래를 보고하여야 하는 경우

고객확인 과정에서 고객이 CDD 정보 제공을 거부하거나, CDD 관련 서류의 위변조 의심이 있는 경우 등 특정금융정보법은 고객확인 과정에서 다음과 같은 상황에서 STR를 보고할 것을 요구하고 있다.

① 신규 고객이 신원확인 정보 등의 제공을 거부하거나, 자료 제출을 하지 않는 등 고객확인을 할 수 없는 경우이거나 이미 거래관계를 수립하였으나 고객확인을 할 수 없는 경우

금융회사는 자신의 고객에 대하여 적절한 고객확인을 수행하여, 자금세탁 리스크가 많다고 판단되는 경우, 거래를 거절하거나 고위험 고객으로 분류하여 추가적인 검증서류 등의 제출을 요구할 수 있다. 이는 신규고객 또는 기존 고객여부와 무관하게 적용되는 내용이다.

그런데 만약 고객(또는 잠재적 고객)이 CDD를 이행하기 위한 충분한 자료나 정보를 제공하지 않는 경우, 금융회사는 해당 고객의 자금세탁 및 테러자금조달 리스크를 정확하게 파악하기 어렵기 때문에 거래를 거절할 수 있다. 따라서 거래 거절과정에서

해당 고객이 허위의 정보나 문서를 제출하였거나, 해당 고객의 거래 내용이 비정상적이다고 판단한 경우에는 STR로 보고하여야 한다.

② 고객의 자금세탁행위등이 의심되나 고객확인 절차를 수행하는 것이 비밀 누설의 우려가 있다고 합리적으로 판단되는 경우

특정 고객이 자금세탁등의 우려가 있는 경우 고객확인을 위하여 추가적인 정보나 서류 등을 요청할 수 있는데, 만약 그런 추가적인 요청이 비밀누설 금지의 우려가 있다고 판단되는 경우에는 추가적인 CDD 절차를 이행하지 말고 STR로 보고할 것을 요구하고 있다.

(2) 고액현금거래 기준 금액을 회피하기 위하여 분할 거래를 하는 경우

CTR를 회피하기 위한 목적으로 CTR 보고 기준금액 미만으로 분할하여 현금거래를 하고 있다고 판단되는 경우 STR로 보고하여야 한다[6]. 예를 들어 매일 1천만 원 미만으로 현금거래를 하는 경우, 또는 고객이 관리하는 여러 계좌(예를 들어, 다수 가족 명의의 계좌)에 CTR 보고 기준 금액 미만으로 현금거래를 하는 경우, CTR 회피거래로 판단할 만한 합당한 근거가 있는 경우 이를 STR로 보고하여야 한다.

제2절 의심스러운 거래 판단 기준

의심스러운 거래 보고는 "의심"에 대한 합리적인 근거가 필요하다. 그러나 최근 자금세탁 및 테러자금조달행위 수단과 방법은 날로 변화하고, 최근에는 예상치 못하는 방식으로 발생하고 있어, 금융회사 직원이 업무지식이나, 경험을 통하여 의심되는 합당한 근거를 파악하기 점점 어려워지고 있으며, 금융회사 임직원의 주관적인 판단을 기준으로 보고하는 제도이므로 객관적인 기준을 마련하기 어려운 게 현실적인 상황이다.

6) 금융회사등의 고액현금거래보고에 관한 지침 제12조 참조

따라서 금융회사 직원 등은 의심거래보고를 위하여 CDD 정보를 통하여 확인된 신원확인 정보 및 거래목적 등의 정보와 발생한 거래가 고객의 CDD 정보와 일치하는지, 자금의 원천이 명확한지 등을 자신의 업무지식, 전문성, 경험 등을 통하여 종합적으로 판단하여야 한다. 예를 들어 CDD 정보에 따르면 주소지가 원격지이거나 타지역으로 되어 있는 주부인데, 야간시간대에 수백건의 거래가 발생하고 주소지와 전혀 다른 원격지에 위치한 점포나 자동화기기를 이용한 CTR 보고 정보가 상당수 존재한다면, 금융회사가 파악한 CDD 정보가 불명확하였거나 자금세탁과 관련된 행위일 수 있으므로 이를 금융회사 직원으로서의 업무 경험, 지식, 전문성 등을 통하여 합리적으로 판단하여야 한다.

일반적으로 "의심"이란 금융회사의 직원으로서 무엇인가 정상적이지 않다는 의심이 발생하는 것으로서 반드시 자금세탁행위가 발생하였다거나 의도가 있다는 "확신"이나 증거가 필요하지는 않는다. 그러나 추측만을 가지고 보고해서는 안 된다.

"의심"의 기준

일반적으로 의심은 추측과 확신 사이에 있는 것으로서 금융회사의 직원이 자신의 업무경험이나 전문성 등을 토대로 무엇인가 정상적이지 않다는 생각이 드는 경우를 의미한다.

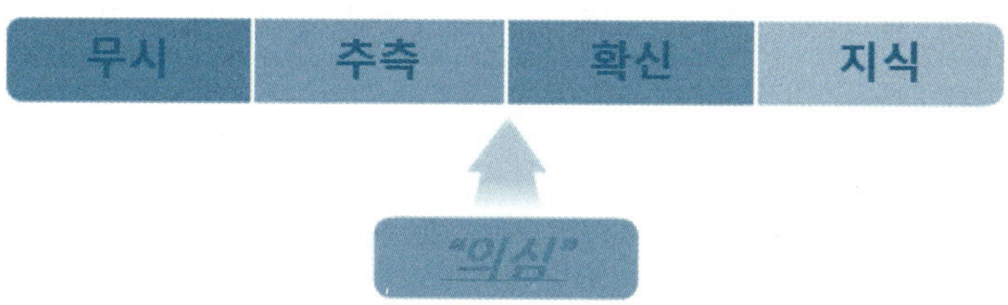

특히 금융회사는 수사기관 등에서 조사가 완료될 때까지는 범죄 관련 여부를 판단하기 어렵기 때문에 영업점에서는 당해 거래가 불법재산 수수, 자금세탁행위 등으로 의심되는 합당한 근거가 있으면 보고 책임자에게 보고하고 고객확인의무 이행을 통해 확보된 당해 고객의 정보 및 거래내용에 대한 객관적 사실(합당한 근거)을 토대로 판단한다.

그러므로 금융회사 직원의 업무적인 전문지식, 경험 등을 활용하여 "의심스런 거래 보고"를 종합적으로 판단하는 것이 가장 효과적이며 고객과 직접 접촉하는 일선 창구 직원(종사자)은 거래자 및 거래내용을 확인하는 과정에서 의심스런 거래를 가장 잘

인지할 수 있으므로 내부 보고서에 이런 정황을 자세히 기술하는 것이 중요하다. 국제적 기준도 금융회사의 종사자의 보고 내용이 가장 중요하다고 권고하고 있다.

특정금융정보법 감독규정 제4조(의심되는 거래 보고대상 금융거래등의 판단 등)

① 금융회사등이 법 제4조의2 제2항에 따라 금융거래등의 상대방이 금액을 분할하여 금융거래등을 하고 있다고 의심되는 경우에는 금융거래등의 상대방 수, 거래횟수, 거래 점포 수, 거래 기간 등을 고려하여 당해 금융거래등이 의심되는 거래 보고대상 금융거래등인지를 판단하여 금융정보분석원장에게 보고해야 한다.

② 금융회사등은 금융정보분석원장에게 의심되는 거래 보고대상 금융거래등을 보고한 후에도 당해 보고와 관련된 금융거래등의 상대방이 의심되는 거래 보고대상 금융거래등을 하고 있다는 의심되는 경우에는 이를 금융정보분석원장에게 보고하여야 한다.

③ 금융회사등은 전산시스템을 개발하고 전자금융거래에 대해 주의를 기울여 금융거래등이 제1항의 규정에 의한 의심되는 거래 보고대상 금융거래등인지 효율적으로 확인할 수 있는 방안을 강구하도록 노력하여야 한다.

금융회사는 다음의 경우를 포함하여 명확한 경제적·법적 목적없이 복잡하거나 규모가 큰 거래, 비정상적인 유형의 거래에 대해 특별한 주의를 기울여 의심거래로 보고할 것인지에 대한 검토를 진행해야 한다(금융정보분석원 의심거래 참고유형 참조).

① 거래금액이나 거래량이 지나치게 큰 경우
② 잔액 규모에 비해 예금회전수가 지나치게 큰 경우
③ 거래가 정상적인 계좌활동의 유형에서 벗어나는 경우 등
④ 금융회사는 비정상적 거래 등에 대해 그 배경과 목적을 최대한 검토하여야 하며, 해당 검토 결과를 기록·관리하여야 함

금융회사의 임직원은 거래상대방의 거래자 정보(직업, 나이(미성년자 또는 고령자 여부 등), 직장정보, 소득정보, 신용정보(신용불량자 여부), 주소, 국적정보 및 업종이나 설립목적, 기존 고객인지 등), 계좌정보(거래상품/서비스의 종류, 계좌존속 기간, 거래 규모, 빈번하게 발생하는 거래관계인 등), 거래정보(거래수단, 자금의 출처, 거래패턴, 분할거래 여부, 거래상대방 및 관계, 거래 빈도, 입출금 시간차, 또는 거래 정황 등)를 면밀히 살펴 의심스러운 거래인지 여부를 판단하여야 한다.

거래자 정보 → 계좌 정보 → 거래 정보

다음은 의심거래 참고유형에서 의심스러운 거래로 보는 대표적인 예시이다.

- 직업 및 사업내용 등이 명확히 파악되지 않는 고객이 다수의 타인명의의 계좌를 소지하고, 거액의 금융거래를 하는 경우
- 미성년자 명의로 개설된 계좌에서 거액의 금융거래가 발생하는 경우
- 평소 통상적 금융거래 형태를 유지하고 있는 급여생활자, 개인사업자, 중소기업 등의 계좌에서 거액의 금융거래가 발생하고, 자금의 실제 당사자 여부를 확인하는 과정에서 의심되는 경우
- 금융거래자의 요청에 의하여 현금거래로 처리하는 등 평소 금융거래 형태와 상이한 거래로서 거액의 금융거래 또는 분할거래를 하고 있다고 의심되는 경우

최근 비대면 거래의 증가로 차명계좌를 개설할 가능성이 존재하는데 특히 미성년자 또는 소득이 없는 자, 그리고 고령자 등의 계좌를 비대면으로 개설한 후 급격하게 거래가 증가하는 경우, 차명계좌로 의심이 될 수 있으므로, 이런 경우는 계좌 명의인과 직접적으로 계좌 개설 등을 하였는지 확인하는 것도 필요할 수 있다.

특별한 사유 없는 분할거래는 의심스러운 거래의 대표적인 사례인데, 분할거래란 의심스러운 거래 의무보고 대상이 되는 것을 회피하기 위해 거래금액을 다양한 방법으로 보고기준금액 미만으로 나누어 거래를 하는 경우이다. 분할거래에 대한 명확한 기준을 마련하기는 곤란하나 금융거래 상대방의 수, 거래횟수, 거래기간, 거래 점포수 등을 종합적으로 고려하여 당해 거래가 보고대상 금융거래인지를 판단하여야 한다.

분할거래의 예시

- 금융거래 상대방이 다수의 점포(계좌)를 이용하거나 여러 날에 걸쳐 금액을 분할하여 거래
- 다수인이 금융거래 상대방이 되어 금액을 분할하여 거래

금융회사등은 금융정보분석원장에게 의심되는 거래 보고대상 금융거래등을 보고한 후에도 당해 보고와 관련된 금융거래등의 상대방이 의심되는 거래 보고대상 금융

거래등을 하고 있다고 의심되는 경우에는 이를 금융정보분석원장에게 보고하도록 규정하고 있다. 다만, 동일한 대상 고객이 동일한 거래패턴의 의심스러운 거래를 하는 경우, 최초 보고 후 동일한 내용의 보고서를 매번 건별로 보고할 것인지 아니면 일정기간 모니터링을 수행한 후 재보고할 것인지에 대한 명확한 규정이 없어 현재 금융회사별로 다른 프로세스를 마련하여 운영하고 있다.

영국 등의 제도를 살펴보면 3번 이상 보고한 고객에 대해서는 그 후 보고를 진행하는 경우에는 기존 보고번호만 기술하여 보고하도록 하고 있고 다른 국가들도 3개월 정도의 기간을 두어 재보고할 것을 요구하는 경우가 있어 매 건별로 보고하기 보다는 일정기간 모니터링을 수행한 뒤 다시 보고하는 것이 바람직하다고 생각한다.

그러나 동일 고객이 기존에 보고한 STR과 전혀 다른 유형의 거래를 하거나, 다른 관련인과의 거래가 의심스러운 거래로 확인된 경우에는 기존 보고 내용과 다른 내용이므로 즉시 의심거래로 보고하여야 한다.

의도적 묵인이란, 의도적으로 의심스러운 부분을 외면하고, 일반적으로 자신과 동일한 지위에 있는 사람이라면 의심을 가지고 의심스러운 거래 보고를 하였을 사안을 보고하지 않는 것을 의미한다. 금융회사등의 임직원은 의심거래보고를 하지 않은 사유와 근거를 명확하게 제시할 수 있어야 한다. 명백한 근거를 제시할 수 없는 경우에는 미보고 등으로 제재의 대상이 될 수 있음에 유의하여 의도적 묵인에 해당하는 경우가 발생하지 않도록 하여야 한다.

제3절 의심스러운 거래 보고 절차

1. 의심스러운 거래 보고 절차

금융회사등은 자신의 지점 등 내부에서 보고책임자에게 보고하는 내부보고체제와 이를 금융정보분석원에 보고하는 외부보고체제를 수립하여야 한다. 다만, 보고절차를 수립하는 과정에서는 각 금융회사의 성격, 규모, 환경 등을 고려하여 의심스러운 거래 보고를 가장 합리적으로 처리할 수 있는 보고 체계를 마련하여야 한다.

자금세탁방지 업무규정(의심스러운 거래 보고 절차)

제81조(보고체제수립) 금융회사등은 법 제4조 및 제4조의2에 따른 보고(이하 '의심되는 거래 등 보고'라 한다)를 위해 자신의 지점 등 내부에서 보고책임자에게 보고하는 내부보고체제와 이를 금융정보분석원에 보고하는 외부보고체제를 수립하여야 한다.

제82조(내부보고체제)
① 금융회사등이 제81조에 따라 내부보고체제를 수립하는 때에는 다음 각 호의 방법을 참고할 수 있다.
  1. 지점 직원이 의심되는 거래 등 보고서를 작성하여 지점의 담당책임자에게 보고하고 담당책임자는 이를 검토하여 보고책임자에게 보고
  2. 지점 직원이 의심되는 거래 등 보고서를 작성하여 보고책임자에게 보고
  3. 지점 직원이 의심되는 거래 등 발생 사실을 보고서 작성 없이 보고책임자에게 직접 보고
② 금융회사등이 내부보고체제를 수립하는 경우 보고 여부 검토자 또는 보고책임자는 제1항에 따른 보고서 작성자가 될 수 없다. 다만, 소규모 금융회사등의 경우에는 그러하지 아니하다.

제83조(외부보고체제) 금융회사등은 제81조에 의해 수립된 내부보고체제에 따라 보고서를 작성한 경우 이를 보고책임자가 금융정보분석원장에게 보고할 수 있는 외부보고체제를 수립하여야 한다.

2. 내부보고체제

내부보고체제는 의심스러운 거래를 금융회사등의 내부에서 보고책임자에게 보고하는 절차로서 각 금융회사는 각 금융회사의 환경에 맞도록 마련하면 된다.

특정금융정보법 감독규정 제19조(내부 보고체제의 수립 및 운용)

① 금융회사등은 보고대상 금융거래등이 창구직원 등으로부터 보고책임자에게 신속·원활하게 보고될 수 있도록 법 제5조제1항제1호의 규정에 의한 내부 보고체제를 수립하여야 한다.
② 보고책임자는 내부보고체제, 업무지침 운용 및 교육 · 연수 상황을 상시 점검하여 금융회사등의 보고가 원활히 이루어 질 수 있도록 하여야 한다.
③ 보고책임자는 보고담당자 변경 등 정보의 변동이 있는 경우 금융정보분석원 홈페이지를 통해 이를 즉시 갱신하여야 하며, 필요한 경우 당해 기관 보고담당자 등을 금융정보분석원 홈페이지에 등록 · 관리할 수 있다.

다만 가장 중요한 것은, 모든 임직원이 그 누구의 방해 없이 의심스러운 거래를 보고할 수 있는 내부보고 체제를 마련하는 것이 중요하다. 즉, 고객과의 대면 거래를 수행하는 영업점 직원뿐만 아니라, 본부직원을 포함한 모든 직원이 의심스러운 거래를 아무런 방해 없이 보고할 수 있어야 하며, 내부 의심스러운 거래 보고를 방해하는 임직원에 대해서는 징계할 수 있는 내규를 마련하여야 한다.

자금세탁방지 업무규정 제82조에 따르면 다음 세 가지 방법을 참고 유형으로 제시하고 있다. 다만, 해당 참고 모델은 대부분의 거래를 고객과 대면하여 처리하던 금융회사등을 고려하여 마련된 것이다. 즉, 영업점이 없는 인터넷은행이나, 전자금융업자, 가상자산거래소 등에는 적합하지 않을 수 있으며, 의심거래 점검을 본부로 집중화하는 업무 모델은 고려하지 않은 내용이라 향후 변경된 금융회사등의 자금세탁방지 전담부서 등의 조직구조에 대한 설계를 반영하여 업데이트할 필요가 있을 것으로 판단된다[7].

① 직원이 의심되는 거래 등 보고서를 작성하여 지점 등의 담당책임자에게 보고하고 담당책임자는 이를 검토하여 보고책임자에게 보고

(내부보고체제 1)

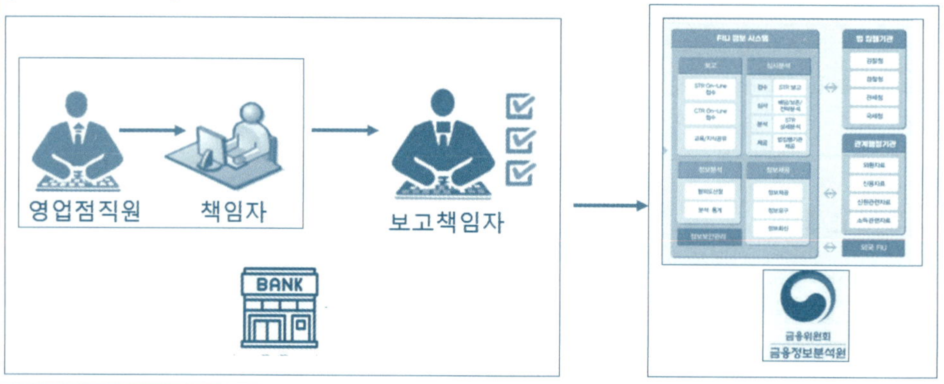

①번 모델은 만약 지점의 담당 책임자나 영업점장이 내부의심거래 보고를 방해할 경우 의심거래 보고누락이 발생할 수 있는 문제점이 있으나, 만약 지점의 담당책임자가 Checker로서의 역할을 적정하게 수행하여 보고서의 품질을 점검할 수 있는 역량을 가질 경우, 내부 의심거래보고서의 품질을 향상시킬 수 있는 모델이 될 수 있다.

7) 2023년 말 현재 금융정보분석원은 자금세탁방지 업무규정에 대한 전면 개정을 위한 TFT를 구성하여 개정작업을 진행하고 있어 조만간 관련 법규에 대한 재정비가 진행될 것으로 예상된다.

② 직원이 의심되는 거래 등 보고서를 작성하여 보고책임자에게 보고

(내부보고체제 2)

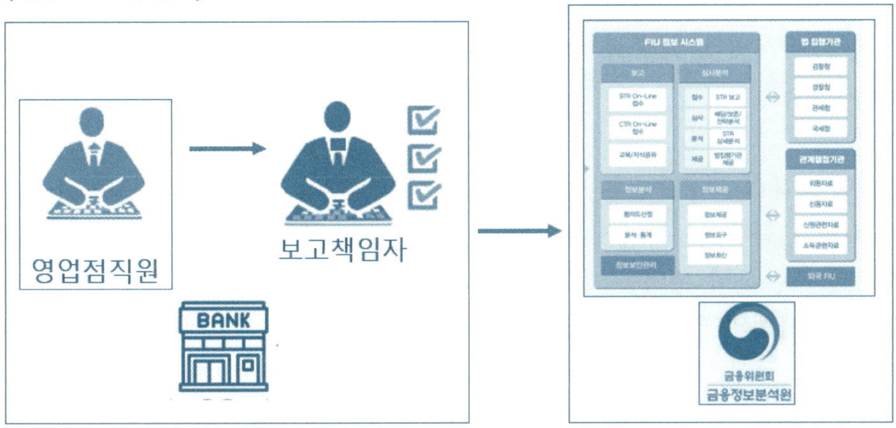

대부분의 금융회사는 ②번 모델을 토대로 내부보고처리절차를 마련하여 운영하고 있다. 즉 영업점 직원이 일정 형식을 갖춘 보고서를 내부보고 시스템을 통하여 보고하고, 이를 보고책임자 산하의 거래모니터링 전담 조사팀이 이를 상세 점검한 후 보고책임자의 승인을 받아 의심거래로 보고할 것인지를 결정하는 것이다.

③ 직원이 의심되는 거래 등 발생 사실을 보고서 작성 없이 보고책임자에게 직접 보고

(내부보고체제 3)

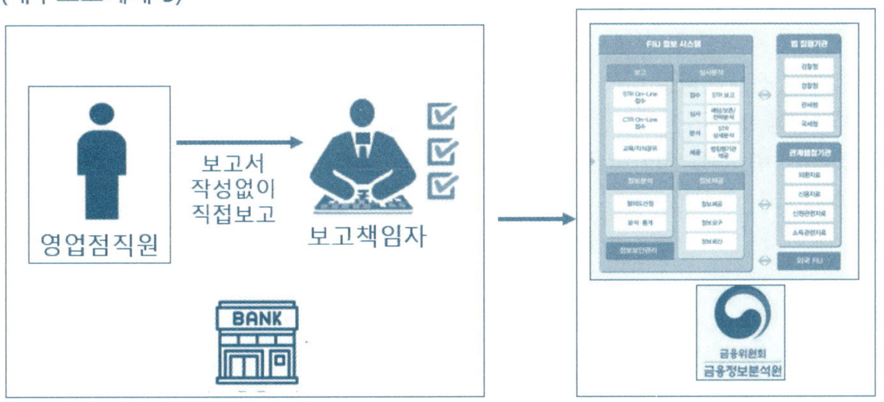

③번 모델은 소규모의 금융회사에서는 이런 절차를 마련하는 것이 가능하다. 하지만 일정 형식을 갖춘 보고서 없이 다양한 채널로 보고책임자에게 직접 보고할 경우 보고책임자가 최종 STR 보고를 위한 업무 부담이 커질 수 있으며, 보고책임자가 직접 보고된 모든 거래를 누락없이 검토할 수 있도록 보장하기 위한 또 다른 점검 절차를 마련하여야 한다.

대부분의 금융회사가 ②번 모델을 기반으로 자체 내부 보고체제를 설계하고 있는데 영업점이 있는 금융회사등에서는 거래모니터링 시스템에서 영업점 시나리오와 본점 시나리오를 구분하여 운영을 하고 있다. 시나리오에서 생성된 위험신호와 무관하게 모든 직원은 자신의 업무를 수행하는 과정에서 의심스러운 거래로 판단하는 상황이 발생하는 경우 언제든지 의심스러운 거래로 보고할 수 있다(이하 "Manual 보고"라고 지칭함).

영업점 점검 절차(영업점을 보유한 금융회사등에 해당함)

- 영업점의 준법감시담당자(또는 지점 거래모니터링 점검 담당자)가 거래모니터링 시스템을 통하여 각 지점별로 생성되는 위험신호에 대하여 고객정보, 거래정보 및 거래정황 등을 토대로 점검을 하여 의심이 있다는 합리적인 근거가 있는 경우 추가 상세 조사를 위하여 내부 의심거래 보고서를 작성하여 본점 거래모니터링 전담팀으로 시스템을 통하여 상신한다.
- 의심이 없다고 판단되는 위험신호에 대해서는 왜 의심스럽지 않은지에 대한 상세의견을 기술하여 종결 처리할 수 있다. 다만, 영업점 담당자는 종결 처리한 위험신호에 대한 점검 의견을 "일상거래", "혐의없음"으로 간단하게 기술하면 안 되고, 의심스럽지 않다고 판단한 정확한 사유를 상세하게 기술하여 규제당국에서 지적되지 않도록 유의하여야 한다.
- 또한, 영업점 담당자는 지속적으로 순환보직이 이루어질 수 있으므로, 영업점 직원에 대하여 내부 의심거래 보고서 작성 및 종결 처리 작성 방법에 대하여 지속적인 연수를 제공하여 금융회사등의 의심거래보고 전반의 품질이 적정할 수 있도록 통제프로세스를 강화하여야 한다.
- 대부분의 금융회사등은 영업점에 생성한 위험신호를 내규에서 정한 기간 내에 모두 점검을 완료하여야 하며, 이를 지키지 않을 경우, 영업점 내부통제 KPI 등에 포함하여 관리하는 경우가 일반적이다.

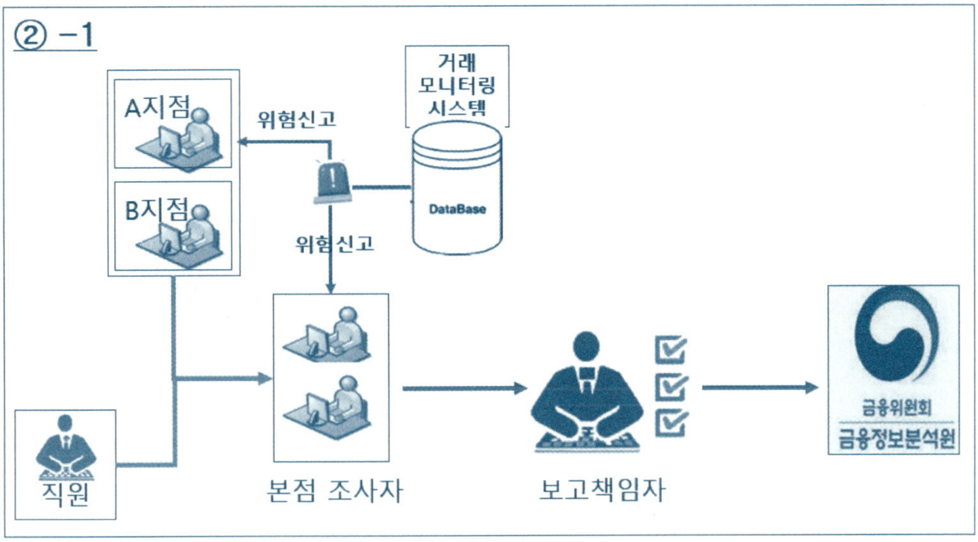

본점 점검 절차

- 본점 자금세탁방지 거래모니터링 전담 부서는 영업점에서 상신한 내부 의심거래보고와 거래 모니터링 시스템의 본점 시나리오에서 생성된 위험신호를 점검한다. 점검결과 최종적으로 의심스러운 거래로 보고할 필요가 있다고 판단된 거래는 의심거래 보고서를 작성하여 보고책임자에게 상신하여야 한다.
- 의심스럽지 않다고 판단한 위험신호에는 의심스럽지 않은 사유를 상세하게 기술하여 종결 처리하겠다는 의견을 토대로 보고책임자에게 상신하여야 한다.
- 본점 거래모니터링 전담부서도 영업점과 동일하게 생성된 위험신호를 정해진 기간 내에 처리하여야 하며, 특별한 사유(예를 들어 국가 공휴일(예 구정 또는 추석 등)이 장기간 지속되는 경우 또는 갑자기 위험신호가 대량 생성되어 처리가 지연되는 경우 등)가 있어 지연처리가 될 경우, 우선 인력 추가 등을 통해서라도 기한 내에 처리하는 것이 바람직하나, 즉각적인 대책 수립이 어려운 경우 지연점검에 대한 처리 방안을 마련하여 보고책임자와 경영진의 승인을 받는 것이 바람직하다.

보고책임자 승인 절차

- 보고책임자는 본점 점검자의 의견을 토대로 STR 보고를 승인하거나 추가적인 조사가 필요하다고 판단될 경우에는 조사자에게 다시 반려하여 추가조사를 수행하도록 하고, 의심스럽지 않다고 판단되는 경우에는 의견을 기술하여 반려 처리할 수 있다.
- 보고책임자가 STR 보고대상으로 확정하여 내부 승인을 한 경우, 그 날로부터 3영업일 이내로 금융정보분석원에 보고하여야 한다.
- 의심거래는 보고책임자에 의하여 승인이 되어야 하는데 보고책임자의 휴가, 출장 등 일시적인

부재와 같은 특별한 사정이 있는 경우가 아니라면 모든 STR은 보고책임자에 의하여 승인되어야 한다. 그러나 최근 일부 금융회사에서 예외적인 경우가 아닌 때에도 권한을 내부 직원에게 위임한 경우가 지적된 사례가 발견되었는데 이런 상황이 발생하지 않도록 유의하여야 한다.

그런데, 최근 비대면 거래가 많아지고, 시나리오 등이 복잡해져 영업점 직원들에게 점검을 하도록 할 경우, 좋은 품질의 보고서를 보장하기 어려운 경우가 많고 상세한 조사없이 혐의없음으로 종결할 경우, 의심거래보고 누락이 발생할 수 있어 각 금융회사의 환경을 고려하여 해당 모델을 유지할 것인지에 대한 검토가 필요하다고 생각한다.

만약 모든 시나리오 기반 Alert을 본점에 집중화할 경우, 거래모니터링 전담 조직에 많은 인력이 투입되어야 하고, 해당 인력 등에 대한 다양한 연수를 제공하여 좋은 품질의 조사가 이루어질 수 있어야 하는데 이 또한 쉽지 않은 프로세스이다.

다만 최근 규제당국의 STR 품질에 대한 관심이 높아지고 면피성 보고 또는 낮은 수준의 STR 보고서에 대해서는 적극적으로 지적을 하겠다는 입장을 가지고 있다. 또한 최근 STR 보고 누락으로 제재를 받는 경우가 증가하고 있어, 각 금융회사등은 STR 보고서의 품질을 강화할 수 있는 가장 효율적인 보고체제를 마련하는 것이 중요할 것이다.

글로벌 금융회사들의 절차를 살펴보면, 내부 의심거래보고를 두 개로 분류하는 경우가 대부분이다. 그 하나는 자동화된 거래모니터링 시스템의 시나리오를 기반으로 생성되는 위험신호(Alert)와 영업점 직원이 의심스러운 거래 정황을 토대로 작성하는 내부의심거래보고서이다. 일반적으로 자동화된 시스템에서 생성되는 위험신호는 본점에 집중화된 거래모니터링 전담조사팀에서 처리를 하고, 영업점 직원에는 필요한 경우 매뉴얼(수기)로 의심거래보고서를 작성하여 보고하도록 한다.

이런 경우 본점 직원은 영업점 거래의 창구 정황 또는 고객에 대한 상세 내용을 잘 알 수 없어, 우선 접근 가능한 데이터를 중심으로 보고서를 작성하거나, 필요한 경우, 해당 고객이 속한 영업점에 추가적인 정보(Request Further Information)를 요청하여 보고서의 품질을 보장하도록 내부보고절차를 마련하고 있다.

각 금융회사등은 자신의 영업환경, 고객 규모, 투입 가능한 인적·물적 자원의 역량 그리고 회사의 잔여위험 등을 고려하여 각 회사의 환경에 가장 합리적인 보고체계를 포함한 거래모니터링 프로세스를 설계하고, 그리고 위험신호를 생성하는 시나리오의 효용성과 조사자의 역량 등을 강화하여 좋은 품질의 STR 보고를 통하여 범죄자금이 해당 금융회사의 시스템을 통하여 세탁되지 않도록 사전 예방적 기능을 수행할 수 있어야 할 것이다.

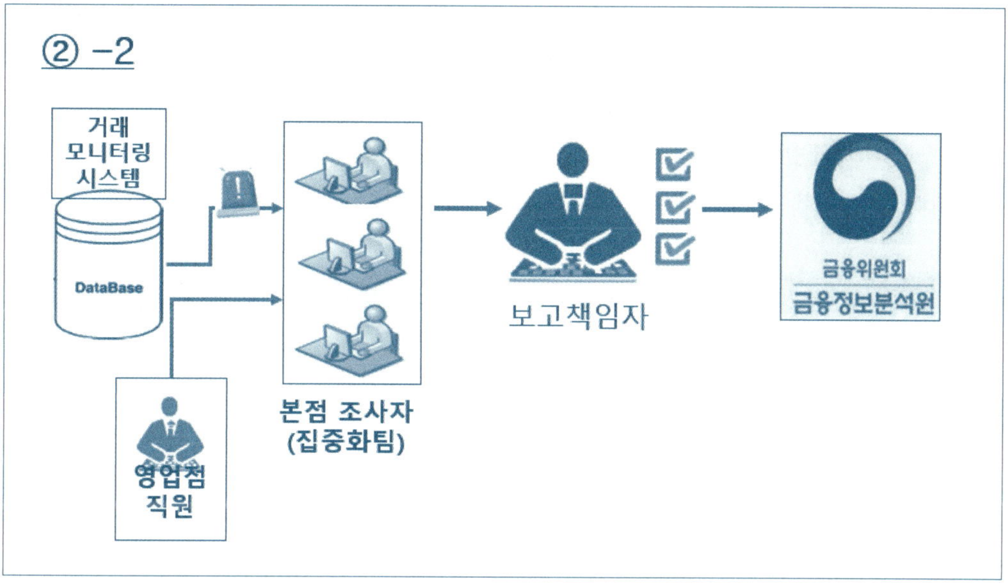

3. 외부보고체제

금융정보분석원은 2021년 3월 차세대 FIU 정보시스템 구축을 위한 프로젝트를 진행하여 금융회사등이 웹방식으로 보고할 수 있는 프로세스로 개선하였다. 즉 금융회사등은 보고책임자의 승인을 받은 STR를 “차세대 FIU 보고프로그램”을 실행하여 FIU로 보고하여 의심거래보고를 완료한다. FIU에 접수된 보고서는 실시간으로 피드백이 가능하도록 개편되어 오류로 입력된 정보의 보정 및 자료 보완 요청 접수가 가능하다.

대부분의 대형 금융회사등은 금융정보분석원 시스템이 개선된 이후 전용선을 통한 일괄 보고를 수행함에 따라 STR 프로세스가 간소화되었고, 실시간 피드백을 통하여 정합성이나 데이터 등의 오류가 있는 경우 “가접수” 등으로 분류되어 금융회사등의 즉각적인 정보 보완이 가능하다. 다만 각 금융회사등은 매일 가접수 또는 오류 접수 등이 있는지 여부를 확인하여 해당 보고가 지연보고가 되지 않도록 유의하여야 한다.

STR 보고시 종종 다른 고객의 거래정보를 첨부하여 보고하는 오류가 발생할 수 있는데, 금융회사등은 합당한 이유 없이 STR 보고와 관련되지 않은 타인의 정상적인 금융거래등에 관한 자료가 첨부되지 않도록 주의를 기울여야 한다.

보고책임자는 금융정보분석원장이 정하는 서식(특정금융정보법 감독규정 별지 제1호, 다만 카지노사업자의 경우에는 별첨 제1-1호 서식의 의심스러운 거래보고서를 말함)에 따라 보고기관, 거래상대방, 거래의 내용, 의심되는 합당한 근거, 금융회사등이 보존하는 당해 보고와 관련된 자료의 종류 등을 기재하여 온라인으로 보고해야 한다. 다만 긴급한 경우에는 전화 또는 FAX로 먼저 보고하고 추후 보완할 수 있다.

의심되는 거래 보고서식 및 제출방법 그리고 보정

제6조(의심되는 거래의 보고서식 및 제출방법)

① 영 제7조 제1항에서 "금융정보분석원장이 정하는 서식"이라 함은 별지 제1호 서식의 의심스러운 거래보고서를 말한다. 다만, 카지노사업자의 경우 별지 제1-1호 서식의 의심스러운 거래보고서를 말한다.

② 영 제7조 제1항에서 "그 밖에 금융정보분석원장이 정하는 방법"이라 함은 금융정보분석원장이 정하는 바에 따라 온라인으로 보고하는 것을 말한다. 다만, 온라인 보고를 하는 경우에도 전자화가 곤란한 첨부서류는 문서 또는 플로피디스크 등의 형태로 직접 제출하거나 우편에 의해 제출할 수 있다.

③ 금융정보분석원장은 제2항에 의하여 보고서를 접수한 경우 전자우편 등을 통해 보고책임자에게 그 사실을 통보하여야 한다.

④ 금융회사등은 영 제7조 제1항의 규정에 의한 보고를 하는 경우에는 합당한 이유 없이 정상적인 금융거래등에 관한 자료가 첨부되지 않도록 주의를 기울여야 한다.

제8조(의심되는 거래보고서의 보정)

① 금융정보분석원 소속 공무원은 금융회사등으로부터 제출받은 의심스러운 거래보고서의 형식적 요건에 흠결이 있을 때에는 당해 금융회사등에 대하여 보정을 요구할 수 있다. 다만, 그 흠결이 경미한 때에는 금융회사등으로부터 그 내용을 확인하여 직권으로 보정할 수 있다.

② 금융회사등이 제1항의 규정에 의하여 보정 또는 내용의 확인을 요구받은 경우에는 이를 요구한 금융정보분석원 소속 공무원의 신분을 확인하고 그 내용을 기록 · 보존하여야 한다.

제4절 의심스러운 거래에 따른 후속조치

1. 현재 제도의 문제점

의심스러운 거래를 보고한 후 관련 고객에 대하여 어떤 후속 조치를 취할 것인지에 대해서는 대부분의 금융회사등이 해결하여야 하는 숙제로 남아있다. 현재 법규상, 고객과의 거래거절 또는 거래중단은 CDD 정보를 적절하게 제공하지 않은 경우에만 가능하며, STR 보고가 되었다고 해서 즉각적으로 관련 고객에 대하여 거래중단이나 거래 제한 조치를 취하기 어렵다. 또한 거래중단이나 제한조치 과정에서 STR 정보누설금지 조항에 대한 위반이 우려되어 적극적인 조치가 어려운 것이 현재 각 금융회사등이 직면한 상황이다.

다만, 비대면 금융거래가 증가함에 따라 금융회사등을 이용한 마약범죄, 유사수신 행위 등의 금융사기, 불법도박 관련 거래가 지속적으로 증가하고 있어, 일부 금융회사등(특히, 인터넷은행이나 가상자산거래소 등)은 범죄 자금과 연관이 되었다는 합리적 근거가 있는 경우, 입금금지 등의 적극적 조치를 취하여 관련 고객이 해당 금융회사등에 대한 접촉을 유도 한 후 해당 고객이 적절한 CDD 정보를 제공하지 않을 경우 선제적으로 거래를 중단 또는 제한하는 조치를 취하고 있다.

또한 최근 FATF는 자금세탁 및 테러자금조달 범죄의 피해자와 희생자들의 자산 회복을 위해 범죄수익 환수를 전략적 우선과제로 선정하고 관련 국제기준인 권고안 4[몰수와 잠정조치(Confiscation and Provisional Measures)와 권고안 38(국제사법 공조 : 동결과 몰수]을 개정하고 '유죄 판결없는 몰수', '의심거래 발생시 거래 중지제도(suspension)'를 도입하지 않은 국가들에 대하여 해당 권고사항의 이행을 촉구하고 있다.

따라서 한국 규제당국도 개정된 FATF 권고사항 이행을 위한 상세 지침 및 금융업권에 미치는 영향도 등을 파악하고 있어, 조만간 구체적인 내용을 준비하여 법규개정을 진행할 것으로 기대된다.

글로벌 금융회사등의 경우, STR 보고시 추가적인 후속조치를 취하도록 내규를 마련하고 있으며. 다음과 같은 후속조치를 취할 수 있다.

(1) 거래 중단

자금세탁행위와 관련된 자금거래라고 의심되는 합리적인 근거가 있는 경우(예를 들어 압수수색영장, 금융거래정보제공 요청접수, 불법도박 거래와 관련된 정황, 보이스피싱이나 물품사기, 유사수신행위 등과 관련된 금융범죄와 관련된 것으로 파악되는 경우)에는 STR 보고 후 거래중단 등의 조치를 취할 수 있다. 다만 한국의 경우, 고객의 동의 없이 일방적인 계좌해지 등이 불가하여 해당 부분에 대한 규제적 보완이 요구된다(즉, 계좌 중단이나 해지 등의 조치가 가능한 국가 등에서는 범죄자금과 관련된 계좌에 대해서는 잔액 등이 존재할 경우, 별도 계좌에 입금하여 해당 계좌를 해지한 후 고객 앞 통지를 하는 프로세스를 마련하기도 한다).

(2) 고위험 모니터링 대상으로 등재

STR 보고한 거래가 자금세탁과 연관되었다는 합리적 의심이 있으나, 거래중단 등의 조치를 취할 수 없는 경우, 해당 고객의 추가거래를 지속적으로 모니터링하기 위하여 고위험 모니터링 대상으로 등재하여 거래모니터링 팀에서 해당 고객의 모든 거래에 대한 점검을 수행하면서 강화된 모니터링을 수행할 수 있다.

(3) CDD 조기 재점검 수행(CDD Trigger Review)

STR 보고 과정에서 거래패턴이 고객의 CDD 정보와 일치하지 않는 경우, STR 보고 후 보고책임자는 정보누설(Tipping-off)이 되지 않는 범위 내에서 해당 고객에 대한 CDD 조기 재이행을 요구할 수 있다. 즉, 위험도에 따라 수행하는 정기적인 재이행 기간이 도래하지 않더라도 내규에 마련된 일정기한 내에 CDD를 재이행하도록 요구하고 고객으로부터 적정한 CDD 정보를 업데이트 받지 못할 경우, 해당 고객과의 거래를 제한하거나 중단하는 조치를 취한다.

(4) 내부 요주의 인물 명단 등재

거래중단이나 거래해지 등의 조치를 취한 경우, 해당 고객이 다시 추가 계좌개설이 이루어지지 않도록, 내부 요주의 인물 등으로 관리하여, 해당 고객과 추가적인 계좌거래가 발생하지 않도록 통제할 수 있다.

2. 개선 방안

금융회사등이 STR 보고 거래 관련자에 대한 후속조치를 취하기 위해서 가장 중요한 것은 면피성 STR 또는 품질이 낮은 STR 보고를 지양하여야 한다, 조사자들은 유사한 수준의 업무이해도와 전문성을 가지고 보고서를 작성하는 것이 필요하다. 그렇지 않을 경우, 즉, 자금세탁행위와 관련되었다는 합리적 근거가 없이 STR를 보고할 경우, 위와 같은 후속조치를 취하는 것이 고객과의 불필요한 민원을 발생시킬 수 있으므로 이런 상황이 발생하지 않도록 STR 보고서의 품질을 강화하여야 한다.

또한, 현재 CDD 이행을 적정하게 이행하지 못한 경우에 한하여 거래 중단 등의 조치를 취할 수 있도록 규정한 법규를 개정하여 금융회사등이 보다 적극적인 조치를 취할 수 있도록 하는 규제적 보완이 요구된다.

그리고 금융업권별로 이용약관 변경 등을 통하여 거래중단이나 거래해지 등의 조치를 취할 수 있는 내용을 명확히 하고 이에 대한 적극적인 안내 및 홍보 등을 통하여 금융거래 이용자들의 이해도를 높여야 한다.

이와 같이 STR 보고에 대한 거래중단 등의 후속조치가 이루어질 경우, 범죄자들의 금융회사를 이용한 자금세탁행위가 감소할 수 있는 동력이 되고 결과적으로 금융범죄 등을 예방하고 범죄수익 환수율을 높이는 효과를 볼 수 있을 것이라고 생각한다.

제5절 의심스러운 거래 보고 시기

1. 외부 의심거래(STR) 보고 시기

금융회사등은 특정금융정보법 제4조 제3항의 내용에 해당하는 경우 특정금융정보법 시행령에서 정하는 바에 따라 지체 없이 그 사실을 금융정보분석원장에게 보고하여야 한다. 여기서 "지체 없이"의 시점에 대해서는 특정금융정보법 감독 규정이 개정되기 전까지 명확한 기준이 없어 STR 지연보고 시점을 어떻게 정의할 것인지 금융회사에서 판단하기에 어려움이 있었다.

이에 특정금융정보법 감독 규정을 개정하여 금융회사등은 금융정보분석원에 보고하는 금융거래등(즉, STR 보고대상 금융거래)로 결정한 날로부터 3영업일 이내로 보고할 것을 요구하고 있다. 즉 보고책임자가 STR 보고대상으로 확정하여 내부 승인을 한 경우, 그날로부터 3영업일 이내로 금융정보분석원에 보고하여야 한다.

특정금융정보법 감독규정 제3조(의심되는 거래의 보고시기)

법 제4조 제1항 및 제4조의2 제2항의 규정에 의한 보고를 함에 있어서 금융회사등은 자신이 취급하는 금융거래등에 대하여 법 제5조 제1항 제1호 및 영 제9조의 규정에 의하여 보고업무를 담당할 자로 임명된 자(이하 "보고책임자"라 한다)가 자체적으로 파악한 내용 또는 그 임직원으로부터 보고된 내용과 자체적으로 파악한 관련자료등을 종합적으로 검토한 후 법 제4조제1항 및 제4조의2제2항의 규정에 의하여 금융정보분석원장에게 보고하는 금융거래등(이하 "의심되는 거래 보고대상 금융거래등"이라 한다)으로 결정한 날로부터 3영업일 이내로 보고하여야 한다.

그런데 최근 규제당국의 STR 지연보고와 관련된 주된 지적사항을 살펴보면 직원들의 업무 미숙 또는 STR 보고에 대한 검증 절차 미흡 또는 시스템 교체에 따른 변경관리 미흡 등으로 인하여 많은 금융회사등이 STR 지연보고로 제재를 받는 경우가 지속적으로 발생되고 있다.

이와 같은 STR 지연보고를 방지하기 위한 내부통제 절차로는 다음과 같은 방법이 제시될 수 있다.

(1) STR 보고 건수 일별 대사

금융회사등이 보고하는 STR 건수를 확인하여 내부시스템에서 보고책임자가 승인한 STR이 금융정보분석원에 적절하게 보고되는지를 매일 대사하는 절차가 마련될 필요가 있다. 만약 일별 대사가 없을 경우, 보고책임자가 내부승인을 완료한 시점부터 3영업일 이내에 모든 STR 보고가 적정하게 금융정보분석원에 적절하게 보고되었는지 확인할 수 없어, 지연보고가 발생할 수 있는 위험이 존재하게 된다. STR 접수 적정성에 대한 일별 대사는 간단한 양식에 맞춰 이메일 등으로 보고책임자에게 일별로 보고하여 보고책임자가 모든 STR이 금융정보분석원에 적정하게 보고되는 것을 확인할 수 있도록 절차를 마련하는 것이 바람직하다.

〈일별 대사 예시 – 2023년 12월 21일(일별 보고 내용)〉

1. 내부 STR 승인 건수 21건
2. 금융정보분석원 접수건수 20건
3. 가접수 오류건 1건(첨부파일 오류로 가접수 오류로 처리되어 2023년 12월 22일 첨부파일 정정하여 재송부하고 적정 접수 확인 완료함)

(2) 시스템 또는 프로세스 변경 관리를 위하여 실제 환경에서 테스트 강화

최근 몇몇 금융회사에서 차세대 시스템을 도입하거나 새로운 프로세스 개선 과정에서 금융회사의 내부시스템에서 보고책임자가 승인한 다수의 STR 보고서가 장기간 미보고 상태로 확인된 사례가 있었다. 만약 해당 금융회사에서 위 (1)에서 제안한 일별 대사 프로세스를 마련하였다면 해당 위반을 방지가 되었을 수 있을 것이다.

그러나 이런 위반 사례의 근본원인을 확인해보면 새로운 시스템이나 프로세스에 대한 이해와 테스트가 부족한 것이 주요 원인으로 발견되었다. 동일한 사례의 재발을 방지하기 위해서는 STR 보고 관련 시스템이 새로운 시스템 또는 프로세스 변경과 관련이 있는 경우, 실제 환경으로 변경되기 전에 충분한 UAT[8]와 UVT[9]를 수행하여, 새로운 시스템 환경에서 오류로 인한 영향도를 최소화할 필요가 있다.

이와 더불어 시스템 변경 전 기존 시스템에 남아 있는 내부보고 대상 거래에 대한 점검을 마무리하여 최소한의 거래만 새로운 시스템으로 이관하고, 새로운 시스템에서는 오류가 있는지 확인하고 점검하기 위하여 적어도 1~2주간 최소한의 거래만 보고하는 준비 프로세스가 필요하다. 이와 같이 새로운 시스템 환경으로 변화를 위한 프로세스가 잘 마련된 경우 시스템 환경 오류로 인한 영향을 최소화할 수 있다.

2. 내부 의심거래보고 기한

특정금융정보법 감독규정에 따르면 금융회사등은 자신이 취급하는 금융거래에 대하여 보고책임자가 자체적으로 파악한 내용 또는 그 임직원으로부터 보고된 내용과 자체적으로 파악한 관련자료 등을 종합적으로 검토한 후 의심되는 거래 보고대상 금융거래로 결정한 날로부터 3영업일 이내에 보고하여야 한다.

그렇다면 "의심되는 거래 보고대상 금융거래로 결정하는 때"를 어떻게 해석할 것인지에 따라, 지연보고를 방지하기 위한 내부통제 설계를 마련할 수 있다. 이 시점을 거래가 발생한 시점으로 해석할 경우, 해당 거래가 발생한 이후 상당기간이 경과한

8) User Access Test : 새롭게 변경되는 시스템의 적정성을 확인하기 위하여 Test 환경에서 User들이 테스트 사례를 만들어 새로 마련되는 시스템이 적정하게 작동되는지 확인하는 테스트

9) User Verification Test : 시스템이 변경되어 이행된 후 User들이 실제 변경된 Production 환경에서 테스트 사례를 만들어 시스템이 적정하게 이행되었는지를 확인하는 테스트

시점에 언론에 부정적인 언론보도가 발생했거나 압수수색 영장이 거래일로부터 수년이 경과한 이후에 접수되었다면 이는 모두 지연보고가 될 수 있는 문제가 있다.

그리고 대부분의 금융회사들이 운영하고 있는 자동화된 거래모니터링 시나리오들은 모두 1거래일로 모니터링을 수행하는 것이 아니라, 시나리오의 목적에 따라 주별, 월별, 분기별, 반기별 등 다양한 주기를 두어 모니터링을 수행하고 있다. 따라서 거래 발생일로부터 지체 없이 보고할 것을 요구할 경우에는 금융회사들은 의심에 대한 합당한 근거에 대한 조사를 충분하게 수행할 수 없게 된다.

대부분의 글로벌 금융회사들은 STR 내부보고절차를 마련하는 경우, STR 품질을 보장하기 위하여 충분한 조사 기간을 부여하되, 내규에서 정한 기간 내에 반드시 조사를 종료하도록 하고 있다. 이를 준수할 수 없을 때에는 보고책임자의 승인을 받아 연장할 수 있도록 정하고 있는 경우가 있다. 다음은 STR 보고기한과 관련된 내부보고절차의 예시로서 각 금융회사는 각 금융회사의 사업성격, 거래 및 조사자의 규모 등을 토대로 적정한 내부 보고기간을 내규에 마련하여야 한다.[10)]

〈시나리오 추출 – 내부조사 – 보고기간 기준의 예시〉

1. 거래 발생일 : 2023년 5월 3일
2. 시나리오에서 추출된 일자 : 과거 3개월간 거래에 비하여 과도하게 거액의 자금거래가 발생하여 8월 14일에 3개월 주기 시나리오에서 추출됨
3. 내부조사 보고절차
   ① (1차 조사자) 시나리오 추출일로부터 20일 이내에 의심거래로 추가조사가 필요한지 결정하여 보고책임자 부서로 잠재적 의심거래로 보고
   ② (2차 조사자) 1차 조사자의 의견을 토대로 20일 이내 상세조사를 수행하여 STR 보고 여부를 결정
   ③ 2차 조사자에 대한 보고책임자의 승인(되도록이면 당일 또는 익일까지는 승인절차를 완료하는 것이 필요함)
   ④ 금융정보분석원 앞 보고(보고책임자의 승인 시점으로부터 3영업일 이내)

10) 최근 자금세탁방지 업무규정 개정을 위한 TFT에서 조사기한에 대한 내규의 기준을 제시할 수 있는지에 대한 검토를 수행하고 있음

사례 5-1 살인사건에서 비자금 횡령사건 그리고 STR 미보고에 따른 제재

수년 전 사회적으로 큰 이슈가 되었던 모 대기업 회장 B의 비자금 사건이 사실은 청부살인사건 조사과정에서 시작된 것을 아는 사람은 많지 않을 것이다.

A는 모 대기업 회장의 재무담당자로서 B의 차명계좌를 관리하여 왔던 것으로 알려졌다. A는 B의 차명계좌를 관리하던 중 사채업자 C에게 높은 이율로 거액의 자금을 빌려줬다가 이를 돌려받지 못할 상황이 되자, 살인청부(살인 예비 등)를 한 혐의로 구속된다. 해당 청부살인사건을 조사하던 검찰은 대기업 회장인 B씨가 임직원 명의의 차명계좌를 개설한 사실을 파악하여 A씨와 C씨를 조사하던 과정에서 비자금 관리 내역을 입수하였고, 주식과 예금, 미술품 등 B씨의 차명재산 관리내역 상당 부분을 확인하게 된다.

당시 XX은행은 해당 사건이 언론에 보도되자, 해당 관련인들과 관련된 거래를 충분한 조사 없이 대량으로 보고하는 상황이 벌어지게 되었고, 이로 인하여 XX은행은 STR 미보고 등으로 거액의 과태료 제재를 받게 되었다.

제6절 금융회사 종사자의 비밀유지의무 및 면책

1. Tip-off 금지(정보누설금지)

특정금융정보법 제4조제6항에 따르면 금융회사등에 종사하는 자는 의심되는 거래를 보고하고자 하거나 보고를 하였을 때, 그 사실을 그 보고와 관련된 금융거래등의 상대방을 포함하여 다른 사람에게 누설해서는 안 된다.

즉, "당해 보고와 관련된 금융거래 상대방을 포함하여 다른 사람"은 보고책임자의 보고 체계를 제외한 그 어떤 자에 대해서도 정보를 공유하여서는 안 된다. 따라서 해당 거래의 당사자, 관련인, 대리인에 한하는 것이 아니라, 금융회사 내에서도 보고책임자의 보고체계를 제외한 다른 부서 등과도 공유할 수 없다는 것을 의미한다.

해당 법규는 FATF 권고사항 21(정보누설과 비밀유지)에 대한 법규에 반영한 내용으로서 의심거래보고 제도에 필수적인 것으로서 의심거래보고 정보 누설시 정보수집 및 조사에 부정적 영향을 미치고, 개인은 이를 회피하기 위해 자산을 빠르게 처분할 가능성 등이 있으므로 이를 금지했다는 점에 의의가 있다.

또한 의심거래보고 대상이 된 거래당사자의 평판과 밀접한 관련이 있고, 특히 명확한 근거규정이 없는 상황에서 외국기관과 정보가 공유될 경우 양국의 정보 보호 규정이 상이함으로 인해 해당 정보가 목적과는 관계없는 곳에 활용되거나 유출될 우려 등도 존재하므로 이를 막기 위한 조치라고 볼 수 있다.

특정금융정보법 제4조제6항(정보누설금지) 및 FATF 권고사항 21(정보누설과 비밀유지)

⑥ 금융회사등에 종사하는 자는 제1항에 따른 보고를 하려고 하거나 보고를 하였을 때에는 그 사실을 그 보고와 관련된 금융거래등의 상대방을 포함하여 다른 사람에게 누설하여서는 아니 된다. 다만, 다음 각 호의 어느 하나에 해당하는 경우에는 그러하지 아니하다.

1. 자금세탁행위와 공중협박자금조달행위를 방지하기 위하여 같은 금융회사등의 내부에서 그 보고 사실을 제공하는 경우
2. 제3조제1항 각 호의 업무에 상당하는 업무를 수행하는 외국의 기관(이하 "외국금융정보분석기구"라 한다)에 대하여 해당 외국의 법령에 따라 제1항에 따른 보고에 상당하는 보고를 하는 경우

FATF 권고안 21(정보누설과 비밀유지) – 금융회사의 임원 및 직원은 :

(a) 선의에 의하여(in good faith) FIU에 의심거래보고를 한 경우, 비록 그 전제된 범죄가 무엇인지 정확히 알지 못하고, 불법행위가 실제 일어나지 않았더라도(Regardless of whether illegal activity actually occurred), 계약서나 그 어떠한 법률, 규정 또는 행정적 조치(administrative provision)에 의하여 부과된 정보누설 금지의무를 위배하더라도 형사 또는 민사상의 책임을 지지 않는다.

(b) 다음에 대한 제한 위반에 대한 형사 및 민사 책임으로부터 법에 의해 보호됨

- 계약이나 입법, 규제 또는 규정에 의해 부과된 정보 공개
- 행정 조항에 따라 선의로 FIU에 의심 사항을 보고하는 경우에도 마찬가지임

다만 ① 자금세탁행위와 공중협박자금조달행위를 방지하기 위하여 같은 금융회사등의 내부에서 그 보고사실을 제공하는 경우와 ② 특정금융정보법 제3조 제1항 각 호의 업무에 상당한 업무를 수행하는 외국의 기관("외국금융정보분석기구")에 대하여 해당 외국 법령에 따라 제1항에 따른 보고에 상당하는 보고를 하는 경우 예외적으로 정보공유를 허용하고 있다. 그러나 금융정보분석원의 유권해석에 따르면 금융회사등의 내부에서 그 보고사실을 제공하는 경우를 극히 제한적으로 해석하여 보고책임자의 보고체계 내부에서만 허용을 하고 있다.

그러나, 보고책임자가 의심거래에 대하여 합리적인 근거를 토대로 자금세탁행위를 판단하여 STR을 보고하였는데(예를 들어, 마약범죄 피의자로 압수수색영장이 접수되고, 다수인으로부터 소액을 영수·이체받아 거액의 현금으로 인출하는 경우 등), 해당 고객이 유사한 거래를 지속적으로 행하고 있으나 해당 고객이 거래하는 영업점 등에서는 자금세탁 연관 우려사항을 공유할 수 없었다. 이에 따라(거래거절 또는 중단조치 등) 범죄자로 판단되는 고객이 지속적인 자금세탁행위를 수행하는 것을 허용하는 비합리적인 결과를 낳게 됨에 따라 유권해석에 대한 변경이 필요하다고 본다.

금융정보분석원은 명확한 자금세탁방지 목적을 위하여 금융회사등의 내부에서 정보공유가 가능한 범위를 확대할 수 있는지에 대하여 기존의 유권해석 내용에 대한 검토를 진행하고 있다.

〈유권해석〉 내부감사인의 의심스러운 거래 정보 접근 가능 여부

내부감사인의 독립적 감사 수행을 위하여 의심스러운 거래 보고 관련 정보를 열람할 수 있는지 여부

• 내부감사인의 독립적 감사 수행을 위한 의심스러운 거래 보고 관련 정보 열람은 「특정 금융거래의 보고 및 이용 등에 관한 법률」(이하 '특정금융정보법') 제4조제6항제1호의 "자금세탁행위와 공중협박자금조달행위를 방지하기 위하여 같은 금융회사등의 내부에서 그 보고 사실을 제공하는 경우"에 해당하지 않으므로, 내부감사인은 해당 정보를 열람할 수 없습니다.

• 금융회사등은 원칙적으로 특정금융정보법 제4조제6항 본문에 따라 의심되는 거래를 보고하려고 하거나 보고를 하였을 때에는 의심되는 거래를 보고하였다는 사실을 다른 사람에게 누설하여서는 안 됩니다.

- 다만, ⅰ) 금융회사등이 금융정보분석원에 의심되는 거래를 보고하기 위해 필요 내부 절차로서의 보고인 경우에는 의심되는 거래 보고 사실을 내부적으로 제공하는것이 불가피하고, ⅱ) 각 국가 간에는 자금세탁 및 이와 연루된 전제범죄와 테러자금조달의 수사, 기소 및 관련 사법절차 수행을 위해 최대한 폭넓은 사법공조가 필요하므로, 특정금융정보법 제4조제6항제1호 및 제2호에서 위와 같은 경우를 예외사항으로 규정하고 있는 것입니다.

- 따라서 내부감사인의 독립적 감사 수행을 위해 의심되는 거래 보고 관련 정보를 열람하도록 하는 것은 특정금융정보법 제4조제6항제1호에 따른 "금융회사등의 내부에서 그 보고 사실을 제공하는 경우"에 해당한다고 해석할 수 없으므로 내부감사인은 해당 정보를 열람할 수 없습니다.

〈유권해석〉 외국계 금융회사의 지점과 본점 사이의 STR 정보 공유 가능 여부

• 저희는 한국에서 영업 중인 외국은행 지점입니다. 저희 본점 및 지역본부에서는 그룹 차원의 리스크 관리를 위해 저희에게 혐의거래(STR) 정보 공유를 요청하고 있습니다. 그러나 법 제4조제6항에 따라 외국은행의 본점 및 지역본부는 동일 금융회사의 내부로 간주되지 않아 정보를 공유하지 못하고 있는 실정입니다. 본점 및 지역본부를 동일 금융회사의 내부로 인정하여 STR 정보를 공유하도록 할 수는 없는지요?

- 고객의 거래가 의심거래보고에 해당하여 당국에 보고된 사실이 알려질 경우, 결과적으로 실제 자금세탁에 해당하지 않을 수 있음에도 불구하고 의심거래보고 자체로 해당 고객은 개인 신용하락 등 경제적 피해를 입을 우려가 있습니다. 이에 특정금융정보법은 정보 공유를 엄격히 제한하고 있습니다. 구체적으로 보면 법은 이러한 취지에 따라 정보공유가 가능한 범위를 금융사 내부(점포 -> 금융회사 본점 준법감시인(보고책임자))로 엄격히 한정하고, 의심거래정보 등을 재판에서 증거로서 사용할 수 없도록 하는 등의 규정을 두고 있습니다(특정금융정보법 제12조제3항). 또한 일부 외국이 의심거래보고 대상 고객을 고위험으로 평가하고 금융거래를 제한할 수 있는 등의 소지가 있어, 이른바 '낙인 효과'로 개인 경제활동에 피해가 발생할 우려가 있음도 고려해야 할 것입니다.

〈유권해석〉 준법지원부와 외환업무부 사이 정보 공유 가능 여부

❶ 자금세탁방지팀에서 금융정보분석원 앞으로 보고 완료한, 영업점 직원이 작성한 STR 보고서 중 '혐의거래로 판단한 사유 관련' 항목만 (STR 보고서 전체가 아님) 자금세탁방지팀에서 외환업무부로 송부하고, 송부받은 '혐의거래로 판단한 사유 관련' 항목을 외환업무부에서 다른 기준(㉮ 특이 유형거래 적출기준)과 보고형식으로 편집하여 금융감독원 외환조사팀에 보고하는 것(㉮ 특이유형거래보고서)이 법에 위배가 될는지요?

• 영업점 직원이 작성한 STR 보고서 또는 이를 자금세탁방지팀에서 수정·보완하여 FIU에 보고한 STR 보고서 중에서 '의심거래로 판단한 사유' 관련 항목을 특이유형거래보고서에 기재하는 방식은 그 보고 체계상 의심거래보고를 하려고 하거나 보고를 한 사실이 누설되는 결과가 되므로 특정금융정보법 제4조에 위반된다고 할 것입니다.

❷ 준법지원부에서 금융정보분석원 앞으로 보고하고 있는 STR 보고서뿐만 아니라 보고사실조차 외환업무부에 제공하지 않고, 준법지원부와 외환 업무부가 각각 별개의 추출기준(보고금액, 유형 등)으로 적출할 경우, 이미 구축한 자금세탁방지시스템을 함께 이용하는 것은 가능한지요?

• 의심거래보고 적출기준과 특이유형거래 적출기준을 다르게 하거나(양자가 유사할 수는 있음) 적출된 거래를 별도로 처리하는 방식 등을 사용함으로써 자금세탁방지시스템과는 상관관계가 없는 별도의 특이유형거래보고 적출·보고 시스템을 구성하는 것이 적절하다고 판단됩니다.

2. 면책

금융회사(금융회사 종사자 포함)는 의심스러운 거래보고를 한 경우 당해 보고와 관련된 금융거래의 상대방 및 그의 관계자에 대하여 손해배상책임을 지지 않는다. 법 제4조 제7항에서 "손해배상 책임을 지지 아니한다"란 민사상 책임이 면책된다는 것을 의미한다(2019년 7월 업무 규정시 추가하여 명확히 함). 단, 고의 또는 중대한 과실로 인하여 허위보고를 한 경우는 제외한다.

3. 재판 증거 채택불가 및 증언 거부

금융회사가 금융정보분석원장에게 보고한 사항 중 금융정보분석원장이 수사기관 등 법집행기관 등에 제공한 특정 금융거래정보는 재판에서 증거로 채택할 수 없다. 최근 검찰에서 STR 보고서에 대한 압수수색영장을 발부하여 금융회사에서 STR 보고서가 압수수색 대상이 될 수 있는지 여부에 대한 문의가 많았지만, STR 보고서는 재판의 증거로 채택될 수 없기 때문에 STR 보고서는 압수수색의 대상이 될 수 없다는 의견이 많다.

그러나 압수수색영장은 이미 판사의 결정에 따라 발부된 것이기 때문에 금융회사 등에서는 법규 해석 여부와 상관없이 압수영장에서 제시한 금융거래 내용이나 STR 보고서를 제출할 수 밖에 없는 상황이다. 따라서 금융정보분석원은 해당 내용을 법원 등과 협의하여 STR 보고서에 대한 영장 집행이 이루어지지 않도록 해야 할 필요가 있다.

또한, 의심스러운 거래 보고에 관여한 금융회사의 종사자는 특정금융정보법의 규정과 관련된 재판을 제외하고는 당해 보고와 관련된 사항에 관하여 증언을 거부할 수 있으나, 단, 중대한 공익상의 필요가 있는 때에는 거부할 수 없다.

4. 벌칙 및 과태료

(1) 벌칙

금융회사의 임직원이 의심스러운 거래(STR)를 허위로 보고하거나 의심거래 보고(STR)에 대한 허위보고 또는 보고 사실을 제3자에게 누설한 경우는 1년 이하의 징역 또는 1천만 원 이하의 벌금의 형사처벌 대상이 된다(특정금융정보법 제17조 제3항 제1호·제2호).

해당 벌칙 규정은 징역과 벌금을 병과할 수 있으며, 양벌 규정이 적용되어 법인의 대표자나 법인 또는 개인의 대리인, 사용인, 그 밖의 종업원이 그 법인 또는 개인의 업무에 관하여 제17조의 위반행위를 한 경우에는 행위자를 벌하는 외에 그 법인 또는 개인에 대하여도 해당 조문의 벌금형을 부과한다.

다만, 법인 또는 개인이 그 위반행위를 방지하기 위하여 해당 업무에 관하여 상당한 주의와 감독을 게을리하지 아니한 경우에는 해당 조항에 대한 예외를 두고 있다. 즉 STR의 허위보고 및 정보누설 금지를 위반한 자는 강한 형사처벌 대상에 해당하므로 해당 업무를 수행시 이에 유의하여 금융회사등의 직원 자신과 회사가 형사처벌의 대상이 되지 않도록 하여야 한다.

(2) 과태료

특정금융정보법 제4조 제1항, 제2호를 위반하여 보고를 하지 않은 자에게는 3천만원 이하의 과태료를 부과한다. 즉, 의심스러운 거래 미보고 또는 지연보고에 해당하는 경우에는 과태료 부과 대상에 해당한다. STR 미보고 및 지연보고의 경우 위반 건별에 대한 과태료를 부과하므로 최근 많은 금융회사등이 거액의 과태료 부과 처분을 받고 있다. 특히 STR 지연보고에 대한 위반이 지속적으로 발견되고 있어 각 금융회사등은 STR 보고에 대한 통제절차를 강화하여 이와 같은 위반이 발생하지 않도록 유의하여야 한다.

3장

거래모니터링 프로세스 및 STR 룰(Rule) 관리

제1절 위험기반접근법에 따른 거래모니터링 프로세스

1. 개요

금융정보분석원은 금융회사등이 보고한 STR 보고서에 대하여 금융정보분석원의 차세대시스템을 기반으로 전산분석, 기초분석, 상세분석 등을 통해 법집행기관에 제공할 것인지를 검토하게 된다. 금융정보분석원으로부터 STR 등의 특정거래정보를 제공받은 법집행기관등은 조사를 통하여 범죄자에 대한 처벌과 범죄수익을 환수하게 된다.

〈최근 3년간 심사분석·제공 현황〉

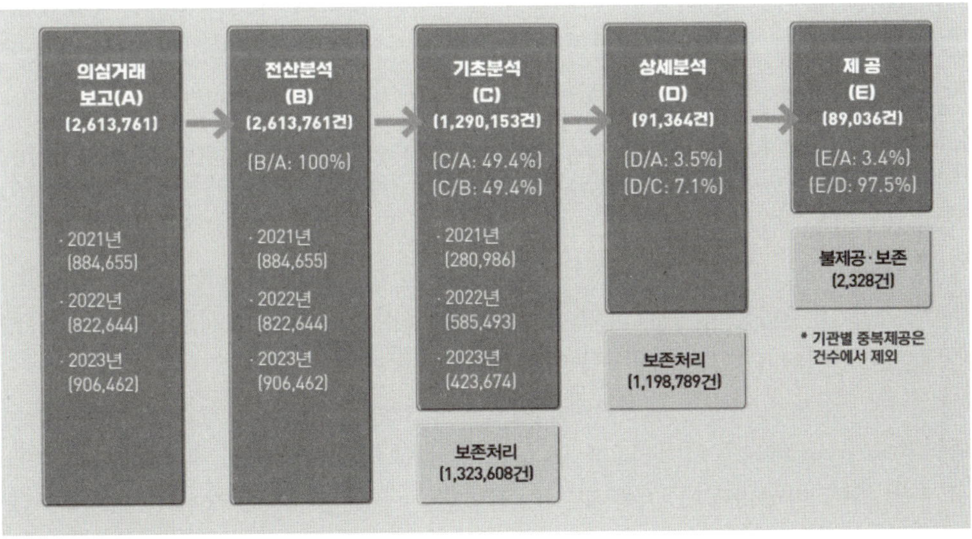

* 제공(E) : 기관별 중복제공 등 건수 제외
* 기초분석 : 배당요청 및 보존등록 건수를 집계하는 방식으로 변경

자료출처 : 금융정보분석원 2023년 연차보고서

금융정보분석원의 2023년 연차보고서에 따르면 가상자산 등장, 핀테크 발전 등으로 금융시장 저변 확대 및 다변화가 진행됨에 따라 금융을 이용한 자금세탁범죄는 크게 증가할 수 있고 그 기법과 수단도 점차 복잡해지고 있고, 다양한 신종 금융서비스의 개발과 비대면 거래의 급격한 확산으로 전체적인 자금 흐름과 거래 성격을 뚜렷하게 파악하기가 점차 어려워지고 있으며, 이에 따라 특정금융거래의 자금세탁 위험성을 판단함에 있어 이전보다 고도화된 분석이 요구된다고 기술하고 있다.

이에 금융정보분석원은 심사분석역량을 강화하여 변화하는 자금세탁 위험성에 대응하기 위한 다각적인 노력을 기울이고 있으며, 기초분석 단계에서 심사분석관을 전문영역별로 배치하고 고혐의 의심거래보고에 대한 기초분석량을 확대함으로써 분석관을 통한 1차 분석을 강화하고 있다. 이를 통해 상세분석 대상을 보다 면밀하게 선별하고 상세분석시 관련 건을 적극적으로 추가하는 등 주요 의심거래보고에 대한 분석 누락을 방지하여 자금세탁에 대한 전반적인 모니터링 역량을 제고하고 있다.

이처럼 각 금융회사등이 보고한 STR 보고는 범죄행위를 적발하고 범죄자금을 환수하여 피해자에게 되돌려 줄 수 있는 의미 있는 역할이므로 규제당국의 요건과 업계의 모니터링 시스템을 통하여 품질이 높은 STR를 보고하여야 한다. 의심이 없어 종결 처리하는 거래에 대해서도 명확한 기준을 통하여 혐의없음으로 처리할 수 있도록 관리하여 미보고나 지연보고가 발생하지 않도록 하여야 한다.

특히, 규제당국은 특정금융정보법 감독규정 제4조 제3항에서 "금융회사등은 의심거래보고를 위하여 전산시스템을 개발하고 전자금융거래에 대하여 주의를 기울여 금융거래등이 의심되는 거래 보고대상 금융거래인지 효율적으로 확인할 수 있는 방안을 강구하도록 노력하여야 한다"고 규정하여 금융회사등이 가능한 전산 시스템으로 구현된 모니터링 절차를 마련할 것을 요구하고 있다.

대부분의 금융회사등이 도입하고 있는 의심스러운 거래 모니터링 시스템에는 자금세탁 관련 이상거래를 지속적으로 적발할 수 있는 의심거래 룰(Rule)과, 해당 룰(Rule)을 통해 적발된 의심거래와 해당 의심거래에 대한 조사 내용을 입력할 수 있도록 시스템이 마련되어 있으며, 관련 의심거래 및 조사내용이 적정하게 보관될 수 있도록 마련되어 있다.

다만 최근 STR 관련 규제당국의 지적사항을 살펴보면, 해당 시스템 구현내용과 의심거래 모니터링 업무절차(매뉴얼 등)를 기술한 문서화된 매뉴얼이 적절하게 작성되지 않거나, 시스템과 문서의 내용이 일치되지 않아 지적되는 경우가 종종 발견되므로, 각 금융회사등은 이런 부분에 유의하여야 한다.

2. 지속적인 거래 모니터링 프로세스

자금세탁 위험이 있는 의심거래에 대한 지속적인 모니터링을 적절하게 수행하기 위하여 가장 중요한 것은 각 금융회사등이 내재하고 있는 자금세탁 위험 유형(Risk Typology)에 대하여 파악하는 것이다. 즉 금융회사등은 금융회사의 사업성격, 규모, 고객군, 제공하는 상품 및 서비스/채널 등을 고려하여 어떤 자금세탁위험에 노출되었는지를 파악하고, 이를 경감시키기 위한 위험기반접근법을 토대로 한 거래모니터링 프로세스를 마련하여 운영하여야 한다.

정부 관계기관 합동으로 발간된 국가위험평가에 따르면 탈세·조세포탈(관세포탈 포함), 불법도박 등 불법사행행위, 보이스피싱 등 금융사기, 부패범죄(수뢰·증뢰,·알선 등), 주가조작 등 불공정거래, 재산국외도피(무역거래이용), 횡령·배임, 현금거래, 가상통화 등이 우리나라의 주된 자금세탁 위험으로 파악된다.

그러나 전통적인 금융회사(예를 들어 은행, 증권사, 보험사 등) 이외에도 전자금융거래 및 가상자산거래의 급증, 그리고 다양한 금융회사등을 이용한 자금세탁행위가 늘어남에 따라 각 금융회사등은 해당 금융회사의 ML/TF Risk Typology를 정확하게 파악하여 파악된 위험을 통제하기 위하여 위험기반접근법을 토대로 한 지속적인 거래모니터링 프로세스를 포함한 의심거래보고 체제를 마련하여야 한다(제1편 금융회사의 자금세탁 위험에 대한 이해에 기술된 국가위험평가에서 파악한 위험과 각 금융회사별 자금세탁 취약점에 기술된 내용을 참조할 것).

만약, 특정 금융회사등이 최근 사회적 문제가 되는 마약거래가 급증하면서 리스크가 높다고 판단될 경우, 마약관련 불법 자금거래의 흐름을 규제기관이나 외부 기관 등에서 발행된 자료나, 압수수색영장에 마약관련 피의자로 파악된 고객들의 거래 유형을 살핀 후,(㉮ 불특정 다수의 거래자로부터 2십만 원 등의 소액 자금이 수차례 입금되고, 단기간 내에 입금된 자금을 현금으로 인출하는 패턴의 거래) 확인된 거래 유형을 비정상적인 거래로 정의하여 해당 거래와 유사한 거래를 추출하는 거래

모니터링 STR 룰(Rule)을 마련하고, 이와 유사한 거래가 파악된 경우 STR 보고하도록 절차를 마련하여야 한다.

제2절 STR 룰(Rule) 관리 프로세스

1. STR 룰(Rule) 도입 프로세스

STR 룰(Rule)은 각 금융회사등이 파악한 자금세탁위험 유형(ML/TF Risk Typology)을 토대로 의심거래를 적발하기 위한 "IF-THEN"[11] 규칙이다. STR 룰(Rule)은 금융회사에 따라 일정 요건에 일치하면 위험신호를 생성시키는 룰(Rule) 방식의 시나리오(예를 들어, 현금 1천만 원 이상거래가 2회 이상 발생한 경우 Alert을 생성함)와 Scoring 방식의 시나리오(시나리오별 Alert에 점수를 부여하여 일정 점수 이상의 거래에 한하여 조사가 필요한 Alert을 발생시킴) 등이 주로 이용된다.

또한, 자금세탁의 수법이 다양하고 복잡해짐에 따라 모든 자금세탁 위험의 유형을 STR 룰(Rule)로 마련하는 것은 어려울 수 있어 STR 룰(Rule)은 지속적으로 업데이트를 하여야 한다. 그런데 어떤 새로운 위험이 발견된 경우, 해당 위험과 관련된 거래를 적발하기 위하여 즉각적으로 전산화된 룰(Rule)을 만들기보다는 새로운 자금세탁 유형을 파악하기 위하여 우선 일정기간 동안 테마 모니터링을 수행한 후 유효성이 높은 룰(Rule)로 만드는 것이 더 바람직할 수 있다.

또한 STR 룰(Rule)과 관련된 지침 등을 문서화하는 것이 바람직한데, 해외 금융회사들의 사례를 살펴보면 (1) 거래모니터링 룰(Rule) Book(각 룰(Rule)의 목적과 탐지하고자 하는 자금세탁 유형을 기술하는 것이 일반적임)과 (2) 룰(Rule) 상세 기술서(각 룰(Rule)의 전산적인 로직이나 제외대상 거래(수수료나 은행 내부 거래 등)나 포함대상 거래 등을 상세히 설명) 등을 마련하는 것이 일반적이다.

---

11) IF-THEN 규칙이란 거래모니터링에서 사용되는 시나리오 기반의 규칙을 설명하는 문구로서 만약 "IF" 어떤 조건이 충족된다면 "THEN" 어떤 특정한 조치를 취한다는 내용으로, 예를 들어 "만약 하루 동안 특정 계좌에서 금액이 일정 금액 이상 초과하면 Alert으로 추출되어 의심스러운 거래에 대한 조사가 시작될 수 있다는 규칙을 설명하는 내용이다. 즉, 사전에 설정된 IF-THEN 규칙은 일정 금액과 같은 임계치와 결합하여 작동한다

한국 금융회사등의 경우 통계나 전산 전문 직원이 자금세탁방지 부서에 배치되지 않는 경우가 많고, 소규모 금융회사의 경우 인력적인 한계로 인하여 시나리오 관리 전문 인력 배치가 어려워 해외 사례와 같이 상세한 STR 룰(Rule) 관련 문서를 체계화할 수 없더라도 각 STR 룰(Rule)의 목적이나 임계치 그리고 추출 로직 등을 기술한 문서를 마련하는 것이 바람직하다.

2. STR 룰(Rule) 관리 프레임워크

의심거래보고를 위하여 마련한 STR 룰(Rule)은 효과성이 높은 룰(Rule)이어야 한다. 그렇지 않을 경우 너무 많은 오탐이 발생하여, 불필요한 업무를 처리하기 위하여 많은 인력을 투입하여야 한다. 오탐을 최소화하고 의심거래를 잘 적발할 수 있는 STR 룰(Rule)은 의심거래보고서의 품질을 높일 수 있는 가장 중요한 요소 중의 하나이다.

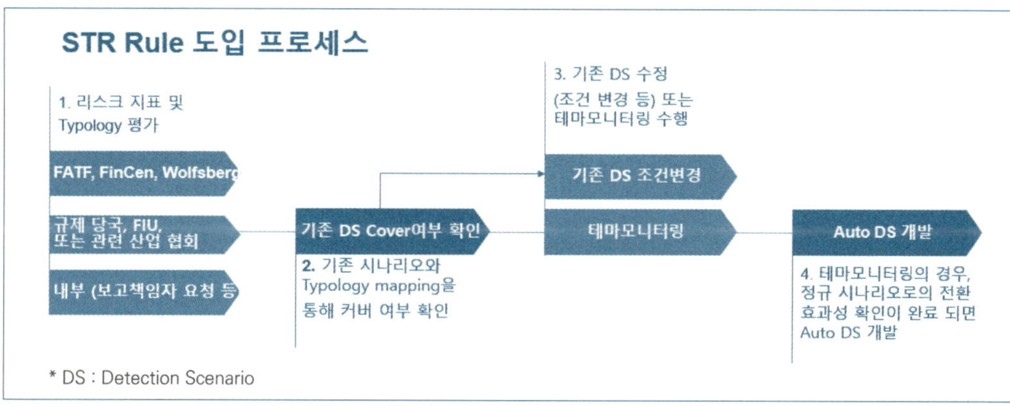

그래서 STR 룰(Rule)를 만들고, 지속적인 룰(Rule) 효과성 점검을 통하여 임계치를 조정 하고 필요 없는 룰(Rule)에 대해서는 비활성화할 수 있도록 관리절차를 마련하여야 한다.

현재 규제당국은 거래모니터링 룰(Rule)이 업권별 권고되는 의심거래 참고유형을 커버할 수 있는 룰(Rule)이어야 하며, 매년 룰(Rule)의 효과성을 점검하기 위한 절차를 마련하여 수행할 것을 요구하고 있다. 규제당국의 검사등을 대비하기 위하여 업권별 의심거래 참고유형과 해당 금융회사의 거래모니터링 시나리오에 대한 대조(맵핑(Mapping))을 실시하여, 분석 결과 부족한 시나리오는 즉각적인 개발을 진행하는 등의 조치를 취하는 것이 바람직하다.

효과적인 거래모니터링 룰(Rule)을 관리하기 위해서 다음과 같은 프로세스가 마련된다면 각 금융회사의 거래모니터링 룰(Rule)이 효율적으로 관리할 수 있을 것이라 생각한다.

아직 대부분의 한국 금융회사등에서는 STR 룰(Rule) 효과성을 분석할 수 있는 인적 자원이 부족하여 대부분 컨설팅 회사의 도움을 받고 있어 용어가 생소할 수 있으나, STR 룰(Rule) 분석의 기본적인 절차를 기술한 내용이므로 참조용으로 이해하면 좋겠다. 만약 자체적인 STR 룰(Rule) 관리 프레임워크를 마련하고자 하는 경우에는 아래 내용을 참조하여 각 금융회사의 환경에 맞는 관리 프레임워크를 마련하는 것이 바람직하다.

STR Rule 관리 프레임 워크

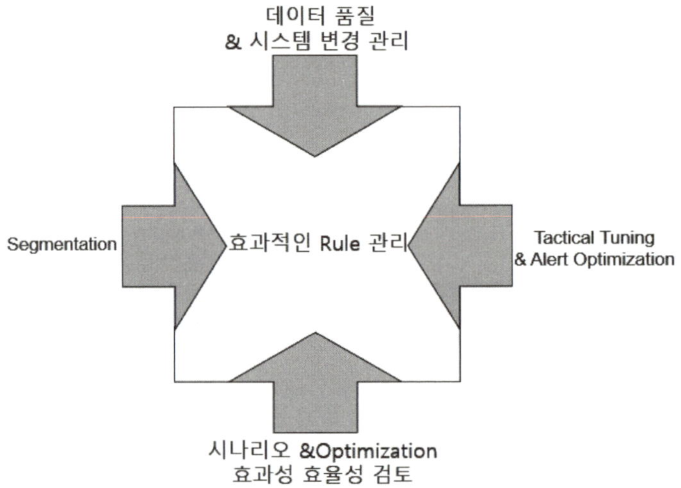

(1) 데이터품질 및 시스템 변경관리

STR 룰(Rule)에 소스로 사용되는 중요한 데이터 요소(Key Data 요소, 예를 들어, 거래수, 거래금액, 고객명 등 거래모니터링에 사용되는 데이터)의 품질을 관리하는 데이터 품질 관리체계(DQMF : Data Quality Management Framework)를 이행하는 것이 우선적으로 선행되는 것이 바람직하다.

현재 대형 금융회사등은 데이터품질의 중요성으로 인하여 외부 컨설팅의 지원을 받아 DQ관리를 이행하고 있으나, 일부 소형 금융회사의 경우에는 별도의 자금세탁방지 시스템이 없는 경우도 있으므로 각 금융회사의 환경을 고려하여 시스템을 통하여 거래를 하는 경우는 최초 인입된 데이터부터 자금세탁방지 시스템에서 추출되어 사용되는 데이터의 일관성을 확보하기 위하여 데이터품질을 보장하는 것은 굉장히 중요하다.

STR 룰(Rule)에서 사용되는 고객정보, 거래정보, 계좌정보 등은 대부분 거래모니터링 시스템에서 직접 생성된 테이터가 아니라, 자동화기기, 영업점 단말기, 모바일앱 등 Transaction Processing 시스템(실질적으로 거래가 발생하는 거래처리 시스템(Upstream 데이터로서 고객 정보나 거래를 직접 처리하는 운영시스템으로 기간계를 의미함))에서 생성된 데이타이다. 해당 데이타는 Transaction Processing 시스템에서 최초로 생성된 후, 일반적으로 "정보계"(Transaction Processing 데이터를 기반으로 데이터 분석, 리포트 생성, 경영전략 수립 등 분석 및 의사결정 자원시스템으로 Data Warehouse(DW) 등이 이에 해당함)로 전달되고, 이후 데이터 프로그램을 통해 최종적으로 거래모니터링 시스템으로 전송된다.

따라서 최초 데이터 생성 단계인 Transaction Processing시스템에서 오류값이 입력될 경우 데이터가 여러 단계를 거쳐 이동하는 과정에서 데이터 오류로 인하여 오탐이 되는 문제가 발생할 수 있다. 이처럼 데이터 품질문제는 STR 룰(Rule)의 정확성과 신뢰성에 영향을 미쳐 데이터 품질이 확보되지 않으면 STR 룰(Rule)의 효과적인 작동을 보장할 수 없을 수 있다.

데이터 오류 입력의 사례
1. 모바일 앱을 통한 고객 신규시 고객의 휴대폰 번호 형식에 대한 품질 검증 컨트롤이 제대로 갖추어지지 않아 010-1234-123처럼 뒷자리 3자리가 잘못 입력해도 그대로 저장되는 경우. 이런 경우 동일 휴대폰 번호 고객을 추출하는 STR 룰(Rule)에 해당 고객은 추출되지 않을 수 있음 2. 원천시스템에서 총 거래건수가 백만건 발생했지만, 최종 거래 모니터링 시스템에서는 일부 거래가 누락되어 전체가 온전하게 전송되지 않는 경우

즉, 거래모니터링 룰(Rule)에 필요한 데이터의 정합성을 보장할 수 없다면, 거래모니터링으로 추출되는 거래에 대한 신뢰도가 떨어질 수 있어 오탐이 증가하거나 일부 거래는 생성이 되지 않는 큰 문제를 발생시킬 수 있다.

따라서 좋은 거래모니터링 룰(Rule)을 마련하기 위해서는 거래모니터링에 사용되는 모든 데이터의 품질을 관리하는 것이 중요한데, 다음은 데이터 품질관리를 위한 주요사항으로 우선 고려되어야 할 필요가 있는 항목이다.

1) 중요 데이터 요소 정의

STR 룰(Rule)이나 의심거래 조사 및 STR 보고서 작성과정에서 중요하게 사용되는 데이터 요소를 선정하여 이를 중요 데이터 요소로 정의하여 최소 해당 요소에 대해서는 데이터 품질을 보장하는 프로세스를 마련할 필요가 있다.

중요 데이터 요소는 데이터 품질이 보장되지 않을 경우 Alert 추출과정에서 오탐(누락이나 오류)를 초래할 수 있는 중요 요소로 설명할 수 있다. 예를 들어 특정 STR 룰(Rule)에서 "신규일이 최근 6개월 이내이고 거래금액이 XXX이상"의 경우 Alert가 생성되는 경우, 해당 조건에 포함된 신규일과 거래금액은 정당한 Alert 생성을 보장하기 위한 중요 데이터 요소로 고려되어야 한다. 만약 신규일자에 오류가 있거나 거래금액 정보가 누락될 경우, 해당 STR 룰(Rule)은 Alert을 정상적으로 생성하지 못할 가능성이 있다.

또한, 조사 품질에 영향을 미칠 수 있는 조사 관점의 중요 정보(예를 들어 실소유자 정보)와 STR 발송시 보고서에 필수적으로 포함되어야 하는 정보(금융정보분석원의 STR 보고서의 필수정보와 STR 보고서의 정보가 일치하지 않는 경우)가 STR 룰(Rule)의 품질 항목과 일치하지 않을 경우, 이들 정보 역시 중요 데이터 항목으로 추가 정의되어야 한다. 이는 조사와 보고 과정의 신뢰성과 정확성을 높이기 위한 필수적인 조치이다.

중요 데이터 요소를 정의한 이후에는 각 데이터 요소에 대한 품질 규칙과 품질 임계치를 설정하는 것이 필요하다.

① 품질 규칙은 특정 중요 데이터 요소에 대해 허용 가능한 데이터의 범위를 정의하는 것이다. 예를 들어 고객 주민등록번호 필드는 6자리의 생년월일 데이터와 7자리 고유번호로 이루어진 숫자만 입력가능하므로, 고객이 한국인이면, 해당 필드에 특수문자는 허용되지 않아야 한다는 규칙을 정하는 것을 의미한다.

② 품질 임계치는 해당 정보의 품질 오류를 관리하기 위한 품질 리스크 허용치를 의미한다. 모든 중요 데이터 요소의 품질 리스크 허용치를 100%로 설정하면 가장 완벽할 수 있지만, 일정 중요 데이터 요소는 100%로 설정하기 어려움이 있을 수 있다. 예를 들어 고객의 이름과 주민등록번호는 정보가 반드시 채워져야 하므로 임계치를 100%로 설정할 수도 있다. 이 경우 단 한건의

정보누락이 발생하더라도 이를 품질 오류로 판단하고 원천 시스템의 데이터 수정요청과 같은 필요한 조치를 취하여야 한다.

2) 중요 데이터 요소의 품질을 점검하기 위한 시스템 통제

첫번째 단계에서 정의된 중요 데이터 요소의 품질을 점검하기 위한 시스템 통제를 수립하는 과정이 필요하다. 이 과정에서는 Reconciliation과 프로파일링(Profiling)이라는 두가지 시스템 통제를 수립하는 것이 바람직하다.

Reconciliation은 최초의 원천시스템에서 입력된 데이터가 다른 시스템으로 이동되는 과정에서 데이터 건수의 일치를 검증하는 단계이다. 예를 들어, 원천 시스템에서 특정 테이블에 저장된 백만 건의 데이터가 타겟 시스템(예를 들어 자금세탁방지 시스템)으로 전송될 때, 최초의 데이터 건수와 최종적으로 전송된 데이터 건수를 비교하여 일치 여부를 확인한다. 이를 통해 데이터 전송 과정에서 누락이나 오류가 발생하지 않았는지 점검할 수 있다.

Profiling(프로파일링)은 데이터의 본질적인 품질을 이해하고 관리하기 위한 단계로 설명할 수 있다. 예를 들어, 국가코드나 은행코드와 같이 사전에 정의된 코드값 이외의 값이 입력되었는지 탐지하는데 사용되고 정확한 Profiling을 통하여 잘못된 데이터 입력을 방지할 수 있다.

만약 품질 오류가 발생할 경우, 자금세탁방지 시스템의 데이타 품질 관련 시스템은 품질 오류 경보를 자동으로 관련 담당자에게 발송하거나, 품질오류가 심각한 수준일 경우 Alert를 생성시키는 배치(Batch)작업을 중단시키는 방식으로 통제방법을 마련하는 것이 바람직하다. 예를 들어, 특정 중요 데이터 요소의 품질 측정치가 설정 임계치의 50% 이하로 낮아지는 등 문제가 심각한 경우, 전체 STR 룰(Rule)이 실행되어 Alert를 생성하기 전에 작업을 중단하는 것이 바람직하다.

관리자는 품질 오류 경보 발생시, 해당 중요 데이터 요소의 오류 영향도를 고려하여 단순히 경보자동 이메일을 발송할지, 아니면 전체 시나리오 수행 작업을 중단할지와 품질 오류 조치 유형을 결정하고 이를 시스템에 반영하는 것이 바람직하다.

3) 원천 데이터의 수정

자금세탁방지 시스템(Downstream)은 중요 데이터 요소를 사용하는 시스템으로서 최초 입력된 원천 데이터(Upstream)의 품질에 문제가 발생하는 경우, 필요한 경우 원천 데이터를 수정하는 등의 조치를 취하여야 한다. 이를 위해 원천 시스템의 데이터 오너와 협의가 필요하다. 또한 금융회사등의 규모와 운영방식에 따라 이러한 데이터 품질 문제를 체계적으로 다룰 수 있도록 정기적인 데이터 품질 관리 관련 위원회 등을 마련하는 것이 바람직하다. 즉각적으로 해결되지 않거나 데이터 오너와의 협의가 어려운 사안은 데이터 품질 관리 위원회 등을 통해 문제를 보고하고, 체계적으로 문제 해결 조치 등을 추적 및 관리하는 프로세스를 구축하는 것이 바람직하다.

또한, 거래모니터링 시스템에 데이터를 전송하는 원천시스템(Upstream)에서의 코드 변경, 세그먼트[12] 추가(예를 들어 개인, 소기업, 중견기업, 대기업, 금융회사, 미성년자 등 유사 고객군으로 그룹핑하는) 등 시스템 변경사항은 시나리오 Alert 생성에 중대한 영향을 미침으로 시스템 변경관리를 통해 Upstream의 변경사항을 사전 체크하여 선반영하는 것이 필요하다.

예를 들어, 고객 세그먼트가 중요 데이터 요소로 정의되어 특정 STR 룰(Rule)의 추출조건으로 사용되고 있는데, 현업에서 새로운 사업계획에 따라 기존에 "소매고객"에서 "소매고객"과 "소매고객1"로 분리하게 되면, "일반고객1"은 STR 룰(Rule)에 선반영하여 수정한 때에만 Alert으로 추출되므로, 현업에서 원천 데이터를 변경할 때 반드시 자금세탁방지부서와 사전 협의가 이루어져야 한다.

즉, 원천시스템에서 STR 룰(Rule)과 관련된 중요 데이터 요소를 변경할 경우 자금세탁방지부가 사전적으로 인지할 수 있도록 변화관리프로세스를 마련하고, 전산적 시스템을 통하여 중요 데이터 요소의 변경을 모니터링할 수 있도록 통제절차를 마련하여 일정 데이터가 누락되어 일부 Alert가 생성되지 않는 일이 발생하지 않도록 방지하여야 할 필요가 있다.

12) 세그먼트는 다양한 의미를 가질 수 있으나 거래모니터링에서 사용하는 세그먼트란 개인, 소기업, 중견기업, 대기업, 금융회사, 미성년자 등 유사 고객군끼리 그룹핑하여 비정상거래를 좀 더 명확하게 파악하기 위하여 그룹핑하는 것임

(2) Segmentation(유사 그룹핑) 관리

Segmentation은 위험기반접근법을 토대로 한 임계치 적용을 위해 우선적으로 고려되어야 하는 사항이다. 즉, 전체 고객 중에 위험 고객군을 분리하고 거래목적, 업종 등 거래형태가 유사한 그룹 내에서 이상거래(Anomaly Detection) 탐지를 위해 개별 고객을 비즈니스군, CDD 등급과 같은 Risk 요소, 거래 규모에 따라 유사 그룹으로 분류하는 프로세스이다.

FATF가 2014년에 발표한 보고서 "Guidance for a Risk-based approach : the Banking Sector"에서는 "모니터링은 지속적으로 수행되거나 특정 거래에 의해 촉발되어야 하며, 고객의 활동을 유사 그룹(Peer Group)과 비교하는데 사용될 수도 있다"고 언급하고 있다. 또한, "은행은 전사적 위험평가와 개별 고객 위험 프로파일에 따라 모니터링의 범위와 깊이를 조정해야 한다"고 명시하고 있다.

이 간단한 설명에는 거래 모니터링 시스템의 올바른 구성에 핵심이 되는 매우 중요한 개념을 포함하는 것으로 고객을 동질적인 그룹 또는 세그먼트로 분류하면 동일한 세그먼트에 속한 고객의 일반적인 행동이 무엇인지 이해할 수 있다는 의미이다. 즉, 한 그룹의 고객에게는 일상적인 거래가 다른 그룹의 고객에게는 의심스러울 수 있으며, 이 경우 조사가 필요할 수 있으므로 고객 속성을 사용하여 세분화를 수행하면 비정상적이거나 이례적인 행동을 식별하는 데 훨씬 용이할 수 있다는 가이드를 제공하고 있다.

Segmentation은 주로 유사 Business 군으로 분류하고(예를 들어 개인사업자, 중소기업, 대기업 등으로 분류), 분류 고객군 내의 거래 변동성이 너무 큰 경우 거래규모 요소를 더 반영하여 다시 Segmentation(중소기업을 소기업과 중견기업 등으로 재분리)을 분리하는 등의 프로세스가 이루어질 수 있다.

예를 들어, 최초 세그먼트 분류 단계에서는 현업 비즈니스의 세분화 기준에 따라 소매고객과 기업고객으로 크게 구분할 수 있다. 그리고 나서 소매고객은 자산 규모나 거래 목적에 따라 일반 개인고객, 우대고객, VIP고객 등으로 세분화하고, 기업고객은 비즈니스 영역에 따라 금융회사와 비금융회사로 나뉘고, 비금융회사는 업종별로 추가 세분화하여 고객의 성격과 재무 활동이 유사한 그룹으로 분류할 수 있다. 또한, 규제기관이 주목하는 신용불량자나 고령자와 같은 고객은 개인 세그먼트에서 분리하여 집중 모니터링 세그먼트로 설정할 수도 있는데, 이렇게 유사

그룹핑(Segmentation)이 잘 이루어졌을 때 가장 유효한 Alert 등이 생성될 수 있다. Segmentation 방법은 다양하지만, 아래와 같은 속성을 고려할 수 있다.

① 비즈니스에서 분류한 고객 세그먼트 코드
② 월 평균 거래 금액 및 월 평균 거래 건수
③ 고객 직업 또는 기업 업종 코드
④ 규제기관이 주목하는 고객 여부(예: 미성년자, 신용불량자, 고령자 등)

특히, ① 현업에서 정의한 세그먼트 코드는 초기 분류 기준으로 활용되며, 이는 비즈니스 특성과 예상 거래 행태를 반영하는 데 중요한 역할을 한다. 따라서 비즈니스 세그먼트 코드가 정한 큰 원칙을 위배해서는 안되며, 단순히 월 평균 거래 금액만을 기준으로 고객을 그룹화하는 것은 적절하지 않다.

예를 들어, 중소기업고객과 개인 VIP고객이 월평균 거래 금액이 비슷한 경우가 있을 수 있다. 하지만 이들의 비즈니스 성격과 예상 거래 행태가 다르므로 동일한 세그먼트로 분류하는 것은 바람직하지 않다.

또한 ② 월평균 거래건수는 일부 고객을 세밀하게 조정하고 관찰하는 데 필요하므로 월 평균 거래 금액은 유사하더라도 거래 건수가 지나치게 적은 고객은 하위 세그먼트로 이동시켜 면밀히 관찰하는 것이 바람직하다.

최초 Segmentation 이후에는 각 세그먼트가 의도한 대로 재무활동이 유사한 그룹으로 잘 분류되었는지 재확인하기 위해 Box Plot("상자그림")와 같은 간단한 통계 분석을 사용할 수 있다. 이를 위해 각 그룹별 월 평균 거래 금액을 시각화 하여 데이터의 분포와 속성을 검토할 수 있다. 특정 세그먼트 내에서 거래금액의 분산(거래 금액 평균을 기준으로 데이터의 퍼짐 정도)이 크다면 이는 서로 다른 재무활동을 가진 고객이 동일 세그먼트에 포함되어 있음을 나타낸다. 예를 들어, 고액자산가와 미성년자가 같은 그룹으로 묶일 경우 분산이 크게 나타날 수 있으며, 이러한 경우에는 별도의 세그먼트 재분리와 같은 조치가 필요하다.

아래 그림은 특정 금융회사의 거래모니터링의 세그먼트가 잘 분류되었는지를 재확인하는 프로세스인데, 해당 금융회사의 Segmentation이 가지고 있는 문제를 즉시적으로 확인할 수 있다.

세그먼트 검증 프로세스

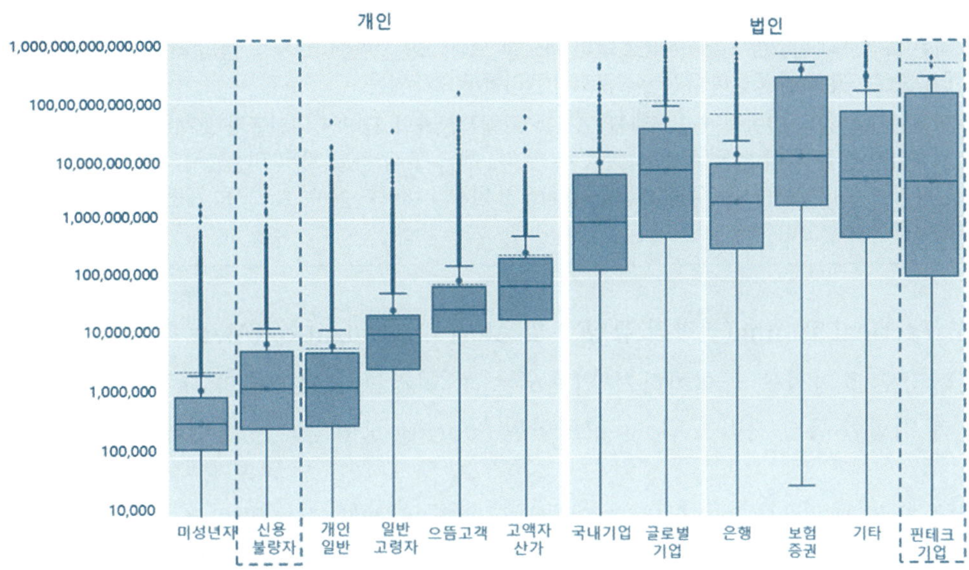

신용불량자 세그먼트 : 일반적으로 개인보다 거래규모가 작을 것으로 예상되었으나 결과가 예상과 달라 상세한 추가 확인이 필요함

핀테크 기업 세그먼트 : 분산이 지나치게 커, 해당 세그먼트에 설정된 임계값이 효과적으로 작동하지 않을 가능성이 있으므로 추가 세그먼트 분리나 전용 STR 규칙 개발 등 대체 모니터링 방법이 필요함

현재 Segmentation에는 엄격한 기준이 정해져 있지 않지만, 위의 그림과 같이 데이터 분석과 시각화를 활용하여 세그먼트의 적합성을 지속적으로 검토하고 개선하는 것이 중요하다.

즉, Segmentation이 잘 이루어지지 않아 다수의 오탐(False Positive)이 생성될 경우, 이는 조사 생산성을 저하시키고 조사자들의 경각심을 해이하게 하는 요소가 될 수 있으므로, 이를 방지하기 위해 정교한 유사그룹(Peer Group) 설정에 따라 분류된 Segment의 분산이 다른 Segment 평균보다 클 경우 Peer Group 분리 등의 검토가 필요하다.

Segmentation 오류의 예시
① 중소기업이나 개인사업자와 대기업을 동일한 Segment로 분류할 경우, 거래규모가 너무 차이가 나는 고객군이 동일한 Segment로 묶여 과도한 오탐, 또는 위험신호 누락 등의 리스크가 발생될 수 있으므로, 재분리를 통하여 유사한 그룹끼리 관리할 필요가 있음
② 미성년자의 경우 일반적인 미성년자 고객과 고액자산가의 자녀인 미성년자 고객은 거래 금액이나 거래하는 상품 등이 많은 차이가 있을 수 있어, 해당 고객 등을 모두 미성년자라는 Segment로 분류하여 STR 룰(Rule)을 마련할 경우, 효과적인 탐지가 어려워 질 수 있으므로 재분리 여부를 검토할 필요가 있음

(3) Tactical Tuning(전략적 튜닝[13]) 및 Alert Optimization(Alert 최적화)

시나리오 효과성을 극대화하기 위해서는 ① 리스크 프로파일의 세분화, ② 데이터 환경에 적합한 튜닝 기법 도입, ③ 고도화된 Scoring 모형 등의 구축이 필요하다.

이와 같은 시나리오 효과성을 극대화하기 위한 세 가지 주요 방안 중, ① 리스크 프로파일의 세분화는 동일 Segmentation으로 분류된 고객군 내에서 고위험, 중위험, 저위험과 같이 위험도에 따라 추가적으로 고객을 분류하고 세그먼트별 위험 등급에 따라 차별화된 임계치(Threshold)를 설정하기 위한 과정이다.

또한, ② 데이터 환경에 적합한 튜닝 기법은 각 금융회사의 데이터 특성과 운영상황을 반영하여 STR 룰(Rule)의 임계값(Threshold)을 설정하고 조정하는 작업으로 효율적인 위험 거래 탐지를 위한 핵심조건이라 할 수 있다.

아울러, 시나리오 효과성은 정기·비정기적으로 검토되어야 하며, STR 보고 등 조사결과 데이터는 시나리오 개선 또는 Scoring 모형 개선의 Input 요소로 재투입되어 조정되어야 한다.

세그먼트 내에서 비정상적인 거래를 식별하기 위해 설정된 임계값은 시간이 지나면서 효과가 감소할 수 있다. 이는 “일반적인 행동”의 기준이 변화하고, “일반적”과 “비정상적”간의 구간이 모호해지면서 오탐(False Positive)이 발생할 가능성이

13) 튜닝이란 용어는 피아노나 악기들의 음을 조율하는 경우에 많이 사용되는 용어임. STR 룰(Rule) 튜닝이란 STR 룰(Rule)에 정의된 임계치 등에 대한 세부조정을 수행하는 것을 의미함

높아지기 때문이다. 따라서 정기적 및 비정기적 검토를 통해 시나리오 임계치를 변화하는 거래 형태에 맞게 수정하고, 현 비즈니스 상황에 맞지 않는 노후화된 시나리오는 삭제하거나 수정하는 것이 필요하다.

또한 STR 보고서를 작성하는 조사자들과의 정기적 소통을 통해 데이터로 파악하기 어려운 개선 사항을 청취하고 이를 시스템에 반영하려는 노력이 요구된다.

③ 고도화된 Scoring 모형은 STR 룰(Rule)의 경직된 조건으로 인해 발생하는 생산성의 유연성 결여를 보완하고 고객 위험도를 보다 면밀하게 평가하기 위한 사항이다. 다시 말해, 임계치 튜닝만으로는 위험 거래 식별 능력 향상에 한계가 있을 수 있다. 예를 들어 거래모니터링 룰(Rule) 추출 규칙(임계치 종류 포함)이 단순하여 특정 금액을 초과하는 거래를 모두 Alert으로 추출하는 고액 시나리오가 있다면, 새로운 유형의 자금세탁 거래에 대한 탐지는 가능하나 단일 특성(합계 금액)만으로는 이상거래와 정상거래의 식별이 용이하지 않기 때문에 많은 오탐을 발생시킬 수 있다.

따라서 통계적 임계치 튜닝과 더불어 오탐 최소화 등 생산성 극대화를 위해 다양한 위험 요소를 활용한 보다 정교한 위험 거래 식별 작업이 필요하다.

Scoring은 통계적 임계치 튜닝만으로는 정상거래와 이상거래의 구분이 용이하지 않은 상황에서 보다 효과적으로 위험거래를 식별할 수 있는 방법으로 다양한 머신러닝 방법(예 로지스틱 회귀모형, 부스팅)을 이용하여 추출된 Alert에 점수를 부과하고 일정 점수가 초과하는 Alert만 조사하는 방식이다.

다양한 시나리오에서 추출된 Alert은 각 Alert별로 조사하는 방식보다는 고객 단위로 통합하여 한 고객에 대하여 생성된 모든 Alert를 고객별로 통합하여 생성할 경우 좀 더 종합적인 조사가 가능해질 수 있다. 이와 같은 고객별 통합 Alert은 고객의 거래와 관련된 여러 위험 요소를 반영하여 총 위험 점수를 산출합니다. 이 점수가 사전에 설정된 임계치(예:100점)를 초과하는 경우에만 조사자에게 배정되어 조사가 시작되는 방식으로 이해하면 된다.

반대로 통합 Alert 점수가 임계치에 미달하면 잠재 통합 Alert으로 분류하여 시스템의 특정 영역에 보류되며, 추가 관찰 결과 새로운 Alert이 발생하면 기존 통합

Alert에 점수가 누적되며, 점수가 기준 임계치를 초과할 경우 조사자에게 배정되는 방식이다.

통합 Alert 점수 산출에는 다음과 같은 위험 요소가 고려될 수 있다. 이러한 요소들은 머신러닝 기반 Scoring 모델의 입력 변수로 사용될 수 있으며, 이를 바탕으로 통합 Alert의 점수가 자동으로 계산된다.

① Alert이 생성된 시나리오의 중요도 및 발생 Alert
② 임계치 초과 비율(예: 임계치의 500% 초과)
③ 고객의 CDD 등급
④ 과거 STR 발생이력
⑤ 동일 시점에 서로 다른 시나리오 유형의 Alert 발생 여부 등

즉, Scoring은 단일 Alert만으로는 조사를 시작하기에 근거가 부족한 경우, 고객의 거래 행태를 면밀히 관찰하고 추가적인 위험 징후를 반영하고 충분한 근거가 마련된 시점에 조사를 진행할 수 있도록 하여 STR 품질과 조사자의 생산성을 개선하게 되는 중요한 항목이 된다.

예를 들어, 특정 고객이 부동산담보대출 실행 자금을 은행에서 입금받아, 매도인에게 고액을 송금하는 경우를 생각해 볼 수 있다. 만약 해당 거래가 고액시나리오에 따라 추출된다면, 의심 여부를 판단하기 어렵지만, 이후 추가적인 거래(예; 추가적인 고액 송금거래의 발생이나 다수 고객과의 연관거래 발생 등)가 발생해 새로운 위험요소가 확인된다면, 기존 통합 Alert에 반영되어 점수가 추가된다. 점수가 기준 임계치를 초과하면 조사를 진행할 충분한 근거가 마련된다.

이 Scoring 방식은 고객의 거래 패턴과 행태를 종합적으로 평가하여 보다 신뢰할 수 있는 근거를 바탕으로 조사를 진행할 수 있도록 할 수 있으므로, 이를 통해 조사 효율성을 높이고 실질적인 위험을 효과적으로 식별할 수 있다.

머신러닝을 이용한 Scoring 방식의 통합 Alert 생성 절차도

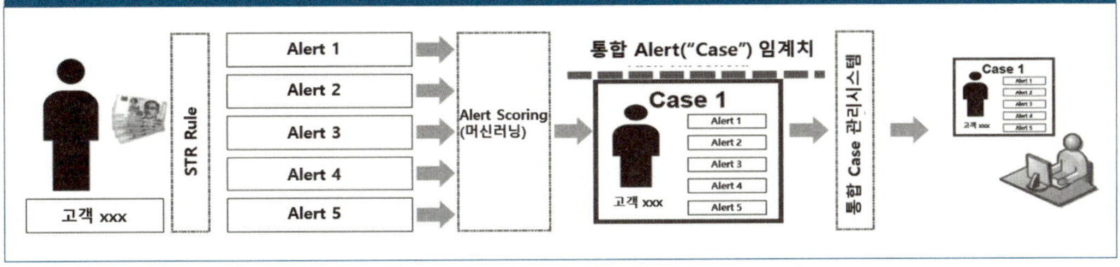

한편 이와 같은 Scoring 방식을 효과적으로 운영하기 위하여 중요한 항목으로 점수가 미달되어 조사되지 않는 Alert에 대한 정기적인 Back Testing[14]을 통해 그 적정성을 평가해야 하며 평가결과, Risk 허용 기준치를 초과(예 SAR ratio 3%)하는 경우 Scoring 모형 업데이트 등이 반드시 수행되어야 한다.

(4) 룰(Rule)(시나리오) 최적화 및 효과성·효율성 검토

시나리오의 효과성과 효용성을 평가할 때, 일반적으로 STR 생산성이 주요 기준으로 사용되는데, 시나리오의 효과성과 효용성은 단순히 STR 생산성만으로도 판단할 수 없으며, 다양한 요소를 종합적으로 고려할 필요가 있다. 평가 결과에 따라 특정 시나리오는 STR 생산성에 상관없이 유지해야 할 필요가 있을 수 있다.

예를 들어, "고위험 지역으로 송금" 시나리오는 거래 발생 빈도가 낮아 STR 생산성이 낮을 수 있지만, 고위험 거래를 모니터링하기 위한 중요한 시나리오로 유지해야 할 수 있다. 마찬가지로 "제3자를 이용한 보험료 납입" 시나리오는 STR 생산성이 낮더라도 규제기관 감사에서 지적되어 업권에 공유된 사례에 해당하기 때문에 유지해야 할 필요성이 크다.

이처럼 STR 생산성은 시나리오 평가의 중요한 기준 중 하나일 뿐이며. 시나리오가 자금세탁 유형(Typology)를 적절히 커버하는지, 그리고 규제기관 감사에서 지적된 사례에 포함되는지를 비롯한 여러 요소를 함께 고려해야 한다.

14) Back Testing이란 스코어링 방식에서 점수가 미달되어 조사가 이루어지 않은 Alert 중에 샘플을 추출하여 조사자들이 재조사를 수행하여 그중 STR로 보고하여야 하는 사례가 발생할 경우 Scoring 기준에 대한 점검을 재수행하도록 검증하는 절차임

또한, 시나리오의 효과성을 극대화하기 위해 임계치 조정의 적절성과 튜닝 빈도를 검토 과정에 포함해야 하며, 특정 시나리오에서 추출된 Alert의 조사 난이도가 높아 조사 생산성이 떨어지는 경우 이러한 조사 생산성도 평가의 한 요소로 고려해야 한다.

Tuning은 룰(Rule)의 효과성과 효율성을 최적화하기 위한 세부 조율 프로세스로 Tuning 과정을 통하여 개별 룰(Rule)의 임계치를 조정할 수 있다.

과거에는 통계적 방법을 이용한 Tuning 프로세스가 도입되지 않아, 대부분의 금융회사등에서는 룰(Rule) 효율성 검토를 외부 컨설팅 회사에 의존하거나, 금융회사 직원의 경험치를 토대로 임계치를 조정하기도 하였다.

그러나 통계적 접근방법을 이용한 Tuning 기법을 이용할 경우, 임계치 조정에 대한 합리적인 근거를 마련할 수 있고 오탐을 최소화하여 인력관리 등을 효율적으로 운영할 수 있다(다음 제3절 참조할 것).

제3절 STR 룰(Rule) 임계치 정교화 관리(Tuning 방식)

1. 개요

임계치란 각 금융회사등이 운영하는 STR 룰(Rule)를 통하여 생성되는 위험경보(Alert) 생성의 기준점을 의미한다(예를 들어 고액거래 STR 룰(Rule)의 경우, XX원(기준점) 이상부터 경보 생성).

임계치 튜닝이란 이러한 위험경보(Alert) 생성의 기준점을 결정하는 과정으로 비즈니스의 경험치에 근거하거나 거래 데이터의 이상치(Outlier) 적발을 위한 통계적 방법론 등이 사용된다.

과거 효과성이 담보되지 않은 비즈니스의 경험치에 근거한 임계치 설정으로 중요 위험경보가 추출되지 않거나 과도한 오탐(False Positive)이 발생하는 등 STR 룰(Rule)의 적발 능력 및 조사 효율성이 현저하게 저하된 사례가 많았다.

임계치 튜닝은 STR 룰(Rule)의 효과성과 효율성을 극대화하기 위해 매우 중요한 작업으로 거래 데이터에 기반한 통계적 분석 등을 통해 최적 임계치가 적용되는 것이 바람직하다.

또한, 통계적 접근방식을 사용할 경우에는 임계치 범위 밖의 거래에 대하여 샘플 테스트를 통하여 해당 임계치가 적정한지를 점검하여 해당 임계치가 적정한지를 증빙할 수 있는 절차가 도입할 경우 보다 정교화된 룰(Rule) 효율성을 담보할 수 있다.

〈고액현금거래 STR 룰(Rule) 최적 임계치〉

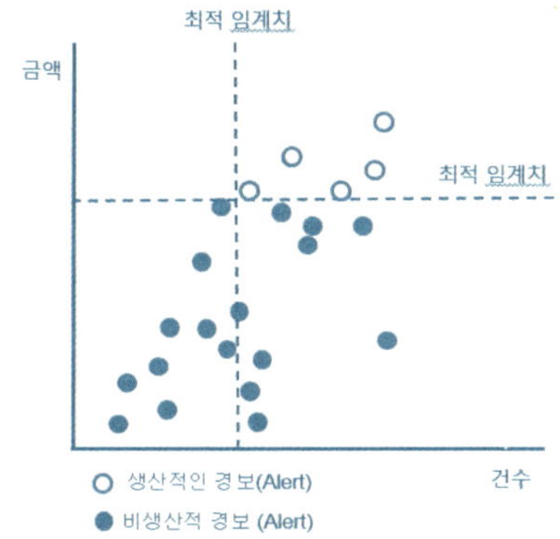

해당 그림은 현금 고액거래 최적 임계치를 찾는 통계적 방법론을 설명한 자료임. STR 룰(Rule)을 효율적으로 관리하기 위해서는 생산적인 위험 신호(경보)를 찾을 수 있는 구간을 찾는 것이 중요하다는 것을 보여 주는 그림임

2. STR 룰(Rule) 임계치 튜닝 기본 방법론

임계치 설정 방법은 이상치 적발 방법(Outlier Detection)이 주로 사용되며 기본적으로 1차원 데이터(㉩ 금액, 건수)로 사용 가능하고 간단하면서 효과적인 극값(Extreme value analysis) 분석법에 의한 통계적 임계치 설정이 추천된다. 단 거래 데이터가 희박하여 통계적 임계치 설정이 불가능한 경우 비즈니스 경험치에 의해 설정될 수도 있다.

3. STR 룰(Rule) 임계치 튜닝 절차

임계치 튜닝 절차는 아래와 같이 정량적, 정성적 분석을 통해 고객의 거래 행태(STR 룰(Rule)별)와 리스크 프로파일에 따라 서로 다른 임계치를 생성하여 차등 적용해야 한다.

방법	설명	적합성 및 제약
표준편차 Cut-off	정규 분포의 양 끝쪽에 위치한 (특히 금액이 큰 오른쪽 끝쪽)값을 임계치(예 3 표준편차)로 설정하는 방법으로 관심의 대상이 되는 분포의 오른쪽 이상치를 임계값으로 설정함. 단, 데이터가 정규 분포 중심에서 멀수록 효과성은 매우 떨어짐 (예 3 표준편차 값을 임계치로 설정)	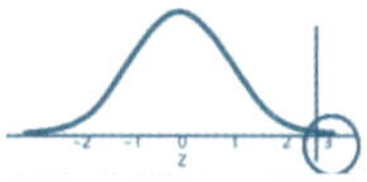 • 연속형 변수에 적합 • 정규 분포 가정 • 대칭 분포가정 • Erratic 분포에 부적합
극단치 백분위수	데이터를 올림 차순으로 정렬하여 특정 백분위수를 임계치로 설정함(예 75퍼센타일을 임계치로 설정)	 • 연속/이산형 변수에 적합 • 개별 데이터 포인트 분리
백분위수 값 선택 (Percentile Value Selection)	극단치 백분위를 기본으로 사용하나 주요 백분위수 값의 고정거래 사용 (예 총위험 80퍼센타일, 고위험 80퍼센타일 * 0.9)	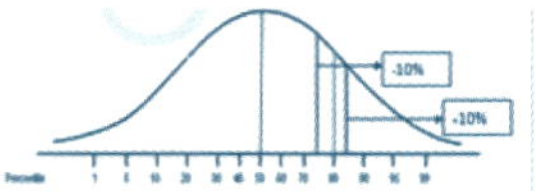 • 이산형 변수에 적합 • 비대칭 적합 • 과적합 회피
백분위수 변화량 (Percentile Activity)	85~99분위수 사이 0.1 간격으로 연속적인 퍼센타일 변화량이 가장 큰 포인트를 임계값으로 설정함. 시작 분위수는 비즈니스 환경에 따라 일부 조정할 수도 있음. (예 변화율이 최고 큰 1.8%의 퍼센타일 값을 임계치로 설정)	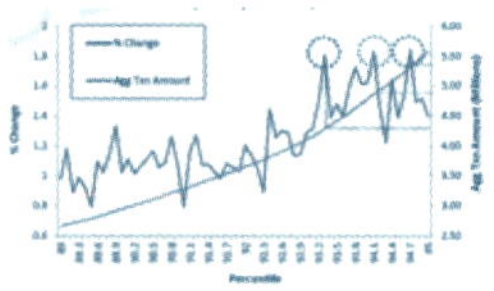 • 연속형 변수에 적합 • 연비대칭 적합 • 과적합 회피

(1) STR 룰(Rule) 복제

임계치 튜닝 절차에서 가장 먼저 수행되는 STR 룰(Rule) 복제는 임계치 튜닝을 통계적인 방법으로 정확하게 수행하기 위해 필요한 과정으로, 실제 운영 환경에서 수행되는 배치 프로그램 로직과 임계치 튜닝에 사용된 모집단 추출 로직을 일치시키는 작업이다.

STR 룰(Rule) 복제	초기 임계치 설정	샘플 테스팅	최종 임계치 설정
• STR 룰(Rule) 로직은 별도의 독립적인 테스트 환경에서 복제하여 검증함 • 검증은 임의 임계치 설정을 통해 복제가 정상적으로 되었는지 확인함	• 새로운 임계치 결정을 위해 통계적 방법을 수행하여 초기 임계치를 생성함	• Above the line(임계치 이상 구간) 및 Below the Line(임계치 이하 구간) 테스트는 제안된 임계치가 정당한지 확인하는 과정으로 오류의 확률을 줄이고 현재 발생하고 있는 Alert이 생산적인지 판단하기 위해 임계치 값들을 정교하게 다듬는 작업임 • 임계치 선과 기준선 아래에서 생산적 Alert이 발견되는 경우 기준선 아래로 임계치를 낮추는 것을 검토하며 임계치 위의 선에서 많은 비생산적 Alert이 포함될 경우, 리스크 허용범위에 기반하여 임계치를 높일지 여부를 결정함	• 조사 검토 후 최종 임계치를 결정함

예를 들어 “한달 동안 현금 입금이 000원 이상인 고객 추출” 시나리오의 금액 임계치를 튜닝한다고 가정해 보자. 튜닝 코드에서 사용하는 “한 달 동안 모든 현금 금액 로직 추출”과 실제 운영환경에서 사용하는 로직이 소스 테이블이나 세부 로직에서 조금이라도 차이가 난다면 문제가 발생할 수 있다. 예컨대, 튜닝에서는 영업점 창구를 통한 현금입금 거래가 제외되는 반면, 운영 로직에서는 이를 포함하는 경우 서로 다른 결과가 도출될 가능성이 크다. 이러한 불일치는 결과적으로 적합하지 않는 오탐 Alert이 생성되거나 중요한 Alert이 누락되는 문제를 초래할 수 있다.

따라서 운영 환경에 구현된 시나리오 로직을 그대로 복제하여 임계치 튜닝 코드에 적용한 뒤, 동일한 임계치를 설정하고 두 로직의 실행 결과를 비교해야 한다. 예를 들어, 운영환경의 배치 로직과 튜닝코드 모두에 임계치를 1,000만 원으로 설정했을 때, 동일한 Alert 건수가 추출되는지 확인한다. 만약 추출된 Alert 건수가 동일하다면 STR 룰(Rule) 복제가 성공적으로 이루어진 것으로 볼 수 있다.

(2) 임계치 분류

두 번째로 임계치의 종류를 분류하고 분류기준에 맞는 튜닝 방법을 적용한다. 연속형 변수는 값이 특정 범위내에서 끈김없이 연속적으로 나타나는 경우를 말하며, 금액 변수는 구간 내에서 무한히 많은 값을 가질 수 있는 것으로 간주된다. 반면, 이산형 변수는 값이 명확이 구분되며 개별적으로 셀수 있는 경우를 의미한다. 예를 들어, 거래건수는 명확히 셀 수 있는 값으로 이산형 변수에 해당한다.

이러한 각각의 특성에 따라 아래 제시된 튜닝 방법 중 적합한 방법을 선택하여 적용할 수 있다. 연속성 변수(대표적으로 금액)의 경우, 백분위수 변화량 방법이 적합한 튜닝 방법으로 추천된다. 반면, 이산형 변수(대표적으로 거래 건수)는 극단치 백분위 수 값이나 백분위 수 값을 활용한 튜닝 방법이 적합하다.

(3) 초기 임계치 설정

세 번째는 초기(제안) 임계치를 설정한 후 해당 임계치가 정당하게 설정되었는지 확인하는 과정이 필요하다. 이를 샘플 테스트라고도 하며, 초기 임계치보다 높은 구간(ATL :Above Threshold Level)과 낮은 구간(BTL: Below Threshold Level)에 대한 샘플링 Alert 조사를 통해 의심거래가 적정하게 탐지되고 불필요한 Alert이 최소화되었는지를 검증한다.

1) Above Threshold Level(ATL) 검증

ATL 테스트는 조사 인력의 생산성을 검증하기 위한 목적으로 수행되는 것이 일반적이다. 예를 들어, 초기 임계치가 1,000만 원으로 설정된 경우(생성된 Alert이 120건이고 STR은 10건 정도 발생하는 조건), 이를 10% 상향 조정하여 1,100만 원으로 설정한다고 가정하자. 이 때 Alert 및 의심 거래 발견 건수의 변화를 관찰하여 임계치를 1,100만 원으로 상향 조정한 결과 Alert 건수는 기존 120건에서 100건으로 줄었지만, 의심거래 건수는 여전치 10건으로 동일하다면, 조사 인력의 생산성 향상을 위해 임계치 상향 조정을 고려할 수 있다. 일반적으로 Scoring 모형을 구축하여 운영한다면 ATL 테스트는 생략할 수 있다.

(2) Below Threshold Leve(BTLl) 검증

BTL 테스트는 임계치 아래 구간에서 중요한 위험 거래가 누락되지 않았는지 확인하는 과정이다. 이상적으로 튜닝이 잘 이루어졌다면, BTL 구간에서는 의심거래가 발견되지 않아야 한다. 만약 그렇지 않을 경우 이는 룰(Rule) 설정의 신뢰성과 효과성을 저하시킬 수 있는 심각한 문제를 야기할 수 있다. 이로 인하여 보수적인 임계치 설정이 권고된다. 일반적으로 BTL 샘플링은 초기 임계치부터 50%까지 구간을 대상으로 수행한다.

BTL & ATL 구간

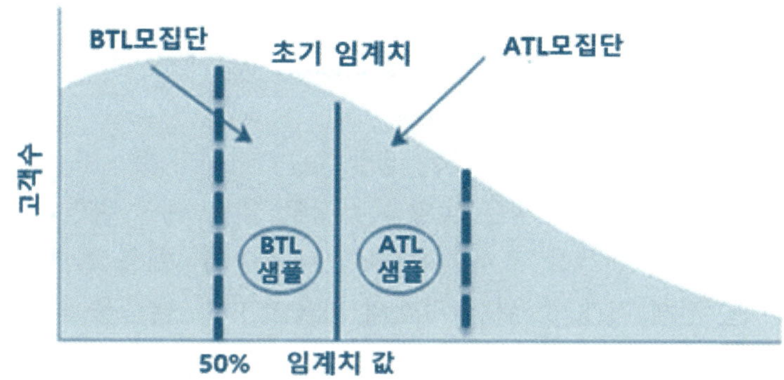

그럼 이와 같은 테스트를 수행할 경우 어느 정도의 샘플을 추출하여 조사하는 것이 바람직한지에 대하여 고민을 할 수 있다. 가장 좋은 방법은 전수 조사를 할 경우 오류 발생을 모두 확인하여 정확한 임계치를 재조정할 수 있겠지만, 조사 인력을 고려할 경우 가장 합리적인 샘플수를 추출하여 검토하는 것이 일반적이다.

BTL 수행을 위하여 추출되어야 하는 적정한 샘플 수는 기대 생산성[15]과 신뢰수준[16]에 따라 결정되는 통계적 방법을 사용하여 산출할 수 있다. 조사 인력이 매우 부족한 상황이 아니라면, 높은 신뢰도를 제공하면서도 표본 크기를 효율적으로 유지할 수 있는 신뢰 수준으로 95%가 일반적으로 권고된다.

기대 생산성은 도메인 지식을 기반으로 금융회사의 리스크 허용치를 감안하여 설정하며, 특정 금융회사의 목표 및 규제 요구사항에 따라 달라질 수 있다. 아래는 신뢰 구간을 95%로 가정한 상황에서 기대 생산성에 따른 조사 샘플 수를 통계적 방법(Exact Test)[17]에 따라 산출한 것이다.

15) 기대생산성(Assumed Productive Rate)는 BTL 구간에서의 예상 위험 거래율로, 리스크 허용치를 의미한다. 즉 1%의 기대생산성은 BTL 전체 샘플 중 1% 정도의 위험 거래가 발견될 수 있다는 의미이며 이는 금융회사가 1%의 위험거래를 감수할 수 있다는 리스크 허용치를 기준으로 설정한 것이다.

16) 신뢰수준(Confidence Level)이라 함은 샘플데이터를 통해 추정한 값이 전체 모집단의 실제 값과 일치할 확률로, 95% 신뢰수준은 같은 실험을 100번 반복할 경우, 95번은 추정이 정확하고 5번은 오차가 발생할 가능성이 있다는 뜻이다

17) Exact Test는 BTL 구간에서 위험거래가 0건일 것이라고 예상하고, 실제 결과가 이 기대값과 일치하는지를 확인할 때 사용한다.

기대생산성	1%	3%	5%	1%	3%	5%
알파[18]	0.05	0.05	0.05	0.05	0.05	0.05
모집단	100	100	100	10,000	10,000	10,000
샘플수	95	96	47	299	99	59

기대생산성이 낮을수록 추출해야 하는 샘플 수는 커진다. 그 이유는 임계치 아래 구간에 의심스러운 대상이 매우 적은 상황을 가정할 경우, 해당 위험 거래를 정밀하게 탐지하기 위해 더 많은 샘플을 조사해야 하기 때문이다. 예를 들어, 기대생산성을 1%로 설정했다면, 전체 거래 중 위험 거래의 비율이 매우 낮음을 의미하여, 이 적은 위험 거래를 찾기 위해 샅샅이 확인해야 하므로, 조사 대상 샘플 수가 많아진다. 튜닝이 잘 이루어졌다면, 이러한 샘플링 테스트를 통해 추가로 발견되는 이상 거래는 매우 적어야 한다.

기대생산성	1%	2%	3%	4%	5%
알파	0.05	0.05	0.05	0.05	0.05
모집단	1,000	1,000	1,000	1,000	1,000
샘플수	268	141	96	72	58

그러나 샘플링 구간에서 발견된 의심 거래 건수가 기대 생산성 비율을 초과한다면, 이는 초기 임계치가 적절하지 않음을 시사한다. 예를 들어, 기대생산성을 1%로 설정한 상황에서 299건의 샘플 중 5건의 의심거래가 발견되었다면 이는 제안된 임계치가 너무 높게 설정되어 위험거래를 놓칠 가능성이 있음을 나타낸다. 이 경우, 중요 위험 거래를 놓치지 않도록 임계치의 재튜닝을 고려해야 한다.

샘플 검증 결과 추가 조정이 필요하지 않다면, 튜닝 작업의 근거를 문서화하고 관리자의 최종 승인을 받은 후, 시스템에 임계치 값을 입력한다. 이후 일정기간(예; 3개월 등) 일정 기간 동안 운영 시스템에서 발생한 Alert 결과를 모니터링하여 튜닝결과에서 도출된 예상 Alert 수와 실제 결과를 비교함으로써 임계치의 유효성과 안정성을 최종 검증한다.

18) 알파 : α = ALPHA(1 – 신뢰수준)

무엇보다 STR 룰(Rule) 관리를 성공적으로 이행하려면 현업의 STR 룰(Rule) 관리 담당자가 거래 모니터링 시스템의 데이터 마트를 깊이 이해하고, 관련 데이터에 직접 접근할 수 있는 분석 환경이 우선적으로 구축되어야 한다.

자금세탁방지 업무규정(거래모니터링 절차)

제77조(비정상적 거래 등)

① 금융회사등은 다음 각 호의 경우를 포함하여 명확한 경제적 · 법적 목적 없이 복잡하거나, 규모가 큰 거래, 비정상적인 유형의 거래에 대해 특별한 주의를 기울여야 한다.

1. 거래금액이나 거래량이 지나치게 큰 경우
2. 잔액 규모에 비해 예금회전수가 지나치게 큰 경우
3. 거래가 정상적인 계좌활동의 유형에서 벗어나는 경우 등

② 금융회사등은 제1항에 따른 비정상적 거래 등에 대해 그 배경과 목적을 최대한 검토하여야 한다.

③ 금융회사등은 제2항에 따른 검토 결과를 기록 · 관리하여야 한다.

제78조(지속적인 거래모니터링 절차 등) 금융회사등은 자금세탁행위등을 예방하기 위해 다음 각 호의 절차와 방법등과 같은 거래모니터링을 통해 비정상적인 거래행위 또는 유형 등을 식별하는 절차를 마련하여야 한다.

1. 고객의 수집 · 정리된 정보 또는 유사한 고객그룹의 수집 · 정리된 정보와 고객의 거래이력 비교 및 검토
2. 과거 자금세탁 사례의 정형화를 통한 고객 거래정보와의 비교 및 검토
3. 고객 거래정보에 대한 자금세탁 위험도 측정 및 거래내역 평가
4. 고객, 계좌 및 거래정보의 연계를 통한 금융거래 패턴 분석 등

제79조(결과 분석 등)

금융회사등은 거래모니터링을 통해 식별된 비정상적인 거래행위 또는 유형을 분석하고 이를 의심되는 거래로 보고하기 위해 다음 각 호의 절차를 갖추어야 한다.

1. 비정상적인 거래행위로 의심되는 거래를 분석할 수 있는 직원을 담당자로 지정
2. 과거 금융거래, 신용정보, 기타 정보 등을 활용한 거래 분석
3. 분석 과정에서 확인된 고객의 최신 정보 갱신
4. 분석결과 의심되는 거래로 판단될 경우 금융정보분석원장에게 보고
5. 분석 완료 후 분석내용의 정보화

제80조(분석자료 보존)

금융회사등은 금융정보분석원 등 관련기관에 정보를 제공할 수 있도록 관련자료를 보존체계에 따라 5년 이상 보존하여야 한다.

4. 좋은 STR 보고를 위한 요건들

금융정보분석원은 의심거래 참고유형을 토대로 각 금융회사등이 의심스러운 거래보고 모니터링 시스템을 구축할 것을 기대하고 있다. 각 금융회사등의 의심거래

모니터링 시스템은 해당 금융회사의 영업환경, 상품 및 서비스, 고객군 등을 고려하여 설계되어야 한다.

거래모니터링에서 가장 중요한 것은, 모든 직원이 접근이 용이하고 조사자들의 다양한 채널을 이용하여 조사할 수 있는 Case Management Tool(의심거래보고시스템)과, 좋은 룰(Rule)(시나리오), 그리고 룰(Rule)의 효용성을 최적화하는 Tuning 프로세스 그리고 좋은 역량을 가진 조사자라고 생각한다. 따라서 각 금융회사는 해당 금융회사에 최적화된 거래모니터링 프로세스를 마련하기 위하여 어떤 요소들이 강화되어야 하는지에 대한 지속적인 점검을 통하여 최고의 효과성을 도출할 수 있는 시스템 및 인력을 구축하는 것이 필요하다.

4장

의심거래 보고서 작성 방법

제1절 내부 의심거래보고에 대한 조사 방법

1. 내부 의심거래보고 조사 절차

앞서 기술한 STR 룰(Rule), 테마 모니터링 또는 임직원이 보고한 의심거래(즉, 내부 의심거래보고)는 일반적으로 본점의 거래모니터링 전담조직에 의하여 조사를 진행한 후 보고책임자의 승인을 받아 STR로 보고할 것인지 아니면 혐의없음으로 종결할지를 결정하게 된다.

그런데 모니터링 전담조직의 역량이 충분하지 않아 조사를 적정하게 수행하지 못할 경우, 품질이 낮은 STR 보고가 이루어질 수 있고, 의심거래로 보고되어야 하는 거래가 미보고될 수 있다.

따라서 보고책임자는 거래모니터링 전담조직에 대한 지속적인 교육을 제공하여 조사자들이 충분한 지식과 기술을 가지고 보고서를 작성할 수 있도록 하여야 한다. 내부 조사프로세스는 조사자(Maker)-점검자(Checker)-보고책임자(MLRO) 체계로 이루어지는 것이 일반적이다.

거래모니터링 전담직원은 내부 의심거래보고에 대하여 다양한 정보를 통하여 조사를 한 후 STR 보고로 보고할 것인지 여부를 결정하여야 한다. 이때 내부정보(즉, 금융회사 내부에서 파악할 수 있는 정보, 예를 들어 CDD, CTR 정보 또는 신용 불량자인지 여부, 압수수색이나 금융거래제공 요청이 있었는지 여부 등)를 통하여 자금세탁행위와 연관성이 있는지 여부를 합리적인 근거를 토대로 조사를 수행하여야 한다.

또한, 외부 정보 등도 활용할 수 있다. 예를 들어 법인인 경우 신용정보회사가 제공하는 지배구조, 소유구조를 파악할 수 있는 정보, 최근 외부감사보고서에 부정적

의견이 존재하는지 여부, 갑자기 매출 등이 증가 또는 감소한 사실이 있는지 여부 등을 활용할 수 있으며, 포탈서비스 등에 해당 고객에 대한 부정적인 보도가 있는지 여부 등을 활용하여 의심거래 여부를 판단할 수 있다.

조사결과, 최종적으로 해당 거래를 STR로 보고하고자 하는 경우에는 아래 STR 보고서 작성방법을 참고하여 보고서를 작성하여야 한다.

그런데, 해당 내부 의심거래보고에 대한 상세한 조사결과 의심스러운 거래로 판단되지 않을 경우에는 해당 사유를 명확하게 기술하여 종결 처리하여야 한다. 간략하게 "혐의없음", "정상 영업거래", "의심스러운 거래로 판단할 만한 사유가 없음" 등으로 기술하여 종결할 경우 규제당국의 감사나 내부 감사 등에서 지적될 수 있으므로, 의심스러운 거래로 판단하지 않은 합리적인 근거를 상세히 기술하여야 한다.

2. 혐의없음 종결 처리 보고서 작성 방법

금융회사등이 내부 의심거래보고에 대하여 무혐의거래로 종결 처리하는 경우, 해당 사유를 상세하게 기술하여야 한다. 즉, 해당 내부 의심거래보고가 고객의 프로파일이나 거래 패턴에 비추어보아 비정상적이지 않는다는 내용과 자금의 출처나 거래의 목적을 명확하게 기술하여, 해당 거래를 혐의없음 종결로 처리한 정당한 근거를 기술하여야 한다.

만약 영업점/Frontline에 STR Alert을 배정하여 조사하도록 보고체계를 운영하는 금융회사의 경우, 영업점에서 지정된 전담자가 위험신호를 조사하여 혐의없음으로 종결 처리하는 경우에도, 전담자는 해당 거래를 의심거래로 보고하지 않는 정당한 근거를 상세하게 기술하여야 한다.

즉, 거래 모니터링팀의 전담조사자나 영업점직원 등이 무혐의거래를 처리하는 과정에서 일관적이고 객관적인 기준을 토대로 종결 처리할 수 있는 기준을 마련하는 것이 중요하다. 그렇지 않을 경우 조사자의 경험이 부족하거나 지식이 충분하지 않을 경우, STR로 보고되어야 하는 것이 무혐의 처리되어 STR 미보고 등이 발생할 수 있기 때문이다.

내부 의심거래보고에 대하여 다음과 같은 체크리스트를 사용할 경우 조사자 등이 좀 더 객관적으로 조사를 진행하여 종결 처리하는 데 도움이 될 것이다. 다만 다음 내용은 예시 내용에 해당하므로 각 금융회사등은 자신들의 사업성격, 고객의 규모 및 유형, 그리고 자금세탁 위험 유형(ML Risk Typology) 등을 더 고려하여 체크리스트를 마련하는 것이 바람직할 것이다.

(1) 혐의거래 종결 처리 보고서 작성 체크리스트

구분	기재할 사항	상세 기술 내용	참고사항
과거 ML 관련 정보	과거 STR 이력 및 위험신호 생성 이력		
거래자 정보	주거래자 정보 및 관련인 정보	고객유형(개인/개인사업자/법인/기타 등), CDD 정보	금융회사등이 보유하고 있는 기본 정보를 활용하고 정부가 제공하는 정보 (예 휴폐업 조회 등), 신용정보회사나 신뢰성 있는 포탈 서비스 등의 정보를 파악하여 추가정보 확인
		사업체의 경우, 설립일자, 매출규모, 대표자 및 실소유자를 포함한 관련인 정보	
		관련인인 경우 주거래자와 동일한 정보를 확인함	
거래 내용	위험신호 생성 사유 또는 매뉴얼 내부 의심거래보고 사유	거래 내용을 구체적으로 기술	• 육하원칙에 의해 시간순서대로 작성하여야 함(누가, 언제, 어디서, 무엇을, 어떻게 그리고 왜에 대한 내용을 상세 기술하여야 함) • 필요시, 영업점, RM 등에 연락하여 추가정보를 확인할 것 • 금액단위를 명확히 하여 오류표기가 되지 않도록 하고, 거래자 및 상대방 계좌번호 등을 정확하게 기재할 것
		자금의 출처 및 거래목적이 합당한지를 명확하게 기술할 것	
		혐의없음으로 판단한 사유를 합리적으로 근거를 토대로 기술할 것	
		창구정황이나 기타 필요한 사항이 있는 경우 기술할 것	
		평소거래패턴 기술(최소 최근 1년간 거래 내용을 조사하여 기술하고 증빙자료로 첨부할 것)	
		주거래자나 관련인에 대한 압수수색이나 금융거래정보 제공 요청 등이 있었는지 확인할 것	
		거래 형태 예를 들어 현금, 수표, 외환, 환전이나 이체 등 거래 유형을 명확하게 기술할 것	
결론	무혐의 사유	합리적 근거를 토대로 무혐의 사유를 구체적으로 기술	

(2) 혐의없음 종결보고서 예시(1) - 해외송금 관련 거래

1) 거래자 정보
   - OOO은 경기 XX에 거주하는 여성 고객으로서, 같은 소재지에서 OO 헤어숍(해당 헤어숍은 2015년 11월에 개업하였으나, 현재까지 운영 중)을 운영하였던 고객으로 202X년 X월 현재 저위험 고객으로 평가됨

2) 거래 내용
   - OOO은 2023.X.XX~2023.X.XX일 기간 중에 "개인의 이전 거래 사유" 미국 거주자로 파악되는 XXX에게 총 XX회에 걸쳐 USD XXX를 송금하였음. 미국 거주자인 XXX는 OOO의 자녀로 확인됨.
   - 해당 거래는 OOO이 미국에 거주하는 자녀에게 생활비를 송금하는 것으로 보이며 금액이 과다하지 않고 성년자녀의 현금 증여면제한도 이내에서 거래한 점, 자금의 출처가 본인의 사업체에서 발생한 가맹점 대금인 점으로 보아 의도적인 자금세탁과는 무관한 것으로 보임
   - 송금 자금의 출처인 OOO의 계좌 내용을 확인한 결과, 가맹점대금 및 카드대금을 이체 영수한 자금으로 통신비, 4대보험, 보험료 납부 등의 일상적인 거래 패턴으로 확인되어 다른 특이 거래가 확인되지 않았음

3) 무혐의 사유
   - 해당 거래는 OOO이 미국에 거주하는 자녀에게 생활비 등을 송금한 거래로 파악되며, 금액이 과다하지 않고, 성년 자녀의 현금 증여면제한도 이내에서 거래한 점, 자금의 출처가 본인의 사업체에서 발생한 가맹점 대금이며 입출금 거래 내역상 다른 특이 거래가 없는 점으로 보아 의도적인 자금세탁과는 무관한 것으로 보여 무혐의 종결함

(3) 혐의없음 종결보고서 예시(2) - 다수의 타행고객간 자금 이체/고액 거래

- ㈜OOO은 2015.12.XX일 설립된 외감법인으로서 건축자재 및 식료품 위주 종합 소매업을 영위하며, OOO홀딩스가 100% 지분을 보유하고 있으며, OOO홀딩스는 홍길동이 36%를 소유한 실제 소유자로 파악되었음

- 해당 법인은 자신의 입출금계좌에 타금융회사들로부터 다수의 거래자명의로 빈번하게 거액의 자금을 영수하여, 의심거래 시나리오에 위험신호로 생성되어 조사를 진행하였음

- 해당 법인은 이체받은 자금을 해당법인의 타금융회사 계좌 및 ㈜AXX(기타 건축자재 도매업을 영위하고 대표이사는 김바다임), 임꺽정(OO기기 - 1차 금속제품 도매업), ㈜OOOO컴퍼니(비주거용 건물 임대업), ㈜OOO농산(신선, 냉동 및 기타 수산물 도매업), 농업회사법인 ㈜OOO산업(기타 과실, 채소 가공 및 저장 처리업), ㈜OOOO저널(잡지 및 정기간행물 발행업), ㈜OOO푸드(다수의 동일한 업체명이나 대부분 식품 관련업종임) 등에 송금하는 거래패턴을 보임

- 동법인의 타행계좌에 이체 송금할 시, 고금리예금 가입이라고 기재한 점과 대부분의 이체 거래가 발생한 법인의 업종이 건물 건축자재 관련 업종인 점으로 보아, 동종업계 및 유통업을 운영하면서 매장 및 창고 등의 관련 자금을 정산한 사업상의 거래로 보이는 바, 이체 거래로 자금의 추적이 용이한 점을 감안하여 자금세탁 거래와 관련이 높지 않은 거래로 판단되어 무혐의 종결함

3. 미흡한 혐의없음 종결 처리 보고서 예시

(예시 1)

OOO은 서울 XX에 거주하는 주부로서 영업점 시나리오에 고액현금거래와 관련된 위험신호가 생성되었으나, 해당 고객은 일상적으로도 현금거래를 선호하여, 일상적인 거래패턴과 유사하여 특별한 의심이 없다고 판단하여 종결 처리함

(미흡점 – 해당 고객이 주부인데, 평상시 현금거래를 선호하였다면, 해당 자금의 출처를 파악하여 자금의 출처가 명확한지를 확인한 내용을 기술하여야 함(예를 들어, CDD 정보에는 주부로 되어 있으나 동대문에서 의류도매업을 하는 것으로 파악되었고, 의류도매업의 특성상 자금을 현금으로 영수하는 경우가 많아 전체 매출에 부합한 현금거래가 발생하였고, 해당 자금을 다시 현금으로 인출하는 것이 아니라 의류관련 업체에 자금을 정산하는 거래 패턴을 보여, 사업상 거래로 판단하여 무혐의 처리함)

(예시 2)

고객 OOO은 20XX년 XX월 XX일 OOO 종목 매매와 관련 매매관여 과다로 확인되어 의심거래로 생성되었음. 그러나 해당 고객은 기존에 투자시 동 거래와 유사한 패턴의 거래가 많았고, 거액의 자금을 투자하는 고객으로서 정상적인 거래로 판단하여 혐의없음으로 종결 처리함
(미흡점 – 해당 고객이 특정 종목 매매와 관련하여 기존에도 매매관여 과다로 의심거래가 생성하였다면, 해당 고객이 주가조작 등의 혐의가 없는지에 대한 추가적인 조사가 이루어져야 하는데 합리적인 근거 없이 종결 처리하였음)

제2절 STR 보고서 작성방법

1. STR 보고서 작성시 유의사항

금융회사등이 합리적인 근거하에 비정상적인 거래로 판단하여 의심거래로 보고하는 경우 다음의 원칙를 토대로 보고서가 작성될 수 있도록 하여야 한다. 최근 규제당국은 면피성 STR 보고 또는 STR 보고의 품질이 미흡한 경우에 대하여 개선할 것을 지속적으로 요구하고 있으므로, STR 보고 작성방법에 대한 명확한 내부 기준을 마련하여 의심에 대한 합리적인 근거를 기술하지 않은 보고서가 생성되지 않도록 노력하여야 한다.

(1) 보고이유를 명확히 하라

전술한 것처럼 금융회사등은 STR를 보고할 경우 "의심"에 대한 합리적인 근거를 가지고 보고하여야 한다. 자금세탁행위와 관련된 행위라고 의심할 수 있는 객관적이고 합리적인 사유가 필요하고, STR 보고서에 해당 사유를 명확하게 기술하여야 한다.

만약 금융회사등이 충분한 조사를 수행하지 않은 상태에서 면피성 STR 보고를 하거나 단순한 사실만을 기술하여서는 안 된다.

(2) 창구 정황을 포함하라

비대면 거래가 활성화되기 전 영업점 또는 Frontline 직원이 창구정황을 상세하게 기술한 의심거래를 보고할 경우 본점 전담조사자들은 의심거래를 좀 더 명확하게 판단할 수 있다. 그러나, 최근 비대면 거래가 급증하고 창구거래가 없는 다양한 금융회사등이 존재함에 따라 창구정황을 파악하기 어려운 거래가 더 많기 때문에, 만약 의심스러운 창구정황이 있고 해당 내용을 상세히 기술할 경우, 더 좋은 STR 보고서를 생성할 수 있으므로, 의심거래와 관련된 창구정황이 있는 경우에는 반드시 해당 내용을 상세히 기술하는 것이 바람직하다.

(3) 명확한 고객정보를 제공하라

STR 보고서를 작성할 경우 고객정보를 명확하게 제공하여야 한다. 이를 위해서는 CDD 정보가 적시에 업데이트되어야 하고, 정확하게 파악되어야 한다. CDD 정보에는 단순한 신원확인정보에 국한된 것이 아니라, 거래목적, 자금의 출처, 법인 관계인(대표자, 임원, 실소유자 정보 등) 등의 정보를 포함하여, 해당 고객정보와 의심거래가 고객의 프로파일과 일치하지 않는다는 점을 확인할 수 있는 정도로 명확하게 제공하는 것이 바람직하다.

(4) 관련인이 있으면 함께 보고하라

의심거래를 보고할 경우, 해당 거래와 연관된 관련인의 정보(예를 들어 빈번하게 거래가 발생하는 거래 상대방, 또는 해당 고객의 거래나 계좌개설 대리인)등에 대한 정보를 같이 보고하는 것이 바람직하다. 예를 들어, 한 명의 대리인에 의한 다수인의 계좌가 개설이 된 경우, 또는 거래 동행인이 있는 경우 해당 사실을 기술하는 것이 바람직하다.

(5) 차이점을 찾아라

고객의 직업정보의 변경, 주소나 국적국/거주국의 변경 등이 있는지 잘 파악하여 해당 내용을 정확하게 기술하여야 한다.

(6) 자금출처를 밝히고 찾아라

금융회사등이 거래모니터링에서 위험신호로 추출된 거래에 대하여 해당 자금의 출처가 정당하다는 근거가 명확할 경우, 의심거래로 보고하지 않아도 된다. 따라서 해당 거래의 자금의 출처 등이 명확하지 않을 경우, 해당 내용을 상세히 보고하여야 한다. 예를 들어 직업이 주부로 파악되는 개인고객이 모바일 채널을 통하여 수백회에 걸쳐 단기간 동안 20억 원이 넘는 자금을 해외로 송금하여, 해당 자금의 출처를 문의하자, 생활비를 모은 자금이고, 해외에 지인에게 빌려주는 자금이라고 설명할 경우, 자금의 출처에 대한 추가적인 확인을 하여 고객이 설명하는 내용과 불일치한다고 판단되면 해당 근거를 상세히 기술하여야 한다.

(7) 특이점을 찾아라

의심거래가 비정상적인 거래에 해당하는지를 판단하기 위해서는 해당 의심거래가 일반적인 정상거래와의 차이점을 파악하여 기술하여야 한다. 물론 일부 거래의 경우 정상적인 거래패턴으로 자금세탁행위를 하기 때문에 특이점을 찾아내기가 어려울 수도 있다. 예를 들어, 고객의 급여나 연소득에 비하여 거래량이 지나치게 많거나 거래금액이 과다한 경우, 또는 미성년자이거나 고령의 연금수령자의 거액거래 등 일반적인 거래와 상이한 차이점을 찾아 이를 상세히 기술하여야 한다.

(8) 의심되는 전신송금의 경우 송금자 정보를 적극적으로 확인하라

의심되는 거래에 전신송금이 연관된 경우, 전신송금의 송금자 정보를 확인하여야 한다. 예를 들어, 송금인이 정치적 주요인물인지 또는 법인의 관계인인지 정보를 명확하게 파악하여 보고서에 기술할 경우 더 좋은 보고서가 될 수 있을 것이다.

2. STR 품질제고를 위한 보고서 작성시 참고사항(개정안)

금융정보분석원은 2022년 금융업권 회의 등을 통하여 금융회사등에서 STR 보고서를 작성할 때 참고할 수 있도록 STR 품질제고를 위한 보고서 작성시 참고사항에 대한 자료를 배포하였다. 따라서 각 금융회사등은 다음 참고사항을 고려하여 STR 보고서를 작성하여야 한다.

구분	내용
내용	**1. 제목 길이 : 10~15자 내외** **2. 제목 작성 : [추정 전제범죄 / 특이거래 패턴] 형식으로 기재** **가) 추정 전제범죄** [사기], [유용횡령], [도박], [탈세], [불공정거래], [가상자산], [테러] 등 **나) 특이거래 패턴** 1) [현금입금], [현금출금], [경유계좌], [법인-대표자 거래], [법인-직원 거래], [거액수표거래], [대체거래 현금처리], [법인자금 이용 가상자산 거래], [타인자금 이용 가상자산 구매], [가상자산 매도후 타인 이체] 등 2) 고위험 업종(고철, 귀금속, 환전상, 상품권 등 현금거래 비율 높은 업종 등)의 경우 업종명을 기재 3) 고객요청에 의한 [대체거래 현금처리]의 경우 해당 패턴으로 거래된 금액(전체 거래금액이 아님)을 제목에 바로 기재 **다) 법집행기관등 공유(영장청구, 정보제공요청 등) 된 거래건의 경우** 1) [영장등 관련건/요구기관/문서번호/요구일자/전제범죄] 형식으로 통일하여 기재 **라) 전기통신금융사기등 신고접수(등록)된 거래건의 경우** 1) [전기통신금융사기등 신고접수(등록)된 건/일자] 형식으로 통일하여 기재 *(유의)* 전기통신금융사기등으로 신고되지 않고 추정될 분인 경우에는 [사기/(해당되는) 특이거래패턴] 형식으로 기재 **마). <u>(필요시)</u> 보고건 유형 표기** 1) 전략분석건*, 긴급처리필요건** 등 해당시에는 해당 유형 추가표기 가능 * 금융회사 자체적으로 특정 주제, 분야 등에 대해 집중분석한 보고서일 경우 ** ML/TF 위험도(규모, 거래자, 관련인 등) 감안, 특별히 긴급 처리되어야 할 보고서일 경우 〈작성 예시〉 나-1) [탈세/현금입금 과다] [사기/현금출금 과다] [도박/경유계좌 의심] [유용횡령/법인-대표자 거래][가상자산/타인자금 이용 가상자산 구매] 나-2) [탈세/현금출금/상품권] 나-3) [탈세/대체거래 현금처리 OOO백만 원] 다-1) [영장등관련건/**경찰서/문서번호OOO/22.01.03일/사기] 라-1) [전기통신금융사기등 신고접수(등록)된 건/22.02.02일 등록/22.03.01일 해제] 마-1) [전략][테러/가상자산 테러위험국 출고]

내용

3. 의심되는 거래 3개월 이상 총액 기재

※ 제목 바로 다음 줄에 최근 3개월간 의심되는 거래규모를 아래 방식으로 기재

※ 3개월 정도의 거래내역 특이사항을 종합적으로 파악하여 보고하라는 취지이며 의심되는 거래에 대해 3개월간 보고를 지체해도 된다거나, 동일인에 대한 후속 STR 보고 주기를 3개월 주기로 보고하라는 의미는 아님을 주의

가) 최초보고 또는 최초보고 이후 3개월 이내 보고건일 경우

⇒ 당해 보고건을 반드시 포함하여 최근 3개월 간 의심되는 거래규모 기재

나) 3개월을 초과하여 지속적/반복적으로 보고되는 보고건일 경우

1) 당해 보고건을 포함하여 최근 3개월 간 의심되는 거래규모 기재
2) 최초 보고 이후 당해 보고건을 포함한 누적 거래규모를 최근 3개월, 최근 6개월, 최근 12개월 순으로 기재

다) 가상자산거래소의 경우

〈입금 / 출금〉 // 〈입고 / 출고〉 // 〈매도 / 매수〉로 구분하여 기재

라) 가상자산거래소와 입금/출금 거래의 경우(실명확인계좌 발급은행 등)

총입금 및 총출금별 거래횟수도 함께 기재

〈작성 예시〉

최근 3개월('OO.OO.OO~'OO.OO.OO) 거래규모(본건 포함 누적)
총입금 000백만 원(현금 00백만 원) / 총출금 000백만 원(현금 OO백만 원)

최근 6개월('OO.OO.OO~'OO.OO.OO) 거래규모(본건 포함 누적)
총입금 0000백만 원(현금 000백만 원) / 총출금 0000백만 원(현금 000백만 원)

최근 12개월('OO.OO.OO~'OO.OO.OO) 거래규모(본건 포함 누적)
총입금 0,000백만 원(현금 000백만 원) / 총출금 0,000백만 원(현금 000백만 원)

거래자	**1. 개인** • 주민번호 및 주소, 직장정보(직장명, 직장주소, 업종, 대표자 여부, 담당 직위 등), 외국인일 경우 국적(내국인의 경우 국적 기재 필요 없음) • EDD 대상일 경우 EDD로 분류된 이유 등 • 과거 영장등 접수 이력(기관/날짜/전제범죄) 또는 전기통신금융사기등 신고이력 등 **2. 법인** • 주식회사/유한회사 구분, 사업자번호, 주소, 업종, 설립일/폐업일, 운영규모(자본금, 매출액, 종업원 수 등), 상장사 여부 등 • 대표자 정보(이름, 주민번호, 주소, 실소유자 여부 등), 주요주주 또는 실소유자 정보, 대리인 정보(이름, 직위, 관계 등) 등 • 과거 영장등 접수 이력(기관/날짜/전제범죄) 또는 전기통신금융사기등 신고이력 등 • 포털검색 결과 특이사항 및 사회적 이슈화된 경우 해당 내용 기재 **3. 관련인** • 거래자가 다수일 경우 관계(부모-자식 관계/법인-대표자 관계/직장-직원 관계 등) 함께 기재 • 금융회사가 직접적인 관련인일 경우 외에는 금융회사를 관련인에 넣는 것은 지양 **4. 기타 창구 및 고객확인 과정에서 확인된 특이점** • 창구거래시 거래자 특이점 또는 고객확인 과정에서 파악된 특이점 기재

거래 내역	**1. 금액 표기단위 : 〈백만 원〉 단위로 통일하여 기재** 종합의견란(제목,거래자,거래내역,의심사유 등 전체)에 기재되는 금액표기는 〈백만 원〉 단위로 통일하여 기재 **2. 단기간 또는 단건의 거래내역만 기재하는 것 지양** 의심되는 거래는 지체 없이 보고함이 원칙. 의심되는 거래가 지속적, 반복적으로 이루어지는 경우, 기보고된 거래를 포함한 패턴, 규모, 관련 상대방을 종합적으로 기재 ※ 특정금융정보법 제4조, 감독규정 제4조제2항 등 특정금융정보법규 각 규정에 위배되지 않도록 유의 **3. 주요 입금 거래상대방(3명 정도) / 주요 출금 거래상대방(3명 정도) 기재** • 해당 거래상대방의 이름/법인의 경우 업종 및 설립일, 거래금액 등 기재 (은행/계좌번호는 정형화파일에 기록된 경우 기재 생략) • 자금흐름 서술시 보고대상자 본인 자금과 타인의 자금 규모는 분리하여 기재 (예시) 본인 및 불특정다수로부터 OOO백만 원을 입금받음 (X) ⇒ 본인 타(행)계좌로부터 OOO백만 원을 타인 □□□,□□□ 등 OO명으로부터 OOO백만 원 입금받음(O) **4. 거래종류 및 거래수단을 명확히 구분하여 서술** • 거래종류 : 입금, 출금 및 (증권/가상자산의 경우) 입고, 출고, 매도, 매수 등 구분 • 거래수단 : 이체, 현금, 수표, 가상자산 등 구분 **5. 자금흐름의 방향성과 특이성이 드러날 수 있도록 기재** ㉥ 갑작스러운 거래규모 급증, 24시간 거래, 유한회사 법인과의 거래 위주, 입금 후 단시간 내 이체출금, 현금화, 적요란 기재사항 등 **6. 주요 유형별 거래내역 기재 시 유의사항** • 환거래 : 외화 금액과 원화 환산금액을 함께 병기 • 대체거래 현금처리 : 해당되는 거래규모를 바로 파악할 수 있도록 상단에 구분 기재 • 법인-대표자(직원) 거래 : 일정기간 중 ① 법인 ⇒ 대표자(직원), ② 대표자(직원) ⇒ 법인, ③ 순 유출(유입) 금액을 파악하여 함께 기재 • 금, 철, 구리 등 관련 거래의 경우 전용계좌 사용 여부 함께 표기 • 가상자산 구매목적 해외 송금거래의 경우 : 동일 수취인 앞 다수 송금인이 있으면 수취인 기준으로 종합적으로 송금인 수, 송금금액 파악하여 표기 • 증권거래 : 주식수, 가격, 원화환산 거래금액, 수익규모 등 기재 **7. 계좌번호 기재 : 정형화파일 첨부시 기재 지양** • 정형화파일에 계좌번호 표기해 첨부된 경우 종합의견란에는 계좌번호 기재 지양 • 거래인의 다수계좌를 사용하는 등 기재가 필요한 경우에는 계좌 끝번호(****계좌) 정도만 간략히 기재 • 거래내역에는 단순한 계좌번호의 기재보다 거래자간 자금 흐름의 특이패턴의 종합적인 분석에 초점을 두고 기재 바람

의심 사유	• 거래자 특성 및 거래내역의 서술내용을 바탕으로 예상되는 전제범죄, 특이거래패턴, 자금세탁 규모 등을 종합적으로 기재 • 거래자 및 거래내역 항목에 기재하지 못한 특이사항을 서술 • 기타 분석에 도움이 될 만한 정보 기재 - 경찰청 사기계좌 및 사기 전화번호 조회 결과, 창구거래시 특이사항, 포털검색 결과(기사, 지도, 홈페이지, 카페, 블로그 등 관련 URL도 같이 기재) 등
공통	• **가독성 있게 작성** 가) 거래자정보/거래내역/의심사유 순서로 기재하고, 항목간 〈Enter〉로 문단구분 나) 서술내용이 길어질 경우 2~3문장 기재 후 〈Enter〉로 문단 구분 다) 종합의견란의 기초분석관 표출화면은 1줄에 49글자이므로 작성시 참고 • 영장청구건, 고액체납자, 전기통신사기 계좌등록, 지급정지 등의 경우 - 제목을 해당건 기재형식에 맞게 기재하고, - 정보제공요청의'주요 사유는 거래자정보 마지막 부분에 핵심사항 위주로 기재 • **종합의견란 기재는 허용된 글자수 범위 내에서 기재** - 다만, 전략분석 또는 별도 자체 분석보고서나 추가첨부자료가 있을 경우 맨 하단에 〈별도 첨부파일 붙임〉 표기 후 자료 별첨 - 단순히 글자 수 초과로 〈별도 첨부파일 붙임〉 처리하는 것은 지양 • **엑셀 정형화파일 첨부할 경우 오류 사항 없는지 주기적으로 확인** • **각종 참고자료 파일 첨부 시 암호화 해제 여부 반드시 확인** • **[의심스러운 거래의 개요 및 보고 이유] 중** **〈종합의견〉에 표기되어야 할 사항이** **〈혐의거래로 판단한 사유 관련〉 항목에 기재되지 않도록 유의**

3. STR 보고서 예시[19]

(1) STR 보고서 예시(빈번한 현금입금, 수표발행 후 장기 미지급)

〔현금입금과다/수표발행 – 장기미지급/자금세탁– 비정상적인 거래〕

** 당행 거래가 없는 비고객이 비정액자기앞 수표를 소지하고 내점하여 현금교환 및 자기앞 수표 교환 재발행**

1. 거래자 정보

• OOO은 무직으로 서울에 거주하는 고객으로 CDD는 저위험으로 평가되어 있음
관련인 XXX는 경기에 거주하는 캐나다 국적 여성으로 CDD 정보상 서울 소재 XXXX(주)에 근무하는 것으로 확인되었으나, 계좌 거래내역상 매월 XX회계법인으로부터 급여가 입금되는 것을 보아 CDD 정보가 업데이트되지 않은 것으로 판단됨

2. 거래내용

• XXX는 20XX년 X월 X일 A지점에 내점하여 본인계좌에서 XX백만 원을 인출하여 다량의 자기앞 수표를 발행함(1백만 원권 4매, 5천만 원권 1매, 1천만 원권 4매). 해당 자금은 OOO이 XXX 계좌에 빈번하게 현금으로 입금한 자금임
• XXX가 수표를 발행한 직후, OOO은 XXX가 발행한 수표 중 9천만 원을 지급제시하고, 그중 5천만 원은 현금으로, 4천만 원은 1백만 원권 40매로 재발행함. XXX은 자신은 OOO과 가족관계라고 설명하며 OOO이 잘못 인출한 것이라며, 수표 지급금액을 다시 현금과 소액권으로 재발행하는 것이라고 설명하였으나 해당 자금의 출처와 현금의 용도를 문의하는 직원에게 화를 내면서 알려줄 수 없으니 빨리빨리 처리하여 줄 것을 요청함
• 보고일 현재(수표발행일로부터 30일 경과) XXX가 발행한 1백만 원권은 미제시된 상태임

3. 의심사유

• 당행 비고객인 OOO이 동일자에 발행한 자기앞 수표를 즉시 교환하여 현금과 소액 자기앞수표로 재발행한 점과 해당 자금의 출처가 OOO이 빈번하게 현금으로 입금한 자금인 점, 해당 자금의 출처와 현금인출 목적을 문의하자 설명을 거부하고 급하게 처리하여 줄 것을 요청한 점, 재발행한 수표가 장기간 미제시된 점 그리고 XXX가 금액을 잘못 발행한 것이라고 설명하지만 아주 비정상적인 거래로 자금세탁과 관련된 거래라고 판단되어 의심스러운 거래로 보고함

19) 업무에 활용하는 자금세탁방지 가이드(저자 고철수, 김춘규) 예시 일부 발췌

(2) STR 보고서 예시(현금처리 요청 거래)

[현금처리요청 거래 – 법인자금 횡령 의심]

** 법인 계좌에서 현금처리로 자금을 인출하여 법인 관련인 계좌로 인출하는 방식으로 법인 자금을 횡령하여 은닉하려는 의도를 가진 거래**

1. 거래자 정보

- OOO은 서울에 거주하는 직장정보가 없는 여성임
- XXX는 ㈜QWER의 직원이며, ㈜QWER는 20XX년 X월 XX일에 설립한 부동산임대, 분양대행업을 영위하는 사업체는 경남 XXX에 소재하는 법인이고, 대표자는 홍길동이며 서울에 거주하는 것으로 확인됨
- ㈜QWEE는 ㈜QWER(주)의 자회사로 확인됨

2. 거래 내용

- OOO은 20XX년 X월 XX일 입출금 계좌 2개(111-00-123456과 111-00-123457)를 개설함. 개설 직후 111-00-123456 계좌에 ㈜QWER로부터 30억 원을 이체받고(해당 자금은 ㈜QWER의 자회사인 ㈜QWEE에서 입금된 자금임), 동 자금 전액을 인출하여 111-00-123457 계좌로 입금하고, 111-00- 123456 계좌는 즉시 해지함
- 해당 거래 이후 ㈜QWER의 직원인 XXX이 소지하고 내점하여 대체거래로 11,800,000원을 인출하고, 현금으로 78,200,000원 총 9천만 원을 인출함
- 인출한 금액 중 11,800,000은 A에게 입금하고, 현금 중 63백만 원은 ㈜QWER 명의로 100만 원권 정액자기앞수표 63매를 발행하고 나머지 자금은 현금으로 가져감

3. 의심사유

- ㈜QWER는 시행사업자로서 20XX년 X월 XX일 관련사인 ㈜QWEE 법인 계좌에 입금된 35억 중 30억 원을 OOO계좌로 입금한 후 그중 일부를 대체거래로 수표를 발행할 수 있음에도 현금처리를 위하여 현금으로 인출한 후 수표를 발행하고
- OOO이 자금을 입금받은 직후 해당 계좌를 해지하고, 자신의 계좌를 다시 ㈜QWER의 직원이 소지하여 거래를 하는 점 등에 미루어 보아, 법인자금 횡령 등과 관련된 거래로 의심되어 보고함

(3) STR 보고서 예시(금융투자업 - 손실과다 거래)

[손실과다거래 - 법인자금 유용 및 배임 의심]

1. 거래자 정보
- 홍길동은 ㈜대한민국의 대표이사로 확인됨(CDD 정보에 등재된 직업정보를 토대로 확인결과 신용정보회사의 사이트에서 홍길동이 대표이사라는 것이 확인됨)

2. 거래 내용
- 홍길동은 ㈜대한민국의 대표이사로 20XX년 X월 XX일 A증권사의 B지점에 방문하여 위탁 및 선물옵션계좌를 개설한 후 사이버 매체를 이용하여 주식 및 선물 옵션거래를 하고 있는 고객임
- 20XX년 X월 XX일부터 2개월 동안 ㈜대한민국 계좌에서 12억 원을 인출하여 주식 거래 등에 사용함(해당 자금은 ㈜ABCD에서 입금된 자금임)
- 홍길동은 20XX년 X월 XX일부터 약 10개월 동안 주식 및 선물옵션거래를 통해 누적손실이 약 17억 원에 달함

3. 의심사유
- 홍길동은 20XX년 X월 XX일 10개월 동안 주식 및 선물옵션거래를 통해 약 17억 원의 누적손실이 발생하는데, 그중 거액의 자금은 자신이 대표이사로 등재된 ㈜대한민국 계좌에서 입금된 자금으로, 지속적인 투자 손실을 만회하기 위하여 법인자금의 유용 및 배임에 대한 의심스러운 거래로 판단하여 보고함

(4) STR 보고서 예시(금융투자업 - 비상장 주식 사기거래)

〔비상장주식 거래 - 금융사기〕

1. 거래자 정보
- 홍길동은 CDD 정보상 경기도에 소재하는 무직자인 여성임
- 임꺽정은 유통업에 종사하는 50대 개인사업자임 ㈜대한민국의 대표이사로 확인됨(CDD 정보에 등재된 직업정보를 토대로 확인결과 신용정보회사의 사이트에서 홍길동이 대표이사라는 것이 확인됨)

2. 거래 내용
- 홍길동은 20XX년 X월 XX일 A증권 B지점에서 위탁계좌를 개설한 후 비상장종목인 **종목을 불특정 다수인들로부터 입출고 거래를 하는 것으로 파악됨
- 비상장종목 **(경기도 소재 업체)는 주로 컴퓨터를 위탁생산과 판매를 하는 업체로서 최근 관련사가 LED 사업을 벌이고 있으며, 이 회사의 실소유자로 알려진 고길동은 대통령 경제특보라고 사칭하여 주식거래와 관련된 투자사기를 벌이고 있다는 부정적인 언론보도가 있었고, 해당 주식은 장외시장에서 900원대로 거래되는 것으로 확인됨
- 임꺽정은 20XX년 X월경 주로 70~80대 고령자들을 동반하여 계좌를 개설하게 하고 비상장종목인 **주식을 1천주 가량 입고를 해 줌
- 거래를 한 다수의 고령자들은 주식에 대해 잘 모르고 동 종목은 주당 1만 원의 가격으로 샀다고 하며, 노인정 등에서 유망주식에 대한 투자설명을 듣고 투자하게 된 것이라고 설명함. 해당 고객들은 수시로 내방하여 자신들의 계좌에 투자한 주식이 입고되었는지를 물었으나, 소수의 고객의 계좌에 투자금의 일부에 해당하는 주식만 입고됨

3. 의심사유
- 홍길동과 임꺽정 등은 주식거래에 대한 정보가 많지 않은 고령자를 대상으로 검증되지 않은 비상장종목이 유명 정치인과 관련된 유망주라고 속여 터무니없는 가격에 팔아넘기는 금융사기로 추정되어 의심거래로 보고함

(5) STR 보고서 예시(고령자의 모바일을 통한 가상자산거래 - 차명거래)

[고령자의 모바일을 통한 가상자산거래 - 차명거래]

1. 거래자 정보
- 홍길동은 서울특별시에 거주하는 88세 고령자로 특별한 소득은 확인되지 않음

2. 거래 내용
- 홍길동은 모바일을 통하여 A가상자산거래소의 계정을 개설하고, 40일 동안 10회에 걸쳐 약 20억 원의 가상자산 입출고 거래를 수행함
- 고령자임에도 불구하고 모바일을 이용한 빈번한 거래가 발생하여 실제 거래자가 아닐 수 있다는 의심이 있어 고객에게 유선전화를 통하여 해당 거래 내역을 확인하자, 얼버무리면서 답변을 못하다가, 최근 딸에게 신분증 등을 빌려준 적이 있고, 해당 거래는 자신이 거래가 아니라고 설명함
- 해당 내용을 확인한 즉시, 계정해지를 안내하고 거래를 중단함

3. 의심사유
- 고객 앞 확인 결과, 홍길동의 딸이 홍길동의 신분증을 이용하여 홍길동 명의로 모바일을 개통한 후, 홍길동 명의의 예금계좌를 개설한 후 A가상자산거래소에 홍길동 명의의 계정을 개설한 차명거래로 확인되어 의심거래로 보고함

(6) STR 보고서 예시(허위 무역거래를 이용한 불법 외환거래)

〔가상자산 자금을 허위 무역거래를 통하여 해외로 유출 - 사기, 불법 외환거래〕

1. 거래자 정보
- ㈜ABCD는 무역업을 업종으로 1개월 전에 설립된 법인임. ㈜ABCD는 자본금은 1백만 원이고 주소지는 원격지이고, 서울에는 공유오피스를 사용하고 있는 것으로 확인됨
- ㈜ABCD는 현재까지 매출이 확인되지 않았으나, 일본 등에서 화장품원료를 수입하여 해외에 수출할 것이라고 사업목적을 설명함

2. 거래내용
- ㈜ABCD는 일본 XXX사 등으로부터 화장품원료를 수입하기 위하여 사전송금방식으로 약 3천억 원을 지급할 것이라고 설명하고, 202X. X월부터 약 3개월에 걸쳐 60회에 걸쳐 해외송금을 진행함
- 그런데, ㈜ABCD에 입금된 자금은 불특정 다수인의 명의로 빈번하게 입금된 자금으로 A은행과 B은행으로 입금되었는데, 해당 은행들은 가상자산거래소의 원화실명계좌를 발급한 은행임
- 신생법인이고 자금의 출처가 불분명하여, 사전송금을 증빙할 수 있는 계약서 등을 제출할 것을 요청하자, ㈜ABCD는 수십 개의 계약서를 제출하였는데, 모두 끝전이 없는 거래였고, 일부 계약서에 표시된 웹사이트는 게임사이트라는 의심이 있어, 원료 수입을 증빙할 수 있는 수입면장을 제출할 것을 요청하자, 면장상 금액이 2천불 정도로 소액인 면장만을 제출하고 추가서류는 제출하지 못함
- 또한, 해외 거래상대방을 확인한 결과, 일부 거래 상대방은 가상자산거래소와 연관된 업체로 확인됨
- 해당 법인이 가상자산과 관련된 자금(특히, 김치프리미엄을 이용하여 얻은 수익)을 해외로 유출하기 위한 거래로 의심이 되어 거래를 중단함

3. 의심사유
- 소액 자본금으로 설립된 신생법인이 법인의 규모와 맞지 않은 거액의 거래를 진행하고, 해당 거래를 증빙할 수 있는 자료를 제출하지 못하고
- 대부분의 자금이 가상자산거래소와 연관된 은행의 불특정 다수인으로부터 입금된 점
- 해외 거래상대방이 가상자산거래소와 관련된 점을 미루어, 무역거래를 가장하여 가상자산관련 자금을 해외로 유출한 불법거래로 추정되어 의심거래로 보고함

4. STR 품질보장을 위한 샘플테스트

금융회사등이 영업점 STR 룰(Rule)를 운영하고 있는 경우, 영업점 직원들이 내부 의심거래보고나 종결 처리건에 대하여 어떻게 처리할지 몰라서 영업점 룰(Rule)에서 추출된 모든 거래를 내부 의심거래보고로 처리하거나 모두 혐의없음으로 종결 처리해 버릴 수 있으므로, 준법감시부나 영업점 점검팀이 있는 금융회사등의 경우, 영업점 처리건의 품질에 대하여 정기적으로 점검을 수행할 필요가 있다.

또한 거래모니터링 전담조사팀의 조사에 대한 명확한 기준이 마련되지 않을 경우 모든 조사자가 동일한 이해도를 가지고 처리하지 않을 수 있어 유사건에 대하여 일부 조사자는 의심거래로 보고하고 일부 조사자는 혐의없음 종결로 처리할 수 있는 리스크가 존재할 수 있다.

영업점이나 거래모니터링 전담부서에서 정확한 조사를 수행하지 않고 종결 처리할 경우 나중에 미보고 또는 지연보고에 의한 과태료 부과 대상이 될 수 있으므로, 보고책임자는 특히 동일 고객에 대하여 많은 위험신호가 생성되었으나, 모두 정상거래로 판단하여 혐의없음 종결로 처리한 경우가 있다면 더 유의하여 해당 거래가 적정하게 처리되었는지를 확인할 수 있는 적정점검이행점검(Assurance Review 또는 준법점검)을 수행할 필요가 있다.

보고책임자 또는 준법감시부 등이 수행하는 Assurance Review는 전수 거래를 모두 점검하는 것이 아니라, 샘플테스트로 수행하는 것이 일반적이다. 만약 해당 샘플테스트에서 예외거래(즉, 의심스러운 거래로 보고되어야 하나 혐의없음 종결 처리된 사례 등)가 많이 발생할 경우, 즉각적인 대응계획을 수립하여 해당 위험을 최소화할 수 있도록 프로세스를 재정비하여야 한다.

Assurance Review 결과가 수용 가능한 범위를 넘어설 경우, 해당 내용을 경영진에게 보고하고 경감책을 마련하여야 한다. 예를 들어 점검결과 일부 조사자가 처리한 사례에서 많은 에러가 있다면, 해당 조사자가 처리한 건수에 대한 전수 점검을 수행하여 STR 미보고가 있었는지를 확인할 필요가 있다. 그리고 해당 조사자가 적정한 조사를 수행할 수 있도록 일정기간 동안 해당 조사자가 처리한 거래 등에 대해서는 선임 조사자 등이 확인을 하는 이중통제 장치를 마련할 수도 있다.

다만, 2025년 5월부터 시행되는 개정 자금세탁방지 업무규정에 따르면 보고책임자와 준법감시인을 분리할 경우, 준법감시인은 보고책임자가 수행한 업무에 대한 준법점검 활동을 수행하여야 하므로, 향후 각 금융회사등은 준법감시인이 수행하여야 하는 보고책임자 업무에 대한 준법점검을 어떻게 수행할 것인지를 계획하여 이를 적정하게 수행할 수 있도록 프로세스를 마련하여야 한다.

5장

STR 관련 제도이행평가 위험 지표

반기별로 실시되는 제도이행평가 지표 중 STR 관련 지표는 다양한 영역에 걸쳐 존재한다. 지표별 점수는 업권별 범위평가(일정 범위에 따라 평가) 및 상대평가(업권별 점수에 따라 상대평가)가 존재하며, STR 관련지표는 금융회사 또는 금융정보분석원에서 제공하는 지표로 나뉜다.

STR 관련 지표 중 가장 큰 점수를 부여하는 것은 상세분석률과 법집행기관 제공 관련 비율이다. 그 이유는 해당 지표가 STR 품질과 유효성을 평가할 수 있는 지표이기 때문이다. STR과 관련된 제도이행평가 지표는 금융정보분석원에서 각 업권별로 제공하고 있다(다음 기술내용은 2023년 상반기 평가 적용 지표). 다만 최근 금융정보분석원이 지속적으로 지표를 개정하고 있으므로 해당 내용은 지속적으로 변경될 수 있다.

1. 내부통제 영역 – 직원알기제도

평가 지표[점수]	지표설명	점수
임직원 관련 STR 실적	[의심거래 중 임직원과 관련된 STR 보고 실적 *건수>=10(5점), *건수>=7 (4점), *건수>=5 (3점) *건수>=3 (2점), *건수>=1 (1점)*건수=0 (0점)	5점(범위)

2. 고객확인 영역 – 고위험 관리

평가 지표[점수]	지표설명	점수
가상계좌 관련 STR 룰(Rule) 규모	가상계좌와 관련된 의심거래 식별을 위한 STR 룰(Rule) 규모	5점(상대)
종합자산관리 관련 STR 룰(Rule) 규모	종합자산관리 서비스와 관련된 STR 룰(Rule) 개수 평가	5점(상대)

평가 지표[점수]	지표설명	점수
종합자산관리 관련 STR 실적	종합자산관리 대상자 관련 룰(Rule)의 STR 보고건수 합산 평가	5점(상대)

3. 위험관리 영역 – 자금세탁위험 식별

평가 지표[점수]	지표설명	점수
외부정보 활용을 통한 STR 실적	[지표] 신문이나 언론 등 외부뉴스 등 외부정보를 활용하여 보고된 STR 건수 평가	10점(상대)

4. 모니터링 및 보고관리 영역(1) – STR 거래모니터링 및 보고절차

평가 지표[점수]	지표설명	점수
지점당 STR 보고 실적	지점당 STR 보고 실적	5점(상대)
STR 룰(Rule) 지침 수준	STR 룰(Rule) 별 관리기준 정의 ① 있음(3점), ② 없음(0점)	3점(범위)
STR 룰(Rule) 규모	운영하고 있는 STR 룰(Rule) 개수를 평가	6점(상대)
STR 룰(Rule) 개정 비율	지속적으로 STR 룰(Rule)을 개정한 비율 평가 *비율>=10%(6점), *비율>=5%(3점), *비율>=1%(1점) *비율=0% (0점)	6점(범위)
FIU 보고 STR 룰(Rule) 규모	FIU에 보고된 STR 보고율이 일정비율 이상인 룰(Rule) 개수	4점(상대)
전사위험평가 STR 룰(Rule) 반영 여부	STR 룰(Rule) ① 있음(3점), ② 없음(0점)	3점(범위)
STR 신속성	STR 신속성(FIU 제공)	20점(상대)

5. 모니터링 및 보고관리 영역(2) – STR 보고

평가 지표[점수]	지표설명	점수
CTR보고 대비 고액현금 STR 보고 비율	CTR 보고 대비 고액현금 STR 보고 비율(FIU 제공)	5점(상대)
외환 당타발 거래 보고 대비 당타발 STR 보고 비율	외환 당타발 거래 보고 대비 당타발 STR 보고 비율 (FIU 제공)	5점(상대)
기초 분석률	STR 보고 기초 분석률(FIU 제공)	20점(상대)
상세 분석률	STR 보고 상세 분석률(FIU 제공)	40점(상대)

평가 지표[점수]	지표설명	점수
STR 반려율	STR 보고 반려율(FIU 제공)	20점(상대)
반려 STR 미보고율	반려 STR 미보고율(FIU 제공) *가장 낮은 비율에 최대점수를 부여하여 상대평가	5점(상대)

6. 모니터링 및 보고관리 영역 – STR 제공(3)

평가 지표[점수]	지표설명	점수
법집행기관 제공률	법집행기관 제공률(FIU 제공)	30점(상대)
STR 충실도	STR 충실도(FIU 제공)	30점(상대)
범죄 유형 다양성	범죄 유형 다양성(FIU 제공)	4점(상대)

7. 모니터링 및 보고관리 영역 – 가상자산모니터링 & 기타(4)

평가 지표[점수]	지표설명	점수
가상자산거래관련 타인계좌 이용 모니터링 실적	가상자산거래관련 타인계좌 이용 모니터링 실적	6점(범위)
가상자산관련 STR 보고 실적(건수)	가상자산관련 STR 보고 실적 ① 있음(6점) 4-6점 사이 비율로 상대평가 ② 없음(3점)	6점(상대)
모니터링 실적	월간단위 모니터링 실적 평가(FIU 제공)	10점(상대)

6장

STR 관련 주요 지적사항

1. STR 지연보고

① 금융회사등은 금융거래와 관련하여 수수한 재산이 사기 등의 범죄행위에 의하여 생긴 재산(범죄 수익 등)이라는 사실을 알게 되었을 때에는 관할 수사기관에 신고하여야 하며, 이 경우 지체 없이 그 사실을 금융정보분석원장에게 보고하여야 함. 하지만 일정기간 동안 대출고객 총 XX명을 특정경제범죄 가중처벌 등에 관한 법률상 사기혐의로 수사기관에 고소하였음에도 이를 지체 없이 금융정보분석원장에게 보고하지 아니하였음(검사종료 이후 보고)

② 금융회사등은 금융거래의 상대방이 자금세탁행위나 공중협박자금조달 행위를 하고 있다고 의심되는 합당한 근거가 있는 경우, 그 사실을 종합적으로 검토한 후 의심되는 거래 보고대상 금융거래로 판단하는 때부터 시간적으로 지체함이 없이 금융정보분석원장에게 보고하여야 함. 하지만 업무 담당자의 규정 미숙지로 인해 일정기간 중 내부 결재를 통해 의심스러운 거래 보고대상으로 확정한 금융거래를 정당하거나 합리적인 사유 없이 동 결재일로부터 일정기간을 초과하여 지연보고하는 등 의심스러운 거래보고 의무를 적정하게 이행하지 아니하였음

③ XX금융회사는 임직원의 의심스러운 거래 보고업무 수행의 적정 여부에 대한 관리·감독을 소홀히 하고, 관련 전산시스템 운영의 적정성에 대한 점검을 철저히 실시하지 않음에 따라(보고담당자가 관련 규정을 숙지하지 못하여 지속적으로 동 의심거래를 지연 보고하였음에도 이에 대한 주기적인 확인·점검 및 담당자에 대한 업무교육 강화 등 관리·감독 불철저) 거래발생일로부터 90일 이상 경과된 거래는 보고서 작성 전산시스템상 보고대상 목록에서 제외됨에 따라 동 건에 대해서는 보고담당자가 장기간 보고를 누락하는 결과 초래함. 따라서 일정기간 동안 내부 결재를 통해 의심스러운 거래 보고대상으로 확정한 다수의 금융거래를 정당하거나 합리적인 사유 없이 상당기간 지연 보고하는 등 의심스러운 거래 보고 의무를

적정하게 이행하지 아니하였음

2. 의심스러운 거래 추출기준 운영 불합리

① STR 룰(Rule)의 추출기준이 포섭하는 의심거래의 범위가 충분하지 못하거나 추출기준 정비시 기존 임계치 등의 오설계만 수정할 뿐 새로운 의심거래 유형의 추가는 OO건에 그치는 등 운영이 일부 불합리한 사례가 있으므로 의심스러운 거래 추출기준의 적정성을 점검하여 회사의 영업형태 및 업무범위를 포괄하도록 추출기준 운영을 합리적으로 개선할 것

② STR 추출기준(STR 룰(Rule))이 회사가 파악·관리하는 추출기준의 정의와 시스템상 코드(조건)가 일부 다르게 운영되고 있고 데이터베이스(DB)에 저장된 데이터 형태와 다르게 설계되거나 의심거래 검토범위 설정 등이 일부 불합리하게 운영된 사례가 있으므로 의심스러운 거래 추출기준의 적정성을 주기적으로 점검하여 추출기준 및 관련 시스템을 개선할 것

③ STR 룰(Rule)을 운영 중이나, 구체적인 거래형태나 탐지조건의 설정 없이 단순유형만을 제시하고 있어 지점·담당자간 일관성 있는 판단이 저해되는 등 실제모니터링 업무에 활용하기 어려우며 회사 실정과 맞지 않거나 실효성이 부족한 추출기준이 다수 존재함에도 상당기간 추출기준의 적정성 점검 등을 실시하지 않았으므로 의심스러운 거래 추출기준 운영의 실효성을 제고하고 회사 실정을 반영하도록 관련 업무를 개선할 것

④ 대출 차주가 아닌 제3자가 자금을 상환할 가능성이 있음에도 관련 STR 추출기준이 마련되어 있지 않아 '차주의 명의를 이용한 제3자의 대출' 등 대출 이용자와 상환자가 다른 경우 발생할 수 있는 자금세탁위험 대비에 부족하므로 회사 실정을 반영한 의심스러운 거래 추출기준이 운영될 수 있도록 개선할 것

⑤ 고객의 금융거래를 모니터링하여 금융정보분석원에 의심스러운 거래로 보고하기 위하여 총 OO개의 의심거래 추출기준(룰(Rule))을 운영하면서, 일부 의심스러운 거래 추출기준은 회사 실정과 맞지 않아 추출건수 자체가 전혀 없거나 추출기준과 다른 거래가 전산상 추출되고 있음. 20XX. ◇월 실거래 현황을 고려하지 않은 채 일부 의심스러운 거래 추출기준을 개정하였다가 변경된 기준에 따라 추출되는

거래건수가 대폭 증가하게 되자 202X. ◇월 개정 이전의 추출기준으로 복원하는 등 추출기준 개정업무가 불합리하게 수행되고 있으므로 의심거래 추출기준 변경시 추출의 정확성 분석, 추출 빈도 시뮬레이션 수행 등 적정성 검증을 강화하고 추출기준을 주기적으로 점검할 것

⑥ 의심스러운 거래 추출기준 중 불공정 거래행위 관련해서 OO개의 추출기준을 운영하고 있으나, OO개 추출기준은 동명이인의 거래가 다수 추출되고 있는 등 추출기준의 실효성이 떨어지고, OO개 추출기준은 수년 동안 추출된 건수가 전혀 없는데도 동 추출기준의 적정성 여부를 검토한 사실이 없는 등 추출기준이 불합리하게 운영되고 있음. 따라서 불공정거래를 예방하기 위해 별도로 운영하고 있는 불공정거래 모니터링 시스템에 의해 적출된 거래는 불공정 거래에 해당될 소지가 높음에도 의심스러운 거래 보고 여부에 대해 검토하는 절차가 없으므로 불공정 거래관련 추출기준의 적정성을 분석·검토하는 한편, 불공정모니터링 시스템에서 적출된 거래에 대해서는 의심스러운 거래 보고 여부에 대한 검토를 실시토록 하는 등 불공정거래 관련 의심스러운 거래 검토의 실효성 제고를 위한 업무절차를 마련하여 운영할 것

⑦ 할부금융을 시작 이후 관련거래가 의심스러운 거래 추출기준에 반영되어 있지 않고, 자동화기기(ATM/CD)를 통한 현금거래 관련 추출기준은 전산 설계오류로 해당 거래가 전혀 추출되지 않았음. 또한 Watch List상 고객과의 거래관련 추출기준은 동명이인(同名異人)의 거래가 추출되는 등 의심스러운 추출기준이 불합리하게 운영되고 있으므로 현재 운영 중인 의심스러운 거래 추출기준에 대해 전산설계 오류 여부 등을 포함하여 적정성 여부를 검토하고, 불합리한 추출기준을 합리적으로 개선하여 운영할 것

⑧ 미성년자 및 금융채무불이행자는 무자력자로서 이들 거래는 자금세탁 위험이 높아 모니터링을 강화하는 것이 바람직한데도 추출 룰에는 포함하지 않고 스코어링 모형에만 낮은 배점으로 반영

⑨ 구권 수표거래는 자금세탁위험이 높은데도 명확한 근거 없이 해당 룰에 적은 점수만이 부여되어 소수의 건에서만 경보 발생

3. 의심스러운 거래 보고절차 미흡

① 외환거래 관련 의심스러운 거래 추출기준(STR 추출 룰(Rule)) 관련 해외송금에 대하여 국내 송금인 기준으로만 모니터링하여 분할송금 의심거래에 대한 의심스러운 거래 경보(Alert)가 제대로 이루어지지 않은 사례가 있었고, 해외체재비 명목으로 과도하게 해외 송금한 고객에 대하여 송금 관련 증빙서류 등을 확인하지 않고 의심스러운 거래 보고에서 제외한 사례가 있었음

② 영업점 보고담당자가 의심거래 추출기준에 따라 의심거래 점검 대상으로 추출(Alert)된 거래를 최초 검토하면서, 고객확인 재수행 및 추후 발생하는 거래에 대한 모니터링 결과 등을 종합적으로 반영하여 의심거래보고 여부를 지속적으로 검토하겠다고 결정한 건이 ◎건 있으나, 최초 검토 이후 재검토 업무절차 등이 구체적으로 수립되어 있지 않아 재검토 등을 적절히 수행하였는지가 확인·관리되고 있지 않고 있으므로 재검토 결정 건에 대하여 의심거래보고 여부를 재검토하는 과정이 누락되지 않도록 관련 업무 및 관리절차를 마련할 것

③ 전산시스템 기반의 의심거래 추출 이외에 부서별 업무특성을 고려하여 수기로 의심거래 모니터링을 운용중이나, '일별 의심스러운 거래 유형' 해당 여부만을 체크하고 있으며, 사후적으로 적정성 점검도 하지 않고 있어 의심거래보고 업무가 형식적으로 이루어질 우려가 있음

④ 검사대상기간 중 의심거래 모니터링 시스템에서 추출되어 검토된 OO건 중 금융정보분석원에 실제 보고한 것은 OO건(임의보고 건은 제외)에 불과하며, 일부 의심거래추출기준은 고객별이 아닌 계좌별 거래 기준으로 설계되어 있어 동일 금융거래에 대하여 다수의 추출기준에 의거 복수의 의심거래 경보가 발생하고 있는 등 의심거래 모니터링의 효율성이 저하될 우려가 있음

⑤ 자금관리부와 수출입부는 의심거래 지침서를 참고하여 모든 금융거래를 1차적으로 모니터링하고 이 중 의심스러운 거래를 준법감시부에 보고하도록 하고 있으나, 동 지침서는 서울지점이 주로 취급하는 업무에 대하여 모니터링시 유의사항 등이 설명되어 있지 않는 등 실효성이 미흡함. 따라서 의심거래 지침서의 모니터링 대상 고객 및 거래를 서울지점의 실제 업무현황에 부합하도록 개선하고 모니터링 방법을 구체화하는 등 의심스러운 거래 모니터링 업무가 실효성 있게 운영될 수 있도록 관련 업무절차를 보완할 것

⑥ 실제로는 대체거래임에도 고객 요청에 의해 현금 처리한 거래에 대한 의심스러운 거래 보고 여부 검토 내용을 문서화하도록 되어 있지 않는 등 의심스러운 거래에 대한 검토 절차가 불합리하게 운영되고 있으므로 의심스러운 거래 보고업무가 실효성 있게 운영될 수 있도록 의심거래 추출기준을 합리적으로 개선하고, 대체거래를 고객요청에 따라 현금거래로 처리하는 경우 의심스러운 거래 보고 검토 내용을 문서화하는 절차를 마련하여 운영할 것

⑦ 의심스러운 거래로 판단되는 경우 금융정보분석원장(이하 "FIU")에게 보고하는 체계를 마련하고 있으나, FIU 보고완료 여부나 보고이력을 체계적으로 관리하는 절차가 없음. 이에 보고책임자의 검토 및 결재가 형식적으로 이루어지는 등 운영상 미흡한 점이 있으므로 내부결재 및 FIU 보고일자를 전산으로 일원화하여 관리하고, 보고책임자결재를 내실화하는 등 의심스러운 거래 보고체계 운영을 합리적으로 개선할 것

⑧ 보고책임자의 결재가 형식적으로 수행된 경우가 있으며, 보고책임자의 결재일자 및 FIU 보고일자가 AML업무시스템상 관리되고 있지 않아 보고기한 준수를 위한 통제가 미흡함

⑨ STR Alert 발생 이후 의심거래보고 여부 검토까지 장시간이 소요되고 있고, 담당자의 검토나 보고책임자의 결재가 특정일에 집중되어 검토·분석이 부실하게 수행될 우려가 있음. 의심거래보고의 실효성을 제고할 수 있도록 관련 업무절차 및 전산시스템 등을 개선할 것

⑩ 보고책임자의 사전승인 없이 담당 팀장이 의심거래를 금융정보분석원에 보고한 후 보고책임자에게는 사후보고만 하고 있어 관련 절차를 개선할 것

⑪ 금융회사는 고객의 거래 등에 대하여 지속적으로 모니터링 할 수 있는 체계를 수립 운영하여야 하고, 명확한 경제적 법적 목적 없이 복잡하거나 규모가 큰 거래, 비정상적인 유형의 거래 등에 대하여 고객의 과거 금융거래, 신용정보 등을 활용한 거래분석 등을 통해 그 배경과 목적을 최대한 검토해야 하는데도, 일정 기간 중 자체적으로 마련한 의심거래 추출기준에 따라 추출된 다수의 금융거래에 대하여, 고객의 과거 금융거래정보등을 활용하여 그 배경과 목적을 면밀히 검토하지 않은 것은 물론, 고객의 직업 및 거래내용을 사실과 다르게 검토하는 등

의심스러운 거래에 대한 모니터링업무를 소홀히 하였음

4. 보고 제외건에 대한 검토 불철저

① 내규 등을 통해 의심스러운 거래 검토 및 내·외부 보고절차를 마련하여 운영하고 있으나, 내규 규정과 달리 의심스러운 거래 보고 제외(미보고) 건에 대하여 보고 제외의 적정성 점검 및 보고책임자 보고 등을 수행하지 않고 있으므로 의심스러운 거래 보고 제외 건에 대하여 주기적으로 또는 수시 테마 점검 등을 통하여 적정성을 점검하고, 점검 결과를 보고책임자에게 보고할 것

② 검사대상기간 중 STR 룰(Rule)에 해당되어 추출된 건의 OO%를 보고 제외하고 있으나 보고책임자가 의심스러운 거래 보고 제외 사유의 정당성 여부 등을 확인하지 않고 보고 제외 건의 개수만 확인·결재하고 있으므로 보고책임자가 의심스러운 거래보고 제외 사유에 대해서도 적정성을 검토할 수 있도록 절차를 개선할 것

③ 고객의 거래에 대한 지속적인 모니터링을 통해 비정상적인 거래행위를 식별·분석하여 의심스러운 거래로 판단되는 경우 금융정보분석원에 보고하는 업무체계를 마련하고 있으나, 업무 담당부서가 의심스러운 거래로 추출된 건들에 대하여 보고대상에서 제외하면서 자금세탁 가능성 등에 대한 구체적 검토 없이 제외사유를 형식적으로 기재하고 있고, 보고 제외사유의 적정성에 대해 주기적으로 점검하는 절차도 수립되어 있지 않음

5. FDS와 거래모니터링 연계 미흡

① 보험사기인지시스템(FDS: Fraud Detection System 또는 IFAS : Insurance Fraud Analysis System)과 거래모니터링이 연계되어 있지 않고, 보험사기 의심거래에 대해 담당자가 매월 수기로 STR 임의보고를 수행하고 있어 누락 또는 지연 우려가 있어 의심거래보고의 실효성을 제고할 수 있도록 업무절차 및 전산시스템 등을 개선할 것

② 이상거래탐지시스템에서 추출된 거래 관련 각 부서별로 업무에서 발생할 수 있는 이상거래를 모니터링하기 위해 이상금융거래탐지시스템(이하 'FDS')을 운영하고 있으나, 각 부서에서 운영 중인 FDS로 추출된 거래들에 대해 해당 부서에서 자금세탁방지팀으로 전달한 건 외에는 의심스러운 거래 검토 및 별도의 모니터링 등을 실시하지 않고 있음

6. 수사기관에 신고한 경우 STR 보고절차 미흡

① 대출고객을 사기혐의로 수사기관에 고소하였음에도 이를 지체 없이 STR로 보고하지 않음

② 고객의 비정상적인 거래행위를 식별·분석하여 의심스러운 거래로 보고하기 위해 OO개의 추출기준을 운영하고 있으나, 이 가운데 보험사기적발시스템을 통해 의심스러운 거래로 추출된 건은 수사기관의 기소가 결정된 이후 의심스러운 거래 검토 및 보고가 가능하도록 전산시스템이 마련되어 있으나 수사기관의 기소 결정 이후 의심스러운 거래 보고를 하는 경우 범죄 발생 후 상당 기간이 경과한 이후로 의심거래보고의 실익이 낮고 보험사기 대응이 미흡할 우려가 있으므로 보험사기 적발시스템을 통해 추출된 의심스러운 거래의 보고시점을 수사기관 신고시로 변경하는 등 의심스러운 거래 보고의 실효성을 제고할 것

③ 금융거래와 관련하여 수수한 재산이 사기 등의 범죄행위에 의하여 생긴 자금 등이라는 사실을 알게 되어 관할 수사기관에 신고한 경우, 고객의 금융계좌 등에 대해 수사기관이 금융거래정보를 요구한 경우 및 가상자산 관련 금융거래 중 자금세탁위험이 높은 거래행위에 대해 의심거래보고 대상인지 여부를 확인하는 절차가 없음

7. 미보고 대상거래에 대한 점검 절차 미흡

① STR 추출기준 및 보고 제외 사유의 적정성에 대하여 주기적으로 점검을 실시하고 있지 않고, 해당 점검에 관한 구체적인 절차가 마련되어 있지 않으며 동일 유형의 거래에 대해 다르게 검토하거나 합리적 근거 없이 '정상거래'로 기재하는 등 일부 보고 제외 사유 검토가 미흡함

② '의심스러운 거래로 추출된 거래'에 대해 금융정보분석원장에게 보고하는 '의심스러운 거래 보고' 대상에서 제외하는 경우, 영업부서에서 요청사유를 기재하여 제외 승인 요청을 하고, 준법감시인은 제외 승인을 하면서 승인사유를 기재하고 있으나 의심스러운 거래로 추출된 거래에 대하여 금융거래의 형태, 자금의 출처 등에 대한 실질적 검토를 하지 않음. 이에 영업부서에서는 제외 승인 요청 사유에 '정상거래' 등 형식적인 내용만을 기재하고, 준법감시인은 승인 요청 사유를 적절히 검토하지 않고 승인하고 있음

8. 의심거래유형 전산화 추진 요구

① 회사는 '의심거래유형'을 마련하고 각 유형별 의심사유 발생시 수기로 의심거래 모니터링을 수행 중이나 수기 모니터링의 특성상 영업점 등 1차 검토 담당자의 검토 입력이 누락될 경우 의심거래 검토 자체가 누락될 우려가 있으므로 관련 정보의 전산 추출이 가능한 의심거래유형에 대해서는 전산화를 추진하는 등 모니터링 방식을 개선하기 바람

② 검사착수일 현재 의심스러운 거래 추출기준(STR 룰(Rule))을 마련하고 수기로 의심스러운 거래 모니터링을 수행하고 있으나 수기 모니터링의 특성상 지점 등 1차 담당자의 판단에 따라 보고대상 발견 및 법무팀 통보 여부가 결정될 수밖에 없어 의심거래 검토 자체가 누락될 우려가 있으므로 관련 정보의 전산 추출이 가능한 의심거래 유형에 대해서는 전산화를 추진하는 등 모니터링 관련 업무를 개선하기 바람

9. 가상자산 거래 관련 의심스러운 거래 보고업무 운영 불합리

① 가상자산 거래 관련 의심거래 추출기준(STR 룰(Rule)) 중 OO개의 기준이 서로 유사하여 중복·과다 추출되고 있으므로 의심스러운 거래 보고업무가 실효성 있게 운영될 수 있도록 추출기준을 합리적으로 개선할 것

② 가상자산 거래 관련 의심거래 점검대상으로 추출된 거래에 대해 담당자가 의심거래보고 여부를 검토하면서 의심거래보고 제외사유를 자금세탁방지 부서에서 참고로 제공한 예시내용을 그대로 기재하는 등 검토내용이 미흡한 사례가 있으므로 보고 제외사유를 구체적으로 기재하도록 직원교육을 강화하는 등 관련 업무절차를 개선할 것

③ 고객이 해외 가상통화취급업소에서 신용카드를 사용하여 가상화폐를 구매하는 거래에 대한 의심스러운 거래 검토 절차가 마련되어 있지 않고, 해외 가상통화 취급업소 현황에 대한 정보 공유도 적시에 이루어지지 않는 등 해외 가상통화 취급 업소를 통해 발생하는 거래에 대한 모니터링 절차가 불합리하게 운영되고 있음. 이에 국내 고객의 해외 가상통화 취급업소를 통한 가상통화 구매거래에 대한 의심스러운 거래 추출기준을 마련하고, 해외 가상통화 취급업소 현황에 대한 관리방안을 마련하여 운영할 것

④ 가상통화 거래 모니터링과 관련하여 주기적으로 고객명단과 저축은행중앙회에서 제공하는 가상통화 취급업소 명단을 대사하고는 있으나, 가상통화 관련 의심되는 금융거래 행위를 식별하고 모니터링하기 위한 별도의 추출기준은 마련하고 있지 않음. 이에 거래 모니터링이 적절히 이루어지지 않을 우려가 있으므로 거래 모니터링을 통해 가상통화 취급업소를 식별하고 의심스러운 거래 여부를 검토할 수 있도록「가상통화 관련 자금세탁방지 가이드라인」 제3절의 '주요 의심거래유형' 등을 반영한 가상통화 관련 의심거래 추출기준을 마련하여 운영할 것

7장

STR 관련 주요 Q&A(유권해석 내용 포함)

1. [유권해석] 여러 차례 혐의거래 보고된 고객에 대한 고객거래종결조치에 대한 문의

◎ 자금세탁방지 관련 업무규정이나 특정금융정보법에 근거 조항이 없는 상황에서 본점의 규정을 적용해 과거 3년 내 3회 이상 의심거래로 보고한 고객에 대해 고객거래 종료 조치를 취해도 되는지 여부

◎ 특정금융정보법 제4조에 따라 불법재산 등으로 의심되는 거래의 보고(이하 '의심거래보고')를 하는 경우 특정금융정보법에서 금융회사등에 대해 부여된 의심거래보고의무를 이행하기 위하여 자금세탁행위나 공중협박자금조달행위 방지 등을 위해 합당한 근거가 있어 필요하다고 판단하는 범위 내에서 의심거래보고를 할 수 있다고 되어 있어 의심거래보고 고객에 대해 고객거래 종료에 대하여 별도의 규정을 하고 있지는 않습니다.

- 따라서, 3년 내 3회 이상 의심거래로 보고한 고객에 대해 고객거래 종료 조치를 취할 경우에 대해 특정금융정보법 및 관련규정에 별도 근거가 있지는 않다고 보입니다.

◎ 다만, 고객거래 종료 조치시 은행법이나 금융소비자보호법 등 금융소비자보호에 저촉되지는 않는지 판단하여 조치할 사안이라고 보입니다. 다만 질의하신 내용은 구체적인 제반 사정 등에 따라 달리 판단될 수 있다는 점을 양지하여 주시기 바랍니다.

2. [유권해석] 혐의거래보고 했다는 사실을 제공함이 없이 Global Exit List에 해당 고객의 정보를 등록하는 것이 가능한 지 여부

◎ 특정금융정보법 제4조제6항에서 "혐의거래보고 정보는 금융거래의 상대방을 포함하여 다른 사람에게 누설되어서는 안 된다." 라고 되어 있는데, 금융범죄와 관련하여 혐의거래가 보고되고 그 사유로 거래관계가 종료된 고객인 경우,

혐의거래보고 했다는 사실을 제공함이 없이 Global Exit List에 해당 고객의 정보(법인명, 법인설립일 및 법인등록번호이며, 이는 전부 법인등기부등본에 나오는 공개 정보임)를 등록하는 것이 가능한 지 여부

◎ 특정금융정보법은 고객의 거래가 의심거래보고에 해당하여 당국에 보고된 사실이 알려질 경우, 결과적으로 실제 자금세탁에 해당하지 않을 수 있음에도 불구하고 의심거래보고 자체로 해당 고객은 개인 신용하락 등 경제적 피해를 입을 우려가 있어 정보공유를 엄격히 제한합니다(같은 법 제4조제6항).

- 구체적으로 보면 법은 이러한 취지에 따라 정보공유가 가능한 범위를 금융사 내부(점포→ 보고책임자)로 엄격히 한정하고, 의심거래정보 등을 재판에서 증거로서 사용할 수 없도록 하는 등의 규정을 두고 있습니다(같은 법 제9조제3항).

◎ 질의하신 Global Exit List(이하 'GEL')에 등록하는 것이 특정금융정보법 제4조제6항을 위반하는지와 관련하여 보면, 고객이 GEL에 등록되는 유형은 자금세탁, 테러자금조달 외에 총 10종의 금융범죄(사기, 뇌물, 마약 등)로 다양하며, GEL 등록시 그룹에서 공유되는 정보는 해당 법인 고객의 법인명, 법인설립일, 법인등록번호 등 법인등기부등본에 나오는 공개정보로서 의심거래보고 여부나 의심거래 내용은 공유되지 않습니다.

- 따라서 GEL 등록시 상기 정보 외에 의심거래 내용, 의심거래보고 여부 및 이를 추정할 수 있는 정보가 공유되지 않는 한 GEL 등록은 특정금융정보법 제4조제6항을 위반하지 않는다고 볼 수 있습니다.

◎ 상기 의견은 질의하신 사항만을 토대로 실무 검토한 내용이며, 구체적인 사실관계에 따라서 이와 다르게 해석될 여지도 있음을 알려드립니다.

3. [Q&A] 보험사기 수사의뢰건 STR 보고 관련 질의

◎ 3억 원 이상 5억 원 미만의 보험사기 사건의 경우에만 범죄수익은닉규제법 제3조에서 정한 중대범죄에 해당하므로, 이를 제외한 사건의 경우에는 관할 수사기관의 수사의뢰가 있는 경우에도 STR 대상에서 제외할 수 있는지 여부

- 범죄수익은닉규제법 제2조제1호 별표 1-파항에 따르면 3억 원 이상 사기죄는 범죄수익은닉규제법상 중대범죄이므로 이를 수사기관에 신고한 경우 특정금융정보법 제4조제1항제3호에 따라 STR 보고대상에 해당합니다.
- 한편 3억 원 미만 보험사기사건의 경우에는 범죄수익은닉규제법상 중대범죄에는 해당하지 않으나, 수사 진행과정에서 추가 혐의 발견에 따라 범죄

금액이 늘어나거나 다른 범죄 또는 탈세와의 관련성이 인정될 수 있는 등 자금세탁행위의 위험성이 있는 경우가 상당수라고 판단됩니다. 따라서 수사기관의 수사의뢰에 따라 신고한 사안의 경우에는 STR 보고를 적극적으로 검토함이 바람직합니다.

※ 참고로 지난 2013년 8월 FIU법 개정을 통해 STR 보고의무 기준금액(기존 1,000만 원)이 폐지 되어 자금세탁의심이 있는 경우에는 해당 금융거래의 금액 여부와 무관하게 STR 보고의무가 인정됩니다(특정금융정보법 §4①1.).

- "특정금융정보법"제4조제1항제3호에 따르면 금융회사등이 금융거래와 관련하여 수수한 재산이 범죄수익이라는 사실을 알게 되거나 금융거래 상대방이 "범죄 수익은닉규제법" 제3조에서 정한 범죄행위를 하고 있다는 사실을 알게 되어 관할 수사기관에 이를 신고한 경우, 금융정보분석원에 해당사실을 의심거래 보고(STR)하여야 합니다.

4. [Q&A] 동일고객에 대하여 반복되는 위험신호가 추출되는 경우 매 거래마다 보고하여야 하는지 여부

◎ 특정금융정보법 제정시 불법재산으로 의심되는 금융거래를 보고하도록 규정하고 있어 거래발생건마다 보고할 것을 요구하였고, 의심거래 미보고 또는 지연보고에 대한 과태료 부과시 역시 미보고 또는 지연보고건수를 토대로 과태료를 부과하고 있어 거래발생건마다 보고하여야 하지만, 2013년 특정금융정보법이 개정되어 STR 보고 기준 금액이 폐지되어 의심거래에 대한 합당한 근거가 있는 경우, 거래가 발생하지 않아도 STR로 보고하여야 합니다.

◎ 또한, 매 건마다 STR으로 보고할 경우, 고객 거래 전반에 대한 종합적인 분석이 미흡하여 STR 품질이 좋지 않은 보고가 이루어질 수 있으므로, 동일고객이 동일유형의 거래가 반복적으로 발생하는 경우, 일정기간(예를 들어 3개월) 거래를 종합적으로 판단하여 보고하는 것이 더 바람직합니다. 최근 규제당국이 면피성 STR 보고 및 품질이 낮은 STR 보고건수의 증가로 인하여, 동일한 고객에 대한 동일한 유형의 의심거래가 확인되는 경우 처음 STR 보고가 제출된 후 일정 기간 동안 지속적으로 모니터링한 후 종합적인 분석을 통한 STR 보고를 기대하고 있습니다.

◎ 다만, 내규에 이에 대한 내부 기준을 잘 마련하여 동일고객이 기존과 다른 의심거래 유형의 거래가 발생할 경우에는 STR 보고가 이루어지도록 직원 교육 등에 유의하여야 합니다.

5. [Q&A] 고객의 거래내용이 의심거래 신고 대상으로 의심될 경우 고객에게 미리 이런 사실을 알려야 하는지?

◎ 고객에게 의심거래보고 사실에 대해 알려서는 안 됩니다.

◎ 특정금융정보법은 금융회사등에 종사하는 자는 의심거래보고를 하고자 하거나, 보고를 한 경우 그 사실을 당행 보고와 관련된 금융거래의 상대방을 포함하여 다른 사람에게 누설해서는 안 된다고 규정하고 있으며, 이를 위반한 자에 대해 1년 이하의 징역 또는 1천만 원 이하의 벌금에 처하도록 규정하고 있습니다.

6. [Q&A] 은행 지로상품으로 의심스러운 거래를 한다고 판단될 경우 STR 보고 의무가 있나요?

◎ 현행 법 체계하에서 은행 지로를 이용한 거래는 CDD, CTR 대상에 해당하지 않습니다. 또한, 은행지로는 금융실명법 적용대상에 해당하지 않기 때문에 지로를 납부하는 고객에 대한 신원확인이 어려운 것이 사실입니다.

◎ 대부분의 은행지로 납부는 소액의 공과금 납부인 경우라서 특정금융정보법 제정 당시 해당 상품에 대해서 기존 금융실명법의 입장을 따라 CDD나 CTR 보고에서 제외하였습니다.

◎ 그러나 만약 지로를 납부하는 자가 일상적인 지로납부 내용과 상이하게 공과금으로 보이지 않는 거액의 자금을 은행 지로를 통하여 거래하는 경우 의심스러운 거래로 보고하여야 합니다. 최근 일부 보험회사에서 고액의 보험료를 지로로 납부하는 것을 허용하자, 거액의 현금으로 자녀 및 관련인들의 보험금을 일시로 지로로 납부하는 경우가 발생하여 규제당국이 해당 금융회사 앞 지로를 통한 보험금 납입을 지양할 것을 권고한 사실이 있습니다.

◎ 따라서, 지로를 통하여 의심스러운 거래가 발생할 경우, 해당 고객에 대하여 자금세탁의 우려가 있는 경우로 판단하여 CDD를 수행하여 STR를 보고하는 것이 바람직합니다.

7. 〔Q&A〕 최근 상품권 매매업자들이 과도한 현금거래를 수행하는 경우가 많은데, 해당 고객에 대하여 STR 보고 후 어떤 후속조치가 가능할까요?

◎ 최근 일부 금융회사등에서 상품권 매매업자들이 거액의 현금을 입금하거나 출금하여 줄 것을 요청하는 거래가 많이 발생하고 있는데 상품권 매매업체들은 상품권 매매를 현금으로 주로하기 때문에 매출규모 내에서 발생하는 정당한 현금거래라고 주장합니다.

◎ 대부분의 금융회사등은 해당 상품권 매매업체에 대해서 조세탈루나 뇌물, 부패 리스크가 있다고 판단하여 STR를 보고하고, 현금거래보다는 이체 또는 수표거래를 유도하지만, 해당 업체들이 자신들의 계좌에서 인출한 자금을 지속적으로 현금으로 인출하여 줄 것을 요청할 경우 이를 거절할 수 없는 한계가 있습니다.

◎ 이와 같은 상품권 매매업체들에 대해서는 CDD 재이행을 위하여 우선, 매출을 증빙할 수 있는 자료와 부가세등을 납부한 증빙 등을 제출하여 줄 것을 요청하고, 이를 증빙하지 못할 경우, 더 이상 현금을 입금하거나 지급하여 줄 수 없음을 고지하고, 필요시 거래를 중단하는 조치를 취할 수 있습니다.

8. 〔Q&A〕 고객 중 글로벌 스위스에 본점을 둔 유명 귀금속상이 있는데, 특별시즌에 매일 수억 원대의 현금거래가 발생합니다. 해당 고객은 자신들은 본사의 AML 정책을 준수하고, 현금거래 고객에 대해서는 별도 명단을 확인한다고 설명합니다. 해당 고객에 대해서 거액현금거래 보고를 이유로 STR 보고를 할 필요가 있을까요?

◎ 우리나라는 현재 카지노사업자를 제외한 비금융전문사업자(DNFBPs는 Designated Non-Financial Businesses and Professions)에 대해서 자금세탁 방지의무를 부과하고 있지 않습니다.

◎ 또한, 한국 소재의 유명 귀금속사업자들은 고객관리를 위한 정보를 파악하고 있지만 현금의 출처를 확인을 하지 않고 있어, 증여세 회피 목적 또는 범죄자금을 세탁할 목적으로 현금으로 귀금속을 사는 경우 이에 대한 통제절차가 충분히 마련되어 있지 않으므로, 거액 현금거래가 발생하는 경우 STR로 보고하는 것이 바람직합니다.

9. 〔문의사항〕 변호사, 세무사의 신고 또는 고발의무

◎ 만약 금융거래와 관련하여 수수한 재산이 불법재산이라고 의심되는 합당한 근거가 있거나 금융거래의 상대방이 자금세탁행위나 공중협박자금조달행위를 하고 있다고 의심되는 합당한 근거가 있는 고객이 변호사나 세무사에게 자문을 의뢰할 경우, 변호사나 세무사가 금융감독원 또는 수사기관(경찰, 검찰)에 신고 또는 고발하여야 할 의무가 있는지 여부

- 신고 또는 고발의무가 있다면 어느 법에 의하여 이런 의무가 발생하는지
- 특정금융정보법 제4조(불법재산 등으로 의심되는 거래의 보고)에서 보고의 의미에 고발도 포함이 되는지

◎ 특정금융정보법 제4조에 따른 의심거래보고의 의무는 동법 제2조제1호에 정의된 "금융회사등"에 부과되어 있으며, 동법에 의하면 "금융회사등"에는 변호사나 세무사가 포함되지 않습니다. 따라서, 특정금융정보법상 변호사나 세무사가 고객과의 관계에서 불법재산 등이 의심되는 경우라도 그 사실을 금융감독원이나 수사기관에 신고 또는 고발을 하여야 할 의무는 없습니다.

◎ 또한, 고발은 고소권자나 범인 이외의 사람이 수사기관에 대해 범죄사실을 신고하여 그 소추를 구하는 의사표시를 의미하고, 금융정보분석원은 특정금융정보법 제3조에 따라 자금세탁방지 및 테러자금조달금지를 위한 의심거래정보 등의 정리·분석 및 제공 업무, 금융회사등의 자금세탁방지 업무 등에 대한 감독 및 검사 업무 등을 담당하는 기관으로써 수사기관이라 할 수 없으므로 동법 제4조에 따른 의심거래보고에서 보고의 의미에 고발이 포함된다고 보기 어렵습니다.

8장

업권별 STR 참고 유형

제1절 개요

금융회사는 각 금융회사등의 사업성격, 고객군, 제공하는 상품 및 서비스, 채널 등을 고려하여 각 금융회사가 어떤 유형의 거래를 의심거래로 판단할 것인지를 결정하여야 한다. 또한 이런 의심거래 유형을 토대로 자동화된 거래모니터링 룰(Rule)을 마련할 것인가 등을 정하여야 한다.

이에 특정금융정보법 시행령 제8조에서 금융정보분석원장은 금융회사등이 취급하는 금융거래등이 법 제4조제1항 및 제4조의2제2항에 따른 금융거래등에 해당하는지를 판단하는 데 참고할 수 있도록 명백한 경제적 합리성이 없거나 합법적 목적을 갖지 않은 고액의 현금거래, 타인명의 계좌를 이용한 거래 등 자금세탁행위와 공중협박자금조달행위의 가능성이 높은 거래유형을 금융회사등에 제공하고 있다.

최근 금융정보분석원은 각 업권과 협업하여 의심거래 참고유형을 업데이트하여 제공하였다(2022년 8월 발행). 따라서 각 금융회사등은 해당 참고 유형을 토대로 각 금융회사가 거래모니터링 룰(Rule)이 적정하게 업데이트되었는지, 관련 업계의 주요 의심거래 참고 유형에 대하여 조사자들이 충분히 이해하고 해당 유형등의 거래가 의심거래로 보고하는지에 대한 명확한 분석을 수행할 필요가 있다.

제2절 은행업 참고 유형

1. 수신거래에 대한 유형

① 합리적 이유 없이 거액 현금에 의한 입·출금 거래가 빈번히 일어나는 거래
② 직업 등 신분이 명확하지 않은 외국인 또는 외국인 비거주자 계좌를 통한 반복적인 거액 현금거래

③ 출처가 불분명한 거액 현금으로 자기앞 수표를 발행하거나, 다종·다량의 거액 자기앞수표를 현금으로 지급하는 거래

④ 단기간에 빈번히 거액이 입·출금된 후 해지 또는 중단되거나, 장기간 거래가 없다가(거래중지 계좌) 거액의 자금이 입출금 되는 거래

⑤ 합리적인 이유 없이 직업이나 사업에 비해 과도한 자금을 제3자로부터 송금받은 직후 현금으로 인출하여 다수인에게 빈번히 송금하는 거래

⑥ 합리적 이유 없이 거액의 현금을 원격지에서 입출금하는 거래

⑦ 자금의 출처, 수취인 등을 숨기기 위해 다수인이 동시에 분할하여 거래하거나, 고액현금거래보고 등을 회피하기 위해 동일인이 일정금액 미만으로 수차례 나누어 입·출금하는 거래

⑧ 실질적으로 타인명의 계좌를 이용하는 거래(미성년자, 고령자, 신용관리대상자 등의 거액거래)

⑨ 합리적 이유 없이 동일 대리인이 특정인 또는 여러 명의 예금계좌를 다수 개설하는 거래

⑩ 본인이 합리적 이유 없이 다수의 요구불예금 계좌를 개설하는 거래

⑪ 기존에 거래가 많지 않던 고객이 대여금고를 개설하여 단기간 빈번하게 이용한 후 해지하는 거래 등

⑫ 야간금고를 이용하는 고객이 거액을 입금하고, 익일 현금 인출하는 등 거래형태가 평소와 크게 다른 거래

⑬ 자금세탁방지제도에 대해 문의하는 등 필요 이상으로 관심을 보이거나 노출을 꺼리는 고객이 요청하는 예금거래

⑭ 회사의 규모 대비 거액의 어음 또는 수표 등 결제자금을 빈번히 타인의 자금으로 충당하는 거래

⑮ 자금출처 등을 숨길 목적으로 타인명의로 자기앞수표 발행, 타행환송금 등 본인의 거래를 타인명의로 위장하는 것으로 추정되는 거래

⑯ 실소유자가 의심되는 거액의 채권 등을 합리적 이유 없이 보호 예수하는 거래

⑰ 위탁자가 자금의 실소유자인지 의심되고, 이해관계 없는 제3자를 수익자로 지정하는 등 합리적 이유 없는 거액의 타익 신탁거래

⑱ 자금출처가 불법재산일 개연성이 있는 것으로 추정되는 주식 납입금 입출금거래

⑲ 경제적 합리성이 없이 거액의 무기명증서나 채권을 발행하거나 상환하는 거래

⑳ 대체거래를 현금거래로 처리하는 거래

㉑ 고객정보 제공 요구에 대한 거절·비협조 또는 제공 정보의 불일치 확인

㉒ 해외 자동화기기(CD기)를 이용한 현금(외화) 출금거래
㉓ 신원미상자와 동행하여 다수의 계좌를 개설하고 현금카드 발급을 요청하는 거래
㉔ 경제적 합리성 없이 정기예금을 단기간에 해지하여 현금으로 인출하는 거래
㉕ 당일 거액의 자금을 입금하고 잔액증명서 발급 후 다음날 전액 인출하는 거래
㉖ 사고신고 등록된 고객의 거액 입·출금 거래
㉗ 사업과 무관한 상대방과 인터넷뱅킹을 이용한 24시간 대량거래
㉘ 전문직 종사자, 고위험업종군 종사자 등 고소득자의 반복적인 현금 출금거래
㉙ 신설 법인체의 신규 계좌를 통한 반복적인 고액 이체거래
㉚ 법인 대표자의 고액 골드바 구입 거래
㉛ 급여계좌를 이용한 법인의 탈세 또는 비자금 조성
㉜ 선불카드 또는 상품권 잔액 환불 거래
㉝ 고가 미술품 현금구매 거래
㉞ 면세품 불법유통 등이 의심되는 과도한 송금거래
㉟ 가상계좌 및 펌뱅킹 계약체결 계좌의 사업목적과 무관한 입·출금 거래
㊱ 현금특이거래, 여유자금으로 보유하고 있던 현금 OO억 원을 자동화기기를 이용하여 입금한 탈세의심거래

2. 여신거래에 관한 유형

① 취득경위가 의심스러운 거액 예금을 담보로 하는 대출 거래
② 취득경위가 의심되는 부동산을 담보로 하는 대출 거래
③ 경제적 합리성이 없는 제3자 부동산을 담보로 하는 대출 거래
④ 경제적 합리성이 없는 제3자 명의 양도성예금증서 담보 대출거래
⑤ 기존 구매자금 대비 과다한 구매자금대출
⑥ 거래의 목적이 의심되는 법인보유 상장 유가증권 담보대출거래
⑦ 거액의 신규대출 후 합리적 이유 없이 단기간 내 현금등으로 상환하는 거래
⑧ 거액의 대출을 경제적 합리성 없는 제3자가 대리인 자격으로 상환하는 거래
⑨ 장기간 연체된 대출금을 합리적 이유 없이 상환하는 거래
⑩ 미성년자 명의의 채무인수거래
⑪ 특수관계자가 거액의 대출금을 상환하는 거래
⑫ 잔액증명서 발급 목적으로 제3자에게 대출금을 송금한 후 단기간 내 상환하는 거래
⑬ 상품단가 조작을 통해 부풀려진 수출매출채권의 할인
⑭ 대출받은 금융채무의 이자 및 원금 대부분을 상환했음에도 근저당을 유지하는 거래

3. 외환거래에 관한 유형

① 경제적 합리성 없이 원화로 외화를 환전하는 거래
② 경제적 합리성 없이 고액의 외화를 환전하는 거래
③ 평소 거래관계가 거의 없는 개인 또는 법인이 거액의 자금을 합리적 이유 없이 5만불 이하로 분산하여 증여성 송금하는 거래
④ 해외 법인으로부터 개인이 증여성 송금 받는 거래 및 개인이 해외 법인에 증여성 송금하는 거래
⑤ 회사 자금을 직원 등 다수인 명의로 분산 송금하는 거래
⑥ 실질적 송금 사유에 부합하지 않는 증여성 송금 신청 거래
⑦ 비영리법인 또는 기타단체의 사업목적 등에 비추어 경제적 합리성이 없는 거액 외화예금 또는 송금거래
⑧ 제3자가 해외이주예정자의 이주비를 대리 송금하는 거래
⑨ 외국인근로자의 보수 송금이 동 업종 근로자의 소득대비 과다하거나 빈번한 비정상적 거래
⑩ 해외직접투자 목적의 송금으로서 투자자의 자금원 또는 투자 상대방으로 보아 그 적정성이 의심되거나 그 투자목적의 경제적 합리성이 의심되는 거래
⑪ 수수료 등의 지급에 있어 경제적 합리성이 없는 거래
⑫ 사전송금방식 수입으로 거액의 외화송금 후 합리적 이유 없이 장기간 수입신고를 하지 않는 거래
⑬ 송금방식을 이용한 중계무역거래에서 장기간 수출대금결제가 확인되지 않는 거래
⑭ 무역거래 관련 회사규모나 수출입 거래상대방 대비 경제적 합리성이 없는 상호계산 거래
⑮ 경제적 합리성 없이 거액 외화자금을 분할하여 영수하는 거래
⑯ 합리적 이유 없이 거액의 자금을 해외로부터 영수 또는 재송금하는 거래
⑰ 비거주자의 대외계정을 통한 거액의 외화현금 입·지급 거래
⑱ 외국인이 대외계정을 개설하고 거액의 타발영수한 후 단기간에 외화현금 인출 및 자금을 이체하는 거래
⑲ 국제 금융관행 및 기업규모 대비 경제적 합리성 없는 국내기업의 외화자금 차입거래
⑳ 합리적 이유 없이 장기간 수출대금이 입금되지 않는 등 의도적인 재산도피로 의심되는 D/A, D/P 방식 등을 이용한 수출거래
㉑ 실질적 송금 사유에 부합하지 않은 해외송금 거래
㉒ 합리적 사유 없는 외화 현금 집착 거래

㉓ 내국인 비거주자의 원천이 불명확한 외화 자금 영수거래
㉔ 거주자간 대외계정을 통해 단기간 거액 외화영수 또는 재송금 거래
㉕ 대표자가 동일한 다수 법인의 해외 송금거래
㉖ 인터넷 동영상 공유 사이트 이용자의 탈세 의심거래
㉗ 법인 신규 설립 후 거액 해외 송금거래
㉘ 개인이 거액의 자금을 합리적 이유 없이 건당 1만불 미만으로 분산하여 해외로부터 영수하는 거래
㉙ FX 마진거래 해외당발송금 의심거래

4. 가상자산 거래에 관한 유형

① 가상자산거래소로부터 일방적으로 영수한 자금을 외국인에게 송금하는 거래
② 가상자산거래소가 가상자산 관련 거래소의 명의 계좌에서 현금 출금하거나 실제 소유자 등에게 이체하는 거래가 반복
③ 가상자산거래소로부터 영수받은 자금을 비대면 현금출금
④ 가상자산거래소 관련 계좌로부터 거액을 영수 후 불특정 다수에게 송금하는 거래
⑤ 가상자산거래소로부터 영수한 자금을 해외 자동화기기를 이용한 현금(외화) 출금 거래
⑥ 가상자산거래소로부터 영수받은 자금을 해외송금 거래
⑦ 가상자산을 매개로 한 유사수신 의심거래
⑧ 해외 가상자산 거래가 의심되는 타발송금 거래
⑨ 해외 소재 가상자산 컨설팅 업체로의 송금거래
⑩ 복수의 가상자산거래소를 이용한 가상자산 증여거래
⑪ 가상자산 구매대행 업체와의 거래
⑫ 실명확인 입출금 서비스 미등록 계좌에 가상자산거래소명으로 영수 받은 자금을 전액 이체하는 거래
⑬ 개인 또는 법인으로부터 입금받은 자금을 가상자산거래소에 출금하고, 곧바로 가상자산거래소에서 입금받아 그 자금을 개인 또는 법인에게 출금하는 거래
⑭ 일방적으로 가상자산거래소로부터 영수받은 금액을 특정인 또는 법인계좌로 출금하는 거래
⑮ 신규대출 후 단기간 내 가상자산거래소로부터 자금을 영수받아 대출 원리금을 상환하는 거래
⑯ 저연령자, 고령자 등의 가상자산 거액거래

⑰ 임직원이 법인 자금을 활용한 가상자산 거래
⑱ 국가 간 가상자산 가격 차를 이용한 자금세탁행위 의심거래

5. 법인과 법인 특수관계자간 거래에 관한 유형

① 법인 계좌와 대표자 개인계좌의 거래
② 대표자가 동일한 법인간의 거래
③ 위장법인 계좌를 이용한 거래
④ 대표자 변경이 빈번한 법인의 담보대출 거래
⑤ 법인 대출을 대표이사 등이 이용하는 거래
⑥ 법인 계좌와 대표자 가족 계좌의 거래
⑦ 법인 계좌와 직원계좌의 거래

6. 비대면 거래에 관한 유형

① 거래 발생건수가 과다하며, 심야·새벽시간대를 포함하여 하루 종일 인터넷뱅킹을 이용한 대량거래
② 관계를 알 수 없는 상대방으로부터 입금받은 자금을 자동화기기를 이용하여 현금 출금하는 거래
③ 관계를 알 수 없는 상대방으로부터 입금받은 자금을 제3자에게 이체한 거래
④ 자동화기기를 통해 입금된 현금을 타인에게 이체 거래
⑤ 상품권 업체와 관련된 불특정 다수와의 빈번한 이체 거래
⑥ 법인 직원이 재직 중인 법인으로의 이체 거래
⑦ 합리적 이유 없는 계좌 해지 및 고액의 지급 요청 거래
⑧ 장기간 미사용 계좌를 이용한 고액 이체 거래
⑨ 관세청 통보금액 미만 송금을 통한 재산 해외반출 거래
⑩ 비대면 채널을 이용한 소액 환전 신청 거래
⑪ 위장 취업을 통한 비대면 대출알선 사기 거래
⑫ 개인과 금융투자법인간 과도한 입·출금 거래
⑬ 불법 도박사이트로 추정되는 업체와의 빈번한 이체 거래
⑭ 관계를 알 수 없는 거래상대방으로부터 입금받은 자금을 가상계좌로 이체한 거래
⑮ 종합자산관리서비스 고객/고액자산가 고객의 고액 이체 거래
⑯ 선불전자지급수단과 관련된 입·출금 거래
⑰ 고객정보와 상이한 자금흐름 거래

⑱ 다수인과 가상자산거래소 사이에서 자금 이동이 반복되는 거래

제3절 증권업 참고 유형

1. 입·출금(고) 거래에 관한 유형

① 평상시와 다르게 발생하는 거액의 입금, 출금 또는 이에 준하는 거래
② 합리적 이유없이 일정 금액 미만으로 여러번 나누어 거래하는 분할 거래
③ 원격지 및 다수 영업점 거래
④ 차명으로 거래하거나 타인명의계좌로 이체하는 거래
⑤ 타인명의 거래 중 법인관련 입출금(고) 거래가 빈번한 거래
⑥ 개인계좌에 다수의 타인명의 입출금 거래가 발생하는 거래
⑦ 단기간에 빈번하게 주식 등의 입고 후 현금화를 하는 등 고객의 성향과는 무관하게 행해지는 거래
⑧ 위조통화·증권 또는 도난통화·증권 등의 입금·입고와 관련된 거래
⑨ 주식 등을 타인으로부터 빌려와서 고객의 계좌에 입고시킨 후 당해 주식으로부터 발생하는 제 권리(유무상증자, 배당 등)를 부여받은 후에 다시 그 타인에게 빌려온 주식을 돌려주는 거래
⑩ 오래된 수표 및 거액의 구권 현금거래
⑪ 취득경위 등에 의심이 있는 거액의 유가증권을 담보로 한 대출 거래
⑫ 다수 계좌의 담보대출 실행 후 한 사람 명의로 은행송금이 이루어지는 거래
⑬ 고객이 정상적인 거래임을 강조하며 거래에 대한 비밀유지를 부탁하거나 의심거래에 대해 문의하는 거래
⑭ 실질적인 거래의사 없이 잔고증명서 발급만을 위한 입출금 거래
⑮ 고객의 재산상태에 비해 과도한 주식 매입 거래
⑯ 동일인이 다른 지점을 통해 분할 입금 후 특정 주식 매입 거래
⑰ 거액의 주식 매도자금으로 소액 채권 매입 후 인출
⑱ 대외기관 금융거래 정보제공 요청 거래자의 금융거래
⑲ 거액의 골드바 거래

2. 유가증권매매거래에 관한 유형

① 거액의 증권을 현금으로 매입 의뢰하고 합리적인 이유 없이 유가증권의 실물인도를 요청하는 거래
② 채권 매수 후 그 채권을 빈번히 입·출고 후 그 매도금액을 분할하여 현금으로 거래
③ 출처가 의심스러운 자금이 옵션매매 등의 고위험 거래에 투자되는 거래
④ 실질적으로 타인명의 계좌를 개설하거나 사용하는 등의 의심이 되는 거래
⑤ 계좌간 통정매매를 통한 주식의 시세조정 거래
⑥ 주가관리 또는 주가조작을 목적으로 일정기간 동안 특정 주식만을 집중적으로 매매하다가 보유주식을 모두 매도한 후 전액 출금하거나 보유 주식을 전량 출고하는 거래
⑦ 내부자정보를 이용한 거래로 의심되는 거래
⑧ 옵션매매에 있어서 시장의 거래가격에 비해 과다하게 높거나 낮은 가격으로 대향매매하는 거래
⑨ 고객 재산상태에 비해 과도한 유가증권을 입고 즉시 매도를 요청하는 거래
⑩ 합리적인 이유 없이 다종, 다량의 무기명증권을 매각하는 거래
⑪ 취득 경위 등에 의심이 가는 원화(또는 외화)로 외화증권 및 해외펀드 계좌에서의 증권매입 대금을 결제하거나 주식매도대금을 본인 이외의 자에게 외환 이체출금하는 거래
⑫ 불공정거래 행위 의심 거래
⑬ 비정상적인 비상장주식 거래
⑭ 법인계좌에서 대표자 개인 증권계좌로 주식 이체되는 거래
⑮ 개인, 법인간 상장주식 장외 양수도하는 거래
⑯ 유가증권거래 관련 의심거래 보고의무를 위반하는 거래

3. 가상자산과 관련된 거래 유형

① 가상자산거래소 법인 대표자 개인계좌를 이용한 집금거래
② 가상자산거래소 법인계좌에서 현금 출금하거나 가상자산거래소 실제 소유자 등에게 이체가 반복되는 거래
③ 가상자산 구매대행 명목으로 불특정다수 개인으로부터 입금받은 후 단시간 이내에 다수 법인 및 개인계좌로 이체
④ 채무 불이행 법인계좌를 이용한 가상자산 거래

4. 비대면 거래에 관한 유형

① 비대면 계좌개설 후 폐업 또는 신설법인과 거래 및 다수 개인과 거래
② 비대면으로 여러 개의 계좌가 단기간에 개설되는 거래

제4절 보험업 참고 유형

1. 보험료납부 및 지급에 관한 유형

① 합리적 이유 없이 계약체결 후 단기간 내에 해약하는 거래
② 계약자의 직업, 재산상태 등에 비추어 특별한 사유 없이 고액의 보험계약을 체결하는 거래
③ 보험금 수령 후 계약자, 피보험자가 아닌 제3자에게 고액을 송금 의뢰하는 거래
④ 합리적 사유 없이 보험계약 체결 후 비교적 단기간 내에 고액의 보험료를 선납하는 거래
⑤ 고액의 보험료가 일정한 관계가 없는 타인의 통장에서 지속적으로 납입되는 거래
⑥ 법인명의 보험계약과 관련하여 대표자 등 개인이 현금을 요구하는 등의 거래
⑦ 보험을 이용한 탈세 의심 거래
⑧ 여러 기업을 거느린 오너가 다수의 계열사들로 하여금 자신을 피보험자로 하는 고액의 저축성 보험을 체결하게 하는 행위
⑨ 보험계약 후 단기간 내 보험금을 청구하는 거래

2. 대출거래(담보, 신용)에 관한 유형

① 합리적인 이유 없이 계약체결 후 단기간 내에 고액의 보험계약대출 거래
② 합리적인 이유 없이 수회에 걸쳐 집중적으로 보험 계약대출을 받은 후 곧바로 해약하는 거래
③ 합리적인 이유 없이 보험계약대출과 상환을 반복하는 거래
④ 합리적인 이유 없이 대출금을 단기간 내에 상환하는 거래
⑤ 대출금리 등 타 금융기관의 대출이 유리함에도 합리적 이유 없이 특정 금융기관과 대출을 고집하는 거래
⑥ 합리적인 이유 없이 부활 후 해약 또는 고액의 계약대출을 실행하는 거래
⑦ 명의가 다른 계좌로 계약대출과 상환을 반복하는 거래

3. 보험계약 과정상의 유형

① 고액의 보험을 가입하면서 자금세탁방지제도에 관하여 문의하는 거래(I)
② 고액의 보험을 가입하면서 자금세탁방지제도에 관하여 문의하는 거래(II)
③ 합리적인 이유 없이 실효된 계약을 타 지역 설계사에게 부활 요청하는 거래
④ 경제적 능력이 의심되는 보험계약자가 고액의 보험료를 일시에 납입하고, 만기 또는 사망시 수익자를 이해관계 없는 제3자로 지정한 경우
⑤ 비대면으로 체결한 보험계약의 갑작스러운 보험료 납입 행태 변화
⑥ 비대면으로 고액계약 체결 후 보험계약 해지시 납입계좌와 해지환급금수령 계좌가 서로 다른 거래

제5절 여신금융전문업 참고 유형

1. 여신거래에 관한 유형

① 고령자의 과도한 카드 거래
② 미성년자의 과도한 카드 거래
③ 무직으로 추정되는 거래자의 전자상거래 업종에서 반복적인 고액 거래
④ 환금성 높은 업종에서 고액 거래
⑤ 소액 거래 업종에서 합리적 이유 없는 고액 거래
⑥ 유흥업종에서 고액의 물품 거래

2. 해외 거래에 관한 유형

① 해외 ATM 기기에서의 고액의 현금 인출
② 해외 보증/담보 업종, 불법 FX마진 거래
③ 합리적 이유없는 다수인의 동일인에게로 해외 송금

3. 선결제에 관한 유형

① 반복적인 선결제 후 선결제 취소 거래
② 합리적인 이유 없이 선결제를 반복하는 거래

4. 가상자산 관련 거래에 관한 유형

① 해외 가상자산거래소에서 반복적인 고액 거래
② 가상자산 관련 업종에서 반복 결제 또는 고액 결제 거래
③ 국가 코드만 다른 해외 가상자산거래소에서의 카드 거래

제6절 상호금융·저축은행업 참고유형

1. 수신거래에 관한 유형

① 우대고객, 임직원 등이 의심스러운 금융거래 편의제공을 요청하는 거래
② 평소와 다른 방식의 거래
③ 신분노출을 꺼리며 자동화기기를 이용하는 거래
④ 원격지 영업점에서 사업목적 신규 계좌개설 거래

제7절 전자금융업 참고유형

① 합리적 이유 없이 실체가 불분명한 사업체로 고액의 자금을 송금하는 거래
② 자동화기기를 이용한 빈번한 현금화 거래
③ 외국인 고액 해외 송금과 관련된 탈세 의심 사례
④ 외국환거래법, 금융실명법 위반 소지 해외송금 거래
⑤ 차명거래가 의심되는 거래
⑥ 간편송금 서비스 등을 통하여 거액을 자주 입·출금하는 거래

제8절 대부업 참고유형

① 제3자의 명의(명의 도용 등)를 이용한 대출거래
② 고액 규모의 대출과 상환을 단기간에 반복하는 거래

제9절 가상자산업 참고유형

① 일정기간 거래가 없거나 미미한 고객의 지갑에 거액의 가상자산이 입고되는 거래
② 입고받은 가상자산을 즉시 매도 후 거액의 원화 출금
③ 동일 IP주소에서 특정인 또는 다수인 간에 가상자산 거래를 반복하는 경우
④ 하나의 계정으로 다수 국가에서 가상자산거래소로 접속하여 거래하는 경우
⑤ 해외거래소로 가상자산을 지속적으로 출고하는 거래
⑥ 사회초년생, 직업 등 대비 거액의 가상자산 거래
⑦ 고령자의 스마트폰 등을 이용한 가상자산 거래
⑧ 다수인들이 특정인에게 가상자산을 출고하는 거래
⑨ 법인과 대표자·직원과의 가상자산 거래 등
⑩ 고액의 가상자산을 반복적으로 가족 추정인에게 출고
⑪ 특정금융정보법상 각종 보고 기준금액 이하로 가상자산 이전을 여러 번 하는 거래

제10절 카지노업 참고유형

① 거액의 수표를 칩으로 교환한 후, 게임보다는 현금 또는 하우스 수표로의 환전에 더 관심이 많은 고객과의 거래
② 합리적 이유 없이 일정금액 미만으로 나누어 환전, 칩 구입 또는 분할하여 현금화하는 고객과의 거래
③ 타인명의로 칩 구입·교환 또는 환전하는 거래
④ 불법자금 등으로 의심되는 거래

주요내용 종합정리

1. 의심스러운 거래 보고제도란?

의심스러운 거래 보고제도란 금융거래와 관련하여 수수한 재산이 불법재산이라고 의심되는 합당한 근거가 있거나 금융거래의 상대방이 자금세탁행위나 테러자금조달행위를 하고 있다고 의심되는 합당한 근거가 있는 경우 이를 지체 없이 의무적으로 금융정보분석원에 보고하는 제도로서 금융회사등 종사자의 업무 지식, 전문성과 경험을 토대로 주관적 판단에 의해 어떤 거래가 불법자금이라는 의심이 있거나, 거래 상대방이 자금세탁을 하고 있다는 합리적 의심이 있는 경우 이를 지체 없이 금융정보분석원에 보고하는 자금세탁방지의 핵심제도이다.

2. 의심스러운 거래 보고 시기

법 제4조 제1항 및 제4조의2 제2항의 규정에 의한 보고를 함에 있어서 금융회사등은 자신이 취급하는 금융거래등에 대하여 법 제5조 제1항 제1호 및 영 제9조의 규정에 의하여 보고업무를 담당할 자로 임명된 자(이하 "보고책임자"라 한다)가 자체적으로 파악한 내용 또는 그 임직원으로부터 보고된 내용과 자체적으로 파악한 관련자료 등을 종합적으로 검토한 후 법 제4조 제1항 및 제4조의2 제2항의 규정에 의하여 금융정보분석원장에게 보고하는 금융거래등(의심되는 거래 보고대상 금융거래등)으로 결정한 날로부터 3영업일 이내로 보고하여야 한다.

3. 의심거래보고 대상 거래

(1) 금융거래등과 관련하여 수수(授受)한 재산이 불법재산이라고 의심되는 합당한 근거가 있는 경우

(2) 금융거래등의 상대방이 금융실명법 제3조 제3항을 위반하여 불법적인 금융거래등을 하는 등 자금세탁행위나 공중협박자금조달행위를 하고 있다고 의심되는 합당한 근거가 있는 경우

(3) 「범죄수익은닉의 규제 및 처벌 등에 관한 법률」 제5조 제1항 및 「공중 등 협박목적 및 대량살상무기확산을 위한 자금조달행위의 금지에 관한 법률」 제5조 제2항에 따라 금융회사등의 종사자가 관할 수사기관에 신고한 경우

4. 의심스러운 거래 판단 기준

의심스러운 거래 보고는 "의심"에 대한 합리적인 근거가 필요하다. 그러나 최근 자금세탁 및 테러자금조달행위 수단과 방법은 날로 변화하고, 최근에는 예상치 못하는 방식으로 발생하고 있어, 금융회사 직원이 업무지식이나, 경험을 통하여 의심되는 합당한 근거를 파악하기 점점 어려워지고 있으며, "주관적인 판단을 기준으로 보고하는 제도"이므로 객관적인 기준을 마련하기 어려운 게 현실적인 상황이다. 따라서 금융회사 직원 등은 CDD 정보를 통하여 확인된 신원확인 정보 및 거래목적 등의 정보와 발생한 거래가 적정한지를 자신의 업무지식, 전문성, 경험 등을 통하여 종합적으로 판단하여야 한다.

5. Tip-off 금지(정보누설금지)

금융회사 종사자가 의심스러운 거래를 보고하고자 하거나 보고를 한 경우, 그 사실을 당해 보고와 관련된 금융거래의 상대방을 포함하여 다른 사람에게 누설해서는 안 된다. "당해 보고와 관련된 금융거래 상대방을 포함하여 다른 사람"은 보고책임자의 보고 체계를 제외한 그 어떤 자에 대해서도 정보를 공유하여서는 안 된다. 따라서 해당 거래의 당사자, 관련인, 대리인에 한하는 것이 아니라, 금융회사 내에서도 보고책임자의 보고체계를 제외한 다른 부서 등과도 공유할 수 없다는 것을 의미한다.

연습문제

1. 다음 중 의심스러운 거래로 보고하지 않을 수 있다고 판단되는 경우를 고르시오(1개).
   ① 고객에 의한 대출사기가 발생하여 금융회사가 해당 금융대출사기를 수사기관에 신고한 경우
   ② 홍길동은 대기업 회장인 임꺽정의 자금을 관리하는 자로 알려졌는데, 최근 홍길동의 계좌에 압수수색영장이 발부되었는데, 압수수색영장에는 홍길동이 임꺽정의 비자금형성에 주범으로 기재되어 있는 경우
   ③ 다수인으로부터 하루에 수백 건의 소액 자금이 빈번하게 입금되는 계좌를 보유한 고객의 거래명세 적요란에 “스포츠토토”, “대박”, “로또”등이 기재된 거래가 많고, 인터넷 검색 결과, 최근 불법도박사이트로 검찰 조사가 진행 중이라는 기사를 발견한 경우
   ④ 홍길동이 자신 명의로 동창회모임 통장을 개설하는 경우
   ⑤ 무직으로 확인된 고길동은 다수인으로부터 소액으로 입금된 자금을 매일 1천만 원 이하(주로 9백 5십만 원과 9백 8십만 원 사이)의 현금을 인출하는 거래를 하는데, 현금 인출사유는 그냥 집에 보관하기 위한 목적이라고 하며, 항상 동반자와 함께 내점을 하고 그의 지시에 따라 거래를 수행함

2. 다음 중 특정금융정보법 감독규정에서 정한 의심스러운 거래 보고 시기에 대한 설명 중 옳은 것을 고르시오(1개).
   ① 보고책임자가 의심되는 거래보고 대상 금융거래로 결정한 날로부터 3영업일 이내에 보고하여야 함
   ② 거래발생일로부터 30일(달력일 기준)으로 보고하여야 함
   ③ 보고책임자가 의심되는 거래 보고대상 금융거래로 결정한 날로부터 3일(달력일 기준) 이내에 보고하여야 함
   ④ 거래모니터링 담당 직원이 의심거래로 보고할 것을 결정한 날로부터 3영업일 이내에 보고하여야 함
   ⑤ 보고책임자가 의심되는 거래 보고대상 금융거래로 결정한 날로부터 1영업일 이내에 보고하여야 함

3. 다음 중 의심거래 참고유형에서 의심스러운 거래로 보는 대표적인 예시에 해당하지 않는 것을 고르시오(1개).

① 금융거래자의 요청에 의하여 현금거래로 처리하는 등 평소 금융거래 형태와 상이한 거래로서 거액의 금융거래 또는 분할거래를 하고 있다고 의심되는 경우

② 부모가 미성년자 자녀 명의로 주식계좌(3천만 원)를 개설하였는데, 증여세 증빙자료를 제출한 경우

③ 평소 통상적 금융거래 형태를 유지하고 있는 급여생활자의 계좌에서 거액의 금융거래가 발생하고, 자금의 실제 당사자 여부를 확인하는 과정에서 의심되는 경우

④ 미성년자 명의로 개설된 계좌에서 거액의 금융거래가 발생하는 경우

⑤ 직업 및 사업내용 등이 명확히 파악되지 않는 고객이 다수의 타인명의의 계좌를 소지하고, 거액의 금융거래를 하는 경우

4. 다음 중 의심스러운 거래 보고 제도에 대한 설명 중 옳지 않은 것을 고르시오(1개).

① 금융회사(금융회사 종사자 포함)는 의심스러운 거래 보고를 한 경우 당해 보고와 관련된 금융거래의 상대방 및 그의 관계자에 대하여 손해배상책임을 지지 않는다.

② 금융회사가 금융정보분석원장에게 보고한 사항 중 금융정보분석원장이 수사기관 등 법집행기관 등에 제공한 특정금융거래정보는 재판에서 증거로 채택할 수 없다

③ 의심스러운 거래 지연보고는 과태료 부과대상에 해당하지 아니한다.

④ 의심스러운 거래 보고에 관여한 금융회사의 종사자는 특정 금융거래정보법의 규정과 관련된 재판을 제외하고는 당해 보고와 관련된 사항에 관하여 증언을 거부할 수 있으나, 중대한 공익상의 필요가 있는 때에는 거부할 수 없다.

⑤ 금융회사의 임직원이 의심스러운 거래(STR)에 대한 허위보고 또는 보고 사실을 제3자 앞에서 누설한 경우는 1년 이하의 징역 또는 1천만 원 이하의 벌금의 형사처벌 대상이 된다.

연습문제

5. 다음 중 정보누설금지에 대한 설명 중 옳지 않은 것을 고르시오(1개).

① 금융회사 종사자가 의심스러운 거래를 보고하고자 하거나 보고를 한 경우, 그 사실을 당해 보고와 관련된 금융거래의 상대방을 포함하여 다른 사람에게 누설해서는 안 된다.

② "당해 보고와 관련된 금융거래 상대방을 포함하여 다른 사람"은 보고책임자의 보고 체계를 제외한 그 어떤 자에 대해서도 정보를 공유하여서는 안 된다.

③ 다른 사람에는 해당 거래의 당사자, 관련인, 대리인에 한하는 것은 아니다.

④ 의심거래보고 정보 누설시 정보 수집 및 조사에 부정적 영향을 미치고, 개인은 이를 회피하기 위해 자산을 빠르게 처분할 가능성 등이 있으므로 이를 금지하기 위한 규정이다.

⑤ 금융회사 내에서도 보고책임자의 보고체계와 감사부를 제외한 다른 부서 등과도 공유할 수 없다는 것을 의미한다.

정답/해설

1. ④
동창회 등 모임 계좌는 선의의 차명계좌에 해당하여 불법행위 목적의 차명계좌로 분류하지 않음

2. ①
의심거래보고 시기는 보고책임자가 자체적으로 파악한 내용 또는 그 임직원으로부터 보고된 내용과 자체적으로 파악한 관련자료등을 종합적으로 검토한 후 법 제4조제1항 및 제4조의2제2항의 규정에 의하여 금융정보분석원장에게 보고하는 금융거래등(이하 "의심되는 거래 보고대상 금융거래등"이라 한다)으로 결정한 날로부터 3영업일 이내로 보고하여야 한다.

3. ②
미성년자 계좌의 거액 거래에 대한 가장 주목하는 위험은 탈세위험인데, 증여서 증빙자료를 제출하는 경우에는 정당한 거래로 간주할 수 있음

4. ③
특정금융정보법 의심거래보고를 하지 않은 자에게는 3천만 원 이하의 과태료를 부과한다. 즉, 의심스러운 거래 미보고 또는 지연보고에 해당하는 경우에는 과태료 부과 대상에 해당한다.

5. ⑤
금융회사 내에서도 보고책임자의 보고체계를 제외한 다른 부서 등과도 공유할 수 없다는 것을 의미한다. 즉, 감사부와도 공유할 수 없다.

자금세탁
방지실무

저자 임안나

학력 | 이화여자대학교 법학과 졸업

경력 | ㈜한국스탠다드차타드은행 금융사고리스크 관리부(보고책임자)
Standard Chartered Bank, Great China Asia Region, Head of Financial Crime Surveillance & Operation
영국, 런던 경시청 Economic Crime Academy 이수(Core investigative Skills Programme)
에그몽(금융정보분석원 국제 협력기구) 지원 프로그램 한국대표단(부탄, 방글라데시 지원 프로그램)
한국금융연수원 연수프로그램 제공(자금세탁방지)
금융정보분석원 정책자문 위원

감수자 한윤택

학력 | 연세대학교 영어영문학

경력 | 빗썸코리아 준법감시실 실장
크레디아그리콜증권 준법감시인
비엔피파리바증권 준법감시부
KB국민은행 자금세탁방지팀

저서 | 영업점 컴플라이언스 오피서(증권편)

자금세탁방지 실무

1판 1쇄	2024년 3월 5일	**전 화**	02)3700-1500
3판 2쇄	2026년 3월 12일	**홈페이지**	www.kbi.or.kr
저 자	임안나	**등 록**	1990년 4월 20일(제1-1040호)
발 행 인	이준수	**정 가**	22,000원
발 행 처	한국금융연수원 출판미디어사업부	**I S B N**	978-89-287-8241-3 13320
주 소	(03053) 서울특별시 종로구 삼청로 118		

KBI 금융 AI 리터러시 NEW

2026 K-ALFA, AI와 금융을 잇는 새로운 문해력

01 개요

1. 목적

금융회사 임직원들이 AI에 대한 **기술적 이해와 실무활용 능력**을 바탕으로 윤리적이고 책임 있는 **AI 기반 금융서비스를 제공할 수 있는 역량을 평가하는 시험**

2. 응시대상

금융회사 임직원 및 예비 금융인

3. 활용

- **본점 및 영업점 직원 등 금융인**

  똑똑한 고객과 상담해야 하는 당신, 금융회사 직원으로서 기본적으로 갖춰야 할 **AI에 대한 지식과 역량으로 무장**하세요!

- **금융회사의 인사담당자 및 인재개발 담당자**

  직원 AI역량 증진, 신입직원 채용, AI 기반 금융서비스 기획 및 개발 관련 부서 등 **AI 활용도가 높은 부서의 인재 선발과 배치에 활용**해보세요!

- **취업준비생 등 예비금융인**

  금융회사 취업을 준비해야 하는 당신, **AI리터러시를 인증** 받아, **공신력있게 나의 AX 역량을 어필**해보세요!

02 인증시험 과목

검정과목	세부 교과목	배점
AI에 대한 기초적 이해 (40점)	AI 개념 및 주요 AI 기술의 이해	25점 (20문항)
	금융 데이터의 이해	15점 (12문항)
금융 AI 활용 (25점)	금융 AI의 이해와 활용	25점 (20문항)
금융 AI 윤리, 규제와 리스크 관리 및 거버넌스 (35점)	AI 윤리 및 관련 법률	20점 (16문항)
	금융 AI 보안, 리스크 관리 및 거버넌스	15점 (12문항)
계		100점 (80문항)

한국금융연수원
KOREA BANKING INSTITUTE

03053 서울특별시 종로구 삼청로 118
Tel. 02-3700-1500 | www.kbi.or.kr

03 인증기준

1. 인증기준

100점 만점 중 60점 이상 득점 시 점수 구간에 따라 3개 등급 부여

2. 등급인증

등급명	부여기준	역량
AI-Gold	90점 이상	• 금융 AI 분야의 전문지식을 바탕으로 복합적인 문제를 해결하는 역량 보유
AI-Blue	80점~89점	• 금융 AI 분야의 실무지식을 활용하여 일상적인 업무를 효율적으로 수행하는 역량 보유
AI-Green	60점~79점	• 금융 AI 분야의 기본지식을 보유하고 금융 AI 관련 트렌드와 이슈를 이해하는 역량 보유

04 인증시험 운영

응시자격	제한없음	평가시간	90분
문제유형	객관식(4지선다형)	문항 수	80문항
응시료	• 55,000원 * 환불규정 : 접수기간 중 100%, 접수 종료 후부터 시험일 5일 전 18시까지 50% 환불 / 이후 환불 불가		

05 시험일정(2026년)

회차	원서접수	시험일	합격자발표	실시지역
1회	5.19(화)~5.26(화)	6.27(토)	7.10(금)	서울,대전,대구,광주,부산
2회	9.8(화)~9.15(화)	10.17(토)	10.30(금)	

06 기타 주요내용

1. 시험참고 도서(2026. 3월 출간 예정)

- 「금융 AI 리터러시(I)」
- 「금융 AI 리터러시(II)」

2. 문의

- **시험 준비를 위한 연수과정 문의** : AI·디지털연수부
  Tel 02-3700-1500 | **E-mail** aidtlearning@kbi.or.kr
- **인증시험 관련 문의** : 자격검정사업부
  Tel 02-3700-1500 | **E-mail** certif@kbi.or.kr

3. 소비자 알림사항

- KBI 금융 AI 리터러시 시험은 자격기본법 규정에 따라 등록한 민간자격(등록번호 : 2025-005556호)으로 국가로부터 인정받은 공인자격이 아닙니다.
  민간자격 등록 및 공인 제도에 대한 상세내용은 민간자격정보서비스(www.pqi.or.kr)의 '민간자격 소개'란을 참고하여 주십시오.

KBI 금융DT 테스트

6년간 은행 임직원 약 2만 명이 선택한 자격!

(누적 접수자 : 21,518명 / 누적취득자 : 9,367명)

01 개요

1. 목적

금융인 및 예비 금융인을 대상으로 **디지털금융 전반에 대한 기본 지식과 업무 활용 능력 등 금융DT 관련 기본 역량 평가**

지식	금융DT 분야의 **포괄적 기초지식**
기술	금융DT 분야의 **일상적 업무를 수행**하고 **일상적 문제를 해결**하는 데 필요한 기술
소양	금융DT 분야의 **트렌드와 이슈를 이해**하고 이를 **자신의 업무수행에 활용**

2. 활용

- **본점 및 영업점 직원 등 금융인**

  금융회사 직원이라면 누구나 **금융DT 마인드**를 함양하고, **빅데이터, 인공지능, 디지털 마케팅** 관련 지식과 역량을 확인해 보세요!

- **금융회사의 인사담당자 및 인재개발 담당자**

  직원 금융DT 역량 제고, 신입직원 채용 및 DT부서 선발과 배치에 대한 고민, 한번에 해결!

02 인증시험 과목

검정과목	세부 교과목		배점
디지털 금융의 이해 (30점)	DT의 이해	• 디지털전환의 이해 • 국내외 금융기관 디지털전환 사례 등	15점 (12문항)
	디지털 금융 트렌드	• 디지털금융 관련 법규·정책 • 국내외 정책 사례 및 현황 등	15점 (12문항)
디지털 금융의 활용 (70점)	디지털 금융 기술	• 디지털금융 기술*에 대한 지식 및 활용사례 등 *빅데이터, 블록체인, 클라우드 컴퓨팅, 인공지능, 코딩 등	50점 (40문항)
	디지털 마케팅	• 디지털마케팅 현황 및 수립전략 • 디지털마케팅 성공사례 등	20점 (16문항)
계			100점 (80문항)

03 인증기준

1. 인증기준

취득점수에 따른 등급인증

* KBI 금융DT 테스트는 2021년부터 인증시험 결과에 따라 등급을 부여합니다.

2. 등급인증

등급명	부여기준	역량
DT-Gold	90점 이상	• DT 역량과 디지털금융 업무 활용에 필요한 전문 지식 보유
DT-Blue	80점~89점	• DT 역량과 디지털금융 업무 수행에 필요한 실무 지식 보유
DT-Green	60점~79점	• DT 마인드와 디지털금융에 대한 기본 지식 보유

04 인증시험 운영

응시자격	제한없음	평가시간	90분
문제유형	객관식(4지선다형)	문항 수	80문항
응시료	• 44,000원 * 환불규정 : 접수기간 중 100%, 접수 종료 후부터 시험일 5일 전 18시까지 50% 환불 / 이후 환불 불가		

05 시험일정(2026년)

회차	원서접수	시험일	합격자발표	실시지역
13회	6.16(화)~6.23(화)	7.25(토)	7.10(금)	서울,대전,대구, 부산,광주,전주,제주
14회	10.6(화)~10.13(화)	11.14(토)	11.27(금)	

06 기타 주요내용

1. 시험참고 도서

- **「디지털금융의 이해와 활용」**
- **「블록체인,디지털에 가치를 더하다」***
- **「빅데이터, 인공지능을 만나다」***

* 디지털금융기술 참고도서(참고도서 외 기타 DT관련 일반지식에서도 출제)

2. 문의

- **시험 준비를 위한 연수과정 문의** : AI·디지털연수부
  Tel 02-3700-1500 | **E-mail** aidtlearning@kbi.or.kr
- **인증시험 관련 문의** : 자격검정사업부
  Tel 02-3700-1500 | **E-mail** certif@kbi.or.kr

3. 소비자 알림사항

- KBI 금융 AI 리터러시 시험은 자격기본법 규정에 따라 등록한 민간자격(등록번호 : 2025-005556호)으로 국가로부터 인정받은 공인자격이 아닙니다.
  민간자격 등록 및 공인 제도에 대한 상세내용은 민간자격정보서비스(www.pqi.or.kr)의 '민간자격 소개'란을 참고하여 주십시오.

한국금융연수원
KOREA BANKING INSTITUTE

03053 서울특별시 종로구 삼청로 118
Tel. 02-3700-1500 | www.kbi.or.kr

한국금융연수원 자격검정시험 안내

• 「국가공인자격」은 자격기본법에서 정한 기준과 절차에 따라 국가가 공인한 자격으로 신용분석사, 여신심사역, 국제금융역, 자산관리사(FP), 신용위험분석사(CRA), 외환전문역 I종, 외환전문역 II종 등 7개의 자격이 있습니다.

• 「자체인증자격」은 우리 원이 인정, 수여하는 자격으로 공개시험형 자체자격인 프라이빗 뱅커(CPB), 은행텔러, 영업점 컴플라이언스 오피서(은행)(보험)(증권), KBI 금융 DT 테스트, 자금세탁방지 업무능력 검정시험, KBI 금융 AI 리터러시 등 8개 자격이 있습니다.

구분	자 격 명 (공인/등록번호)	응시료	자격소개
국가공인자격	신용분석사 (제2024-1호) (2008-0438)	전과목 : 66,000원 1부 : 28,000원 2부 : 39,000원	금융회사의 여신관련 부 서에서 기업에 대한 회계 및 비회계자료 분석을 통하여 종합적인 신용상황을 판단하고 신용등급을 결정하는 등 기업신용 평가업무를 담당하는 금융전문가
	여신심사역 (제2024-2호) (2008-0439)	전과목 : 66,000원 1부 : 28,000원 2부 : 39,000원	금융회사의 여신심사 담당자로서 경제상황과 기업의 재무, 비재무상태 등을 분석, 파악하여 적정한 대출심사 의견서 작성, 대출이율 및 대출기간 결정 등 대출실행 여부를 판단하고 자금의 효율적 운용, 대손 방지를 위한 제반조치, 여신의 법률적 검토, 사후관리업무 등 여신업무와 관련한 종합적인 업무를 수행하는 금융전문가
	국제금융역 (제2025-1호) (2008-0440)	전과목 : 66,000원 1부 : 33,000원 2부 : 33,000원	금융회사의 국제금융 관련 부서에서 국제금융시장의 동향파악, 분석 및 예측 등을 통하여 외화자금의 효율적 조달과 운용업무를 담당하고 이에 따른 리스크관리 등 국제금융 관련 업무를 수행하는 금융전문가
	신용위험분석사(CRA) (제2023-2호) (2008-0442)	1차 : 77,000원 2차 : 88,000원	금융회사 및 기업신용평가기관 등에서 개인과 기업에 대한 신용상태를 조사평가하고 신용위험을 측정 ·관리하는 여신전문가
	자산관리사(FP) (제2025-6호) (2008-0441)	전과목 : 55,000원 1부 : 28,000원 2부 : 28,000원	금융회사 영업부서의 PB(Private Banking) 팀에서 고객의 수입과 지출, 자산 및 부채현황, 가족상황 등 고객에 대한 각종 자료를 수집, 분석하여 고객이 원하는 Life Plan상의 재무목표를 달성할 수 있도록 종합적인 자산설계에 대한 상담과 실행을 지원하는 금융전문가
	외환전문역 I종 (제2025-2호) (2008-0436)	전과목 : 55,000원	금융회사의 외환업무 중 외국환 거래 법규 및 외환거래실무를 이해하고 고객의 외화 자산에 노출되는 각종 외환 리스크를 최소화시키는 등 주로 개인 외환과 관련된 업무를 수행하는 금융전문가
	외환전문역II종 (제2025-2호) (2008-0436)	전과목 : 55,000원	금융회사의 외환업무 중 수출입업무 및 이와 관련된 국제무역규칙을 이해하고 외환과 관련된 여신 업무를 수행하는 등 주로 기업 외환과 관련된 업무를 수행하는 금융전문가
자체인증자격	은행텔러 (2008-0437)	전과목 : 55,000원	창구에서 일어나는 제반업무에 대해 신속하고 친절한 업무수행과 정확한 업무처리로 고객에게 도움을 주고 상담을 통해 문제해결을 하도록 도와주는 금융전문가
	영업점 컴플라이언스오피서(은행) (2010-0118) (보험, 증권) (2013-0702,0703)	전과목 : 각 44,000원	금융회사의 영업점에서 준법관련 법규와 감독기관의 감독규정이 정한 내용과 취지를 충분히 이해하고 업무 수행과정에서 이를 준수하며, 영업점에서 발생 가능한 금융사고 및 민원사항이 발생하지 않도록 사전적 예방 차원에서 그 준수사항의 이행을 점검하는 금융전문가(은행, 보험, 증권 분야별로 자격이 구분됨)
	프라이빗뱅커 (CPB) (2018-004091)	1차: 110,000원 2차: 381,000원 (실무교육)	개인고액자산가의 자산 및 수익증대를 실현하기 위해 금융분야 전반에 걸쳐 종합적인 금융상담과 실행을 지원할 수 있는 최고급 수준의 금융자산설계전문가
	KBI 금융DT 테스트 (2021-001872)	전과목 : 44,000원	금융인 및 예비금융인을 대상으로 디지털금융 전반에 대한 기본지식과 업무활용능력 등 금융DT 관련 기본역량 평가
	자금세탁방지 업무능력 검정시험 (2023-004792)	전과목 : 66,000원	금융시스템을 이용한 자금세탁행위와 공중협박자금조달행위를 적발 및 예방할 수 있는 전문적인 업무역량 평가
	KBI 금융 AI 리터러시 (2025-005556)	전과목 : 55,000원	금융회사 임직원들이 AI에 대한 기술적 이해와 실무 활용 능력을 바탕으로 윤리적이고 책임 있는 AI 기반 금융서비스를 제공할 수 있는 역량 평가

소비자 알림사항

• 상기 "프라이빗뱅커(CPB)", "영업점컴플라이언스 오피서(은행)(보험)(증권)", "KBI 금융DT 테스트", "은행텔러", "자금세탁방지 업무능력 검정시험", "KBI 금융 AI 리터러시" 자격은 자격기본법 규정에 따라 등록한 민간자격으로, 국가로부터 인정받은 공인자격이 아닙니다.

• 민간자격 등록 및 공인 제도에 대한 상세내용은 민간자격정보서비스 (www.pqi.or.kr)의 '민간자격 소개'란을 참고하여 주십시오.

기타

• 응시료 환불 규정 : 접수기간 중 100%, 접수기간 종료 후 시험일 5일 전 18시까지 50% 환불/이후 환불 불가

• 자격 공인번호는 재공인시점에 따라 변경될 수 있으며, 응시료, 환불규정 등은 응시 시점에 따라 변경될 수 있으니 자격시험 응시 전 반드시 한국금융연수원 홈페이지에서 응시하고자 하는 자격시험에 관한 최신 정보를 확인하시기 바랍니다.

• 자격시험에 관한 자세한 사항은 한국금융연수원 홈페이지를 참조하시기 바랍니다.

• 주소 : 서울특별시 종로구 삼청로 118 / TEL : 02-3700-1500 / 홈페이지 : www.kbi.or.kr